LANFRANC ET BÉRENGER

LA CONTROVERSE EUCHARISTIQUE DU XIe SIÈCLE

Nihil obstat
Maurice Jourjon
Doyen de la Faculté de théologie de Lyon
23 avril 1970

UNIVERSITÉ CATHOLIQUE DE LOUVAIN

SPICILEGIUM SACRUM LOVANIENSE
ÉTUDES ET DOCUMENTS
FASCICULE 37

LANFRANC ET BÉRENGER

LA CONTROVERSE EUCHARISTIQUE
DU XIe SIÈCLE

PAR

JEAN DE MONTCLOS
Docteur en Théologie
Licencié ès Lettres

LEUVEN
SPICILEGIUM SACRUM LOVANIENSE
JUSTUS LIPSIUSSTRAAT, 18

1971

AU Dr RAMSEY, PRIMAT DE LA COMMUNION ANGLICANE,
EN RESPECTUEUX HOMMAGE,
A LA MÉMOIRE DE LANFRANC,
SON PRÉDÉCESSEUR SUR LE SIÈGE ARCHIÉPISCOPAL
DE CANTORBERY

En dédiant cet ouvrage au Dr RAMSEY, l'auteur, catholique romain, entend rendre honneur à Sa Grâce l'Archevêque de Cantorbery, mais non lui imposer indiscrètement le patronage des positions ici adoptées qui auraient un caractère confessionnel. Il pense néanmoins que les conclusions du présent travail peuvent dissiper certains malentendus et vont dans le sens du dialogue œcuménique.

AVANT-PROPOS

But de cet ouvrage

Dans son exhortation apostolique *Petrum et Paulum* du 22 février 1967, Sa Sainteté Paul VI, en faisant savoir que l'année du centenaire des apôtres Pierre et Paul serait aussi « l'année de la foi », parlait de la nécessité de « soutenir l'effort de la pensée catholique dans la recherche de formules neuves et originales, fidèles cependant au dépôt doctrinal interprété dans le même sens et la même ligne ». L'Église, tel « le scribe devenu disciple du Royaume des cieux, est semblable à un propriétaire qui tire de son trésor du neuf et du vieux ». L'intense recherche doctrinale provoquée aux XIe, XIIe et XIIIe siècles par l'apparition de l'hérésie bérengarienne, est l'un des exemples les plus remarquables de la mise en œuvre de ce pouvoir de rénovation dans la fidélité à la tradition. Stimulée par les objections de Bérenger de Tours, l'Église, sans rien perdre du dépôt de la foi, sut découvrir une formulation nouvelle pour exprimer la réalité de la présence du corps du Christ dans l'eucharistie. A l'époque où jaillissaient les voûtes gothiques les plus audacieuses et les mieux équilibrées, cet effort atteignit son plein épanouissement avec la synthèse thomiste sur le sacrement de l'autel. Pour apprécier la hardiesse et la solidité de ce monument de la théologie catholique, il suffit de le comparer aux énoncés de la foi eucharistique que nous a laissés le XIe siècle. Le présent travail a précisément pour but d'éclairer l'histoire de ces humbles commencements. Informés de façon plus exacte sur les origines du mouvement doctrinal inauguré par la controverse bérengarienne, sans doute pourrons-nous acquérir une meilleure intelligence de son point d'aboutissement au XIIIe siècle et tirer du contraste entre les deux périodes des leçons pour notre temps dans le sens de l'invitation à la recherche adressée par Paul VI aux théologiens actuels.

LANFRANC ET BÉRENGER

Pierre le Vénérable assigne aux trois principaux auteurs de traités antibérengariens un ordre de valeur inverse de l'ordre chronologique. Il donne la première place à Alger de Liège ; la deuxième, à Guitmond d'Aversa ; et la troisième, à Lanfranc. Un tel classement ne peut nous étonner : il est normal que la doctrine de Lanfranc paraisse inférieure à celle de ses successeurs Guitmond et Alger. Tous trois, du reste, ne sont que des pionniers qui défrichent ; c'est au XIIIᵉ siècle seulement que l'œuvre ébauchée par eux trouvera son accomplissement. En revanche, *si l'on cherche, en historien de la théologie, à remonter à la source de la controverse bérengarienne, à préciser les causes et la signification de ce grand débat, c'est à Lanfranc qu'il faut donner la priorité.* A chacune des étapes de cette affaire, il apparaît, aux yeux de Bérenger, comme le chef de file des tenants du réalisme eucharistique. Dès 1049, il a pris position ; et les circonstances l'amènent à jouer un rôle de premier plan lors des conciles de Rome de 1050 et de Verceil de la même année, qui condamnent Bérenger. Lanfranc ne participe pas au concile de Rome de 1059, devant lequel le maître tourangeau doit faire amende honorable, mais il écrit le *De corpore et sanguine Domini* pour répondre au pamphlet que Bérenger, à son retour de la Ville éternelle, rédige contre ce concile. La plus importante des œuvres de Bérenger, le *De sacra coena*, est une réplique au traité de Lanfranc. Par la suite, Lanfranc n'intervient plus directement dans l'affaire bérengarienne. Bérenger n'en continue pas moins à voir dans la doctrine de son grand adversaire l'expression la plus caractéristique de la croyance à laquelle il voudrait substituer ses théories symbolistes. Aux conciles d'Angers de 1062 et de Rome de la Toussaint de 1078, il avance des formules équivoques non pas tant, semble-t-il, dans l'intention de faire triompher sa manière de voir que pour écarter les précisions réalistes de type lanfrannien. On ne peut mettre en doute que, lorsqu'après tant de combats et de feintes il dut rendre les armes, aux conciles de Rome du carême de 1079 et de Bordeaux de 1080, il n'ait vu dans sa déconfiture personnelle la victoire imméritée de la doctrine dont Lanfranc s'était fait le champion.

Il est donc impossible de comprendre la pensée de Bérenger sans connaître celle de Lanfranc ; et la réciproque est vraie, serait-ce seulement parce que, tout en critiquant le symbolisme bérengarien, Lanfranc en a accepté ce qui lui paraissait conciliable avec la foi eucharistique. Dans le dialogue engagé entre les deux écolâtres, négliger les répliques de l'un pour ne porter son attention que sur celles de l'autre, c'est se placer devant un problème dont on aurait supprimé la moitié des données. Faute d'avoir envisagé cette question de méthode, on n'a pas suffisamment élucidé la nature d'une controverse qui ne peut s'expliquer tout entière par le conflit de la vérité et de l'erreur, de l'orthodoxie et de l'hérésie, une hérésie dont l'apparition ressemblerait à une génération spontanée. Mais si l'on étudie les doctrines de Lanfranc et de Bérenger en les éclairant l'une par l'autre, on voit que leur antagonisme, apparemment irréductible, provient, pour une grande part, de postulats communs, qui ne laissent de choix qu'entre deux positions extrêmes et antithétiques. Sans doute, le magistère a condamné l'une de ces positions, qui annihilait la croyance en la présence réelle, et canonisé l'autre, qui exprimait l'essentiel de cette croyance. Il n'en est pas moins évident qu'un progrès restait à accomplir, et ce progrès a tenu compte de l'âme de vérité des objections bérengariennes.

CONTENU ET PLAN DE CET OUVRAGE

Les rapports étroits qui existent entre l'histoire de Lanfranc et celle de Bérenger, entre sa doctrine eucharistique et celle de son adversaire, expliquent le contenu du présent ouvrage et l'ordre que nous avons suivi dans notre exposé.

A l'origine, nous nous proposions seulement d'étudier la pensée de l'abbé de Saint-Étienne de Caen sur l'eucharistie, et notre travail devait avoir pour titre : « La doctrine eucharistique de Lanfranc ». Mais il fallait situer cette doctrine dans *le cadre de la controverse bérengarienne.* L'introduction destinée à présenter ce cadre a, par la force des choses, pris des dimensions que nous n'avions pas prévues ; elle constitue la première partie de ce livre. Il ne s'agit pas d'un simple compte-rendu historique : tout en rapportant les faits, nous précisons les conceptions de Bérenger sur le sacrement de l'autel, celles du moins qui

ressortent des écrits du maître tourangeau antérieurs à la parution du *De corpore et sanguine Domini* de Lanfranc. Quant aux
œuvres de Bérenger qui ont suivi cette parution, nous nous
contentons de les mentionner à la place qu'elles occupent dans
le déroulement de la controverse, sans dégager la doctrine qui
leur est propre. La principale de ces œuvres, le *De sacra coena*,
en raison de son ampleur, demanderait, du reste, qu'on lui
réserve une monographie spéciale.

Dans la seconde partie, nous traitons le sujet qui répond
au but primitif de nos recherches, *la doctrine eucharistique de
Lanfranc,* doctrine que nous ne cessons de confronter à celle de
Bérenger.

En conclusion, nous nous efforçons de déterminer *la place
qu'occupe Lanfranc dans le développement de la théologie et du
dogme. Mais son action n'est pas séparable de celle de Bérenger.*
En effet, tributaire de la pensée de son époque par son ultra-
réalisme eucharistique, il prépare néanmoins, avec le maître
tourangeau, les solutions de l'avenir : l'histoire de la théologie
montre que les deux adversaires, soit séparément, soit conjointement (dans la mesure où Lanfranc reprend dans une perspective
réaliste certaines positions de Bérenger), ont exercé une influence
décisive sur le travail grâce auquel, durant les XIe, XIIe et
XIIIe siècles, s'est élaborée une formulation de la doctrine de
la présence réelle plus satisfaisante que celle qu'ils ont connue
l'un et l'autre. C'est dire que la conclusion du présent ouvrage
porte, en fait, sur l'ensemble de la controverse bérengarienne.

On notera que chacune des parties de notre exposé contient
une introduction littéraire. Ces préambules nous ont paru
indispensables. Dans la première partie, avant d'entrer dans
le vif de l'affaire bérengarienne, il nous fallait dresser un inventaire des œuvres du maître tourangeau et prendre position
sur la question des faux qui lui sont attribués ; dans la seconde
partie, nous ne pouvions présenter la synthèse de la théologie
eucharistique de Lanfranc sans avoir au préalable analysé
sérieusement les écrits du célèbre moine qui ont trait à l'eucharistie. Pressés de découvrir la substantifique moelle de la
doctrine, les théologiens vont parfois trop vite en besogne : il
leur arrive d'oublier qu'en règle générale la pensée d'un auteur
ne se livre dans toute son authenticité qu'à celui qui a pris le
soin de lire attentivement ses œuvres et d'en déceler les procédés

de composition et de style. Nous avons voulu éviter de tomber dans ce travers, et il nous semble que nous avons été bien payé de notre peine. Il est certain notamment que seule une connaissance précise du plan du *De corpore et sanguine Domini* permet de se faire une opinion fondée sur le sacramentalisme eucharistique de Lanfranc, au sujet duquel ont été commises quantité d'erreurs et de confusions.

En appendice, nous étudions deux documents de la controverse (appendice I), nous rééditons la lettre de Bérenger à Adelman, dont le dossier de citations augustiniennes a joué un rôle capital dans le développement de la théologie sacramentelle (appendice II), nous offrons une liste de variantes du *De corpore et sanguine Domini* de Lanfranc, établie à partir de trois manuscrits importants de cet ouvrage (appendice III), et nous donnons un certain nombre de témoignages sur la place qu'ont tenue, dans la vie de Lanfranc, lettres profanes et lettres sacrées (appendice IV).

Nous voudrions maintenant situer notre travail par rapport aux études qui ont déjà été consacrées à la question bérengarienne.

Travaux récents sur la question

Du XVIe siècle à nos jours, de nombreux théologiens et historiens, catholiques ou réformés, ont évoqué la controverse eucharistique du XIe siècle, le plus souvent, au moins dans le passé, avec une intention polémique. La littérature sur le sujet est donc abondante. Nous n'en citerons que la production la plus récente.

Le dernier ouvrage important sur Bérenger est *Berengar and the reform of sacramental doctrine* de A.J. Macdonald (1930). Il a été pour nos recherches une solide base de départ. J. Geiselmann s'est beaucoup intéressé à la controverse bérengarienne. notamment dans *Die Eucharistielehre der Vorscholastik* (1926). En 1934, dom M. Cappuyns a publié un excellent article sur Bérenger de Tours dans le *Dictionnaire d'histoire et de géographie ecclésiastiques*. Mentionnons d'autres études générales : celles de R. P. Redmond (1932 et 1934), L. C. Ramirez (1940). Ch. E. Sheedy (1947), qui, trop uniquement préoccupés de juger Bérenger au nom de l'orthodoxie, n'ont guère fait mûrir les problèmes (cela est surtout le cas de Ch. E. Sheedy qui considère Bérenger comme une sorte d'agnostique et qui, aveuglé sans doute par des préventions excessives, déclare n'avoir pas trouvé chez lui la définition augustinienne *sacramentum, id est sacrum signum*, laquelle, on le sait, a marqué de sa frappe l'évolution de la doctrine sacramentelle à partir du XIe siècle ; or, cette définition, citée en fait par Bérenger dans trois de ses œuvres les plus importantes, doit indéniablement au maître tourangeau sa réintroduction dans le courant de la théologie occidentale !), l'étude de W.H. Beekenkamp (1941), peu approfondie, celle de P. G. Meuss (1955), restée à l'état de thèse polycopiée et dont nous n'avons pu prendre connaissance, celle de P. Engels, qui, dans un article de *Tijdschrift voor theologie* (1965), soutient avec raison que les attaques de Bérenger visaient les « conceptions physico-réalistes, très peu nuancées, de ses contemporains sur l'eucharistie ». Déjà en 1936, G. Ladner avait à grands traits mis en évidence le sens de l'évolution *indiqué* par la réaction bérengarienne (mais dépassé par Bérenger qui tombe dans un spiritualisme outrancier) : il s'agissait de se dégager du « sensualisme » eucharistique pour trouver une formulation plus spirituelle de la présence réelle. Signalons aussi les pages judicieuses publiées par R. W. Southern sur Lanfranc et Bérenger dans des mélanges dédiés à F.M. Powicke (1948). Enfin des travaux qui embrassent un sujet plus vaste que la controverse bérengarienne ont accordé à celle-ci, ou à certains des auteurs qui y ont pris part, des développements non négligeables, tels, par exemple, *L'idée du sacrifice de la messe* de M. Lepin (1926), *Corpus mysticum* de H. de Lubac (1944 et 1949), le tome III de l'*Histoire de l'Église* de A.-M. Jacquin (1948), le second des deux volumes consacrés à l'eucharistie dans l'*Histoire des dogmes* de B. Neunheuser (trad. fr., 1966). *En résumé, depuis la publication de l'ouvrage de A.J. Macdonald et de l'article de dom M. Cappuyns, il n'y a pas eu d'étude générale très poussée concernant Bérenger et la controverse eucharistique du XIe siècle. Néanmoins, certaines données nouvelles ont commencé à se préciser ; encore convient-il de les appuyer sur une information solide et renouvelée : dans ce domaine il nous restait donc beaucoup à faire.*

En revanche, durant la période récente, les études bérengariennes ont progressé sur certains points de détail, et notamment en ce qui concerne l'édition des textes. On ne peut malheureusement pas parler de progrès en mentionnant la réédition du *De sacra coena* réalisée par W.H. Beekenkamp (1941). Son seul

véritable mérite est d'être plus accessible que le volume édité
par A.F. et F. Th. Vischer en 1834. Son principal défaut est
de ne tenir aucun compte de la nature du manuscrit *Wissembourg
101*, qui lui sert de fondement. Sur le caractère original de ce
document nous avons dit notre sentiment en 1962 dans le *Bulletin
de la Société internationale pour l'étude de la philosophie médiévale*.
R.B.C. Huygens, en 1966, dans un article de la *Revue bénédictine*,
a formulé également un avis très ferme dans le même sens.
Plus valable que le travail de W.H. Beekenkamp est la réédition
du groupement épistolaire bérengarien du manuscrit *Hanovre
671*, due à C. Erdmann et N. Fickermann ; elle a paru dans les
Monumenta Germaniae historica en 1950, soit un siècle exactement après l'édition de H. Sudendorf. En 1960, dom P. Meyvaert a édité dans son intégralité une note de Bérenger sur
Albéric du Mont-Cassin, note que Mabillon n'avait livrée que
de façon partielle en 1701. En 1965, R.B.C. Huygens a réédité
le *Mémoire* de Bérenger sur les conciles romains de la Toussaint
de 1078 et du carême de 1079, texte assez mal reproduit par
Martène et Durand en 1717 ; en 1967, il a donné du billet de
Bérenger à Lanfranc une version plus complète que celle qui
était connue jusqu'à présent ; de plus, il se propose de rééditer
la plus grande partie de la correspondance et des opuscules
du maître tourangeau. Dom G. Morin a découvert une lettre de
Bérenger à Joscelin de Bordeaux et l'a éditée en 1932.

En 1938, C. Erdmann attribuait à Bérenger la fabrication
de six lettres pontificales, considérées jusqu'alors comme authentiques, et il l'accusait d'avoir, dans une intention apologétique, rédigé, puis, après 1079, diffusé une lettre du comte d'Anjou, Geoffroy Martel, que celui-ci aurait prétendument adressée
en 1059 au diacre romain Hildebrand, le futur Grégoire VII.
O. Capitani a contesté la valeur de cette thèse (1956 et 1957).
Nous préciserons notre opinion sur ce point dans le chapitre
premier, où nous faisons l'inventaire des œuvres de Bérenger.

A propos du texte édité par dom M. Matronola en 1936
d'après un manuscrit du Mont-Cassin, nous rejoignons les conclusions de J. Geiselmann (1937) : ce court traité n'est pas
l'œuvre de Bérenger mais d'un partisan du maître tourangeau,
document d'autant plus intéressant qu'il est unique en son genre.

Parmi les travaux de la période récente qui concernent les
adversaires de Bérenger autres que Lanfranc, certains méritent

d'être mentionnés. Nous les citons en suivant l'ordre chronologique des auteurs étudiés. H. Silvestre a écrit un article bien
informé sur Adelman de Liège (1961). Tout récemment, R.B.C.
Huygens a éclairé certains problèmes posés par la correspondance
d'Adelman et de Bérenger, et a donné une édition critique de
la seconde lettre du scolastique de Spire à son ancien condisciple
de Chartres (1967). Sur la théologie eucharistique du cardinal
Humbert, il faut signaler quelques pages de A. Michel (1947) et la
thèse polycopiée de K.-H. Kandler (1966), dont nous avons
connu l'existence trop tard pour pouvoir en tenir compte dans
notre travail. En 1938, P. Shaughnessy a étudié la théologie
eucharistique de Guitmond d'Aversa avec une louable objectivité.
En 1947, dom J. Leclercq mettait au jour un passage authentique
inédit du même auteur. En 1932, dom G. Morin a édité un
traité antibérengarien, dont il attribue la paternité à Bérenger de
Venouse. Dom A. Lentini a écrit un article sur Albéric du Mont-
Cassin (1952) ; de même, dom P. Meyvaert (1960). Le traité
de Bernold de Saint-Blaise contre Bérenger a été édité par J.
Geiselmann (1936), H. Weisweiler (1937) et, partiellement,
par R.B.C. Huygens (1965). Sur Bruno de Segni, R. Grégoire
a rédigé une étude importante (1965). L. Brigué a consacré
une thèse à la théologie eucharistique d'Alger de Liège (1936) ;
et N.M. Haring, un article à sa doctrine sacramentelle (1958).

Signalons encore les travaux de J. de Ghellinck (1930), N.M.
Haring (1948) et D. Van den Eynde (1950) sur l'histoire de la
définition des sacrements, histoire dans laquelle Bérenger joue
un rôle primordial ; les recherches de B. Smalley concernant
la *Glossa ordinaria* : elles apportent des éclaircissements sur
les commentaires scripturaires dus à Lanfranc et à Bérenger
(1937, 1941, 1952) ; les articles où L. Hödl (1962) et G. Geenen
(1967) montrent comment les grands scolastiques ont interprété
la profession de foi eucharistique du concile de Rome de 1059 ;
les ouvrages de R. Snoeks (1951), de F. Clark (1960 et 1967),
l'article de H. Althaus (1961), qui évoquent la façon dont catholiques et réformés ont justifié ou critiqué les doctrines eucharistiques médiévales : notons que F. Clark reprend à son compte
cette querelle dans un esprit apologétique assez anachronique
et qui, au moins pour le domaine que nous connaissons, tombe
on ne peut plus à faux.

Fait surprenant, *la doctrine eucharistique de Lanfranc n'a
pas été l'objet d'études approfondies*. En ce qui la concerne, tout

au plus peut-on mentionner l'article *Lanfranc* du *Dictionnaire de théologie catholique*, rédigé par A. Amann et A. Gaudel (1925), et les pages que lui consacrent des ouvrages généraux, tels ceux de M. Lepin, A.J. Macdonald, J. Geiselmann, etc., que nous citons plus haut. *Or, nous l'avons souligné, il est impossible de se faire une idée exacte de la controverse bérengarienne... si l'on ignore la pensée du principal adversaire de Bérenger. Là aussi, par conséquent, nous avions un vaste champ à explorer.*

Notre travail

Sans négliger les travaux de nos devanciers, nous nous sommes assigné pour tâche essentielle d'aller aux sources et de les interpréter par nous-même.

Sur le plan historique, où nous croyons avoir apporté nombre de précisions nouvelles, nous avons cherché à dégager les coordonnées d'une controverse aux rebondissements multiples, aux événements foisonnants : la doctrine eucharistique de Bérenger n'a-t-elle pas été jugée par au moins six conciles présidés par des papes, et par huit conciles provinciaux, dont quatre furent dirigés par des légats pontificaux ! Bérenger comparut devant neuf ou dix de ces assemblées. Il ne nous a pas semblé suffisant de retracer les épisodes de l'affaire bérengarienne les uns après les autres. Nous avons voulu, dans toute la mesure du possible, découvrir la raison d'être de chacun d'eux et le lien qui les unissait. Autrement dit, sans infléchir les données de l'histoire, nous avons cru discerner un certain enchaînement logique dans une suite de faits peu cohérente à première vue.

Nous avons étudié la question très complexe des relations de Grégoire VII et de Bérenger, question que C. Erdmann (1938) et O. Capitani (1956 et 1957) ont traitée en des aperçus trop rapides et sans tenir compte de tous ses aspects.

Nous avons essayé de tirer le maximum de renseignements de l'étude des documents constitués par le manuscrit *Wissembourg 101* et par les folios 149 à 162 du manuscrit *Vorau 412*. Le caractère original de ce dernier document avait, jusqu'à présent, échappé à l'attention des spécialistes de la question bérengarienne. Cette découverte, intéressante par elle-même, nous a, de plus, en raison du lien qui existe entre les deux manuscrits, confirmé dans notre certitude que *Wissembourg 101* provenait bien de Bérenger.

C'est évidemment sur le plan doctrinal que nous avons fait porter notre principal effort. Nous n'avons pas « réhabilité » Bérenger. Si l'on ne peut mettre en doute la sincérité de ses convictions, il est néanmoins impossible d'estimer que son symbolisme eucharistique, hypothéqué par une conception purement cognitive du signe, corresponde aux intentions de Jésus telles que nous les manifeste le témoignage de l'Église primitive, et notamment celui de saint Paul dans sa première épître aux Corinthiens. *Sans justifier Bérenger, il fallait cependant comprendre le sens de sa réaction* et, en particulier, reconnaître que les formulations de la présence réelle critiquées par lui sont empreintes d'un « sensualisme » dont ne peut se satisfaire une saine intelligence des données de la foi. *Aucun auteur n'était plus que Lanfranc apte à nous éclairer sur ce point. Sa doctrine eucharistique, antithèse de celle du maître tourangeau, nous fournit une grille de lecture pour déchiffrer la signification de la controverse bérengarienne. De plus, on ne peut, sans la connaître, interpréter clairement les doctrines de Guitmond d'Aversa et d'Alger de Liège, qui la continuent en la corrigeant.*

En définitive, à partir de la discussion de Bérenger et de Lanfranc s'ébauche une problématique qui conditionne le développement ultérieur de la théologie sacramentelle et eucharistique. Un exemple le montrera. L'intervention de notions aristotéliciennes dans les traités des XIIe et XIIIe siècles sur l'eucharistie ne doit pas être jugée seulement à partir de certains excès propres à la scolastique et du « chosisme » que la distinction de la substance et des accidents semble impliquer pour nos esprits du XXe siècle. Il faut l'envisager aussi en tenant compte de l'ultra-réalisme du XIe siècle, dont précisément le *De corpore et sanguine Domini* de Lanfranc nous offre un des exemples les mieux élaborés. On comprend alors que la fameuse distinction, qui n'a, du reste, jamais fait partie du « dogme » catholique, a été l'instrument de pensée grâce auquel la formulation de la croyance eucharistique a pu se spiritualiser sans que, pour autant, soit compromis le réalisme de la présence de l'humanité du Christ sur les autels. En outre, l'application de cette distinction à l'eucharistie se situe *historiquement* dans le prolongement de deux thèmes familiers à Lanfranc, l'un qu'il oppose aux négations de Bérenger en affirmant que le sacrifice du Christ à la messe est constitué par la chair invisible du Seigneur et l'apparence visible du pain, l'autre qu'il emprunte en fait à Bérenger en reconnaissant avec lui que l'eucharistie comporte un aspect « sacramentel ».

On pourrait rappeler ici l'adage : « Le mort saisit le vif. » La théologie eucharistique dont l'Église catholique a vécu pendant des siècles, s'explique, dans une large mesure, par ses origines, par cette controverse sur laquelle nous avons tenté de jeter un peu de lumière. En prendre conscience, c'est, sans renier le passé, se donner plus de facilité pour juger cette théologie, pour la « situer » et, le cas échéant, pour faire un tri parmi les éléments qu'elle a charriés au long de l'histoire, c'est, de toute façon, reconnaître l'intérêt et même la nécessité de la tâche que nous avons entreprise et, non sans difficultés, menée à son terme.

Ajoutons ceci, qui est important. Nos recherches nous obligent à constater qu'à travers une commune adhésion à la doctrine de la présence réelle, il existe une différence profonde entre telle affirmation officielle de l'Église du XIe siècle sur l'eucharistie (notamment au concile de Rome de 1059) et certaines précisions dogmatiques de l'Église du XIIIe siècle (voir le *Lauda Sion*) et des siècles suivants (voir concile de Trente, canon 3 du décret sur le sacrement de l'eucharistie). Nous pensons, et nous montrerons dans les treize dernières pages de notre conclusion, que ce fait comporte plus d'éléments positifs, en particulier sur le plan œcuménique, qu'il ne légitime de raisons de s'étonner d'un contraste aussi accusé entre les deux « formulations », contraste qui ne met nullement en cause la « substance » de la doctrine et qui s'explique très simplement par la différence des ambiances philosophiques des XIe et XIIIe siècles.

* * *

Nous exprimons notre reconnaissance à l'égard de ceux qui nous ont aidé dans notre travail. Parmi eux, nous tenons à mentionner M. le chanoine A. Chavasse, qui nous en a donné l'idée et qui a suivi nos premières recherches, et M. l'abbé R. Étaix, dont les conseils et les informations nous ont rendu des services inappréciables. Nous remercions également M. l'abbé R. Mercier, curé de l'église Saint-Pierre-ès-liens de Lyon, et les confrères de l'équipe sacerdotale de Vaise. Cet ouvrage doit beaucoup à leur hospitalité et à leurs encouragements.

Curieuse coïncidence : l'église Saint-Pierre de Lyon-Vaise est vraisemblablement la seule en France dans laquelle une œuvre d'art illustre la controverse eucharistique du XIᵉ siècle. Elle possède un beau maître-autel, sculpté au siècle dernier. Sur l'un des côtés du tabernacle qui domine cet autel, une sorte de griffon ou de chérubin agrippe un serpent marqué du nom d'Arius. Sur le côté opposé, un autre griffon protège l'eucharistie contre les attaques d'un serpent qui porte le nom de Berengarius !

D'une inspiration plus sereine est une figure de la Dispute du Saint-Sacrement de Raphaël. Des historiens l'ont identifiée avec Bramante, alors qu'elle semble être une représentation, fort bien imaginée, de l'écolâtre tourangeau. Il n'est pas impossible, du reste, que Raphaël ait donné intentionnellement à celui-ci les traits du grand architecte italien. Au premier plan à gauche, un homme aux rares cheveux blancs, accoudé à une balustrade, se désintéresse de la scène principale. Il tient un volume ouvert et le montre à un autre personnage en un geste qui souligne un argument. Son interlocuteur, insensible à la démonstration, désigne de la main l'hostie et semble inviter l'amateur de livres à ne pas ergoter sur les textes et à se tourner vers la divine présence pour l'adorer. Derrière le vieillard et lisant par-dessus son épaule, un adolescent, un étudiant semble-t-il, pointe le doigt vers le passage que le maître vient de lui commenter. Tel fut Bérenger. Plutôt que d'interroger la foi vivante de son époque, écho de la foi des siècles passés, il préféra se pencher sur les écrits des Pères et en donner des interprétations qui contredisaient le sens chrétien véritable. Et malheureusement, il fit des adeptes parmi les jeunes qui suivaient son enseignement.

Tout en constatant ses limites, nous nous efforcerons de lui rendre justice. Si l'on ne peut nier, croyons-nous, qu'il s'est trompé sur l'essentiel, on doit admettre aussi qu'il a permis à la pensée catholique de retrouver certaines données traditionnelles et qu'il l'a contrainte à se libérer de formulations d'une lourdeur assez choquante. Pour ce service rendu à l'Église, on peut lui pardonner beaucoup et même lui vouer quelque gratitude.

J. DE MONTCLOS
Collège de Passy-Buzenval,
Rueil-Malmaison (Hauts-de-Seine), France.

SIGLES, ABRÉVIATIONS, SYSTÈME DE RÉFÉRENCES, TEXTES UTILISÉS

Dans nos références aux ouvrages mentionnés ci-dessous, sauf indication contraire, nous faisons suivre le sigle ou l'abréviation

soit du numéro de la page suivi lui-même, le cas échéant, après une barre transversale, des numéros des lignes dans la page : par exemple, DSC, 16/23-28,

soit du numéro de la colonne suivi, le plus souvent, des lettres indiquant les sections de colonne, lettres après lesquelles nous signalons, s'il y a lieu de le faire, les numéros des lignes dans les sections de colonnes : par exemple, DC, 413 A 1-13.

Cfr Gilbert Crispin	Sur le sens de cette expression, voir les dernières lignes de la note 4 de la p. 37.
Commentarii	Commentaires de Lanfranc sur les épîtres de saint Paul avec glose interlinéaire, dans PL, t. CL, col. 101-406 ; nos références indiquent les numéros des colonnes suivis soit, après une barre transversale, des numéros des lignes dans les colonnes (pour le texte de saint Paul et pour la glose interlinéaire), soit des numéros du commentaire : par exemple, *Commentarii*, 137/14-15, *Commentarii*, 140, n° 12.
DC	*De corpore et sanguine Domini* de Lanfranc, dans PL, t. CL, col. 407-442 [1].
DSC	*De sacra coena* de Bérenger, édition de W.H. Beekenkamp, La Haye, 1941 [2].
EA	Lettre d'Ascelin à Bérenger, dans PL, t. CL, col. 67-68.
EB	Groupement bérengarien de cinq lettres du manuscrit *Londres, BM Harley 3023*, éditées par E. BISHOP, *Unedierte Briefe zur Geschichte Berengar's von Tours*, dans *Görresgesellschaft. Historisches Jahrbuch*, t. I, 1880, p. 273-275 ; nous désignons chacune de ces lettres par le numéro d'ordre, en chiffres romains, que lui donne l'édition : EB, I, etc.
EBA	Lettre de Bérenger à Ascelin, dans PL, t. CL, col. 66.

---

1. Voir *infra*, p. XIX.

2. En dénombrant les lignes dans cette édition, nous n'avons pas tenu compte de celles qui sont occupées par les numéros des chapitres. On trouvera *infra*, p. 548 sq., une concordance du manuscrit et des deux éditions du *De sacra coena*. L'édition de 1834 a été rééditée anastatiquement : voir *infra*, p. XIX.

ED   Lettre de Déoduin de Liége au roi de France Henri Ier, dans PL, t. CXLVI, col. 1439-1442.

EE   Lettre d'Eusèbe Brunon à Bérenger, dans PL, t. CXLVII, col. 1201-1204 [1].

EF   Groupement bérengarien de vingt-deux lettres du manuscrit *Hanovre 671*, éditées par C. Erdmann et N. Fickermann dans les *Briefsammlungen der Zeit Heinrichs IV* (t. V de *Die Briefe der deutschen Kaiserzeit* des *Monumenta Germaniae historica*), Weimar, 1950, p. 132-172 ; nous désignons chacune de ces lettres par le numéro d'ordre que lui donne l'édition : EF, LXXXII, etc. [2]

EH   Lettre du cardinal Humbert à Eusèbe Brunon, éditée par K. Francke, *Zur Characteristik des Cardinals Humbert von Silva Candida*, dans *Neues Archiv der Gesellschaft für ältere deutsche Geschichtskunde*, t. VII, 1881, p. 614-615.

ELD   Lettre de Lanfranc à Dunan, évêque de Dublin, dans PL, t. CL, col. 532-533.

HT   Lettre d'Adelman à Bérenger, éditée par R. Heurtevent dans *Durand de Troarn*, Paris, 1912, p. 287-303 ; à côté des références à l'édition d'Heurtevent, nous signalons, entre parenthèses, pour la première partie de la lettre, les références à l'édition de la PL, t. CXLIII, col. 1289-1296 [3].

Mém.   *Mémoire* de Bérenger de Tours sur les conciles romains de la Toussaint de 1078 et du carême de 1079, édité par E. Martène et U. Durand dans le *Thesaurus novus anecdotorum*, t. IV, Paris, 1717, col. 103-109, et par R.B.C. Huygens dans *Sacris erudiri*, t. XVI, 1965, p. 388-403 [4].

PE   Lettre de Bérenger à Adelman *(Purgatoria epistola contra Almannum)*, éditée *infra*, p. 531-538.

PL   Patrologie latine de Migne.

RHGF   *Recueil des historiens des Gaules et de la France* dans son édition ancienne (1737-1786) ou dans sa reproduction anastatique (1869-1880).

---

1. Faute d'avoir eu sous la main l'édition de la lettre d'Eusèbe Brunon due à K. Semisch (*Zeitschrift für die historische Theologie*, t. XVII, 1857, p. 158 sq.), nous nous sommes contenté de l'édition de Migne, mais, en EE, 1204 A 15, nous remplaçons les mots *Domini Geraldi, tunc legati* par les mots *Domni Gervasii tunc capti*, conformément à la leçon donnée par le manuscrit *Berlin, BN Phillipps 1704*, f. 144. Voir *infra*, p. 115, note 3.

2. On trouvera *infra*, p. 17, une concordance de la numérotation de ces lettres dans l'édition Erdmann-Fickermann et dans l'édition due à H. Sudendorf (*Berengarius Turonensis oder eine Sammlung ihn betreffender Briefe*, Hambourg-Gotha, 1850).

3. Notre travail était rédigé quand a paru l'édition de cette lettre, due à R. B. C. Huygens.

4. Voir *infra* p. XIX, 5-6.

SCS   Fragments du *Scriptum contra synodum* de Bérenger cités par Lanfranc dans la première partie du *De corpore et sanguine Domini* : PL, t. CL, col. 409-426, *passim*.

« écritures »   Nous désignons de cette façon ce que les écrivains ecclé-
« scripturaire » siastiques du XIe siècle dénommaient *scripturae, scripturae sacrae*, etc., et qui englobait non seulement l'Écriture sainte mais aussi les textes de la tradition.

« Jean Scot »   C'est ainsi que, la plupart du temps, nous désignons Ratramne, dont le traité sur l'eucharistie a été attribué à Jean Scot par l'Église du XIe siècle.

Nous citons les textes énumérés ci-dessus en nous conformant, sauf précision contraire, aux éditions que nous venons de mentionner. Cette règle comportera les deux exceptions générales suivantes :

1. En ce qui concerne le DC, nous tenons compte des variantes les plus sûres des trois manuscrits collationnés par nous à l'appendice III [1], mais nous signalons entre parenthèses, en la faisant précéder du sigle PL, la leçon de Migne que nous abandonnons.

2. L'édition du *Mémoire*, due à R.B.C. Huygens, ayant paru alors que l'ensemble de notre travail était rédigé, nous citons le texte de cet écrit d'après une lecture directe du manuscrit *Bruxelles, BR 5576-5604*, f. 157-163. Nous gardons néanmoins les divisions de l'édition de 1717 reproduites dans l'édition de 1965.

Par souci de commodité, pour la plupart des textes ecclésiastiques, nous renvoyons à la Patrologie de Migne. Quand se pose un problème de critique textuelle, nous recourons à une édition savante.

NOTA BENE :

Le présent ouvrage était achevé quand nous avons eu connaissance d'une récente réédition anastatique de l'édition de 1834 du *De sacra coena* de Bérenger (voir *infra*, p. XXIII, 4) : chez Georg Olms Verlagsbuchhandlung, 32-Hildesheim, Allemagne fédérale. Cette réédition est d'autant plus opportune que l'édition de 1941 est à son tour devenue introuvable (voir p. X-XI), et elle rend fort utile la concordance des éditions que l'on trouvera *infra*, p. 548-554.

---

1. Voir *infra*, p. 540-545.

BIBLIOGRAPHIE

I. SOURCES [1]

ABBAUDUS, *De fractione corporis Christi*, PL, t. CLXVI, 1342-1348.

ABÉLARD, *Sic et non*, PL, t. CLXXVIII, 1329-1610.

Acta synodi Atrebatensis, PL, t. CXLII, 1269-1312 ; éd. L. D'ACHERY, *Spicilegium*, t. XIII, Paris, 1677, p. 1-63, et nouvelle série, t. I, Paris, 1723, p. 606-624.

ADELMAN DE LIÈGE, *Armonicae facultatis aspirante gratia* :

1. Texte de Liège, éd. J. HAVET, *Poème rythmique d'Adelman de Liège sur plusieurs savants du XIe siècle*, dans *Notices et documents publiés par la Société de l'histoire de France à l'occasion du cinquantième anniversaire de sa fondation*, Paris, 1884, p. 81-86.

2. Texte de Spire, éd. E. MARTÈNE-U. DURAND, *Thesaurus novus anecdotorum*, t. IV, col. 113-114 ; PL, t. CXLIII, 1295-1298.

3. Éd. synoptique des deux textes dans J. HAVET, *loco cit.*, et dans L. C. MACKINNEY, *Bishop Fulbert*, p. 49-51.

— *Epistola ad Berengarium*, PL, t. CXLIII, 1289-1296 ; éd. C.A. SCHMID, Brunswick, 1770 ; éd. R. HEURTEVENT, *Durand de Troarn*, p. 287-303 ; éd. R.B.C. HUYGENS, *Textes latins du XIe au XIIIe siècle*, dans *Studi medievali*, 3e série, t. VIII, 1967, p. 476-493.

ALEXANDRE II, *Epistolae et diplomata*, PL, t. CXLVI, 1279-1430.

ALGER DE LIÈGE, *De misericordia et justitia*, PL, t. CLXXX, 859-968.

— *De sacramentis corporis et sanguinis dominici*, PL, t. CLXXX, 749-854.

AMBROISE, *De fide ad Gratianum*, PL, t. XVI, 527-698.

— *De mysteriis*, PL, t. XVI, 389-410.

— *De sacramentis*, PL, t. XVI, 417-462 ; éd. O. FALLER, *Sancti Ambrosii opera*, t. VII (Corpus scriptorum ecclesiasticorum lat., t. LXXIII), Vienne, 1955 ; éd. et tr. B. BOTTE, *Ambroise. Des sacrements. Des mystères*, 2e éd. (Sources chrétiennes, t. 25 bis), Paris, 1961.

— *Epistola LXIV*, PL, t. XVI, 1219-1222.

---

[1]. Dans cette bibliographie, nous ne nous bornons pas à mentionner les ouvrages cités dans le cours du présent volume, mais nous cherchons à donner une idée aussi complète que possible de la documentation qui concerne la controverse bérengarienne pour la période médiévale (sources) et pour la période récente (travaux). Sur les travaux plus anciens on consultera la bibliographie de A. J. MACDONALD, *Berengar and the reform of sacramental doctrine*, et de l'article *Bérenger de Tours* du *Dictionnaire d'histoire et de géographie ecclésiastiques*. Nous signalons d'un astérisque les publications dont il ne nous a pas été possible de prendre connaissance directement.

— *Expositio evangelii secundum Lucam*, PL, t. XV, 1527-1850.

ANASTASE, *Epistola ad Geraldum abbatem*, PL, t. CXLIX, 433-436.

ANONYME, *Epistola ad Berengarium*, éd. R.W. SOUTHERN, *Lanfranc of Bec and Berengar of Tours*, p. 48.

ANONYME, *Epistola ad Berengarium* (en vers), éd. Ch. FIERVILLE, *Notices et extraits*, p. 138-139; à compléter par A. BOUTEMY, *Notes additionnelles* p. 28-30.

ANOMYME, *Quod panis mensae dominicae*, éd. M. MATRONOLA, *Un testo inedito di Berengario*, p. 109-121.

ANSÉGISE, *Caroli Magni, Ludovici et Lotharii imperatorum capitula*, PL, t. XCVII, 489-584.

ANSELME DE CANTORBERY, *Epistolae*, PL, t. CLVIII, 1057-1208, t. CLIX, 9-272 ; éd. F. SCHMITT, *S. Anselmi Cantuariensis archiepiscopi opera omnia*, t. III, IV, V, Édimbourg, 1946, 1949, 1951.

— *Monologion*, PL, t. CLVIII, 141-224 ; éd. F. SCHMITT, *op. cit.*, t. I, Édimbourg, 1946, p. 7-87.

ANSELME DE LAON, (Ps.-Walafrid Strabon), *Glossa ordinaria*, PL, t. CXIII, 67-1316, t. CXIV, 9-752.

ANSELME DE REIMS, *Historia dedicationis ecclesiae S. Remigii*, t. CXLII, 1415-1440.

ASCELIN, *Epistola ad Berengarium*, PL, t. CL, 67-68.

AUGUSTIN, *Contra Faustum*, PL, t. XLII, 207-518.

— *De agone christiano*, PL, t. XL, 289-310.

— *De baptismo*, PL, t. XLIII, 107-244.

— *De catechizandibus rudibus*, PL, t. XL, 309-348.

— *De civitate Dei*, PL, t. XLI, 13-804.

— *De diversis quaestionibus LXXXIII*, PL, t. XL, 11-100.

— *De doctrina christiana*, PL, t. XXXIV, 15-122.

— *De haeresibus*, PL, t. XLII, 21-50.

— *De musica*, PL, t. XXXII, 1081-1194.

— *De sermone Domini in monte*, PL, t. XXXIV, 1229-1308.

— *De Trinitate*, PL, t. XLII, 819-1098.

— *De vera religione*, PL, t. XXXIV, 121-172.

— *Enarrationes in psalmos*, PL, t. XXXVI, 67-1028, t. XXXVII, 1033-1966.

— *Epistola XCVIII*, PL, t. XXXIII, 359-364.

— *Epistola CV*, PL, t. XXXIII, 396-404.

— *Epistola CXXXV* (de VOLUSIEN à Augustin), PL, t. XXXIII, 512-514.

— *Epistola CXXXVII*, PL, t. XXXIII, 515-525.

— *Sermo LXXXIX*, PL, t. XXXVIII, 553-558.

— *Sermo CCCLI*, PL, t. XXXIX, 1535-1549.

— *Sermo de sacramento altaris ad infantes*, PL, t. XLVI, 826-828 ; éd. G. MORIN, *Sermones post Maurinos reperti* (Miscellanea Agostiniana, t. I, Rome, 1930), p. 18-20.

— *Sermo Mai 129*, PL, Supplementum II**, 518-519.

— *Soliloquia*, PL, t. XXXII, 869-904.

— *Tractatus in Joannis evangelium*, PL, t. XXXV, 1379-1976.

BAKHUIZEN VAN DEN BRINK (J.N.), *Ratramnus, De corpore et sanguine Domini. Texte établi d'après les manuscrits et notice bibliographique*, Amsterdam, 1954.

BAUDRY DE BOURGUEIL, *Super domnum Berengarium*, PL, t. CLXVI, 1190.

BEEKENKAMP (W.H.), *Berengarii Turonensis de sacra coena adversus Lanfrancum* (Kerkhistorische studiën, t. II), La Haye, 1941.

BENO, *Gesta Romanae Ecclesiae contra Hildebrandum*, dans *Monumenta Germaniae historica, Libelli de lite imperatorum et pontificum*, t. II, Hanovre, 1892, p. 369-380.

BÉRENGER DE TOURS, *Commentaire sur les Épîtres de saint Paul* (fragments), dans B. SMALLEY, *La Glossa ordinaria* (Recherches de théologie ancienne et médiévale, t. IX, 1937), p. 389, notes 45-47, et p. 391-394.

— *Commentaire sur le Notre Père*, éd. V. ROSE, *Verzeichnis der Meermann-Handschriften der königlichen Bibliothek zu Berlin*, Berlin, 1892, p. 114-115.

— *Commentaire sur le Psautier* (fragments), dans A. LANDGRAF, *Untersuchungen zu den Paulinenkommentaren des 12. Jahrhunderts* (Recherches de théologie ancienne et médiévale, t. VIII, 1936), p. 365, note 52. Cfr R. B. C. HUYGENS, *Bérenger de Tours, Lanfranc et Bernold de Constance* (Sacris erudiri, t. XVI, 1965), p. 367, note 16.

— *De sacra coena*, éd. A.F. et F. Th. VISCHER, Berlin, 1834 ; éd. W.H. BEEKENKAMP, La Haye, 1941. Voir *supra*, p. XIX, et *infra*, p. 548-554.

— *Juste judex, Jesu Christe*, éd. E. MARTÈNE-U. DURAND, *Thesaurus novus anecdotorum*, t. IV, Paris, 1717, col. 115-116.

— *Lettre à Adelman* : voir *infra*, p. 531-538.

— *Lettre à Ascelin*, PL, t. CL, 66.

— *Lettre à Gervais du Mans* écrite pour le compte d'Eusèbe Brunon (fragment) : voir *infra*, p. 15.

— *Lettre à I.*, éd. E. MARTÈNE-U. DURAND, *Thesaurus novus anecdotorum*, t. I, col. 195-196 ; et EF, n° CII.

— *Lettre à Joscelin de Bordeaux*, éd. G. MORIN, *Lettre inédite de Bérenger* (Revue bénédictine), t. XLIV, 1932), p. 223-226.

— *Lettre à Lanfranc*, PL, t. CL, 63 ; éd. R.B.C. HUYGENS, *Textes latins du XIᵉ au XIIIᵉ siècle* : voir *infra*, p. 54.

— *Lettre à Richard*, éd. D'ACHERY, *Spicilegium*, t. III, Paris, 1723, p. 400 ; J.A. GILES, *Opera omnia Lanfranci*, t. I, Oxford-Paris, 1844, p. 18-19 ; éd. EF, n° LXXXVIII.

— *Lettre à R(oger ?)* : voir *infra*, p. 521.

— *Lettre à W.* (fragment), éd. J. MABILLON, *Acta sanctorum Ordinis sancti Benedicti*, t. IX, Paris, 1701, p. XVII, Venise, 1740, p. XI ; EF, p. 152-153, en note.

— *Lettres du groupement bérengarien du manuscrit « Hanovre 671 »*, éd. H. SUDENDORF, *Berengarius Turonensis oder eine Sammlung ihn betreffender Briefe*, Hambourg-Gotha, 1850 ; éd. C. ERDMANN-N. FICKERMANN, *Briefsammlungen der Zeit Heinrichs IV* (Monumenta Germaniae historica, Die Briefe der deutschen Kaiserzeit, t. V), Weimar, 1950, p. 132-172.

— Lettres du groupement bérengarien du manuscrit « Londres, BM Harley 3023 », éd. E. BISHOP, Unedierte Briefe zur Geschichte Berengar's von Tours (Görresgesellschaft. Historisches Jahrbuch, t. I, 1880), p. 273-275.

— Mémoire sur les conciles romains de la Toussaint de 1078 et du carême de 1079, éd. E. MARTÈNE-U. DURAND, Thesaurus novus anecdotorum, t. IV, Paris, 1717, col. 103-109 ; ed. R.B.C. HUYGENS, Bérenger de Tours Lanfranc et Bernold de Constance (Sacris erudiri, t. XVI, 1965), p. 388-403.

— Note sur Albéric du Mont-Cassin, éd. P. MEYVAERT, Bérenger de Tours contre Albéric du Mont-Cassin (Revue bénédictine, t. LXX, 1960), p. 331-332.

— Note sur la naissance du Christ : voir infra, p. 493-494.

— Pseudo-lettre d'Alexandre II au comte d'Anjou, Geoffroy le Jeune : voir infra, p. 489, note 1.

— Pseudo-lettre de Grégoire VII à Raoul de Tours et à Eusèbe d'Angers, PL, t. CXLVIII, 698 C.

— Pseudo-lettre de sauf-conduit de Grégoire VII, PL, t. CXLVIII, 689 D ; et R.B.C. HUYGENS, Bérenger de Tours, etc., p. 389-390.

— Scriptum contra synodum (fragments), PL, t. CL, 409-426, passim.

BÉRENGER DE VENOUSE, Epistola ad Gregorium VII, éd. G. MORIN, dans Bérenger contre Bérenger, p. 117-133.

BERNOLD DE SAINT-BLAISE, Chronicon, PL, t. CXLVIII, 1275-1432.

— De veritate corporis et sanguinis Domini, PL, t. CXLVIII, 1453-1460 (sous le titre De Berengerii haeresiarchae damnatione multiplici) ; éd. J. GEISELMANN, Bernold von St. Blasien. Sein neuentdecktes Werk über die Eucharistie ; éd. H. WEISWEILER, Die vollständige Kampfschrift Bernolds von St. Blasien : De veritate corporis et sanguinis Domini, p. 58-93 ; éd. R.B.C. HUYGENS, Bérenger de Tours, Lanfranc et Bernold de Constance, p. 378-387 (partie historique du traité).

BERTHOLD, Annales, dans Monumenta Germaniae historica, Scriptores, t. V, Hanovre, 1844, p. 264-326.

BISHOP (E.), Unedierte Briefe zur Geschichte Berengar's von Tours, dans Görresgesellschaft. Historisches Jahrbuch, t. I, 1880, p. 272-280.

BOÈCE, Liber de persona et duabus naturis, PL, t. LXIV, 1337-1354.

BRUNO DE SEGNI, Expositio in Leviticum, PL, t. CLXIV, 377-464.

BURCHARD DE WORMS, Decreta, PL, t. CXL, 549-1058.

CASSIEN, Collationes Patrum, PL, t. XLIX, 477-1328.

CÉLESTIN Ier, Epistola XXI, PL, t. L, 528-537.

Chant sur la mort de Lanfranc, éd. É. DU MÉRIL, Poésies populaires latines du Moyen Age, t. II, Paris, 1847, p. 251-255.

CHROMACE D'AQUILÉE, Sermo de octo beatitudinibus, éd. E. HOSTE, Chromatii Aquileiensis quae supersunt (Corpus christianorum, series latina, t. IX), Turnhout, 1957, p. 381-388.

— Tractatus XVII in evangelium Matthaei, ibid., p. 399-442.

Chronicon abbatum Majoris Monasterii, éd. A. SALMON, *Recueil de chroniques de Touraine*, Paris, 1854, p. 318 sq.

Chronicon Beccensis abbatiae, PL, t. CL, 639-690.

Chronicon Pisanum, éd. L.A. MURATORI, *Rerum Italicarum scriptores*, t. VI, Milan, 1725, col. 107-110.

Chronicon S. Benigni Divionensis, PL, t. CLXII, 755-860.

Chronicon S. Maxentii (extraits), RHGF, t. XII, p. 400-408.

Chronicon Turonense magnum, éd. A. SALMON, *Recueil, etc.*, p. 64 sq.

CICÉRON, *Tusculanes*, éd. G. FOHLEN-J. HUMBERT, t. I, Paris, 1931.

CLARIUS, *Chronicon S. Petri Vivi*, éd. L. D'ACHERY, *Spicilegium*, nouvelle série, t. II, Paris, 1723, p. 463-486.

CLÉMENT III (antipape), *Lettres à Lanfranc*, éd. F. LIEBERMANN, *Lanfranc and the antipope*, p. 330-332.

Concile œcuménique Vatican II. Constitutions. Décrets. Déclarations. Textes français et latin, éd. du Vitrail et du Centurion, Paris, 1967.

Concilium Agathense, dans J.D. MANSI, *Sacrorum conciliorum nova et amplissima collectio*, t. VIII, Venise, 1776, col. 319-338.

Concilium Florentinum, 1439-1445, dans *Conciliorum œcumenicorum decreta*, éd. HERDER, 1963, p. 1890-1935.

Concilium Tridentinum, 1545-1563, ibid., p. 638-775.

Concilium Vaticanum, 1869-1870, ibid., p. 778-792.

Consuetudines Beccenses, éd. M.P. DICKSON (Corpus consuetudinum monasticarum, t. IV), Siegburg, 1967.

CYPRIEN, *De oratione dominica*, PL, t. IV, 519-544.

CYRILLE D'ALEXANDRIE : voir DENYS LE PETIT.

D'ACHERY (L.), *Beati Lanfranci opera omnia*, Paris, 1648.

— *Spicilegium*, t. XIII, Paris, 1677 ; nouvelle série, t. I et III, Paris, 1723.

Decretum synodi Brixinensis, éd. I.M. WATTERICH, *Pontificum Romanorum vitae*, t. I, Leipsig, 1862, p. 441-443.

De injusta vexatione Willelmi episcopi, éd. Th. ARNOLD, dans les *Symeonis monachi opera omnia* (Rolls series, t. 75), t. I, Londres, 1882, p. 170-195.

DENYS LE PETIT, *Epistola S. Cyrilli Alexandri episcopi directa Nestorio ... duodecim continens anathematismi capitula*, PL, t. LXVII, 11-18.

DÉODUIN DE LIÈGE, *Epistola ad Henricum regem*, PL, t. CXLVI, 1439-1442.

DROGON DE PARIS, *Lettres à Bérenger*, EF, XCVI, XCVII.

DURAND DE TROARN, *Ansfrido patri, meritis et honore cluenti...*, transposition en un poème de neuf cents vers du traité mentionné ci-après : il n'en reste que quelques vers cités par J. MABILLON, *Annales Ordinis s. Benedicti*, t. V, Paris, 1713, p. 103-104.

— *Liber de corpore et sanguine Christi*, PL, t. CXLIX, 1375-1424.

EADMER, *Historia novorum*, PL, t. CLIX, 347-524 ; éd. M. RULE (Rolls series, t. 81), Londres, 1884, p. 10-27.

— *Vita sancti Anselmi*, PL, t. CLVIII, 49-120 ; éd. R.W. SOUTHERN, *The life of St. Anselm, archbishop of Canterbury, by Eadmer* (Medieval texts), Édimbourg, 1962.

Electio Theodorici, abbatis S. Albini Andegavensis, éd. E. MARTÈNE-U. DURAND, *Thesaurus novus anecdotorum*, t. I, col. 184.

ERDMANN (C.)-FICKERMANN (N.), *Briefsammlungen der Zeit Heinrichs IV* (Monumenta Germaniae historica, Die Briefe der deutschen Kaiserzeit, t. V), Weimar, 1950.

EUSÈBE BRUNON, *Epistola ad Berengarium*, PL, t. CXLVII, 1201-1204 ; * éd. K. SEMISCH, dans *Zeitschrift für die historische Theologie*, t. XVII, 1857, p. 158 sq.

FAUROUX (M.), *Recueil des actes des ducs de Normandie de 911 à 1066* (Mémoires de la Société des antiquaires de Normandie, 36), Caen, 1961.

FLORUS DE LYON, *Expositio in epistolas beati Pauli*, PL, t. CXIX, 279-420.

FOLMAR, *Impia Folmari epistola*, PL, t. CXCIV, 1481-1482.

— *Palinodia Folmari*, PL, t. CXCIV, 1485-1486.

FROLLAND DE SENLIS, *Epistola ad Berengarium*, PL, t. CXLIII, 1369-1372.

FULBERT, *Epistola V*, PL, t. CXLI, 196-204.

FULGENCE DE RUSPE, *Contra sermones fastidiosi ariani*, PL, t. LXV, 507-528.

— *De fide*, PL, t. LXV, 671-708.

— *Epistola XII*, PL, t. LXV, 380-392.

GEROCH DE REICHERSBERG, *Epistolae*, PL, t. CXCIII, 489-618.

— *Liber de gloria et honore Filii hominis*, PL, t. CXCIV, 1075-1160.

Gesta synodi Aurelianensis anno circiter MXXII celebrata, éd. L. D'ACHERY, *Spicilegium*, nouvelle série, t. I, Paris, 1723, p. 604-606.

GILBERT CRISPIN, *Vita s. Herluini*, PL, t. CL, 697-712 (très incomplète) ; éd. J.A. ROBINSON, *Gilbert Crispin, abbot of Westminster*, p. 85-110.

GILES (J.A.), *Opera omnia Lanfranci* (Patres Ecclesiae Anglicanae), t. I, II, Oxford, 1844.

GOZECHIN DE METZ, *Epistola ad Valcherum*, PL, t. CXLIII, 885-908.

GRATIEN, *Decretum : Concordia discordantium canonum*, PL, t. CLXXXVII.

GRÉGOIRE LE GRAND, *Dialogi*, PL, t. LXXVII, 147-430.

— *Homiliae in Evangelium*, PL, t. LXXVI, 1075-1312.

GRÉGOIRE VII, *Lettres inédites des papes Alexandre II et saint Grégoire VII*, par G. MORIN dans *Revue bénédictine*, t. XLVIII, 1936, p. 117-128.

— *Registrum Gregorii*, PL, t. CXLVIII, 283-644 ; éd. E. CASPAR (Monumenta Germaniae historica, Epistolae selectae, t. II), vol. I et II, Berlin, 1920, 1923.

— (HILDEBRAND), *Epistola ad Lanfrancum*, PL, t. CXLVIII, 734 ; éd. J.A. GILES, *Opera omnia Lanfranci*, t. I, p. 29-30.

GUILLAUME DE MALMESBURY, *Gesta pontificum Anglorum*, PL, t. CLXXIX, 1441-1680 ; éd. N.E.S.A. HAMILTON, Rolls series, t. 52, Londres, 1870, p. 37-73.
— *Gesta regum Anglorum*, PL, t. CLXXIX, 959-1392 ; éd. W. STUBBS, Rolls series, t. 90, vol. I et II, Londres, 1887, 1889.
GUILLAUME DE POITIERS, *Gesta Willelmi Conquestoris*, PL, t. CXLIX, 1217-1270 ; éd. et tr. R. FOREVILLE, *Guillaume de Poitiers, Histoire de Guillaume le Conquérant* (Les classiques de l'histoire de France au Moyen Age, t. 23), Paris, 1952.
GUITMOND D'AVERSA, *Confessio*, PL, t. CXLIX, 1495-1502.
— *De corporis et sanguinis Christi veritate in eucharistia*, PL, t. CXLIX, 1427-1494.
— *Un passage authentique inédit de Guitmond d'Aversa*, par J. LECLERCQ, dans *Revue bénédictine*, t. LVII, 1947, p. 213-214.

HAYMON DE HIRSCHAU (Ps.-Haymon d'Alberstadt), *De corpore et sanguine Domini*, PL, t. CXVIII, 815-818.
HENRI KNIGHTON vel CNITTON, *Chronicon*, éd. J.R. LUMBY, Rolls series, t. 92, vol. I, Londres, 1889.
HILAIRE, *De Trinitate*, PL, t. X, 25-472.
HILDEBERT DE LAVARDIN, *Epitaphium Berengarii*, PL, t. CLXXI, 1396-1397.
HILDEBRAND : voir GRÉGOIRE VII.
HORACE, *De arte poetica*, éd. F. VILLENEUVE, *Horace, Épîtres*, Paris, 1934, p. 179-226.
HORMISDAS, *Epistola LXXIX*, PL, t. LXIII, 512-515 ; éd. O.GUENTHER *Epistulae imperatorum, pontificum, aliorum* (Corpus scriptorum ecclesiasticorum latinorum, t. XXXV, vol. 2), Prague-Vienne-Leipsig, 1898, n° 236, p. 716-722.
HUGUES DE LANGRES, *De corpore et sanguine Domini*, PL, t. CXLII, 1325-1334.
HUMBERT DE MOYENMOUTIER, *Adversus Graecorum calumnias*, PL, t. CXLIII, 929-974.
— *Adversus simoniacos*, PL, t. CXLIII, 1007-1212.
— *Epistola ad Eusebium Brunonem*, éd. K. FRANCKE, *Zur Characteristik des Cardinals Humbert*, p. 614-615.
— *Responsio sive contradictio adversus Nicetae Pectorati libellum*, éd. C. WILL, *Acta et scripta quae de controversiis Ecclesiae Graecae et Latinae saeculo undecimo composita extant*, Leipsig-Marbourg, 1861, p. 136-150.

ISIDORE DE SÉVILLE, *Etymologiae*, PL, t. LXXXII, 73-728.
ISIDORE MERCATOR, *Collectio decretalium*, PL, t. CXXX, 1-1178.
JAFFÉ (P.), *Monumenta Gregoriana*, t. I, Berlin, 1865.
JEAN DE FÉCAMP (Ps.-Alcuin), *De corpore et sanguine Domini et de propriis delictis* (= Confessio fidei, IV), PL, t. CI, 1085-1098.
JEAN XXIII, *Gaudet mater Ecclesia*, allocution du 11 octobre 1962 aux Pères conciliaires, dans *Acta Apostolicae Sedis*, 1962, p. 786-796 ;

traduction dans la *Documentation catholique*, t. LIX, 1962, col. 1377-1386.

— *Questo quarto anniversario*, discours du 4 novembre 1962, dans *Acta Apostolicae Sedis*, 1962, p. 853-859 ; traduction dans la *Documentation catholique*, t. LIX, 1962, col. 1505-1512.

JÉRÔME, *Commentaria in Ezechielem*, PL, t. XXV, 15-490.

— *Commentaria in Matthaeum*, PL, t. XXVI, 15-218.

JOTSALD, *Dicta contra Berengarium* : voir *infra*, p. 29.

LANFRANC, *Ad se nos Dominus remeare benignus*, poème sur la confession édité par A. BOUTEMY, *Notes additionnelles à la notice de Ch. Fierville sur le manuscrit 115 de Saint-Omer*, p. 8.

— *Commentarii in omnes Pauli epistolas cum glossa interjecta*, PL, t. CL, 101-406.

— *De celanda confessione*, PL, t. CL, 625-632.

— *De corpore et sanguine Domini*, PL, t. CL, 407-442. Autres éditions : J. SICHARD, Bâle, 1528 ; G. LE RAT, Rouen, 1540 ; J. COSTER, Louvain, 1551 ; J. ULIMMER, Louvain, 1561 ; L. D'ACHERY, Paris, 1648 ; J.A. GILES, Oxford, 1844 ; R.B.G. HUYGENS, *Sacris erudiri*, t. XVI, 1965, p. 370-377 (partielle). Voir *infra*, p. 255-260.

— *Decreta pro ordine s. Benedicti*, PL, t. CL, 443-516 ; éd. D. KNOWLES, *The monastic constitutions of Lanfranc*, Édimbourg, 1951 ; éd. IDEM, *Decreta Lanfranci monachis Cantuariensibus transmissa* (Corpus consuetudinum monasticarum, t. III), Siegburg, 1967.

— *Epistolae*, PL, t. CL, 515-624 ; éd. J.A. GILES, *Opera omnia Lanfranci*, t. I, p. 17-81.

Ps.-LANFRANC, *Sermo sive sententiae*, PL, t. CL, 637-640.

LÉON DE MARSICA, *Chronicon Casinense*, PL, t. CLXXIII, 479-764.

LÉON LE GRAND, *Epistola LXXX*, PL, t. LIV, 912-915.

— *Sermo LXII*, PL, t. LIV, 349-352.

— *Sermo XCI*, PL, t. LIV, 450-455.

LÉON IX, *Epistolae et decreta pontificia*, PL, t. CXLIII, 591-794.

Liber legis Langobardorum Papiensis, éd. des *Monumenta Germaniae historica, Leges*, t. IV, Hanovre, 1868, p. 290-606.

MANEGOLD DE LAUTENBACH, *Contra Wolphelmum Coloniensem*, PL, t. CLV, 147-176.

— *Liber ad Gebehardum*, éd. des *Monumenta Germaniae historica, Libelli de lite imperatorum et pontificum*, t. I, Hanovre, 1891, p. 308-430.

MARBODE DE RENNES, *Epitaphium magistri Lanfranci archiepiscopi*, PL, t. CLXXI, 1726 + PL, t. CLVIII, 1049-1050 (Ps.-Anselme de Cantorbery).

MARTÈNE (E.)-DURAND (U.), *Thesaurus novus anecdotorum*, t. I, IV, V, Paris, 1717.

— *Veterum scriptorum... amplissima collectio*, t. I, Paris, 1724.

MILON CRISPIN, *Vita beati Lanfranci*, PL, t. CL, 29-58.

Miracula s. Nicolai conscripta a monacho Beccensi, dans *Catalogus codicum hagiographicorum Bibliothecae nationalis Parisiensis* (Hagiographi Bollandiani), t. II, Bruxelles-Paris, p. 405-438.
Missa in symboli traditione, PL, t. LXXII, 487-492 (= Missel de Bobbio).

Narratio controversiae, dans RHGF, t. XII, p. 459-461.
NICOLAS II, *Epistola ad Lanfrancum*, PL, t. CXLIII, 1349-1350.

ORDERIC VITAL, *Historia ecclesiastica*, PL, t. CLXXXVIII, 10-984 ; éd. A. LE PRÉVOST, t. I-V, Paris, 1838-1855.
OTLOH DE SAINT-EMMERAN, *Dialogus de tribus quaestionibus*, PL, t. CXLVI, 61-134.

PASCHASE RADBERT, *De corpore et sanguine Domini*, PL, t. CXX, 1263-1350.
— *De partu Virginis*, PL, t. CXX, 1367-1386 + PL, t. XCVI, 207-236 (Ps.-Ildefonse).
— *Epistola ad Frudegardum*, PL, t. CXX, 1351-1366.
— *Expositio in Matthaeum*, PL, t. CXX, 31-994.
Passio sancti Andreae apostoli, éd. R.A. LIPSIUS-M. BONNET, *Acta apostolorum apocrypha*, t. II, Leipsig, 1898, p. 1-37.
PAULIN DE METZ, *Epistola ad Berengarium*, éd. E. MARTÈNE-U. DURAND, *Thesaurus novus anecdotorum*, t. I, col. 196 ; éd. R.B.C. HUYGENS, *Textes latins...*, p. 467, note 16.
PAUL VI, *Mysterium fidei*, encyclique du 3 septembre 1965, dans *Acta Apostolicae Sedis*, 1965, p. 753-774 ; traduction des éd. du Centurion avec intr. de Ch. EHLINGER, Paris, 1965.
— *Petrum et Paulum*, exhortation apostolique du 22 février 1967, dans *Acta Apostolicae Sedis*, 1967, p. 193-200 ; traduction de la *Documentation catholique*, t. LXIV, col. 481-488.
PHILASTRIUS, *De haeresibus*, PL, t. XII, 1111-1302.
PIERRE DAMIEN, *Contra sedentes tempore divini officii*, PL, t. CXLV, 641-648.
— *De castitate et mediis eam tuendi*, PL, t. CXLV, 709-716.
— *De variis miraculorum narrationibus*, PL, t. CXLV, 571-584.
PIERRE DIACRE, *Chronicon Casinense*, PL, t. CLXXIII, 763-978.
— *De ortu et obitu justorum coenobii Casinensis*, PL, t. CLXXIII, 1063-1116.
— *De viris illustribus Casinensis coenobii*, PL, t. CLXXIII, 1009-1062.
PIERRE LE VÉNÉRABLE, *Tractatus contra petrobrusianos haereticos*, PL, t. CLXXXIX, 719-850.
PIERRE LOMBARD, *Sententiarum libri quatuor*, PL, t. CXCXII, 519-1112.
PLATON, *La République*, IV-VII, éd. et tr. É. CHAMBRY (Platon, Œuvres complètes, t. VII, 1re partie), Paris, 1933.
— *Phédon*, éd. et tr. L. ROBIN (Platon, Œuvres complètes, t. IV, 1re partie), Paris, 1926.

PROSPER D'AQUITAINE, *Liber sententiarum ex operibus sancti Augustini delibatarum*, PL, t. LI, 427-496.

RATRAMNE, *De corpore et sanguine Domini*, PL, t. CXXI, 125-170 ; éd. J.N. BAKHUIZEN VAN DEN BRINK, Amsterdam, 1954.
— *De nativitate Christi*, PL, t. CXXI, 81-102.
Recueil des historiens des Gaules de la France, I-XIII, Paris, 1737-1786, ou reproduction anastatique, Paris, 1869 sq.
RUTHARD DE HERSFELD, *De sacramento altaris contra Berengarii haeresim* : voir *infra*, p. 29.

SIGEBERT DE GEMBLOUX, *Chronica*, PL, t. CLX, 57-240.
— *De scriptoribus ecclesiasticis*, PL, t. CLX, 547-592.
SUDENDORF (H.), *Berengarius Turonensis oder eine Sammlung ihn betreffender Briefe*, Hambourg-Gotha, 1850.

THÉODOTE D'ANCYRE, *Sermo in nativitate Salvatoris* (Antiqua versio concilii Ephesini primi, c. LXIII), éd. J.D. MANSI, *Sacrorum conciliorum... collectio*, t. V, Florence-Venise, 1761, col. 636-642.
THIERRY DE PADERBORN, *In orationem dominicam*, PL, t. CXLVII, 333-340.
THOMAS D'AQUIN, *Summa theologica, pars IIIᵃ, quaestiones LX-LXV*, éd. et tr. A.-M. ROGUET, *Saint Thomas, Somme théologique : Les sacrements*, Paris-Tournai-Rome, 1945.
— *Summa theologica, pars IIIᵃ, quaestiones LXXIII-LXXVIII*, éd. et tr. A.-M. ROGUET, *Saint Thomas, Somme théologique: L'eucharistie*, t. I, Paris-Tournai-Rome, 1960.
Tituli librorum Beccensis almarii, PL, t. CL, 771-782.

VIGILE DE TAPSE (Ps.-Augustin), *Contra Felicianum arianum de unitate Trinitatis*, PL, t. XLII, 1157-1172.
VINCENT DE LÉRINS, *Commonitorium*, PL, t. L, 657-686.
VISCHER (A.F. et F. Th.), *Berengarii Turonensis de sacra coena adversus Lanfrancum liber posterior*, Berlin, 1834.
WILLERAM DE BAMBERG, *Praefatio in Cantica canticorum*, éd. E. MARTÈNE-U. DURAND, *Veterum scriptorum... amplissima collectio*, t. I, Paris, 1724, col. 507-508.
WOLPHELM DE BRAUWEILER, *Epistola de sacramento eucharistiae contra errores Berengarii*, PL, t. CLIV, 412-414.

YVES DE CHARTRES, *Decretum*, PL, t. CLXI, 47-1022.
— *Panormia*, PL, t. CLXI, 1045-1344.

II. TRAVAUX

ACOCELLA (N.), *La figura e l'opera di Alfano I di Salerno*, dans *Rassegna storica salernitana*, t. XIX, 1958, p. 1-75, t. XX, 1959, p. 17-90.

AEGERTHER (E.), *Les hérésies du Moyen Age* (Mythes et religions), Paris, 1939.

ALTHAUS (H.), *Marginalien zu Lessings Wolfenbüttler Berengarforschung*, dans *Zeitschrift für Kirchengeschichte*, t. LXXII, 1961, p. 336-344.

AMANN (É.)-DUMAS (A.), *L'Église au pouvoir des laïques (888-1057)* (Histoire de l'Église depuis les origines jusqu'à nos jours, t. VII), Paris, 1943.

AMANN (É.)-GAUDEL (A.), article *Lanfranc*, dans *Dictionnaire de théologie catholique*, t. VIII, vol. 3, Paris, 1925, col. 2558-2570.

ARQUILLIÈRE (H.-X.), *Saint Grégoire VII. Essai sur la conception du pouvoir pontifical* (L'Église et l'État au Moyen Age, t. V), Paris, 1934.

AUER (W.), *Das Sakrament der Liebe im Mittelalter*, Mergentheim, 1927.

AUTENRIETH (J.), *Die Domschule von Konstanz zur Zeit des Investiturstreits. Die wissenschaftliche Arbeitsweise Bernolds von Konstanz und zweier Kleriker dargestellt auf Grund von Handschriftenstudien* (Forschungen zur Kirchen- und Geistesgeschichte, neue Folge, t. III), Stuttgart, 1956.

BAKKER (L.), *La place de l'homme dans la révélation divine*, dans *Concilium*, n⁰ 21 (janvier 1967), p. 23-37.

BAUM (G.), *Le magistère dans l'Église en évolution*, dans *Concilium*, n⁰ 21 (janvier 1967), p. 61-75.

BEEKENKAMP (W.H.), *De avondmaalsleer van Berengarius van Tours* (Kerkhistorische studiën, t. I), La Haye, 1941.

BÉRAUDY (R.), *L'enseignement eucharistique de Ratramne, moine de Corbie, au IXᵉ siècle, dans le « De corpore et sanguine Domini »* (thèse de doctorat présentée devant la Faculté de théologie de Lyon), polycopié, Lyon, 1953.

— *L'enseignement eucharistique de Ratramne, moine de Corbie au IXᵉ siècle* (résumé de la thèse précédente), dans *Bulletin du Comité des études de la Compagnie de Saint-Sulpice*, 1954, n⁰ 5, p. 83-88.

— *Les catégories de pensée de Ratramne dans son enseignement eucharistique*, dans *Corbie, abbaye royale. Volume du XIIIᵉ centenaire*, Lille, 1963, p. 157-180.

BERTALOT (R.), *Sur le sens de la communion évangélique*, dans *Concilium*, n⁰ 24 (avril 1967), p. 61-65.

BLAISE (A.), *Dictionnaire latin-français des auteurs chrétiens revu spécialement pour le vocabulaire théologique par* H. CHIRAT, Strasbourg, 1954.

BOELENS (W.L.), *La discussion sur la Sainte Cène dans l'Église évangélique*, dans *Concilium*, n⁰ 24 (avril 1967), p. 91-106.

BORINO (G.B.), *L'arcidiaconato di Ildebrando*, dans *Studi Gregoriani*, t. III, 1948, p. 463-516.

— *Olderico, vescovo di Padova (1064-1080), legato di Gregorio VII in Germania (1079)*, dans *Miscellanea in onore di Roberto Cessi*, t. I, Rome, 1958, p. 63-79.

BOTTE (B.), *Conficere corpus Christi*, dans *L'année théologique*, 1947, p. 309-315.

BOUSSARD (J.), *L'enclave royale de Saint-Martin de Tours*, dans *Bulletin de la Société nationale des antiquaires de France*, 1958, p. 157-178.

BOUTEMY (A.), *Notes additionnelles à la notice de Ch. Fierville sur le manuscrit 115 de Saint-Omer*, dans *Revue belge de philologie et d'histoire*, t. XXII, 1943, p. 5-33.

BOUYER (L.), *L'eucharistie. Théologie et spiritualité de la prière eucharistique*, Tournai, 1966.

BRIEGER (P.H.), *England's contribution to the origin and development of the triumphal Cross*, dans *Mediaeval studies*, t. IV, 1942, p. 85-96.

BRIGUÉ (L.), *Alger de Liège, un théologien de l'eucharistie au début du XIIᵉ siècle*, Paris, 1936.

— *Le communiant mal disposé reçoit-il vraiment le corps du Christ ? La question à la fin du XIᵉ siècle*, dans *Science religieuse. Travaux et recherches*, Paris, 1943, p. 70-101.

BROWE (P.), *Die eucharistischen Verwandlungswunder des Mittelalters*, dans *Römische Quartalschrift für christliche Altertumskunde und Kirchengeschichte*, t. XXXVII, 1929, p. 137-169.

— *Die Pflichtkommunion im Mittelalter*, Münster, 1940.

— *Die Verehrung der Eucharistie im Mittelalter*, Munich, 1933.

BRUCKER (P.-P.), *L'Alsace et l'Église au temps du pape saint Léon IX*, t. II, Strasbourg-Paris, 1899.

BUTZMANN (H.)-KLOSTERMANN (V.), *Die Weissenburger Handschriften* (Kataloge der Herzog-August-Bibliothek, nouvelle série, t. X), Francfort-sur-le-Main, 1964.

CAMELOT (P.-Th.), *Éphèse et Chalcédoine* (Histoire des conciles œcuméniques, t. 2), Paris, 1961.

— *Quod intelligimus debemus rationi. Note sur la méthode théologique de saint Augustin*, dans *Historisches Jahrbuch*, t. LXXVII, 1958, p. 397-402.

— *Réalisme et symbolisme dans la doctrine eucharistique de saint Augustin*, dans *Revue des sciences philosophiques et théologiques*, t. XXXI, 1947, p. 394-410.

CAPITANI (O.), *Studi su Berengario di Tours* (Collezione di studi e testi diretta da M. MARTI e A. VALLONE, t. 2), Lecce, 1966 (ouvrage paru en articles dans *Studi Gregoriani*, t. V, 1956, p. 18-31, t. VI, 1957, p. 99-145, et dans *Bullettino dell'Istituto storico italiano per il Medio Evo*, t. LXIX, 1957, p. 67-113).

CAPPUYNS (M.), article *Bérenger de Tours*, dans *Dictionnaire d'histoire et de géographie ecclésiastiques*, t. VIII, Paris, 1935, col. 385-407.

— *Jean Scot Érigène. Sa vie, son œuvre, sa pensée*, Louvain-Paris, 1933 (réimprimé, Bruxelles, 1964).

CASEL (O.), *Das Mysteriengedächtnis der Messliturgie im Lichte der Tradition*, dans *Jahrbuch für Liturgiewissenschaft*, t. VI, 1926, p. 113-204.

— *Faites ceci en mémoire de moi* (traduction de l'article précédent par J.-Ch. DIDIER), Paris, 1963.

CLARCK (F.), *Eucharistic sacrifice and the Reformation*, 2ᵉ éd., Londres, 1967.

DE BACIOCCHI (J.), *L'eucharistie* (Le mystère chrétien), Tournai, 1961.

DEBENEDETTI (S.), *Per la « leggenda » di Lanfranco*, dans *Bolletino della società pavese di storia patria*, t. XX, Pavie, 1920, p. 71-85.

DE BOUARD (M.), *Guillaume le Conquérant* (Que sais-je ?, n° 799), Paris, 1958.

DE CROZALS (J.), *Lanfranc, archevêque de Cantorbéry. Sa vie, son enseignement, sa politique*, Paris, 1877.

DE GHELLINCK (J.), *Dialectique et dogme aux XIe-XIIe siècles*, dans *Festgabe zum 60. Geburtstag Clemens Baeumker* (Beitrage zur Geschichte der Philosophie des Mittelalters, supplément I-II), Münster, 1913, p. 79-99.

— *Eucharistie au XIIe siècle en Occident*, dans l'article *Eucharistie* du *Dictionnaire de théologie catholique*, t. V, vol. 2, Paris, 1913, col. 1233-1302.

— *Le mouvement théologique du XIIe siècle* (Museum Lessianum, section historique, n° 10), Bruges-Bruxelles-Paris, 1948.

— *L'entrée d'essentia, substantia, et autres mots apparentés, dans le latin médiéval*, dans *Archivum latinitatis Medii Aevi* (Bulletin Du Cange), t. XVI, 1941, p. 78-112, t. XVII, 1942, p. 129-133.

— *Littérature latine au Moyen Age* (Bibliothèque catholique des sciences religieuses), t. I et II, Paris, 1939.

— *Un chapitre dans l'histoire de la définition des sacrements au XIIe siècle*, dans *Mélanges Mandonnet*, t. II (Bibliothèque thomiste, t. XIV), Paris, 1930, p. 79-96.

DELAPORTE (J.), *Fulbert de Chartres et l'école chartraine de chant liturgique au XIe siècle*, dans *Études grégoriennes*, t. II, 1957, p. 51-81.

DELARC (O.), *Saint Grégoire VII et la réforme de l'Église au XIe siècle*, Paris, 1889.

DELISLE (L.), *Inventaire des manuscrits de la Bibliothèque nationale. Fonds de Cluni*, Paris, 1884.

— *Notice sur les manuscrits disparus de la Bibliothèque de Tours pendant la première moitié du XIXe siècle* (Notices et extraits des manuscrits de la Bibliothèque nationale et autres bibliothèques, t. XXXI, 1re partie), Paris, 1884.

DE LUBAC (H.), *Corpus mysticum. L'Eucharistie et l'Église au Moyen Age* (Théologie, t. 3), 2e éd., Paris, 1949.

DE MONTCLOS (J.), *Note sur la controverse bérengarienne*, dans *Bulletin de la Société internationale pour l'étude de la philosophie médiévale (S.I.E.P.M.)* (= Bulletin de philosophie médiévale), n° 4, 1962, p. 133-134.

DE MORNAY (Ph.), *De l'institution, usage et doctrine du sainct sacrement de l'eucharistie en l'Église ancienne*, 2e éd., Saumur, 1604.

DE PASQUALE (P.), *Quaenam sit mens Guitmondi, archiepiscopi Aversani, de transsubstantiatione et speciebus eucharisticis* (excerpta ex dissertatione ad lauream : Pontificia Facultas theologica S. Aloisii ad Pausilypum), Naples, 1939.

DICKSON (M.-P.), *Introduction à l'étude critique du coutumier du Bec*, dans *Spicilegium Beccense*, t. I, Le Bec-Hellouin-Paris, 1959, p. 599-632.

DRIOUX (G.), *Un diocèse de France à la veille de la Réforme grégorienne*, dans *Studi Gregoriani*, t. II, 1947, p. 31-41.

DUBLANCHY (E.), article *Marie*, dans *Dictionnaire de théologie catholique*, t. IX, vol. 3, Paris, 1927, col. 2339-2474.

DU PERRON (J.D.), *Traité du sainct sacrement de l'eucharistie*, Paris, 1622.

DUPONT (J.), « *Ceci est mon corps* », « *Ceci est mon sang* », dans *Nouvelle revue théologique*, t. LXXX, 1958, p. 1025-1041.

DURAND (G.), *L'église Saint-Pierre des Dames de Remiremont*, t. I, *Historique*, Épinal, 1929.

ENGELS (P.), *De eucharistieleer van Berengarius van Tours*, dans *Tijdschrift voor theologie*, t. V, 1965, p. 363-392.

— * *Spiritualisme en realisme in de eucharistieleer van de negende tot de elfde eeuw*, polycopié, Louvain, 1965.

ERDMANN (C.), *Gregor VII. und Berengar von Tours*, dans *Quellen und Forschungen aus italienischen Archiven und Bibliotheken*, t. XXVIII, 1937, p. 48-74.

ÉTAIX (R.)-LEMARIÉ (J.), *La tradition manuscrite des « Tractatus in Matheum » de saint Chromace d'Aquilée*, dans *Sacris erudiri*, t. XVII, 1966, p. 302-354.

FAHEY (J.F.), *The eucharistic teaching of Ratramn of Corbie* (Pontificia Facultas Seminarii Sanctae-Mariae ad Lacum. Dissertatjones ad lauream, n° 22), Mundelein, 1951.

FANK (P.), *Catalogus Voraviensis*, Graz, 1936.

FIERVILLE (Ch.), *Notices et extraits des manuscrits de la Bibliothèque de Saint-Omer. Nᵒˢ 115 et 170*, dans *Notices et extraits des manuscrits de la Bibliothèque nationale et autres bibliothèques*, t. XXXI, 1ʳᵉ partie, Paris, 1884, p. 49-156.

FLICHE (A.), *La réforme grégorienne et la reconquête chrétienne (1057-1123)* (Histoire de l'Église des origines jusqu'à nos jours, t. VIII), Paris, 1944.

— *Le règne de Philippe Iᵉʳ, roi de France (1060-1108)*, Paris, 1912.

FOHLEN (J.), *Dom Luc d'Achery et les débuts de l'érudition mauriste*, dans *Revue Mabillon*, t. LVI, 1966, p. 1-30, t. LVII, 1967, p. 56-156.

FOREST (A.)-VAN STEENBERGHEN (F.)-DE GANDILLAC (M.), *Le mouvement doctrinal du IXᵉ au XIVᵉ siècle* (Histoire de l'Église des origines jusqu'à nos jours, t. XIII), Paris, 1951.

FOREVILLE (R.), *L'école de Caen au XIᵉ siècle et les origines normandes de l'Université d'Oxford*, dans *Études médiévales offertes à M. le Doyen Augustin Fliche* (Publications de la Faculté des lettres de l'Université de Montpellier, t. 4), Paris, 1953, p. 81-100.

— *L'école du Bec et le « studium » de Canterbury aux XIᵉ et XIIᵉ siècles*, dans *Bulletin philologique et historique (jusqu'en 1715) du Comité des travaux historiques et scientifiques*, 1955-1956, p. 357-374.

FOURNIER (P.), article *Anastase (saint)*, dans *Dictionnaire d'histoire et de géographie ecclésiastiques*, t. II, Paris, 1914, col. 1469.

FRANCKE (K.), *Zur Characteristik des Cardinals Humbert von Silva Candida*, dans *Neues Archiv der Gesellschaft für ältere deutsche Geschichtskunde*, t. VII, 1881, p. 614-619.

GANIS (L.), *Dottrina eucaristica in Algero di Liegi* (thèse de la Grégorienne), Udine, 1940.

GASNAULT (P.), *Les actes privés de l'abbaye de Saint-Martin de Tours du VIIIᵉ au XIᵉ siècle*, dans *Bibliothèque de l'École des chartes*, t. CXII, 1954, p. 24-66.

GAUDEL (A.), *Le sacrifice de la messe dans l'Église latine du IVᵉ siècle jusqu'à la veille de la Réforme*, dans l'article *Messe* du *Dictionnaire de théologie catholique*, t. X, vol. 2, Paris, 1929, col. 964-1085.

— article *Stercoranisme*, dans le *Dictionnaire de théologie catholique* t. XIV, Paris, 1941, col. 2590-2612.

GEENEN (G.), *Bérenger de Tours dans les écrits de saint Thomas d'Aquin*, dans *Divinitas*, t. XI, 1967, p. 439-457.

GEISELMANN (J.), *Bernold von St. Blasien. Sein neuentdecktes Werk über die Eucharistie*, Munich, 1936.

— *Die Abendmahlslehre an der Wende der christlichen Spätantike zum Frühmittelalter. Isidor von Sevilla und das Sakrament der Eucharistie*, Munich, 1933.

— *Die Eucharistielehre der Vorscholastik* (Forschungen zur christlichen Literatur- und Dogmengeschichte, t. XV, cahiers 1-3), Paderborn, 1926.

— *Ein neuentdecktes Werk Berengars von Tours über die Eucharistie ?*, dans *Theologische Quartalschrift*, t. CXVIII, 1937, p. 1-31, 133-172.

— *Studien zu frühmittelalterlichen Abendmahlsschriften*, Paderborn, 1926.

— *Zur Eucharistielehre der Frühscholastik*, dans *Theologische Revue*, t. XXIX, 1930, p. 1-12.

— *Zur frühmittelalterlichen Lehre vom Sakrament der Eucharistie*, dans *Theologische Quartalschrift*, t. CXVI, 1935, p. 323-403.

GHYSENS (G.), *Présence réelle eucharistique et transsubstantiation dans les définitions de l'Église catholique*, dans *Irénikon*, t. XXXII, 1959, p. 420-435.

GIET (S.), *Le concile de Reims de 1049*, dans *Mémoires de la Société d'agriculture, commerce, sciences et arts du département de la Marne*, t. LXXV, 1960, p. 31-36.

GILSON (É.), *Le thomisme*, 4ᵉ éd., Paris, 1942.

GLIOZZO (G.), *La dottrina della conversione eucaristica in Pascasio Radberto e Ratramno, monaci di Corbia* (Pubblicazioni dell'Ignatianum, Messina, seria teologica, I), Palerme, 1945.

GONSETTE (J.), *Pierre Damien et la culture profane* (Essais philosophiques, 7), Louvain, 1956.

GORISSEN (P.), *Adelman de Liège et le problème du wallon ancien*, dans *Moyen Age*, t. LXIX, 1963, p. 151-156.

GOUGAUD (L.), *Ermites et reclus. Études sur d'anciennes forme de vie religieuse*, Ligugé, 1928.

GRÉGOIRE (R.), *Bruno de Segni, exégète médiéval et théologien monastique* (Centro italiano di studi sull'Alto Medievo, 3), Spolète, 1965.
* GRUNDMANN (H.), *Ketzergeschichte des Mittelalters*, Göttingen, 1963.

HARING (N.M.), *A study in the sacramentology of Alger of Liège*, dans *Mediaeval studies*, t. XX, 1958, p. 41-78.
— *Berengar's definitions of « sacramentum » and their influence on mediaeval sacramentology*, dans *Mediaeval studies*, t. X, 1948, p. 109-146.
HALPHEN (L.), *Le comté d'Anjou au XIe siècle*, Paris, 1906.
HARNACK (A.), *Lehrbuch der Dogmengeschichte*, t. III, 4e éd., Tübingen, 1910.
HAURÉAU (B.), *Notices et extraits de quelques manuscrits de la Bibliothèque nationale*, t. II, Paris, 1891.
HAVET (J.), *Poème rythmique d'Adelman de Liège sur plusieurs savants du XIe siècle*, dans *Notices et documents publiés par la Société d'histoire de la France à l'occasion du cinquantième anniversaire de sa fondation*, Paris, 1884, p. 71-99.
HEFELE (J.)-LECLERCQ (H.), *Histoire des conciles*, t. IV, deuxième partie, t. V, première partie, Paris, 1911, 1912.
HÉRIS (Ch.-V.), *L'eucharistie mystère de foi* (Sources de spiritualité), Colmar-Paris, 1967.
HEURTEVENT (R.), *Durand de Troarn et les origines de l'hérésie bérengarienne*, Paris, 1912.
Histoire littéraire de la France, t. VII, Paris, 1746 et 1876.
HÖDL (L.), article *Aristotélisme*, dans *Encyclopédie de la foi*, t. I, Paris, 1965, p. 117-128.
— *Die « Confessio Berengarii » von 1059. Eine Arbeit zum frühscholastischen Eucharistietraktat*, dans *Scholastik*, t. XXXVII, 1962, p. 370-394.
HOLBÖCK (F.), *Der eucharistische und der mystische Leib Christi in ihren Beziehungen zueinander nach der Lehre der Frühscholastik*, Rome, 1941.
HORA (E.), *Zur Ehrenrettung Lanfranks, des Erzbischofs von Canterbury*, dans *Theologische Quartalschrift*, t. CXI, 1930, p. 288-319.
HUGHES (J.J.), *La validité des ordinations anglicanes*, dans *Concilium*, no 31 (janvier 1968), p. 113-122.
HUHN (J.), *Das Geheimnis der Jungfrau-Mutter Maria nach dem Kirchenvater Ambrosius*, Würzburg, 1954.
HUNT (R.W.), *The collections of a monk of Bardney*, dans *Mediaeval and Renaissance studies*, t. V, 1961, p. 28-42.
HUYGENS (R.B.C.), *A propos de Bérenger et son traité de l'eucharistie*, dans *Revue bénédictine*, t. LXXVI, 1966, p. 133-139.
— *Bérenger de Tours, Lanfranc et Bernold de Constance*, dans *Sacris erudiri*, t. XVI, 1965, p. 355-403.
— *Textes latins du XIe au XIIIe siècle*, dans *Studi medievali*, 3e série, t. VIII, 1967, p. 451-503.
HUYGHEBAERT (N.-N.), *Saint Léon IX et la lutte contre la simonie dans le diocèse de Verdun*, dans *Studi Gregoriani*, t. I, 1947, p. 417-432.

JACQUIN (A.-M.), *Histoire de l'Église*, t. III, *La chrétienté*, Paris, 1948.

Jaffé (P.)-Wattenbach (W.), *Regesta pontificum Romanorum*, t. I, Leipsig, 1885.

Jansen (F.), article *Accidents eucharistiques*, dans *Dictionnaire de théologie catholique*, t. V, vol. 2, Paris, 1913, col. 1368-1452.

Jeremias (J.), *Die Abendmahlsworte Jesu*, nouvelle éd., Göttingen, 1960.
— *The eucharistic words of Jesus* (traduction de l'ouvrage précédent, mais tenant compte de modifications apportées à son texte par l'auteur en 1964), Londres, 1966.

Jorissen (H.) *Die Entfaltung der Transsubstantiationslehre bis zum Beginn der Hochscholastik* (Münsterische Beiträge zur Theologie, Heft 28,1), Münster, 1965.

Jouassard (G.), *Marie à travers la patristique : maternité divine, virginité et sainteté*, dans *Maria. Études sur la Sainte Vierge sous la direction d'*H. du Manoir, t. I, Paris, 1949, p. 69-157.

* Kandler (K.-H.), *Die Abendmahlslehre Kardinal Humberts und ihre Bedeutung für das gegenwärtige Abendmahlsgespräch*, polycopié, Leipsig, 1966.

Ker (N.R.), *English manuscripts owned by Johannes Ulimmerius and Cornelius Duyn*, dans *Library*, série 4, t. XXII, 1941-1942, p. 205 sq.

Klibansky (R.), *The continuity of the platonic tradition*, Londres, 1939.

Knowles (D.), *Bec and its great men*, dans *The Downside review*, t. LII, 1934, p. 576-585.
— * *Decreta Lanfranci monachis Cantuariensibus transmissa* (Corpus consuetudinum monasticarum, t. III), Siegburg, 1967.
— *The evolution of medieval thought*, Londres, 1962.
— *The monastic constitutions of Lanfranc*, Édimbourg, 1951.
— *The monastic order in England*, Cambridge, 1949.

Ladner (G.), *Theologie und Politik vor dem Investiturstreit. Abendmahlstreit, Kirchenreform, Cluni und Heinrich III* (Veröffentlichungen des österreichischen Instituts für Geschichtsforschung, 2), Baden près de Vienne, 1936.

Landgraf (A.), *Untersuchungen zu den Paulinenkommentaren des 12. Jahrhunderts*, dans *Recherches de théologie ancienne et médiévale*, t. VIII, 1936, p. 345-368.

Laporte (J.), *Saint Anselme et l'ordre monastique*, dans *Spicilegium Beccense*, t. I, Le Bec-Hellouin-Paris, 1959, p. 455-476.

Latouche (R.), *Histoire du comté du Maine pendant le Xe et le XIe siècle* (Bibliothèque de l'École des hautes études, t. CLXXXIII), Paris, 1910.

Laurentin (R.), *Le mystère de la naissance virginale*, édition en tirage privé, 1955.
— *L'enjeu du Concile*, t. II, *Bilan de la première session*, Paris, 1963.
La vita comune del clero nei secoli XI e XII (Atti della Settimana di studio : Mendola, settembre 1955), t. I, *Relazioni e questionario*, Milan, 1962.

Lavorel (L.), *Oblats et corps du Christ sur l'autel d'après saint Ambroise,* dans *Recherches de théologie ancienne et médiévale,* t. XXIV, 1957, p. 205-224 (extrait de *La doctrine eucharistique selon saint Ambroise,* thèse polycopiée présentée devant la Faculté de théologie de Lyon, 2 volumes).

Leblond (B.), *L'accession des Normands de Neustrie à la culture occidentale (X^e-XIe s.),* Paris, 1967.

Le Bras (G.), *Alger de Liège et Gratien,* dans *Revue des sciences philosophiques et théologiques,* t. XX, 1931, p. 5-26.

Leclercq (J.), *Un passage authentique inédit de Guitmond d'Aversa,* dans *Revue bénédictine,* t. LVII, 1947, p. 213-214.

Leclercq (J.)-Bonnes (J.-P.), *Un maître de la vie spirituelle au XIe siècle, Jean de Fécamp,* Paris, 1946.

Lehmann (P.), *Johannes Sichardus und die von ihm benützten Bibliotheken und Handschriften,* Munich, 1912.

Lentini (A.), *Alberico di Montecassino nel quadro della Riforma Gregoriana* dans *Studi Gregoriani,* t. IV, 1952, p. 55-91.

Lepin (M.), *L'idée du sacrifice de la messe d'après les théologiens depuis l'origine jusqu'à nos jours,* 2e éd., Paris, 1926.

Leroy (O.), *Sainte Jeanne d'Arc. Son esprit, sa vie,* Paris, 1957.

Lesne (E.), *Histoire de la propriété ecclésiastique en France,* t. IV, *Les livres.* « *Scriptoria* » *et bibliothèques du commencement du VIIIe siècle à la fin du XIe siècle* (Mémoires et travaux publiés par des professeurs des Facultés catholiques de Lille, fasc. XLVI), Lille, 1938.

— *Ibidem,* t. V, *Les écoles de la fin du VIIIe siècle à la fin du XIIe* (Mémoires, etc., fasc. L), Lille, 1940.

— *Ibidem,* t. VI, *Les églises et les monastères centres d'accueil, d'exploitation et de peuplement* (Mémoires, etc., fasc. LIII), Lille, 1943.

Lessing (G.E.), *Berengarius Turonensis oder eine Ankündigung eines wichtigen Werkes desselben, wovon in der herzoglichen Bibliothek zu Wolfenbüttel ein Manuscript befindlich, welches bisher völlig unerkannt geblieben,* Brunswick, 1770.

Liebermann (F.), *Lanfranc and the antipope,* dans *The english historical review,* t. XVI, 1901, p. 320-332.

Mabillon (J.), *Acta sanctorum Ordinis sancti Benedicti,* t. IX, Paris, 1701 ; Venise, 1740.

— *Annales Ordinis sancti Benedicti,* t. V, Paris, 1713 ; Lucques, 1740.

— *Vetera analecta,* Paris, 1723.

— *Vita beati Maurilii, archiepiscopi Rothomagensis,* PL, t. CXLIII, 1375-1388 (extrait des *A.S.O.S.B.,* t. IX).

Macdonald (A.J.), *Berengar and the reform of sacramental doctrine,* Londres, 1930.

— *Berengar and the Virgin-birth,* dans *The journal of theological studies,* t. XXX, 1929, p. 291-294.

— *Berengariana,* dans *The journal of theological studies,* t. XXXIII, 1931-1932, p. 180-186.

— *Lanfranc. A study of his life, work and writing*, 1ʳᵉ éd., Oxford-Londres, 1926 ; 2ᵉ éd., Londres, 1944 (reproduction anastatique, à laquelle a été ajouté, p. 296 A-296 T, un appendice sur *Eadmer and the Canterbury privileges*).

— *Lanfranc of Canterbury*, dans *The Church quarterly review*, t. CXX, 1935, p. 241-256.

MACKINNEY (L.C.), *Bishop Fulbert and the education at the school of Chartres* (Texts and studies in the history of mediaeval education, t. VI), Notre-Dame (Indiana), 1957.

MANITUS (M.), *Geschichte der lateinischen Literatur des Mittelalters*, t. II et III, Munich, 1923, 1931.

MATHON (G.), *Pascase Radbert et l'évolution de l'humanisme carolingien. Recherches sur la signification des préfaces des livres I et III de l'« Expositio in Matthaeum »*, dans *Corbie, abbaye royale. Volume du XIIIᵉ centenaire*, Lille, 1963, p. 135-155.

MATRONOLA (M.), *Un testo inedito di Berengario di Tours e il concilio Romano del 1079* (Orbis Romanus. Biblioteca di testi medievali, t. VI), Milan, 1936.

MERLET (R.)-CLERVAL (A.), *Un manuscrit chartrain du XIᵉ siècle*, Chartres, 1893.

* MEUSS (P.G.), *Die Abendmahlslehre Berengars von Tours vor dem Transsubstantiations Dogma von 1215*, polycopié, Tübingen, 1955.

MEYER (H.B.), *Die Elevation im deutschen Mittelalter und bei Luther*, dans *Zeitschrift für katholische Theologie*, t. LXXXV, 1963, p. 162-217.

MEYVAERT (P.), *Bérenger de Tours contre Albéric du Mont-Cassin*, dans *Revue bénédictine*, t. LXX, 1960, p. 324-332.

MICHEL (A.), *Die « Accusatio » des Kanzlers Friedrich von Lothringen gegen die Griechen*, dans *Römische Quartalschrift für christliche Altertumskunde und Kirchengeschichte*, t. XXXVIII, 1930, p. 153-208.

— *Die folgenschweren Ideen des Kardinals Humbert und ihr Einfluss auf Gregor VII*, dans *Studi Gregoriani*, t. I, 1947, p. 65-92.

MOONEY (C.), article *Dublin*, dans *Dictionnaire d'histoire et de géographie ecclésiastiques*, t. XIV, Paris, 1960, col. 830-936.

MORIN (G.), *Bérenger contre Bérenger. Un document inédit des luttes théologiques du XIᵉ siècle*, dans *Recherches de théologie ancienne et médiévale*, t. IV, 1932, p. 109-133.

— *Lettre inédite de Bérenger de Tours à l'archevêque Joscelin de Bordeaux*, dans *Revue bénédictine*, t. XLIV, 1932, p. 220-226.

— *Lettres inédites des papes Alexandre II et saint Grégoire VII*, dans *Revue bénédictine*, t. XLVIII, 1936, p. 117-128.

NEUNHEUSER (B.), *Eucharistie in Mittelalter und Neuzeit* (Handbuch der Dogmengeschichte, hrsg. von M. SCHMAUS und A. GRILLMEIER, IV, 4*b*), Fribourg-en-Br., 1963.

— *L'eucharistie*, t. II, *Au Moyen Age et à l'époque contemporaine* (Histoire des dogmes, t. IV, Sacrements, fasc. 4*b*), traduction de l'ouvrage précédent par A. LIEFOOGHE, Paris, 1966.

NOBILLEAU (P.), *L'archidiacre Bérenger et le prieuré de Saint-Cosme-les-Tours*, dans *Bulletin trimestriel de la Société archéologique de Touraine*, t. IV, 1877-1879, p. 273-285.

NOIROUX (J.-M.), *Les deux premiers documents concernant l'hérésie aux Pays-Bas*, dans *Revue d'histoire ecclésiastique*, t. XLIX, 1954 p. 842-851.

NORTIER (G.), *Les bibliothèques médiévales des abbayes bénédictines de Normandie*, Caen, 1966 (paru en articles dans la *Revue Mabillon* des années 1957-1962).

OTT (L.), *Das Konzil von Ephesus (431) in der Theologie der Frühscholastik*, dans *Theologie in Geschichte und Gegenwart* (Michael Schmaus zum sechzigsten Geburtstag..., herausgegeben von J. AUER und H. VOLK), Munich, 1957, p. 279-308.

— *Untersuchungen zur theologischen Briefliteratur der Frühscholastik* (Beitrage zur Geschichte der Philosophie und Theologie des Mittelalters, t. XXXIV), Münster, 1937.

OURY (G.), *L'érémétisme à Marmoutier aux XIe et XIIe siècles*, dans *Bulletin trimestriel de la Société archéologique de Touraine*, t. XXXIII, 1963, p. 319-333.

— *L'idéal monastique dans la vie canoniale. Le bienheureux Hervé de Tours († 1022)*, dans *Revue Mabillon*, t. LII, 1962, p. 1-31.

PELTIER (H.), *Pascase Radbert, abbé de Corbie*, Amiens, 1938.

POURRAT (P.), *La théologie sacramentaire. Étude de théologie positive*, 4e éd., Paris, 1910.

POUSSET (E.), *L'Eucharistie : présence réelle et transsubstantiation*, dans *Recherches de science religieuse*, t. LIV, 1966, p 177-212.

RAHNER (K.), *Virginitas in partu. Contribution au problème du développement du dogme et de la tradition*, dans *Église et tradition*, publié par J. BETZ et H. FRIES, Le Puy-Lyon, 1963, p. 289-318.

RAMIREZ (L.C.), *La controversia eucaristica del siglo XI. Berengario de Tours a la luz de sus contemporaneos*, Bogota, 1940.

REDMOND (R.P.), *Berengar and the development of eucharistic doctrine*, Newcastle, 1932.

— *The real presence in the early Middle Ages*, dans *Clergy review*, t. VIII, 1934, p. 442-460.

RICHARD (L.), *Recherches sur la doctrine de l'eucharistie en Gaule du VIe au VIIe siècle* (thèse de doctorat présentée devant la Faculté de théologie de Lyon), polycopié, Lyon, 1948.

ROBINSON (J.A.), *Gilbert Crispin, abbot of Westminster. A study of the abbey under the norman rule*, Cambridge, 1911.

ROGUET (A.-L.), *Saint Thomas d'Aquin, Somme théologique : Les sacrements*, Paris-Tournai-Rome, 1945.

— *Saint Thomas d'Aquin. Somme théologique : L'eucharistie*, t. I, Paris-Tournai-Rome, 1960.

RONY (abbé), *Saint Jubin, archevêque de Lyon, et la primatie lyonnaise,* dans *Revue de l'histoire de l'Église de France,* t. XV, 1929, p. 409-430.

ROSE (V.), *Verzeichnis der Meerman-Handschriften der königlichen Bibliothek zu Berlin,* Berlin, 1892.

RUSSEL (J.B.), *A propos du synode d'Arras,* dans *Revue d'histoire ecclésiastique,* t. LVII, 1962, p. 66-87.

— * *Heresy in the diocese of Liège before 1160,* polycopié, Emony University, Atlanta, 1960.

SAUVAGE (R.-N.), *Lanfranc « beatus » ou « sanctus »,* dans *Bulletin de la Société des antiquaires de Normandie,* t. XLVII, 1939, p. 303-305.

SCHIEFFER (Th.), *Die päpstlichen Legaten in Frankreich vom Vertrage von Meersen (870) bis zum Schisma von 1130,* Berlin, 1935.

SCHÖNBACH (A.E.), *Studien zur Erzählungsliteratur des Mittelalters,* t. II, *Die Vorauer Novelle* (Sitzungsberichte der kaiserlichen Akademie der Wissenschaften, philosophisch-historische Klasse, vol. CXL, section IV), Vienne, 1899.

SCHOONENBERG (P.), *Dans quelle mesure la doctrine de la transsubstantiation a-t-elle été déterminée par l'histoire ?,* dans *Concilium,* n⁰ 24 (avril 1967), p. 77-88.

SCHWABE (L.), *Studien zur Geschichte des zweiten Abendmahlstreits,* Leipsig, 1887.

SEEBERG (R.), *Lehrbuch der Dogmengeschichte,* t. III, *Die Dogmengeschichte des Mittelalters,* 4ᵉ éd., Leipsig, 1930.

SERTILLANGES (A.-D.), *La philosophie de saint Thomas d'Aquin,* nouvelle édition, t. I-II, Paris, 1940.

SHAUGHNESSY (P.), *The eucharistic doctrine of Guitmond of Aversa* (a dissertation submitted to the Theological faculty of the Pontifical academical institution of Saint Anselm), Rome, 1938.

SHEEDY (Ch.E.), *The eucharistic controversy of the eleventh century against the background of pre-scholastic theology* (The Catholic university of America, Studies in sacred theology, second series, n⁰ 4), Washington, 1947.

SILVESTRE (H.), *Notice sur Adelman de Liège, évêque de Brescia († 1061),* dans *Revue d'histoire ecclésiastique,* t. LVI, 1961, p. 855-871.

— *Quelle était la langue maternelle d'Adelman de Liège, évêque de Brescia († 1061) ?,* dans *La vie wallonne,* t. XXXVI, 1962, p. 1-7.

SMALLEY (B.), *La Glossa ordinaria. Quelques prédécesseurs d'Anselme de Laon,* dans *Recherches de théologie ancienne et médiévale,* t. IX, 1937, p. 365-400.

— *The study of the Bible in the Middle Ages,* 2ᵉ éd., Oxford, 1

SNOEKS (R.), *L'argument de tradition dans la controverse eucharistique entre catholiques et réformés français au XVIIᵉ siècle* (Universitas catholica Lovaniensis. Dissertationes ad gradum magistri in fac. th. vel in fac. juris can. consequendum conscriptae, series II, t. XLIV), Louvain, 1951.

SOUTHERN (R.W.), *Lanfranc of Bec and Berengar of Tours*, dans *Studies in mediaeval history presented to Frederick Maurice Powicke*, Oxford, 1948, p. 27-48.
— *Saint Anselm and his biographer. A study of monastic life and thought*, Cambridge, 1963.
— *The life of St. Anselm, archbishop of Canterbury, by Eadmer* (Medieval texts), Édimbourg, 1962.
SPICQ (C.), *Esquisse d'une histoire de l'exégèse latine au Moyen Age* (Bibliothèque thomiste, t. XVI), Paris, 1944.
SPRANDEL (R.), *Ivo von Chartres und seine Stellung in der Kirchengeschichte* (Pariser historische Studien, t. I), Stuttgart, 1962.
STEGMÜLLER (F.), *Repertorium biblicum Medii Aevi*, t. III, Madrid, 1951.

TAMASSIA (N.), *Lanfranco, arcivescovo di Cantorbury, e la scuola pavese*, dans *Mélanges Fitting*, t. II, Montpellier, p. 189-201.
TAYLOR (H.O.), *The mediaeval mind*, t. I, Londres, 1911.
The Cambridge medieval history, t. V, *Contest of Empire and Papacy*, Cambridge, 1926.
THURIAN (M.), *L'eucharistie mémorial du Seigneur, sacrifice d'action de grâce et d'intercession*, Neuchâtel-Paris, 1959.
TRITHÈME (J.), *Catalogus scriptorum ecclesiasticorum*, Mayence, 1494.
— *Chronicon Hirsaugiense*, t. I, Saint-Gall, 1690.
TURMEL (J.), *Histoire des dogmes*, t. V, Paris, 1936.

ULIANICH (B.), *Récentes publications sur Vatican II*, dans *Concilium*, no 17 (septembre 1966), p. 95-104.

VAN DEN EYNDE (D.), *Les définitions des sacrements pendant la première période de la théologie scolastique (1050-1240)*, Rome-Louvain, 1950.
VAN DE VYVER (A.), *Les étapes du développement philosophique du Haut Moyen Age*, dans *Revue belge de philologie et d'histoire*, t. VIII, 1929, p. 425-452.
VERNET (F.), *Eucharistie du IXᵉ à la fin du XIᵉ siècle*, dans l'article *Eucharistie* du *Dictionnaire de théologie catholique* t. V, vol. 2, Paris, 1913, col. 1209-1233.
VON IVANKA (E.), article *Platonisme et néoplatonisme*, dans l'*Encyclopédie de la foi*, t. III, Paris, 1966, p. 457-468.
VOOSEN (É.), *Papauté et pouvoir civil à l'époque de Grégoire VII. Contribution à l'histoire du droit public*, Gembloux, 1927.

WEISWEILER (H.), *Die vollständige Kampfschrift Bernolds von St. Blasien gegen Berengar : De veritate corporis et sanguinis Domini*, dans *Scholastik*, t. XII, 1937, p. 58-93.
WILMART (A.), *Analecta Reginensia* (Studi e testi, 59), Cité du Vatican, 1933.
— *Auteurs spirituels et textes dévots du Moyen Age latin. Études d'histoire littéraire* (Études et documents pour servir à l'histoire du sentiment religieux), Paris, 1932.

— *Codices Reginenses latini*, t. I et II, Cité du Vatican, 1937, 1945.
— *Distiques d'Hincmar sur l'eucharistie ? Un sermon oublié de S. Augustin sur le même sujet*, dans *Revue bénédictine*, t. XL, 1928, p. 87-98.
WOLTER (H.), *Ordericus Vitalis. Ein Beitrag zur kluniazensischen Geschichtsschreibung* (Veröffentlichungen des Instituts für europäische Geschichte Mainz, t. VII), Wiesbaden, 1955.

ZUMTHOR (P.), *Guillaume le Conquérant et la civilisation de son temps*, Paris, 1964.

NOTA BENE :

I. BÉRENGER A SAINT-COSME

La mise en page du présent ouvrage était déjà établie quand nous avons eu connaissance de quelques lignes de dom GUY OURY concernant la retraite de Bérenger à Saint-Cosme : p. 328, note 33, de *L'érémitisme à Marmoutier aux XIe et XIIe siècles*, dans *Bulletin trimestriel de la Société archéologique de Touraine*, t. XXXIII, 1963. Ces lignes précisent, confirment ou complètent ce que nous disons ici-même, p. 14, 24, 238, 242-244, 520, 522-525, sur l'exil de Bérenger à Saint-Cosme et sur la lettre que, « solitaire » *(unicus)*, il avait écrite au frère R. (c'est-à-dire, sans doute, au sous-diacre romain Roger).

Voici ce que dit dom G. Oury : « C'est une véritable vie érémitique que Bérenger semble amoir menée à Saint-Cosme ; selon une tradition rapportée par la *Grande chronique de Tours*, quelques chanoines étaient venus vivre avec lui *mutatis vestibus* (A. SALMON, *Recueil de chroniques de Touraine*, Paris, 1854, p. 125) ; ce changement d'habit pourrait s'entendre soit de l'habit monastique, hypothèse à exclure étant donné le contexte, soit de l'habit d'ermite (cfr L. GOUGAUD, *Ermites et reclus. Études sur d'anciennes formes de vie religieuse*, Ligugé, 1928, p. 20-21) ; l'épitaphe de Bérenger [HILDEBERT DE LAVARDIN, *Epitaphium Berengarii* : PL, t. CLXXI, 1396-1397] donne le même son de cloche, *cui vestis textura rudis* (SALMON, p. 127). Léthard, le fondateur de la communauté canoniale de Saint-Cosme [voir *infra*, p. 244, à la troisième ligne du deuxième alinéa], était l'un de ceux qui étaient venus pratiquer la vie érémitique auprès de Bérenger, comme l'indique l'*obituaire* de Saint-Cosme (cfr P. NOBILLEAU, *L'archidiacre Bérenger et le prieuré de Saint-Cosme-les-Tours*, dans *Bulletin trimestriel de la Société archéologique de Touraine*, t. IV, 1877-1879, p. 273-285). »

On voit que le mot *unicus*, qui nous paraît être la clef de l'interprétation de la lettre au frère R. (*infra*, p. 522), est à prendre en un sens plus précis (et plus technique) que nous ne l'imaginions. Il ne s'agit pas seulement de « solitude » au sens courant du mot, mais d'« érémitisme ». Les remarques de dom G. Oury confirment donc l'hypothèse que nous avions formulée sur les circonstances de temps et de lieu dans lesquelles les lettres de Bérenger au frère R. et à Eudes de Conteville ont été rédigées, leur première transcription étant vraisemblablement représentée par les exemplaires que nous offre *Vorau 412* ; ces remarques nous permettent aussi d'être encore plus affirmatif dans notre interprétation des données fournies par les manuscrits *Vorau 412* et *Wissembourg 101* (*infra*, p. 489-491, 517-525). En revanche, ce que nous disons *infra*, p. 522-525, confirme l'hypothèse de dom Guy Oury sur l'adoption par Bérenger à Saint-Cosme du mode de vie érémitique.

Voici, par ailleurs, comment dom G. Oury (même référence) établit la chronologie du prieuré de Saint-Cosme : avant 1020, ermitage dépendant de Saint-Martin de Tours ; v. 1020-v. 1075, prieuré de Marmoutier avec ermitage annexé ; v. 1075-1092, ermitage dépendant de Saint-Martin avec séjour de Bérenger de 1079 à 1088 ; après 1092, monastère de chanoines réguliers sous la dépendance de Saint-Martin.

II. VOCABULAIRE

Le symbolisme et le spiritualisme eucharistiques de Bérenger manquant de consistance, il nous arrive, à son propos, de parler de *symbolisme* et de *spiritualisme* avec une nuance péjorative. Pour autant, nous ne méconnaissons pas la richesse du symbolisme eucharistique des Pères, et notamment de saint Augustin ; pas davantage, nous ne serions tenté d'oublier que l'eucharistie est une réalité spirituelle.

Suivant un usage courant, nous nous servons du terme *ultra-réalisme* pour désigner des doctrines eucharistiques plus ou moins teintées de physicisme. Le préfixe « ultra » ne signifie pas que ces doctrines soient plus réalistes que d'autres doctrines mieux élaborées. A leur sujet, on pourrait plus justement parler d'un réalisme appauvri.

L'expression *présence réelle*, dont par habitude et par commodité nous nous servons fréquemment dans cet ouvrage, implique un certain anachronisme : elle est à situer dans l'ambiance de la Contre-Réforme. Au XIe siècle, il était question de « veritas carnis ac sanguinis » ; et, négativement, Lanfranc prête à Bérenger ce propos (qui dépasse, du reste, nettement les formules bérengariennes) : « Non est corpus Christi » (DC, 436 A 9).

Dans les pages qui suivent, nous désignons constamment Hildebrand comme *diacre*. En fait, il ne passa du sous-diaconat au diaconat proprement dit que sous le pontificat de Nicolas II.

PREMIÈRE PARTIE

BÉRENGER ET LA CONTROVERSE EUCHARISTIQUE DU XIᵉ SIÈCLE

I. Introduction littéraire

CHAPITRE PREMIER

LES ŒUVRES DE BÉRENGER DE TOURS [1]

On trouvera un inventaire des écrits de Bérenger dans l'article *Bérenger de Tours* de dom M. Cappuyns, du *Dictionnaire d'histoire et de géographie ecclésiastiques*. L'inventaire que nous présentons, dans l'état actuel de nos recherches, suivra, autant que faire se peut, le classement adopté par dom Cappuyns. Le professeur R.B.C. Huygens, de l'Université de Leyde, se propose de grouper en un seul volume la correspondance et les opuscules de Bérenger, et a bien voulu nous associer à la préparation de cette édition.

I. Écrits doctrinaux

A. SUR L'EUCHARISTIE

1. Bérenger a composé, à la fin de 1050 ou au début de 1051, un pamphlet contre le pape Léon IX, qui venait de le condamner à Rome et à Verceil. Cet ouvrage aujourd'hui disparu est mentionné dans le *De sacra coena* (DSC, 6/31-7/3). Certaines pages du grand traité de Bérenger peuvent donner une idée de son contenu (notamment DSC, 10/23-11/28).

2. Après le concile de Rome de 1059, Bérenger s'en prend aux autorités romaines dans un autre pamphlet, dont Lanfranc nous a conservé quelques extraits dans la première partie du

---

1. On trouvera dans la bibliographie, p. XXIII, une liste des œuvres imprimées de Bérenger, rangées par ordre alphabétique. Pour une consultation rapide, elle sera d'un maniement plus pratique que l'inventaire détaillé que nous donnons présentement. *La lecture de ce chapitre premier n'est pas indispensable pour prendre connaissance de la suite de l'ouvrage.*

De corpore et sanguine Domini (DC, de 409 D à 426 D, les passages précédés du nom de Bérenger et une citation en 426 A). Il ne semble pas que les cinq objections prêtées à Bérenger et aux disciples du maître tourangeau dans la seconde partie du *De corpore et sanguine Domini*, soient tirées de ce pamphlet (DC, 433 C-D, 436 A, 438 A, 438 D-439 A, 439 B-C). Nous avons donné à cet ouvrage le titre *Scriptum contra synodum* [1].

3. Bérenger répondit au *De corpore et sanguine Domini* de Lanfranc dans un traité découvert par Lessing à Wolfenbüttel en 1770 (manuscrit *Wissembourg 101* de la Herzog-August-Bibliothek). Cet ouvrage composé vers 1067 a été baptisé *De sacra coena*. Il en existe deux éditions complètes. La première, due à A.F. et F. Th. Vischer, a paru à Berlin en 1834. [2] Sur la page du titre on lit : *Berengarii Turonensis de Sacra Coena adversus Lanfrancum liber posterior e codice Guelferbytano primum ediderunt A.F. et F.T. Vischer, Berolini, 1834.* Ce volume est le premier d'une édition des œuvres de Bérenger qui ne fut pas poursuivie. L'expression *liber posterior* se réfère au *Scriptum contra synodum* considéré comme le *liber prior* de Bérenger dans la polémique engagée entre le maître tourangeau et Lanfranc après le concile de Rome de 1059.

La seconde édition, due à W.H. Beekenkamp, a paru à La Haye en 1941. On lit sur la page du titre : *Berengarii Turonensis de Sacra Coena adversus Lanfrancum ad fidem codicis Guelferbytani edidit et notis instruxit Dr W.H. Beekenkamp, Hagae Comitis, Martinus Nijhoff, 1941.* Cette édition divise arbitrairement le *De sacra coena* en quarante-sept sections ou chapitres qui ne correspondent pas à la structure réelle du traité. Si l'édition de 1834 est très fautive, l'édition de 1941, plus fidèle à la lettre du manuscrit, n'est guère satisfaisante. On pourra en juger en lisant l'introduction et la seconde partie de l'appendice I du présent ouvrage [3].

4. Dom J. Mabillon, dans les *Annales Ordinis s. Benedicti*, livre LXV, ch. LII, t. V, Lucques, 1740, p. 130, et dans les *Acta sanctorum Ordinis s. Benedicti*, t. IX, Paris, 1701, p. XXXVII, Venise, 1740, p. XXVI, a publié partiellement une note de Bérenger, dans laquelle celui-ci, peu après le concile

---

1. Voir *infra*, p. 181.
2. Rééditée anastatiquement en 1968. Voir *supra*, p. XIX.
3. Voir *infra*, p. 484-488, 503-515.

de Rome du carême de 1079, s'en prenait à Albéric du Mont-Cassin. Mabillon disait avoir copié ce texte sur un manuscrit de Gembloux. Dom P. Meyvaert a retrouvé dans le manuscrit latin 12301 de la Bibliothèque nationale de Paris la copie de Mabillon et a pu, de la sorte, éditer intégralement la note : voir *Bérenger de Tours contre Albéric du Mont-Cassin*, dans la *Revue bénédictine*, t. LXX, 1960, p. 331-332. Sur sa propre copie manuscrite, Mabillon situe sa découverte à Subiaco et non à Gembloux.

5. Bérenger a composé un *Mémoire* [1] sur les conciles romains de la Toussaint de 1078 et du carême de 1079. Cet écrit est à dater de 1080 environ. Il a été publié par E. Martène et U. Durand dans le *Thesaurus novus anecdotorum*, t. IV, Paris, 1717, col. 103 à 109, d'après un manuscrit de Gembloux : *Bruxelles, BR 5576-5604*, f. 157ᵛ-161ᵛ. L'édition de 1717 est très infidèle au manuscrit : on pourra en juger d'après l'apparat critique de l'édition due à R.B.C. Huygens, publiée dans l'article *Bérenger de Tours, Lanfranc et Bernold de Constance*, de *Sacris erudiri*, t. XVI, 1965, p. 388-403. Mais le manuscrit lui-même nous paraît appeler un certain nombre de corrections. Voici celles que nous proposons sous bénéfice d'inventaire (la première référence renvoie aux colonnes et aux sections de colonnes de l'édition de 1717 ; la seconde, aux lignes de l'édition de 1965) :

— *unde sacrificia* (103 D, 36) : *ubi de sacrificio*. Cfr 106 D, 188 ; 108 D, 288 ; 108 E, 292 : *de sacrificio* ; et PE, 112 A : *illa nichilominus apostoli Pauli ubi ait...*

— *corde* (103 D,43) : *cordis*.

— *in priore festivitate Omnium Sanctorum episcoporum concessu* (104 C, 76-77) : *in priore in festivitate Omnium Sanctorum episcoporum concessu*. Une rasure à l'endroit où devrait se trouver la seconde préposition *in* permet de supposer qu'elle a été effacée à tort par un lecteur qui a rapporté *priore* à *festivitate* et non à *concessu*.

— *aliud* (106 B, 163) : *alium*.

— *hunc* (106 B, 166) : *hoc*.

— *qui* (106 E, 197) : *quod*.

---

1. Le titre *Acta concilii Romani*, donné par les éditeurs de 1717, nous semble mal convenir à cet écrit polémique, dans lequel, du reste, il est question de deux conciles romains et non d'un seul (avec, de plus, une allusion probable à un troisième synode romain, celui du 19 novembre 1078 : voir *infra* p. 225).

— *ipsius panis et vini esse* (106 E, 198-199) : *ipsius panis et vini.* Voir ci-dessous.

— *ipsum panem et vinum* (106 E, 200) : *ipsum panem et vinum esse.* Il semble que l'infinitif *esse*, dont la place logique est après *ipsum panem et vinum*, a été transposé par erreur après l'expression similaire *ipsius panis et vini*, où il n'a que faire.

— *quod legerĭ* (108 C, 271-272) : *quod legeram.* Il est possible que *quod legerĭ* soit une leçon fautive pour *quod legerā.* Cfr 108 E, 297 : *quod legeram interpretarer.*

— *putabuntur* (109 B,314) : *putabitur.*

Enfin, dans l'édition de 1965, on trouve les corrections suivantes : *Sutriensi* (103 D, 39) pour *Sucirensi* du manuscrit, *ego* (107 B, 212) pour *ergo* du manuscrit, *efficacia* (107 C, 229) pour *efficaces* du manuscrit, *exposuit* (108 C, 279) pour *exposui* du manuscrit, *papae* (109 A, 307) pour *papa* du manuscrit. Il n'est pas impossible que la forme *efficaces* soit un lapsus de Bérenger lui-même : cfr DSC, 64/33-35. Par ailleurs en 107 B, 221, on peut hésiter entre *scimdapsus* et *scundapsus*, mais avec M. Wittek, bibliothécaire au Cabinet des manuscrits de la Bibliothèque royale de Belgique, et M. Masai, professeur à l'Université de Bruxelles, nous penchons pour la première de ces deux lectures. En 109 C, 326, où le manuscrit porte *complacitis*, corrigé de *complicitis*, il nous semble qu'il faut lire *complacatis.* En 109 D, 332, *proficiat* serait plus correct grammaticalement que *proficiam.*

Il est évident que Bérenger a écrit sur l'eucharistie d'autres ouvrages que ceux que nous venons d'énumérer. Lanfranc parle des écrits hérétiques de Bérenger répandus par les disciples du maître tourangeau en diverses régions (DC, 409 B 5-6) ; il rappelle que Bérenger, au concile de Rome de 1059, avait dû jeter dans un brasier ses propres livres sur l'eucharistie (*libros perversi dogmatis* ; DC, 409 B 11-12) ; il fait état du contenu d'un écrit de son adversaire qui semble différent du *Scriptum contra synodum*, mais qui, il est vrai, ne fait sans doute qu'un avec la lettre à Adelman (DC, 436 A 2-11). Bernold de Saint-Blaise mentionne aussi l'existence d'écrits antiromains de Bérenger (*De Beringerii haeresiarchae damnatione multiplici*, VI : PL, t. CXLVIII, 1456 B 2) ; l'un de ces ouvrages est peut-être le pamphlet de 1050-1051 dirigé surtout contre Léon IX : *Nempe S. Leonem papam non pontificem, sed pompificem et pulpificem appellavit* (*ibid.*, 1456 B 3-4). Guitmond d'Aversa, dans son *De corporis et sanguinis Christi veritate in eucharistia*, rédigé entre 1073 et 1078, précise qu'il a tiré la plus grande partie des objections auxquelles il répond, des livres mêmes de Bérenger (*op. cit.*, I : PL, t. CXLIX, 1427 B) (mais, selon toute vraisemblance, pas du *De sacra coena :* cfr l'avis un peu surprenant de J. de Ghellinck à ce sujet dans un compte-rendu de la *Nouvelle revue théologique*, t. LXVIII, 1946, p. 359-360) ; on trouve dans son traité une mine de renseignements précieux sur la doctrine de Bérenger, qui ne peuvent cependant être accueillis sans examen, dans la mesure où l'on peut soupçonner Guitmond d'avoir dépassé les données des textes qu'il avait sous les yeux et de s'être fié à de simples on-dit : ainsi, il attribue au maître tourangeau une théorie de l'impanation qui est tout à fait étrangère à la véritable pensée de celui-ci (*op. cit.*, III : PL, t. CXLIX, 1430 D, 1488 C) [1].

Notons que la distinction n'est pas toujours très nette entre lettres et traités. On pourrait ranger parmi les traités sur l'eucharistie la lettre à Adelman (voir *infra*, IV A 9) et les deux lettres à Paulin de Metz (voir *infra*, IV A 7 et 8).

Nous ne pensons pas qu'on puisse attribuer à Bérenger le texte découvert par dom M. Matronola dans le manuscrit 276 du Mont-Cassin, p. 25-31, et édité dans *Un testo inedito di Berengario di Tours e il concilio Romano del 1079*, Milan, 1936, p. 109-121. L'attribution de ce texte à Bérenger, défendue par dom Matronola, rejetée par J. Geiselmann dans *Ein neuentdecktes Werk Berengars von Tours über das Abendmahl ?* (*Theologische Quartalschrift*, t. CXVIII, 1937, p. 1-31, 133-172) et par dom Cappuyns dans un compte-rendu du *Bulletin de théologie ancienne et médiévale*, t. III, 1937-1940, n°s 552-553, a été, plus récemment, soutenue à nouveau par dom A. Lentini dans *Alberico di Montecassino nel quadro della Riforma Gregoriana* (*Studi Gregoriani*, t. IV, 1952, p. 65-75) et par dom P. Meyvaert dans *Bérenger de Tours contre Albéric du Mont-Cassin* (*Revue béné-*

---

1. Sur la pensée de Bérenger, le traité d'Hugues de Langres est, lui aussi, une source d'informations de première main tirées non de la lecture d'œuvres du maître tourangeau mais d'échanges oraux avec lui : PL, t. CXLII, 1325-1334.

dictine, t. LXX, 1960, p. 328-330). Si la doctrine eucharistique de ce court traité est semblable, pour l'essentiel, à celle de Bérenger, il y a des divergences sensibles, pour le fond et pour la forme, entre ce texte et les écrits eucharistiques du maître tourangeau. En particulier, on ne retrouve pas, dans les pages 25 à 31 de *Cas. 276*, les matériaux, si caractéristiques, du style de Bérenger. Dom Meyvaert le reconnaît implicitement lorsqu'il souligne que le petit texte qu'il reproduit après Mabillon (voir *supra*, n° 4) est « indubitablement authentique » (p. 329). Il est très significatif qu'il ne puisse s'exprimer avec la même assurance quand il croit devoir attribuer à Bérenger le texte de *Cas. 276*, dont la longueur aurait dû pourtant lui offrir des éléments de certitude beaucoup plus abondants. Nous pensons, avec J. Geiselmann, que le traité découvert par dom Matronola est de la main d'un proche disciple de Bérenger. Celui-ci ne manquait pas de partisans (ni, non plus, d'adversaires) à cette époque, particulièrement en Italie, où a été trouvé ce texte.

B. Sur la naissance du Christ

On trouve dans le manuscrit *Vorau 412*, f. 162[r], lignes 12-30, une note anonyme sur la naissance du Christ. Les douze dernières lignes du manuscrit *Wissembourg 101* (= DSC, 166/20-31) reproduisent, avec des variantes, la première moitié de cette note. Nous éditons et étudions ces deux textes dans la première partie de l'appendice I du présent travail. L'origine bérengarienne de la note de *Vorau 412* est indubitable. Sa reproduction partielle, avec de légères modifications, dans *Wissembourg 101*, est aussi, vraisemblablement, l'œuvre de Bérenger.

II. Commentaires scripturaires

La *scriptura divina* à laquelle Bérenger, parvenu à l'âge mûr, consacra la plus grande part de sa recherche intellectuelle (Adelman de Liège va jusqu'à dire que Bérenger avait abandonné les lettres séculières pour se livrer exclusivement aux *sacrae lectiones* : HT, 302/10-13), avait un sens plus large que ce que nous appelons Écriture sainte, mais il est certain que l'Ancien et le Nouveau Testaments (*propheta, apostolus, evangelista:* DSC, 17/4-5, 31/19-20) y tenaient la place principale. Voir *infra*, p. 14, n° 19. Des travaux scripturaires (au sens restreint) de Bérenger on arrive à saisir quelques vestiges.

1. Dans le manuscrit *Paris, BN lat. 2543*, f. 73 et 90, A. Landgraf a découvert quelques lignes de commentaires de psaumes dues à un *Dominus Berengarius* (*Rech. de th. anc. et méd.*, t. VIII, 1936, p. 365). Dans *Graz 404*, f. 21, R. B. C. Huygens a trouvé une glose de Bérenger sur *Ps.*, XVII, 29 (*Sacris erudiri*, t. XVI, p. 367).

2. On trouve dans le manuscrit *Berlin, BN Phillipps 1704*, provenant de l'abbaye Saint-Florent près de Saumur, aux f. 142ᵛ-143ᵛ, un bref commentaire du « Notre Père », malheureusement incomplet par suite de la disparition de un ou de plusieurs folios entre les folios 142 et 143. Ce commentaire a été édité par V. Rose dans *Verzeichnis der Meerman-Handschriften der königlichen Bibliothek zu Berlin*, Berlin 1892, p. 114-115.

3. Miss B. Smalley a trouvé un certain nombre de gloses de Bérenger sur les épîtres de saint Paul dans quatre collections : le commentaire de Roger de Bridlington, la *Glose* d'Anselme de Laon, les manuscrits *Berne 334* et *Vat. lat. 143*. Voir B. Smalley, *La Glossa ordinaria*, dans *Recherches de théologie ancienne et médiévale*, t. IX, 1937, p. 365-400. On trouvera les références, et les « incipit » et « explicit » de quatre de ces gloses dans les notes 45-47 de cet article. D'autres gloses, de *Berne 334* et de *Vat. lat. 143*, sont reproduites p. 391-394. La dernière glose citée par Miss B. Smalley, p. 394, concernant *Hebr*, X,7 : *Nota attendas in divinis scripturis interpositiones quas parentesim vocant* (*Berne 334*, f. 152ʳ, et *Vat. lat. 143*, f. 173ᵛ), rappelle le début du commentaire du « Notre Père » de *Berlin, BN Phillipps 1704* : *Notum sit in scripturis oportet genus illud dicendi quo suspenduntur ea quae prioribus jungenda erant, donec quaedam quae ad supplendam sententiam pertinent media interjaciantur, quod scema parentesis nominatur* (V. Rose, *op. cit.*, p. 114). Sur ces commentaires, voir encore B. Smalley, *The study of the Bible in the Middle Ages*, 2ᵉ édition, Oxford, 1952, p. 47, 65-66.

La *Chronique du Mont-Cassin* mentionne, parmi les manuscrits rassemblés par Didier du Mont-Cassin, des commentaires du *Cantique des cantiques* d'Origène, de Grégoire et de Bérenger (PL, t. CLXXIII, 800 C 2-3). Dom M. Cappuyns, dans l'article

Bérenger de Tours du *Dict. d'hist. et de géogr. eccl.*, col. 396, se montre sceptique sur l'attribution d'un commentaire du *Cantique des cantiques* au maître tourangeau. Dom G. Morin, dans *Bérenger contre Bérenger* (*Recherches de théologie ancienne et médiévale*, t. IV, 1932, p. 115-116), émet l'hypothèse ingénieuse d'une attribution erronée à Bérenger, évêque de Venouse, du commentaire dû à Haymon d'Alberstadt.

III. Poèmes

De l'œuvre poétique de Bérenger, nous ne possédons plus de façon certaine que le remarquable *Juste judex, Jesu Christe,* édité par E. Martène et U. Durand dans le *Thesaurus novus anecdotorum*, t. IV, col. 115-116, d'après un manuscrit de Marmoutier, sans doute *Tours 348*, f. 172. On trouve également ce poème dans deux manuscrits du Vatican, *Reg. lat. 121*, f. 114, *Reg. lat. 150*, f. 152. Bérenger se sentait assez sûr de son talent poétique, loué par Hildebert de Lavardin dans l'*Epitaphium Berengarii* (PL, t. CLXXI, 1396), pour se moquer du poème qu'Adelman de Liège lui avait envoyé : *Respondit Beringerius : Nascitur ridiculus mus* (manuscrit *Bruxelles, BR 5576-5604,* f. 163ᵛ).

On peut se demander, comme le fait C. Erdmann, dans l'article *Gregor VII. und Berengar von Tours* des *Quellen und Forschungen aus italienischen Archiven und Bibliotheken*, t. XXVIII, 1937-1938, p. 52, note 4, s'il ne faut pas attribuer à Bérenger trois poèmes des dernières pages du manuscrit *Londres, BM Harley 3023*, qui semblent faire partie d'un corpus bérengarien (décrit par E. Bishop, *Unedierte Briefe zur Geschichte Berengar's von Tours*, dans *Görresgesellschaft. Historisches Jahrbuch*, t. I, 1880, p. 272-280). A vrai dire, ces pièces sont d'un intérêt très médiocre. Il s'agit d'un poème de neuf vers, intitulé *Quomodo habetur et quomodo habenda custodia vitae* (f. 63ʳ), d'un poème de vingt-huit vers, suivi de deux abrégés de neuf et de trois vers, intitulé *De trimoda cautela vitiorum* (f. 65ʳ), d'un poème de douze vers, suivi d'un abrégé de deux vers, intitulé *Quis sit perfecte castus* (f. 65ʳ).

IV. Correspondance

A. Lettres écrites par Bérenger en son propre nom[1]

1. Billet *à Lanfranc* (fin 1049 ou début 1050). Nous le reproduisons, p. 54, note 1, d'après l'édition critique due à R.B.C. Huygens, *Textes latins du XIe au XIIIe siècles* (*Studi medievali*, 3e série, t. VIII, 1967), p. 456. Il avait été édité par dom L. d'Achery, dans les *Lanfranci opera omnia*, Paris, 1648, p. 22, édition reprise dans PL, t. CL, 63 C-D. L'édition de d'Achery et de Migne est fautive par l'omission des mots *nec multum contulisti*. J. A. Giles, dans les *Opera omnia Lanfranci*, t. I, Oxford, 1844, p. 17, offrait un texte plus correct, d'après *Paris, BN lat. 1858*, f. 107r. Le manuscrit *Bruxelles, BR 4399-4402*, f. 62r, donne la formule terminale : *Bene te valere*, etc.

2. Lettre *à Ansfroi de Préaux* (vers la fin de 1050). Éditée par H. Sudendorf dans *Berengarius Turonensis oder eine Sammlung ihn betreffender Briefe*, Hambourg-Gotha, 1850, lettre V, p. 208-210, et par C. Erdmann et N. Fickermann dans les *Briefsammlungen der Zeit Heinrichs IV*, tome V de la collection *Die Briefe der deutschen Kaiserzeit* des *Monumenta Germaniae historica*, Weimar, 1950, lettre XCVIII, p. 164-166, d'après *Hanovre 671*, f. 367r-368v.

Pour ne pas surcharger cette bibliographie, nous ne mentionnerons plus les lettres du corpus épistolaire bérengarien de *Hanovre 671*, f. 325-380, que par un renvoi à leur numéro d'ordre dans l'édition des *Monumenta Germaniae historica*, désignée par le sigle EF. On trouvera une table de concordance des deux éditions et de la présente bibliographie *infra*, p. 17.

3. Lettre *à Ascelin* (vers la fin de 1050). Éditée par dom L. d'Achery dans les *Lanfranci opera omnia*, p. 24, d'après un manuscrit de Chézal-Benoît, actuellement *Paris, BN lat. 9376*, f. 34r, et, d'après d'Achery, dans PL, t. CL, 66.

4. Lettre *au clergé chartrain* (vers la fin de 1050). Cette lettre, aujourd'hui perdue, est mentionnée dans le *Liber de corpore et sanguine Christi* de Durand de Troarn, IX, XXXIII : PL, t. CXLIX, 1422 B 8-C 7. Chronologiquement, elle se situe après la lettre à Ascelin.

---

1. Pour les numéros 1 à 22, le classement adopté ici correspond à celui de l'article *Bérenger de Tours* du *Dict. d'hist. et de géogr. eccl.*, col. 397-400.

5. Lettre *au frère Richard* (1051) : EF, LXXXVIII. On la trouve aussi dans le *Spicilegium* de dom L. d'Achery, t. III, Paris, 1723, p. 400, transcrite d'après un manuscrit de la Bibliothèque du roi, sans doute *Paris, BN lat. 1858*, f. 107ᵛ, qui a servi également à J.A. Giles pour l'édition de cette lettre dans les *Opera omnia Lanfranci*, t. I, p. 18-19. Le texte de d'Achery et celui de Giles est suivi d'une addition (reproduite dans EF, 154/12-17). Dans le manuscrit *Bruxelles, BR 4399-4402*, dont les folios 69ʳ-90ᵛ ont la même source que les folios 108ʳ-114ʳ de *Paris, BN lat. 1858*, on ne retrouve au f. 62ʳ que l'addition (sans la lettre) précédée de ce titre qui semble avoir été ajouté après coup : *Sententia scripta in calice Fulberti, Carnotensis episcopi.* Voir *infra*, p. 104, 254-255. Nous la citons *infra*, p. 124, note 2.

6. Lettre *à W., trésorier* (1051). Éditée par dom J. Mabillon dans les *Acta sanctorum Ordinis s. Benedicti*, t. IX, Paris, 1701, p. XVII, Venise, 1740, p. XI, d'après un manuscrit de Saint-Martin de Tours. Tel que nous l'a transmis Mabillon, ce texte n'est peut-être qu'un fragment de la lettre originale ; il reproduit presque mot pour mot les premières lignes de la lettre à Richard. Il est repris, d'après Mabillon, dans EF, 152/39-41-153/29-31.

7. Lettre *à Paulin de Metz* (1051). Cette lettre est perdue. Nous en connaissons l'existence par une lettre de Paulin à Bérenger (éditée par E. Martène et U. Durand dans le *Thesaurus novus anecdotorum*, t. I, Paris, 1717, col. 196). Elle était la réponse à une première lettre que Paulin avait écrite à Bérenger sur la demande d'Adelman de Liège et qui est aujourd'hui disparue (voir HT, 289/1-6).

8. Lettre *à Paul [-in de Metz ?]* (1051). Cette lettre, elle aussi disparue, est mentionnée par Durand de Troarn dans le *Liber de corpore et sanguine Christi*, IX, XXXIII : PL, t. CXLIX, 1423 A. Interceptée sur l'ordre de l'évêque d'Orléans, elle avait été lue devant le concile de Paris du 16 octobre 1051. Si l'on en croit Durand de Troarn, son destinataire était un certain « Paul » : il s'agit probablement de « Paulin » de Metz. D'après ce que nous savons de son contenu, nous pensons qu'elle était la réponse de Bérenger à la demande de renseignements complémentaires d'une seconde lettre que lui avait adressée son ami Paulin (cfr *supra*, nᵒ 7).

9. Lettre *à* ou plutôt *contre Adelman de Liège* (vers 1053).

Éditée par E. Martène et U. Durand dans le *Thesaurus novus anecdotorum*, t. IV, col. 109-113, d'après *Bruxelles, BR 5576-5604*, f. 161ᵛ-163ʳ. L'édition de 1717 étant très fautive, nous rééditons cette lettre *infra*, p. 531-538. C'est peut-être à elle que fait allusion Lanfranc en DC, 436 A.

10. Lettre *à Eusèbe Brunon, évêque d'Angers* (1063-1066) : EF, LXXXVI.

11. Lettre *à St.*, c'est à dire vraisemblablement *au cardinal Étienne* (1063-1065) : EF, C.

12. Lettre *à Hermann, évêque de Metz* (1073-1078) : EF, XCIII.

13. Lettre *à Philippe Iᵉʳ, roi de France* (1068-1070) : EF, LXXXII.

14. Lettre *au pape Grégoire VII* (1077) : EF, LXXXIX et XCII.

15. Lettre *à Joscelin, archevêque de Bordeaux* (1077-1079) : EF, XCIX.

16. Lettre *à Eudes de Conteville, évêque de Bayeux*, demi-frère de Guillaume le Conquérant (1080-1081) : EF, CI. On la trouve non seulement dans *Hanovre 671* mais aussi dans *Vorau 412*, f. 162ᵛ : voir *infra*, p. 490-491.

17. Lettre *au frère et seigneur I.* (date incertaine) : EF, CIII. Le personnage décédé dont il est question dans cette lettre, homme édifiant, mort alors qu'il était sous le coup de graves sentences ecclésiastiques, n'est désigné que par l'initiale de son nom. L. Schwabe, dans les *Studien zur Geschichte des Zweiten Abendmahlstreits*, Leipsig, 1887, p. 85-86, pense qu'il s'agit de Geoffroy Martel, comte d'Anjou, mort en 1060. Les éditeurs de la lettre dans les *Monumenta Germaniae historica* ont adopté la même opinion (EF, 171/33-34), qui ne nous paraît pas fondée (notamment parce que les vertus attribuées au défunt ne concordent pas avec le jugement sévère que portait Bérenger sur les comtes d'Anjou : voir EF, XC, 156/9-12). Il n'est pas impossible que ce personnage soit le pape Grégoire VII, mort en exil à Salerne ; la lettre daterait alors de 1085.

18. Lettre *au frère I.* (1040-1049 ?) : EF, CII. Éditée aussi par E. Martène et U. Durand dans le *Thesaurus novus anecdotorum*, t. I, col. 195-196, d'après un manuscrit de Saint-Martin de Tours. Pour les différences entre les deux textes voir l'apparat critique de EF. A.J. Macdonald, dans *Berengar and the reform*

of sacramental doctrine, Londres-New-York-Toronto, 1930, p. 34, note 1, date cette lettre de 1040-1049 et la croit adressée à Joscelin, futur archevêque de Bordeaux.

19. Lettre *à I.* (date incertaine) : EF, LXXXIII. Il s'agit d'un commentaire scripturaire à l'usage d'un personnage de haut rang, illettré.

20. Lettre *à Drogon* (date incertaine) : EF, XCV.

21. Lettre *à Drogon* (date incertaine) : EF, CIV.

22. Lettre *à Eusèbe Brunon, évêque d'Angers* (date incertaine). Éditée par E. Bishop dans *Unedierte Briefe zur Geschichte Berengar's von Tours*, p. 275, d'après *Londres, BM Harley 3023*, f. 63ʳ.

23. Une ou deux lettres *à Alexandre II* (vers 1064-1065), toutes deux disparues :

a) Dans une fausse lettre du pape Alexandre II fabriquée par Bérenger (voir *infra*, C 1), est mentionnée une lettre de l'écolâtre, que le pape aurait eue sous les yeux : *Visis dilectionis tuae litteris...* Il peut s'agir ou d'une lettre dont Bérenger aurait imaginé l'existence ou d'une lettre vraiment envoyée par le maître tourangeau, soit au cardinal Étienne (identique ou non à celle que nous signalons *supra*, nᵒ 11), soit directement au pape. Cfr EF, C, 167/28-29, 39-41.

b) Bernold de Constance, dans le *De Berengarii haeresiarchae damnatione multiplici*, VII (PL, t. CXLVIII, 1456 C 1-2), rapporte que Bérenger, ayant reçu une lettre d'Alexandre II, *ab incepto desistere noluit, hocque ipsum eidem apostolico litteris suis remandare non timuit.*

24. Lettre *à Joscelin, archevêque de Bordeaux* (1059-1086). Éditée par dom G. Morin dans *Lettre inédite de Bérenger, Revue bénédictine*, t. XLIV, 1932, p. 223-226, d'après *Oxford, Bodl. 632*, f. 65ᵛ-67ᵛ.

25. Lettre *au frère R.* (1080-1081). Éditée par E. Schönbach, dans *Studien zur Erzählungsliteratur des Mittelalters*, II, *Die Vorauer Novelle* (*Sitzungsberichte der kaiserlichen Akademie der Wissenschaften, Philosophisch-historische Klasse*, vol. CXL, section IV), Vienne, 1899, p. 39, d'après *Vorau 412*, f. 162ᵛ. L'édition de Schönbach présente dix erreurs de transcription. Nous rééditons cette lettre et nous la commentons *infra*, p. 521-530. Le destinataire en serait, selon nous, le sous-diacre Roger, légat de Grégoire VII.

Il ne faut certainement pas classer parmi les œuvres de Béren-

ger de Tours la lettre d'un certain *Berengarius*, éditée par E.
Martène et U. Durand dans le *Thesaurus novus anecdotorum*,
t. I, col. 191-195, d'après un manuscrit d'Aulne, aujourd'hui
Bruxelles, BR 1103. Sur cette lettre, voir R.B.C. HUYGENS,
Textes latins..., p. 493-502.

B. LETTRES ÉCRITES PAR BÉRENGER POUR LE COMPTE D'AUTRUI

Bérenger a servi de secrétaire à de hauts personnages et rédigé des lettres en leur nom. On notera que certaines de ces lettres
sont entrées dans un corpus strictement bérengarien : le groupement de vingt-deux lettres de *Hanovre 671*, f. 325-380, édité
par H. Sudendorf, puis par C. Erdmann et N. Fickermann (voir
supra, A 2), comprend, en effet, avec quatorze lettres écrites
par Bérenger en son propre nom et deux lettres qui lui étaient
adressées, six lettres qu'il avait écrites pour le compte d'autres
personnes. Il y a plusieurs exemples au moyen âge de recueils
épistolaires ainsi composés. Sur tous ces faits, voir C. ERDMANN,
Gregor VII. und Berengar von Tours, p. 57-58.

1. Lettre d'*Eusèbe Brunon, évêque d'Angers, à l'évêque Gervais
du Mans* emprisonné. Il n'existe qu'un court fragment de cette
lettre, cité par le cardinal Humbert dans une lettre à Eusèbe
Brunon. Ces lignes mettent en cause le pape Léon IX : *Non
parum carceri tuo contulisset, si nichil irrationabile, si nil frustrandum apostolicus attemptasset, quando minus inconsiderate,
si pace illius hoc dici liceat, quam episcopos reordinaverat, Johannis Scoti libellum concidisset* (K. FRANCKE, *Zur Characteristik
des Cardinals Humbert von Silva Candida*, dans *Neues Archiv
der Gesellschaft für ältere deutsche Geschichtskunde*, t. VII, 1881,
p. 614, d'après *Berne 292*, f. 72ʳ). Fond et forme, on reconnaît
ici la griffe de Bérenger. La thèse résumée dans ce passage est
celle que le maître tourangeau avait soutenue dans le pamphlet
écrit à la fin de 1050 ou au début de 1051 (DSC, 6/31-7/3. Cfr
10/23-11/28). Voir *infra*, p. 102-103.

2. Lettre d'*Eusèbe Brunon et du comte d'Anjou, Geoffroy Martel, à un archevêque-primat* (fin 1050-début 1051) : EF, LXXXV.
O. Capitani, dans *Studi su Berengario di Tours*, Lecce, 1966,
p. 77-101, situe à tort, croyons-nous, cette lettre avant le concile
ouvert à Rome le 29 avril 1050. Nous sommes convaincu, en
effet, que la « diffamation » dont Bérenger se plaint dans les

dernières lignes de ce document, est celle qu'il avait subie du fait de sa condamnation par le pape Léon IX au concile de Verceil de septembre 1050 : voir *infra*, p. 63, 94-103.

L'archevêque-primat, destinataire de la lettre, est vraisemblablement Guy de Reims. Si l'on en juge d'après les discussions de préséance agitées au concile de Reims d'octobre 1049 entre l'archevêque de Trèves et celui de Reims, ce dernier montrait une certaine âpreté à défendre auprès du pape les privilèges attachés à la primatie de son siège archiépiscopal en France (Anselme, *Historia dedicationis ecclesiae S. Remigii*, 14 : PL, t. CXLII, 1430 A-B). On trouve, semble-t-il, dans la lettre EF, LXXXV, un reflet de cette attitude ; voir 146/15-16 et, surtout, 147/10-11 : *Causam nostram etiam contra apostolicum, quod omnino interest primatus tui, si justa est, jam nunc suscipias.* Il reste, cependant, que, selon Rony, *Saint-Jubin, archevêque de Lyon, et la primatie lyonnaise*, dans la *Revue d'histoire de l'Église de France*, t. XV, 1929, p. 409-430, on trouve dès 1049 des indices de la primatie que Lyon devait se voir reconnaître par la bulle du 19 avril 1079 sur la province écclésiastique de Tours (comme aussi sur celles de Rouen et de Sens). Au concile de Reims ce n'est pas l'archevêque du lieu mais celui de Lyon qui prend en main les intérêts tourangeaux dans le conflit de juridiction qui opposait Tours et Dol : *Turonenses clerici per Lugdunensem archiepiscopum querelam intulerunt super Dolensi episcopo Britanniae, qui se cum septem suffraganeis a Turonensi archiepiscopo subtraxerat, sibique archipraesulis nomen contra fas vindicaverat* (Anselme, *op. cit.*, 15 : PL, t. CXLII, 1433 D). En 1056, l'archevêque de Tours et deux de ses suffragants, les évêques du Mans et d'Angers, prennent part au concile de Chalon-sur-Saône, en territoire spécifiquement lyonnais. On notera que Bérenger ne précise pas l'étendue de la primatie du destinataire de la lettre : il l'appelle « notre primat ». S'il s'agissait de la primatie lyonnaise (ce dont nous doutons), nous trouverions dans ce document l'attestation la plus ancienne qui soit connue de la primatie de Lyon sur la province de Tours.

3. Lettre du *comte d'Anjou, Geoffroy Martel, au pape Léon IX* (1052) : EF, LXXXIV.

4. Lettre du *comte d'Anjou, Geoffroy Martel, à Hildebrand* (début 1059) : EF, LXXXVII. Voir *infra*, p. 18.

5. Lettre de *Barthélemy, archevêque de Tours, au pape Alexandre II* (1061-1067) : EF, XCIV.

6. Lettre de *Barthélemy, archevêque de Tours, au pape Alexandre II* (fin 1066-début 1067) : EF, XC.

7. Lettre d'*Eusèbe Brunon, évêque d'Angers, au pape Alexandre II* (vers la fin de 1070) : EF, XCI.

CORPUS ÉPISTOLAIRE BÉRENGARIEN DE « HANOVRE 671 »

Édition Erdmann-Fickermann (ordre du manuscrit)	Édition Sudendorf	Supra, IV, A et B
LXXXII	XVII	A 13
LXXXIII	IV	A 19
LXXXIV	VIII	B 3
LXXXV	III	B 2
LXXXVI	XII	A 10
LXXXVII	X	B 4
LXXXVIII	VII	A 5
LXXXIX	XX	A 14
XC	XIV	B 6
XCI	XV	B 7
XCII	XX	A 14
XCIII	XVIII	A 12
XCIV	XI	B 5
XCV	IX	A 20
XCVI	VI	Lettre de Drogon
XCVII	I	Lettre de Drogon
XCVIII	V	A 2
XCIX	XIX	A 15
C	XVI	A 11
CI	XXI	A 16
CII	II	A 18
CIII	XXII	A 17
CIV	XIII	A 21

C. Fausses lettres fabriquées par Bérenger

Bérenger, servant de secrétaire à l'archevêque de Tours, à l'évêque d'Angers, au comte d'Anjou, semble avoir à l'occasion dépassé les intentions de ses mandants en glissant dans les lettres qu'il écrivait en leur nom l'une ou l'autre allusion à sa propre cause. Cela paraît être le cas pour le passage d'une lettre d'Eusèbe Brunon que nous avons cité plus haut (voir *supra*, B 1). Si Eusèbe Brunon a été compromis dans l'affaire bérengarienne au-delà de ses prévisions (voir EE, 1201 D 13-15), il le doit probablement à ces manœuvres de son archidiacre. On trouverait sans peine dans l'histoire, et particulièrement au moyen âge, si peu scrupuleux en matière de faux, nombre de ces infidélités de secrétaire. Jeanne d'Arc, par exemple, en a été la victime (voir O. LEROY, *Sainte Jeanne d'Arc. Son esprit, sa vie*, Paris, 1957, p. 161-165).

Le ton des lettres écrites par Bérenger pour le compte d'autrui, leur façon de présenter les problèmes montrent aussi que le maître tourangeau savait assez habilement, dans son travail de scribe, soutenir et utiliser les actions politiques qui allaient dans le sens de sa propagande personnelle.

La tentation devait être grande pour lui de faire un pas de plus et de composer des lettres en sa faveur sans en référer à ceux qui étaient censés en être les auteurs et dont il était le secrétaire occasionnel. La lettre LXXXVII de *Hanovre 671*, adressée par le comte d'Anjou à Hildebrand au début de l'année 1059 (voir *supra*, B 4), nous paraît être de cette veine. C. Erdmann, gêné à la pensée que ce document, dont l'auteur voit dans Hildebrand un disciple occulte de Bérenger, soit destiné au diacre romain (ce qui rendrait vraisemblable l'hypothèse de la connivence d'Hildebrand avec l'hérésie bérengarienne), imagine que le maître tourangeau l'a composé artificiellement, et l'a diffusé après le concile de Rome du carême de 1079, pour donner à croire à ses contemporains que Grégoire VII lui avait toujours été favorable en secret (*Gregor VII. und Berengar von Tours*, p. 56-60). O. Capitani, dans *Studi su Berengario di Tours*, p. 105-118, a montré la faiblesse de la thèse de l'érudit allemand. Avec raison, il situe cette lettre en 1059 et estime qu'elle a été bel et bien adressée à Hildebrand. Cependant, nous croyons fort peu probable que son auteur supposé, le comte Geoffroy Martel, en ait connu la teneur ou même l'existence, et, dans ce sens, on peut la considérer comme un faux.

Si C. Erdmann s'est trompé, au moins partiellement, en ce qui concerne la lettre du comte d'Anjou à Hildebrand, il s'est montré beaucoup plus perspicace quand il a décelé l'inauthenticité et découvert l'origine d'un certain nombre de lettres favorables à Bérenger. *Fecit cui prodest.* Leur auteur est Bérenger lui-même (*Gregor VII. und Berengar von Tours*, p. 50-55). La falsification est ici d'autant mieux caractérisée que Bérenger n'a jamais été le secrétaire des papes à qui il attribue ces missives.

1. Lettre d'*Alexandre II à Bérenger* (vers 1064). Éditée par E. Bishop dans *Unedierte Briefe zur Geschichte Berengar's von Tours*, lettre I, p. 273, d'après *Londres, BM Harley 3023*, f. 64ᵛ. Dans le *De Beringerii haeresiarchae damnatione multiplici*, VII (PL, t. CXLVIII, 1456 B 12-15), Bernold de Constance précise qu'Alexandre II avait écrit à Bérenger (peut-être en conséquence de la démarche effectuée par celui-ci auprès du cardinal Étienne : voir *supra*, A 11), mais pas dans le sens que le maître tourangeau espérait : *Venerabilis papa Alexander... litteris eum satis amice praemonuit ut a secta sua cessaret, nec amplius sanctam Ecclesiam scandalizaret.* La lettre I du groupement épistolaire de *Harley 3023* est sans doute celle que Bérenger a substituée au document authentique.

2. Lettre d'*Alexandre II à Barthélemy, archevêque de Tours, et à Eusèbe Brunon, évêque d'Angers* (vers 1064). Éditée par E. Bishop, *op. cit.*, lettre III, p. 274, d'après *Harley 3023*, f. 64ᵛ-65ʳ. Il n'est pas impossible que cette lettre ait eu, comme peut-être la précédente, un parallèle authentique, auquel ferait allusion la lettre XC de *Hanovre 671* (voir *supra*, B 6). Barthélemy de Tours dit, en effet, en écrivant à Alexandre II : *Eum* (= le comte d'Anjou) *ab odio et persecutione fratris Berengarii* EX ADMONITIONE TUA *compescere attemptaveram* (EF, XC, 156/30-31).

3. Lettre d'*Alexandre II au comte d'Anjou, Geoffroy le Jeune* (entre 1064 et 1067, postérieure aux lettres 1 et 2). Éditée par E. Bishop, *op. cit.*, lettre II, p. 273-274, d'après *Harley 3023*, f. 64ᵛ. On trouve le « brouillon » de cette lettre dans *Vorau 412*, f. 162 : voir *infra*, p. 488-489.

4. Lettre d'*Alexandre II au comte d'Anjou, Geoffroy le Jeune* (vers 1066). Éditée par E. Bishop, *op. cit.*, lettre IV, p. 274-275, d'après *Harley 3023*, f. 65ʳ.

5. Lettre de *Grégoire VII à Raoul, archevêque de Tours, et à Eusèbe Brunon, évêque d'Angers* (1073-1076). Éditée par PL, t. CXLVIII, 698 C, et par P. Jaffé, dans les *Monumenta Gregoriana*, t. I, Berlin, 1865, p. 564, nᵒ 36, d'après *Paris, BN lat. 152*, f. 39ʳ.

6. Lettre de *sauf-conduit de Grégoire VII* (en 1079, après le concile de Rome de février). Éditée par PL, t. CXLVIII, 689 D, par P. Jaffé, *op. cit.* p. 550, n⁰ 24, et par R.B.C. Huygens, *Bérenger de Tours, Lanfranc et Bernold de Constance*, p. 389 (d'après *Angers 1902*, sur le feuillet de garde).

O. Capitani, dans ses *Studi su Berengario di Tours*, p. 148-149, 176-191, a mis en doute la valeur des arguments grâce auxquels C. Erdmann conclut à l'inauthenticité et à l'origine bérengarienne des six lettres que nous venons d'énumérer. Il ne nous semble pas que les critiques de O. Capitani ébranlent sérieusement la démonstration de C. Erdmann. Aux remarques de l'érudit allemand nous ajouterons les suivantes :

La lettre n⁰ 3 existe en deux exemplaires manuscrits dans deux collections d'origine bérengarienne, et l'un de ces exemplaires est manifestement le « brouillon » de l'autre ! Une preuve matérielle aussi nette s'ajoutant à tous les autres indices suffirait à établir la conviction du tribunal le plus impartial ou de l'historien le plus pointilleux.

La lettre n⁰ 5, mise sous le nom de Grégoire VII, ressemble étrangement à la lettre n⁰ 2, dont l'auteur supposé serait Alexandre II. La seconde en date, celle de Grégoire VII, ne peut être qu'un faux inspiré de la première.

Certaines expressions se retrouvent à peu près identiques à travers ces documents, qu'ils soient censés émaner d'Alexandre II ou de Grégoire VII, ce qui autorise à penser qu'ils ont un unique auteur, Bérenger. Ainsi, *ne ulterius hac occasione supradictum virum inquietare praesumat* (n⁰ 2), *ne eum amodo praesumas inquietare* (n⁰ 3), *circa hoc mihi obedientiam patri filius negare ne praesumas* (n⁰ 4), *ut non ulterius supra dictum virum inquietare praesumat* (n⁰ 5).

Les seules de ces lettres qui pourraient avoir une base authentique (et avoir servi de modèles aux autres), sont les deux premières (n⁰ˢ 1 et 2), mais elles restent éminemment suspectes. Il est certain qu'Alexandre II a écrit à Bérenger, mais pour le réprimander charitablement, non pour lui appliquer la béatitude de ceux qui souffrent persécution pour la justice (n⁰ 1) ! On imagine mal Alexandre II avançant que si le comte d'Anjou s'en prenait à l'hérétique Bérenger, c'était QUASI *sub defensione christianae fidei* (n⁰ 2) ! Enfin la conclusion de la lettre n⁰ 2 équivaut presque à une signature. Comment ne pas reconnaître le double jeu bérengarien dans l'utilisation à propos de l'eucharistie du verset de l'Évangile : *Vobis datum est nosse mysterium regni Dei, ceteris autem in parabolis* (*Lc.*, VIII, 10) ? Dans l'optique bérengarienne, « connaître le mystère du royaume de Dieu», c'est être initié au véritable sens de la doctrine eucharistique du maître tourangeau, tandis qu'aux non initiés sont réservées les « paraboles » de formules équivoques. Qu'on se réfère, par exemple, au *Mémoire*, où il est dit sans ambages que la profession de foi équivoque proposée par Bérenger au concile de Rome de la Toussaint de 1078, est le « lait » qui doit suffire à ceux qui ne sont pas capables de supporter la « nourriture » solide [1] (de la doctrine bérengarienne explicite) : voir *Mém.*, 103 A-B (les mots *sufficere debere his, etc.* attribués à Grégoire VII sont en réalité un prolongement donné par Bérenger lui-même aux propos du pape). Sans doute, la lettre n° 2 se situe dans une perspective légèrement différente de celle qui est envisagée dans le *Mémoire*, puisque son auteur veut souligner que les controverses théologiques ne sont pas du ressort d'un profane, tel que le comte d'Angers, mais cet auteur (Bérenger, à notre avis) se trahit en appliquant à la situation en cause la conception qui lui était familière d'une formulation intentionnellement obscure de la vérité. Cfr la suite du même verset de l'Évangile : *Ut videntes non videant, et audientes non intelligant.*

---

1. Cfr *I Cor.*, III, 2, *Hebr.*, V, 12-14.

II. L'Affaire bérengarienne

CHAPITRE II

APERÇU GÉNÉRAL
SUR L'AFFAIRE BÉRENGARIENNE

Quand nous parlons d'affaire bérengarienne, nous n'envisageons pas l'ensemble de la controverse eucharistique du XIe siècle avec toute l'efflorescence des nombreux traités qu'elle a suscités, nous considérons seulement le cœur de ce grand débat, l'aventure personnelle de celui qui en fut l'instigateur. Même si on la réduit aux dimensions de l'affaire bérengarienne, la fameuse controverse mérite encore, selon le mot de W.H. Stevenson, d'être comparée à un « marécage »[1], où l'on risque fort de s'égarer et de s'embourber. Nous ne croyons pas inutile, avant d'entrer dans le détail de cette histoire passablement embrouillée, d'en dégager les aspects essentiels afin de donner un fil conducteur aux lecteurs du présent travail.

I. Aperçu historique

Historiquement, les pivots de l'affaire bérengarienne sont les conciles qui ont examiné et jugé la question sous la présidence des souverains pontifes, c'est-à-dire le concile de Rome de 1050 et son prolongement, le concile de Verceil de la même année, présidés par Léon IX, le concile de Rome de 1059 présidé par Nicolas II, le concile de Rome de la Toussaint de 1078, qui tourne court, la solution définitive de l'affaire étant reportée au concile de Rome du carême de 1079 ; ces deux derniers

---

1. Cité par A. J. Macdonald, *Berengar and the reform of sacramental doctrine*, p. VII.

conciles sont présidés par Grégoire VII. Deux grandes périodes sont ainsi délimitées, la première allant de 1050 à 1059, la seconde, de 1059 à 1079. L'événement central de la controverse est le concile de Rome de 1059, dont la portée et la signification sont capitales.

Les principaux épisodes de l'affaire bérengarienne s'enchaînent de la façon suivante. Au concile de Rome d'avril 1050, Bérenger est condamné pour la première fois, mais sans avoir été ni convoqué pour plaider sa cause ni même averti du procès qu'on lui intentait. Pour comble de malchance, invité à se présenter devant le concile qui doit se tenir à Verceil en septembre de la même année, il se trouve immobilisé par un événement imprévu et mis dans l'impossibilité de venir se justifier auprès du pape Léon IX et des Pères conciliaires. Ceux-ci réitèrent, sous une forme un peu différente, le jugement prononcé à Rome quelques mois auparavant. Cependant, en raison de l'absence du principal intéressé, on ne peut estimer que l'affaire soit vraiment réglée. Elle restera donc en suspens tant que Bérenger n'aura pas comparu devant les autorités romaines, confrontation qui, par suite de diverses circonstances, ne se réalisera qu'en 1059. Sous le coup des deux sentences qui le frappent en 1050, l'écolâtre réagit avec une extrême violence. Il n'hésite pas, notamment, à prendre à partie le pape Léon IX dans un pamphlet délirant, et ses excès obligent les autorités angevines [1], ecclésiastiques et laïques, qui l'avaient d'abord soutenu, à réunir un concile à Tours, en 1051 ou en 1052, pour contraindre le maître tourangeau à adhérer à la foi commune et pour donner elles-mêmes des gages d'orthodoxie, afin d'écarter les représailles que leur connivence avec l'hérésie risquait d'attirer sur l'Anjou et sur la Touraine de la part du roi de France Henri Ier. Un second concile de Tours, présidé par le légat pontifical Hildebrand, en 1054 peut être considéré, en ce qui regarde l'affaire bérengarienne, comme une simple étape dans la réalisation du projet initial de la venue de l'écolâtre à Rome.

---

1. Précisons qu'à l'époque où commence la controverse, la Touraine, province à laquelle appartenait Bérenger, est sous la domination du comte d'Angers. De plus, tout en restant agrégé au chapitre de Saint-Martin de Tours, Bérenger, depuis 1040 environ, assume les charges d'archidiacre d'Angers et de trésorier de l'évêque de cette ville.

A Rome, en 1059, Bérenger doit faire amende honorable et lire une profession de foi rédigée par le cardinal Humbert. Le pape Nicolas II envoie le texte de cette formule aux Églises que les théories bérengariennes ont scandalisées, et l'on estime alors que l'affaire est désormais « éteinte » [1].

On a compté sans l'obstination de Bérenger. Celui-ci n'accepte pas sa défaite et diffuse un nouveau pamphlet antiromain, auquel nous donnons le titre de *Scriptum contra synodum*. C'est pour réfuter ce pamphlet que Lanfranc rédige le *De corpore et sanguine Domini*, et l'on sait, depuis la découverte qu'en a faite Lessing en 1770, que Bérenger avait écrit, sans la répandre dans le public, une réplique au traité de Lanfranc, le *De sacra coena*. Une fois de plus, les autorités angevines doivent intervenir, et le concile d'Angers de 1062, destiné à arrêter le « fléau renaissant » *(rediviva pestis)* [2], semble répondre, pour la seconde période de l'affaire bérengarienne, à une intention analogue à celle qui avait inspiré le concile de Tours de 1051 ou 1052 au début de la première période.

Mais l'entêtement de Bérenger, son prosélytisme clandestin, ses formulations équivoques entretiennent l'agitation autour de son cas. Aussi, le procès de l'écolâtre est-il repris à Rome en 1078 et 1079, et, dans cette nouvelle instance de l'affaire bérengarienne, on s'efforce d'enlever au maître tourangeau toute possibilité de dérobade. Pas plus, cependant, qu'il n'avait ratifié intérieurement son serment du concile de Rome de 1059, Bérenger n'acquiesce aux précisions doctrinales qui lui sont imposées en 1079 et auxquelles il donne son adhésion des lèvres mais non du cœur. Dans la solitude de l'île de Saint-Cosme, où il s'est retiré à la demande de Grégoire VII, il compose un *Mémoire* qui révèle que cet acte de soumission n'avait pas été plus sincère que les précédents et, écrivant à un représentant du pape, il cherche à diminuer la portée des engagements pris par lui à Rome. On peut penser que le concile de Bordeaux de 1080, devant lequel il doit une fois de plus « rendre compte de sa foi » [3], marque la détermination absolue des autorités ecclésiastiques de ne pas laisser se ranimer l'incendie que les conciles de Tours de 1051 ou 1052, et d'Angers de 1062, en

---

1. EE, 1204 C 7.
2. L'expression est de l'évêque d'Angers, Eusèbe Brunon : EE, 1204 B 6.
3. RHGF, t. XII, p. 401 B *(Ex chronico S. Maxentii)*.

écho aux décisions romaines de 1050 et de 1059, avaient sans succès essayé d'étouffer. Il semble que, par la suite, Bérenger se résigna enfin au silence.

II. Aperçu doctrinal

Du point de vue doctrinal, il faut distinguer dans l'affaire bérengarienne quatre formulations de la croyance eucharistique.

1. Bérenger aurait voulu que soit canonisée sa conception symboliste de l'eucharistie, conception qu'il prétendait fonder sur l'enseignement des Pères de l'Église et notamment sur la définition augustinienne du sacrement entendu comme un « signe sacré ». S'il rallia à sa manière de voir un certain nombre d'adeptes, ceux-ci ne paraissent avoir osé prendre officiellement la défense des théories bérengariennes que durant les débats du concile de Rome du carême de 1079.

2. A l'opposé se situe la formulation carnaliste critiquée par le maître tourangeau, qui la considérait comme une « erreur, germe d'une authentique hérésie »[1]. Elle s'exprime assez crûment dans la profession de foi rédigée par le cardinal Humbert lors du concile de Rome de 1059. Elle est précisée et développée dans l'œuvre maîtresse de Lanfranc, lequel, par ailleurs, avait reçu l'approbation unanime des membres du concile de Rome de 1050, devant qui il avait dû exposer et justifier sa doctrine eucharistique. Les partisans de cette formulation se réclamaient de Paschase Radbert, théologien de la période carolingienne. Ils faisaient sa part au sacramentalisme dans l'eucharistie mais, au moins en ce qui concerne Lanfranc, sans l'intégrer dans la définition même de la présence réelle.

3. Entre ces deux solutions extrêmes, une formulation moyenne parut se dégager. En réalité, c'était une formulation équivoque, qui permettait à chacun des partis de rester sur ses positions. En effet, lorsqu'à l'occasion des conciles de Tours de 1051 ou 1052, et de 1054, et d'Angers de 1062, on se mit d'accord sur une profession de foi inspirée de la lettre de l'institution eucharistique, telle qu'on la trouve dans l'Évangile, Bérenger vit dans cette façon de faire un moyen de donner le change sur sa véritable pensée, sachant fort bien que ni ses adversaires ni lui ne donnaient

---

2. « Error iste, qui est certissimae haeresis seminarium » (EF, LXXXVII, 152/8-9).

la même interprétation des paroles du Christ à la Cène. A vrai dire, il se résigna mal d'abord à cette demi-défaite et, aux conciles de Tours de 1051 ou 1052, et de 1054, c'est de mauvais gré qu'il consentit à ne pas voir approuver explicitement ses théories symbolistes. A l'inverse, aux conciles d'Angers de 1062 et de Rome de la Toussaint de 1078, tous ses efforts tendirent à faire prévaloir la solution équivoque. Son cuisant échec au concile de Rome de 1059 explique, selon nous, un changement d'attitude aussi radical : à partir de 1059, le maître tourangeau se rend compte que jamais dans une assemblée conciliaire il ne lui sera possible d'obtenir le triomphe de sa doctrine dans son intégralité. Il estime désormais avoir remporté une victoire suffisante en faisant adopter une profession de foi du type « évangélique ». A l'abri de cette formulation ambivalente, qui écarte les précisions outrancières du cardinal Humbert et camoufle la doctrine de l'écolâtre, sans cependant la trahir, celui-ci peut continuer à diffuser en paix ses théories eucharistiques dans des cercles restreints et auprès de personnalités influentes.

On pense bien que cette solution modérée, ce *temperamentum*, comme l'appelle l'évêque d'Angers, Eusèbe Brunon [1], répondait, dans l'esprit des autorités angevines qui en avaient eu l'initiative, à des desseins tout à fait différents de ceux que nourrissait Bérenger. Pour Eusèbe Brunon, il s'agissait d'établir sur une base sûre le réalisme eucharistique, en évitant les difficultés que posait l'interprétation des textes patristiques constamment invoqués par son archidiacre, et rien ne permet de croire qu'il y ait eu là, de la part de l'évêque d'Angers, une visée contre le cardinal Humbert et contre Lanfranc.

4. Reprendre sans autre précision les paroles de l'institution eucharistique, c'était rester dans le vague et même, par la faute du maître tourangeau, dans l'équivoque. On s'explique alors qu'ait tourné court le concile de Rome de la Toussaint de 1078, durant lequel Bérenger avait, une fois de plus, cherché à tromper ses adversaires en mettant en avant une formule « évangélique ». Le subterfuge de l'écolâtre avait été percé à jour. Au concile de Rome du carême de 1079, on compléta donc la profession de foi rédigée par Bérenger en 1078 en obligeant celui-ci à reconnaître que la conversion du pain et du vin à la

---

1. EE, 1202 D 1.

chair et au sang du Christ s'opère « substantiellement » et que le corps du Christ est présent sur les autels « dans la propriété de sa nature et la vérité de sa substance ».

Si les auteurs de la profession de foi imposée à Bérenger en 1079 ont fait progresser notablement la formulation de la croyance eucharistique, il ne faudrait pas cependant projeter sur les termes « substance » et « substantiellement », tels qu'ils les utilisent, une notion épurée de la présence substantielle du corps du Christ qui n'était pas mûre à leur époque. Deux faits montrent clairement tout le chemin qui restait à parcourir avant d'arriver aux élucidations de saint Thomas et aux définitions du concile de Trente. Pas plus que la formule due au cardinal Humbert, la formule de 1079 n'a unifié en une seule donnée cohérente l'aspect sacramentel et l'aspect réaliste de l'eucharistie : elle les a juxtaposés. De plus, selon cette formule, Bérenger devait s'engager à interpréter le texte qu'il lisait en lui donnant le sens qu'entendaient les Pères conciliaires présents. Or, le seul de ces témoins dont nous soit parvenu un exposé sur l'affaire bérengarienne et sur le concile de Rome du carême de 1079, Bernold de Constance, écrivant en 1088, ne semble pas juger qu'il y ait de différence fondamentale entre la formule de 1079 et celle de 1059 [1]. Cette dernière lui apparaît encore comme un énoncé valable de ce que croit sur l'eucharistie l'Église romaine et universelle [2].

---

1. Voir *infra*, p. 176, note 1, p. 231, note 2, p. 232-235, 474-475.

2. Sauf exception (notamment dans la conclusion), nous laissons de côté la suite de l'affaire bérengarienne, c'est-à-dire le prolongement de la controverse dans les écrits postérieurs à Bérenger. Et, pour la période qui correspond à l'existence de Bérenger, nous nous intéressons aux événements et aux traités dans la mesure seulement où ils sont intervenus dans sa vie ou nous fournissent des renseignements sur lui et sur sa doctrine. Ainsi, nous ne nous arrêterons pas au concile de Rouen, dont la date précise serait, du reste, à déterminer : chronologiquement, tout ce qu'on peut en dire avec certitude, est qu'il se réunit sous la présidence de Maurille, évêque de Rouen de 1055 à 1067 : voir J. MABILLON, *Vita beati Maurilii*, 11, dans PL, t. CXLIII, 1382 C-1383 B.

Nous croyons cependant utile de donner ici une liste des interventions écrites qui ont marqué la controverse du vivant de Bérenger, en y joignant les écrits sur l'eucharistie qui, sans mentionner explicitement la controverse, ont été rédigés dans son ambiance (voir, par exemple, les nos 6, 8, 23, 29). Dans toute la mesure du possible, nous les présentons selon l'ordre chronologique. Pour ne pas surcharger cette liste, nous laissons, dans la plupart des cas, au lecteur le soin de chercher dans la bibliographie les précisions sur les éditions des ouvrages énumérés.

1. HUGUES DE LANGRES, *De corpore et sanguine Christi*. En 1049 ; voir pourtant *infra*, p. 48, note 1, p. 50, note 2.

2. ASCELIN, *Epistola ad Berengarium*. Fin de 1050 ou début de 1051.

3. PAULIN DE METZ : deux lettres à Bérenger, dont la première est disparue (fin 1050 ou début 1051). La seconde est de 1051.

4. ADELMAN DE LIÈGE : une première lettre disparue, écrite vers le début de 1051, une seconde lettre, reprenant avec plus d'ampleur la première, rédigée vers la fin de 1052.

5. DÉODUIN DE LIÈGE, *Epistola ad Henricum regem* : 1051.

6. JEAN DE FÉCAMP, *De corpore et sanguine Domini et de propriis delictis* (quatrième partie de la *Confessio fidei*). Date très approximative : vers 1050 (voir J. LECLERCQ et J.-P. BONNES, *Un maître de la vie spirituelle au XIe siècle, Jean de Fécamp*, Paris, 1946, p. 31).

7. DURAND DE TROARN, *Liber de corpore et sanguine Christi*. Sans doute 1053. Après avoir écrit son traité en prose, Durand en donna une transposition versifiée : voir R. HEURTEVENT, *Durand de Troarn et les origines de l'hérésie bérengarienne*, Paris, 1912, p. 102, 234, note 1.

8. OTLOH DE SAINT-EMMERAN, *Dialogus de tribus quaestionibus*. Vers 1055.

9. HUMBERT DE MOYENMOUTIER, rédacteur de la profession de foi eucharistique imposée à Bérenger au concile de Rome de 1059. Sur la doctrine eucharistique de ses œuvres et notamment de l'*Adversus simoniacos* (1058), voir *supra*, p. XII, *infra*, p. 168, 178-179. Voir aussi son *Epistola ad Eusebium Brunonem*.

10. EUSÈBE BRUNON, *Epistola ad Berengarium magistrum*. Peu après 1062.

11. ALEXANDRE II. Vers 1064-1065. Voir *supra*, p. 14, 19, et *infra*, p. 202, 210-212.

12. GOZECHIN DE METZ, *Epistola ad Valcherum* : 1065.

13. LANFRANC, *De corpore et sanguine Domini*. Vers 1065.

14. GUITMOND D'AVERSA, *De corporis et sanguinis Domini veritate* : 1075-1078. Voir aussi la *Confessio de sancta Trinitate, etc.*

15. WOLPHELM DE BRAUWEILER, *Epistola de sacramento eucharistiae contra errores Berengarii* : 1076-1079.

16. HUGUES DE CLUNY, une lettre à Grégoire VII, disparue : 1078. Voir la réponse de Grégoire VII :

17. GRÉGOIRE VII, *Epistola ad Hugonem, abbatem Cluniacensem* (*Gregorii registrum*, V, XXI : PL, t. CXLVIII, 506) : 1078.

18. BÉRENGER DE VENOUSE, lettre à Grégoire VII (voir *Recherches de théologie ancienne et médiévale*, t. IV, 1932, p. 117-133) : 1078.

19. ANONYME bérengarien : texte édité par DOM M. MATRONOLA, *Un testo inedito di Berengario di Tours e il concilio Romano del 1079*, p. 109-121. Vers 1079.

20. ALBÉRIC DU MONT-CASSIN : un traité disparu, écrit à l'occasion du concile de Rome du carême de 1079. Voir *infra*, p. 229-230. Peut-être, sur l'instigation des évêques Landulf de Pise et Ulrich de Padoue, est-il l'auteur de la profession de foi imposée à Bérenger à ce concile.

21. ANONYME (dont le nom commence par un *E*) : lettre à Bérenger éditée par R. W. Southern. Vers 1080. Voir *infra*, p. 220, note 5.

22. EUDES DE CONTEVILLE, une lettre disparue à laquelle Bérenger répond en EF, CI. Vers 1080.

23. ANASTASE, *Epistola ad Geraldum abbatem*. Attribution discutée : voir *Dictionnaire d'histoire et de géographie ecclésiastiques*, t. II, 1914, col. 1469. Anastase est mort vers 1085.

24. MANEGOLD DE LAUTENBACH, *Ad Gebehardum*, écrit avant la mort de Grégoire VII (1085) : au ch. XLIV, il cite DC, 426 B 15-C 12 ; *Contra Wolphelmum Coloniensem*, écrit après la mort de Grégoire VII.

25. BERNOLD DE SAINT-BLAISE, *De veritate corporis et sanguinis Christi* : 1088. J. Autenrieth a retrouvé dans des manuscrits provenant de l'école épiscopale de Constance des gloses de Bernold, de Wolfrad et d'un anonyme, dont certaines reflètent des préoccupations suscitées par l'hérésie bérengarienne Voir J. AUTENRIETH, *Die Domschule von Konstanz zur Zeit des Investiturstreits*, Stuttgart, 1956, surtout p. 165.

26. BRUNO DE SEGNI, *Expositio in Leviticum* : un passage de cet ouvrage semble indiquer que Bruno a participé à des discussions avec Bérenger lors du séjour du maître tourangeau en Italie en 1078-1079 (*op. cit.*, VII : PL, t. CLXIV, 404 C). Sur sa doctrine eucharistique, voir R. GRÉGOIRE, *Bruno de Segni, exégète médiéval et théologien monastique*, Spolète, 1965, p. 311-316. Une tradition orale cassinienne lui attribue la création du mot *transsubstantiatio* : la chose paraît peu vraisemblable (*op. cit.*, p. 313, note 417).

Il convient de signaler encore :

27. PIERRE DAMIEN : Bérenger lui prête une critique de Lanfranc qui ne s'accorde guère avec ce que les écrits du célèbre cardinal révèlent de sa doctrine eucharistique. Voir *infra*, p. 206-207, 223-224.

28. DROGON DE PARIS : voir les lettres EF, XCV, XCVI, XCVII, CIV. Gozechin lui attribue (ainsi qu'à Hermann de Reims, Huormann de Spire et Meinhard de Bamberg) une position en retrait par rapport à la controverse bérengarienne (*Epistola ad Valcherum*, XXXIII : PL, t. CXLIII, 902 A), propos qui ne s'harmonise pas avec les données des lettres que nous venons de mentionner.

29. HAYMON DE HIRSCHAU, *De corpore et sanguine Domini* (PL, t. CXVIII, 815-818). J. GEISELMANN, dans *Studien zu frühmittelalterlichen Abendmahlsschriften*, Paderborn, 1926, p. 9-37, attribue à Haymon de Hirschau ce traité édité sous le nom d'Haymon d'Alberstadt. Il est difficile d'en fixer la date précise. Haymon devint prieur de Hirschau en 1091, il mourut vers 1107.

30. THIERRY DE PADERBORN : c'est sur son intervention que Lanfranc a écrit le *De corpore et sanguine Domini*. Voir *infra*, p. 196.

31. ANONYME : lettre en vers à Bérenger éditée par Ch. FIERVILLE et A. BOUTEMY. Voir *infra*, p. 30, 164, 187, 237.

32. JOTSALD, *Dicta Jotsaldi catholici contra Berengarium hereticum*, ouvrage disparu de même que l'original du catalogue de Cluny, datant du milieu du XIIᵉ siècle, qui le mentionne. C'est d'après une mauvaise copie, *Paris, BN lat. 13108*, et d'après des extraits consignés par dom A. Le Michel dans *Paris, BN lat. 13071*, que L. DELISLE a édité ce catalogue dans *Inventaire des manuscrits de la Bibliothèque nationale. Fonds de Cluni*, Paris, 1884 : voir p. 360-361, nᵒ 373. Sur Jotsald, consulter M. MANITIUS, *Geschichte der lateinischen Literatur des Mittelalters*, t. II, Munich, 1923, p. 142-146, et *Histoire littéraire de la France*, t. VII, 1746, p. 487-491. Ce dernier ouvrage, p. 491, affirme que dans le catalogue de Cluny il était dit que Jotsald avait rédigé son écrit contre Bérenger sous le règne d'Henri Iᵉʳ, c'est-à-dire entre 1049 environ (début de la controverse) et 1060. En fait, dans l'édition due à Delisle, le catalogue ne donne aucune indication chronologique concernant les *Dicta* de Jotsald.

33. RUTHARD DE HERSFELD, *De sacramento altaris contra Berengarii haeresim libri duo* : 1059 (?). Pas d'autre attestation sur l'existence et la date de cet ouvrage que celle de J. TRITHÈME dans *Chronicon Hirsaugiense*, t. I, Saint-Gall, 1690, p. 204.

CHAPITRE III

BÉRENGER ET LANFRANC
ORIGINES DE LA CONTROVERSE

Bérenger, d'origine tourangelle, est né, vraisemblablement, dans la première décade du XIe siècle[1]. Sa famille jouissait d'une très large aisance[2], et Bérenger, tout au long de son existence, puisa sans compter dans les ressources que lui fournissaient son patrimoine et des charges ecclésiastiques importantes, pour distribuer des aumônes[3], venir en aide à des élèves pauvres[4] et soutenir sa propagande hétérodoxe[5].

---

1. Voir A. J. MACDONALD, *Berengar*, p. 5-6.

2. On notera, par exemple, le fait suivant cité par le *Chronicon abbatum Majoris Monasterii* (Marmoutier) : « Hubaldus, canonicus sancti Martini et frater magistri Berengarii... tabulam auream ante altare ex propriis rebus fecit, et pretiosiorem casulam comparavit et duodecim millia solidorum nobis dedit ad comparandas terras vel quaelibet alia » (A. SALMON, *Recueil de chroniques de Touraine*, Tours, 1854, p. 319).

3. Dans une lettre qu'il avait fabriquée, Bérenger fait dire à son propre sujet par le pape Alexandre II : « Manifestum est eum tanta assiduitate elemosinarum pollere ut vix quivis episcopus equari sibi possit in hoc opere » (EB, II). Sa générosité envers les pauvres est louée par HILDEBERT DE LAVARDIN dans l'*Epitaphium Berengarii* (PL, t. CLXXI, 1396 C) et par GUILLAUME DE MALMESBURY dans les *Gesta regum Anglorum*, III, 284 (PL, t. CLXXIX, 1257 B 6-7).

4. C'est ce que reconnaît GUITMOND D'AVERSA dans le *De corporis et sanguinis Christi veritate* , I (PL, t. CXLIX, 1429 D 4-8), tout en accusant Bérenger d'avoir utilisé ces élèves pauvres pour sa propagande. Voir aussi ORDERIC VITAL, *Historia ecclesiastica*, II, IV, 10 : PL, t. CLXXXVIII, 327 C 15-D 3 ; GUILLAUME DE MALMESBURY, *Gesta regum Anglorum*, III, 284 : PL, t. CLXXIX, 1257 A 1-3.

5. Lanfranc l'en accuse (DC, 411 D 1, 436 A 12-13). Bérenger se serait également servi d'arguments pécuniers pour obtenir aide et protection auprès des autorités romaines. L'auteur anonyme d'une lettre en vers adressée au maître tourangeau se demande, par exemple, si l'indulgence manifestée par Rome à l'égard de Bérenger, qui avait évité le châtiment suprême, n'avait pas été obtenue à prix d'argent : « Vel si nescivit vel munera Roma cupivit » (Ch. FIERVILLE, *Notices et extraits des manuscrits de la Bibliothèque de Saint-Omer. N°s 115 et 170*, Paris, 1884, p. 138). Il est impossible de ne pas déceler un trafic de ce genre dans la lettre au cardinal Étienne (EF, C, 168/10-13).

C'est à Chartres, sous l'égide de saint Fulbert, évêque de cette ville depuis 1006, qu'il parcourt le cycle du *trivium* et celui du *quadrivium*. L.C. Mackinney a démontré que l'enseignement donné au temps de saint Fulbert dans la fameuse école de Chartres, n'était pas supérieur à celui qu'on pouvait alors recevoir dans d'autres écoles épiscopales ou monastiques [1]. Notons aussi que, jusqu'à l'apparition du *Monologion* de saint Anselme, le XIe siècle n'a pas brillé dans le domaine de la spéculation philosophique et théologique [2] : les arguments échangés entre Lanfranc et Bérenger, deux des maîtres les plus réputés de l'époque, révèlent souvent plus de formalisme que de véritable profondeur, et il arrive même qu'ils soient appuyés sur des paralogismes déconcertants [3].

R.W. Southern oppose avec raison Bérenger « le grammairien » à Lanfranc « le dialecticien » [4]. Mais la tendance du maître tourangeau à bâtir ses raisonnements sur des données grammaticales [5] n'implique pas qu'il ait reçu un entraînement à la dialectique inférieur à celui de son émule de Normandie [6].

---

1. L. C. Mackinney, *Bishop Fulbert and education at the school of Chartres*, Notre-Dame (Indiana), 1957, *passim*. Voir, cependant, la fin de la note 6 ci-dessous.

2. Guitmond d'Aversa, *op. cit.*, I (PL, t. CXLIX, 1428 A 11-12), déclare en parlant de l'époque de la jeunesse de Bérenger : « Tunc temporis liberales artes intra Gallias obsoleverant ». Voir H. O. Taylor, *The mediaeval mind*, t. I, Londres, 1911, p. 304 ; J. de Ghellinck, *Dialectique et dogme*, dans *Festgabe zum 60. Geburtstag Clemens Baeumker*, Münster, 1913, p. 82-83 ; D. Knowles, *The evolution of medieval thought*, Londres, 1962, p. 99.

3. C'est ainsi, comme le note très justement R. W. Southern, *Lanfranc of Bec and Berengar of Tours*, dans *Studies in mediaeval history presented to Frederick Maurice Powicke*, Oxford, 1948, p. 45, que l'argument favori de Bérenger, tiré de l'analyse des paroles de la consécration, suppose une confusion entre les mots et les choses. Les paralogismes de Lanfranc sont moins subtils que ceux de son adversaire. La structure du *De corpore et sanguine Domini* est commandée tout entière par le dédoublement arbitraire d'un raisonnement unique de Bérenger, raisonnement que Lanfranc s'imagine avoir réfuté en s'en tenant à une critique de forme qui passe à côté du problème posé par le maître tourangeau : voir *infra*, p. 275-278, 286, 291-293.

4. R. W. Southern, *op. cit.*, p. 32 sq.

5. Voir, par exemple, Guitmond d'Aversa, *De corporis et sanguinis Christi veritate*, II : PL, t. CXLIX, 1466 D-1467 A.

6. Sigebert de Gembloux, dans le *Liber de scriptoribus ecclesiasticis*, CLIV (PL, t. CLX, 582 B), dit de Bérenger qu'il était *liberalium artium et amplius dialecticae peritia insignis*. Lanfranc, dans le *De corpore*, critique à plusieurs reprises la mise en forme des raisonnements de son adversaire (DC, 412 B 13-C 12, 417 B 9-418 A 8), mais, ce faisant, il manifeste un manque de rigueur d'esprit assez surprenant, que l'auteur du *De sacra coena* ne se privera pas de

C'est à Chartres également que Bérenger prend connaissance des auteurs de l'Antiquité latine, dont les citations émaillent ses écrits, qu'il acquiert la formation poétique, et sans doute aussi musicale, qui permet de le ranger parmi les meilleurs hymnologues du XIe siècle [1], qu'il est initié à la médecine, dans l'exercice de laquelle il se fit une certaine réputation [2]. En revanche, il n'apparaît pas que, dans sa jeunesse, il ait bénéficié de l'équivalent d'un enseignement théologique [3]. Quand, arrivé à l'âge mûr, il prendra parti avec fougue pour les théories euchaistiques de « Jean Scot », il devra avouer que ses connaissances en matière d'« écriture divine » étaient de fraîche date [4].

On ne peut guère se fier à Guitmond d'Aversa lorsqu'il prétend retrouver dans l'enfance de Bérenger les premières manifestations de son indépendance d'esprit [5]. Ce qu'il dit à ce sujet semble être, pour une part, la transposition de ce qu'affirme Adelman de Liège de l'enseignement du maître tourangeau en matière profane [6]. Encore moins croyable est l'anecdote rapportée par Guillaume de Malmesbury, selon laquelle Fulbert, aux approches de ses derniers moments, aurait demandé qu'on fasse sortir de sa chambre de mourant Bérenger, auprès de qui il avait aperçu un horrible démon. Fulbert aurait alors prédit l'influence néfaste qu'exercerait le futur hérésiarque sur nombre d'esprits séduits par ses propos fallacieux [7]. Néanmoins, on ne peut manquer de souligner le fait que l'évêque de Chartres, dans ses exhortations, ait supplié ses jeunes disciples

---

souligner (DSC, 4/19-5/20, 50/14-54/1). La valeur de l'enseignement dialectique donné à Chartres au XIe siècle est attestée par l'existence du manuscrit *Chartres 100*, « type achevé et précoce de *corpus* réunissant les traités fondamentaux de logique » (A. VAN DE VYVER, *Les étapes du développement philosophique du Haut Moyen-Age*, dans *Revue belge de philologie et d'histoire*, t. VIII, 1929, p. 446). Le manuscrit *Chartres 100* a disparu, du fait des bombardements, en 1940.

1. Voir *supra*, p. 10

2. EF, XCVII, 163/26-28.

3. « Ad eructanda impudenter divinarum Scripturarum sacramenta, ubi ille adhuc adolescens et aliis eatenus detentus studiis nondum adeo intenderat, sese convertit » (GUITMOND D'AVERSA, *De corporis et sanguinis Christi veritate*, I : PL, t. CXLIX, 1428 B 13-C 1).

4. Dans son billet à Lanfranc, il se dit *quantumlibet rudis in illa scriptura (divina)* : voir *infra*, p. 53-55.

5. GUITMOND D'AVERSA, *op. cit.*, I : PL, t. CXLIX, 1428 A 5-B 1.

6. HT, 302/14-22.

7. GUILLAUME DE MALMESBURY, *Gesta regum Anglorum*, III, 285 : PL, t. CLXXIX, 1258 C 5-15.

de rester fidèles à la doctrine traditionnelle [1] et, plus encore, que, dans une lettre destinée à édifier des frères encore faibles et novices, il ait, par une sorte de prémonition, mis ceux-ci en garde contre une approche rationaliste du mystère eucharistique [2].

Comme son oncle Gautier et son frère Hubald, Bérenger s'agrégea au chapitre de la célèbre collégiale de Saint-Martin de Tours, dont le roi de France était traditionnellement l'abbé. Les chanoines de Saint-Martin, astreints à certaines obligations claustrales, jouissaient, cependant, de plus de liberté que les moines. De plus, ils n'étaient pas tenus de renoncer à leurs biens personnels et pouvaient les administrer à leur convenance. Au XIe siècle, les chanoines semblent appartenir, le plus souvent, aux grandes familles, la prébende canoniale n'étant qu'une annexe de l'alleu : ils continuent de participer à la fortune du lignage [3]. En outre, ils possèdent leur propre maison à l'intérieur du cloître [4]. A Saint-Martin de Tours, cette existence large et indépendante n'exclut pas une grande dignité de vie et même un certain attrait pour la *vita arctior* des moines [5]. Bérenger, comme le prouve le témoignage de plus d'un de ses contemporains [6], offre un exemple très caractéristique de ce mélange de faste et d'austérité.

Nous ignorons la date de son entrée dans la vie canoniale. Nous constatons que, dès 1032 au moins, il est en charge à l'école de Saint-Martin avec le titre de *grammaticus*. Ce titre n'a peut-être pas un sens très différent de celui de *scholasticus*, qui accompagne sa signature, dans un document largement antérieur à 1040, et qui indique que l'ancien disciple de Fulbert est devenu chef de cette école, fonction dont il gardera la responsabilité jusqu'à un âge avancé [7]. L'écolâtre est également

---

1. HT, 287/20-288/8 (1289 B 6-C 2).

2. FULBERT, *Epistola V* : PL, t. CXLI, 196-204.

3. *La vita comune del clero nei secoli XI e XII*, t. I, Milan, 1962, p. 46, 74, 105.

4. *Ibid.*, p. 74, 101-102. Une notice de Marmoutier du 22 septembre 1069 donne l'indication suivante : « Actum hoc in curte Berengerii grammatici » (cité par P. GASNAULT, *Les actes privés de l'abbaye de Saint-Martin de Tours du VIIIe au XIe siècle*, dans *Bibliothèque de l'École [des chartes*, t. CXII, 1954, p. 31).

5. DOM G. OURY, *L'idéal monastique dans la vie canoniale. Le bienheureux Hervé de Tours († 1022)*, dans *Revue Mabillon*, t. LII, 1962, p. 7-8.

6. Voir *infra*, p. 36-37.

7. A. J. MACDONALD, *Berengar*, p. 26-27.

chancelier, ce qui explique qu'il ait rédigé des lettres au nom de hauts personnages ecclésiastiques ou laïcs [1]. On sait, de plus, qu'il succomba à la tentation de fabriquer des missives favorables à ses intérêts, à l'insu de ceux qui étaient censés en être les auteurs [2] ! Il a aussi, très probablement, la haute main sur le *scriptorium* de Saint-Martin et peut, de ce fait, assurer sans peine la diffusion de ses écrits hétérodoxes.

Vers 1040, tout en restant agrégé au chapitre de Saint-Martin, il élargit le champ de son activité et occupe les charges d'archidiacre d'Angers et de trésorier de l'évêque de cette ville. Mais, à partir de 1060 ou de 1061, le comte Geoffroy le Jeune, puis le comte Foulque le Réchin, prévenus contre ses théories subversives, lui interdisent l'accès de la capitale angevine et l'empêchent ainsi de satisfaire aux obligations inhérentes à ces hautes fonctions ecclésiastiques [3].

Il semble que les débuts de la controverse aient coïncidé avec une nouvelle orientation des études et de l'enseignement de Bérenger. A partir de 1048 environ, il ne se serait pas contenté de se lancer, avec l'ardeur d'un néophyte, dans l'exploration de la *scriptura divina*, mais, si l'on en croit Adelman de Liège, il aurait, sans doute progressivement, délaissé les matières profanes pour ne plus s'intéresser qu'aux *sacrae lectiones* [4]. Son attention se porte d'abord sur les écrits des Pères, puis, également, sur l'Écriture sainte et, en particulier, sur les psaumes et sur les épîtres de saint Paul [5].

L'écolâtre tourangeau paraît avoir exercé une grande influence sur ses élèves, due, on peut l'imaginer, à la flamme intellectuelle qui l'animait, à la rigueur au moins apparente de ses démonstrations [6], à l'abondance de ses développements [7].

---

1. *Ibid.*, p. 28. Voir *supra*, p. 15-17.

2. Voir *supra*, p. 17-21.

3. Voir *infra*, p. 201 sq.

4. Vers la fin de 1052, Adelman de Liège lui écrit : « Sed audivi, jam pridem te illis (= les *saeculares litterae*) valefecisse, atque sacris lectionibus sedulo insudare » (HT, 302/11-12).

5. Voir *supra*, p. 8-9, et *infra*, p. 67, 72-74, 82-83, 89-91.

6. «Cum ei nullus resistere valeret» (PIERRE DIACRE, *De viris illustribus Casinensis coenobii*, XXI : PL, t. CLXXIII, 1033 A 15). Cfr GOZECHIN DE METZ, *Epistola ad Valcherum*, XXX : PL, t. CXLIII, 901 A 13- B 1.

7. Hugues de Langres lui reproche son abondance verbale (*De corpore et sanguine Domini* : PL, t. CXLII, 1327 A 6, 8). Si Baudry de Bourgueil vante sa *facundia* (*Super domnum Berengarium* : PL, t. CLXVI, 1190 A 4), Guitmond

Ces disciples seront les meilleurs agents de diffusion des théories de leur maître : ils répandront ses écrits à travers la France, l'Allemagne et l'Italie et prendront la défense de sa doctrine eucharistique [1].

Guitmond d'Aversa prétend qu'en amorçant une controverse dont le retentissement allait être considérable, Bérenger avait cherché à se faire une renommée ; il précise que celui-ci, jaloux du succès de l'école du Bec fondée par Lanfranc, avait voulu attirer l'attention sur son propre enseignement [2]. Moins affirmatif, l'un des amis de Bérenger, l'évêque Eusèbe Brunon, effrayé par l'ouragan qu'avait déchaîné son archidiacre, se demande si ce dernier avait obéi à des convictions personnelles ou succombé au désir de la célébrité [3]. Un contact un peu assidu avec l'œuvre du maître tourangeau réduit à néant des soupçons ou des accusations de cet ordre. Orgueilleux certes, susceptible, sensible à la flatterie [4], tranchant dans ses propos, maniant avec lourdeur l'ironie ou l'outrage [5], Bérenger, cependant, a moins poursuivi sa gloire en cette affaire qu'il ne s'est laissé emporter par son tempérament et par sa persuasion absolue d'être dans le vrai. Quand Adelman de Liège le montre opposant son autorité à celle d'écrivains consacrés tels que Priscien, Donat et Boèce, choquant les cloîtres par la façon dont ses élèves, aussi intransigeants que lui-même, prononçaient le latin [6], il nous révèle deux des traits qui marquent la physionomie

---

d'Aversa le présente comme un médiocre orateur et dépeint assez méchamment la surprise de ceux qui assistent pour la première fois à une leçon du maître. Celui-ci fait une entrée majestueuse, s'installe sur une haute estrade, s'enfonce alors dans les profondeurs de sa capuche en simulant une méditation prolongée et, après une attente qui paraît un peu longuette à ses auditeurs, il les prend au dépourvu et les déçoit par sa voix qui s'étire en une sorte de gémissement peu harmonieux (*De corporis et sanguinis Christi veritate*, I : PL, t. CXLIX, 1428 B). Même remarque de Durand de Troarn sur le ton plaintif de Bérenger : « Multa blasphemus impie delatravit » (*Liber de corpore et sanguine Christi*, IX, XXIII : PL, t. CXLIX, 1421 D 8).

1. DC, 408 A 1-3, 409 B 4-6, 436 A 10-13, 439 B 11-12, 441 D 11-442 A 6 ; GUITMOND D'AVERSA, *op. cit.*, I : PL, t. CXLIX, 1429 D 4-8 ; GUILLAUME DE MALMESBURY, *Gesta regum Anglorum*, III, 284 : PL, t. CLXXIX, 1257 A 1-3 ; GOZECHIN, *Epistola ad Valcherum*, XXIX-XXXII : PL, t. CXLIII, 900-901.

2. GUITMOND D'AVERSA, *op. cit.*, I : PL, t. CXLIX, 1428 B-C.

3. EE, 1201 D 10-12.

4. EF, XCVI.

5. Voir, par exemple, SCS, 409 D, 412 D, 426 A-B.

6. HT, 302 /14-34.

intellectuelle de l'écolâtre de Saint-Martin de Tours et qui, irritants sur le terrain profane, sont extrêmement dangereux dans le domaine de la foi : la tendance à juger de tout par soi-même et à considérer comme indiscutables les découvertes de son propre esprit, le besoin de transmettre aux autres les certitudes ainsi acquises, au risque de provoquer le scandale et de subir les conséquences, souvent dramatiques, d'une propagande inconsidérée. Le premier de ces traits correspond à ce qu'on a coutume d'appeler le « rationalisme » bérengarien [1] ; il explique la violence des attaques de Bérenger, les termes méprisants dont il accable ceux qui refusent de partager sa manière de voir [2]. Le second manifeste l'incroyable obstination du maître tourangeau, que quatorze conciles au moins, répartis sur plus de trente années, auront peine à réduire au silence.

Comme à ce prosélytisme intempérant Bérenger unissait une réelle austérité de vie [3], une piété sincère [4], une chasteté exigeante [5], une inépuisable charité envers les pauvres [6], le prestige

---

1. Le « rationalisme » de Bérenger, souligné par ses adversaires (par exemple DC, 409 A 3, 412 B 7-10, 421 D 2-5, 427 A 12-15, 439 C 3-440 B 3 ; GOZECHIN DE METZ, *Epistola ad Valcherum*, XXVII-XXXI : PL, t. CXLIII, 899-901), reste à l'intérieur de la foi, sinon nous aurions affaire à un agnosticisme et non à une hérésie : « C'est par référence à la *foi* que l'hérésie se définit » (M.-D. Chenu au colloque « Hérésies et sociétés » de Royaumont). Bérenger n'est pas un libre-penseur ! Quand Lanfranc lui dit : « Relictis sacris auctoritatibus ad dialecticam confugium facis » (DC, 416 D 11-12), il indique seulement que Bérenger, dans le *Scriptum contra synodum*, est passé à un autre type d'argumentation et non qu'il fait fi de toute tradition, contrairement à ce que suppose D. KNOWLES, *The evolution of mediaeval thought*, p. 95. On comprendra à quel niveau se situe le « rationalisme » bérengarien, en lisant ce commentaire du maître tourangeau sur *I Cor.*, II, 15 : « Ideo ' *spiritualis* ' a nullo potest homine judicari, quia in eo quod spiritualis est ' *sensum domini* ' habet sed ' *sensum domini* ' nemo cordatus i. e. cognoscens in spirituali sensum esse domini, instruere audebit i. e. judicare. Judicare est, ut ait beatus Augustinus, cum dicimus : ita esse debet, aut debuit, aut debebit. A ' *nemine* ' autem spiritualis judicatur sed a sola ipsa lege, secundum quam ' *judicat omnia* ' » (cité par B. SMALLEY, *La Glossa ordinaria*, dans *Recherches de théologie ancienne et médiévale*, t. IX, 1937, p. 392). Cfr DSC, 47/6-48/29. Voir encore *infra*, p. 510, note 1.

2. Voir *supra*, p. 35, note 5.

3. GUILLAUME DE MALMESBURY, *Gesta regum Anglorum*, III, 284 : PL, t. CLXXIX, 1237 B 13-14.

4. Voir, par exemple, le témoignage de FROLLAND DE SENLIS, *Epistola ad Berengarium* : PL, t. CXLIII, 1369-1372.

5. GUILLAUME DE MALMESBURY, *op. cit.*, III, 284 : PL, t. CLXXIX, 1257 B 9-12. Voir aussi *infra*, p. 491, 520, note 3.

6. Voir *supra*, p. 30.

de charges ecclésiastiques importantes, on comprend qu'en dépit des critiques sévères formulées contre lui par ses adversaires [1], il ait suscité de profondes admirations, de chaudes sympathies [2] et que ses théories aient trouvé audience auprès d'une partie de l'élite cultivée de son époque [3].

* * *

Lanfranc était originaire de Pavie [4]. D'une façon très approximative, on peut situer la date de sa naissance aux environs

---

1. Il faudrait citer ici, bien entendu, les jugements des nombreux auteurs de traités antibérengariens. Voir *supra*, p. 28-29.

2. Parmi les éloges décernés à Bérenger, relevons celui d'Hugues de Langres, nuancé d'une grave restriction : « O in cunctis aliis reverentissime vir » (*De corpore et sanguine Christi* : PL, t. CXLII, 1328 B 8-9), ceux de Drogon de Paris (EF, XCVII), de Hermann de Metz (EF, XCIII, 160/12-16), d'un anonyme (R. W. SOUTHERN, *Lanfranc of Bec and Berengar of Tours*, p. 48), les éloges posthumes d'Hildebert de Lavardin (*Epitaphium Berengarii* : PL, t. CLXXI, 1396-1397), Baudry de Bourgueil (*Super domnum Berengarium* : PL, t. CLXVI, 1190 A), Guillaume de Malmesbury (*Gesta regum Anglorum*, III, 284-286 : PL, t. CLXXIX, 1256-1259). Enfin, nombre de lettres adressées à Bérenger ou écrites par lui prouvent que ses correspondants, souvent de grands personnages, le tenaient en haute estime et le consultaient sur des questions importantes : EF, LXXXII, LXXXIII, CI, CII ; FROLLAND DE SENLIS, *Epistola ad Berengarium* (PL, t. CXLIII, 1369-1372) ; la lettre à Joscelin de Bordeaux éditée par G. MORIN, *Lettre inédite de Bérenger*, dans *Revue bénédictine*, t. XLIV, 1932, p. 223-226.

3. Les disciples de Bérenger n'ont cependant jamais été, semble-t-il, qu'une petite minorité, comme il le reconnaît implicitement lui-même lorsqu'il dit : « Possem... nominatim scribere qui mihi adheserunt » (DSC, 2/21-22).

4. On trouve une *Vita b. Lanfranci* due à MILON CRISPIN, moine du Bec, dans la PL, t. CL, col. 29 à 58, reprise de l'édition de d'Achery. Milon semble être entré au Bec juste après le départ de saint Anselme (1089), qu'il a eu cependant l'occasion de voir et d'entendre lors d'une visite de celui-ci à son ancien monastère (PL, t. CL, 55 B 5-6) : voir J. ARMITAGE ROBINSON, *Gilbert Crispin, abbot of Westminster. A study of the abbey under norman rule*, Cambridge, 1911, p. 13, 18. Il puise à des sources diverses, orales (PL, t. CL, 29 A 12-13) ou écrites, et notamment dans le *De corpore et sanguine Domini* de Lanfranc (*ibid.*, 37 A 5-9) et dans la *Vita s. Herluini* de GILBERT CRISPIN (*ibid.*, 29 A 7-13). Ce dernier ouvrage fournit moins de détails sur la vie de Lanfranc que l'ouvrage de Milon Crispin, mais son auteur, moine du Bec, lui aussi, est plus proche des origines de l'abbaye. Gilbert Crispin, en effet, est approximativement arrivé au Bec à l'âge de dix ans vers 1055. Il y a donc vécu avec Lanfranc pendant huit années environ. Vers 1080, il rejoint Lanfranc à Cantorbery et, en 1085, il devient abbé de Westminster : voir J. A. ROBINSON, *op. cit.*, p. 1-2, 9, etc. La *Vita s. Herluini* est dans la PL, t. CL, col. 697 à 712, reprise de l'édition de d'Achery, mais le texte en est très incomplet. L'éditeur a omis un premier passage, sous prétexte qu'on pourrait le retrouver équivalemment dans la *Vita*

de 1010 [1]. Sa famille appartenait à l'ordre sénatorial [2]. Ayant perdu son père prématurément, il s'exile une première fois, sans doute à Bologne, pour compléter sa formation dans le domaine des arts libéraux et dans celui du droit [3]. Les écrits de sa maturité révèlent, avec un grand usage de la dialectique [4],

---

b. Lanfranci de Milon Crispin (voir PL, t. CL, 704 C 9 et la note), ce qui n'est pas exact, car Milon Crispin a ici triplé le texte de la *Vita s. Herluini* par des additions de son cru, si bien qu'il est impossible, d'après son œuvre, de reconnaître le texte propre de Gilbert Crispin. Cette lacune correspond au chapitre premier de la *Vita b. Lanfranci.* Plus loin, c'est sans le moindre avertissement que d'Achery supprime plusieurs pages de la *Vita s. Herluini* (entre *sunt meliorati* et *Hanc fructuum* dans PL, t. CL, 705 B 13-14). Cette seconde lacune correspond aux chapitres III à VI de la *Vita b. Lanfranci.* La seule édition correcte de la *Vita s. Herluini* est donnée par J. A. Robinson dans *Gilbert Crispin, abbot of Westminster*, p. 85-110.

Milon Crispin, dans les chapitres I-VIII de la *Vita b. Lanfranci*, a repris le contenu à peu près intégral de la moitié de la *Vita s. Herluini* de Gilbert Crispin, c'est-à-dire de *Ortus Italia* à *ultimo discessu* (édition Robinson, p. 95, ligne 33, à p. 108, ligne 2). Mais le texte qu'il emprunte à Gilbert Crispin, et qu'il modifie parfois légèrement, ne représente que le cinquième environ de l'ensemble de ces chapitres.

Nous nous reporterons à la *Vita b. Lanfranci*, de la Patrologie de Migne. Lorsque la donnée fournie par Milon Crispin sera empruntée à la *Vita s. Herluini*, nous signalerons cet emprunt en ajoutant à la référence la mention : cfr Gilbert Crispin.

1. Nous manquons de points de repère précis pour situer la date de la naissance de Lanfranc. Le fait qu'en 1088, peu de temps avant sa mort, il soit traité familièrement de *vetulus ligaminarius*, ne nous donne qu'une indication assez vague sur son âge (*De injusta vexatione Willelmi*, 13, dans les *Symeonis monachi opera omnia*, éd. T. ARNOLD, t. I, Londres, 1882, p. 187). Retenons qu'en 1070 il invoque « la faiblesse de ses forces » pour décourager ceux qui poussent à accepter le siège de Cantorbery, qu'un peu plus tard il se sert, semble-t-il, du même motif pour tenter d'être dispensé d'un voyage *ad limina*, qu'en 1073 il met encore en avant des difficultés de santé pour s'excuser de n'avoir pas renouvelé la visite qu'il avait faite à Alexandre II en 1071 : voir les lettres 3 (de Lanfranc à Alexandre II) et 8 (de Hildebrand à Lanfranc) dans J. A. GILES, *Opera omnia Lanfranci*, t. I, p. 19, 21, 30. Ces ennuis de santé, quelque peu diplomatiques apparemment, n'empêchèrent pas Lanfranc d'avoir une activité exceptionnelle jusqu'à la fin. S'il mourut des suites d'une maladie, sa mort fut hâtée par l'absorption d'un remède administré à contretemps (voir le *Chant sur la mort de Lanfranc*, dans É. DU MÉRIL, *Poésies populaires latines du Moyen Age*, t. II, Paris, 1847, p. 254). DOM D. KNOWLES, dans *The monastic order in England*, Cambridge, 1949, p. 107, note 3, situe la naissance de Lanfranc autour de 1015. Il nous paraît plus proche de la vraisemblance en la situant aux environs de 1010, dans *The evolution of medieval thought*, p. 98.

2. Voir A. J. MACDONALD, *Lanfranc*, p. 2, note 3.

3. MILON CRISPIN, *Vita b. Lanfranci*, I, 1 : PL, t. CL, 29 B 15-17. Cfr *ibid.*, V, 11 : PL, t. CL, 39 A 11-13.

4. Voir R. W. SOUTHERN, *Lanfranc of Bec and Berengar of Tours*, p. 30. Voir *infra*, p. 288-293, 441-445.

la connaissance des principes juridiques et, en particulier, de la loi lombarde [1]. Revenu à Pavie, il enseigne la grammaire et la dialectique [2], et il s'assure une maîtrise incontestée dans l'enseignement et dans la pratique du droit [3]. On a pu se demander si certains textes qui mettent en scène un juriste du nom de Lanfranc, concernent le futur archevêque de Cantorbery. L'un de ces textes montre le personnage qui porte ce nom enlaçant les juristes adverses dans la logique irréfutable de ses arguments, au point que le chef de file de ses contradicteurs, Bonifilius, doit se retirer de la discussion rouge de honte et la tête basse. Sans nous prononcer sur l'identité du héros de cette anecdote, nous estimons que son comportement est en plein accord avec ce qu'un ouvrage tel que le *De corpore et sanguine Domini* révèle du tempérament intellectuel de Lanfranc [4].

C'est sans doute vers 1036 que celui-ci s'exile définitivement alors que Pavie connaît les affres de la guerre civile. Il se rend

---

1. N. TAMASSIA, *Lanfranco, arcivescovo di Canterbury, e la scuola pavese*, dans *Mélanges Fitting*, t. II, Montpellier, 1908, p. 189-201. Voir aussi R. W. SOUTHERN, *op. cit.*, p. 28-29.

2. D'anciens catalogues de bibliothèques médiévales signalent deux ouvrages didactiques de Lanfranc intitulés *Quaestiones Lantfranci* et *De dialectica* (renseignement des fiches bibliographiques de l'Institut de recherche et d'histoire des textes).

3. *Miracula s. Nicolai conscripta a monaco Beccensi*, 7, dans *Catalogus codicum hagiographicorum Biblioth. nation. Parisiensis*, t. II, Bruxelles-Paris, 1890, p. 408, lignes 3-8 ; ORDERIC VITAL, *Historia ecclesiastica*, II, IV, X : PL, t. CLXXXVIII, 326 C 9-14 ; MILON CRISPIN, *Vita b. Lanfranci*, V, 11 : PL, t. CL, 39 A 13-B 3. Selon R. W. SOUTHERN, *Lanfranc of Bec and Berengar of Tours*, p. 29-30, Milon Crispin s'inspirerait ici d'Orderic Vital, et non l'inverse. M. MANITIUS, *Geschichte der lateinischen Literatur des Mittelalters*, t. III, Munich, 1931, p. 524, est d'un avis contraire. Le livre IV de l'*Historia ecclesiastica* a été rédigé en 1125 (voir H. WOLTER, *Ordericus Vitalis, Ein Beitrag zur Kluniazensischen Geschichtsschreibung*, Wiesbaden, 1955, p. 70). Quoiqu'il en soit de ce problème d'antériorité, il y a un élément propre à Milon Crispin qui permet de supposer qu'il avait une information directe sur le rôle joué en tant que juriste par Lanfranc à Pavie : « Meminit horum Papia. »

4. *Liber legis Langobardorum Papiensis*, dans les *Monumenta Germaniae historica, Leges*, t. IV, Hanovre, 1868, p. 402-403, 566-567. R. W. SOUTHERN, *op. cit.*, p. 29, note 4, n'est pas favorable à l'identification de ce personnage avec Lanfranc du Bec. Il y a cependant convergence entre ce qui est rapporté ici, et ce que disent Orderic Vital et Milon Crispin : « Adolescentulus orator veteranos adversantes in actionibus causarum frequenter praecipitavit, torrente facundia apposite dicendo superavit » (ORDERIC VITAL, *loco cit.*, 326 C 9-12. Cfr MILON CRISPIN, *loco cit.*, 39 A 13-15). Il n'est pas invraisemblable qu'à Pavie même (voir la note précédente : « Meminit horum Papia ») on ait établi cette identification. N. TAMASSIA, *op. cit.*, p. 201, penche nettement pour elle.

en France, emmenant un groupe important d'écoliers issus de grandes familles [1]. Il est possible qu'en chemin il entre en relation avec Bérenger à Tours, mais les récits qui évoquent cette rencontre paraissent avoir subi la coloration des événements postérieurs et ne sont pas absolument dignes de foi [2]. Quoiqu'il en soit, il est vraisemblable qu'il ne s'attarde guère en de longues étapes et qu'avec ses jeunes compagnons il gagne rapidement la ville d'Avranches, but de leur voyage, où il devait exercer le métier d'écolâtre [3]. On s'explique cette destination, quand on sait qu'à Avranches et dans ses environs vivait une forte

---

1. MILON CRISPIN, *Vita b. Lanfranci*, I, 1 : PL, t. CL, 29 C 2-B 1. Cfr Gilbert Crispin. Pour la date possible, voir A. J. MACDONALD, *Lanfranc*, p. 8.

2. Le témoignage le plus ancien est celui de GUITMOND D'AVERSA, *De corporis et sanguinis Christi veritate*, I : « Postquam a D. Lanfranco in dialectica de re satis parva turpiter est confusus, ... ad eructanda impudenter divinarum Scripturarum sacramenta, ubi ille adhuc adolescens... nondum adeo intenderat, sese convertit » (PL, t. CXLIX, 1428 B 8-C 1). Selon Guitmond, cette rencontre aurait donc eu lieu au moment où se terminait la jeunesse de Bérenger *(adhuc adolescens)*. Mais Guitmond, qui cherche à noircir le passé de Bérenger, n'aurait-il pas, une fois encore (cfr *supra*, p. 32), transposé dans la jeunesse du maître tourangeau un fait qui datait de la polémique récente (voir DC, 417 B 8-418 A 8) ?

Témoignage postérieur, celui des *Miracula s. Nicolai*, 7 *(loco cit.*, p. 409, lignes 9-14) : Lanfranc serait passé incognito dans l'école de Bérenger et « cum nil ibi se proficere cerneret, revera vero, ut post apparuit, intelligens eum non esse sanae doctrinae, abscessit ab eo ». Le contexte de ce passage apparaît très légendaire.

Enfin, avec le *Chronicon Henrici Knighton vel Cnitthon*, édité par J. R. LUMBY, Londres, 1889, p. 90, nous sommes en pleine fantaisie. Bérenger hérétique est d'abord contrecarré par Lanfranc ; puis, croyant celui-ci mort, il s'enhardit et manque de peu de rallier à sa cause le pape Nicolas II. Un grand concile se réunit à Rome pour examiner les théories du maître tourangeau. Bérenger y expose sa doctrine, mais personne n'ose le contredire. Herluin, présent à ce concile avec Lanfranc, qui n'a pas été reconnu, n'accorde pas sans hésitation à son prieur l'autorisation de prendre la parole. Lanfranc se lève donc et réfute victorieusement Bérenger, lequel s'écrie : « Ou tu es Lanfranc, ou tu es le diable. » Et Lanfranc de répondre : « Lanfrancus sum et quando in scolis militavimus, semper contra fidem catholicam auctoritatis collegisti ».

Le moins qu'on puisse dire est qu'aucun de ces témoignages n'est à prendre au sérieux. Mais *peut-être* recouvrent-ils une vérité commune : Lanfranc et Bérenger se seraient connus avant les débuts de la controverse, comme semble l'impliquer le billet envoyé par l'écolâtre de Saint-Martin de Tours à son collègue du Bec (voir *infra*, p. 53-54). De toute façon, dans le *De sacra coena*, Bérenger dit formellement : « Dicendo : ' Tu et amici mei ', quasi aliquid in hoc negotio mihi conveniat cum amicis tuis » (DSC, 21 /20-21 : nous avons modifié la ponctuation. Cfr DC, 414 B 12-13).

3. MILON CRISPIN, *Vita b. Lanfranci*, I, 1 : PL, t. CL, 30 B 1-2 (Gilbert Crispin ne mentionnait que la Normandie. C'est Milon Crispin qui parle d'un enseignement à Avranches.)

colonie italienne attirée par les générosités de Suppo, abbé du Mont Saint-Michel, qui distribuait à ses parents et à ses compatriotes les biens de son abbaye [1].

En 1042, à la suite d'une aventure où il manque de perdre la vie, Lanfranc renonce aux ambitions séculières et se range humblement sous la houlette d'un ancien chevalier de la cour du comte de Brionne, du nom d'Herluin [2], lequel, dans des conditions matérielles assez misérables, gouvernait un monastère qu'il avait fondé vers 1034 à Bonneville, puis réimplanté dans la vallée voisine, au confluent du Bec et de la Risle [3]. Après trois années de vie obscure, Lanfranc, devenu prieur et écolâtre du Bec, donne une impulsion décisive à la fondation d'Herluin en assurant à celle-ci une brillante clientèle d'étudiants venus de tous les pays d'Europe et dont certains devaient acquérir la notoriété, tels Alexandre II, saint Anselme et Yves de Chartres [4].

---

1. J. LAPORTE, Saint Anselme et l'ordre monastique, dans le Spicilegium Beccense, t. I, Le Bec-Hellouin-Paris, 1959, p. 455-456.

2. MILON CRISPIN, Vita b. Lanfranci, I, 1-2 : PL, t. CL, 30 B-31 C ; Miracula s. Nicolai, 8-10 : loco cit., p. 409, ligne 24, à p. 410, ligne 6 ; Chronicon Beccensis abbatiae : PL, t. CL, 642 C 3-643 B 15. Il y a trois versions des faits : 1. Gilbert Crispin, pour expliquer le changement de vie de Lanfranc, se contente de faire appel à une évolution intérieure (voir dans la Vita b. Lanfranci, les passages suivants : 30 B 3-15, 31 B 8-12, C 7-10). 2. A cette donnée, Milon Crispin ajoute une aventure de brigands. 3. La chronique du Bec s'en tient presque uniquement à l'histoire de brigands, dont elle donne un récit différent de celui de la Vita b. Lanfranci.

3. GILBERT CRISPIN, Vita s. Herluini : PL, t. CL, 702 B 3-703 C 6 ; Chronicon Beccensis abbatiae : PL, t. CL, 639 D-641 D 12 ; Miracula s. Nicolai, 2-3 : loco cit., p. 406, lignes 23-41. Si le premier emplacement était trop sec, le second était trop humide. Il fallut donc choisir un troisième emplacement, l'endroit actuel. Dans ce dernier cas, le rôle de Lanfranc fut décisif : voir MILON CRISPIN, Vita b. Lanfranci, IV, 9 : PL, t. CL, 37 C 3-38 A 14 (presque tout ce passage est repris de Gilbert Crispin).

4. MILON CRISPIN, Vita b. Lanfranci, II, 4 (PL, t. CL, 32 B 8-C 3 : cfr Gilbert Crispin), IV, 9 (ibid., 38 A 14-B 2) ; ORDERIC VITAL, Historia ecclesiastica, II, IV, X : PL, t. CXXXVIII, 327 A 14-B 3 ; GUILLAUME DE MALMESBURY, gesta pontificum Anglorum, I : PL, t. CLXXIX, 1459 C-D ; ALEXANDRE II, Epistola LXX : PL, t. CXLVI, 1353 B 1-3 ; WILLERAM DE BAMBERG, Praefatio in Cantica canticorum, dans E. MARTÈNE et U. DURAND, Veterum scriptorum... amplissima collectio, t. I, Paris, 1724, col. 507. Les noms de quelques-uns des anciens élèves de Lanfranc, moines du Bec ayant accédé à de hautes charges, sont cités par MILON CRISPIN, Vita b. Lanfranci, VII, 16 : PL, t. CL, 44 A 6-B 8. Pour Alexandre II, voir le même ouvrage, XI, 24 : PL, t. CL, 49 A 3-4. Pour Y. de Chartres, voir PL, t. CL, 90 A 7-B 6. On peut citer encore Thierry

A partir de cette période, la réputation de Lanfranc ne cesse de grandir. En 1048, le duc Guillaume le Bâtard, futur conquérant de l'Angleterre, ayant investi le château de Brionne à proximité du Bec, entreprend un siège qui devait durer jusqu'en 1050 environ et durant lequel il ne quitte guère la vallée de la Risle, centre géographique de son duché. Selon toute probabilité, c'est à cette circonstance qu'il doit de connaître et d'apprécier celui dont il fera son bras droit outre-Manche [1]. Il est vraisemblable que si Lanfranc assiste au concile de Reims d'octobre 1049, c'est pour y soumettre au pape Léon IX le cas de Guillaume, qui, sans tenir compte de l'empêchement canonique de parenté, aspirait à la main de sa cousine Mathilde de Flandre. La réponse du pontife fut négative [2].

Lanfranc, sans doute dans le courant de 1049, avait pris position contre l'hérésie bérengarienne, qui venait de faire son apparition. Resté auprès du pape Léon IX après le synode de Reims, il est amené, lors des conciles de Rome et de Verceil de 1050, à proclamer sa réprobation à l'égard des théories du maître tourangeau et son attachement à la doctrine eucharistique traditionnelle [3]. Revenu en France dans les derniers mois de 1050, il rencontre Bérenger au concile de Brionne, organisé par le duc de Normandie, et précise la raison pour laquelle l'opinion défendue par l'écolâtre de Saint-Martin de Tours venait d'être condamnée à Verceil [4]. Même si l'on néglige l'intervention ultérieure de Lanfranc dans l'affaire bérengarienne sur le plan de la polémique proprement dite, avec le *De corpore et sanguine Domini*, on comprend que le rôle décisif joué par le prieur du

---

de Paderborn : voir *infra*, p. 196. Voir R. FOREVILLE, *L'école du Bec et le « studium » de Canterbury aux XIe et XIIe siècles*, dans le *Bulletin philologique et historique (jusqu'à 1715) du Comité des travaux historiques et scientifiques*, années 1955-1956, p. 357-374.

1. Sur l'amitié de Guillaume le Conquérant et de Lanfranc, voir MILON CRISPIN, *Vita b. Lanfranci*, III, 7-8 (PL, t. CL, 34 D 2-37 C 1 : le nᵒ 7 est repris intégralement de Gilbert Crispin, le nᵒ 8 est inspiré en partie du *De corpore* de Lanfranc), XV, 36 (*ibid.*, 55 B 8-13) ; GUILLAUME DE POITIERS, *Gesta Willelmi Conquestoris* : « Lanfrancum... intima familiaritate colebat : ut patrem venerans, verens ut praeceptorem, diligens ut germanum aut prolem » (PL, t. CXLIX, 1241 D 4-8).

2. ANSELME, *Historia dedicationis ecclesiae S. Remigii*, 16 : PL, t. CXLII, 1437 C 5-7. Voir *infra*, p. 56-57.

3. DC, 413 B-C ; DSC, 15/18-19. Voir *infra*, p. 59-60, 75, 78.

4. DSC, 9/14-20, 12/30-32. Voir *infra*, p. 91-94.

Bec dans les débuts de la controverse, en ait fait la bête noire de l'hérétique [1].

Si, dans sa jeunesse, Bérenger n'avait pas reçu l'équivalent d'une formation théologique, une carence du même ordre ne peut surprendre chez son principal adversaire, qui ne se destinait pas, à l'origine, aux fonctions ecclésiastiques. Il semble que les deux écolâtres ont connu une évolution identique et que c'est seulement à l'âge mûr que Lanfranc commence à s'intéresser à l'étude et au commentaire de la *scriptura divina* [2]. Il se signalera, en particulier, par une double glose des épîtres de saint Paul [3]. Il convient également de noter le souci qu'il eut d'amender les manuscrits de l'Ancien et du Nouveau Testaments, ainsi que les manuscrits des Pères [4].

A l'inverse d'une affirmation courante, il n'est pas exact qu'il ait participé au concile de Rome de 1059, devant lequel Bérenger doit faire amende honorable [5]. Mais, peu de temps

---

1. Il n'y a pas d'œuvre importante de Bérenger où Lanfranc ne soit pris à partie. Avant la parution du *De corpore* de Lanfranc, Bérenger fustige son adversaire dans PE, 111 B, 113 B et dans SCS, 412 D. Ensuite, il s'en prend à lui dans tout le *De sacra coena*, dans EF, LXXXVI, dans *Mém.*, 103 B-C.

2. Sur cette évolution, les témoignages abondent. Il nous a paru intéressant d'en faire le relevé au long des étapes de la vie de Lanfranc : voir appendice IV, *infra*, p. 546-547.

3. Voir *infra*, p. 331 sq. Sur l'activité de Lanfranc commentateur de la *scriptura divina*, voir, outre les textes cités dans l'appendice IV, B. SMALLEY, *La glossa ordinaria. Quelques prédécesseurs d'Anselme de Laon*, dans *Recherches de théologie ancienne et médiévale*, t. IX, 1937, p. 365-400, *passim* ; du même auteur, *The study of the Bible in the Middle Ages*, 2e édition, *passim* ; R. FOREVILLE, l'article mentionné *supra*, p. 41, note 4 ; du même auteur, *L'école de Caen au XIe siècle et les origines normandes de l'Université d'Oxford*, dans *Études médiévales offertes à M. le Doyen Augustin Fliche*, Paris, 1953, p. 81-100.

4. MILON CRISPIN, *Vita b. Lanfranci*, XV, 36 : PL, t. CL, 55 B 15-C 7. Dans la PL, t. CL, voir également col. 55, note 45 ; col. 94-95, note 79 ; col. 99, note 49. Nous connaissons deux manuscrits corrigés par Lanfranc en personne, le manuscrit 15 de la Bibliothèque du Mans, contenant des opuscules de saint Ambroise, où l'on peut lire en marge sur le folio 141 : « Lanfr. huc correxi » ; le manuscrit 136 de la Bibliothèque d'Alençon, les *Collationes* de Cassien, où l'on peut lire sur la marge du folio 142 : « Huc usque ego Lanfrancus correxi ». Aucun doute possible quant à l'identification de l'écriture de ces deux annotations, la même écriture que celle de la note suivante accompagnant une lettre d'Alexandre II à Lanfranc, dans le manuscrit *Cambridge, Trinity College 405*, p. 405 : « Hanc epistolam accepi dum cadomensi cenobio preessem ».

5. Bérenger reproche à Lanfranc d'avoir été mal *informé* d'un détail du concile : « Manu, quod mendaciter ad te pervenit, non subscripsi » (DSC, 1/13-14). C'est donc que Lanfranc n'assistait pas à ce concile. Une indication aussi précise ne peut être contredite par le récit de Milon Crispin. En lisant attentivement la *Vita b. Lanfranci*, III, 8, on remarquera que si Milon Crispin mentionne

sans doute après ce concile, il se rend dans la Ville éternelle et obtient de Nicolas II l'absolution de Guillaume le Bâtard et de son épouse, excommuniés depuis 1053 pour s'être unis, vers 1050, en dépit de l'empêchement de consanguinité [1]. En réparation de leur faute, les souverains normands entreprennent l'édification des deux couvents de Saint-Étienne pour les hommes et de la Trinité pour les femmes dans la ville de Caen. Lanfranc devait, en 1066, à la veille de la conquête de l'Angleterre, recevoir des mains de Guillaume l'investiture abbatiale pour le monastère de Saint-Étienne [2], mais dès 1063 il avait quitté le Bec afin de s'occuper des travaux de construction de cette abbaye [3]. Durant son séjour à Caen et, probablement, au temps de son abbatiat proprement dit [4], il compose son célèbre traité sur l'eucharistie, rédigé sous la forme d'une lettre adressée à Bérenger, en réponse à un opuscule du maître tourangeau dont il avait reçu communication par un de ses anciens élèves, Thierry, chanoine de Paderborn [5].

En 1070, Lanfranc est nommé archevêque de Cantorbery. Durant les dernières années de sa vie, on ne trouve à mentionner, de sa part, que trois interventions minimes qui ont un rapport plus ou moins lointain avec la controverse eucharistique. Vers 1072, il envoie le *De corpore et sanguine Domini* au pape Ale-

---

deux voyages de Lanfranc à Rome, en PL, t. CL, 35 D 2-3, un sous Léon IX, concernant Bérenger, un sous Nicolas II, concernant le mariage de Guillaume le Bâtard, c'est de ces deux voyages qu'il est question en 37 A 9-13, même si la phrase paraît signifier plutôt que, sous Nicolas II, le voyage de Lanfranc à Rome concernait *à la fois* l'affaire du mariage et celle de Bérenger. Notons que Milon Crispin tire ses informations du traité de Lanfranc sur l'eucharistie, comme il le reconnaît expressément (37 A 5-9), traité dans lequel la présence du prieur du Bec au concile de Rome de 1059 n'est nullement mentionnée. Précisons encore, contre Milon Crispin (36 A 1-2, 37 A 10-11), qu'il n'est dit nulle part dans le traité de Lanfranc que le voyage de ce dernier à Rome en 1050, sous Léon IX, a été *motivé* par l'affaire bérengarienne, même si, de fait, à Rome en 1050, Lanfranc a été mêlé personnellement à cette affaire.

1. MILON CRISPIN, *Vita b. Lanfranci*, III, 8 : PL, t. CL, 37 A 11-C 1.
2. ORDERIC VITAL, *Historia ecclesiastica*, II, III, XVIII : PL, t. CLXXXVIII, 286 D 12-287 A 2.
3. Voir A. J. MACDONALD, *Lanfranc*, p. 56, note 2.
4. Dans une lettre à Alexandre II, Lanfranc dit, en effet, qu'il envoya son traité à Bérenger « dum adhuc Cadomensi coenobio præessem » (J. A. GILES, *Opera omnia Lanfranci*, t. I, p. 27), formule qui semble indiquer qu'il était alors abbé, mais cela n'est pas parfaitement clair.
5. Voir *infra*, p. 196,

xandre II, qui en avait réclamé un exemplaire [1]. Vers 1072-1073, dans une lettre sur l'eucharistie écrite à l'évêque de Dublin, il fait une brève allusion à l'hérésie bérengarienne [2]. Enfin, il répond à la consultation de trois ecclésiastiques poitevins indignés de la façon dont, sans doute au concile de Poitiers de 1075, Bérenger avait parlé de saint Hilaire [3]. Alors que Lanfranc touche à la fin de son existence (il mourut le 28 mai 1089), le rôle important qu'il avait joué dans la controverse n'est pas oublié. L'antipape Clément III, cherchant à gagner ses bonnes grâces, lui rappelle que la Providence l'avait établi comme un obstacle solide et infranchissable en face des menées de ceux qui s'étaient écartés de la foi ; réclamant son appui et son ralliement dans les difficultés de l'Église, il évoque la persistance de l'hérésie bérengarienne, persistance dont il déclare ne pas apercevoir la cause : *Sed qua occasione remanserit, hoc ignoramus* [4].

Le fait que Lanfranc ait montré dans la conduite de sa vie plus de souplesse et d'habileté, plus de réalisme et d'efficacité que son émule des bords de Loire, n'autorise pas à lui attribuer un certain conformisme d'homme de gouvernement qui expliquerait sa prise de position en faveur de la doctrine eucharistique officiellement admise à son époque [5]. Ce Lombard à l'esprit rapide, au sens pratique avisé, doué pour les contacts humains, brillant professeur, taillé pour les responsabilités (il sera prieur, abbé, archevêque-primat et exercera la fonction de régent d'Angleterre durant les séjours de Guillaume le Conquérant en Normandie), n'a jamais cessé, depuis son entrée dans la vie monastique, d'être avant tout un homme de Dieu [6]. C'est donc

---

1. LANFRANC, *Ad Alexandrum*, dans J. A. GILES, *Opera omnia Lanfranci*, t. I, p. 27. Pour la date de cette lettre, qui annonce à Alexandre II l'envoi du *De corpore*, voir A. J. MACDONALD, *Lanfranc*, p. 93.

2. LANFRANC, *Epistola XXXIII* : PL, t. CL, 533 C 5-8. Voir *infra*, 329-330.

3. LANFRANC, *Epistola L* : PL, t. CL, 543-545. Voir *infra*, p. 197-198, 215.

4. Lettre reproduite par F. LIEBERMANN, *Lanfranc and the antipope*, dans *The english historical review*, t. XVI, 1901, p. 331-332.

5. C'est à une interprétation politique de cet ordre que se tient J. DE CROZALS, *Lanfranc, archevêque de Cantorbéry*, Paris, 1877, p. 94-95.

6. Pour savoir comment a été jugé Lanfranc, il faut se reporter :

1) Aux sources anciennes : GILBERT CRISPIN, *Vita s. Herluini* (J. A. ROBINSON, *Gilbert Crispin, abbot af Westminster*, p. 87-110) ; MILON CRISPIN, *Vita b. Lanfranci* : PL, t. CL, 29-58 ; ORDERIC VITAL, *Historia ecclesiastica, passim* : PL, t. CLXXXVIII, 17 sq. ; EADMER, *Vita sancti Anselmi*, dans R. W. SOUTHERN, *The life of St. Anselm, archbishop of Canterbury, by Eadmer*, Édimbourg, 1962 ; IDEM, *Historia novorum* : PL, t. CLIX, 352-362 ; GUILLAUME DE MALMESBURY,

avec une foi authentique qu'il est allé au cœur du problème posé par Bérenger, alors que l'écolâtre de Saint-Martin de Tours s'empêtrait dans un augustinisme superficiel, dans un symbolisme vide. Lanfranc ne se trompait pas quand il jugeait que les théories bérengariennes allaient à rien moins qu'à priver l'Église de sa sainte communion au corps et au sang du Christ [1]. Néanmoins, l'apparition de l'hérésie, les adhésions qu'elle a recueillies très vite, les discussions qu'elle a suscitées à travers la chrétienté latine et jusqu'en plein concile romain [2], sa longue durée, ses répercussions indéniables dans le domaine de la théologie et dans celui de la formulation dogmatique, s'expliqueraient difficilement si les questions soulevées par le maître tourangeau n'avaient été, selon le mot de Lanfranc, que de simples « balivernes » [3]. Au reste, bien avant que Bérenger ne mît en cause la croyance en la présence réelle, d'autres hérétiques du XIe siècle s'en étaient pris au sacrement de l'autel en Italie, à Orléans, à Liège, à Arras [4], et la lettre de Fulbert dont nous

---

Gesta pontificum Anglorum, I : PL, t. CLXXIX, surtout 1459 C-1460 A, 1476 D-1479 C ; MARBODE DE RENNES, *Epitaphium magistri Lanfranci archiepiscopi* : PL, t. CLXXI, 1726 (texte incomplet : voir le texte complet attribué faussement à saint Anselme dans PL, t. CLVIII, 1049-1050) ; ANONYME, *Chant sur la mort de Lanfranc*, dans É. DU MÉRIL, *Poésies populaires latines du Moyen Age*, t. II, p. 251-255, d'après le manuscrit *Douai, 801*, f. 152ʳ ; etc. Un moine anonyme du Bec, entre 1130 et 1150, qualifie ainsi les trois grands hommes des origines du Bec : « Anselmum mitem, Helluinum devotum, Lanfrancum sapientem » (B. HAURÉAU, *Notices et extraits de quelques manuscrits de la Bibliothèque nationale*, t. II, Paris, 1891, p. 238-239). Voir aussi les lettres élogieuses des papes NICOLAS II (PL, t. CXLIII, 1349 D-1350 A) et ALEXANDRE II (PL, t. CXLVI, 1353 A-B, 1365 B-1366 B), ainsi que de l'antipape CLÉMENT III (F. LIEBERMANN, *Lanfranc and the antipope*, p. 330-332).

2) Aux travaux modernes : A. J. MACDONALD, *Lanfranc. A study of his life, work and writing*, Oxford-Londres, 1926 et 1944 ; IDEM, *Lanfranc of Canterbury*, dans *The Church quarterly review*, t. CXX, 1935, p. 230-256 ; E. HORA, *Zur Ehrenrettung Lanfranks, des Erzbischofs von Cantorbury (ca. 1005-1089)*, dans *Theologische Quartalschrift*, t. CXI, 1930, p. 288-319 ; D. KNOWLES, *Bec and its great men*, dans *The Downside review*, t. LII, 1934, p. 570-574 ; IDEM, *The monastic order in England*, Cambridge, 1949, surtout p. 108-110, 142-144 ; R. W. SOUTHERN, *Saint Anselm an his biographer*, Cambridge, 1963, *passim* ; P. ZUMTHOR, *Guillaume le Conquérant*, Paris, 1964, p. 144-147.

1. DC, 413 B 9-10.

2. Au concile de Rome du carême de 1079. Voir *infra*, p. 220, 230-231.

3. DC, 409 C 15.

4. Ces hérésies nous sont connues par divers documents concernant le concile d'Orléans de 1022 et le concile d'Arras de 1025 ou 1026. Voici quelques renseignements sur les « actes » de ces conciles :

avons parlé plus haut [1], montre, elle aussi, que des doutes pouvaient exister sur ce point de la foi dans la génération à laquelle appartenaient les deux écolâtres. Ces remous, puis la tempête de la controverse bérengarienne n'étaient-ils pas les symptômes d'un malaise latent ? L'étude de la polémique qui mit aux prises Bérenger et Lanfranc, montre que cette hypothèse se vérifie en ce qui les concerne. Tributaires, sans le savoir, de schèmes de pensée très semblables, qui ne laissaient le choix qu'entre des solutions extrêmes diamétralement opposées, ni l'un ni l'autre ne pouvaient soupçonner qu'un jour viendrait où, transcendant leur antagonisme, la théologie catholique élaborerait une doctrine qui, tout en maintenant le réalisme auquel adhérait Lanfranc, rendrait justice à la plupart des objections de Bérenger.

* * *

---

1) Concile d'Orléans de 1022. Voir les *Gesta synodi Aurelianensis*, extraits du Cartulaire d'Aganon, dans L. d'Achery, *Spicilegium*, t. I, Paris, 1723, p. 604-606. C'est d'après l'édition de d'Achery que ces actes ont été reproduits dans d'autres collections. Voir R. Heurtevent, *Durand de Troarn et les origines de l'hérésie bérengarienne*, Paris, 1912, p. 82-86.

2) Concile d'Arras de 1025 ou 1026. Les *Acta synodi Atrebatensis* sont précédés d'une lettre adressée par l'évêque Gérard de Cambrai à un autre évêque désigné par la seule initiale de son nom et qui est vraisemblablement Réginard de Liège. D'Achery est le premier à avoir édité lettre et actes, dans *Spicilegium*, t. XIII, Paris, 1677, p. 1-63, et *ibidem*, nouvelle série, t. I, Paris, 1723, p. 606-624. Le manuscrit dont il s'est servi est *Dijon 582*. Toutes les autres éditions s'inspirent de celle de d'Achery : voir notamment PL, t. CXLII, 1269-1312. Les hérétiques jugés à Arras venaient d'Italie, où ils étaient les disciples d'un certain Gondulf. Ils étaient passés par Liège avant d'arriver dans la capitale de l'Artois. J.-M. Noiroux, dans *Les deux premiers documents concernant l'hérésie aux Pays-Bas* (*Revue d'histoire ecclésiastique*, t. XLIX, 1954, p. 842-855), pense que l'évêque auquel écrit Gérard de Cambrai, est Raoul de Châlons-sur-Marne. J. B. Russel, dans *A propos du synode d'Arras en 1025* (*Revue d'histoire ecclésiastique*, t. LVII, 1962, p. 66-87), est d'un avis différent : selon lui, il s'agirait de Réginard de Liège. Du même auteur : *Heresy in the diocese of Liege before 1160*, thèse polycopiée, Atlanta, Emony University, 1960.

Il y a entre ces hérésies et l'hérésie bérengarienne de notables différences. Les hérétiques d'Orléans et d'Arras mettent en cause de nombreux dogmes, alors que Bérenger, en dépit d'affirmations contraires de certains de ses adversaires, ne semble avoir erré que sur la question de la présence réelle. Ils paraissent être emportés par le courant néo-manichéen du Moyen Age, alors que Bérenger a fermement rejeté le manichéisme : voir, par exemple, PE, 110 A ; DSC, 134/1 sq., 165/18 sq. ; *Mém.*, 107 E. Enfin les hérésies en question ont un caractère populaire, même si les intellectuels y ont joué un rôle (voir R. Heurtevent, *op. cit.*, p. 62, note 1, et p. 86), alors que le maître tourangeau n'affiche que mépris pour les opinions du vulgaire.

1. Voir *supra*, p. 32-33.

Nous n'avons pas de renseignements directs sur les origines de la controverse bérengarienne, mais les premières manifestations que nous en connaissons permettent, semble-t-il, de reconstituer sans grand risque d'erreur, la genèse de l'affaire. Vers 1048 [1], Bérenger, adonné jusqu'alors à l'étude et à l'enseignement

---

1. Nous manquons de données précises qui permettraient de dater à coup sûr les débuts de la controverse, c'est-à-dire le moment où Bérenger, s'étant mis à l'étude la *scriptura divina*, commença à défendre publiquement les théories eucharistiques de « Jean Scot ».

1) On a souvent tiré argument des lettres d'Adelman à Bérenger, dont la première aurait été écrite en 1048 (A. J. MACDONALD, *Berengar*, p. 49-50), ce qui ferait remonter les débuts de la controverse au moins à 1047 ou 1048. En fait, cette lettre est à situer approximativement dans le premier semestre de 1051. Voir *infra*, p. 128.

2) Quand, vers la fin de 1049, Bérenger écrit à Lanfranc, il reconnaît qu'il est *rudis in illa scriptura (divina)* (voir *infra*, le début du chapitre IV), ce qui est confirmé par plusieurs faits : *a*) un autre aveu, rétrospectif, du même genre dans le *De sacra coena* (DSC, 13/23-25); *b*) le fait que, dans le courant de 1050, après le concile de Rome, Bérenger n'a pas encore confronté les théories de « Jean Scot » avec les données du Nouveau Testament : EF, XCVIII, 164/17-21, 165/8-23; *c*) le fait que, vers la fin de 1050, il n'a pas encore lu en entier le traité de « Jean Scot » : EBA, 66 B 15-17 ; EA, 67 C 8-14. Voir *infra*, p. 50, 87, 89. Dans ces conditions, il paraît difficile de faire remonter les débuts de la controverse avant 1048.

Ces observations, qui ne sont pas contestables, s'accordent mal avec d'autres éléments du problème :

a) Dans une lettre à Bérenger, Drogon de Paris loue celui-ci pour le zèle et la compétence qu'il manifeste dans l'étude des « écritures », mais déplore que son correspondant soit « ignoré du monde » (EF, XCVII, 163/14-17, 24-26, 28-29). Or, en 1050 et peut-être déjà en 1049, Bérenger n'est plus ignoré du monde et, par conséquent, si l'on prend à la lettre les propos de Drogon, l'écolâtre aurait commencé à se consacrer à l'exploration des « écritures » bien avant cette époque. Comme les données dont nous venons de faire état sur le manque d'information « scripturaire » de Bérenger en 1049-1050, sont clairement attestées, c'est, croyons-nous, à partir d'elles qu'il faut interpréter les affirmations de Drogon. Ou ce dernier, écrivant avant le déclenchement de la controverse, surestime la compétence « scripturaire » du maître tourangeau. Ou, écrivant durant la controverse, il entend dans un sens relatif le fait que Bérenger soit « ignoré du monde » : il serait méconnu.

b) Hugues de Langres, avant le concile de Reims d'octobre 1049, aurait dit à Bérenger : « Universalem Ecclesiam scandalizas » (*De corpore et sanguine Christi* : PL, t. CXLII, 1327 A 13), ce qui ne cadre guère ni avec le contenu de la lettre de Drogon, ni avec ce que nous savons sur les lacunes de la science « scripturaire » de Bérenger en 1049, ni avec l'histoire de la controverse : le scandale provoqué par l'hérésie ne semble avoir pris toutes ses dimensions qu'à la suite des condamnations portées par les conciles de Rome et de Verceil de 1050. Il faut donc supposer que Hugues de Langres majore l'extension du scandale ou que le traité habituellement attribué à l'évêque de ce nom qui fut

des « lettres séculières », prend intérêt à la *scriptura divina* [1].
Il doit cet engouement subit à la découverte d'un ouvrage
sur l'eucharistie qu'il attribue à tort à Jean Scot Érigène, l'audacieux théologien du IXᵉ siècle : il s'agissait en réalité du traité
qu'avait rédigé Ratramne, moine de l'abbaye de Corbie et contemporain de Jean Scot, en réponse au traité d'un autre moine
de ce monastère, Paschase Radbert [2]. Bérenger voyait en Paschase le défenseur de la conception réaliste de l'eucharistie
adoptée par la grande masse ignare. Par contre, il croyait trouver
dans le traité de « Jean Scot » la justification d'un pur symbolisme [3], seul conforme, pensait-il, au données traditionnelles
telles que, selon lui, on les découvrait, par exemple, dans les
écrits d'Ambroise, de Jérôme et d'Augustin. L'on sait maintenant que Ratramne est un réaliste, et même un « ultra-
réaliste » ; ce n'est pas sur la croyance en la présence réelle que
s'opposent les deux théologiens de Corbie [4]. Mais les contemporains de Bérenger, ses adversaires aussi bien que ses partisans,
le suivirent d'emblée dans cette double erreur d'attribution
et d'interprétation de l'ouvrage de Ratramne.

Bérenger se révèle tout entier dans la fougue avec laquelle
il prend le parti de « Jean Scot », alors que ses connaissances

jugé au concile de Reims, est à mettre au compte d'un autre Hugues, évêque
de Langres de 1065 à 1085. Voir *infra*, p. 50, note 2.

On ne peut guère s'appuyer sur la datation fournie par les chroniques, dont
les renseignements sont manifestement de seconde main. Voir RHGF, t. XI,
161 C et 527 B. Cfr A. J. MACDONALD, *Berengar*, p. 50, note 3.

1. Cfr *supra*, p. 34.

2. Le traité de Ratramne est dans la PL, t. CXXI, 125-170, celui de Paschase,
dans la PL, t. CXX, 1267-1350. Autre édition du traité de Ratramne : J. N. BAK-
HUIZEN VAN DEN BRINK, *Ratramnus*, « *De corpore et sanguine Domini* », *texte
établi d'après les manuscrits et notice bibliographique*, Amsterdam, 1954. Sur
l'attribution à Ratramne du traité que Bérenger met sous le nom de Jean Scot,
voir R. HEURTEVENT, *Durand de Troarn*, p. 253-285.

3. La doctrine eucharistique de Bérenger est un *pur* symbolisme. Il convient
cependant de préciser que le maître tourangeau n'aurait pas admis cette qualification. Selon lui, en effet, la notion de symbole inclut la réalité symbolisée :
il n'y a pas de symbole pur, mais un symbole *de quelque chose* : voir, par exemple,
DSC, 26/25-27/20. Ce truisme ne change rien au problème.

4. Voir la thèse polycopiée de R. BÉRAUDY, *L'enseignement eucharistique
de Ratramne, moine de Corbie au IXᵉ siècle, dans le « De corpore et sanguine
Domini ». Étude sur l'histoire de la théologie eucharistique. Thèse de doctorat
passée devant la Faculté de théologie de Lyon. Année académique 1952-1953* ;
IDEM, *Les catégories de la pensée de Ratramne dans son enseignement eucharistique*,
dans *Corbie, abbaye royale. Volume du XIIIᵉ centenaire*, Facultés catholiques de
Lille, 1963, p. 135-155.

scripturaires et patristiques sont récentes et mal assurées, alors
même qu'il n'a pas lu jusqu'à la fin le traité de Ratramne,
soit qu'il n'en possède qu'un exemplaire incomplet, soit qu'il
n'ait pas voulu se donner la peine de parcourir de bout en bout
cet opuscule de dimensions pourtant fort modestes [1].

Les propos de l'écolâtre de Saint-Martin de Tours suscitent
autour de lui de l'agitation et du scandale et provoquent des discussions bien au-delà des limites de la Touraine et de l'Anjou.
On situe habituellement à cette époque un entretien de Bérenger
avec l'évêque Hugues de Langres, son ancien condisciple, et
la composition par celui-ci d'un traité, qui serait, par conséquent,
le premier des ouvrages dont fut jalonnée la controverse [2].
Il est assez naturel aussi que les ecclésiastiques résidant à Chartres se soient émus des théories de celui qui avait eu le privilège
d'appartenir à leur célèbre école épiscopale. Il semble que
cette ville servit de relais aux nouvelles et que de là partirent

---

1. Voir *supra*, p. 48, note 1.

2. HUGUES DE LANGRES, *De corpore et sanguine Domini*, dans PL, t. CXLII,
1325-1334. Comme nous l'avons dit plus haut, p. 48, note 1, ce traité pose un
problème. Généralement, on le situe avant le concile de Reims d'octobre 1049,
en supposant que son auteur est le prélat du nom d'Hugues de Langres, ancien
élève de l'école épiscopale de Chartres, qui fut excommunié durant ce concile
(ANSELME, *Historia dedicationis ecclesiae S. Remigii*, 15-16 : PL, t. CXLII
1434 A-1436 A). Cette attribution et la datation qui en est la conséquence ne
vont pas sans difficulté :

1) Pouvait-on dire à Bérenger avant octobre 1049 : « Universalem ecclesiam
scandalizas » (HUGUES DE LANGRES, *op. cit.* : PL, t. CXLII, 1327 A 13) ? Cela
pouvait être vrai sommairement un an environ plus tard, quand une première
condamnation était intervenue et que « audita quippe jam longe lateque acta
res fuerat » (DURAND DE TROARN, *Liber de corpore et sanguine Christi*, IX,
XXXIII : PL, t. CXLIX, 1422 B 5), mais l'expression paraît mal s'appliquer
à la période antérieure, même si l'excommunication prononcée contre Bérenger
lors du concile de Rome de 1050, à partir d'un document à première vue assez
peu compromettant (voir *infra*, chapitre IV), ne s'explique pas sans une certaine
notoriété de l'affaire.

2) Hugues de Langres était-il bien qualifié pour censurer l'archidiacre angevin, alors qu'en prenant la fuite durant le concile de Reims, il révélait l'exactitude, au moins partielle, des accusations qui venaient d'être lancées contre lui :
simonie, homicides, tyrannie, parjures, sodomie ?

Il est vrai que la personnalité d'Hugues de Langres est pleine de contrastes
(voir *Chronicon S. Benigni Divionensis* : PL, t. CLXII, 838 B-C ; G. DRIOUX,
Un diocèse de France à la veille de la Réforme grégorienne, dans Studi Gregoriani,
t. II, 1947, p. 31-41). Nous pensons néanmoins que l'opinion de L. Schwabe,
qui attribue le traité à Hugues-Renard, évêque de Langres de 1065 à 1085,
mériterait un examen sérieux. Voir L. SCHWABE, *Studien zur Geschichte des
zweiten Abendmahlstreits*, Leipzig, 1887, p. 27.

en direction de la Normandie des informations sur l'hérésie naissante. Deux moines des abbayes normandes prennent position contre Bérenger. Ansfroi, abbé de Préaux, s'adresse aux Chartrains en public et se fait l'avocat d'une conception dont nous trouverons d'autres expressions au cours de cet exposé historique : selon Ansfroi, il fallait s'en tenir aux données du Nouveau Testament sans se préoccuper de ce qu'avaient pu dire les commentateurs autorisés, c'est-à-dire les Pères de l'Église [1]. Lanfranc se prononce avec netteté sur le fond de la question : en Paschase il déclare voir le défenseur de la doctrine traditionnelle et il marque sa réprobation à l'égard des affirmations de « Jean Scot » concernant le sacrement de l'autel, au point de leur appliquer la note d'hérésie [2].

Jusqu'aux premiers mois de 1050, le scandale soulevé par les propos de Bérenger n'attire sur celui-ci aucune sanction officielle.

---

1. Voir la lettre de Bérenger à Ansfroi de Préaux : « Inter loquendum confugium fecit Arnulfus in auctoritatem tuam, multum probans te in vulgus prodisse apud eos et, abjectis quibuscunque auctoritatibus, quibuscunque tractatoribus, evangelicam et apostolicam intendisse sententiam » (EF, XCVIII, 165/9-11). Cette intervention d'Ansfroi auprès des Chartrains *(apud eos)* se situe vraisemblablement aux alentours du concile de Rome de 1050 (ouvert le 29 avril). Il n'est pas dit en propres termes qu'à Chartres Ansfroi ait appliqué à l'eucharistie l'opinion qu'il soutenait sur l'utilisation des *auctoritates* et des *tractatores*, mais le contexte dans lequel se situe le passage que nous citons, ne permet guère d'envisager une autre hypothèse. Sur les entrevues de Préaux et de Chartres, voir *infra*, les chapitres V et VI.

La position adoptée par Ansfroi et reprise par Arnulf de Chartres est aussi celle à laquelle se ralliera Eusèbe Brunon, évêque d'Angers en invoquant, pour le faire, l'autorité de personnalités bien supérieures à la sienne (EE, 1204 A 12-14). Bérenger proteste vivement contre la manière de voir d'Ansfroi dans EF, XCVIII. Voir aussi le *De sacra coena* : « In sequentibus : *Mysterium*, inquit sacerdos, *cujus nos participes esse voluisti, et puro cernamus intuitu et digno percipiamus affectu.* Qui ita dicendum esse instituit, longe ab hujus temporis dissensit sacerdotibus, qui, volentes agere de Christi sacrificio et intelligere, compescunt potius atque damnant contra praeceptum Christi dicentis : *Scrutamini scripturas (Jn., V, 39).* » (DSC, 163/34-164/1 : nous avons modifié orthographe et ponctuation). L'usage que fait Bérenger de l'expression *Scrutamini scripturas*, montre que, dans sa pensée, les « écritures » en question n'étaient pas seulement l'Ancien Testament (seul visé par le Christ en *Jn.*, V, 39), mais l'ensemble des textes de la tradition : voir DSC, 12/36, 29/32-33, 131/12-13, 165/3-4 ; *Mém.*, 103 C.

En fait, comme nous l'avons dit dans l'aperçu doctrinal du chapitre II, Bérenger, dans quatre conciles au moins, acceptera, par tactique, une solution inspirée du point de vue d'Ansfroi et d'Eusèbe Brunon.

2. Voir *infra*, p. 53.

Au concile de Reims, auquel vraisemblablement assiste Lanfranc, la question n'est pas soumise au jugement du pape Léon IX et des évêques et abbés présents. Mais l'affaire a déjà pris une tournure si grave qu'il suffira d'une occasion minime pour qu'un éclat se produise et que l'autorité romaine soit obligée d'intervenir. Cette occasion, Bérenger allait la fournir lui-même.

CHAPITRE IV

LE CONCILE DE ROME DE 1050

Informé par un certain Engelran de Chartres [1] du jugement que portait Lanfranc sur la doctrine eucharistique de « Jean Scot », Bérenger s'émut de voir la cause qu'il défendait battue en brèche par ce maître encore jeune mais déjà très influent [2]. Il envoya donc en Normandie un messager chargé de remettre au prieur du Bec le billet suivant : « Bérenger au frère Lanfranc. — Il me parvient, frère Lanfranc, une nouvelle que m'a transmise Engelran de Chartres, à propos de laquelle je ne dois pas hésiter à adresser un avertissement à ta Dilection. D'après cette nouvelle, tu désapprouverais et même tu jugerais hérétiques les propositions de Jean Scot concernant le sacrement de l'autel, propositions par lesquelles il s'oppose à Paschase, dont tu t'es fait le champion. En cette circonstance, si la chose est exacte, frère, tu n'as pas fait honneur à l'intelligence que Dieu t'a si largement accordée, en prononçant un jugement trop hâtif. En effet, tu ne t'es pas encore vraiment adonné à l'étude de l'écriture divine et tu n'as guère débattu le problème avec ceux de tes amis qui ont montré plus de zèle (que toi dans ce genre d'étude). Aussi, maintenant, frère, quelque élémentaire que puisse être la connaissance que je possède de cette écriture, je voudrais seulement, si j'en trouvais l'occasion, assister à un débat sur la question, en te laissant inviter qui tu voudrais comme juges compétents et comme auditeurs. Tant que cette réunion n'aura pas eu lieu, ne considère pas avec mépris ce que

---

1. Il s'agit sans doute de l'un des disciples chers au cœur de Fulbert, prévôt, puis chancelier et doyen du chapitre de la cathédrale de Chartres : voir R. MERLET et A. CLERVAL, *Un manuscrit chartrain du XIᵉ siècle*, Chartres, 1893, p. 184-190.
2. On comprendra mieux la réaction de Bérenger en lisant ces quelques lignes de sa lettre à Ansfroi de Préaux : « Nihili etiam habetur, quicquid afferimus nos, quibus auctoritas non est vel ex dignitate vel ex vitae meritis, etiam magnificum et divinum, si destituatur quacunque auctoritate vestra, qui videmini residere in sublimi » (EF, XCVIII, 165 /27-30).

j'affirme : « Si tu tiens pour hérétique Jean, dont nous approuvons les propositions sur l'eucharistie, tu dois juger hérétiques Ambroise, Jérôme, Augustin, sans parler des autres ». Nous te souhaitons santé et sobriété dans le Seigneur » [1].

Si, dans ce billet, Bérenger ne précise pas la nature des doctrines qu'il attribuait respectivement à « Jean Scot » et à Paschase, il formule néanmoins avec clarté l'essentiel de la thèse qu'il souhaitait voir défendre publiquement contre Lanfranc. Cette thèse est la suivante : les propositions de « Jean Scot » sur l'eucharistie sont en plein accord avec la pensée des Pères de l'Église, notamment avec celle de Jérôme, d'Ambroise et d'Augustin.

On relèvera dans ce texte deux restrictions assez surprenantes. Bérenger prévenant, semble-t-il, une objection possible, n'hésite pas à avouer paradoxalement que, dans une mesure dont il laisse à d'autres que lui-même le soin d'apprécier l'importance *(quantumlibet)*, il est encore novice dans l'étude de l'« écriture divine » [2] *(rudis in illa scriptura)*. Comme, par ailleurs, il rend hommage à l'intelligence de son correspondant, on pourrait se demander sur quels titres il appuie sa prétention à juger de la question eucharistique avec plus de compétence que celui-ci, s'il n'affirmait que la science « scripturaire » du prieur du Bec est à peu près inexistante. Lanfranc ne s'est « pas encore vraiment adonné à l'étude de l'écriture divine » ; en condamnant les théories de « Jean Scot », il a « prononcé un jugement trop hâtif », puisqu'il n'a pas pris la peine de vérifier ce jugement dans un contact assidu avec les textes patristiques. De plus, il n'a pas eu

---

1. Nous citons le texte de ce billet d'après l'édition critique due à R. B. C. HUYGENS, *Textes latins...*, p. 456 : « Fratri Lanfranco Beringerus. — Pervenit ad me, frater Lanfrance, quiddam auditum ab Ingelranno Carnotense, in quo dissimulare non debui ammonere dilectionem tuam. Id autem est, displicere tibi, immo hereticas habuisse sententias Johannis Scotti de sacramento altaris, in quibus dissentit a suscepto tuo Pascasio. Hac ergo in re, si ita est, frater, indignum fecisti ingenio, quod tibi deus non aspernabile contulit, preproperam ferendo sententiam. Nondum enim adeo sategisti in scriptura divina nec multum contulisti cum tuis diligentioribus. Et nunc ergo, frater, quantumlibet rudis in illa scriptura, vellem tantum audire de eo, si oportunum mihi fieret, adhibitis quibus velles vel judicibus congruis vel auditoribus. Quod quamdiu non fit, non aspernanter aspicias quod dico : si hereticum habes Johannem, cujus sententias de eucharistia probamus, habendus tibi est hereticus Ambrosius, Jheronimus, Augustinus, ut de ceteris taceatur. — Bene te valere et sobrium esse peroptamus in domino ». Voir *supra*, p. 11.

2. Pour le sens de cette expression, voir *supra*, p. XIX.

la bonne idée de suppléer à son ignorance en discutant le problème avec ceux de ses amis ou familiers qui ont montré plus de zèle que lui dans la lecture des ouvrages des Pères [1]. Encore qu'il ne se range pas au nombre des amis de Lanfranc [2], Bérenger, lorsqu'il évoque ces personnages studieux, pense aussi à lui-même : si récentes que soient ses premières investigations « scripturaires », il estime avoir acquis des écrits d'Ambroise, de Jérôme et d'Augustin une connaissance suffisamment approfondie pour se croire capable de démontrer à coup sûr que la doctrine eucharistique de « Jean Scot » ne diffère en rien de celle de ces grands témoins de la tradition.

Seconde restriction, fort déconcertante elle aussi, et qui découle logiquement de la première. On s'attendrait à ce que le maître tourangeau manifeste le désir de s'expliquer en personne avec le prieur du Bec durant la réunion qu'il projette. Cette confrontation répond tellement au sens général du billet, que Bérenger dira plus tard : *Admonebat te scriptum illud meum praeproperam contra Johannem Scotum te tulisse sententiam, et ut de eo mecum agere dignareris secundum scripturas* [3]. Cependant, le souhait qu'il exprime n'est pas d'intervenir dans le colloque sur l'eucharistie, mais seulement d'assister à ce débat. C'est, à n'en pas douter, ce que signifient les mots : *Vellem tantum audire de eo* [4]. N'était-il pas normal, en somme, que celui qui se reconnaissait novice en matière « scripturaire » demeurât sur la réserve et mît en avant un ou plusieurs experts qui auraient plus de pratique que lui-même dans ce domaine ? On doit donc penser qu'en cherchant à organiser une discussion avec Lanfranc, Bérenger prend prétexte d'une certaine inexpérience, qu'il avoue par tactique plus que par conviction, pour confier à un porte-parole la défense de ses théories eucharistiques. De fait, lors du synode qui se tiendra à Brionne vers la fin de 1050 et qui semble

---

1. On trouve ici, pour la première fois, un thème repris à satiété dans toute l'œuvre de Bérenger : pour bien juger de la question eucharistique, il faut examiner les « écritures » *ex mora et lima* (DSC, 30/26-27) ; et Bérenger prétend bien les avoir étudiées *diligentiori consideratione* (DSC, 18/21). Voir *infra*, p. 504, note 1.

2. Voir DCS, 21/20-21.

3. DSC, 8/17-19.

4. R. HEURTEVENT, *Durand de Troarn*, p. 130, note 1, propose de lire *audiri* au lieu de *audire*, mais ni le témoignage des manuscrits ni l'analyse du texte n'autorisent l'adoption de cette lecture.

avoir été, en quelque sorte, la réalisation du projet esquissé dans le billet à Lanfranc, Bérenger amènera avec lui un clerc sur l'éloquence duquel il fondait son espoir de triompher de ses adversaires [1].

Des circonstances malencontreuses vont donner à la démarche de Bérenger auprès de Lanfranc un retentissement considérable, pour le plus grand dommage du maître tourangeau. Nous ne croyons pas qu'on soit, à ce sujet, autorisé à prêter au futur archevêque de Cantorbery des machinations douteuses, ni à l'accuser d'avoir dissimulé, dans son récit des événements, certains aspects de la vérité. Le messager venu de Touraine ne trouva pas au Bec le destinataire de la lettre. Celui-ci, on ne peut guère en douter, était parti pour le concile de Reims, que, de Toul, le pape Léon IX avait convoqué le 14 septembre 1049, et qui devait tenir ses assises les 3, 4 et 5 octobre, précédé, le 1er et le 2, par la translation des reliques de saint Remy et par la consécration de l'église abbatiale dédiée à ce saint. Lanfranc restera ensuite auprès du pape jusqu'en septembre 1050, l'accompagnant dans ses pérégrinations en France, Allemagne, Suisse et Italie [2]. L'envoyé du maître tourangeau confie donc

---

1. Durand de Troarn, *Liber de corpore et sanguine Christi*, IX, XXXIII : PL, t. CXLIX, 1422 A 11-13. Prudence ou timidité, Bérenger semble, du reste, avoir été plus loquace en privé qu'en public. Cfr DC, 408 A 1-4. Voir *infra*, p. 93. Sur le billet de Bérenger à Lanfranc, voir la note que nous avons publiée dans l'article de R. B. C. Huygens, *Textes latins...*, p. 457-459.

2. Sur le concile de Reims, lire le récit du moine Anselme : *Historia dedicationis ecclesiae S. Remigii*, dans PL, t. CXLII, 1411-1440. La présence de Lanfranc au concile de Reims se déduit d'un certain nombre de faits convergents : 1) Lanfranc était absent du Bec à une période qui peut correspondre à celle du concile. 2) La Normandie avait envoyé à Reims une importante délégation. 3) On posa au concile de Reims le problème du mariage de Guillaume le Bâtard avec sa cousine Mathilde de Flandre. Lanfranc, qui s'occupa de cette affaire non sans péril d'abord (Milon Crispin, *Vita b. Lanfranci*, III, 7 : PL, t. CL, 34 D 2-35 C 9. Cfr Gilbert Crispin) et qui contribua à sa solution (*ibidem*, 8 : PL, t. CL, 37 A 11-C 1), se serait-il entremis dans une question aussi délicate sans en avoir reçu mission de la part du duc de Normandie ? Il n'est donc pas improbable qu'à Reims déjà il ait été chargé de plaider la cause de Guillaume auprès du pape Léon XI (cfr Anselme, *op. cit.*, 16 : PL, t. CXLII, 1437 C 5-7). 4) Mais, surtout, Lanfranc était aux côtés de Léon IX quand celui-ci consacra l'église Saint-Pierre des Dames de Remiremont le 14 novembre 1049 (Lanfranc, *Epistola XIII* : PL, t. CL, 520 C 9-11), ce qui permet de supposer que, présent à Reims au mois d'octobre, il avait après le concile fait partie de la suite pontificale pendant plusieurs mois. Il était encore avec le pape lors du concile de Rome d'avril 1050, et Léon IX tint à le garder auprès de lui jusqu'au concile de Verceil de septembre (DC, 413 C 4-5). On a, il est vrai, contesté la date du 14 novembre

le billet à des clercs qui, vraisemblablement, se rendaient à Reims. Ceux-ci n'ont pas, il faut le croire, l'occasion de remettre le message au prieur du Bec. Sans doute trouvent-ils dans ce contre-temps un prétexte pour ouvrir le pli et en prendre connaissance. Choqués de ce qu'ils y trouvent, ils manifestent à leur entourage l'indignation que leur inspirent les déclarations de Bérenger : à certaines personnes ils donnent communication du texte in-criminé, mais, le plus souvent, ils se contentent de préciser de vive voix la teneur de ce document. Le scandale qui s'ensuit met en cause non seulement Bérenger, auteur du billet, mais aussi Lanfranc, soupçonné d'être favorable à l'hérésie en raison des bons rapports qu'il semble entretenir avec l'écolâtre de Saint-Martin de Tours [1].

A propos de cet énoncé des faits, tel qu'on le trouve dans le *De corpore et sanguine Domini*, Bérenger formulera deux cri-tiques. Il estimera irrecevable un jugement d'ordre doctrinal qui se fondait sur un texte dans lequel il se contentait de prendre position en faveur des théories de « Jean Scot » et contre celles de Paschase, sans spécifier ce qu'il approuvait dans les conceptions du premier ni ce qu'il blâmait dans la pensée du second. Il considérera comme tout à fait risible l'idée que son adversaire ait pu être compromis, dans l'opinion des partisans du réalisme eucharistique, par une lettre où il lui était reproché d'adopter la manière de voir de Paschase Radbert et de condamner celle de « Jean Scot » [2]. Ces observations relèvent d'une logique trop abstraite. Même s'il ne contenait aucune précision doctrinale explicite, le billet de Bérenger confirmait les bruits qui couraient sur son auteur : on savait vaguement qu'il était question d'une nouvelle hérésie, qu'il fallait mettre sous le nom de Paschase le réalisme eucharistique, sous le nom de « Jean Scot », un symbo-lisme destructeur de la croyance en la présence réelle, mais on

---

1049 pour la dédicace de l'église de Remiremont. P.-P. BRUCKER, *L'Alsace et l'Église au temps du pape saint Léon IX*, t. II, Strasbourg-Paris, 1889, p. 181-184, situe cette dédicace au 14 novembre 1050. Mais G. DURAND, *L'église Saint-Pierre des Dames de Remiremont*, t. I, *Historique*, Épinal, 1929, p. 66-77, a fait sur cette question une mise au point décisive.

1. DC, 413 A-B. R. HEURTEVENT, *Durand de Troarn*, p. 131, note 6, pense que les mots *Portitor... clericis*, sont une interpolation. Il s'agit en réalité des premiers mots d'une parenthèse explicative qui va de *Portitor* à *dubitanter tenerem*. Leur suppression enlèverait tout sens logique au passage, que Heurte-vent paraît avoir mal compris.

2. DSC, 7/15-19, 8/15-28, 9/3-10.

manquait sans doute de témoignages qui permettent de vérifier l'exactitude de ces rumeurs. Or, brusquement, la lettre de Bérenger faisait toucher du doigt le scandale. Par ailleurs, il fallait toute la naïveté du maître tourangeau pour s'étonner de ce que le public, à partir d'informations mal interprétées, étende au correspondant d'un hérétique la suspicion qui pesait sur ce dernier [1].

Le scandale provoqué par la lettre de Bérenger trouva son aboutissement normal dans une dénonciation à l'instance suprême [2]. Un clerc de Reims, peut-être le diacre Hugues [3], se chargea d'apporter à Rome ce témoignage accusateur. Comme Lanfranc séjournait dans la Ville éternelle, des historiens en déduisent que le billet devait lui être remis en mains propres ; il faudrait donc lui attribuer la responsabilité des événements qui suivirent et supposer que, dans son récit du *De corpore*, il a camouflé assez hypocritement le rôle véritable qu'il aurait joué dans le procès intenté à son adversaire. Ces hypothèses nous paraissent inutiles et ne cadrent pas avec les données que nous possédons. Il semble bien que la seule intention du messager venu de Champagne était de soumettre le billet dont il était le porteur à l'appréciation des autorités romaines et au jugement du concile qui allait s'ouvrir le 29 avril sous la présidence de Léon IX [4].

---

1. Au concile de Reims d'octobre 1049, on engloba dans la même excommunication non seulement les hérétiques, mais aussi ceux qui recevaient d'eux présent ou service (ANSELME, *Historia dedicationis S. Remigii*, 16 : PL, t. CXLII, 1437 B 11-14). Au concile de Paris d'octobre 1051, l'évêque d'Orléans fit lire à haute voix une lettre de Bérenger, mais il tint à préciser que cette lettre ne lui était pas adressée (DURAND DE TROARN, *Liber de corpore et sanguine Christi*, IX, XXXIII : PL, t. CXLIX, 1423 A 1-4). Cfr aussi HT, 303/1-4 : Adelman de Liège prend parti dans la controverse pour essayer de ramener Bérenger dans le droit chemin et pour éviter d'être suspecté, « ne (ut sunt homines ad detrahendum praecipites) ego errori illi affinis esse, ipso silentio existimarer ».

2. « Tempore Leonis papae, *delata est* haeresis tua ad apostolicam sedem » (DC, 413 A 1-2). « Domnus papa synodum Romae post Pascha collegit in qua haeresim Berengarianam, nuper ad apostolicam sedem *delatam*, damnavit » (BERNOLD DE CONSTANCE, *Chronicon* : PL, t. CXLVIII, 1363 C 7-9).

3. Nous pensons que le concile romain auquel assista le diacre Hugues de Reims *quinto decimo die post dominicam resurrectionem*, est celui de 1050 (ANSELME, *op. cit.*, 18 : PL, t. CXLII, 1440 A).

4. Il y a eu dénonciation. Si elle est venue de Lanfranc, dans le cas où la lettre lui aurait été remise en mains propres, on s'explique mal qu'il ait pu être l'objet de soupçons. L'enchaînement logique des faits a dû être le suivant : *a*) scandale à Reims mis en branle par des clercs venus de Normandie et porteurs du billet

Le cas de Bérenger est donc examiné par l'assemblée conciliaire. Lecture est faite à haute voix de la lettre adressée par l'écolâtre au prieur du Bec. Parce que, dans cet écrit, Bérenger exalte l'enseignement eucharistique de « Jean Scot » et qu'il rejette celui de Paschase, le concile estime qu'il s'oppose à la croyance de l'Église en ce qui concerne le sacrement de l'autel [1]. Dans le *De sacra coena*, le maître tourangeau n'a pas tort de penser que cette conclusion manquait de fondement dans la mesure où elle s'appuyait sur un document peu explicite [2]. Le fameux billet n'aurait pas suffi à la motiver s'il n'avait, ainsi que nous l'avons dit, donné consistance aux rumeurs qui couraient, depuis un certain temps déjà, sur les théories défendues par Bérenger. De plus, ce billet, utilisé comme pièce à conviction, fournissait, en quelque sorte, une assise juridique à la condamnation qu'allaient prononcer les Pères conciliaires. Faute de cette preuve, en effet, il aurait été contraire à l'équité de juger l'écolâtre à partir des bruits qui se colportaient à son sujet.

On fulmine donc contre celui-ci une sentence d'excommunication [3]. Ensuite, sur l'ordre du pape, Lanfranc prend la parole pour se justifier. Il se disculpe, d'abord en donnant la version exacte des faits, puis en exposant sa croyance eucharistique et en la démontrant à l'aide de textes de la tradition ou *auctoritates* et, dans une mesure moindre, à l'aide d'explications ou *argumenta*. C'est en suivant le même ordre dans le développement des idées qu'il écrira, quinze ans plus tard environ, son traité sur l'eucharistie. Il n'y a aucune raison de penser que la doctrine qu'il présenta en 1050 en plein concile romain et qui, dit-il, fut approuvée à l'unanimité, ait, pour l'essentiel, différé de celle qui est contenue dans le *De corpore et sanguine Domini* [4].

La sentence portée contre Bérenger peut sembler bien sévère quant au fond, puisqu'il s'agissait d'une excommunication, et quant à la forme, puisque le maître tourangeau avait été condamné sans avoir eu la possibilité de se défendre. Mais on notera que cette mesure avait un caractère provisoire. Bérenger, en effet, allait être invité à comparaître devant le concile qui

---

de Bérenger (DC, 413 A 8-B 3); *b*) dénonciation à Rome par le truchement d'un clerc de Reims (DC, 413 B 3-4) ; *c*) scandale à Rome (DC, 413 B 5-12).

1. DC, 413 B 3-7.
2. DSC, 8/28-9/10.
3. DC, 413 B 7-10.
4. DC, 413 B 10-C 1. Voir *infra*, p. 249, 272, 273, 454, 474.

devait se réunir à Verceil au mois de septembre [1]. De plus, il
est probable que la condamnation de l'écolâtre, dont les motivations doctrinales étaient parfaitement justifiées, avait néanmoins
un arrière-plan « politique » [2] : elle semble être, pour une part,
la conséquence des difficultés qui, depuis de longues années,
troublaient les relations du comte d'Anjou avec la cour romaine.
Peut-être même, l'excommunication prononcée contre l'hérétique n'avait-elle pour effet que de lui infliger nominalement,
de manière infamante, une peine qu'il encourait déjà du seul
fait de sa qualité de sujet angevin [3]. Mais, du même coup,
hérésie bérengarienne et intérêts angevins se trouvaient solidaires [4]. Aussi n'est-il pas inutile de donner un aperçu de la
situation à cette époque du comte d'Anjou, Geoffroy Martel,
à l'égard de la papauté [5].

* * *

---

1. DC, 413 C 1-3 ; DSC, 11/35-37.

2. Au sens large du mot.

3. Le comte d'Anjou s'adressant à Léon IX et faisant allusion aux sanctions
prises par le pape vers la fin de 1049 dit en effet : « Cum... me... ac meos excom-
municasses » (EF, LXXXIV, 142/10-12).

4. Qu'il y ait eu un certain lien entre la « politique » romaine à l'égard du
comte d'Anjou et la condamnation de Bérenger, n'est pas invraisemblable.
Mais sur ce qui n'est qu'une hypothèse certains historiens ont construit tout
un système d'explication des rapports de l'Anjou et de la papauté au milieu
du XIe siècle qui relève davantage de l'imagination que de la science historique.
L. Schwabe, par exemple, pense que Bérenger aurait été impliqué dans une
coalition féodale opposée à la politique romaine et impériale (*Studien zur
Geschichte des zweiten Abendmahlstreits*, p. 32, 51 sq.). C. Erdmann suppose que
l'accusation d'hérésie lancée contre Bérenger, personnage officiel de la seigneurie
angevine, fournissait à la papauté un motif religieux pour fomenter une guerre
sainte contre l'Anjou : *Gregor VII. und Berengar von Tours*, p. 63-67. Cette
supposition n'est pas conforme à la réalité. Ce n'est pas Léon IX, mais le concile
de Paris du 16 octobre 1051, réuni à la demande du roi Henri Ier, qui a brandi
la menace d'une guerre sainte pour amener les bérengariens à résipiscence.
D'un point de vue « romain », la convocation du concile de Paris avait été
désapprouvée par l'évêque Déoduin de Liège, qui semble avoir été, en la circonstance, le porte-parole de la cour impériale et du Siège apostolique. Voir
infra, p. 109 sq. Sur le problème, A. J. MACDONALD, *Berengar*, p. 62-64, adopte
une position moins aventurée que celles de Schwabe et d'Erdmann.

5. Pour la fin de ce chapitre, voir L. HALPHEN, *Le comté d'Anjou au XIe
siècle*, Paris, 1906, p. 66-74, 120-125, R. LATOUCHE, *Histoire du comté de Maine
pendant le Xe et le XIe siècle*, Paris, 1910, p. 28-29, et deux des lettres du manuscrit *Hanovre 671*, qui constituent ici notre principale source d'information :
EF, LXXXIV et LXXXV. La première en date de ces lettres, EF, LXXXV,
est adressée par Eusèbe Brunon, évêque d'Angers, et par le comte Geoffroy

Un premier conflit avait opposé Geoffroy Martel, du vivant de son père, à Gervais, seigneur de la puissante place de Château-du-Loir, qui, en 1036, avait succédé à Avesgaud sur le trône épiscopal du Mans et tenté de soustraire le Maine à l'influence angevine. Devenu seul maître des destinées de l'Anjou en 1040, à la mort de Foulque Nerra, Geoffroy Martel avait essayé, sans y réussir, de s'emparer de Château-du-Loir, mais, en revanche, il avait pu mettre la main sur Gervais et l'emprisonner (fin 1047 ou courant de 1048).

Geoffroy Martel affirme qu'avant de se résoudre à une mesure aussi contraire au droit ecclésiastique il avait, sans succès, amorcé plusieurs tentatives de rapprochement avec Gervais, puis qu'il s'était adressé aux évêques de la province ecclésiastique de Tours afin d'obtenir d'eux des censures contre son ennemi, qu'enfin il s'était, pour la même raison, tourné successivement vers les papes Benoît IX et Clément II. C'était, disait-il, l'échec de toutes ces démarches qui l'avait contraint d'adopter une solution radicale, qu'il jugeait nécessaire pour la sécurité de ses États.

A l'occasion de ses démêlés avec Gervais du Mans, Geoffroy avait vu se lever contre lui deux puissants adversaires, le duc Guillaume de Normandie, désireux d'étendre son influence sur le Maine, et le roi de France. Sans entrer dans le détail de la lutte engagée sur le plan militaire, notons qu'en septembre 1049, au moment de la convocation du concile de Reims, Henri Ier mobilisait une armée pour envahir la Touraine. Or, précisément, le second jour du concile, le 4 octobre, fut évoqué le problème posé par l'emprisonnement de l'évêque du Mans. Léon IX décida d'inviter Geoffroy d'Anjou à se présenter devant le synode qui devait se tenir à Mayence quinze jours plus tard. Si, d'ici là, le comte n'avait pas relâché le détenu, il serait excommunié[1]. Nous ignorons si l'on s'en tint à ce délai fort court ; nous savons seulement que Geoffroy reçut, de la part de messagers pontificaux, une citation à comparaître. Le comte d'Anjou

---

Martel à un archevêque-primat (vraisemblablement Guy de Reims) et peut être située un peu après le concile de Verceil (fin de 1050). La seconde chronologiquement, EF, LXXXIV, est adressée par le comte d'Anjou au pape Léon IX et se situe vers 1052. Ces deux lettres ont été rédigées par Bérenger. Voir *supra*, p. 15-16, et *infra*, p. 99-102, 121.

1. ANSELME, *Historia dedicationis ecclesiae S. Remigii*, 16 : PL, t. CXLII, 1437 C 8-12.

se trouvait doublement embarrassé. Il lui était impossible de se rendre auprès de Léon IX sans risquer de tomber aux mains de ses ennemis, et il n'admettait pas de libérer Gervais du Mans avant d'avoir obtenu certaines garanties. Il fit dire au Souverain Pontife, par les ambassadeurs que celui-ci lui avait envoyés, que, ne pouvant se déplacer, il souhaitait rencontrer le pape dans les États angevins, Léon IX ayant manifesté l'intention de venir dans l'ouest de la France ; sinon, le comte était prêt à soumettre le cas sur place soit aux représentants personnels du pape, soit à un délégué habilité à juger la question. Geoffroy se vit refuser ce qu'il demandait ; et comme il n'accordait pas la liberté à son prisonnier, l'excommunication fut lancée contre lui, et l'interdit fut jeté sur les territoires qui relevaient de son pouvoir. Ces sanctions durent être prises avant la fin de 1049 [1]. Léon IX n'en maintenait pas moins sa volonté de voir comparaître devant lui le comte d'Anjou au concile de Rome de 1050, puis, faute d'avoir été obéi, au concile de Verceil de septembre de la même année.

En désespoir de cause, Geoffroy Martel recourut à un expédient. Afin d'apporter une justification à la contrainte qu'il exerçait à l'égard de Gervais du Mans, il réunit, non sans peine, une sorte de tribunal composé d'évêques et d'abbés de la province ecclésiastique de Tours et, devant cette assemblée, en présence de son prisonnier, il s'efforça de démontrer la culpabilité de ce dernier. De plus, l'évêque d'Angers, Eusèbe Brunon, se rendit à Rome et obtint un certain adoucissement des sanctions prises par le pape. Léon IX, peut-être surchargé d'occupations ou sur le point de partir en voyage, remit à plus tard un examen approfondi du cas qui lui était soumis. Il fixa à Eusèbe Brunon un lieu et une date de rencontre. Nous ne savons rien de précis sur la date de ce rendez-vous ; quant au lieu, il était assez éloigné, puisque le pauvre évêque dut s'y rendre *multo itinere*. Par malchance, le Souverain Pontife ne se trouvait pas à l'endroit qu'il avait désigné, et, après une attente infructueuse, Eusèbe rentra dans sa ville épiscopale. Il n'en continua pas moins à agir à Rome autant qu'il le pouvait. Peut-être est-ce alors qu'il confia

---

1. Sur cette excommunication et sur l'interdit qui l'accompagna, voir EF, LXXXIV et LXXXV ; *Chronique de Saint-Maixent*, citée par HALPHEN, *Le comté d'Anjou au XIe siècle*, p. 121, note 3 ; *Narratio controversiae*, dans RHGF, t. XII, p. 459-461.

à un archevêque, qu'il appelle « notre primat », une lettre destinée à Léon IX. Ce primat se chargea volontiers du message et, sans connaître la question par un examen personnel, se fit néanmoins l'avocat de la cour angevine contre ses détracteurs. Finalement, faute de voir aboutir tant de démarches, Eusèbe Brunon eut recours, une seconde fois, au même archevêque et lui demanda de prendre en main, en tant que primat, la cause de l'Anjou et de la Touraine, et cela « même contre le pape ». La lettre adressée à ce personnage, et exposant les griefs de l'évêque d'Angers et du comte Geoffroy Martel, a pour rédacteur Bérenger. Elle se termine avec une allusion à la « diffamation » de l'archidiacre par le pape et, par conséquent, ne peut être que légèrement postérieure au concile de Verceil de septembre 1050, qui dans l'esprit de Bérenger, avait injustement attenté à sa réputation [1].

---

1. Voir *infra.* p. 94-103.

CHAPITRE V

LE CONCILE DE VERCEIL DE 1050

Bérenger est mis au courant de ce qui s'était passé à Rome par des évêques et des abbés qui avaient participé au concile, notamment par Richer, abbé de Saint-Julien de Tours[1]. On peut penser qu'il reçoit aussi la notification officielle de la sentence d'excommunication qui le frappait et que, par la même occasion, il était invité à comparaître devant le concile qui devait se réunir à Verceil en septembre sous la présidence de Léon IX[2]. Le comte d'Anjou est requis également de se présenter devant cette assemblée, en raison de son comportement à l'égard de Gervais du Mans, qu'il s'obstinait à garder emprisonné[3].

Il n'est pas difficile d'imaginer la réaction de l'écolâtre en face d'une condamnation qui l'atteignait d'une façon aussi brutale qu'inattendue. Cependant, comme il nourrissait l'espoir de rallier les Pères du concile de Verceil à ses théories eucharistiques, il prend la résolution, afin de ne pas diminuer ses chances de succès, d'observer, provisoirement du moins, une attitude de prudence et de réserve[4]. Prudence très relative, il est vrai, puisque, en deux circonstances, il donnera prise aux objections de ses contradicteurs. Mais il se garde de manifester l'indignation qu'il éprouvait à l'égard de Léon IX, coupable à ses yeux de l'avoir jugé sans attendre qu'il ait eu la possibilité de présenter sa défense, et de l'avoir condamné à partir d'éléments insuffisants : le pape ignorait, en effet, ce que Bérenger approuvait chez « Jean Scot » et ce qu'il blâmait chez Paschase.

---

1. DSC, 10/10 ; EF, XCVIII, 165/16-18.
2. DSC, 11/35-36.
3. EF, LXXXV, 146/10-27-147/1-7.
4. EF, XCVIII, 164/22-25, 165/5-7 ; EBA, 66 A 8-12, C 2-5 ; lettre aux Chartrains résumée dans DURAND DE TROARN, *Liber de corpore et sanguine Christi*, IX, XXXIII : PL, t. CXLIX, 1422 B 8-C 7 (passage mal compris par R. HEURTEVENT, *Durand de Troarn*, p. 150, note 1 : la proposition « tunc quippe instabat constituta dies concilii postmodum Vercellis habiti » fixe non la date de la lettre mais celle du passage de Bérenger à Chartres).

Moins impartial pour les autres qu'il ne souhaitait qu'on le fût pour lui-même, le maître tourangeau n'hésitait pas, en son for intérieur, à qualifier d'hérétique l'Église romaine [1].

Par ailleurs, il estimait que, selon le droit ecclésiastique, il lui serait loisible de ne pas répondre à la convocation de Léon IX, personne ne pouvant être contraint de se présenter devant un tribunal en dehors de sa province. En vertu de ce principe, des personnalités religieuses et certains de ses amis cherchaient à le dissuader d'obéir à l'ordre du pape. Bérenger prétendra que, s'il ne suivit pas leurs conseils, ce fut par révérence envers le pontificat romain, mais la suite de l'affaire montre que des considérations de cet ordre ne pesaient pas lourd dans son esprit [2]. De toute évidence, les vraies raisons qui le décidèrent à prendre le chemin de Rome furent le désir de se justifier en face de l'accusation d'hérésie, la volonté de convaincre l'autorité suprême pour n'avoir plus à se soucier des oppositions venant de personnages de second plan [3], la crainte que son abstention ne soit fatalement nuisible à ses intérêts.

Bérenger ne part pas directement pour l'Italie. Il décide de mettre à profit le temps dont il disposait avant le concile de Verceil, pour se rendre auprès du roi de France, afin d'obtenir un sauf-conduit qui lui permettrait d'accomplir son voyage dans des conditions de sécurité plus grandes [4]. Cette précaution n'était vraisemblablement pas superflue : nous savons qu'à la même époque le comte d'Anjou n'osait pas se hasarder au-delà des frontières de ses États, de peur de tomber aux mains de ses ennemis [5]. Bérenger espérait peut-être aussi gagner à sa cause un monarque qui, selon une tradition remontant aux origines de la dynastie capétienne, portait le titre d'abbé de Saint-Martin de Tours [6].

---

1. DSC, 8/28-9/10. Cfr *ibid.*, 7/15-19, 9/23-31, 15/33-16/5 ; DURAND DE TROARN, *loco cit.*, 1422 B 10-C 3.

2. DSC, 11/28-12/4, 12/20-24. Voir É. VOOSEN, *Papauté et pouvoir civil à l'époque de Grégoire VII. Contribution à l'histoire du droit public*, Gembloux, 1927, p. 145, note 85. Cfr EF, LXXXV, 146/10-27-147/1-8.

3. Voir *supra*, p. 64, note 4.

4. DSC, 12/4-5.

5. EF, LXXXV, 146/20-23.

6. DSC, 12/4-5. Ce qui permet de penser que Bérenger avait alors l'intention de gagner le roi à sa cause, ce sont, en particulier, les démarches qu'il fera dans ce sens après le concile de Verceil : voir EF, LXXXVIII (et peut-être EF, 152/39 sq., si cette lettre au trésorier W. se terminait comme la lettre à Richard).

On s'explique mal l'itinéraire adopté par l'écolâtre. En effet, avant d'entrer en contact avec Henri Ier, il séjourne à l'abbaye de Préaux, près de Pont-Audemer, puis dans la ville de Chartres [1]. On peut se demander si, en passant d'abord par la Normandie et, précisément, dans une région voisine du Bec, Bérenger n'avait pas l'intention de rencontrer Lanfranc, qu'il pouvait supposer revenu de Rome. Quelques mois plus tard, il se rendra une seconde fois dans la même contrée : l'attirance que semble avoir exercée sur lui ce coin de France, en cette période de sa vie, peut s'expliquer par le désir, manifesté dans son billet à Lanfranc, de réfuter publiquement un adversaire dont les critiques étaient d'autant plus redoutables à ses yeux et plus mortifiantes pour son amour-propre que la renommée grandissante de leur auteur leur donnait plus de poids et leur assurait une plus large diffusion. Il est possible que des considérations analogues poussaient Bérenger à rencontrer Ansfroi de Préaux [2]. L'écolâtre n'ignorait peut-être pas que celui-ci avait pris position publiquement à Chartres contre ses théories. De plus, l'abbé de Préaux avait sans doute alors déjà eu l'occasion d'exprimer à un compatriote de Bérenger, Richer, abbé de Saint-Julien de Tours, son jugement sur l'affaire, jugement qui ne pouvait qu'affecter le maître tourangeau en raison de l'autorité de celui qui le formulait [3].

Bérenger est reçu avec beaucoup d'égards à Saint-Pierre de Préaux. Quand il vient prendre congé de son hôte, il a avec celui-ci, dans les appartements réservés au supérieur du monastère, une conversation sur la question eucharistique. L'écolâtre expose sa manière de voir en y mettant, semble-t-il, une certaine âpreté [4], due peut-être, au moins pour une part, au ressentiment qu'il éprouvait envers ceux qui se permettaient de le blâmer sans l'avoir entendu. Mais, au cours de cet échange d'idées, le moine à l'esprit subtil prend l'initiative de la discussion. Il sonde la pensée de son visiteur sur nombre de points, qui, nous l'imaginons, se rapportaient tous à la controverse naissante, et le trouve le plus souvent en défaut. Il est extrêmement choqué

---

1. Pour l'ordre des faits, nous adoptons la manière de voir de dom M. Cap-puyns dans l'article *Bérenger de Tours* du *Dict. d'hist. et de géogr. eccl.*, t. VIII, col. 390.

2. Voir *supra*, p. 53, note 2.

3. EF, XCVIII, 165/8-11, 15-18, 27-30, 166/5-9. Voir *supra*, p. 51, *infra*, p. 90.

4. « Multa blasphemus impie delatravit » (Durand de Troarn, *Liber de corpore et sanguine Christi*, IX, XXXIII : PL, t. CXLIX, 1421 D 8).

des affirmations impies du diacre angevin, mal édifié de ses faux-fuyants, et il le pousse dans ses derniers retranchements avec une logique devant laquelle son interlocuteur doit rendre les armes. Bérenger, en effet, met en avant les noms d'Ambroise, de Jérôme et d'Augustin. Il est décontenancé quand Ansfroi, fidèle à la méthode qu'il avait préconisée devant son auditoire de Chartres [1], lui conseille de se tenir de préférence à ce que disent sur le sacrement de l'autel les écrits évangéliques et apostoliques. Bérenger doit reconnaître qu'il n'avait pas poussé ses investigations jusqu'à ces documents fondamentaux. L'aveu était humiliant et il interdisait à l'écolâtre de rien avancer sur l'eucharistie avant d'avoir pris connaissance des autorités que l'abbé de Préaux venait de lui opposer. Honteux de son ignorance, plus honteux encore de la négligence que cette ignorance révélait, le maître tourangeau pensait que la vive intelligence de son contradicteur donnait à celui-ci une compétence indiscutable dans l'interprétation de textes que lui-même, Bérenger, n'avait pas eu le loisir d'examiner [2].

Très morfondu de la leçon qui venait de lui être infligée, il se rend à Chartres avec l'intention de garder le silence sur l'objet de la controverse. En dehors de la prudence que sa récente humiliation lui inspirait, il avait plusieurs raisons de se réserver pour de meilleures occasions. A quelques exceptions près, il n'avait qu'une médiocre estime pour les ecclésiastiques qu'il allait rencontrer dans une ville où il avait passé une partie de sa jeunesse : les connaissant probablement de longue date, il les jugeait presque tous indignes d'avoir part à sa science. De plus, il pensait qu'il lui était impossible, à cause du peu de temps dont il disposait, d'apporter des lumières suffisantes à ceux des Chartrains que leur valeur intellectuelle rendait plus dignes d'intérêt [3] ; maintes fois, tout au long de la controverse,

---

1. Voir *supra*, p. 51.
2. EF, XCVIII ; DURAND DE TROARN, *loco cit.*,1421 D 3-13. Durand de Troarn commet deux erreurs : 1) il situe en 1053 les événements racontés ci-dessus (mais il s'agit peut-être d'une faute de copiste); 2) il place le synode de Brionne immédiatement après le séjour de Bérenger à Préaux (*ibid.*, lignes 13 sq.) ; or, Bérenger dit : « Inde (de Préaux) veniens Carnotum » (EF, XCVIII,164/22).
3. EF, XCVIII, 164/22-28. Bérenger ne nomme que trois des ecclésiastiques chartrains qui ont participé au colloque : Ascelin, Arnulf (ou Arnould), Guillaume. Sur Ascelin, qui était breton, un des élèves chers à Fulbert, voir R. MERLET

Bérenger affirmera qu'on ne peut se faire une opinion fondée sur l'eucharistie sans consacrer à l'examen des « écritures » beaucoup de temps et beaucoup d'efforts, et lui-même prêchera d'exemple au point de lasser ses auditeurs et ses lecteurs par une prolixité à laquelle on est en droit d'attribuer un caractère un peu maladif [1]. Bérenger avait, en outre, nous l'avons dit, la conviction que lorsqu'il aurait défendu avec succès ses théories devant les évêques réunis en concile à Verceil, il n'aurait plus à se soucier des critiques de personnages de moindre importance. Et il jugeait aussi plus prudent de cacher certains aspects de sa pensée dont la révélation prématurée aurait pu provoquer le scandale et faire obstacle à ses projets immédiats, en particulier son sentiment concernant l'Église romaine et le pape Léon IX [2].

Hélas ! tout meurtri qu'il fût dans son amour-propre par l'expérience de sa discussion avec Ansfroi de Préaux, il était extrêmement difficile à Bérenger de demeurer fidèle à une résolution qui allait à rebours de son incoercible besoin de jeter à tout vent le grain de la bonne parole. Et l'on aurait pu gager que, de leur côté, les ecclésiastiques chartrains ne permettraient pas à l'ancien disciple de Fulbert de se cantonner dans une attitude de réserve. Leur curiosité à son égard était d'autant plus vive qu'ils avaient été mêlés de plus près aux commencements d'une affaire à laquelle la condamnation récente avait donné un retentissement considérable [3].

Bérenger, en arrivant à Chartres, cherche probablement à éviter les rencontres fâcheuses, mais il ne lui est pas possible de se dérober devant des confrères qui, instruits de sa présence, venaient lui rendre visite [4]. Il doit donc, bon gré mal gré, affronter

---

et A. CLERVAL, *Un manuscrit chartrain du XIe siècle*, p. 127, 133, 158. Sur Arnulf, le chantre, voir *ibid.*, p. 108, 133, 181, 206. Lui aussi était cher au cœur de Fulbert. Voir également R. HEURTEVENT, *Durand de Troarn*, p. 142, note 4. Guillaume était prévôt de l'Église de Chartres.

1. Voir *supra*, p. 55, note 1.
2. Voir *supra*, p. 64, note 4, p. 65, note 1.
3. DURAND DE TROARN, *loco cit.*, 1422 B 2-5.
4. Sur le colloque de Chartres, voir EF, XCVIII ; EBA ; EA ; DURAND DE TROARN, *loco cit.*, 1422 B 2-C 7. Dans PL, t. CL, 66-68, les lettres de Bérenger à Ascelin et d'Ascelin à Bérenger (EBA et EA) sont empruntées à l'édition de d'Achery, elle-même appuyée sur un manuscrit de Chézal-Benoît, aujourd'hui *Paris, BN lat. 9376*, f. 34-35. Il existe un autre exemplaire de la lettre d'Ascelin dans *Londres, BM Harley 3023*, f. 63[r]-64[v], avec des variantes importantes.

un groupe de clercs conduits par un personnage dont la réputation, dit-il, était fort douteuse. Aux yeux de Bérenger, presque tous ces hommes étaient des ignorants, des aveugles menés par un autre aveugle. Plus tard, il les comparera aux valets armés de glaives et de bâtons qui vinrent surprendre le Christ au jardin de Gethsémani [1]. Seuls, sans doute, trouvaient grâce devant son dédain « un homme excellent », dont il ne donne pas le nom [2], et son ami Ascelin, auquel il reprochera, par la suite, de s'être joint à ces individus médiocres [3].

La scène, telle qu'il la décrit, ne manque pas de saveur. Parmi les clercs qui entourent l'écolâtre, domine le personnage que nous avons mentionné ci-dessus, en qui Bérenger voit un bouffon sans dignité, un homme perdu de mœurs. Nous imaginons un beau parleur à l'ironie un peu lourde, à la faconde irrésistible. Harcelé de questions, provoqué par des insinuations qui le touchent au vif, le maître tourangeau réussit néanmoins, de prime abord, à éluder les sujets délicats. Il explique, du reste, que sa réserve n'est que provisoire et que, dès qu'il en aura le loisir, il répondra volontiers, avec tous les développements convenables, aux objections de ses confrères [4]. Mais il lui manque certainement le talent qui consiste à parler pour ne rien dire et, par un trait d'humour, à esquiver les problèmes épineux. De plus, il est si convaincu d'être dans le vrai, et les arguments foisonnent à tel point dans son esprit que la tentation de se justifier devient plus lancinante à mesure que les questions ou les allusions de ses interlocuteurs se font plus pressantes. Sans doute, au hasard de la conversation, une remarque lui fait-elle perdre le contrôle de lui-même. Il se lance alors dans un plaidoyer personnel et, bien qu'il s'efforce de ne pas dévoiler toute sa pensée, il se laisse entraîner dans l'engrenage d'une discussion qui ne pouvait manquer de tourner à son désavantage.

Plus tard, ses adversaires chartrains s'étant vantés de lui avoir arraché de pénibles concessions [5], il prétendra que, lors de ce colloque improvisé, il avait gardé une attitude plutôt passive

---

Ces lettres seront reprises dans l'édition de la correspondance de Bérenger, projetée par le professeur R. B. C. Huygens.

1. EF, XCVIII, 164/28-29-165/1-5. Cfr DSC, 17/11. *Matth.*, XXVI, 47.
2. EBA, 66 C 6-7.
3. EBA, 66 A 14-16.
4. DURAND DE TROARN, *loco cit.*, 1422 B 6-7.
5. EBA, 66 B 2-5, D 2-3 ; EA, 67 C, 68 B.

et qu'il s'était contenté, la plupart du temps, d'écouter ses contradicteurs sans corriger ce qu'il y avait, à son point de vue, de contestable dans leurs assertions, sans reconnaître en aucune façon le bien-fondé des critiques formulées par eux contre la doctrine de « Jean Scot » [1]. Bérenger notera qu'il avait poussé cette discrétion jusqu'à ne pas protester devant une « affirmation condamnable et sacrilège » proférée par un certain Guillaume, avec qui peut-être on pourrait identifier le meneur de bande auquel l'écolâtre fait allusion dans la lettre qu'il écrivit à Ansfroi [2]. Si, dans la lettre qu'il adressa à son ami Ascelin vers la fin de 1050, Bérenger s'en prit vivement à ce Guillaume, ne serait-ce pas surtout en raison de la blessure d'amour-propre que celui-ci lui avait infligée en racontant à qui voulait l'entendre que lors de son passage à Chartres le maître tourangeau avait dû convenir que « Jean Scot » était hérétique ? Le reproche que lui fait Bérenger est assez inconsistant. Guillaume aurait dit qu'« à Pâques *tout homme* devait approcher de la table du Seigneur ». Ascelin, dans sa réponse, admettra que la formule était « sacrilège », mais il contestera que Guillaume l'ait utilisée. Avouons, pour notre part, que l'affirmation qui scandalisait Bérenger nous paraît pécher davantage par la maladresse de l'expression que par la malice de l'intention [3].

Si Bérenger ne relève pas sur le moment l'affirmation « sacrilège » de Guillaume, il ne peut garder le silence quand ses interlocuteurs en viennent au fond même de la controverse, à la doctrine eucharistique de « Jean Scot », que, dans sa lettre à Lanfranc, le maître tourangeau estimait identique à celle d'Ambroise, de Jérôme et d'Augustin, sans parler des autres témoins de la tradition. C'est précisément au sujet de l'interprétation des Pères par « Jean Scot » que les Chartrains déclarent ne pouvoir suivre Bérenger et faire avec lui crédit, sur la question eucharistique, au fameux théologien du IXe siècle. Ascelin donne lecture d'un passage du traité de « Jean Scot », dans lequel était commentée une oraison de saint Grégoire, celle qui disait :

---

1. EBA, 66 A 12-13, B 2-5, 15-C 6 ; DURAND DE TROARN, *loco. cit* 1422 B 6, C 1-3. L'expression *nulla respondit* dans le résumé de la lettre de Bérenger aux Chartrains (*ibid.*, 1422 B 6) signifie surtout que Bérenger estimait n'avoir pas fait les concessions que les Chartrains se vantaient de lui avoir arrachées.

2. EBA, 66 A 16-B 2. Voir *supra*, p. 69.

3. EA, 67 A-B.

Perficiant in nobis tua, Domine, quaesumus, sacramenta quod continent, ut quae nunc specie gerimus, rerum veritate capiamus. « Jean Scot » expliquait ainsi la seconde partie de cette oraison : *Specie geruntur ista, non veritate.* Ascelin, par la suite, confirmant le bruit que faisait courir Guillaume, assurera que Bérenger avait dû reconnaître que ce commentaire n'était pas orthodoxe. Bérenger s'indignera d'une telle présentation des faits. Selon lui, il s'était contenté d'avouer qu'il ne connaissait pas le passage en question parce qu'il n'avait pas lu l'ouvrage en entier ; il aurait ajouté qu'à l'appui des affirmations de « Jean Scot » qu'il avait effectivement rencontrées, il pouvait citer des textes des Pères, de ces Pères à propos desquels il disait, dans sa lettre à Lanfranc, qu'on devait les tenir pour hérétiques si l'on jugeait que « Jean Scot » était lui-même hérétique : c'était reprendre l'énoncé de la thèse qui concluait ce billet. Par ailleurs, Bérenger disait avoir, à Chartres, accepté de désapprouver la pensée de « Jean Scot » partout où, dans les textes dont il n'avait pas encore pris connaissance, il lui arriverait de la trouver imparfaite [1].

A supposer même qu'il n'ait pas fait à ses interlocuteurs une concession qui permît à ceux-ci de proclamer sa défaite, l'incident n'en était pas moins fort peu glorieux. Ascelin l'écrira sans ambages : « Il nous est impossible de ne pas nous étonner à l'extrême de ce que, homme d'une si grande intelligence, tu portes aux nues ce que tu ne connais pas » [2].

Il semble que si, durant la discussion, Bérenger ne parvint pas à rester entièrement sur la réserve, il évita néanmoins de présenter l'ensemble de ses vues sur l'eucharistie et de déployer tout l'arsenal de son argumentation. Il accepta cependant, sur un point important, pour ne pas dire sur le point essentiel, de préciser sa pensée. Un des ecclésiastiques présents, celui que, dans sa lettre à Ascelin, Bérenger désigne comme « un homme excellent », rapporta deux propositions doctrinales que la rumeur publique mettait au compte du maître tourangeau. L'une de ces propositions niait que la crosse épiscopale symbolisât la charge des âmes. Bérenger affirma n'avoir jamais rien pensé

---

1. EBA, 66 B 15-C 6, D 1-3 ; EA, 67 B-C, 68 B. Le passage du traité de Ratramne objet de la discussion est le chapitre LXXXVIII (PL, t. CXXI, 164).

2. « Unde satis mirari nequimus te, tantae scilicet prudentiae virum, tantopere laudare quod ignoras » (EA, 67 C 12-14).

de tel. L'autre proposition avançait que les paroles de la consécration prouvent que la matière du pain ne disparaît pas du sacrement de l'eucharistie. Bérenger admit sans difficulté qu'il s'était bien exprimé de la sorte (et, dans sa lettre à Ascelin, il prétendra que la chose est si évidente qu'un simple écolier peut la démontrer à condition qu'il soit assez réfléchi pour saisir la force du lien des mots. Nous retrouverons cet argument, à la fois grammatical et dialectique, dans plusieurs écrits de Bérenger. Pour celui-ci, la proposition : « *Ceci* est mon corps », perd toute consistance, si l'on détruit la valeur logique du terme-sujet « ceci » en affirmant que la réalité du pain désignée par ce sujet a disparu ; en conséquence, on ne peut énoncer légitimement la dite proposition sans supposer que la matière du pain est demeurée sur l'autel [1]).

Sans doute, est-ce pour répliquer à une déclaration aussi peu orthodoxe qu'Ascelin, durant le colloque de Chartres, rappelle à Bérenger que, selon la croyance authentique de l'Église, le pain et le vin de l'autel deviennent, par la vertu du Saint-Esprit et grâce au ministère du prêtre, le vrai corps et le vrai sang du Christ, doctrine qui est bien attestée par l'Écriture, à condition que le sens du texte sacré ne soit pas déformé par une mauvaise interprétation [2].

Quant à Arnulf, le chantre, il adjure Bérenger de laisser ses interlocuteurs penser comme on le leur avait enseigné [3]. On peut imaginer que l'écolâtre lui rétorque que, précisément, il tient à rester fidèle à l'enseignement traditionnel, en particulier à celui d'Ambroise, de Jérôme et d'Augustin [4]. C'est peut-être à cette phase de la discussion qu'Arnulf fait appel à l'autorité d'Ansfroi de Préaux pour affirmer, comme celui-ci, qu'il valait mieux se limiter à ce que disent sur l'eucharistie les écrits évangéliques et apostoliques plutôt que de s'enquérir de ce qu'on trouve sur le même sujet chez les Pères, simples commentateurs de ces textes inspirés.

Bérenger, vraisemblablement déjà assez mortifié de reconnaître qu'il n'avait pas lu en entier le traité de « Jean Scot », dont il faisait pourtant si grand cas, est encore plus humilié

---

1. EBA, 66 C 6-17.
2. EA, 67 B 4-12.
3. EBA, 66 D 10-14 ; cfr EA, 68 C 3 sq.
4. EBA, 66 D 12-14.

de voir se renouveler la leçon que lui avait infligée l'abbé de
Préaux. A Chartres, pas plus qu'à Préaux, il ne lui était possible
de contester l'objection invoquée par Arnulf, puisqu'il n'avait
pas eu le loisir de confronter la doctrine eucharistique de « Jean
Scot » avec les données du Nouveau Testament. La valeur de
l'argument était renforcée par l'autorité de celui qui l'avait
formulé le premier, autorité à côté de laquelle celle du maître
tourangeau ferait toujours piètre figure à supposer même que
ce qu'il avançât fût « magnifique et divin ». C'en était trop.
Bérenger reconnut, après coup, qu'il était sorti du colloque
de Chartres effondré et ruminant avec amertume ce que lui
avait dit Ansfroi et ce que, à leur tour, les Chartrains lui avaient
dit de l'abbé de Préaux [1].

Le séjour de Bérenger à Chartres n'était qu'une étape à
proximité des terres soumises à la domination royale [2]. Le véritable but du voyage du maître tourangeau était de rencontrer
Henri Ier pour obtenir de lui un sauf-conduit et, peut-être,
pour le rallier à sa cause. La suite des événements montre que,
sujet du comte d'Anjou, il avait quelque raison de chercher à
prendre des garanties contre les mauvais procédés du roi de
France, mais il le faisait à la manière de Gribouille en se jetant
dans la gueule du loup. Très morfondu à la suite des deux défaites qu'il venait d'essuyer coup sur coup, il espérait trouver
un réconfort et un appui auprès de celui dont la double dignité
royale et abbatiale lui inspirait, dira-t-il, une entière confiance.
Il croyait monter de Jéricho à Jérusalem, alors qu'il descendait
de Jérusalem à Jéricho. Henri Ier, en effet, le livra à l'un de
ses familiers, un tout jeune homme, et celui-ci retint Bérenger
prisonnier pour lui extorquer une somme d'argent considérable,
une véritable rançon. Le maître tourangeau n'attribuera pas
d'autre motif au geste du roi que le plus sordide intérêt. Cette
appréciation nous semble un peu courte. Henri Ier ne pouvait
ignorer que l'écolâtre avait partie liée avec l'un de ses principaux
ennemis. L'excommunication de Bérenger et celle du comte
Geoffroy ne rendaient-elle pas solidaires l'un de l'autre le diacre

---

1. EF, XCVIII, 165/3-15.
2. Le comté de Chartres était alors hors du domaine royal, mais à la limite
de ce domaine. Voir A. FLICHE, *Le règne de Philippe Ier, roi de France (1060-
1108)*, Paris, 1912, p. 138.

angevin et son seigneur ? Il n'est pas impossible, du reste, nous l'avons dit, que la sentence fulminée contre Bérenger à Rome ait, dans une certaine mesure, visé le prince dont il était le protégé. Enfin, le comte d'Anjou, était, lui aussi, convoqué à Verceil [1]. La meilleure politique, pour le roi, était donc de contrecarrer au maximum et non de favoriser les projets d'un homme qu'il pouvait considérer comme un émissaire de Geoffroy Martel [2].

Bérenger continue donc à jouer de malchance. Remâchant ses mésaventures et, plus particulièrement, celles de Préaux et de Chartres, il veut, dans les loisirs forcés de sa prison, avoir le cœur net des objections d'Ansfroi reprises par Arnulf. Il demande un évangile de saint Jean, l'étudie, affirmera-t-il, avec infiniment d'attention et y découvre avec une telle clarté la confirmation de ses théories qu'il estime stupéfiant que des intelligences, quelles qu'elles soient, puissent ne pas être éblouies par l'évidence qui s'en dégage [3]. On peut penser que, dès qu'il en eut l'occasion, il prit connaissance des autres livres du Nouveau Testament. Désormais, la liste des autorités qu'il invoquera en faveur de sa doctrine eucharistique, comprendra non seulement Ambroise, Jérôme et Augustin, mais aussi « l'Évangéliste » et l'« Apôtre » [4].

* * *

Au début de septembre 1050, s'ouvre le concile de Verceil, présidé par Léon IX. Alors que le concile de Rome du mois d'avril avait attiré nombre de participants venus d'Allemagne,

---

1. EF, LXXXV, 146/10-27-147/1-7.

2. DSC, 12/4-14, 15/6-12. Les rapports de Bérenger avec le roi Henri Ier ne furent pas toujours aussi mauvais ; voir FROLLAND DE SENLIS, *Epistola ad Berengarium* : PL, t. CXLIII, 1372 A 10-12.

3. EF, XCVIII, 164/12-15, 165/18-23, 33-35.

4. Dans sa lettre à Ascelin, Bérenger dit que, *lors de son passage à Chartres*, il avait décidé de ne pas parler de la question eucharistique avant d'avoir justifié devant les Pères du concile de Verceil sa manière de voir *secundum evangelicam et apostolicam Scripturam* (EBA, 66 A 8-12). Or, nous savons par ailleurs (EF, XCVIII, 164/16-23, 165/7-23) qu'à cette époque précisément il était bien incapable d'établir une telle justification. Il faut donc voir dans cette façon de s'exprimer une transposition dans une période antérieure de ce qui était vrai seulement au moment où il écrivait à Ascelin (peu après le concile de Verceil), alors qu'effectivement il avait confronté ses théories et le Nouveau Testament.

de France et de Bourgogne, à Verceil la majorité des Pères conciliaires étaient italiens [1]. Lanfranc assistait à ce concile, le pape l'ayant prié de ne pas quitter la suite pontificale avant la conclusion de cette importante réunion [2]. Peut-être Léon IX souhaitait-il être éclairé sur la pensée de Bérenger par une confrontation des deux écolâtres, mais on ne peut que le supposer, rien, dans ce que nous savons sur cette nouvelle instance de l'affaire bérengarienne, ne permettant de dire que le rôle de Lanfranc y ait dépassé celui de l'un quelconque des autres membres du synode, et nous ne possédons aucune preuve qui nous autorise à affirmer à coup sûr que le désir exprimé par le pape de voir le prieur du Bec prolonger son séjour en Italie jusqu'au concile de Verceil, ait eu un rapport avec la controverse eucharistique.

Les chanoines de Saint-Martin de Tours s'inquiètent de la mauvaise tournure que prennent les événements pour Bérenger. A un pape enclin aux décisions énergiques et rapides, il fallait expliquer l'impossibilité où se trouvait leur confrère de se rendre à l'invitation reçue de Rome. D'un commun accord, ils délèguent à Verceil l'un d'entre eux, homme encore jeune, que sa culture, sa distinction et sa valeur morale rendaient fort estimable. C'était un ancien élève du célèbre Gazon de Liège. Il avait pour mission de mettre Léon IX au courant de la mésaventure du maître tourangeau. Bérenger, dans le *De sacra coena*, dira qu'on l'avait, en outre, chargé de prier le Souverain Pontife d'intervenir auprès du roi de France, pour obtenir la libération du captif, en demandant même au pape d'utiliser, s'il le fallait, les foudres ecclésiastiques. Il est probable que sur ce dernier point l'importance excessive attachée par le diacre angevin à son cas personnel l'a induit à majorer la portée des consignes qu'avait reçues le représentant du chapitre de Saint-Martin de Tours [3]. Le maître tourangeau s'indignera, par la suite, de ce que, sans tenir compte de sa triste situation, sans se préoccuper d'y trouver un remède, ne serait-ce que pour venger l'outrage qui était fait indirectement au Siège apostolique, le pape ait entrepris de juger, une seconde fois, un homme qu'une absence involontaire

---

1. DSC, 13/18-19.
2. DC, 413 C 4-5.
3. DSC, 15/3-12.

empêchait de plaider sa cause et qui, pour comble, n'avait pas reçu communication des griefs qu'on avait contre lui [1].

Lors du concile de Rome du mois d'avril, on avait excommunié Bérenger en raison du contenu de son billet à Lanfranc, billet dans lequel il prônait la doctrine eucharistique de « Jean Scot » et rejetait celle de Paschase Radbert. Comme nous l'avons noté, le scandale provoqué par un texte aussi peu explicite ne pouvait se comprendre que parce que les premiers remous de la controverse permettaient de savoir, sommairement, quelles positions doctrinales correspondaient, dans la pensée de Bérenger, aux noms de l'un et l'autre de ces deux théologiens. Au concile de Verceil, il s'agissait, d'une part, de juger le fond du problème sur des éléments plus substantiels, d'autre part, si Bérenger avait été présent, d'obtenir de lui une adhésion solennelle à la croyance authentique de l'Église. Puisque Bérenger prenait la défense des propositions de « Jean Scot » sur le sacrement de l'autel, la méthode adoptée à Verceil consista à choisir un passage du traité sur l'eucharistie attribué par erreur au théologien d'outre-Manche et à demander aux Pères du concile de porter un jugement sur la doctrine contenue dans ce texte. Selon Bérenger, le passage qui fut ainsi examiné disait que les réalités consacrées durant le sacrifice de la messe sont la « figure », le « signe », le « gage », la « ressemblance » du corps et du sang du Christ. D'où l'on devait conclure qu'elles n'étaient pas le corps et le sang du Christ [2]. Avec ces précisions, il est aisé d'identifier la section du livre de Ratramne dont on donna lecture devant les Pères conciliaires. Elle comprenait, au moins, les chapitres LXXXIV à LXXXVII inclus. On n'y trouve pas le mot « signe » (signum), mais seulement le verbe « signifier » (significare) ou le substantif « signification » (significatio). Par contre, les mots « figure » (figura), « gage » (pignus) et « ressemblance » (similitudo) y sont en clair :

« LXXXIV. Les réalités qui sont de nature identique, sont comprises sous une seule définition. Du vrai corps du Christ on dit qu'il est vrai Dieu et vrai homme, Dieu qui est né de Dieu le Père avant les siècles, homme qui a été engendré de la Vierge Marie à la fin du siècle. Du moment qu'on ne peut dire cela du corps du Christ qui, dans l'Église, est l'objet de l'action

1. DSC, 11/32-35, 12/8-19, 13/25-28, 15/33-16/5.
2. DSC, 9/16-20, 12/28-32.

qui s'accomplit durant le mystère, il n'est reconnu comme corps du Christ que selon une certaine modalité, et cette modalité réside dans la figure *(in figura)* et l'image, pour que l'on se rende compte que c'est la réalité elle-même qui est vérité.

LXXXV. Dans les oraisons que l'on dit après le mystère du corps et du sang du Christ, et auxquelles le peuple répond « amen », le prêtre s'exprime ainsi : « En prenant le gage *(pignus)* de la vie éternelle, nous demandons humblement d'appréhender à découvert ce que nous atteignons dans l'image du sacrement ».

LXXXVI. En effet, le gage *(pignus)* et l'image sont gage et image d'une autre chose, c'est-à-dire qu'ils ne se réfèrent pas à eux-mêmes, mais à autre chose, car le gage *(pignus)* est gage de la chose pour laquelle on le donne, l'image, image de la chose dont elle offre la ressemblance *(similitudinem)*. Ces réalités, en effet, signifient *(significant)* la chose dont elles sont le gage et l'image, elles ne la montrent pas à découvert. Puisqu'il en est ainsi, il est évident que ce corps et ce sang sont le gage *(pignus)* et l'image d'une chose future, de sorte que ce qui est montré maintenant à travers une ressemblance *(per similitudinem)* se révélera dans l'avenir d'une façon manifeste. Que si maintenant ils signifient *(significant)* et que dans l'avenir ils dévoilent, autre est ce qui s'accomplit maintenant, autre ce qui se manifestera dans l'avenir.

LXXXVII. C'est pourquoi ce sont le corps et le sang du Christ que l'Église célèbre, mais comme gage *(pignus)* et comme image. Au contraire, il y aura vérité lorsqu'enfin ce ne sera plus le gage *(pignus)* ni l'image mais la vérité de la chose elle-même qui apparaîtra » [1].

---

1. « LXXXIV. Item, quae idem sunt, una definitione comprehenduntur. De vero corpore Christi dicitur quod sit verus Deus et verus homo : Deus, qui ex Deo Patre ante saecula natus, homo, qui in fine saeculi ex Maria virgine genitus. Haec autem dum de corpore Christi quod in Ecclesia per mysterium geritur dici non possunt, secundum quemdam modum corpus Christi esse cognoscitur ; et modus iste in figura est et imagine, ut veritas res ipsa sentiatur.
LXXXV. In orationibus quae post mysterium corporis sanguinisque Christi dicuntur, et a populo respondetur, *Amen* ; sic sacerdotis voce dicitur : *Pignus aeternae vitae capientes, humiliter imploramus ut quod in imagine contingimus sacramenti, manifesta participatione sumamus.*
LXXXVI. Et pignus enim et imago, alterius rei sunt, id est non ad se, sed ad aliud aspiciunt. Pignus enim illius rei est pro qua donatur ; imago illius cujus similitudinem ostendit. Significant enim ista rem cujus sunt, non manifeste ostendunt. Quod cum ita est, apparet quod hoc corpus et sanguis pignus et imago rei sunt futurae ; ut quod nunc per similitudinem ostenditur, in futuro

On conçoit sans peine que ce passage ait pu être pris à contre-sens et qu'on y ait vu la négation radicale de la croyance en la présence réelle. Le diacre romain Pierre traduisit l'opinion générale des Pères du concile en s'écriant (sans doute à propos des derniers mots que nous venons de citer) : « Si nous sommes encore dans la figure, quand étreindrons-nous la réalité ? »[1]

Il n'est pas évident que le pape ait demandé à chacun des Pères conciliaires de formuler un jugement circonstancié sur la doctrine eucharistique de « Jean Scot », telle qu'elle semblait se dégager du texte qui venait de leur être lu. Il est certain, du moins, qu'il en interrogea quelques-uns, parmi lesquels se trouvait Lanfranc, mais rien ne permet d'affirmer que l'avis personnel du prieur du Bec ait été l'objet d'une sollicitation spéciale, bien que cela soit probable[2]. En conclusion, avec le consentement de toute l'assemblée, la doctrine contenue dans le livre de « Jean Scot » fut condamnée et un exemplaire de cet ouvrage fut solennellement lacéré[3]. Quant à Bérenger, Léon IX lui infligea la note infamante d'hérésie[4]. Il n'y a aucune raison de penser que la doctrine de l'écolâtre fut examinée à part de celle de « Jean Scot »[5]. Longtemps après l'événement,

---

per manifestationem reveletur. Quod si nunc significant, in futuro autem pate-facient, aliud est quod nunc geritur, aliud quod in futuro manifestabitur. LXXXVII. Qua de re et corpus Christi et sanguis est quod Ecclesia celebrat, sed tanquam pignus, tanquam imago. Veritas vero erit, cum jam nec pignus, nec imago, sed ipsius rei veritas apparebit » (RATRAMNE, *De corpore et sanguine Domini* : PL, t. CXXI, 162-164).

1. « Si adhuc in figura sumus, quando rem tenebimus ? » (DSC, 13/3-4). Le cardinal-diacre Pierre, bibliothécaire et chancelier de l'Église romaine, devait mourir le mois suivant à Langres et atteindre ainsi la « réalité » définitive (G. DRIOUX, *Un diocèse de France à la veille de la Réforme grégorienne*, dans *Studi Gregoriani*, t. II, Rome, 1947, p. 39).

2. DSC, 15/12-15 (d'après le manuscrit *Wissembourg 101*, il faut lire *illo* et non *illi*, et suppléer *ad* devant *interrogata*), 18-19 ; DC, 413 C 11. En DSC, 15/18-19, on lit : « Cum vidisset libellum Johannis Scoti ex nutu et libitu tuo conscindi ». A. J. MACDONALD, *Berengar*, p. 82, nous paraît majorer le sens des mots *ex nutu et libitu tuo*, quand il dit : « At the *suggestion* of Lanfranc, John the Scot's book was torn in pieces ». Tout ce qu'on peut tirer de ce passage est que Lanfranc a donné son avis, défavorable, quand on le lui a demandé.

3. DSC, 9/16, 12/31, 15/18-19 ; DC, 413 C 7-8 ; EA, 68 D (d'après le manuscrit *Londres, BM Harley 3023*, f. 64ᵛ, il faut suppléer *nuper atque discerptum* après *damnatum*) ; EF, LXXXVIII, 153/10-12 ; EH, 614.

4. DSC, 7/1-2, 12/14-17 ; EA, 68 D ; EF, LXXXV, 147/12-14.

5. EA, 68 D : Bérenger a été déclaré hérétique à cause du livre de « Jean Scot » (*propter eum*).

Lanfranc, s'exprimant de façon approximative, dira, dans le
De corpore et sanguine Domini, qu'à Verceil la doctrine de son
adversaire avait été présentée et condamnée. Bérenger, dans le
De sacra coena, protestera contre cette affirmation. Il assurera
d'abord, non sans ingénuité, qu'à l'époque du concile de Verceil
personne ne pouvait rendre compte de ses théories, puisqu'à
lui-même elles n'apparaissaient pas alors avec toute la clarté
que, par la suite, elles avaient eue dans son esprit, puisqu'il
ne s'était pas adonné à l'étude des « écritures » avec toute l'as-
siduité qu'il lui avait accordée plus tard. Il précisera, en outre,
qu'à Verceil même il n'y avait personne qui connût vraiment
sa pensée [1].

La sentence fulminée contre Bérenger au concile de Verceil
semble avoir été connue dans un cercle plus large que celle qui
l'avait atteint lors du concile de Rome. Vers la fin de 1050,
au synode de Brionne, Lanfranc mentionne, devant quelques
témoins, dont Bérenger lui-même, les attendus du jugement
de Verceil [2]. A la même époque, Ascelin, répondant à une lettre
de l'écolâtre, le blâme de continuer à défendre le livre de « Jean
Scot » qui venait d'être condamné en synode plénier et à cause
duquel son correspondant avait été qualifié d'hérétique [3]. Si
dans le courant de 1051, au dire de l'évêque Déoduin de Liège,
des bruits concernant la nouvelle hérésie se répandent à travers
l'Allemagne, c'est vraisemblablement à cause du retentissement
du verdict exprimé à Verceil [4]. Nous croyons que c'est dans le
même temps et pour la même raison qu'Adelman, qui résidait à
Spire, est informé du scandale provoqué par son ancien condisciple de Chartres [5]. On s'explique ainsi que Bérenger, dont les
premières réactions extérieures à l'annonce de sa nouvelle
condamnation avaient été, semble-t-il, assez modérées, ait,
en définitive, éprouvé un vif ressentiment à l'égard de Léon IX
et qu'il n'ait pas hésité à le manifester ouvertement, lorsqu'il
eut mesuré la gravité des conséquences qu'entraînait le jugement
de Verceil pour sa réputation. Dès lors, il accusera le pape de
l'avoir diffamé injustement [6] et, dans l'immédiat, durant quelques

---

1. DC, 413 C 8-9 ; DSC, 13/20-31.
2. DSC, 9/16-21, 12/29-32. *Infra*, p. 86, 93-94.
3. EA, 68 D 1-3. *Infra*, p. 86, 89.
4. ED 1439 B. *Infra*, p. 109 sq., 127, note 1. Cfr p. 84-85.
5. HT, 288/22-25. Voir *infra*, p. 126.
6. DSC, 7/1-2, 12/14-17 ; EF, LXXXV, 147/12-14. *Infra*, p. 86, 95, 102.

mois, il tentera de limiter les effets désastreux de la sentence prononcée contre « Jean Scot » et contre lui-même, en se lançant dans une campagne antiromaine, dont les excès ne contribueront pas à améliorer sa situation [1].

La condamnation du livre de « Jean Scot » au concile de Verceil fut suivie d'une proclamation de la croyance eucharistique formulée vraisemblablement dans un texte de profession de foi, dont les Pères conciliaires furent unanimes à approuver la teneur. Si Bérenger avait pu se rendre à Verceil, c'est à ce moment, sans doute, qu'on lui eût imposé une adhésion solennelle à la foi commune de l'Église, comme cela se produisit en maintes circonstances, et notamment lors du concile de Rome de 1059. Si l'on en croit le maître tourangeau, le texte qui fut adopté s'inspirait de la doctrine paschasienne et prônait un réalisme identique à celui qui s'exprimera assez brutalement dans la profession de foi rédigée par le cardinal Humbert neuf ans plus tard [2].

Deux incidents marquèrent les débats du concile. Le chanoine de Saint-Martin de Tours dont nous avons parlé plus haut, ayant cru comprendre qu'une des personnes présentes, inter-rogée par le pape, déclarait que Bérenger était hérétique, ne put maîtriser son émotion et lança à pleine voix : « Par le Dieu tout-puissant, tu n'es qu'un menteur ! » [3] Peu après, alors qu'on lacérait le livre de « Jean Scot », un clerc du nom d'Étienne, dont nous savons qu'il était « compatriote » de Lanfranc et qu'il n'était pas inconnu du délégué de la collégiale tourangelle, s'écria qu'avec des procédés aussi hâtifs et aussi inconsidérés on ne manquerait pas de trouver matière à condamnation dans

---

1. Voir *infra*, p. 94-103.

2. Voici ce que nous savons de la prise de position doctrinale du concile de Verceil sur l'eucharistie :

1) Selon Lanfranc, c'est la foi à laquelle il adhérait personnellement qui fut proclamée (DC, 413 C 9-11).

2) Selon Bérenger, c'est la doctrine de Paschase qui fut affirmée : « Injustissime nihilominus assertum Paschasium in concilio Vercellensi » (EF, LXXXVIII, 153/11-12).

3) Et Bérenger précise encore : « Evangelisat autem apostolus Paulus Christi impassibilitatem praeter alia passim multa, ubi dicit : *Etsi noveramus Christum secundum carnem, sed jam non novimus* (cfr *II Cor.*, V, 16). Contra tuus ille Vercellensis conventus persuadet ejusdem corporis per manus fractionem, per dentes attritionem et non quod ad sacramentum sed quod ad rem sacramenti pertineat » (DSC, 13/35-14/4).

3. DSC, 15/3-16. Sur ce passage, voir *supra*, p. 78, note 2.

n'importe quel livre de saint Augustin. Il est possible que les contacts de cet homme avec le jeune chanoine de Tours l'aient prédisposé à juger favorablement les théories bérengariennes, mais sa réaction ne suppose pas nécessairement un parti pris doctrinal [1]. Elle pouvait être inspirée par un souci de justice et d'impartialité, exprimé de façon quelque peu intempestive. Bérenger, dans le *De sacra coena*, n'affirme-t-il pas qu'à Verceil personne ne connaissait vraiment sa doctrine eucharistique [2] ? Léon IX ordonna qu'on appréhende les deux fauteurs de désordre, mais la suite des événements montre qu'il agit ainsi non pour sévir contre eux, mais pour éviter qu'on ne les maltraite [3].

* * *

Quel bilan pouvons-nous présenter de la pensée de Bérenger sur l'eucharistie dans cette phase initiale de la controverse ?

1. Notons d'abord que l'information « scripturaire » du maître tourangeau est encore très limitée. Il en fait l'aveu dans son billet à Lanfranc ; il le reconnaîtra dans le *De sacra coena*, quand il parlera de la première période de ses luttes doctrinales [4]. Il n'a même pas lu en entier le traité de « Jean Scot », dans lequel il a puisé les données essentielles de ses théories eucharistiques. Il connaît aussi, sans doute, quelque peu les écrits de Paschase concernant l'eucharistie. Il a consulté les œuvres de certains Pères de l'Église, notamment celles d'Ambroise, de Jérôme et d'Augustin, mais ses connaissances patristiques sont, néanmoins, assez rudimentaires. Fait plus surprenant, il n'a pas cherché à vérifier la justesse de sa doctrine dans le Nouveau Testament ; il ne le fera que vers la fin de l'année 1050, en commençant par l'évangile de saint Jean.

2. La thèse fondamentale de Bérenger, celle qu'il aurait voulu voir défendre publiquement contre Lanfranc, celle qu'il énonce lors du colloque de Chartres, consiste à affirmer que les propositions de « Jean Scot » sur le sacrement de l'autel sont

---

1. DSC, 15/16-22. Pour A. J. MACDONALD, *Berengar*, p. 82, « clearly he had absorbed Berengar's teaching ». Cela ne nous paraît pas aussi évident.
2. DSC, 13/29-31.
3. DSC, 15/22-30. Cfr DC, 413 C 11-14.
4. DSC, 13/21-25.

en accord avec ce que disent sur le même sujet Ambroise, Jérôme et Augustin, sans parler des autres témoins de la tradition. Aucun document ne nous fait savoir ce que Bérenger, à cette époque, approuvait dans le traité de « Jean Scot », mais il est certain qu'il s'agissait du symbolisme eucharistique, celui précisément qui devait être condamné par les Pères du concile de Verceil. Et ce qu'il réprouvait en Paschase, c'était son réalisme, sous la forme assez crue qu'à tort ou à raison il lui attribuait.

3. Sur le contenu de la doctrine de Bérenger dans les débuts de la controverse, nous n'avons qu'un seul renseignement explicite. Pour l'écolâtre de Saint-Martin de Tours, les paroles de l'institution eucharistique prouvent que la matière du pain ne disparaît pas de l'autel au moment de la consécration. Dire « Ceci est mon corps », c'est énoncer une proposition dont les éléments (comme ceux de toute proposition) sont liés de telle sorte que, si l'on en supprime un seul, la proposition perd sa consistance. Vider le sujet « ceci » de sa réalité en prétendant que le pain a disparu, c'est rendre impossible l'affirmation : « Ceci est mon corps ». Si l'on veut garder leur valeur aux paroles de la consécration, il faut donc admettre la persistance du pain et du vin sur l'autel dans le sacrifice de la messe.

4. Si l'on en croit Ascelin, durant le colloque de Chartres, Bérenger aurait admis que « Jean Scot » ne s'était pas exprimé « catholiquement » en donnant comme équivalent à certains termes d'une oraison de Grégoire le Grand sur l'eucharistie la formule suivante : *Specie geruntur ista, non veritate*. L'embarras du maître tourangeau, dans ce cas, a tenu sans doute à sa volonté de ne pas écarter certaines expressions traditionnelles, quitte, du reste, à les interpréter à sa manière. Nous verrons plus loin que, pour lui, la *veritas* dans l'eucharistie n'implique pas ce que l'Église appelle présence réelle, mais concerne la réalité de l'incarnation, mise en doute par les « manichéens » [1].

5. Dans les loisirs forcés de son emprisonnement, Bérenger consulte l'évangile de saint Jean et croit y trouver la confirmation éclatante de ses vues personnelles. On ne risque guère de se tromper en pensant que la lecture du chapitre VI du quatrième évangile lui suggère la notion d'une manducation purement spirituelle du corps du Christ [2] et qu'il analyse la déclaration

---

1. PE, 109 E-110 A. Voir *infra*, p. 132, 147, 502-503, 512-513.
2. Cfr *Jn.*, VI, 63.

de Jésus : « *Le pain* que moi, je donnerai, c'est ma chair pour la vie du monde » [1], comme il le faisait pour les paroles de l'institution eucharistique : « *Ceci* est mon corps ». Dans l'insistance du Christ sur la nécessité de « manger » sa chair, Bérenger trouve un appui en faveur de sa conception du symbolisme eucharistique : se nourrir du Christ, c'est, à partir du rite de la manducation du pain sacramentel, adhérer spirituellement à l'humanité du Sauveur [2].

1. *Jn.*, VI, 51. Cfr PE, 112 A.
2. Voir *infra*, p. 134, 146.

CHAPITRE VI

REMOUS DE L'AFFAIRE BÉRENGARIENNE
APRÈS LE CONCILE DE VERCEIL

A partir du concile de Verceil, bien loin de s'apaiser, l'affaire bérengarienne connaît une période de recrudescence très marquée. A propos de l'année 1051, les *Annales Leodienses* signalent que « la France est troublée par Bérenger de Tours qui affirmait que l'eucharistie ... n'est pas vraiment le corps et le sang du Christ, mais la figure du corps et du sang du Christ » [1]. A la même époque, dans les pays germaniques on commence à s'inquiéter de l'apparition de la nouvelle hérésie [2]. La mise en état d'alerte de territoires que n'avait pas jusqu'alors touchés la controverse peut s'expliquer, dans une certaine mesure, par le retentissement de la sentence de Verceil ; mais à l'extension du scandale, à cette subite flambée de l'hérésie contribue aussi un autre facteur, l'action de Bérenger, stimulée par son désir fébrile de prendre une revanche après ses récents échecs, sa volonté de tout mettre en œuvre pour démontrer la stupidité et la partialité de ses adversaires, et pour persuader les esprits de la justesse de ses propres vues.

Qu'on s'imagine, en effet, ce que doit être, à l'automne de 1050, la rage concentrée de cet homme passionné pour ses idées. Poursuivi depuis un an par une malchance extraordinaire, non seulement il a échoué dans ses projets de colloque public avec

---

1. « Francia turbatur per Berengarium Turonensem, qui asserebat eucharistiam, quam sumimus in altari, non esse revera corpus et sanguinem Christi, sed figuram corporis et sanguinis Christi. Unde contra eum et pro eo a multis et verbis et scriptis disputatum est » (SIGEBERT DE GEMBLOUX, *Chronica*, à l'année 1051 : PL, t. CLX, 210 B). Ces lignes sont extraites par Sigebert de Gembloux des *Annales Leodienses* (voir PL, t. CLX, 21-22, note 56), fait qu'on ne peut manquer de rapprocher de ce que nous disons à la note suivante à propos de Déoduin de Liège et d'Adelman de Liège.

2. Selon notre estimation (voir *infra*, p. 126), Adelman de Liège, qui résidait à Spire, ne fut informé de l'apparition de l'hérésie qu'après le concile de Verceil

Lanfranc ou de plaidoyer devant les évêques réunis à Verceil, mais, à deux reprises, il a vu sa doctrine solennellement condamnée et lui-même mis au ban de l'Église, sans avoir pu seulement présenter sa défense ; et, lors des rares circonstances où la possibilité lui a été offerte de s'exprimer librement, il a subi de mortifiantes défaites dans des conditions qui, rétrospectivement, lui paraissent injustifiables. Or, il est convaincu de la fulgurante évidence de ses théories au point de s'imaginer qu'elles triompheront d'elles-mêmes, pourvu qu'on lui permette de les exposer à loisir devant des arbitres qualifiés. Il demande donc qu'on s'abstienne de prendre parti contre lui tant qu'il n'aura pas eu l'occasion de se faire entendre [1]. Il pensait, du reste, grâce au concile de Verceil, remporter la victoire définitive qui le dispenserait de se livrer à des escarmouches avec des personnages de second plan [2]. Frustré de cet espoir, il se libère de la consigne de silence qu'il s'était imposée provisoirement et se montre prêt à saisir toutes les chances, si minimes soient-elles, qui lui permettront de réparer le dommage qu'il vient d'éprouver dans sa réputation. Ainsi, lui qui était passé avec un si grand dédain chez les ecclésiastiques chartrains, estimant que la majorité d'entre eux n'étaient pas dignes d'avoir part à ses lumières, il envisage maintenant de développer devant leur auditoire les arguments qu'il avait réservés pour les évêques réunis à Verceil [3]. Tout aussi platement, il se déclare disposé à prouver, en présence d'Henri Ier, que la doctrine de « Jean Scot » avait été condamnée à tort par Léon IX ; et cela, même dans le cas où le roi négligerait de restituer la somme d'argent extorquée au malheureux écolâtre quelques mois auparavant [4]. Avec un acharnement redoublé, il va donc entamer une nouvelle campagne de propagande doctrinale, de justification personnelle, de critique acerbe de ses adversaires.

Notons, de plus, qu'il existe un certain parallélisme dans la façon dont Adelman de Liège, d'une part, (HT, 288/29-31) et Déoduin de Liège, d'autre part, dans sa lettre au roi de France écrite un peu avant le concile de Paris du 16 octobre 1051 (ED, 1439 B 6-12), précisent que les premières nouvelles concernant l'affaire bérengarienne se répandirent d'abord dans les pays latins, puis dans les pays germaniques. Voir *infra*, p. 127, note 1.

1. Tel est le sens de son billet à Lanfranc. Voir *supra*, p. 53-54.
2. EF, XCVIII, 164/22-25, 165/5-7 ; EBA, 66 A 8-12.
3. EBA, 66 C 16-19.
4. EF, LXXXVIII.

Dans la mesure où l'on peut établir un classement chronologique de ses démarches et de ses écrits à cette époque, il semble que cette campagne a comporté trois phases :

1. Le ton des lettres adressées par le maître tourangeau à son ami Ascelin et à l'abbé de Préaux, très peu de temps après le concile de Verceil, est relativement modéré, et ces lettres ne contiennent aucune allusion injurieuse aux autorités romaines.

2. Mais, dans des documents qui sont postérieurs à cette correspondance, Bérenger formule contre Léon IX et contre l'Église romaine des accusations extravagantes dans les termes les plus insultants. La raison de cette hargne démentielle est la condamnation prononcée à son sujet par le concile de Verceil. Il semble donc que l'écolâtre n'avait pas de prime abord évalué les conséquences qu'impliquait le jugement de Verceil pour sa réputation. Il lui faut subir certaines expériences cuisantes pour comprendre les répercussions de ce jugement dans l'opinion. Il lui faut, par exemple recevoir la lettre dans laquelle Ascelin lui reprochera de défendre un ouvrage censuré en assemblée conciliaire et à cause duquel lui-même, Bérenger, avait été déclaré hérétique [1] ; ou entendre Lanfranc préciser, au concile de Brionne, la raison pour laquelle le livre de « Jean Scot » venait d'être lacéré publiquement à Verceil [2]. Profondément blessé d'être ainsi, selon son expression, « diffamé » par le Siège apostolique [3], il se lance alors, à corps perdu, dans des attaques frénétiques contre l'Église de Rome et contre le pape Léon IX.

3. Bien loin de renforcer la cause du maître tourangeau, sa campagne maladroite contre l'Église romaine et la recrudescence de sa propagande hétérodoxe suscitent des réactions indignées et fournissent même au roi Henri Ier un prétexte pour menacer l'Anjou et la Touraine d'une intervention militaire. Aussi, Bérenger doit-il, non sans répugnance, accepter une solution de compromis dans un synode qui se réunit à Tours à la fin de 1051 ou dans le courant de 1052.

---

1. EA, 68 D.
2. DSC, 9/16-20, 12/29-32.
3. EF, LXXXV, 147/12-17.

I. Premières réactions de Bérenger
après le concile de Verceil

Concile de Brionne

C'est vraisemblablement dans les derniers mois de 1050, peu après le concile de Verceil, que Bérenger recouvre sa liberté. La durée de son emprisonnement n'avait sans doute dépendu que du temps qu'il fallait pour rassembler le montant de la rançon exigée de lui : il s'agissait d'une somme considérable et telle qu'il n'en avait jamais jusqu'alors connu d'aussi importante [1].

Bien que, dans les semaines qui suivent son élargissement, il n'ait, semble-t-il, disposé que de peu de loisirs [2], un de ses premiers soucis est d'écrire à son ami Ascelin et à l'abbé de Préaux, pour faire certaines mises au point. Il estime avoir à se plaindre des ecclésiastiques chartrains non seulement parce que ceux-ci dans la discussion avaient, selon ses propres critères, montré bien peu d'entendement, mais, plus encore, parce que l'un d'eux, Guillaume, racontait à tout-venant que Bérenger, durant le colloque de Chartres, avait dû admettre que « Jean Scot » était hérétique. Aucune autre assertion ne pouvait blesser davantage l'amour-propre du maître tourangeau. Dans sa lettre à Ascelin [3], Bérenger rappelle ce qu'il estime avoir dit exactement à Chartres et reconnaît qu'il avait avoué n'avoir pas lu en entier le traité de « Jean Scot » sur l'eucharistie, ce qui demeurait encore vrai au moment où il écrivait, mais il nie vigoureusement d'avoir convenu de l'hétérodoxie de son théologien préféré et il supplie Ascelin, au nom du Seigneur, de se porter garant de la chose. Il affirme que, durant le colloque, il était resté sur la réserve, sans se laisser entraîner à faire la moindre concession, sans relever non plus, si ce n'est de façon négligeable, ce qu'il jugeait répréhensible dans les propos de ses contradicteurs ; il avait même gardé le silence lorsqu'il avait entendu Guillaume exprimer l'opinion « sacrilège » que tout homme doit à Pâques s'approcher de la table du Seigneur. Il précise qu'à Chartres, interrogé par un « homme excellent » qui voulait savoir si certaines positions prêtées au maître tourangeau correspondaient vraiment à sa pensée, il avait répondu en niant,

---

1. DSC, 15/9-10.
2. EBA, 66 A 6-7.
3. EBA.

d'une part, d'avoir mis en doute la signification pastorale du symbolisme de la crosse épiscopale, en admettant, d'autre part, sans difficulté, avoir effectivement soutenu que les paroles de la consécration prouvent que la matière du pain demeure intacte sur l'autel. Par ailleurs, Bérenger reproche vivement à Ascelin de penser que « Jean Scot » est hérétique et il l'accuse d'aller contre tous les principes de la nature [1], et contre la doctrine évangélique et apostolique, en adoptant la manière de voir de Paschase, qui est le seul (il faut, sans doute, comprendre : le seul auteur ecclésiastique) à s'imaginer que la substance du pain disparaît de la réalité eucharistique. A Chartres, Arnulf avait prié l'écolâtre de laisser ses interlocuteurs continuer à croire ce qui leur avait été enseigné jusqu'alors. Or, Bérenger n'a pas d'autre préoccupation que de rester dans les limites fixées par les témoins de la tradition : l'Évangéliste, l'Apôtre, Ambroise, Augustin, Jérôme. En conclusion, il exprime son désir de démontrer, quand cela sera possible, le bien-fondé de ses théories auprès de son ami et il se déclare certain d'obtenir l'adhésion de celui-ci. Dans un autre passage de sa lettre, il avait dit qu'il souhaitait développer devant les ecclésiastiques chartrains les arguments qu'il n'avait pu soumettre au jugement des évêques du concile de Verceil ; mais il ajoutait qu'une telle démarche aurait, pour le moment, compromis sa sécurité : ayant quelque raison de se défier d'Henri Ier, sans doute craignait-il de se rapprocher du domaine royal. Enfin, notons qu'au début de sa lettre, il avait précisé que le temps lui manquait pour écrire à loisir à ses confrères de Chartres et que, faute de mieux, il se résignait à envoyer à Ascelin une missive rédigée vaille que vaille. Nous pensons donc qu'en écrivant à ce dernier, le maître tourangeau cherchait surtout à régler d'urgence le problème posé par les insinuations de Guillaume et qu'il se réservait de présenter, dans une période plus calme, une justification orale ou écrite de sa doctrine. Il n'est pas impossible que sa lettre aux Chartrains, mentionnée par Durand de Troarn et dont nous parlerons plus loin, constitue la réalisation de ce projet [2].

---

1. *Contra omnes naturae rationes* (EBA, 66 B 11). Il faut lire *omnes* et non *omnis*, qui est une mauvaise interprétation de l'abréviation *oms*.

2. C'est la signification que donne à cette lettre DURAND DE TROARN, *Liber de corpore et sanguine Christi*, IX, XXXIII : PL, t. CXLIX, 1422 B 6-9. Voir *infra*, p. 97-98.

Nous n'entrerons pas dans le détail de la réponse d'Ascelin [1]. Bien loin d'infliger un démenti aux propos de Guillaume qui avaient irrité Bérenger, Ascelin leur apporte la confirmation de son témoignage. Il assure que Bérenger à Chartres avait reconnu que le commentaire de l'oraison *Perficiant* dû à « Jean Scot » n'était pas orthodoxe. Il dit son étonnement de voir son correspondant porter aux nues un ouvrage qu'il n'avait pas encore lu en entier. Et il termine ainsi sa lettre : « Tu devrais avoir honte de prendre la défense d'un livre dont nous avons appris qu'il a été récemment condamné et lacéré à Verceil en synode plénier, alors que, toi aussi, à cause de ce livre, tu étais marqué de la note infamante d'hérésie » [2]. Bérenger, dans sa lettre à Ascelin, n'avait fait qu'une allusion très discrète au concile de Verceil. Peut-être espérait-il que finirait par s'estomper l'impression défavorable qu'avaient pu produire des condamnations qui lui paraissaient injustifiées dans le fond et dans la forme. Mieux valait les passer sous silence et miser sur l'évidence d'une doctrine qui s'imposerait d'elle-même aux esprits non prévenus, et dont le triomphe certain rejetterait dans l'oubli des échecs dus surtout à la malchance. S'il nourrissait de telles illusions, la lettre d'Ascelin le ramenait brutalement à une appréciation plus exacte de la réalité.

La lettre adressée par Bérenger à l'abbé de Préaux [3] est de la même époque que celle qu'il écrivit à Ascelin. Ces lettres présentent deux traits communs. Dans l'une et l'autre, Bérenger, revenant sur les discussions récentes, s'efforce de reprendre l'avantage que ses contradicteurs pensaient avoir obtenu sur lui ; dans l'une et l'autre, il se garde d'attaquer les autorités romaines qui venaient de le condamner à Rome et à Verceil. Malgré certains ménagements [4], c'est en termes véhéments qu'il exprime son indignation dans sa lettre à Ansfroi. Il estime que l'abbé de Préaux avait été d'autant plus coupable que ses hautes fonctions ecclésiastiques et ses mérites personnels donnent

---

1. EA.
2. « Pudeat te patrocinari librum quem Vercellis in plenaria synodo damnatum nuper atque discerptum, te quoque propter eum haeresis macula notatum audivimus » (EA, 68 D). Sur ce passage, voir *supra*, p. 78, note 3.
3. EF, XCVIII.
4. EF, XCVIII, 165/32-33. Cfr EF, LXXXVII, 150/14 sq.

à ses jugements un plus grand poids. L'écolâtre lui-même s'était laissé prendre à ce piège. Lorsque l'abbé de Préaux avait opposé aux arguments patristiques de Bérenger les écrits évangéliques et apostoliques, que ce dernier n'avait pas encore examinés en fonction de la controverse, le maître tourangeau s'était trouvé désarmé, s'imaginant que la subtilité d'esprit de son interlocuteur assurait à celui-ci une compétence indiscutable dans l'exégèse de ces textes. Aussi, quelle n'avait pas été sa stupéfaction quand, durant son emprisonnement, il avait pris connaissance de l'évangile de saint Jean et y avait découvert la confirmation éclatante de sa manière de voir [1]! Mais le plus grave est que d'autres avaient été trompés. Que peuvent valoir, en effet, devant l'opinion, les pensées, fussent-elles magnifiques et divines, venant de gens sans autorité, tels que Bérenger, si elles sont contredites par des hommes aussi importants que l'abbé de Préaux ? Cette contradiction avait été particulièrement sensible au maître tourangeau lors de son passage à Chartres. Au cours de sa discussion avec les ecclésiastiques chartrains, l'un d'eux, Arnulf, avait invoqué l'exemple d'Ansfroi, l'approuvant avec chaleur d'aller droit au Nouveau Testament sans se préoccuper de ce que disent (sur l'eucharistie) les « autorités » et les « commentateurs », quels qu'ils soient. De plus, Bérenger savait que Richer, abbé de Saint-Julien de Tours, revenant du concile de Rome et rapportant à Ansfroi ce qui s'y était passé, avait été induit en erreur par l'abbé de Préaux, qui lui avait « caché la vérité évangélique ». Il conclut donc en ces termes : « Si, comme cela apparaît avec une évidence absolue, rien d'autre (que ce que j'avance) ne peut être établi à partir des textes évangéliques, rien d'autre à partir des textes apostoliques, si, indubitablement, cette manière de voir est partagée par ceux dont l'autorité a donné puissance et supériorité à toute l'Église, scrutateurs et interprètes éminemment qualifiés des écritures canoniques, qui nous ont laissé cette doctrine exprimée sans ambiguïté, exposée avec une clarté qui surpasse celle de la lumière, développée avec ampleur, et qui ont fait cela non en de rares passages de leurs œuvres, mais en de multiples endroits dont leurs écrits sont comme parsemés, pourquoi ton christianisme désavouerait-il une telle pensée et poserait-il

---

1. Voir *supra*, p. 74.

une pierre d'achoppement devant les aveugles, pourquoi rougirait-il d'avoir recours, je ne dis pas aux textes évangéliques et apostoliques, mais aussi aux textes authentiques des meilleurs auteurs des écritures, Ambroise, Augustin Jérôme ? »[1].

Si Bérenger cherche à regagner le terrain perdu à Préaux et à Chartres, on comprend qu'à plus forte raison il s'efforce de remonter aux origines de l'affaire et que, faute d'avoir pu se justifier à Verceil, il reprenne le projet de colloque dont il souhaitait la réalisation dans son billet à Lanfranc. Comme nous l'avons dit, le concile de Brionne semble répondre, dans des conditions, il est vrai, tout à fait nouvelles, à l'intention qui avait poussé Bérenger à écrire au prieur du Bec[2].

Ce n'est pas à Lanfranc que s'adresse le maître tourangeau pour parvenir à ses fins, mais au duc Guillaume de Normandie. Une telle démarche s'éclaire par celle qu'à une date sans doute postérieure il accomplira auprès du roi de France[3]. Mais si, rendu méfiant par le récent comportement d'Henri Ier à son égard, il se contente d'écrire à un familier du roi à qui il demande d'intervenir pour que le prince accepte de patronner un débat sur la question eucharistique, il semble qu'il se présenta directement au duc de Normandie, dont il n'avait pas de raison de redouter de mauvais procédés[4]. Durand de Troarn loue Guillaume le Bâtard d'avoir fait preuve en la circonstance, en dépit de son jeune âge, d'une grande prudence et même d'une certaine habileté[5]. Bérenger, en effet, avait essayé de manœuvrer Guil-

---

1. « Si enim nihil aliud ex evangelicis dictis, nihil aliud ex apostolicis firmari potest, quod quidem invictissimum constat ; si hoc sentiunt universo procul ambiguo, quorum auctoritate universa invaluit et praevaluit ecclesia, summi et probatissimi canonicarum scripturarum intellectores atque retractatores, qui hoc non ambigue dictum, luce clarius expositum et multa prosecutione tractatum, nec hoc raris in locis, sed quasi passim multo pluribus reliquerunt : quorsum christianitati tuae dissimulare a sententia et ponere offendiculum coram caecis, quorsum erubescere, non dico ad evangelica vel apostolica, sed etiam ad authentica dicta probatissimorum in scripturis auctorum, Ambrosii, Augustini, Jeronimi ? » (EF, XCVIII, 165/33-35-166/6-9).
2. Voir *supra*, p. 55-56.
3. Voir EF, LXXXVIII.
4. Sur le concile de Brionne, voir DURAND DE TROARN, *Liber de corpore et sanguine Christi*, IX, XXXIII : PL, t. CXLIX, 1421 D 13-1422 B 2 ; DSC, 9/16-20, 12/29-32. Pour l'ordre chronologique, voir *supra*, p. 66, note 1.
5. GUILLAUME DE POITIERS, dans les *Willelmi Conquestoris gesta*, mentionne le zèle déployé par Guillaume le Bâtard pour extirper de ses États toute erreur opposée à la présence réelle : PL, t. CXLIX, 1240 D 4-1241 A 3.

laume et cherché, sans doute, à l'enlacer dans les filets de ses arguments subtils. Le duc aurait alors tenu son visiteur en suspens et aurait réussi à le garder à ses côtés, jusqu'à ce qu'il soit parvenu avec lui à Brionne, au centre de la Normandie, et ait pu, comme par surprise, le confronter à une importante assemblée des hommes les plus savants, convoqués de tous les points de la province. Une telle présentation des faits ne s'harmonise guère avec le sens de la démarche de Bérenger auprès de Guillaume. Si, néanmoins, il y a une part de vrai dans les assertions de Durand de Troarn, on peut les interpréter de deux façons. Ou bien une discussion en petit comité, présidée par le duc de Normandie, avait-elle déjà eu lieu, et le concile de Brionne constituait un piège pour Bérenger, peu désireux de plaider sa cause devant un trop vaste auditoire. Ou bien, sans l'aveu de l'écolâtre, le duc avait donné au colloque une ampleur qui ne pouvait que prendre au dépourvu celui qui en avait demandé la convocation.

Les informations que nous possédons sur le concile de Brionne sont trop vagues pour nous permettre de déterminer avec une entière certitude la part que Lanfranc et que Bérenger lui-même prirent aux débats. Le fait que ce concile se tint dans une localité voisine de l'abbaye dont Lanfranc était le prieur, pourrait donner à penser qu'on avait eu comme intention principale de permettre au champion de Paschase et à celui de « Jean Scot » de s'expliquer en champ clos devant témoins. Mais dans un passage du De sacra coena, Bérenger déclare que jamais son adversaire n'a eu l'occasion de l'entendre justifier sa doctrine eucharistique [1]. Cette affirmation est assez étonnante. En effet, à supposer même qu'il n'y ait pas eu à Brionne de discussion entre les deux écolâtres, on a peine à croire que le prieur du Bec n'ait pas ouï, de la bouche de Bérenger, le plaidoyer que celui-ci n'avait pas dû manquer de prononcer devant les nombreuses personnalités présentes au concile. Nous nous permettons, à ce propos, de suggérer deux hypothèses, tout en reconnaissant qu'on ne peut en construire que d'assez fragiles et d'assez artificielles à partir des maigres renseignements fournis par les sources historiques.

On notera d'abord que la présence de Lanfranc à Brionne, à l'époque du concile, ne prouve pas qu'il ait participé aux débats.

---

1. DSC, 31/14-16.

Sans doute, c'est à Brionne, devant Bérenger, qu'il précise la raison pour laquelle le livre de « Jean Scot » venait d'être lacéré à Verceil : c'était parce que, dans un passage de cet ouvrage, il était affirmé que les réalités consacrées sur l'autel sont la figure, le signe, le gage, la ressemblance du corps et du sang du Seigneur. Mais la façon dont cette intervention est rapportée dans le *De sacra coena* [1], donne à penser qu'elle s'est produite devant un petit groupe de personnes *(quibusdam)* [2] et non devant le synode réuni en assemblée plénière. Il est, sans doute, aventuré d'en conclure que Lanfranc était absent au moment où avait eu lieu la discussion publique et que, revenant d'Italie, il était arrivé à Brionne après la clôture des débats pour donner en privé des nouvelles toutes fraîches du concile auquel il avait assisté outre-monts.

Plus simplement, il est possible que le maître tourangeau se limita strictement au programme qu'il avait fixé dans le billet envoyé à Lanfranc l'année précédente et qu'il laissa à un porte-parole le soin de mettre en valeur les arguments sur lesquels il appuyait sa thèse. Durand de Troarn dit, en effet, qu'à Brionne Bérenger avait amené avec lui un autre clerc, sur l'éloquence duquel il fondait son espoir de remporter la victoire [3]. Ainsi, l'on comprendrait que Lanfranc, même s'il était présent au concile et avait pris part aux échanges de vue, n'ait pas, de fait, « entendu » Bérenger défendre ses théories eucharistiques.

Si bien des aspects du synode de Brionne restent pour nous assez flous, deux certitudes se dégagent, cependant, des documents qui mentionnent cette réunion. Nous constatons d'abord que ce synode, dont le maître tourangeau avait souhaité la réalisation (même si, peut-être, cette réalisation avait pris une ampleur qui dépassait ses prévisions), tint ses assises après le concile de Verceil. Deux condamnations successives par l'autorité suprême ne semblaient donc pas constituer pour Bérenger un obstacle tel qu'il lui soit désormais interdit de plaider sa cause en public. On peut même penser que, resté silencieux par calcul durant quelques mois, il avait attendu d'être informé du jugement prononcé contre lui en septembre, pour prendre

---

1. DSC, 9/16-20, 12/29-32.
2. DSC, 9/20, 12/30.
3. DURAND DE TROARN, *loco cit.*, 1422 A 11-13.

à nouveau la parole et pour présenter à d'autres auditoires les arguments qu'il s'était réservé, pendant un certain temps, de développer devant les évêques réunis à Verceil.

Un second fait bien attesté par le récit de Durand de Troarn est l'échec de Bérenger et de son porte-parole devant l'assemblée normande, échec auquel a pu contribuer, dans une mesure que nous ignorons, l'intervention de Lanfranc rapportant les attendus de la condamnation de Verceil. Durand de Troarn ne dit rien, dans son *Liber de corpore et sanguine Christi*, de ce qui constitua le fond de la discussion. Il est vraisemblable que le débat porta sur l'ouvrage de « Jean Scot » et que la thèse soutenue par Bérenger ne fut pas différente de celle qu'il avait énoncée dans son billet au prieur du Bec, à savoir que les propositions de « Jean Scot » sur le sacrement de l'autel étaient en plein accord avec la doctrine eucharistique d'Ambroise, de Jérôme et d'Augustin, autorités auxquelles le maître tourangeau joignit certainement l'« Évangéliste » et l'« Apôtre ». Si l'on en croit Durand de Troarn, Bérenger et le clerc qui l'accompagnait se heurtèrent à des contradicteurs bien armés. Certains de ceux-ci avaient, du reste, une information très personnelle sur l'objet de la controverse, tel Lanfranc qui avait pris position depuis un an déjà et avait à Rome, en plein concile, développé les thèses paschasiennes ; tel Ansfroi, dont la présence au concile de Brionne est infiniment probable et dont nous connaissons l'intervention publique à Chartres au sujet de la question eucharistique et la conversation qu'il avait eue avec Bérenger durant le séjour de l'écolâtre à l'abbaye Saint-Pierre de Préaux. La discussion se termina par la défaite de Bérenger et de son compagnon. Durand de Troarn raconte que, confondus par l'évidence des objections qui leur étaient opposées, ils en vinrent à se trouver à court d'arguments et obligés, bien malgré eux, de donner leur assentiment à une formulation orthodoxe de la foi eucharistique.

II. Attaques de Bérenger contre le pape Léon IX et contre l'Église romaine

Si Bérenger espère l'emporter par la seule démonstration de ses théories eucharistiques, il doit se rendre compte assez vite que sa condamnation aux conciles de Rome et de Verceil représente pour lui un terrible handicap et paralyse ses efforts de propagande. Cette pénible réalité, nous l'avons dit, ne semble pas s'être imposée d'emblée à son esprit [1]. Mais quand, à la suite de certaines déconvenues, il comprend le tort que font à sa réputation et à sa cause les sentences prononcées par Léon IX, sa colère se déchaîne, et il se lance dans une attaque de grand style contre le pape et contre l'Église romaine.

En toute hâte, il rédige un pamphlet, aujourd'hui disparu, dans lequel il prétend démontrer que Léon IX n'avait pu à bon escient le déclarer hérétique, puisque, dans d'autres circonstances, le pape avait donné des preuves indubitables de son manque de jugement [2]. Nous connaissons ces « preuves » par le *De sacra coena*. Léon IX, durant le concile de Verceil, avait accepté de loger chez l'évêque de cette ville sans s'inquiéter du problème posé par la conduite de ce prélat, qui avait enlevé la femme d'un de ses oncles, et sans que cet oncle, un notable de Pavie, mettant à profit le séjour du pape à Verceil, obtînt du pontife, en s'efforçant de l'atteindre par divers intermédiaires, la moindre réparation pour l'injustice commise à son égard [3]. Autre exemple des inconséquences de Léon IX, ses fluctuations dans la question de la validité des ordinations simoniaques. A Verceil, le pape, réprimandé par certains Pères conciliaires pour avoir agi contre les principes ecclésiastiques en faisant réordonner des prêtres et des évêques, avait demandé pardon de son erreur, mais, peu de jours après, revenu à Rome et chapitré par des membres de son entourage qui considéraient comme entachées de nullité les ordinations obtenues à prix d'argent, subissant en particulier l'influence du cardinal Humbert, il avait fait procéder à des réordinations, dont celles de Magnus, évêque de Rennes, et celle de Perenesius, abbé de Redon, qui, à leur retour d'Italie, avaient eu l'occasion de mettre Bérenger au courant de cet événement [4].

---

1. Voir *supra*, p. 79-80, 86.

2. « Ego papam... minime virum probum expertus sum, de quo omnibus qui legerint satisfactum est in eo quod de Leone illo ne verum putaretur quod me hereticum dicebat, cum desiperet etiam circa alia, tota ego urgente necessitate conscripsi » (DSC, 6/31-7/3).

3. DSC, 10/23-11/8.

4. DSC, 11/8-28 : à Magnus et à Perenesius, Bérenger joint Itier, évêque de Limoges, qui fut réordonné seulement en 1053 (voir A. J. MACDONALD, *Berengar*, p. 83, note 2). Magnus et Perenesius étaient présents au concile de Rome de 1050, comme l'attestent leurs signatures au bas du décret *Virtus divinae opera-*

Par de telles imputations, dont nous n'avons pas ici à mesurer la portée exacte, Bérenger s'imaginait donner plus de poids et de vraisemblance aux critiques que, dans son pamphlet, il formulait contre le pape et contre l'Église romaine au sujet des deux condamnations prononcées à son endroit lors des conciles de Rome et de Verceil. Bien que ce pamphlet ait disparu, il ne nous est pas difficile de connaître les griefs de Bérenger, car ils sont exprimés, au moins en partie, dans d'autres écrits du maître tourangeau de la même époque et, comme les accusations que nous venons de rapporter, ils ont été repris dans le *De sacra coena*. Bérenger reprochait à Léon IX d'avoir agi avec injustice et précipitation en le condamnant une première fois, au concile de Rome, sans l'avoir entendu. L'injustice était d'autant plus flagrante que le pape l'avait convoqué pour un autre concile. Il aurait dû, par conséquent, suspendre son jugement jusqu'à ce qu'il sache, par un rapport écrit ou oral de l'accusé, ce que celui-ci approuvait dans la pensée de « Jean Scot » et ce qu'il blâmait dans la doctrine de Paschase [1]. Lors du concile de Verceil, Léon IX avait manqué de charité à l'égard de Bérenger en n'intervenant pas auprès du roi de France pour exiger la libération du malheureux écolâtre ; il avait offensé le droit ecclésiastique en condamnant un homme qui n'avait pas eu la possibilité de se présenter devant son tribunal et qui ne savait même pas de quoi il était accusé [2]. De plus, en déclarant à tort que Bérenger était hérétique, Léon IX avait parlé de façon « sacrilège ». L'« écriture » ne dit-elle pas, en effet, que les paroles d'un prêtre, si elles ne sont pas vraies, sont sacrilèges ? [3] Et Bérenger retournait contre l'Église romaine cette

---

tionis : PL, t. CXLIII, 647 B 12, D 1-2. Cfr aussi la lettre de Léon IX à Perenesius, surnommé (?) *Catwallonis* (déformé en *Capreolus* par Bérenger : DSC, 11/21) : PL, t. CXLIII, 596 B sq.

1. DSC, 8/28-9/10, 9/23-31. Cfr EF, CIII, 171/18-27-172/1-2.
2. DSC, 11/28-12/28, 13/25-28. Cfr 15/33-16/5.
3. DSC, 12/14-17. Bérenger formule la même accusation contre Léon IX dans sa première lettre à Paulin de Metz ; nous le savons par la réponse de Paulin éditée par E. MARTÈNE et U. DURAND dans le *Thesaurus novus anecdotorum*, t. I, col. 196. Bérenger prétend également que Lanfranc, en l'accusant à tort de nier la chair et le sang du Christ, s'exprime de façon « sacrilège » (DSC, 36/27-28) ; que Geoffroy de Martin parle avec une témérité « sacrilège » en affirmant que saint Ambroise est en désaccord avec la vérité évangélique et apostolique (entendre : la vérité bérengarienne) (EF, LXXXVI, 148/20-23) ; que le Christ aurait un esprit « sacrilège » s'il induisait les fidèles en erreur en

accusation d'hérésie [1]. Il est vraisemblable qu'à ces insanités le maître tourangeau joignait les grossières injures que Bernold de Constance trouvera dans un écrit de Bérenger qui peut être soit le pamphlet dont nous nous occupons, soit un autre ouvrage également disparu : Léon IX n'était pas un *pontifex*, mais un *pompifex* (vaniteux) et un *pulpifex* (obèse), l'Église romaine n'était pas sainte, mais c'était un « concile de vanité » et une « église de méchants » [2], elle n'était pas apostolique, mais c'était le « trône de Satan » [3].

Plusieurs lettres écrites par l'écolâtre à la même époque orchestrent ces propos délirants. L'une d'elles, que nous connaissons par la mention qu'en fait Durand de Troarn, était adressée aux ecclésiastiques chartrains. Durand de Troarn l'avait eue sous les yeux, mais il ne nous donne à son sujet que des indications très succinctes. Quand il était passé à Chartres, Bérenger, pressé de questions, avait, dans une mesure assez relative, il est vrai, gardé le silence, en raison de la proximité du concile de Verceil ; cependant, il avait laissé entendre à ses interlocuteurs que, quand il en aurait l'occasion, il serait heureux de leur répondre à loisir [4]. Dans sa lettre à Ascelin, faute de temps il s'était contenté de revenir sur certains épisodes de la discussion, mais il avait exprimé le désir de présenter sa doctrine à ses confrères de Chartres lorsque la conjoncture se montrerait propice à la réalisation de ce projet [5]. Il est probable que la lettre aux Chartrains, rédigée, semble-t-il, avec un soin particulier, venait compléter la lettre écrite à Ascelin et suppléer, en quelque façon, à la rencontre souhaitée, dont la réalisation avait dû

---

leur présentant sa chair sous une apparence illusoire (DSC, 84/19-21) ; qu'Albéric du Mont-Cassin a commis une prévarication « sacrilège » en se ralliant à la thèse réaliste (P. MEYVAERT, *Bérenger de Tours contre Albéric du Mont-Cassin*, p. 332) ; que lui-même a parlé d'une voix « sacrilège » au concile de Rome de 1079 lorsqu'il y a fait, sous l'empire de la contrainte, une déclaration contraire à sa pensée (*Mém.*, 109 B). Nous n'avons pas trouvé le texte auquel Bérenger fait allusion quand il dit que, selon « l'écriture », les paroles d'un prêtre, si elles ne sont pas vraies, sont sacrilèges (DSC, 12/15-16, 36/27-28). Cfr *Malachie*, I, 7, II, 6-9 ?

1. Dans la lettre adressée aux Chartrains (DURAND DE TROARN, *Liber de corpore et sanguine Christi*, IX, XXXIII : PL, t. CXLIX, 1422 B 10-12).

2. *Ps.*, XXV, 4-5. Cfr SCS, 426 A.

3. *Apoc.*, II, 13. Cfr SCS, 426 B. Voir BERNOLD DE CONSTANCE, *De Berengerii haeresiarchae damnatione multiplici*, VI : PL, t. CXLVIII, 1456 B.

4. DURAND DE TROARN, *loco cit.*, 1422 B 4-7.

5. EBA, 66 C 16-19, D 15-19. Cfr *ibid.*, 66 A 6-7.

se heurter à des difficultés insurmontables [1]. Sans doute, constituait-elle aussi une réplique à la réponse d'Ascelin. Cette lettre contenait, vraisemblablement, un exposé des théories bérengariennes. Mais, une fois de plus, Bérenger avait tenu à s'expliquer sur les événements récents. Réfutant les propos de Guillaume, si fâcheusement confirmés par Ascelin, il affirmait à nouveau que, durant la discussion qu'il avait eue avec ses correspondants quelques mois auparavant, il ne leur avait pratiquement « rien répondu », ce qui signifiait surtout, on le devine sans peine, qu'il estimait n'avoir fait aucune concession à leurs critiques. Bérenger avait certainement été piqué au vif en lisant la conclusion de la lettre d'Ascelin, qui lui rappelait la sentence de Verceil. C'est sans doute l'évocation de cet événement humiliant qui le poussait, dans sa lettre aux Chartrains, à renvoyer à l'Église romaine l'accusation d'hérésie dont elle l'avait gratifié, et il formulait aussi contre le pape Léon IX des imputations infamantes, dont Durand de Troarn ne précise pas la nature, mais qui n'étaient certainement pas différentes de celles que nous avons signalées plus haut [2].

C'est encore de façon indirecte que nous connaissons une autre lettre de Bérenger de la même époque. Elle était adressée à un personnage qu'on peut identifier avec Paulin, primicier de Metz. Paulin, à la demande d'Adelman de Liège, avait écrit à Bérenger pour s'enquérir de la réalité des bruits qui couraient sur le maître tourangeau [3]. Bérenger lui avait fourni des explications, et nous pouvons nous faire une certaine idée de sa réponse par une seconde lettre de Paulin qui réclamait un supplément d'information [4]. Nous savons ainsi que, dans sa lettre au primicier, Bérenger avait exposé ses théories eucharistiques en les appuyant sur des « auteurs », qui étaient, à coup sûr, Ambroise Jérôme et Augustin, auxquels s'ajoutaient, vraisemblablement, « l'Évangéliste » et « l'Apôtre », mais, par contre, il avait négligé soit de présenter la doctrine de « Jean Scot », soit de montrer

---

1. EBA, 66 C 17-20, D 17-19. Voir *supra*, p. 88.
2. Durand de Troarn, *loco cit.*, 1422 B 2-C 7.
3. Voir *infra*, p. 126-128.
4. La lettre de Paulin se trouve dans le *Thesaurus novus anecdotorum* de E. Martène et U. Durand, t. I, col. 196. Voir aussi R. B. C. Huygens, *Textes latins...*, p. 467, note 16.

l'accord de cette doctrine avec celle des Pères. A propos de Léon IX, il avait employé le qualificatif de « sacrilège », dont nous avons précisé plus haut la portée qu'il avait dans son esprit [1]. Bérenger priait Paulin de lui envoyer un exemplaire du *Liber de haeresibus* de saint Augustin [2] : cherchant à rejeter sur Léon IX et sur l'Église romaine l'accusation d'hérésie qui l'affectait si vivement, peut-être espérait-il trouver dans cet ouvrage des arguments pour étayer son propos.

Puisque Bérenger s'imaginait qu'il renforcerait sa cause en attaquant Léon IX sur des questions qui n'avaient aucun rapport avec la controverse eucharistique, par exemple en soulignant le manque de fermeté du pape dans le problème de la validité des ordinations simoniaques, on ne peut s'étonner de ce que, par hostilité à l'égard du Siège apostolique, il ait prêté son concours à l'action entreprise par l'évêque Eusèbe Brunon et par le comte Geoffroy Martel pour sortir de la situation difficile où les avait placés l'interdit pontifical jeté sur l'Anjou et sur la Touraine. — Nous avons, du reste, noté, au chapitre IV, que dans une certaine mesure, les circonstances avaient lié le cas de Bérenger à l'affaire de Gervais du Mans, affaire qui, on le sait, avait amené les autorités romaines à prendre une sanction aussi lourde de conséquences [3]. — C'est ainsi que Bérenger rédigea, au nom d'Eusèbe Brunon, deux lettres adressées l'une à un archevêque-primat, l'autre à Gervais du Mans, et dont le ton audacieux, la hargne qu'elles témoignent à l'égard du pape trahissent leur auteur au moins autant que les allusions qu'on y trouve à la récente condamnation de l'écolâtre à Verceil.

La première [4], envoyée conjointement par l'évêque d'Angers et par Geoffroy Martel, a pour but d'obtenir de l'archevêque qui en est le destinataire un appui dans les difficultés où, en raison de l'interdit, se débattent les Églises d'Anjou et de Touraine ; et Bérenger, le véritable auteur de cette missive, n'hésite pas à exciter contre le pouvoir pontifical les sentiments de susceptibilité particulariste qui peuvent exister chez un primat : « Si notre cause est juste, écrit-il, prends-la désormais en main, même contre l'Apostolique, conformément aux intérêts évidents

---

1. Voir *supra*, p. 96.
2. PL, t. XLII, 21-50.
3. Voir *supra*, p. 61-63.
4. EF, LXXXV. Voir *supra*, p. 15-16.

de ta primatie » [1]. C'est ce particularisme, gallicanisme avant
la lettre, que Bérenger avait invoqué quand, sommé de comparaître devant le concile de Verceil, il avait affirmé que, selon le
droit ecclésiastique, personne n'est obligé de se présenter devant
un tribunal hors de sa province [2]. Dans son appel à l'archevêque,
il souligne, d'une part, que, dans le cas de l'interdit jeté sur les
Églises d'Anjou et de Touraine, une procédure d'urgence aurait
pu être menée, au moins provisoirement, en dehors de la juridiction romaine, d'autre part, que le primat était particulièrement qualifié pour instruire, en tant que représentant de Léon IX,
la cause du comte d'Anjou. Sur le fond du problème, il
était impossible à Bérenger de donner totalement raison à
Geoffroy Martel, alors que lui-même, victime récemment, de
la part du roi de France, d'un procédé identique à celui que le
comte infligeait à Gervais du Mans, il eût trouvé normal que le
pape lançât les foudres ecclésiastiques contre le coupable [3].
Il reconnaît donc qu'à l'origine Geoffroy Martel n'avait pas
agi selon le droit, mais il tente de l'excuser en faisant remarquer
que si le comte avait incarcéré Gervais du Mans, cette mesure
visait le fauteur de troubles et non l'évêque [4]. De plus, le comte
n'avait jamais refusé de soumettre le cas de son prisonnier à
un tribunal compétent. Mais, en définitive, par la rigueur excessive des sanctions qu'il avait prises contre les Églises d'Anjou
et de Touraine, par l'exigence anormale qu'il manifestait en
réclamant que le comte se présente devant lui et entreprenne
un voyage qui mettrait sa vie en danger, le pape rendait juste
une cause qui n'avait pas toujours été telle. Aux abus de l'autorité pontificale, Bérenger oppose les limites du droit. Il s'appuie
non seulement sur les « principes ecclésiastiques », mais aussi
sur les « principes évangéliques » et sur l'autorité des hommes
les plus éminents dans l'Église. Dans ce dernier binôme, nous
retrouvons, semble-t-il, les deux sortes d'*auctoritates* mises en

---

1. « Causam nostram etiam contra apostolicum, quod omnino interest primatus tui, si justa est, jam nunc suscipias » (EF, LXXXV, 147/10-11).

2. DSC, 11/36-12/2. Voir *supra*, p. 65.

3. DSC, 12/11-14, 15/10-12.

4. Guillaume le Conquérant, ayant fait emprisonner Eudes de Conteville,
évêque de Bayeux, se justifie en disant : « Ego non clericum nec antistitem damno,
sed comitem meum quem meo vice mea praeposui regno, rationem commissae
villicationis audire volens comprehendo » (ORDERIC VITAL, *Historia ecclesiastica*,
III, VII, VII : PL, t. CLXXXVIII, 529 D-530 A).

avant par Bérenger depuis ses récentes investigations dans le Nouveau Testament : les Pères et les écrits évangéliques (et apostoliques). Et le maître tourangeau, préludant aux accents vengeurs de son poème *Juste judex* [1], fait appel du pape au Christ lui-même : « (Le pape) pense-t-il que j'ignore que j'ai un grand prêtre, le juste Jésus, sous la domination de qui et en qui sont toutes choses, au dessus duquel et en dehors duquel je ne suis tenu à rien à son égard ? Pense-t-il qu'il m'échappe que le serviteur n'est pas plus grand que son maître ? En foi de quoi, je sais fort bien que tout ce que le Christ m'autorise à faire, lui, s'il est le serviteur du Christ, ne peut, en aucune façon, ne pas me le permettre. Pense-t-il que je suis aveugle au point de ne pas voir que l'obéissance ne demande pas qu'on se soumette à ce qui n'est pas du Seigneur, fût-ce sur l'injonction d'un ange, ce qui explique que l'homme qui s'était plié à la volonté d'un prophète à l'encontre de l'ordre de Dieu n'en avait pas moins subi les morsures du lion ?» [2] S'il est vrai que les droits de toute autorité humaine, si haut placée soit-elle, ne sont jamais absolus, s'il est certain que la conscience individuelle est la règle ultime de notre comportement moral, néanmoins un tel appel au jugement propre contre les décisions de la suprême instance ecclésiastique, même en simple matière disciplinaire, révèle une tournure d'esprit extrêmement dangereuse. Dans ces conditions, on ne peut guère s'étonner de l'entêtement prodigieux avec lequel Bérenger, tout en s'imaginant rester fidèle à la tradition, ne cessera de l'interpréter suivant ses normes personnelles, sans tenir compte de la pensée catholique authentiquement formulée par le magistère.

La conclusion de la lettre à l'archevêque-primat équivaut à une signature. Bérenger, sous le couvert de son évêque, et peut-être à l'insu de ce dernier, proteste contre le jugement du concile de Verceil : « Par ailleurs, vous aurez appris qu'un clerc

---

1. Voir *supra*, p. 10 et *infra*, p. 225.
2. « Putat nescium me habere pontificen. magnum Jesum justum, sub quo et in quo omnia, supra quem et extra quem nihil ei debeam ? Putat me latere non esse servum majorem domno suo ? Unde nec incertum habere, quaecumque mihi per Christum licent, si Christi servus est, nullo pacto per ipsum omnino non licere ? Putat me usque adeo caecum, ut non videam oboedientiam non esse, in his quae Domini non sunt, etiam angelo de caelis adquiescere indeque eum, qui prophetae contra praeceptum adquieverat divinum, leonis morsus nihilominus incurrisse » (EF, LXXXV, 146/1-9). Cfr *I Rois*, XIII, 18-24.

de notre Église, Bérenger, auquel on ne peut imputer aucune erreur, aucune faute, a été, par suite du manque de mesure du seigneur pape, diffamé de façon très injuste et tout à fait indigne du Siège apostolique. Nous devrions vous écrire plus longuement à son sujet, mais nous en sommes empêchés par la hâte des voyageurs dont le départ est imminent. Cependant, si Dieu le permet, nous avons l'intention de le faire quand nous aurons plus de loisir. Portez-vous bien » [1].

Bérenger rédigea une autre lettre pour le compte d'Eusèbe Brunon, adressée à Gervais du Mans dans sa prison. Il n'en subsiste qu'un court fragment. Le maître tourangeau y prétend que la condamnation du livre de « Jean Scot » avait contribué à raidir l'attitude des autorités angevines à l'égard du captif et il fait intervenir l'affaire des réordinations, en la citant comme un exemple de plus du manque de bon sens de Léon IX : « L'Apostolique n'aurait pas peu aidé à résoudre la question de ton emprisonnement, s'il s'était abstenu d'initiatives déraisonnables et vaines, lui qui (si je peux m'exprimer ainsi sans l'offenser), avec autant de légèreté dans l'un et l'autre cas, a procédé à des réordinations d'évêques et fait lacérer le livre de Jean Scot » [2]. Ces lignes sont le reflet de la thèse soutenue par l'écolâtre dans son pamphlet contre Léon IX : ce dernier, par ses inconséquences dans certains domaines, perdrait le crédit qu'on devrait pouvoir lui accorder dans d'autres domaines. Comme dans cet ouvrage, Bérenger établit ici un rapprochement entre la condamnation prononcée à Verceil et la façon dont le pape se comportait en face du problème de la validité des ordinations simoniaques.

Si, selon toute probabilité, dans les débuts de la controverse, Eusèbe Brunon a pris le parti de son archidiacre, en raison surtout d'une convergence accidentelle de leurs intérêts et sans avoir, semble-t-il, approfondi la question doctrinale, il est, par contre, fort douteux qu'il ait autorisé Bérenger à lui faire

---

1. « Ceterum ecclesiae nostrae clericum Beringer totius erroris, totius immunissimum culpae, per immoderantiam domni papae noveris injustissime et sede apostolica indignissime diffamatum. Plura de illo tibi scribenda fuerant, si jam abeuntium festinatio permisisset. Quod tamen Domino donante majore otio nos facturos esse disponimus. Valete » (EF, LXXXV, 147/12-17).

2. « Non parum carceri tuo contulisset, si nihil irrationabile, si nihil frustrandum apostolicum attemptasset, quando non minus inconsiderate, si pace illius hoc dici liceat, quam episcopos reordinaverat, Johannis Scoti libellum concidisset » (EH).

tenir les propos extravagants que nous venons de relever. On ne s'aventure guère en pensant qu'il n'en eut pas connaissance avant de les voir rapportés dans la lettre sévère qu'allait lui écrire le cardinal Humbert [1].

III. Réactions suscitées par la propagande bérengarienne. Concile de Paris de 1051 et concile de Tours de 1051-1052

Les résultats de la campagne menée par Bérenger durant les mois qui suivent le concile de Verceil se révèlent assez différents de ceux qu'il devait escompter. Même auprès d'amis favorables à ses idées il est desservi par son manque de pondération. Ainsi, Paulin de Metz, qui approuve les théories du maître tourangeau et qui, de concert avec l'abbé de Gorze, a sollicité de Bérenger un complément d'information en lui demandant de justifier la position de « Jean Scot » sur l'eucharistie, ne l'en blâme pas moins pour l'irrévérence de ses accusations contre Léon IX. Rappelons que l'écolâtre prétendait que le pape avait commis un « sacrilège » en le déclarant hérétique. Et l'abbé de Gorze se joint au primicier de Metz pour conseiller à Bérenger de mettre une sourdine à sa propagande indiscrète : « Nous te prions de faire toujours preuve de modération dans le Seigneur et de ne pas livrer ce qu'il y a de profond dans les écritures à ceux à qui cela ne convient pas, comme on jetterait des perles aux pourceaux. Tiens-toi prêt seulement à rendre compte de la foi du Christ, telle que tu la possèdes, à ceux qui te le demanderont » [2].

Les deux lettres envoyées par Bérenger respectivement à Ascelin et aux ecclésiastiques chartrains, bien loin de convaincre ceux-ci de la valeur des théories bérengariennes, confirmèrent la sévérité du jugement qu'ils portaient sur l'archidiacre d'Angers. Nous savons que le prévôt Guillaume s'empressait de

---

1. Voir *infra*, p. 107-108.
2. « Rogamus etiam ut sobrie in Domino semper sapias, neque profunditatem scripturarum, quibus non oportet margaritas scilicet porcis projicias, praeter quod de ea quae in te est, Christi fide omnibus poscentibus rationem reddere paratum te exhibeas » (Paulin de Metz, *Epistola ad Berengarium* dans E. Martène et U. Durand, *Thesaurus novus anecdotorum*, t. I, col. 196). On notera que Sigfried, abbé de Gorze, était en excellents termes avec Léon IX : voir N.-N. Huyghebaert, *Saint Léon IX et la lutte contre la simonie dans le diocèse de Verdun*, dans *Studi Gregoriani*, t. I, 1947, p. 422, note 17.

raconter à tout-venant que Bérenger avait baissé pavillon lors de la discussion qui l'avait opposé à ses confrères de Chartres. On comprend que ces derniers, après avoir reçu les nouvelles explications de l'écolâtre, plus choquantes encore que les précédentes, redoublent leurs critiques à son égard et fassent connaître dans un cercle fort large ces manifestations du prosélytisme bérengarien. Ils montrent, par exemple, à Durand, moine de Saint-Wandrille et futur abbé de Troarn, la lettre dans laquelle Bérenger formulait les accusations les plus absurdes contre Léon IX et contre l'Église romaine [1]. A Henri Ier ils expliquent de quelle manière scabreuse on pouvait, en s'appuyant sur les divagations de Bérenger, interpréter une inscription gravée sur le calice de saint Fulbert, texte qu'ils attribuaient au célèbre évêque de Chartres, mais que le maître tourangeau met au compte de saint Augustin. Ascelin était, semble-t-il, à l'origine de ces propos sarcastiques, et un compatriote d'Ascelin les colporte à son tour dans les milieux ecclésiastiques de Poitiers [2]. Au cours d'une discussion qui a lieu dans cette ville, il affirme, au sujet des mots *transitorium sacramentum* de l'inscription, que selon le « prophète » (terme ironique qui désignait Bérenger) le sacrement de l'autel est « transitoire », puisque de la bouche il « transite » au ventre. Il s'agissait de l'accusation de stercoranisme, à laquelle donnait prise la doctrine de Bérenger et que, du reste, celui-ci ne devait pas considérer comme infamante, puisqu'il assurait que le pain et le vin de l'autel sont soumis aux avatars des réalités matérielles. Mais il ne pouvait, sans doute, pas admettre qu'en insistant sur ce point secondaire de ses théories eucharistiques, on leur donnât un aspect caricatural qui s'harmonisait mal avec la signification hautement spirituelle qu'elles avaient dans sa pensée [3]. A l'époque où les Chartrains dénigraient ainsi le maître tourangeau, parviennent

---

1. DURAND DE TROARN, *Liber de corpore et sanguine Christi*, IX, XXXIII : PL, t. CXLIX, 1422 B 8 sq.

2. Les milieux ecclésiastiques de Poitiers étaient, vraisemblablement, restés en relations amicales avec le clergé chartrain depuis l'époque où Fulbert avait chargé Hildegaire, son disciple préféré, d'exercer en son nom les fonctions de trésorier de Saint-Hilaire-le-Grand. Ascelin étant d'origine bretonne, le compatriote d'Ascelin dont il est question ici (EF, LXXXVIII, 153/20) était donc breton.

3. EF, LXXXVIII, 153/12-24. Le texte inscrit sur le calice de saint Fulbert est cité *ibid.*, 154/12-17. Il n'est pas prouvé qu'il soit d'Augustin, mais il a une

au Siège apostolique des écrits dénonçant Eusèbe Brunon et Bérenger comme des partisans de l'erreur stercoraniste. Il est probable que ces écrits émanaient du clergé de Chartres [1].

Bérenger se plaint du comportement des ecclésiastiques chartrains à son égard dans une lettre adressée à un certain frère Richard [2]. En écrivant à ce personnage, familier du roi de France, il ne cherchait pas seulement à se justifier en face des insinuations malveillantes de ses confrères de Chartres, il voulait aussi obtenir satisfaction sur deux autres points. Il demande à son correspondant d'intervenir auprès d'Henri Ier pour que le roi lui restitue le montant de la rançon extorquée dans les conditions que nous savons. De plus, même si le roi négligeait d'accomplir cette réparation, Bérenger se déclare prêt à démontrer, en présence du souverain et des témoins choisis par celui-ci, que, compte tenu de l'enseignement des « écritures », « Jean Scot » avait été très injustement condamné au concile de Verceil, et Paschase, très injustement approuvé. Bérenger souhaite pouvoir, par la même occasion, réfuter les propos déplaisants des Chartrains. Il termine sa lettre en invoquant l'exemple de Charlemagne (à qui il attribue ce qui revenait en fait à Charles le Chauve) pour encourager le roi à marcher sur les traces d'un prince qui se préoccupait de problèmes de doctrine : « Pour que le roi soit moins tenté de refuser les bons offices de ma fidélité, qu'il sache que ce que Jean Scot a écrit, il l'a écrit sur le conseil et à la prière de Charles le Grand, son prédécesseur. Celui-ci, qui était aussi dévoué à la religion que diligent dans l'administration de ses affaires, voulant éviter que ne prédomine l'ineptie des ignorants et des charnels de cette époque, avait chargé un homme instruit, ce Jean, de tirer des écritures les arguments capables de renverser une telle ineptie. Il faut donc que le roi apporte au défunt son appui contre les calomnies des hommes de notre temps, s'il ne veut pas se montrer indigne de la succession et du trône de son glorieux prédécesseur,

---

résonnance augustinienne indéniable (*infra*, p. 124, note 2). Cfr DSC, 55/32-56/7, 150/1-3 : PE, 112 E. Voir *infra*, p. 254-255.

1. EH. Cette accusation a été souvent reprise contre Bérenger. Voir, par exemple, GOZECHIN, *Epistola ad Valcherum*, XXX : PL, t. CXLIII, 900 D, 9-11. Voir A. GAUDEL, article *Stercoranisme*, dans le *Dictionnaire de théologie catholique*, t. XIV, 1941, col. 2602-2605.

2. EF, LXXXVIII.

qui, se souciant aussi d'une bonne intelligence des écritures, avait réclamé un service de cette nature d'un homme instruit, son contemporain, pour que ne soit pas obscurcie la lumière de la vérité »[1]. Bientôt, le roi Henri Ier prendra à la lettre la demande de Bérenger et l'invitera à comparaître devant un concile qui devait se tenir à Paris, mais l'écolâtre, estimant sans doute, non sans raison, que cette invitation n'était pas accompagnée des garanties qui lui assureraient la possibilité de s'exprimer en toute liberté et sans risques graves pour sa sécurité personnelle, se gardera bien de répondre à la convocation du monarque [2].

Le scandale provoqué par l'hérésie bérengarienne, après avoir ému la plus grande partie de la chrétienté occidentale, ne pouvait manquer de rejaillir en conséquences désagréables sur ses deux promoteurs, l'un vraiment responsable, l'autre, apparemment, plus imprudent que coupable. A un dossier déjà très lourd les ennemis de l'Anjou se font un malin plaisir d'ajouter la lettre que Bérenger avait écrite, au nom d'Eusèbe Brunon, à l'adresse de Gervais du Mans. Parvenu aux mains des autorités romaines, ce document ne pouvait que confirmer le jugement qu'elles portaient sur l'évêque d'Angers, considéré par elles et par l'ensemble de l'opinion comme le complice de l'hérétique [3].

C'est dans cette conjoncture fâcheuse qu'avec une certaine

---

1. « Quo autem hoc minus fidelitatis meae servitium refugiat, noverit, quae scribit Johannes Scotus, monitu illum scripsisse precarioque Caroli Magni antecessoris sui. Qui quantum circa res gerendas perstrenuus, tantum circa religionem devotus, ne ineruditorum carnaliumque illius temporis praevaleret ineptia, erudito viro Johanni illi imposuit colligere de scripturis, quae ineptiam illam everterent. Unde ferat oportet defuncto patrocinium contra calumnias nunc viventium, nisi se mavult exhibere indignum successione et sede illius magnifici antecessoris sui, qui etiam circa negotium intelligendarum scripturarum sollicitus ab erudito viro vivo, non ad tenebrandum veritatis lumen, tale exegit obsequium » (EF, LXXXVIII, 153/24-154/1-11). De la même époque que la lettre à Richard, il existe une lettre de Bérenger à un trésorier, dont le nom commence par un *W* et qui, comme Richard, avait accès auprès d'Henri Ier. Les seules lignes de cette lettre qui nous soient parvenues (EF, 152/39-41-153/29-31), sont presque identiques aux premières lignes de la lettre à Richard. Il faut supposer que la lettre à W. ne contenait que ces lignes (il s'agit de la demande de restitution de la rançon) ou, ce qui nous paraît moins probable, qu'elle avait un prolongement analogue à la suite de la lettre à Richard.
2. Voir *infra*, p. 113-114.
3. Voir *infra*, p. 107-108, 116.

candeur Eusèbe Brunon, dont un texte de l'époque assure qu'il était *simplicitate columbinus* [1], s'adresse par lettre à Léon IX pour le consulter sur un point de morale. Il veut savoir ce qu'on pense à Rome du divorce et de la répudiation. Il exprime l'avis que tuer sa femme ou, l'épouse légitime étant vivante, s'unir à une autre femme sont fautes très graves, et il demande à Léon IX de lui faire connaître des textes canoniques qui ratifieraient cette manière de voir. Quand la lettre d'Eusèbe Brunon parvient à destination, le pape est absent de la Ville éternelle. Le cardinal Humbert, dans le style vigoureux qui lui est propre, rédige alors à l'intention de l'évêque d'Angers une réponse de nature à prendre celui-ci au dépourvu [2]. Sur l'objet de la consultation, quelques lignes suffisent à Humbert dans le corps de sa lettre : il approuve le jugement de son correspondant, mais il fait remarquer que plutôt que de s'enquérir à Rome de textes juridiques sur une question de cet ordre, l'évêque d'Angers ferait mieux de s'en tenir à ce qu'il a sous la main, c'est-à-dire aux maximes évangéliques et apostoliques, et à la pensée unanime de tous les catholiques. Dans le reste de la lettre, le cardinal adresse une semonce bien appuyée au pauvre évêque : « Du fond du cœur, dit-il, je déplore que, de divers côtés, parviennent au Siège apostolique des jugements sévères à ton sujet et qu'on dise qu'après mille années et davantage tu suscites chez ta mère la Catholique, à propos de l'eucharistie, de nouveaux enfantements ou, plutôt, de nouvelles douleurs, provoquées par une nouvelle hérésie et qu'à notre époque précisément, sur une vérité de foi aussi évidente et aussi manifeste jusqu'à présent, tu troubles et tu changes, par des argumentations obscures et ambiguës, l'ancien état de la chrétienté. Si, en effet, tu remarquais avec prudence que le Seigneur qui t'as mis à la tête de son Église, a fondé et répandu celle-ci dans toutes les nations non avec des sophistes ou des aristotéliciens, mais avec des gens simples et incultes, tu ne soulèverais pas à ton propos de si nombreux et de si grands mouvements et gémissements des entrailles du Christ, tu ne mériterais pas d'être appelé avec Bérenger et surnommé (ah ! quelle honte !) stercoraniste, comme nous l'apprennent des écrits des gens de France, qui nous sont

---

1. *Narratio controversiae*, dans RHGH, t. XII, p. 460 D. Cfr *Matth.*, X, 16.
2. EH.

parvenus » [1]. Le cardinal reproche ensuite à Eusèbe Brunon d'avoir adressé à Gervais du Mans une lettre dans laquelle le pape était critiqué pour avoir fait lacérer le livre de « Jean Scot » et pour avoir procédé à des réordinations d'évêques [2]. Humbert nie que le pape ait jamais « réordonné » qui se soit, serait-ce un portier, encore moins un évêque [3]. A supposer même que Léon IX n'ait pas agi comme il aurait dû le faire, Humbert n'admet pas qu'on se permette d'attaquer une autorité qui est au-dessus des jugements ordinaires. Il invite l'évêque d'Angers à exprimer franchement son opinion devant le magistère suprême au lieu de traiter de la question en aparté avec des gens incompétents. Il lui conseille d'être le prédicateur d'une vérité simple, et non pas flottante et ondoyante. Il aborde alors le problème posé par son correspondant, puis, il revient, en guise de conclusion, au rôle joué par Eusèbe Brunon dans l'affaire bérengarienne : « Mais, dit-il, pour nous entretenir encore un peu de toi, notre seigneur pape, animé par le zèle de Dieu, se tourmente d'autant plus à ton sujet qu'il est plus vivement pénétré de cette parole de l'Évangile : « Si le sel s'affadit, avec quoi le salera-t-on ? Il n'est plus bon qu'à être jeté dehors et foulé aux pieds ». En ce qui me concerne aussi, Dieu m'est témoin que, me rappelant combien tu étais vigilant, je suis peiné des bruits fâcheux qui courent sur toi et que je m'intéresse à ta personne dans l'amour de Jésus-Christ... » [4].

---

1. « Doleo ergo cordis ab imo, quod hic inde veniat apostolicae sedi de te non bona opinio et quos* novos partus immo dolores super novae haereseos energia diceris catholicae matri jam post mille et eo amplius annos de eucharistia afferre et post tam apertam et manifestam fidei veritatem nunc demum antiquum statum christianitatis nubilosis et ambiguis argumentationibus confundere vel deflectere. Si enim prudenter advertisses, quod dominus, qui te ecclesiae suae praefecit, non per sophistas seu aristotelicos, sed per simplices et idiotas ecclesiam suam per omnes gentes fundaverit et diffuderit, non tot et tantos motus et gemitus viscerum Christi super te concitasses, ne cum Berengero tu (ah pudet) stercoranista dici et agnominari, sicut Francigenarum scripta quae ad nos pervenerunt edocent, meruisses » (EH).

*. Il faut certainement lire *quod* au lieu de *quos*.

2. Voir *supra*, p. 102.

3. Ceci signifie que les ordinations simoniaques étant considérées comme nulles par Humbert, il ne pouvait pas être question de réordination pour ceux qui les avaient reçues, mais d'ordination proprement dite.

4. « Sed ut ad te paululum sermo redeat, dominus noster papa tanto altius super te zelo Dei tabescit, quanto vivacius illud evangelicum attendit : *Si sal evanuerit, in quo salietur ? Ad nihilum valet ultra, nisi ut mittatur foras et conculcetur ab hominibus.* Mihi quoque testis est Deus, quo modo recolens tuae

Eusèbe Brunon n'était pas un fanatique. La situation difficile dans laquelle l'interdit pontifical avait plongé l'Anjou et la Touraine, le manque de pondération de Bérenger qui avait exploité à son profit les sentiments hostiles à Rome que cette mesure avait éveillés chez les autorités angevines, l'avaient entraîné beaucoup plus loin qu'il ne l'aurait voulu. Effrayé par les incartades de son archidiacre, atterré de voir sa propre réputation gravement compromise par sa connivence avec un hérétique, il adoptera désormais une position modérée, avec le désir manifeste de ne plus compromettre sa tranquillité. La semonce du cardinal Humbert, jointe à la leçon des faits, devait porter ses fruits.

Mais, dans l'immédiat, il était impossible au malheureux évêque d'arrêter le cours des événements et d'empêcher que l'on ne colporte à son sujet des bruits, vrais ou faux, liant sa cause à celle de Bérenger et les accusant, en plus de l'erreur sur l'eucharistie, d'hérésies plus ou moins imaginaires. Déjà Bérenger, durant son séjour à Chartres, avait dû se défendre d'avoir donné une interprétation inexacte du symbolisme de la crosse épiscopale [1]. Une lettre de Déoduin, évêque de Liège, adressée au roi de France, attribue à Eusèbe Brunon et à Bérenger non seulement l'hérésie qui ébranlait la croyance en la présence réelle, mais encore deux autres opinions hétérodoxes qui visaient à saper la pratique du baptême des enfants et les principes chrétiens sur les mariages légitimes [2]. Déoduin, proche parent de l'empereur, avait entendu dire que le roi Henri Ier voulait réunir un synode pour y faire juger l'évêque d'Angers et son archidiacre, et ceci, pensait-il, à la demande même des deux intéressés. Or, bien qu'Eusèbe Brunon fût impliqué dans l'affaire

---

industriae doleam de infamia tua et cupiam te in visceribus Jesu Christi in saeculorum saecula. Amen » (EH). Cfr *Matth.*, V, 13.

1. Voir *supra*, p. 71.
2. ED, 1439 B 6-14. On ne prête qu'aux riches. En plus de l'hérésie concernant l'eucharistie, Bérenger sera accusé d'autres erreurs doctrinales, vraisemblablement à tort. Voir, par exemple, GUITMOND D'AVERSA, *De corporis et sanguinis Christi veritate*, I : PL, t. CXLIX, 1429 A-B (qui reprend les accusations de Déoduin de Liège) ; WOLPHELM DE BRAUWEILER, *Epistola de sacramento eucharistiae* : PL, t. CLIV, 412 C-D, 413 C-D ; GUILLAUME DE MALMESBURY, *Gesta regum Anglorum*, III, 284 : PL, CLXXIX, 1257, B 2-4 (« Licet Berengarius primum calorem juventutis aliquarum haeresium defensione infamaverit... »).

bérengarienne, nous ne croyons pas qu'il ait jamais sollicité de comparaître devant un concile organisé par le roi de France. Il est vraisemblable que Déoduin, renseigné de façon imprécise, mettait au compte des deux personnages une démarche accomplie par le seul Bérenger : nous savons, en effet, que le maître tourangeau avait fait connaître à Henri Ier son désir de plaider, devant le souverain et devant des témoins choisis par celui-ci, la cause de « Jean Scot, injustement condamné au concile de Verceil » [1].

Il semble qu'en écrivant au roi de France, Déoduin était, dans une mesure dont l'importance est difficile à apprécier, le porte-parole des milieux romains-germaniques. Et, à supposer même qu'il ait agi de sa propre initiative, le but de son intervention s'accordait, au moins en partie, avec les dispositions auxquelles se tiendront invariablement les autorités romaines dans l'affaire bérengarienne. Déoduin cherchait, en effet, à empêcher la réalisation du synode projeté par le roi, parce qu'il estimait que le cas des bérengariens devait être réservé au jugement d'un concile présidé par le pape [2]. Les raisons qu'il met en avant sont de deux sortes. Eusèbe Brunon, du fait de son caractère épiscopal, échappe à la juridiction d'un concile local : sa cause relève directement du Siège apostolique. C'est donc en toute sécurité qu'il se présentera devant les membres du synode, qui seront dans l'impossibilité de prendre la moindre sanction. Il en résultera, pour le peuple chrétien, un grave scandale, les fidèles pouvant croire soit que les conciles sont impuissants à obliger les coupables à se soumettre, soit que ces derniers ont obtenu gain de cause. Déoduin supplie donc le roi de surseoir à son projet, aussi longtemps qu'il n'aura pas reçu « l'audience du Siège romain », sans laquelle il ne pourrait intenter une action valable. Seconde raison invoquée par Déoduin : à quoi bon, disait-il, donner aux nouveaux hérétiques l'occasion de défendre publiquement leurs théories ? Leur culpabilité est certaine : le seul problème à résoudre est de savoir quelles peines il convient de leur infliger. Et Déoduin de conclure : « Nous estimons que

---

1. Voir *supra*, p. 105-106.

2. On notera, cependant, que Déoduin n'estimait pas nécessaire que les accusés soient présents lors du procès qui les jugerait (ED, 1440 B 13-C 10 1442 B 12-13), alors que tous les efforts des autorités romaines tendirent à faire comparaître Bérenger devant le pape : voir *infra*, p. 122-123, 149-150, 152, 155, 161, 163.

Brunon et Bérenger tombent déjà sous le coup de l'anathème. S'il en est ainsi, on doit leur refuser effectivement l'audience du concile et, avec vos évêques et nos évêques, si vous le jugez bon, avec votre ami l'empereur, avec le pape lui-même, il faut délibérer du châtiment à leur imposer. Il est juste, en effet, que tous se retournent contre des hommes qui agissent contre tous » [1]. La pensée de Déoduin était claire : l'affaire bérengarienne relevait de la compétence romaine, et aucune action juridique ne devait être engagée, pour la régler, sans une intervention de la papauté. Mais les raisons présentées par l'évêque de Liège, pour justifier son point de vue, ne sont pas toutes également convaincantes. Si Eusèbe Brunon ne pouvait être jugé sans une délégation apostolique, il n'en était pas ainsi pour Bérenger. De plus, refuser la parole à des accusés, si grande que fût la présomption de leur culpabilité, n'était guère conforme aux principes les plus élémentaires de la justice. Il est évident que Déoduin faisait flèche de tout bois pour éviter que le roi de France ne mette son projet à exécution, et les vraies raisons de sa démarche auprès d'Henri Ier étaient certainement beaucoup plus importantes que celles qu'il met en valeur pour convaincre le souverain. La dernière phrase de la lettre l'indique nettement : « Il est juste que tous se retournent contre des hommes qui agissent contre tous ». L'hérésie bérengarienne concernait l'Église tout entière, elle ressortissait par conséquent à la juridiction qui englobait la totalité du monde chrétien. Il ne faut pas oublier, du reste, que deux conciles présidés par le pape s'étaient déjà prononcés sur le cas de Bérenger; l'autorité romaine ne pouvait donc regarder d'un œil favorable des initiatives locales qui semblaient empiéter sur un domaine désormais réservé au Siège apostolique. Nous en avons la confirmation dans le fait qu'Hildebrand, légat du pape, reprendra l'affaire en main lors du concile de Tours de 1054, en ayant comme objectif principal d'obtenir que Bérenger accepte de venir dans la Ville éternelle pour se soumettre au jugement du tribunal apostolique. Ce projet, contrarié d'abord par les circonstances,

---

1. « Brunonem et Berengarium jam anathematizatos arbitramur. Quod si ita est, vere illis audientia concilii deneganda est, et cum vestris cumque nostris episcopis, si vobis ita videtur, cum amico vestro imperatore, cum ipso papa, quae vindicta in illos statuatur, deliberandum. Est enim justum ut quorum manus sint contra omnes, omnium manus etiam contra ipsos excitentur » (ED, 1442 B 11-C 4).

trouvera son aboutissement à l'occasion du concile de Rome de 1059.

Provisoirement, nous avons passé sous silence le détail des preuves avancées par Déoduin pour montrer qu'Eusèbe Brunon et Bérenger tombaient sous le coup de l'anathème : l'évêque de Liège aligne un certain nombre de textes de la tradition qu'il oppose aux trois hérésies attribuées au prélat angevin et à l'écolâtre de Saint-Martin de Tours. Déoduin formule les propositions hétérodoxes dans des termes extrêmement vagues et ne cite aucun témoignage qui permette d'affirmer que les accusés les avaient vraiment soutenues. Cette façon d'instruire un procès et d'en dicter les conclusions est peu équitable.

La première des hérésies mentionnées par Déoduin met en cause le sacrement de l'autel. Eusèbe Brunon et Bérenger prétendraient que l'eucharistie n'est pas tant le corps du Seigneur que l'ombre et la figure du corps du Seigneur. Il est vraisemblable que, sur ce point, Déoduin tirait son information de ce qui se disait alors en Allemagne à propos de l'hérésie bérengarienne, et nous croyons que ces bruits avaient eux-mêmes pour origine la condamnation prononcée à Verceil contre « Jean Scot » et contre Bérenger. Notons, cependant, qu'à Verceil, parmi les termes dont l'application à l'eucharistie avait choqué les Pères conciliaires, il y avait bien *figura*, mais non pas *umbra*, mot qui ne se trouve pas dans le passage du traité de Ratramne à partir duquel on s'était fait une opinion sur les théories bérengariennes [1]. C'est dans les premières pages de ce traité, aux chapitres VII et VIII, que sont associés les deux vocables qui servaient à Déoduin pour caractériser la nouvelle hérésie [2].

Si le premier chef d'accusation énoncé par l'évêque de Liège correspond à la réalité, les deux autres relèvent de l'imagination pure. Rien n'autorise à penser que Bérenger, et moins encore Eusèbe Brunon, se soient opposés au baptême des enfants ni qu'ils aient prôné l'union libre. Peut-être, cette dernière imputation avait-elle pris corps dans des rapports inexacts sur la consultation que l'évêque d'Angers avait adressée à Léon IX au sujet du divorce et de la répudiation [3].

---

1. Voir *supra*, p. 76.

2. RATRAMNE, *De corpore et sanguine Domini*, VII et VIII : PL, t. CXXI, 130 A-B.

3. R. HEURTEVENT, *Durand de Troarn*, p. 129, note 1 (voir aussi p. 86-87) pense que Déoduin de Liège a attribué à Bérenger les erreurs des manichéens d'Arras et de Liège. Cela n'est pas invraisemblable.

Les arguments de Déoduin demeurèrent sans effet sur le roi. Ceci confirme le jugement qu'on ne peut manquer de formuler devant les résolutions que prendra le concile de Paris : Henri Ier trouvait dans des motifs doctrinaux un prétexte pour intervenir dans les affaires angevines.

Le souverain, après avoir consulté les évêques et les notables du domaine royal, choisit pour le synode la date du 16 octobre 1051. Il convoque Bérenger à cette assemblée, en lui faisant entrevoir deux issues possibles : ou le maître tourangeau, réfutant victorieusement toutes les objections, justifiera sa doctrine en l'appuyant, en particulier, sur l'autorité des Pères, programme qui reprenait celui que l'écolâtre avait lui-même proposé au roi par l'intermédiaire du frère Richard [1], ou Bérenger, convaincu d'erreur, fera amende honorable et se rangera docilement du côté de la foi catholique.

Au jour dit, des évêques, des clercs, des nobles, en grand nombre, se réunissent sous la présidence du roi. Mais Bérenger faisait défaut. C'est la peur, assure Durand de Troarn, qui l'empêcha de comparaître devant le synode parisien. De fait, si vif que fût son désir de plaider sa cause en présence du monarque, Bérenger avait quelque raison de se défier des intentions d'un prince dont il avait déjà eu l'occasion d'éprouver la rudesse, qui le convoquait sous forme impérative et qui, de toute évidence, voulait le livrer, pieds et poings liés, à une assemblée trop importante et trop mal disposée pour que le maître tourangeau puisse envisager de s'y exprimer en toute liberté.

Au concile de Rome de 1050, le billet de Bérenger à Lanfranc, si vague qu'en fût la teneur, avait donné une assise juridique à l'excommunication. Au concile de Paris, une fois de plus, Bérenger fournit, à son insu, le document qui permettra de le condamner dans les formes. Il s'agissait d'une lettre assez volumineuse envoyée par l'écolâtre à l'un de ses amis, qui s'appelait Paul, si l'on en croit Durand de Troarn, mais qui était, beaucoup plus probablement, Paulin de Metz. Cette lettre, où abondaient, semble-t-il, les citations de « Jean Scot », était sans doute la réponse de Bérenger à la deuxième lettre du primicier de Metz. Rappelons que celui-ci et l'abbé de Gorze réclamaient du maître

---

1. EF, LXXXVIII, 153/8-12, 154/4-6, 9. Voir *infra*, p. 105.

tourangeau une justification des positions de « Jean Scot » sur l'eucharistie [1].

L'évêque d'Orléans, ayant pris la parole, explique comment il avait intercepté cette pièce à conviction en ordonnant qu'elle soit arrachée de force des mains du messager qui la portait à destination. Puis, il demande et obtient l'autorisation d'en faire prendre connaissance à l'assemblée par une lecture publique. Les membres du concile écoutent dans un silence total les premiers paragraphes du texte, mais, peu à peu, s'élève parmi eux un murmure réprobateur, qui s'enfle bientôt jusqu'à de bruyantes protestations, à mesure que se succèdent les propositions choquantes pour la foi. D'un commun accord, on estime que la doctrine contenue dans ce document est entachée de l'hérésie la plus pernicieuse et l'on condamne non seulement Bérenger, mais aussi les complices de l'écolâtre et le livre de « Jean Scot », duquel semblaient tirées les formules qui motivaient ce jugement sévère.

La résolution adoptée par le synode révèle les intentions de celui qui l'avait convoqué. Le bras spirituel faisait appel au bras temporel, et les personnes présentes n'acceptèrent de se séparer qu'à une condition, souhaitée et, vraisemblablement, suggérée par le roi : on décida que si Bérenger et ses disciples ne venaient pas à résipiscence, l'armée royale tout entière, précédée de clercs en vêtements liturgiques, les poursuivrait, en quelque lieu qu'ils se trouvent, et les assiégerait jusqu'à ce qu'ils aient adhéré à la foi catholique ou qu'ils aient été appréhendés pour subir le châtiment suprême. A n'en pas douter, il s'agissait d'un véritable ultimatum visant le comte d'Anjou, sur le territoire duquel résidaient les coupables, à qui il accordait encouragement et protection [2].

Durand de Troarn affirme que cette mise en demeure eut un effet presque immédiat *(non multo post)* : Bérenger et ses partisans, effrayés par la menace brandie contre eux, se réunirent à leur tour en synode et proclamèrent publiquement leur attachement à la foi catholique. Ils appuyèrent cette déclaration d'un serment prononcé sur les reliques des saints [3]. La plupart des

---

1. Voir *supra*, p. 98-99, 103, *infra*, p. 127-128.
2. DURAND DE TROARN, *Liber de corpore et sanguine Christi*, IX, XXXIII : PL, t. CXLIX, 1422 C 7-1424 A 9.
3. *Ibid.*, 1424 A 3-9.

historiens de la question bérengarienne ont pensé que le concile ainsi mentionné par le théologien normand est celui qui se réunit à Tours en 1054 sous la présidence d'Hildebrand, légat pontifical [1]. Mais les trente mois qui séparent le concile de Paris (octobre 1051) du concile présidé par le futur Grégoire VII (avril 1054), ne correspondent pas au bref espace de temps dont parle Durand de Troarn *(non multo post)*, et, de plus, on comprendrait mal que les bérengariens, agissant sous l'empire de la crainte que leur inspirait l'ultimatum lancé à partir du domaine royal, aient attendu plus de deux ans pour obtempérer et l'aient fait à une époque où, depuis au moins dix-huit mois, Henri Ier et Geoffroy Martel s'étaient réconciliés et où, par conséquent, une intervention armée du roi contre les possessions du comte d'Anjou ne pouvait plus être redoutée [2].

Nous pensons que le concile auquel fait allusion Durand de Troarn se confond avec le premier des trois synodes provinciaux énumérés par Eusèbe Brunon dans une lettre à Bérenger écrite vers 1063 [3]. Ce synode, réuni à Tours comme celui de 1054, se

---

1. Par exemple, A. J. MACDONALD, *Berengar*, p. 101, note 1 et p. 121, note 5.

2. Voir L. HALPHEN, *Le comté d'Anjou au XIe siècle*, p. 76.

3. EE, 1204 A 14-B 9. Le texte de la PL est inexact en ce qui concerne le premier des trois synodes. Il faut lire, d'après *Berlin, Phill. 1704*, f. 144 : « Hoc consilio querimonia quae in praesentia domni Gervasii, tunc capti apud Turonum, emersit sedata est ». Nous estimons mal fondé le rapprochement établi par plusieurs historiens entre ce premier concile de Tours consacré à l'affaire bérengarienne et la réunion, organisée à grand peine par Geoffroy Martel en 1050, d'une sorte de tribunal ecclésiastique destiné à juger Gervais du Mans (*supra*, p. 62) : voir, par exemple, A. J. MACDONALD, *Berengar*, p. 85, note 5, et L. HALPHEN, *Le comté d'Anjou au XIe siècle*, p. 124, note 2.

a) Si Bérenger et Eusèbe Brunon avaient fait profession de foi catholique au cours de cette réunion, on s'expliquerait mal les condamnations portées ensuite contre Bérenger à Rome, Verceil et Paris, et les jugements sévères formulés contre Eusèbe Brunon et contre Bérenger, durant l'année 1051, par le cardinal Humbert et par Déoduin de Liège.

b) Il apparaît clairement, dans la lettre d'Eusèbe Brunon, que le premier concile de la province ecclésiastique de Tours consacré à l'affaire bérengarienne est venu *en conclusion* de toute une période durant laquelle l'évêque d'Angers était englobé dans la réprobation que suscitaient à travers la chrétienté latine les thèses de son archidiacre : « Haec... quaestio, postquam Romani orbis maximam pene partem peragravit, ad ultimum nos cum infami longinquorum et vicinorum redargutione acerrime pulsavit. Contra quod... tale responsionis elegi temperamentum... ». C'est ce *temperamentum* qui inspire le premier des trois conciles mentionnés par Eusèbe, comme aussi les deux suivants (qui sont les conciles de Tours de 1054 et d'Angers de 1062) (EE, 1201 D 12-16 et 1202 D 1. Cfr *ibid.*, 1204 A 14-B 9).

place dans des circonstances qui, dans l'histoire de la controverse, paraissent être celles par lesquelles fut marquée l'année 1051. Nous savons que le prosélytisme intempérant déployé par Bérenger après le concile de Verceil, sa frénésie épistolaire et littéraire, avaient eu des conséquences désastreuses pour la réputation de l'évêque d'Angers compromis avec son archidiacre. La lettre du cardinal Humbert à Eusèbe Brunon, la lettre de Déoduin de Liège au roi de France, le paragraphe du traité de Durand de Troarn consacré au concile de Paris, montrent que, vers la fin de 1051, Eusèbe Brunon et Bérenger étaient englobés dans la même réprobation. L'évêque d'Angers témoigne de ce pénible état de choses : « Cette ... question, dit-il, après avoir fait le tour de la majeure partie du monde romain, finalement nous a fortement secoués, en faisant retomber sur nous une accusation infamante, de la part des gens proches, comme de la part de ceux qui se trouvaient au loin » [1]. C'est sans doute avec le concile de Paris que cette crise atteignit son paroxysme, et c'est pour la dénouer, croyons-nous, que se réunit à Tours le premier des trois conciles mentionnés par Eusèbe Brunon dans sa lettre à Bérenger (le second étant celui de Tours de 1054, et le troisième, celui d'Angers de 1062). On imagine que l'évêque d'Angers, ému par les reproches du cardinal Humbert et par la réprobation du pape lui-même, honteux d'être donné en spectacle à l'Église latine [2] et de lui fournir un sujet de scandale, inquiet, avec le comte d'Anjou, des menaces d'intervention militaire proférées par le concile de Paris, excédé, en bref, des conséquences déplorables de la propagande à rebours de son archidiacre, résolut, en accord avec les autorités civiles et religieuses de la province ecclésiastique de Tours, de « terminer » l'affaire une bonne fois [3] et d'anéantir ce qu'il considérait comme un véritable fléau *(pestis)* [4].

Pour y parvenir, il fallait donner satisfaction à l'opinion catholique en rédigeant un texte de profession de foi orthodoxe, auquel Bérenger et les membres du concile donneraient une

---

1. Voir la note précédente.
2. « Non tot et tantos motus et gemitus viscerum Christi super te concitasses » (EH). Voir aussi *supra*, p. 115, note 3.
3. « Est enim causa ter provinciae nostrae judicio terminata » (EE, 1204 C 5-6).
4. EE, 1204 B 7.

adhésion solennelle. Le synode, qui se tint en présence de Gervais du Mans encore en captivité, fut le théâtre d'une discussion assez vive[1]. Cela signifie, sans doute, que Bérenger, plus à l'aise, dans un milieu qui lui était familier, pour exprimer le fond de sa pensée, lutta pied à pied pour défendre ses positions. On peut être certain qu'il se servit, durant ce débat, des écrits des Pères, dans lesquels il estimait trouver la confirmation éclatante du symbolisme eucharistique de « Jean Scot »[2]. Or, sur ce terrain « scripturaire », il était difficile de résister à la logique du maître tourangeau, d'autant que la doctrine courante de l'époque ne rendait pas compte, d'une manière satisfaisante, de données incontestablement traditionnelles, comme celles qu'implique, par exemple, l'utilisation, à propos de l'eucharistie, des termes *signum, figura, similitudo*. Pour les hommes d'Église, en ce milieu du XIe siècle, intégrer ces données dans la synthèse doctrinale, c'était risquer d'ébranler la croyance en la présence réelle, comme le prouve la réflexion du diacre romain Pierre au concile de Verceil : « Si nous sommes encore dans la figure, quand étreindrons-nous la réalité ? »[3] Bérenger, en remettant en honneur certaines formules patristiques et, plus particulièrement, augustiniennes, devait alors susciter un malaise analogue à celui que révèle, quelques décades plus tard, une réflexion de Bruno de Segni, qui, ayant eu l'occasion de s'entretenir avec lui, avouait : *Ad impossibilia nos ducebat*[4], ce qui montre, d'une part, que les raisonnements du maître tourangeau paraissaient irréfutables, mais, d'autre part, que les conclusions auxquelles ils aboutissaient se révélaient inconciliables avec les enseignements de la foi.

Il fallait sortir de cette impasse. On le fit en adoptant, peut-

---

1. Voir *supra*, p. 115, note 3.

2. C'est ce qui ressort de la lettre d'Eusèbe Brunon à Bérenger, dans laquelle transparaît le souci d'éviter les discussions doctrinales (EE, 1202 D 8-9), surtout en matière patristique (EE, 1203 B 10-C 7 et 1204 A 1-4).

3. Voir *supra*, p. 78, note 1.

4. BRUNO DE SEGNI, *Expositio in Leviticum*, VII : PL, t. CLXIV, 404 C 4-5. La remarque de Bruno de Segni vise les raisonnements de Bérenger inspirés de la philosophie, mais elle peut s'appliquer aussi aux arguments que le maître tourangeau tirait des écrits des Pères. Voir aussi GOZECHIN, *Epistola ad Valcherum*, XXX : PL, t. CXLIII, 900 C-901 B : « Isti (les disciples de Bérenger) … per captiosos necessariae argumentationis ducunt anfractus ». Cfr DURAND DE TROARN, *Liber de corpore et sanguine Christi*, VI, XVII : PL, t. CXLIX, 1400 C sq.

être sur l'instigation d'Eusèbe Brunon, une solution qui était capable de rallier tous les suffrages, parce qu'elle laissait de côté les subtilités trop savantes à propos desquelles on risquait d'être entraîné dans des discussions sans fin. On s'en tiendrait à la lettre du texte de l'institution eucharistique, tel qu'on le lit dans l'Évangile et tel qu'il est utilisé dans la liturgie de la messe. Ce texte disait clairement que, par la consécration, le pain est devenu le vrai corps du Christ, et le vin, son vrai sang. Il fournissait donc la matière d'une profession de foi sans ambiguïté. Si, néanmoins, on se posait des questions sur la réalisation de ce changement mystérieux, une seule réponse était adéquate : il s'agissait d'un fait qui dépassait l'ordre de la nature et relevait de la toute-puissance divine [1]. Eusèbe Brunon, certes, ne méprisait pas les autres éléments de la tradition qui concernent l'eucharistie, mais, redoutant les malfaçons des textes, les erreurs d'interprétation, les déficiences de documentation, il laissait à de plus savants que lui l'étude des écrits patristiques, par crainte, en rapportant de façon inexacte la pensée des Pères, de provoquer le scandale, ce qu'il avait particulièrement en horreur [2]. La solution qui avait les préférences de l'évêque d'Angers, et qu'il appelle une solution moyenne, un *temperamentum*, avait l'avantage de ne pouvoir être l'objet d'aucune contestation et d'être adaptée aux gens simples, tout en étant acceptable pour les gens cultivés. C'est à elle, disait-il, que s'attachaient des personnalités bien supérieures à la sienne [3].

On comprend que Bérenger se soit montré récalcitrant devant une formule qui lui rappelait la position, prudente et restrictive, adoptée par Ansfroi de Préaux et par Arnulf de Chartres [4]. Dans le *De sacra coena*, il s'élèvera contre certains prêtres de son temps qui, en contrecarrant les esprits avides de mieux pénétrer le sens du mystère eucharistique, s'opposent au précepte du Christ recommandant à ses disciples de « scruter les écritures » [5]. Mais, si désireux qu'il fût de voir le concile tenir compte

---

1. EE, 1201 D 15-16 et 1202 D 1-1203 B 10.
2. EE, 1203 B 10-C 7 et 1204 A 1-14.
3. EE, 1201 D 15-16 et 1202 D 1-13 : « Contra quod, quamvis humili meo et doctiorum * et me meliorum consilio, tale responsionis elegi temperamentum...» (* la PL dit : *doctorum*).
4. EF, XCVIII, 164/16-21, 165/8-166/9. Voir *supra*, p. 25-26, 51, 67, 72-74, 89-91.
5. Voir *supra*, p. 51, note 1.

explicitement du symbolisme des Pères, il dut, sans doute, admettre, non sans une vive résistance, que la profession de foi préconisée par Eusèbe Brunon, était le seul moyen d'arriver à un apaisement sur le plan politique, comme sur le plan ecclésiastique. De plus, l'histoire de la controverse montre qu'il trouva dans cette profession de foi de type « évangélique » un procédé commode pour camoufler sa pensée sans cependant la renier. Il n'éprouvait, en effet, aucune difficulté à affirmer que le pain et le vin de l'autel sont vraiment, après la consécration, le corps et le sang du Christ [1]. Mais il savait également que le sens qu'il donnait à cette affirmation ne correspondait en rien à celui que ses adversaires avaient dans l'esprit [2].

Avec ce premier des deux conciles de Tours qui s'occupèrent de l'affaire bérengarienne, l'écolâtre inaugure ainsi un système de défense derrière lequel il essaiera désormais de se retrancher quand on lui demandera de témoigner de sa foi. Sans doute, il ne peut éviter la capitulation, au moins apparente, que lui impose le concile de Rome de 1059, ni la défaite qui lui est infligée, à Rome encore, en 1079 ; il réussit, néanmoins, en utilisant des formules équivoques, à prolonger pendant près de trente ans un combat semi-clandestin en faveur du symbolisme eucharistique. Le synode tourangeau que nous venons d'étudier est donc un épisode capital de l'affaire bérengarienne. On en mesure l'importance en songeant que si le débat avait réellement pris fin dès 1051 ou 1052, il n'aurait peut-être pas donné à la théologie sacramentelle l'impulsion décisive dont elle lui est redevable.

Eusèbe Brunon, lors des trois conciles de la province de Tours énumérés dans sa lettre à Bérenger, s'est montré favorable à des professions de foi de type « évangélique » [3]. Il serait

---

1. DSC, 17/34-35.

2. DSC, 17/18-21. Bien des adversaires de Bérenger, cependant, se rendirent compte de l'ambiguïté de sa position : « Dicis enim corpus et non corpus, suum et non suum » (HUGUES DE LANGRES, De corpore et sanguine Christi : PL, t. CXLII, 1332 A 6-7). Voir aussi DURAND DE TROARN, Liber de corpore et sanguine Christi, I, I : PL, t. CXLIX, 1377 B. Comme le dit R. HEURTEVENT, Durand de Troarn, p. 235, « il y avait dans cet homme et sa doctrine quelque chose de fuyant ». Ansfroi de Préaux le trouva perfidus (DURAND DE TROARN, op. cit., IX, XXXVIII : PL, t. CXLIX, 1421 D 13) et se plaignit auprès de Durand des blasphèmes proférés par le maître tourangeau (ibid., 1421 D 8-11).

3. EE ; EF, LXXXVI ; DSC, 18/10.

inconcevable qu'en prenant ce parti il ait eu les mêmes arrière-pensées que son archidiacre. Sans doute, on ne peut nier qu'en 1050 et 1051, pour des raisons étrangères, semble-t-il, au problème doctrinal, il a accordé un certain encouragement à la propagande bérengarienne [1]. De plus, Bérenger, dans le *De sacra coena*, le range au nombre de ses partisans [2] : le maître tourangeau, en effet, était trop convaincu de l'évidence de ses théories pour imaginer qu'on ait pu l'entendre exposer sa doctrine sans donner à celle-ci une entière approbation [3]. Pour nous faire une opinion sur les véritables sentiments de l'évêque d'Angers à l'égard du mystère eucharistique, nous ne nous appuierons pas sur les affirmations peu objectives de l'écolâtre de Saint-Martin de Tours, mais sur le document où ces sentiments sont exprimés de façon authentique : à moins de prêter à Eusèbe Brunon une duplicité peu conforme à ce que nous savons de son caractère [4], nous devons admettre que la lettre qu'il écrivit à Bérenger vers 1063 prouve indubitablement qu'il n'a jamais cessé de partager la croyance eucharistique commune.

La présence de Gervais du Mans, encore prisonnier, au concile de Tours de 1051-1052 [5], permet de penser que la menace brandie par le concile de Paris incita le comte d'Anjou, dont la situation était critique, à enlever à ses ennemis tout prétexte d'intervenir sur son territoire [6]. Nous croyons que ce fut au cours de la même réunion ou, du moins, à la même époque, que des apaisements furent donnés et des serments prononcés sur les deux points qui pouvaient exposer l'Anjou et la Touraine

---

1. De plus, il est quasi-évident que Bérenger, dans certaines lettres rédigées pour le compte d'Eusèbe Brunon, fit endosser à celui-ci, à propos de la controverse, des prises de position qui dépassaient certainement les intentions de l'évêque d'Angers : voir *supra*, p. 102-103. On comprend, dans ces conditions, qu'Eusèbe Brunon ait été considéré comme le complice de Bérenger : EH ; EE ; ED ; DURAND DE TROARN, *Liber de corpore et sanguine Christi*, IX, XXXIII : PL, t. CXLIX, 1422 D 9-13.

2. DSC, 18/10-12.

3. Voir EF, LXXXVI, 148/1-7, LXXXVII, *passim*, LXXXIX, 155/4-5, XCVIII, 164/11-15, 165/21-23, C, 168/2-8. Voir *infra*, p. 154, 202-203, 240, 527-530.

4. Voir *supra*, p. 107.

5. Voir *supra*, p. 115, note 3.

6. Voir EF, LXXXIV, LXXXV, et L. HALPHEN, *Le comté d'Anjou au XI*^e *siècle*, p. 69-80, 120-126.

aux représailles du roi de France et de son allié, le duc de Normandie : la question eucharistique et l'emprisonnement de Gervais du Mans. Geoffroy Martel rendit à Gervais du Mans une partie de sa liberté, en ne réclamant de lui que la paix et la tranquillité. Il y eut une sorte de traité entre le comte et l'évêque, ce dernier promettant, en particulier, de ne plus s'occuper d'affaires séculières, et les engagements furent appuyés par des serments prononcés sur les choses saintes. Le comte, pour sa part, acceptait de régler définitivement le cas de Gervais quand la paix serait conclue entre lui-même et le roi de France, paix dont la réalisation était espérée pour un avenir proche. La mort inopinée du comte du Mans (26 mars 1051 ou, moins probablement, 1052) avait été un facteur décisif dans l'instauration de ce nouvel état de choses, car, en laissant les mains libres à Geoffroy dans une province dont il convoitait la possession, elle supprimait à la racine la cause des embarras dans lesquels il se débattait depuis environ quatre années. Il pouvait ne plus s'inquiéter des menées possibles de Gervais du Mans, hostile à ses projets d'annexion, et envisager une réconciliation avec le roi de France, sans risquer de compromettre une position désormais bien établie en pays manceau. Gervais du Mans ne respecta pas la parole donnée. Il s'enfuit en Normandie et, de là, incita ses vassaux à des voies de fait contre le domaine angevin. De plus, il s'efforça de contrarier les projets de Geoffroy Martel en poussant le duc Guillaume et le roi de France à prolonger la guerre. C'est en vain que le comte d'Anjou lui fit proposer un arrangement et offrit de lui laisser plaider sa cause en toute sécurité, s'engageant à lui rendre intégralement la possibilité de remplir les devoirs de sa charge épiscopale, s'il était prouvé qu'il n'avait rien à se reprocher. En désespoir de cause, le comte adressa une supplique à Léon IX, supplique dont il confia la rédaction à Bérenger. Après avoir rappelé les différentes phases de ses démêlés avec Gervais du Mans et avec les autorités romaines, Geoffroy précisait ainsi le but de sa lettre : « La paternité du Siège apostolique ne doit pas hésiter davantage à pourvoir comme il convient l'Église du Mans et à comprendre maintenant enfin qu'en m'emparant de l'homme et en le mettant en prison, j'avais cherché à assurer la paix et la tranquillité publiques » [1].

---

1. « Non ultra debet dissimulare paternitas apostolicae sedis, quin provideat,

C'est seulement après la mort de Léon IX que cette affaire trouva sa conclusion. En 1055, Gervais était nommé archevêque de Reims, et un prélat angevin était sacré évêque du Mans. Il n'y a aucune raison valable de penser que les sentences fulminées contre Geoffroy Martel et contre les Églises de son domaine à la suite de l'arrestation de Gervais du Mans, aient été maintenues au-delà de cette date [1]. Il est même probable qu'elles ont été rapportées, au moins, lors du séjour que fit Hildebrand à Tours, au début de 1054, pour y présider un concile au nom du pape Léon IX.

Quant aux difficultés politiques auxquelles l'emprisonnement de Gervais du Mans avait servi, dans une certaine mesure, de prétexte et d'aliment, elles se résolvaient plus vite encore, du côté du roi de France, puisque, avant le 15 août 1052, la paix était rétablie entre Henri Ier et Geoffroy Martel [2].

Restait à régler le cas de Bérenger. La lettre de Déoduin de Liège à Henri Ier avait nettement souligné qu'une seule autorité était compétente en la matière, l'autorité romaine [3]. Certes, les conciles de Rome et de Verceil de 1050, présidés par Léon IX, avaient prononcé un jugement, mais ils l'avaient fait en l'absence de l'accusé. De plus, c'était moins sa pensée propre qu'on avait

---

sicut oportet, ecclesiae Cenomannensi meque in captione viri et carcere consuluisse vel nunc tandem intelligat paci publicae et quieti » (EF, LXXXIV, 143 / 23-26).

1. C. ERDMANN, *Gregor VII. und Berengar von Tours*, p. 55-60, et EF, 149 / 32-33, suppose sans raisons suffisantes, que Geoffroy Martel, quand il mourut en 1060, était encore sous le coup de l'excommunication. En foi de quoi, l'érudit allemand imagine que le défunt appelé « notre G. » dans l'une des lettres du groupement bérengarien de *Hanovre 671* (EF, CIII), décédé sans avoir été délié de graves sanctions canoniques, est à identifier avec le comte Geoffroy Martel (EF, 171 /33-36). La même hypothèse sert à C. Erdmann pour contester la portée historique de la lettre EF, LXXXVII. Cette lettre, adressée à Hildebrand et qui se présente comme une recommandation émanant du comte d'Anjou en faveur de Bérenger à la veille du concile de Rome de 1059, a été (personne n'en doute) rédigée par le maître tourangeau, mais C. Erdmann pense qu'en fait, elle n'a pas été envoyée au diacre romain et qu'elle a été diffusée par Bérenger après le concile de Rome de 1079 (pour donner à ses premiers contacts avec Hildebrand, en 1054 et en 1059, une coloration inspirée des événements récents), car un excommunié n'aurait pas pu écrire à un haut personnage de la curie romaine. Voir *supra*, p. 18-19.

2. L. HALPHEN, *Le comté d'Anjou au XIe siècle*, p. 76, note 3.

3. Voir *supra*, p. 110-111.

condamnée que celle de « Jean Scot ». Il fallait donc que le maître
tourangeau comparaisse devant un représentant du pape ou,
mieux, qu'il se rende à Rome soit pour être justifié, soit pour
renier son erreur, soit, s'il refusait de se soumettre, pour subir
le châtiment des hérétiques. De fait, Bérenger sera déféré devant
le concile de Tours de 1054, présidé par le légat pontifical Hildebrand, lequel s'était donné comme objectif de persuader l'écolâtre de venir à Rome même [1]. La mort inopinée de Léon IX
n'ayant pas permis la réalisation immédiate de ce projet, Hildebrand attendra des circonstances plus favorables pour renouveler ses instances auprès de Bérenger et il obtiendra que celui-ci
se présente devant le concile qui se réunit à Rome au printemps
de 1059 sous la présidence de Nicolas II [2].

Nous étudierons, dans les chapitres VIII et IX, respectivement les conciles de Tours de 1054 et de Rome de 1059. Parce
que le concile de Rome de 1059, après un retard de neuf années
dû à bien des traverses, permit enfin la comparution de Bérenger
en suprême instance, on s'imagina qu'il apportait une solution
définitive à l'affaire bérengarienne. Nous en avons pour preuve
la conclusion de la lettre adressée par Eusèbe Brunon à Bérenger
vers 1063 : *Est enim causa ter provinciae nostrae judicio terminata*
(les deux conciles de Tours de 1051-1052 et de 1054, et le concile
d'Angers de 1062), *quarto sedis apostolicae synodi sententia
exstincta* (le concile de Rome de 1059) [3].

* * *

Au bilan que nous avons donné de la pensée de Bérenger à
la fin du chapitre V, pour la période qui va des origines de la
controverse jusqu'à l'époque du concile de Verceil, nous pouvons
ajouter les points suivants pour la période que nous venons
d'étudier :

1. Dans sa lettre à Ascelin, Bérenger déclare qu'en croyant
que la réalité *(substantia)* du pain disparaît entièrement du sacrement de l'autel, Paschase s'oppose à « tous les principes de la

---

1. DSC, 17/13-14, 22-23, 18/28-33.
2. EF, LXXXVII, 149/7.
3. EE, 1204 C 5-7. Cette petite phrase a fait couler beaucoup d'encre. Avec
A. J. MACDONALD, *Berengar*, p. 140 note 1, nous pensons que le concile romain
dont il est question ici ne peut être que celui de 1059.

nature » *(omnes naturae rationes)*. Comme, dans des textes postérieurs à cette lettre et, notamment, dans la *Purgatoria epistola contra Almannum*, il n'exclut en aucune façon la possibilité de changements « substantiels », soit naturels, comme celui qui s'opère dans la digestion, soit miraculeux, comme ceux du bâton de Moïse en serpent, de la femme de Loth en statue de sel, de l'eau de Cana en vin [1], on doit admettre que sa pensée a évolué sur ce point ou, ce qui est plus vraisemblable, que les principes de la nature invoqués dans sa lettre à Ascelin sont envisagés par lui dans leur rapport avec ce que la foi nous enseigne de l'être du Christ et, en particulier, de l'état glorieux du Seigneur résidant à la droite du Père. C'est ainsi que, dans la *Purgatoria epistola*, tout en reconnaissant l'existence d'une conversion par la destruction *(absumptio)* d'une réalité, qui est remplacée par une autre, il n'acceptera, en ce qui concerne l'eucharistie, que la conversion par la promotion *(assumptio)* d'une réalité qui, demeurant intacte, est référée à une autre réalité [2].

2. Le concile de Tours de 1051-1052 montre que Bérenger n'hésite pas à affirmer qu'après la consécration le pain est le vrai corps du Christ, et le vin, son vrai sang [3]. Le maître tourangeau refusera toujours d'être considéré comme un « négateur de la chair et du sang » du Christ dans l'eucharistie [4]. Mais il utilisait les formules réalistes en leur donnant un sens différent de leur sens traditionnel [5].

---

1. PE, 111 C-E.
2. PE, 111 C. Nous laissons ici de côté le problème du stercoranisme (voir *supra*, p. 104-105). Dans la lettre EF, LXXXVIII, où cette question est envisagée, Bérenger ne précise pas vraiment sa position sur ce point. On peut dire la même chose à propos du texte gravé sur le calice de saint Fulbert (voir *supra*, p. 104). Bérenger le cite et en fait certainement sien le contenu, mais il ne le commente pas expressément. Le voici : « Sacramentum quidem transitorium est, virtus vero, quae per ipsum operatur, et gratia, qua insinuatur, aeterna. Participatio sacramenti multorum est, paucorum communio caritatis. Qui Dominum pure diligit, bene ad sacramentum accedit. Mandatum novum caritas ; testamentum novum promissio regni coelorum ; pignus hereditatis, id est sacramentum communionis » (EF, LXXXVIII, 154/12-17).
3. Tel est, en effet, le contenu de la formule de profession de foi adoptée par ce concile (EE, 1203 A 8-13). Cfr DSC, 17/34-35 18/14-15.
4. DSC, 36/26-28.
5. DSC, 17/19-21 ; *Mém.*, 103 A-B.

CHAPITRE VII

LA « PURGATORIA EPISTOLA CONTRA ALMANNUM »

Adelman de Liège, un peu plus âgé que Bérenger, a connu celui-ci lorsqu'ils étaient tous deux élèves à l'école épiscopale de Chartres sous l'égide de saint Fulbert [1]. C'est à l'intervention d'Adelman dans la controverse que l'on doit le seul écrit théologique de Bérenger qui soit parvenu jusqu'à nous pour la période antérieure à 1059, la *Purgatoria epistola contra Almannum*, dont subsistent quatre fragments dans le manuscrit *Bruxelles, BR 5576-5604* (folios 161ᵛ-163ʳ), provenant de l'abbaye de Gembloux [2]. Cet écrit est important à un double titre. D'abord, parce qu'il contient un dossier de huit textes d'origine augustinienne relatifs à la notion de sacrement, dont quatre « passeront à la théologie postérieure, où ils joueront un rôle de premier plan dans l'élaboration et la discussion des différentes définitions des sacrements » [3]. Ensuite, parce qu'il nous apporte une aide précieuse pour l'interprétation des débats du concile de Rome de 1059 qui ont trait à l'affaire bérengarienne. En effet, quand à ce concile fut évoqué le cas de Bérenger, on fit donner lecture d'un ou de plusieurs extraits des œuvres du maître tourangeau, et c'est la doctrine « spiritualiste » exposée dans ces textes qui sucita la réprobation des membres de l'assemblée ;

---

1. HT, 287/1-288/6 (PL, t. CXLIII, 1289 A-B). Sur Adelman de Liège, voir H. SILVESTRE, *Notice sur Adelman de Liège, évêque de Brescia († 1061),* dans *Revue d'histoire ecclésiastique,* t. LVI, 1961, p. 855-871.

2. PE : voir l'édition que nous en donnons *infra*, p. 531-538.

3. D. VAN DEN EYNDE, *Les définitions des sacrements pendant la première période de la théologie scolastique (1050-1240),* Rome-Louvain, 1950, p. 6. Sur l'influence du dossier bérengarien de textes de saint Augustin relatifs à la notion de sacrement, on consultera aussi : J. DE GHELLINCK, *Un chapitre dans l'histoire de la définition des sacrements au XIIᵉ siècle,* dans *Mélanges Mandonnet,* t. II, Paris, 1930, p. 79-96, et N. M. HARING, *Berengar's definitions of « sacramentum » and their influence on mediaeval sacramentology,* dans *Mediaeval studies,* t. X, 1948, p. 109-146.

inversement, c'est la doctrine « sensualiste » critiquée par Bérenger que celui-ci fut contraint de professer publiquement [1]. Or, ces deux doctrines sont clairement présentées dans la *Purgatoria epistola contra Almannum*. Nous ignorons si les textes qui furent soumis au jugement du concile étaient empruntés à cette lettre, mais nous n'avons aucune raison de croire qu'ils aient développé une pensée différente de celle qu'elle contient. Notons de plus que si, comme on peut le conjecturer raisonnablement, le cardinal Humbert, en rédigeant la profession de foi qui devait être imposée à Bérenger en 1059, a pris le contrepied d'un passage d'une lettre écrite par l'écolâtre au nom (et, sans doute, à l'insu) du comte d'Anjou [2], il faut faire appel à la *Purgatoria epistola* pour expliquer cette profession de foi, car il y a (et cela ne peut surprendre) une parenté évidente entre le passage en question de la lettre de Geoffroy Martel et les développements plus étendus, et donc plus explicites, de la réponse de Bérenger à Adelman. Par voie de conséquence, la *Purgatoria epistola* nous aidera à préciser les positions respectives de Bérenger et de Lanfranc dans la polémique qui les mit aux prises après le concile de Rome de 1059 et qui concerne essentiellement la profession de foi rédigée par le cardinal Humbert.

I. Adelman et Bérenger

C'est à Spire où il résidait depuis de longues années que, pour la première fois, parviennent aux oreilles d'Adelman des nouvelles de l'affaire bérengarienne. Ces nouvelles semblent être un écho de la sentence prononcée à Verceil contre le livre de « Jean Scot » et contre Bérenger. En effet, selon les bruits rapportés à Adelman, on accusait Bérenger de dire que l'eucharistie « n'est pas le vrai corps du Christ ni son vrai sang, mais une certaine figure et ressemblance » [3] : or, nous savons qu'à Verceil l'ouvrage de « Jean Scot » sur l'eucharistie avait été publiquement lacéré parce que, précisément, il y était dit que le sacrement

---

1. Voir *infra*, p. 175-177.
2. EF, LXXXVII, 151/31-33-152/1-3. Voir *infra*, p. 166, 171-172.
3. HT, 288/29-31 (PL, t. CXLIII, 1290 B 2-4).

de l'autel est la ressemblance, la figure, le gage, le signe du corps et du sang du Christ [1].

Adelman, désirant être mieux informé de la réalité des faits, demanda à Paulin, primicier de Metz et ami intime de Bérenger, de s'enquérir à leur sujet, par la voie épistolaire, auprès du maître tourangeau lui-même. Paulin, bien qu'il eût promis de s'acquitter de la commission, laissa Adelman sans nouvelles [2]. Il y eut bien échange de correspondance entre le primicier de Metz et l'écolâtre de Saint-Martin de Tours, mais il semble que Paulin, ayant approuvé les thèses que lui exposa son ami, ne se soucia guère de reprendre contact avec Adelman, qui, lui, se disait très affecté des opinions hétérodoxes de son ancien condisciple de Chartres. Dans le chapitre précédent, nous avons donné quelques précisions sur les rapports épistolaires de Paulin et de Bérenger. Nous nous contenterons ici d'un simple rappel. Il faut supposer une première lettre de Paulin demandant à Bérenger des éclaircissements sur sa doctrine eucharistique.

---

1. DSC, 9/16-19, 12/29-33. Outre ce rapprochement, d'autres raisons invitent à situer après le concile de Verceil (septembre 1050) le premier contact d'Adelman avec la controverse :

a) Dans sa première lettre à Paulin de Metz, Bérenger formule contre Léon IX l'accusation de « sacrilège » (voir *supra*, p. 96), accusation qui est en rapport avec la condamnation prononcée par le pape contre l'écolâtre à Verceil (DSC, 12/14-17). Or, cette lettre est la réponse de Bérenger aux questions qu'Adelman, dès qu'il avait eu connaissance de l'affaire, avait voulu poser au maître tourangeau par l'intermédiaire de Paulin (HT, 289/1-6 ; PL, t. CXLIII, 1290 B 5-14). Donc, de toute évidence, les premières informations reçues par Adelman sur la controverse se situent aux environs du concile de Verceil. Notons, du reste, que l'échange de correspondance entre Paulin et Bérenger semble se situer tout entier en 1051, y compris la réponse de Bérenger à la deuxième lettre de Paulin, si, comme cela est vraisemblable, cette réponse a servi de pièce à conviction, pour juger le maître tourangeau, lors du concile de Paris du 16 octobre 1051 (voir *supra*, p. 113-114).

b) La lettre de Déoduin de Liège au roi Henri Ier, écrite peu avant octobre 1051, engage à dater de l'année 1051, ou de la fin de 1050, l'arrivée dans les pays germaniques des premières nouvelles concernant l'hérésie bérengarienne (ED, 1439 B 6-12). Or, Adelman résidait en Allemagne (HT, 288/22-26; PL, t. CXLIII, 1290 A 9-13). Voir *supra*, p. 86.

De plus, la lettre de Déoduin nous autorise à minimiser l'importance d'un argument *a silentio* que l'on pourrait faire valoir pour placer avant le concile de Verceil la seconde lettre d'Adelman (et donc à fortiori les premières informations reçues par Adelman sur la controverse). En effet, si la lettre d'Adelman ne fait aucune mention des conciles de Rome et de Verceil de 1050, la lettre de Déoduin, qui est de l'été ou de l'automne 1051, n'en parle pas davantage.

2. HT, 289/1-9 (PL, t. CXLIII, 1290 B 4-14).

Paulin reçut une réponse de Bérenger, aujourd'hui disparue, dans laquelle le maître tourangeau prétendait que Léon IX avait proféré des paroles « sacrilèges » en le dénonçant comme hérétique. Paulin écrivit de nouveau à Bérenger, pour lui conseiller de montrer plus de modération dans ses propos et de discrétion dans la diffusion de sa doctrine, et pour réclamer des éclaircissements sur la pensée de « Jean Scot ». La lettre de Bérenger qui fut interceptée sur l'ordre de l'évêque d'Orléans et qui fit scandale au concile de Paris du 16 octobre 1051, était vraisemblablement la réponse de l'écolâtre à la seconde missive de Paulin [1].

Adelman, contrarié de ne pas recevoir les informations qu'il avait demandées, s'inquiétait de trouver un homme qui eût assez d'expérience des voyages et de connaissance de la France et de la langue française pour porter un message en Touraine, lorsqu'il eut l'heureuse surprise de recevoir la visite d'un certain « frère G. », qui venait le saluer de la part de l'archidiacre. Il lui confia une lettre à l'adresse de Bérenger, lettre dans laquelle, en raison de la hâte de celui qui voulait bien s'en charger, il ne put traiter aussi convenablement qu'il l'eût souhaité ce qu'il avait à dire au maître tourangeau « sur la triple distinction du corps du Christ » [2].

La réponse de Bérenger se faisant attendre, Adelman estima que la lettre confiée au « frère G. » n'avait pas atteint son destinataire. Il se décida alors, vers la fin de 1052, à envoyer à l'écolâtre une seconde lettre, dans laquelle il reprenait avec un peu plus d'ampleur le sujet qu'il avait développé dans la première [3].

---

1. Voir *supra*, p. 12, 98-99, 103, 113-114.

2. HT, 289/9-23, 303/19-21. Du fait qu'Adelman recherchait un homme connaissant la France et la langue des Français (HT, 289/11-12), on ne peut déduire qu'il voulait se rendre lui-même en France... et qu'il ignorait notre parler. Tout le contexte montre qu'il désirait trouver non un guide mais un messager (par ex. : HT, 289/2). Nous croyons donc qu'avec la lettre d'Adelman on ne peut fonder aucune hypothèse sur la langue de son auteur, contrairement à ce que pense H. SILVESTRE, *Quelle était la langue maternelle d'Adelman de Liège, évêque de Brescia († 1061) ?*, dans *La vie wallonne*, t. XXXVI, 1962, p. 4. Cfr P. GORISSEN, *Adelman de Liège et le problème du wallon ancien*, dans *Moyen Age*, t. LXIX, 1963, p. 153.

3. HT, 303/18-23. Avant que ne paraisse l'édition de la lettre d'Adelman à Bérenger due au professeur R. B. C. HUYGENS (*Textes latins...*, p. 476-489), il existait trois types d'éditions de cet écrit : 1) Jusqu'en 1770, on ne connaissait qu'un texte incomplet, commençant avec le début de la lettre mais brusquement interrompu sans la moindre formule de conclusion. Il a été édité par Migne

A ce second envoi il joignait un poème alphabétique sur des amis défunts, poème que, dans une courte introduction, il disait avoir écrit quand il résidait à Liège. Pour être plus exact, il aurait dû préciser que les vers expédiés à Bérenger étaient une refonte effectuée à Spire d'un texte composé à Liège [1]. Nous avons une idée de la réplique de Bérenger à Adelman par le manuscrit *Bruxelles, BR 5576-5604*, provenant de l'abbaye de Gembloux, qui, dans les folios 161^v à 163^v, reflète un document où le maître tourangeau exprimait sa hargne en face des remontrances de son lointain correspondant. Faisant suite à un premier texte de Bérenger, on trouve, en effet, dans ces folios :

---

d'après la *Bibliotheca Patrum* : PL, t. CXLIII, 1289-1296. 2) En 1770 était découvert un texte complet dans le manuscrit *Wolfenbüttel, 18. 4 Aug. 2⁰*, folios 116^r-125^v. Il a été édité par C. A. SCHMID, *Adelmanni Brixiae episcopi de veritate corporis et sanguinis Domini ad Berengarium*, Brunswick, 1770. 3) R. HEURTEVENT, *Durand de Troarn*, p. 287-303, a réédité la lettre en 1912 en utilisant Migne pour la partie commune aux deux éditions précédentes et Schmid pour le reste du texte, façon de procéder très discutable, car elle ne tient pas compte des variantes propres au manuscrit de Wolfenbüttel pour la première partie.

Nous pensions que le texte incomplet représentait le premier envoi de la lettre, et le texte complet, le second envoi. Le professeur R. B. C. Huygens, après étude des manuscrits, estime que les différents textes connus actuellement, complets ou incomplets, reproduisent, avec des variantes, le second envoi. Nous nous rallions à cette manière de voir, qui nous paraît appuyée sur nombre d'indices assez probants. Voir *infra*, p. 459-460.

Le premier envoi est à dater du passage à Spire du « frère G. », sans doute quelques semaines ou quelques mois après le concile de Verceil. La date du second envoi se déduit de l'indication chronologique suivante : « Haec ante hoc biennium cum audissem, fraternitatem tuam per epistolam convenire... decrevi » (HT, 289/1-3 : PL, t. CXLIII, 1290 B 5-7), ou : « Haec autem cum ante biennium audissem, fraternitatem, etc. » (manuscrit de Wolfenbüttel), c'est-à-dire deux ans environ après le concile de Verceil.

1. Le poème rédigé à Liège a été édité par J. HAVET, *Poème rythmique d'Adelman de Liège sur plusieurs savants du XIe siècle*, dans *Notices et documents publiés par la Société de l'histoire de la France à l'occasion du cinquantième anniversaire de sa fondation*, Paris, 1884, p. 81 sq., d'après un manuscrit de Copenhague, *Gl. kgl. Saml. 1905, in 4to*. Le poème réécrit à Spire et envoyé à Bérenger a été édité par E. MARTÈNE et U. DURAND, dans le *Thesaurus novus anecdotorum*, t. IV, col. 113-114, d'après *Bruxelles, BR 5576-5604*, f. 163 ; par PL, t. CXLIII, 1295-1298 ; etc. La PL a omis de reproduire l'introduction qui précède le poème. Il est évident que ce poème accompagnait le second envoi de la lettre d'Adelman ; en effet, vers la fin de sa lettre, Adelman dit : « Epistolam eandem, sed paulo largiorem, ecce jam secundo tibi mitto » (HT, 303/18-19) ; or, dans l'introduction au poème, il précise : « Mitto *etiam* tibi rithmicos versiculos ». On trouvera une édition synoptique des deux poèmes dans J. HAVET, *op. cit.*, p. 81 sq., et dans L. C. MACKINNEY, *Bishop Fulbert and education at the school of Chartres*, Notre-Dame (Indiana), 1957, p. 49-51.

a) quatre fragments de la lettre de Bérenger à Adelman, ayant pour en-tête : *Idem Berengarius in purgatoria epistola contra Almannum* (folios 161ᵛ-163ʳ),

b) puis le poème d'Adelman avec l'introduction que lui donne son auteur, introduction et poème étant eux-mêmes précédés du titre burlesque *Aulusmannus* (Aulus le bourriquet ? [1]) et suivis d'un commentaire moqueur : *Respondit Beringerius : « Nascitur ridiculus mus »* [2] (folio 163ʳᵛ).

C'est cet ensemble, formé, d'une part, de la lettre de Bérenger à Adelman, d'autre part, du poème d'Adelman avec son enrobage ironique, qui constitue la réponse à la lettre et au poème d'Adelman, comme l'indique la conclusion, due probablement à un transcripteur : *Finit Beringerius contra Adelmannum quem Yronice vocat Aulum Mannum.*

Il n'est pas possible de dater avec exactitude la *Purgatoria epistola contra Almannum*, mais, approximativement, on peut la situer vers 1053-1055 [3].

II. Contenu doctrinal de la lettre d'Adelman

Venons-en maintenant au contenu doctrinal de la lettre d'Adelman et de la réponse de Bérenger. Si la lettre du premier est intéressante par elle-même, elle ne nous apporte aucune lumière nouvelle sur l'hérésie bérengarienne, que le futur évêque de

---

1. H. SILVESTRE, *Notice sur Adelman*, p. 861, note 5.

2. Cfr HORACE, *De arte poetica*, 139.

3. On notera que, dans la *Purgatoria epistola*, Bérenger, quand il énumère les autorités auxquelles il fait appel, mentionne « l'Apôtre », « l'Évangéliste » et « les paroles authentiques des anciens » (PE, 111 A : cfr 112 A). De ces « anciens », il ne cite qu'Ambroise et Augustin. Les autorités qu'il invoque sont donc les mêmes qu'en 1051 (voir *supra*, p. 74, 81). Relevons cependant deux allusions à l'Ancien Testament (PE, 111 D). Par contre, d'après le *De sacra coena*, Bérenger à Tours en 1054 aurait appuyé la démonstration qu'il fit en privé devant Hildebrand non seulement sur « l'Apôtre » et sur « l'Évangéliste », mais aussi sur « le Prophète » (= Ancien Testament) ; et à Ambroise et à Augustin, il aurait joint Jérôme (déjà mentionné, du reste, dans le billet à Lanfranc) et Grégoire (DSC, 17/4-6). Peut-on conclure de ce fait que la *Purgatoria epistola* est nécessairement antérieure à 1054 ? Nous ne le croyons pas : *a*) l'énumération d'autorités donnée dans la *Purgatoria epistola* n'est pas exclusive (elle ne mentionne pas l'Ancien Testament, qui est pourtant utilisé) ; *b*) d'autres Pères de l'Église qu'Ambroise et Augustin ont pu être cités dans les passages disparus de la lettre ; *c*) de plus, par une transposition dont il est coutumier, Bérenger a pu s'attribuer pour 1054 une information « scripturaire » qu'il ne possédait qu'à l'époque où il rédigeait le *De sacra coena*. Cfr *supra*, p. 74, note 4.

Brescia ne semble connaître que de façon très vague. C'est ce
que montre, en particulier, le plan adopté par Adelman dans
son exposé théologique, plan qui fait appel à une « triple distinction du corps du Christ » [1] assez étrangère aux questions agitées
par la controverse. Partant du récit de l'institution eucharistique, qui s'impose à notre foi, et rappelant que la conversion du
pain et du vin au corps et au sang du Christ n'est pas impossible
à celui qui a créé la lumière par sa parole et qui a changé l'eau
en vin à Cana, Adelman explique d'abord que les pouvoirs
du Sauveur se prolongent par le ministère des hommes, notamment dans les sacrements du baptême et de l'eucharistie :
par la main et par la bouche du prêtre, c'est le Christ qui baptise
et c'est lui qui « crée » son corps et son sang. Cette première
acception du « corps » du Christ, envisagé dans son extension
ministérielle, n'a, on le voit, qu'un rapport très lointain avec
l'hérésie bérengarienne. Par contre, la seconde acception, celle
du corps eucharistique, entre dans les perspectives de la controverse, mais la façon dont Adelman la présente fait bien ressortir
le peu de connaissance qu'il avait des thèses soutenues par
Bérenger. Adelman, en effet, ne s'attache pas tant à prouver
la présence réelle qu'à analyser l'acte de foi qui, à travers les
réalités visibles des sacrements de l'eucharistie et du baptême,
nous fait croire à la conversion eucharistique et à notre incorpora-
tion au Christ. Quant à la troisième acception du corps du Christ
proposée par Adelman, c'est celle que nous entendons quand,
en langage moderne, nous parlons du Corps mystique.

III. Analyse de la « Purgatoria epistola »

1. Bérenger, dans le premier fragment de sa lettre à Adelman,
répond à l'accusation dont ce dernier se fait l'écho [2]. On formulait

---

1. HT, 303 /19-20. La division en trois parties, correspondant à trois acceptions
de l'expression « corps du Christ », a complètement échappé à R. Heurtevent
(voir, en particulier, HT, 292, note 7). Voici dans son édition et dans celle
de Migne le début de chacune des parties en question : HT, 291 /24 (PL
t. CXLIII, 1292 B 14), 294 /1 (PL, t. CXLIII, 1294 A 1), 298 /23. Voir à ce sujet
les précisions que nous donnons dans une note transcrite par le professeur R. B. C.
Huygens dans *Textes latins...*, p. 488.
2. PE, 109 E-111 A. Nous renvoyons, évidemment, à l'édition que nous
donnons *infra*, p. 531-538. On trouvera dans les notes de cette édition des
renseignements que nous évitons de reprendre ici.

contre le maître tourangeau deux griefs, qui concernent l'un l'aspect négatif, l'autre l'aspect positif de son erreur [1]. Bérenger aurait dit en premier lieu, en parlant de l'eucharistie « qu'elle n'est pas le vrai corps ni le vrai sang du Christ», ou , ce qui revient au même, « que le pain et le vin de l'autel ne sont, à partir de la consécration, ni le vrai corps ni le vrai sang du Christ ». L'écolâtre réplique qu'il n'a jamais mis en doute la réalité du corps du Christ et n'a jamais adhéré à la conception docétiste des manichéens [2], pour lesquels le corps du Christ n'est qu'une apparence, un fantasme. Le corps du Christ est véritable et il se trouve maintenant à la droite du Père, jouissant de l'immortalité et de l'impassibilité. Bérenger admet, par ailleurs, conformément aux « écritures », que le pain et le vin de l'autel deviennent le corps et le sang du Christ ; et il précise qu'ils deviennent son *vrai* corps et son *vrai* sang, puisqu'il est bien entendu, contre les manichéens, que le corps du Christ est vrai. Mais ce devenir n'implique rien de physique (Bérenger le dira dans le troisième fragment), il ne concerne que la foi et l'intelligence. On doit donc dire « qu'après la consécration le pain et le vin *eux-mêmes* sont devenus, *pour la foi et pour l'intelligence,* le vrai corps et le vrai sang du Christ ». On voit ainsi comment Bérenger volatilise la notion de présence réelle incluse dans l'expression *verum corpus.* Le *verum corpus* de l'eucharistie, ce n'est pas, pour lui, le corps réellement présent, mais le corps réel dont le pain et le vin « eux-mêmes » (c'est-à-dire demeurés intacts) sont devenus les symboles et les représentants.

Bérenger traduit sous une forme assez étrange le second grief formulé à son endroit et qui visait l'aspect positif de sa doctrine. Adelman résumait ainsi, sous ses deux aspects, négatif et positif, l'erreur bérengarienne : à propos du corps et du sang du Seigneur qui sont immolés sur l'autel, Bérenger dirait « qu'ils ne sont pas le vrai corps du Christ ni son vrai sang, mais une certaine figure et ressemblance ». Bérenger croit ou feint de croire que, dans la seconde partie de cette proposition, on lui reproche de dire que le corps lui-même du Christ est figure et ressemblance [3]. Il rejette cette accusation. Jamais il n'a désigné, jamais non

---

1. HT, 289/29-31 (PL, t. CXLIII, 1290 B 2-4).
2. Cfr DSC, 132/10-134/24, 141/10-142/6, 165/18-166/5 ; *Mém.*, 107 E.
3. Il y a là certainement une allusion à la position des adversaires de Bérenger sur le « sacramentalisme » eucharistique. Voir *infra*, p. 394 sq., 454-457.

plus il n'a trouvé désignés dans les « écritures », le corps et le sang du Christ comme figure et ressemblance. Le corps et le sang du Christ sont les *res sacramentorum*. C'est aux *sacramenta* proprement dits que s'appliquent non seulement les termes « figure » et « ressemblance », mais aussi les termes « gage » et « signe ». Il est probable qu'en complétant de la sorte l'énumération d'Adelman Bérenger se référait implicitement à la condamnation de Verceil, qui avait mis en cause, dans le traité de « Jean Scot » sur l'eucharistie, l'application aux « sacrements de l'autel » des termes *figura, signum, pignus* et *similitudo* [1].

Cette distinction entre les *res sacramentorum*, c'est-à-dire le corps et le sang du Christ, et les *sacramenta*, c'est-à-dire le pain et le vin de l'autel, est pour Bérenger la conséquence logique de ce qu'il venait d'affirmer sur la façon dont le pain et le vin deviennent le corps et le sang du Christ [2].

Pour montrer qu'une telle distinction est conforme aux « écritures », il présente un dossier de citations extraites des œuvres de saint Ambroise et de saint Augustin. Au *De civitate Dei* de saint Augustin, il emprunte une définition destinée à jouer un rôle considérable dans l'histoire de la théologie : *Sacramentum, id est sacrum signum*. En arrachant ces mots à leur contexte, Bérenger leur donne la forme d'une « définition » lapidaire. Dans quatre autres cas, il remodèlera telle ou telle phrase de saint Augustin pour leur conférer cette allure de « définition ». Deux de ces « définitions », et notamment celle que nous venons de citer, seront véhiculées à travers la théologie scolastique sous la forme même qu'elles devaient au maître tourangeau.

Si le sacrement est signe, il faut préciser ce qu'est un signe. Bérenger le fait en se servant d'un autre texte de saint Augustin, tiré du *De doctrina christiana* : *Signum est res, praeter speciem quam ingerit sensibus, ex se faciens aliud aliquid in cogitationem venire*. Et, de crainte peut-être qu'on n'aperçoive pas suffisamment les conséquences d'une telle définition pour la croyance eucharistique, il commente ainsi les derniers mots : *Non ait : « In manum, in os, in dentem, in ventrem », sed : « In cogitationem »*.

---

1. DSC, 9/18, 12/31-32. Voir *supra*, p. 76.
2. Cfr « Corpus *ergo* Christi et sanguinem, res dico ipsas sacramentorum mensae dominicae, non ipsa sacramenta, etc. » (PE, 110 B).

On mesure ici la gravité du problème posé par l'hérésie bérengarienne. Il était impossible de rejeter l'autorité de saint Augustin invoquée par Bérenger. Or, la notion augustinienne de
sacrement-signe semblait exclure du sacrement de l'autel la
présence réelle du corps et du sang du Christ. Qui dit signe d'une
chose exclut, en effet, dans le signe même, la présence effective de
la chose signifiée. Le signe fait penser à « autre chose » qu'à lui-
même, et cet « autre chose » ne peut être rendu présent que
par une opération mentale exercée à partir du signe. C'est dire
que cet « autre chose » n'est pas présent dans le signe.

A la suite des citations de saint Augustin sur le « sacrement »
et sur le « signe », Bérenger en donne deux autres du même auteur
ayant trait l'une à la notion de *similitudo* appliquée aux sacrements en général, l'autre à la notion de *figura* appliquée à l'eucharistie. Et il leur ajoute deux citations de saint Ambroise sur
ces deux mêmes notions se rapportant à l'eucharistie.

La première de ces quatre citations est tirée de la lettre
de saint Augustin à l'évêque Boniface. Elle formule un des points
de la doctrine bérengarienne des sacrements dont le maître
tourangeau, dans les œuvres qui nous restent de lui, ne s'est
pas soucié de montrer clairement l'application à l'eucharistie :
*Si sacramenta rerum quarum sacramenta sunt similitudinem
non haberent, omnino sacramenta non essent.* Il semble cependant,
d'après le *De sacra coena*, que la ressemblance envisagée par
Bérenger entre le pain de l'autel et le corps du Christ concerne
l'idée de nourriture, le pain étant la nourriture du corps, le Christ,
la nourriture de l'âme [1]. Il n'est pas impossible qu'au moment
où Bérenger écrivait la *Purgatoria epistola*, ce rapprochement
ait été déjà établi dans son esprit et qu'il faille en trouver la
genèse dans la lecture du chapitre VI de l'évangile de saint
Jean, lecture que l'écolâtre avait eu la possibilité de faire durant
les loisirs forcés de son emprisonnement vers la fin de 1050 [2].
Il n'y a pas de raison de penser que Bérenger ait en vue un symbolisme eucharistique d'une autre nature que celui que nous venons
de préciser quand il cite cette ligne du *De sacramentis* de saint
Ambroise : *Sicut similitudinem mortis sumpsisti* (il s'agit du

---

1. DSC, 59/24-34, 123/25-125/7 (texte incomplet par suite de la disparition
d'un folio avant la page 169 du manuscrit).
2. EF, XCVIII, 165/12-23. Voir *supra*, p. 74.

baptême), *ita similitudinem pretiosi sanguinis bibis* (il s'agit de l'eucharistie).

L'application du mot *figura* au sacrement de l'autel relève de là même intention de ne voir dans l'eucharistie que le signe, l'image d'une autre réalité. Bérenger avance un texte de saint Augustin tiré de l'*Enarratio in psalmum III : Cum adhibuit ad convivium in quo discipulis figuram corporis et sanguinis sui commendavit et tradidit*, et un texte du *De sacramentis* de saint Ambroise : *Fac oblationem hanc ratam, rationabilem, quod est figura corporis et sanguinis Domini nostri*.

De cet ensemble de textes, Bérenger conclut que les termes *figura, pignus, signum, similitudo*, utilisés à propos de la table du Seigneur, concernent les *sacramenta* (= le pain et le vin) et non les *res sacramentorum* (= le corps et le sang du Christ).

Tout ceci ne l'empêche pas de concevoir deux sortes de présence du « vrai » corps du Christ sur l'autel, découlant l'une et l'autre du symbolisme sacramentel, et que nous pourrions appeler présence spirituelle et présence métaphorique.

Le « vrai » corps du Christ est présenté sur la table du Seigneur, mais spirituellement et pour l'homme intérieur ; le « vrai » corps du Christ est mangé à cette table spirituellement par ceux qui sont membres du Christ, sans être corrompu ni souillé ni brisé. Les Pères de l'Église proclament cela très ouvertement. Ils disent aussi que le corps et le sang du Christ sont une chose, les sacrements du corps et du sang du Christ, une autre chose ; et ils précisent que les fidèles bien disposés *(pii)* reçoivent visiblement le sacrement et invisiblement la chose du sacrement, tandis que les fidèles mal disposés *(impii)* ne reçoivent que le sacrement.

Par ailleurs, d'après les mêmes auteurs, en fait d'après saint Augustin que Bérenger cite implicitement, les sacrements sont « d'une certaine façon » les choses dont ils sont les sacrements, ce qui, dans la pensée du maître tourangeau, signifie que, selon une acception métaphorique, on peut considérer le sacrement de l'autel comme étant le corps du Christ et donc le désigner comme tel.

Mais et la raison *(ratio)* et l'autorité *(auctoritas)* obligent à affirmer que la réalité du pain *(panis substantia)* demeure sur l'autel, comme le prouvent les paroles de l'institution eucharistique : « *Hic panis* est meum corpus », ou l'affirmation de saint Paul : « *Panis* quem frangimus est Christi corpus ». Rappelons que, pour Bérenger, dans ces propositions, nier l'existence de la réalité désignée par le terme-sujet *(panis)*, c'était enlever toute consistance aux propositions elles-mêmes [1].

2. Les deux fragments suivants de la *Purgatoria epistola* [2] mettent en opposition la doctrine de Bérenger, d'une part, et celle du vulgaire, de Paschase et de Lanfranc, d'autre part, particulièrement sur le problème de la conversion eucharistique. La doctrine eucharistique de Paschase suppose que sur l'autel un morceau de la chair du Seigneur est encore à présent brisé par les mains, est encore à présent broyé par les dents de l'homme extérieur : *In altari portiunculam carnis dominicae etiam nunc manibus frangi, etiam nunc hominis exterioris dentibus atteri.* Bien que Bérenger ne le précise pas dans ce passage de sa lettre, il va de soi que cette doctrine s'oppose à ce qu'il avait dit plus haut de l'état glorieux dans lequel se trouve définitivement le corps du Christ résidant au ciel à la droite du Père [3]. De plus, elle implique qu'à partir de la consécration le pain et le vin ont été détruits ou enlevés pour être changés *sensualiter* en un morceau de la chair et du sang du Christ : *Urgente consecratione panem et vinum per corruptionem vel absumptionem sui in portiunculam carnis Christi sensualiter transire et sanguinis.*

Par contre, la doctrine que Bérenger fait sienne, et qu'il estime seule conforme aux données des « écritures », veut que le pain et le vin de la table du Seigneur soient convertis non pas *sensualiter*, mais *intellectualiter* ; que cette conversion s'opère non par la disparition du pain et du vin, mais par leur promotion ; et qu'elle aboutisse non à un morceau de chair, mais au corps et au sang tout entiers du Christ : *Panem et vinum mensae dominicae non sensualiter, sed intellectualiter, non per absumptionem, sed per assumptionem, non in portiunculam carnis..., sed... in totum converti Christi corpus et sanguinem.*

Et Bérenger prétend que cette doctrine a pour fondement la raison et la tradition.

La raison montre d'abord que, dans les conversions qui supposent une destruction ou une disparition d'une réalité qui est au point de départ de la conversion (par exemple, dans le change-

---

1. Voir *supra*, p. 72, 82.
2. PE, 111 A-112 B.
3. PE, 110 A. Cfr *ibid.*, 110 E, 111 E.

ment de la baguette de Moïse en serpent et du serpent en baguette, de la femme de Loth en statue de sel, de l'eau des noces de Cana en vin, des nourritures et des boissons en la chair et au sang de l'être animal), la réalité qui est au point d'aboutissement de la conversion ne peut pas exister avant la destruction de celle qui est au point de départ de la conversion : c'est seulement quand celle-ci a disparu que l'autre peut commencer d'exister. Si l'on applique ce type de conversion à l'eucharistie, on dira que le pain, en disparaissant, s'est changé *sensualiter* en la chair du Christ, une chair qui n'aurait pas existé auparavant. Or, la chair du Christ, comme Bérenger l'a dit dans le premier fragment [1], jouit désormais d'une façon stable, et cela depuis un nombre d'années considérable, d'une parfaite immortalité. Il est donc tout à fait impossible qu'elle commence d'exister à partir de la destruction du pain, et, par conséquent, il faut exclure tout « sensualisme » dans la façon de concevoir la présence de la chair du Christ dans l'eucharistie : *Nihil in altari de carne Christi sensualiter haberi omnino necessarium esse.*

C'est encore à la raison que Bérenger fait appel pour confirmer ses théories, quand il revient à l'un de ses arguments favoris tiré de l'analyse d'une proposition telle que *Panis quem frangimus corpus Christi est*, prise dans la première épître de saint Paul aux Corinthiens [2]. Cette proposition est fausse si l'on prétend que le pain et le vin ont disparu de l'autel, car admettre que l'un de ses termes (ici le terme-sujet *panis*) a perdu sa réalité, c'est enlever toute consistance à l'ensemble de la proposition : *Negare non possis, parte subruta..., totam etiam non posse constare.*

Quant à la tradition *(auctoritas)*, elle vient apporter sa confirmation évidente et abondante à ce qui est déjà à la portée de la raison. L'« Évangéliste » et l'apôtre Paul n'indiquent-t-ils pas très clairement *(luce clarius)* que le Seigneur à la Cène a pris, béni, rompu, donné à ses disciples *du pain* et que ceux-ci ont, sur l'ordre du Seigneur, reçu et mangé *du pain* ?

3. Le dernier fragment de la *Purgatoria epistola* [3], qui constitue aussi vraisemblablement la dernière partie de la lettre, revient d'abord, avec des textes de saint Augustin, sur la dis-

---

1. PE, 110 A.
2. Voir *supra*, p. 72, 82.
3. PE, 112 B-113 C.

tinction entre *sacramenta* et *res sacramentorum*, que Bérenger avait déjà mise en valeur dans le premier fragment, mais cette distinction est envisagée ici uniquement dans son application à l'eucharistie. Ce que Bérenger veut montrer en s'appuyant sur saint Augustin, c'est que le communiant mal disposé n'a part qu'aux *sacramenta* pour sa propre condamnation, tandis que le communiant bien disposé reçoit, en même temps que les *sacramenta*, les *res sacramentorum*, c'est-à-dire le corps et le sang du Christ, et les fruits de vie éternelle qui sont attachés à cette union au corps et au sang du Christ. Remarquons que, pour Bérenger, il y a pratiquement équivalence entre la *res sacramenti* et la *virtus sacramenti*, car recevoir le corps et le sang du Christ dans l'eucharistie, cela équivaut en définitive, dans sa pensée, à goûter spirituellement aux fruits de l'incarnation et de la rédemption. Aussi insère-t-il la glose *id est rem* dans l'expression augustinienne *virtutem sacramenti* (voir la citation ci-dessous). Des quatre textes de saint Augustin présentés ici par Bérenger, nous ne mentionnons que le dernier dont il utilisera la formulation dans le passage de lettre à partir duquel, vraisemblablement, le cardinal Humbert a rédigé la profession de foi imposée à l'écolâtre par le concile de Rome de 1059 [1] : *Qui manducaverit ex hoc pane non morietur in aeternum, sed quod pertinet ad virtutem (id est rem) sacramenti, non quod pertinet ad visibile sacramentum.*

Dans les paragraphes suivants, Bérenger revient également sur une notion qu'il avait élucidée, au moins pour l'essentiel, dans le premier fragment de la *Purgatoria epistola*, la notion de sacrement. Mais, cette fois, à deux des textes de saint Augustin qu'il avait cités auparavant (il omet le troisième) pour définir la nature des sacrements, il en ajoute cinq du même auteur, à la majorité desquels il fait subir au préalable une transformation destinée, de toute évidence, à leur donner une allure de définitions. Cet ensemble de textes est, nous l'avons dit, d'une importance capitale dans l'histoire de la doctrine sacramentelle. C'est à Bérenger qu'on doit la réintroduction, dans le courant de la théologie latine, de la notion augustinienne du sacrement entendu comme un « signe sacré », empruntée au *De civitate Dei* et qui va supplanter la définition isidorienne

---

1. Voir infra, p. 172, note 3.

des sacrements [1]. Et trois autres définitions concernant la notion de sacrement, tirées directement soit du dossier augustinien de la *Purgatoria epistola*, soit d'un dossier parallèle d'une œuvre disparue du maître tourangeau, vont contribuer à renforcer cette nouvelle orientation doctrinale de l'Église.

Bérenger mentionne en premier lieu la définition tirée du *De civitate Dei* : *Sacramentum, id est sacrum signum*. Il la commente en précisant que la notion de « sacré » est en rapport avec la religion, et en expliquant ensuite qu'une chose consacrée est appelée non seulement *res consecrata vel sacrosancta*, mais aussi *sacratio* ou *sacramentum*, de même qu'un homme excellent est appelé non seulement « juste », mais « la justice même », etc. Cette insistance de Bérenger sur le caractère sacré du signe que constitue le sacrement, est d'autant plus compréhensible de sa part qu'à son point de vue ce qui distingue le pain eucharistique du pain ordinaire, ce n'est pas un changement radical de nature, mais le fait que le pain consacré, en plus de sa valeur naturelle, a reçu une valeur religieuse.

Bérenger reconnaît, du reste, que cette acception du mot *sacramentum* n'est pas la seule possible. Ainsi, dans l'affirmation de saint Paul : *Sacramentum hoc magnum est : ego dico in Christo et in Ecclesia*, le mot *sacramentum* signifie « le mystère d'une allégorie ».

Mais, revenant à l'acception du « sacrement » dans le sens de « signe sacré », Bérenger l'orchestre de six « définitions » tirées des œuvres de saint Augustin :

I. *Sacramentum est invisibilis gratiae visibilis forma (Epistola CV)*. Cette définition sera véhiculée à travers la théologie scolastique sous la forme même que lui a donnée Bérenger.

---

1. Sur la définition isidorienne des sacrements, voici ce que dit D. Van den Eynde, *Les définitions des sacrements*, p. 3-4 : « Bien qu'(Isidore)… s'inspire d'un texte de S. Augustin, sa définition se ressent fortement de l'idée de mystère. Elle fait tenir le sacrement dans une chose corporelle liée à une réalité spirituelle que non seulement elle signifie mais à laquelle elle sert d'enveloppe. Sans s'affronter, les conceptions impliquées dans les descriptions respectives de S. Augustin et de S. Isidore diffèrent réellement. Rien n'illustre mieux cette divergence que l'idée que se font l'un et l'autre docteur du sacrement de l'Eucharistie. Pour tous deux celui-ci consiste sans doute dans « le pain et le vin consacrés » ; mais alors que S. Augustin oppose ces éléments au corps du Christ comme le signe à la chose signifiée, S. Isidore les identifie avec le corps et le sang du Seigneur, de sorte que pour le premier le corps du Christ est la *res sacramenti*, pour le second c'est le *sacramentum* même ». Voir Isidore de Séville, *Etymologiae*, VI, XIX, 38-42 : PL, t. LXXXII, 255 B-256 A.

2. *Sacramentum est divinae rei invisibilis signaculum visibile (De catechizandis rudibus)*.

3. *Sacramentum est divini mysterii signaculum (Sermo de utilitate agendae paenitentiae)*.

4. *Non sunt aliud quaeque sacramenta corporalia nisi quaedam quasi verba visibilia, sacrosancta quidem, sed tamen mutabilia et temporalia (Contra Faustum)*.

5. *Sacrificia visibilia signa sunt invisibilium, sicut verba sonantia signa sunt rerum (De civitate Dei)*.

6. *Signum est res, praeter speciem quam ingerit sensibus, aliud aliquid ex se faciens in cogitationem venire (De doctrina christiana)*. Dans le premier fragment de la *Purgatoria epistola*, cette définition du signe venait préciser la définition du sacrement comme « signe sacré ».

Les quatre définitions augustiniennes qui, sous l'impulsion première de Bérenger, vont contribuer à l'évolution de la théologie sacramentelle, sont la définition du sacrement comme « signe sacré » du *De civitate Dei* ; la définition du sacrement comme « forme visible de la grâce invisible », tirée de la lettre CV (n⁰ 1) ; la définition du signe donnée par le *De doctrina christiana* (n⁰ 6) ; à quoi il faut ajouter un passage de la lettre à l'évêque Boniface, soulignant la nécessité, pour qu'il y ait sacrement, d'une ressemblance entre les *sacramenta* et les *res sacramentorum* : ce passage n'est pas cité dans le dossier augustinien du quatrième fragment de la *Purgatoria epistola*, mais dans le premier fragment après la définition du sacrement comme « signe sacré », du *De civitate Dei*, et la définition du signe donnée par le *De doctrina christiana* [1]. On notera, comme preuve supplémentaire de l'influence indéniable exercée par Bérenger dans le domaine de la théologie sacramentelle, le fait qu'un chapitre du *Sic et non* d'Abélard reproduit presque intégralement le dossier augustinien de la *Purgatoria epistola* [2].

Si dans le groupe des six définitions énumérées plus haut on met à part la sixième, dont il a été fait mention plus haut, quels éléments nouveaux nous apportent-elles pour la compréhension de la doctrine eucharistique de Bérenger ? On remarquera que si la réalité signifiée par le sacrement y est appelée « chose

---

1. PE, 110 C.
2. Voir *infra*, p. 538-539.

divine invisible » (n⁰ 2) ou « (choses) invisibles » (n⁰ 5), ce qui pourrait s'appliquer à la rigueur au corps du Christ, elle est désignée aussi comme « grâce invisible » (n⁰ 1), comme « divin mystère » (n⁰ 3). Bien que ces définitions ne soient pas mises directement en rapport avec l'eucharistie, elles renforcent l'évidence que, pour Bérenger, la *res sacramenti* eucharistique n'est pas tant (ou pas seulement) le corps du Christ que l'ensemble des dispositions subjectives de celui qui participe fructueusement au sacrement en communiant aux mystères du Christ. Remarquons encore qu'une des six définitions insiste sur le caractère périssable du sacrement (n⁰ 4) ; c'est en reprenant des affirmations du même type que Bérenger a pu être accusé de stercoranisme.

Dans un dernier paragraphe, qui est probablement la conclusion de la *Purgatoria epistola*, Bérenger adresse une semonce à son correspondant. Plutôt que de s'en tenir à des vues empiriques, à « l'opinion », Adelman aurait dû s'appuyer sur « la raison » ; et, sous le mot de « raison », Bérenger met aussi bien la lecture attentive des « écritures » authentiques que l'évidence rationnelle. En agissant comme Bérenger le lui conseille, Adelman, mieux informé, aurait pu répondre à ceux qui se plaignent de ce que les théories bérengariennes leur fassent perdre les réalités qu'ils possèdent [1]: « Vous qui n'hésitez pas à parler de sacrements du corps, de sacrements du sang, et qui, de plus, ne pouvez contester que pour les écritures, les sacrements sont des signes, vous établissez nécessairement que autre est le sacrement du corps, autre le corps, autre est le sacrement du sang, autre le sang ; et vous vous opposez d'une façon très répréhensible à la table du Seigneur, à laquelle vous pensiez apporter votre appui, quand vous prétendez qu'il n'y a rien sur cette table qu'un morceau de chair et de sang, en ne vous inspirant ni de la raison, qui seule permet d'accéder à la vérité elle-même, ni de l'autorité, mais de la sottise du vulgaire, de Paschase et de Lanfranc, et de l'opinion de votre intelligence très bornée, vous qui, cependant,

---

1. C'est le cas d'Arnulf lors du colloque de Chartres : « Quod vero domnus Arnulfus cantor subjecit, videlicet ut permitteres nos, sicut instituti essemus, sentire, bene et sapienter protulit » (EA, 68 C 3-6. Cfr EBA, 66 D 10-12). De même, Lanfranc : « Privans te communione sanctae Ecclesiae, quam tu privare sancta ejus communione satagebas » (DC, 413 B 8-10).

ne cessez de proclamer publiquement sans cesse, à cette même table du Seigneur, le sacrement du corps, le sacrement du sang ».

IV. La doctrine eucharistique de Bérenger en 1059

Parvenu à ce stade de notre travail, il convient que nous présentions une synthèse de la doctrine eucharistique de Bérenger, telle qu'on peut la dégager et de la *Purgatoria epistola* et des indications fugitives provenant des documents qui jalonnent l'histoire de la controverse pour la période antérieure à 1059, y compris, d'une part, ceux qui concernent le concile de Tours de 1054 [1] et, d'autre part, la lettre du comte d'Anjou à Hildebrand rédigée par Bérenger à la veille du concile de Rome de 1059 [2] : ces derniers documents n'ajoutent rien d'essentiel, sur le plan doctrinal, à ce que nous avons déjà signalé. Nous laissons de côté le problème des rapports de Bérenger avec « Jean Scot » ; en effet, très vite le maître tourangeau semble avoir volé de ses propres ailes et ne s'être plus soucié de prendre la défense du théologien qui l'avait initié au symbolisme eucharistique.

Nous ramenons la doctrine eucharistique de Bérenger à quatre points [3] :

1. *Le pain et le vin demeurent intacts sur l'autel après la consécration.*

Bérenger appuie, en particulier, cette affirmation sur une analyse des paroles de l'institution eucharistique, qui sont aussi les paroles de la consécration : « Ceci est mon corps ». Si l'on prétend enlever sa réalité à ce qui est désigné par le sujet « ceci »,

---

1. Voir le chapitre VIII.
2. EF, LXXXVII. Voir *infra*, p. 165-167, 171-173.
3. Sur l'information « scripturaire » de Bérenger dans la période qui précède le concile de Rome de 1059, voir *supra*, p. 130, note 3. Dans la lettre rédigée par Bérenger au nom du comte d'Anjou à la veille du concile, on trouve des citations implicites d'Isaïe, d'Ézéchiel, des Psaumes (voir EF, LXXXVII dans les marges). Bérenger précise qu'en jetant dans le feu ses propres livres sur l'eucharistie lors du concile de Rome de 1059, il brûlait « les écrits prophétiques, évangéliques et apostoliques », cités dans ces ouvrages (DSC, 23/26-27, 24/17-18).

Notons aussi que, dans la *Purgatoria epistola*, Bérenger fait appel à la « raison » à côté de l'« autorité » (PE, 111 A, D, E, 113 A, B). La « raison » intervient dans la recherche doctrinale non pour nier la possibilité de faits miraculeux (cfr PE, 111 D), mais pour mettre les « principes de la nature » en rapport avec les données de la foi (voir *supra*, p. 123-124) et pour aider à la compréhension des « écritures » (113 A. Cfr 111 A, E-112 A). Cfr DSC, 18/29-30.

c'est-à-dire au pain, c'est toute la proposition qui s'écroule et qui perd sa valeur [1]. Bérenger assure, en outre, que la disparition du pain et du vin irait contre les principes de la nature [2] et qu'elle s'opposerait à ce que disent les écrits évangéliques et apostoliques, dans lesquels on trouve l'attestation la plus nette de la persistance du pain et du vin sur l'autel après la consécration [3].

Du même coup, il rejette la conversion eucharistique telle que, selon lui, la conçoivent ses adversaires, analogue à celle du bâton de Moïse en serpent, de la femme de Loth en statue de sel, de l'eau de Cana en vin, des aliments en la chair et au sang de ceux qui les mangent. Ce type de conversion suppose la destruction ou la disparition d'une réalité matérielle qui est remplacée *sensualiter* par une autre réalité matérielle : dans l'eucharistie, le pain et le vin seraient détruits pour être convertis *sensualiter* en un morceau de la chair et du sang du Christ [4]. La principale objection que Bérenger fasse à une telle conception est qu'elle met en cause le dogme de la résurrection du Christ. Le corps du Christ, après avoir connu la mort, réside à la droite du Père et jouit désormais de l'impassibilité et d'une immortalité que plus rien ne menace [5]. Il est donc tout à fait impensable qu'il soit « encore maintenant » l'objet d'une action violente, brisé par les mains du prêtre, broyé par les dents des fidèles [6]. De plus, la conversion, telle que l'imaginent le vulgaire, Paschase et Lanfranc, implique une véritable création d'un fragment de la chair et du sang du Christ, un fragment qui n'aurait jamais

---

1. EBA, 66 C 8-17 ; PE, III A, 112 A. Cfr EF, LXXXVII, 149/25-26 et 150/1-2. Voir *supra*, p. 31, note 3, p. 72, 82, 135-136. Cfr *infra*, p. 184-190, 352-353.

2. EBA, 66 B 11. Voir *supra*, p. 88, 123-124.

3. PE, III B, 112 A-B.

4. PE, III C-E.

5. PE, 110 A, E, III E ; EF, LXXXVII, 151/31-33-152/1-3.

6. PE, III B (cfr 110 E). Cfr DSC, 13/35-14/4, 166/8-15, etc. Dans le même sens, voir ce que pense Bérenger de certains récits de miracles eucharistiques « Quod Paschasius narrat contigisse Alamanniae : presbyterum Plegildum visibiliter speciem pueri in altare contrectasse, et, post libata oscula, in panis similitudinem conversum ecclesiastico more sumpsisse : quod arroganti cavillatione ferunt Berengarium carpere solitum, et dicere : *Speciosa certe pax nebulonis, ut cui oris praebuerat basium, dentium inferret exitium* ». (GUILLAUME DE MALMESBURY, *Gesta regum Anglorum,*, III, 286 : PL, CLXXIX, 1259 A). On comparera ce que dit Guillaume de Malmesbury à DSC, 9/13-15 : il s'agit certainement de la même chose.

existé auparavant, ce qui est en contradiction avec ce que nous savons de la situation actuelle du corps du Christ ressuscité et glorieux [1].

2. *La consécration ne change donc pas la nature du pain et du vin, mais elle leur ajoute une valeur supplémentaire qui fait d'eux les « sacrements » ou « signes » du corps et du sang du Christ.*

Ce qui distingue le pain et le vin consacrés des aliments ordinaires, ce n'est pas un changement de nature, mais le fait que la consécration leur donne un caractère « sacré », les introduit dans la sphère religieuse : d'où leur nom de « sacrements » [2]. Cette consécration a pour résultat de les établir signes du corps et du sang du Christ. Bérenger reprend à saint Augustin la définition *Sacramentum, id est sacrum signum* [3] ; il la précise par la définition augustinienne du signe : *Signum est res, praeter speciem quam ingerit sensibus, aliud aliquid ex se faciens in cogitationem venire* [4] ; et il la commente à l'aide d'autres définitions des sacrements empruntées aux écrits du grand docteur africain, et qui, toutes, mettent en rapport de signifiant à signifié une réalité visible terrestre *(visibilis forma, signaculum visibile, quasi verba visibilia, signa visibilia)* et une réalité invisible surnaturelle *(invisibilis gratia, divina res invisibilis, divinum mysterium, invisibilia)* [5]. Ainsi donc, ce qui est présent sur l'autel, ce n'est pas le corps et le sang du Christ, mais les sacrements *(sacramenta),* le signe *(signum),* le gage *(pignus),* la figure *(figura),* la ressemblance *(similitudo)* du corps et du sang du Christ [6].

Conséquence logique de cette doctrine : puisque les sacrements sont des réalités naturelles, il est normal que, en dépit de leur caractère sacré, ils subissent la dégradation des choses périssables ; ils en ont la précarité et l'instabilité. C'est certainement pour avoir soutenu cela que Bérenger s'est vu accuser de stercoranisme [7].

---

1. PE, III D-E.

2. PE, 112 D. Au concile de Tours de 1054, devant la commission des évêques chargés d'examiner sa doctrine, Bérenger dénie d'avoir jamais professé que le pain consacré de l'autel ne différait en rien du pain ordinaire (DSC, 17/29-33, 18/8-10).

3. PE, 110 B, 112 C-D.

4. PE, 110 C, 113 A.

5. PE, 112 E-113 A.

6. PE, 110 B-D. Cfr DSC, 9/18-19, 12/31-32.

7. PE, 112 E (citation du *Contra Faustum*) ; EF, LXXXVIII, 153/12-23, 54/12. Voir *supra*, p. 104-105, 141.

L'eucharistie est donc composée, d'une part, des *sacramenta*,
c'est-à-dire du pain et du vin consacrés qui sont sur l'autel,
d'autre part, des *res sacramentorum*, c'est-à-dire du corps et
du sang du Christ qui demeurent au ciel [1]. Du fait que les *sacramenta* se trouvent, à l'égard des *res sacramentorum*, dans la relation de signifiant à signifié, ces deux types de réalités sont nettement distincts : « Autre est le sacrement du corps, autre le
corps ; autre est le sacrement du sang, autre le sang [2] ». Mais
cette distinction des *sacramenta* et des *res sacramentorum* inclut
essentiellement un rapport entre eux, rapport à la fois intellectuel
et spirituel. Ce rapport est intellectuel, puisque les *sacramenta*,
à partir de leur réalité visible, font penser à la réalité invisible
des *res sacramentorum* [3]. Ce rapport est spirituel, puisque le
mouvement de pensée provoqué par les *sacramenta* s'accompagne
d'une adhésion de l'âme aux *res sacramentorum* [4]. C'est ici,
cependant, qu'il faut préciser que si les chrétiens bien disposés
reçoivent visiblement les *sacramenta* et invisiblement les *res
sacramentorum*, les chrétiens mal disposés ne reçoivent que les
premiers pour leur condamnation [5]. De là ressort qu'il existe
un lien très étroit entre les *res sacramentorum* et la *virtus sacramenti* ; Bérenger les met en équivalence : communier au corps
et au sang du Christ, c'est, dans la réception du sacrement,
participer aux grâces de réfection surnaturelle qui découlent
de l'humanité salvatrice de Jésus [6].

3. *Il est nécessaire qu'il y ait une « ressemblance » entre les
sacrements et les réalités désignées par les sacrements* [7].

---

1. PE, 110 D-E, 112 B-C, 113 B-C.

2. PE, 110 E, 113 B.

3. PE, 111 C, 110 C (citation du *De doctrina christiana*).

4. PE, 110 E.

5. PE, 110 E, 112 B-C. Cfr EF, 154/12-17.

6. PE, 112 B-C. Bérenger, dans l'expression augustinienne *virtutem sacramenti*, insère la glose *id est rem* (112 C).

7. P. ENGELS, dans *De eucharistieleer van Berengarius van Tours* (*Tijdschrift
voor theologie*, t. V, 1965, p. 363-392), omet de préciser cette notion de « ressemblance » dans la doctrine sacramentelle de Bérenger. Faute de quoi, il semble
qu'il ait parfois une certaine difficulté à saisir le rapport qu'établit le maître
tourangeau entre l'aspect symbolique et l'aspect dynamique des sacrements
et notamment, de l'eucharistie ; il va jusqu'à juxtaposer ces deux données
pourtant intrinsèquement liées : « Bérenger propose une conception qui accentue
l'aspect symbolique. Il cherche en outre à donner à l'eucharistie, comme aux
autres sacrements, une dimension dynamique, mais sans du tout préciser les
rapports entre l'aspect symbolique et l'aspect dynamique » (p. 392, dans le

En effet, sans cette « ressemblance » entre *sacramenta* et *res sacramentorum*, les *sacramenta* ne pourraient exister, puisqu'il leur manquerait un des éléments constitutifs de ce qui doit les rendre « significatifs ». Il faut que par eux-mêmes *(ex se)*, à partir de leurs apparences, mais en invitant à les dépasser *(praeter speciem quam ingerit sensibus)*, ils fassent penser aux réalités invisibles qu'ils ont pour fonction de désigner *(aliud aliquid... faciens in cogitationem venire)*. C'est ainsi que le baptême, par le rite de l'immersion, représente et signifie la mort du Christ à laquelle le baptisé est mystérieusement associé [1]. Le repas eucharistique, durant lequel les fidèles absorbent la nourriture et la boisson du pain et du vin consacrés, leur permet de manger spirituellement le vrai pain de vie, le Christ, en ce sens que, lorsque le communiant bien disposé reçoit les *sacramenta*, le pain et le vin consacrés, il trouve dans ce rite un appui pour adhérer spirituellement aux *res sacramentorum*, c'est-à-dire pour se nourrir du Christ dans les mystères de son incarnation et de sa rédemption [2]. De même que les paroles sont les signes des choses, de même les sacrements sont, en quelque manière, des paroles visibles qui nous signifient des réalités invisibles [3]. Dans le même sens, l'eucharistie est « la figure » du corps et du sang du Seigneur [4].

4. *On peut dire que, par la consécration, le pain et le vin sont devenus le vrai corps et le vrai sang du Christ.*

---

résumé en français). Voir, cependant, p. 367, 372. Même si Bérenger ne s'est pas exprimé très clairement sur ce point (sans doute parce qu'il lui paraissait aller de soi), de l'ensemble de ses écrits sur l'eucharistie découle le fait que, pour lui, c'est le contenu du symbolisme sacramentel, c'est-à-dire la « ressemblance » entre « sacrement » et « chose du sacrement », qui met en branle les sentiments de celui qui participe fructueusement au sacrement. Reste, il est vrai, (et c'est sans doute ce qu'a voulu dire P. Engels), qu'on ne voit pas si pour Bérenger la *virtus* sacramentelle se situe sur un plan purement psychologique, relevant du symbolisme, ou si elle a un fondement dans la nature du sacrement envisagé comme une réalité « consacrée » (cfr p. 367, 372).

    1. PE, 110 C-D.

    2. Faute de renseignements suffisamment précis sur ce point dans les documents bérengariens antérieurs à 1059, nous faisons appel ici aux développements plus explicites du *De sacra coena* (DSC, 59/24-34, 123/25-125/7 : ce dernier texte est incomplet par suite de la disparition d'un folio avant la p. 169 du manuscrit).

    3. PE, 112 E-113 A.

    4. PE, 110 C-D.

Bérenger entend cette présence du corps et du sang du Christ dans l'eucharistie de deux façons, qui, on l'imagine, n'ont rien à voir avec ce que la foi authentique appelle présence réelle. Ces deux formes de présence sont liées à la notion de sacrement. Nous pourrions appeler l'une présence spirituelle et l'autre, présence métaphorique.

Si Bérenger affirme, sans la moindre hésitation, que le pain et le vin sont devenus, par la consécration, le vrai corps et le vrai sang du Christ, c'est d'abord en précisant que cela est à comprendre « pour la foi et pour l'intelligence » : cette présence est le résultat d'une opération mentale liée au symbolisme sacramentel [1]. Bérenger dit aussi que le vrai corps du Christ est proposé sur la table du Seigneur, mais spirituellement pour l'homme intérieur ; que le vrai corps du Christ est mangé spirituellement à cette table par ceux des fidèles qui sont en union avec le Christ [2]. L'expression « vrai corps » ne doit pas faire illusion ; elle signifie, pour Bérenger, que le corps historique du Christ, qui est maintenant au ciel, a été et est un véritable corps et non, comme le croient les manichéens, une simple apparence : la réalité de l'incarnation est le gage de l'efficacité de l'eucharistie, qui, par le signe des *sacramenta*, nous met en rapport spirituel avec le Christ dans son humanité vraie [3].

Par ailleurs, Bérenger admet que les *sacramenta* présents sur l'autel soient « d'une certaine façon » considérés comme le corps et le sang du Christ, qui sont les *res sacramentorum*, et appelés effectivement corps et sang du Christ. Mais il ne s'agit là, dans sa pensée, que d'une transposition, d'une métaphore, le signifiant pouvant être considéré comme le substitut du signifié et en prendre le nom [4].

On comprend, dans ces conditions, que Bérenger puisse parler d'une conversion eucharistique. Le pain et le vin deviennent, par la consécration, les sacrements du corps et du sang du Christ, ce qui implique qu'ils deviennent en même temps

---

1. PE, 110 A-B.
2. PE, 110 E.
3. PE, 109 E, 110 B-E.
4. PE, 110 E. En vertu de cette transposition, on peut dire que le corps du Christ est brisé sur l'autel, à condition de bien préciser que cela se passe « quant au sacrement » (cfr EF, LXXXVII, 152/1-3). Voir *infra*, p. 172-173.

« d'une certaine façon », le corps et le sang du Christ [1]. Cette conversion se fait non pas *sensualiter*, mais *intellectualiter* ; elle suppose non la substitution d'une réalité à une autre réalité, mais la promotion d'une réalité préexistante et qui continue à exister ; elle aboutit non à un morceau de la chair et du sang du Christ, mais à la totalité de la chair et du sang du Christ [2].

On ne peut mettre en doute la sincérité de Bérenger quand il rendait compte ainsi d'expressions traditionnelles, dont il pensait fournir l'exacte et complète interprétation. Mais il est certain également que, sachant que ses adversaires prenaient les mêmes expressions dans un sens tout différent du sien, il a joué de cette équivoque pour leur donner le change et esquiver leurs attaques. Comme nous l'avons dit au chapitre VI, c'est à ce procédé, semble-t-il, qu'il eut recours, sans doute pour la première fois, lors d'un concile réuni à Tours en 1051 ou 1052 [3]. C'est ce même subterfuge qu'il utilisera en 1054 dans un autre concile assemblé, lui aussi, dans la capitale de la Touraine et dont nous parlons au chapitre VIII.

---

1. Au concile de Tours de 1054, Bérenger affirme de lui-même que « le pain et le vin de l'autel sont après la consécration vraiment le corps et le sang du Christ » : « Certissimum habete dicere me panem et vinum post consecrationem Christi esse revera corpus et sanguinem » (DSC, 17/34-35. Cfr *ibid.*, 18/14-15).
2. PE, 111 C-D.
3. Voir *supra*, p. 118-119.

CHAPITRE VIII

LE CONCILE DE TOURS DE 1054

Excommunié à Rome et déclaré hérétique à Verceil à l'occasion de conciles présidés par Léon IX, jugé par trois conciles provinciaux et contraint à deux reprises de faire profession de foi catholique, Bérenger n'en continue pas moins à défendre ses théories eucharistiques [1]. En effet, il conteste la légitimité des jugements de Rome et de Verceil, prononcés sans qu'il ait eu la possibilité de se faire entendre [2] ; il estime que la profession de foi qu'il a acceptée à Tours, lors du concile réuni en présence de Gervais du Mans, ne contredit en rien sa manière de voir [3] ; enfin, les conciles de Brionne et de Paris ne constituent certainement à ses yeux que des épisodes sans portée véritable. Mais son entêtement n'est pas la seule raison de l'échec des mesures qui ont été prises en 1050 et 1051 [4] pour mettre un terme à la controverse : dans la pensée des autorités romaines et dans l'opinion de Bérenger lui-même, la conclusion de l'affaire dépendait du siège apostolique et ne pouvait résulter que de la confrontation de l'écolâtre avec le magistère suprême. Aussi, quand il vient à Tours en 1054, pour y présider un concile au nom du pape Léon IX, Hildebrand cherche-t-il moins à régler la question sur place qu'à persuader le maître tourangeau de se rendre

---

1. DURAND DE TROARN, dans le *Liber de corpore et sanguine Christi*, IX, XXXIII (PL, t. CXLIX, 1424 A), après avoir mentionné le concile que nous situons à Tours en 1051-1052 et au cours duquel les bérengariens s'étaient rétractés (du moins en apparence : voir *supra*, p. 114 sq.), rapporte qu'il a entendu dire que ceux-ci étaient revenus *ad apostasiam et priorem vomitum*. Il semble que Durand a écrit son traité avant le concile de Tours de 1054, ce qui situe en 1052-1053 la reprise de la propagande bérengarienne.

2. DSC, 8/28-9/10, 13/20-31.

3. Voir *supra*, p. 119.

4. Et en 1052, si le premier des deux conciles de Tours consacrés à l'affaire garienne a eu lieu cette année-là et non à la fin de 1051.

dans la Ville éternelle pour comparaître devant le souverain pontife [1].

On peut être surpris de constater que Bérenger, de son côté, ne cessa jamais d'envisager le recours à Rome comme l'objectif premier de ses efforts. Mais il est clair que cette attitude ne correspondait pas à un sentiment de soumission filiale au vicaire du Christ : elle était dictée à l'écolâtre par la conviction que ses théories, en raison de leur évidence éclatante, seraient un jour ou l'autre canonisées par l'autorité pontificale et qu'une fois admises officiellement, elles s'imposeraient d'elles-même à l'ensemble de la chrétienté [2]. C'est le désir de faire triompher sa cause en haute instance qui l'avait engagé à partir pour le concile de Verceil [3]. C'est le même désir qui le tenaille quand il espère que la venue à Tours d'un représentant de Léon IX permettra la proclamation solennelle de la « vérité ». Il attend Hildebrand comme il le ferait d'un ange de Dieu ; il le voit, comme le soleil matinal, accourir de l'orient pour dissiper les ténèbres de l'ineptie paschasienne et pour redonner vie et courage aux défenseurs du symbolisme eucharistique ; il imagine déjà le légat apostolique approuvant publiquement la doctrine bérengarienne et brandissant l'anathème contre les tenants à la position adverse [4]. Il fut cruellement déçu par la suite des événe-

---

1. DSC, 17/12-15, 22-23, 18/28-31. Ce projet n'aboutira pas dans l'immédiat, mais Hildebrand n'en restera pas moins fidèle à la ligne de conduite que, de lui-même ou en vertu de consignes reçues, il avait adoptée à Tours. Sur ses instances réitérées, Bérenger acceptera de venir à Rome en 1059 (EF, LXXXVII, 149/7). Notons dès à présent que, durant la seconde phase de la controverse, Hildebrand, devenu le pape Grégoire VII, s'inspirera des principes qui l'avaient guidé vingt ans auparavant : il ordonnera à Bérenger de garder le silence sur la question eucharistique, dont il réservera l'examen pour le temps où, comme cela avait été convenu, l'écolâtre viendrait à Rome. Il ira même jusqu'à interdire à l'un de ses légats, Hugues de Die, de donner suite à la décision que celui-ci avait prise de faire juger le maître tourangeau par un concile français (EF, LXXXIX). Voir *infra*, p. 214-215.

2. Pour être tout à fait exact, il faut dire qu'après 1059 le recours de Bérenger à Rome sera inspiré moins par l'espoir d'une reconnaissance éclatante de la « vérité » bérengarienne que par le souci d'obtenir un appui officiel, favorable, en tout état de cause, au triomphe de la dite « vérité », triomphe dont Bérenger ne doutait pas : « Verius… erat nominare aecclesias eos qui per infinita terrarum spatia gavisi sunt, gaudent gaudebuntque pro veritate per me propitia divinitate asserta » (DSC, 2/8-10).

3. EF, XCVIII, 164/22-25 ; EBA, 66 A 8-12, C 2-5.

4. EF, LXXXVII, 149/10-13, 15-17, 25-26, 150/1, 27-28, 151/5-9, 13-17.

ments, dont le déroulement ne justifia pas ses prévisions optimistes.

Hildebrand est dans la capitale de la Touraine vers mars ou avril 1054 [1]. Le concile qu'il doit y présider paraît avoir intéressé un vaste territoire [2], et l'hérésie bérengarienne n'est pas la seule ni même la principale des affaires qui expliquent cette importante réunion [3]. Il y eut deux phases très distinctes dans les rapports d'Hildebrand et de Bérenger durant le séjour du légat dans la ville de Tours. Pendant quelque temps, de façon très discrète, il est vrai, Hildebrand rencontre le maître tourangeau [4]. Mais, à dater d'un certain moment, qui semble correspondre avec l'arrivée à Tours des Pères conciliaires, il renonce à ces entrevues clandestines et ne retrouve plus Bérenger que dans les réunions officielles [5]. De toute façon, en public, il se garde de prendre parti pour l'écolâtre. Dans la lettre qu'il rédigea vers le début de 1059 à l'adresse d'Hildebrand au nom du comte d'Anjou, Bérenger devait stigmatiser ce comportement qui lui paraissait inspiré par la pusillanimité : à ses yeux, le légat avait agi à la façon de Joseph d'Arimathie, qui n'osait pas s'afficher comme disciple du Christ [6]. En effet, le maître tourangeau était certain d'avoir obtenu l'adhésion d'Hildebrand à ses théories et il se disait profondément déçu de ce que celui-ci n'ait pas eu le courage de les défendre ouvertement [7].

Examinons maintenant en détail les faits sur lesquels il appuie ces affirmations, pour savoir si l'interprétation qu'il en donne est vraisemblable ou non.

Durant son séjour à Tours, Hildebrand vient à plusieurs reprises à la collégiale de Saint-Martin, au chapitre de laquelle

---

1. Pour fixer cette date, nous nous appuyons sur le fait que la mort de Léon IX (19 avril 1054) fut annoncée à Hildebrand durant le concile (DSC, 18/31-32).

2. DSC, 17/24-26, 18/10-11 ; EF, LXXXVII, 151/22-23.

3. A lire la *Narratio controversiae* (RHGF, t. XII, p. 460 A), on pourrait croire qu'Hildebrand était venu à Tours essentiellement pour régler le cas de Bérenger. Mais il ressort du *De sacra coena* que cette affaire n'était pas la seule qui avait motivé le séjour du légat dans la capitale de la Touraine : DSC, 17/21-22, 27-29, 18/1-2, 27-28.

4. DSC, 16/32-17/15.

5. EF, LXXXVII, 149/23-25.

6. Cfr *Jn.*, XIX, 38. Bérenger établit très souvent ce parallèle entre les amis trop timides ou les ennemis du Christ et ses propres amis ou ennemis (EF, LXXXVII, 149/17-23, 150/3 sq., XCVIII, 165/3-5 ; DSC, 17/11, 18/23-24, 26/1-3, etc.). En SCS, 426 A, il identifie sa cause avec celle de la *Veritas ipsa*.

7. EF, LXXXVII, *passim*. Cfr DSC, 17/3-15.

appartenait Bérenger [1]. Sans doute est-ce à l'occasion de ces visites que le représentant de Léon IX a des entretiens avec l'écolâtre. S'il fait en sorte que ces conversations demeurent secrètes [2], c'est, vraisemblablement, pour éviter qu'elles ne soient l'objet d'interprétations inexactes, c'est aussi, peut-être, pour se maintenir sur un plan confidentiel et ne pas préjuger des positions qui seront adoptées par les membres du concile de Tours et par le Siège apostolique.

Bérenger prétend qu'après avoir été convaincu par ses arguments, le légat lui demanda de venir à Rome afin de reprendre devant le souverain pontife sa démonstration fondée sur la raison et sur la tradition : le pape userait alors de son autorité pour ramener au calme les personnages jaloux ou stupides qui s'acharnaient contre le champion de « Jean Scot » [3].

Nous pensons qu'il faut inverser le rapport des faits, tel que les expose l'auteur du *De sacra coena*. En rencontrant Bérenger, Hildebrand n'a probablement pas d'autre but que de le décider à entreprendre le voyage de Rome, mais s'il veut amener à ses fins son interlocuteur, il doit faire preuve de diplomatie et laisser ce dernier exprimer librement ce qui lui tient à cœur. L'attitude compréhensive d'Hildebrand, le désir qu'il manifeste de voir Bérenger accepter de se rendre avec lui dans la Ville éternelle pour éclairer Léon IX, ne seraient donc pas la conséquence de la démonstration du maître tourangeau, mais un présupposé de la démarche effectuée par le légat auprès de celui-ci. De plus, selon un procédé qui lui est familier, Bérenger, dans le *De sacra coena*, donne (de bonne foi, croyons-nous) aux propos du futur Grégoire VII une orchestration qui correspond davantage à ses illusions qu'à la réalité [4].

Toujours est-il qu'il a l'occasion de présenter sa doctrine au légat pontifical, en appuyant celle-ci sur des textes de l'Écriture sainte et des Pères de l'Église, et en la confirmant par des arguments tirés des évidences rationnelles [5]. Il serait d'un grand intérêt de savoir ce que fut la réaction d'Hildebrand

---

1. *Narratio controversiae* : RHGF, t. XII, p. 460 A.

2. DSC, 16/35-36.

3. DSC, 17/3-15, 22-23, 18/29-31. Cfr 18/20-26.

4. DSC, 17/14-15. Comparer avec DSC, 17/19-21, 18/29-31, EF, LXXXVII, 151/23-25, passages dans lesquels Bérenger prolonge, en quelque sorte, la réalité dans le sens de ses désirs. Voir *infra*, p. 222, note 4.

5. DSC, 17/3-6. Cfr 18/20-31.

en face de l'exposé du maître tourangeau. Pour nous faire une opinion à ce sujet, nous ne disposons que des documents dans lesquels Bérenger évoque ses entrevues avec le légat : la lettre qu'il rédigea à l'intention d'Hildebrand au nom du comte d'Anjou et les pages du *De sacra coena* qui ont trait au concile de Tours de 1054 [1]. Dans la lettre de Geoffroy Martel, l'écolâtre range Hildebrand au nombre de ses partisans [2]. Cependant, ni dans cette lettre ni dans le *De sacra coena*, il ne va jusqu'à mentionner une approbation formelle de ses théories par le représentant de Léon IX. Il dit par exemple : « Je lui ai donné satisfaction contre la calomnie des sots » [3] ; il affirme qu'Hildebrand « connut l'évidence de la vérité » [4] ; il déclare, en s'adressant à Hildebrand lui-même, que celui-ci n'ignorait pas qu'un des membres du concile s'était écarté de la vérité d'une saine doctrine en jetant l'anathème contre ceux qui refusent d'admettre la disparition du pain sur l'autel après la consécration [5]. De telles façons de s'exprimer n'impliquent pas que le légat ait donné un acquiescement explicite à la démonstration de Bérenger. L'impression très nette qui se dégage des documents en question est qu'Hildebrand a écouté le maître tourangeau avec bienveillance mais sans jamais prendre parti. S'il avait approuvé positivement la doctrine bérengarienne, l'écolâtre n'aurait pas manqué de s'en prévaloir ; inversement, s'il avait critiqué l'exposé de Bérenger, ce dernier, par la suite, n'aurait pas caché son mécontentement : on sait avec quelle rage il s'en prend à ses contradicteurs, de quel mépris il les fustige. Il est donc infiniment probable que dans ses entretiens avec le maître tourangeau le légat a gardé une attitude de réserve et d'affabilité. Du reste, quel qu'ait pu être son sentiment personnel, il n'était pas utile qu'il le formulât expressément,

---

1. EF, LXXXVII ; DSC, 16/13-18/36. Ces deux documents présentent les faits sous des angles différents, mais ils ne se contredisent pas, quoi qu'en pense C. ERDMANN, *Gregor VII. und Berengar von Tours*, p. 55-60. Dans le *De sacra coena*, destiné en principe à Lanfranc, Bérenger a cherché à cacher sa déception devant les résultats du concile de Tours et fait étalage de son accord avec Hildebrand (DSC, 16/32-34, 17/3-6, 12-15). En revanche, dans la lettre à Hildebrand, il a, par le truchement du comte d'Anjou, exhalé toute l'amertume qu'il ressentait en face d'un échec, dont il rendait responsable le diacre romain.

2. EF, LXXXVII, *passim*.

3. « Huic contra calumpniam in me insanorum... satisfeci » (DSC, 17/3-6).

4. « Hildebrandus veritatis perspicuitate cognita » (DSC, 17/12-13).

5. EF, LXXXVII, 150/1-2.

puisque son but était de soumettre le cas de Bérenger à l'appréciation des membres du concile de Tours d'abord, puis à celle des autorités romaines. Mais l'écolâtre, parce qu'il avait eu la possibilité de s'expliquer devant lui, était persuadé d'avoir emporté la conviction de ce témoin de marque, la vérité bérengarienne étant, selon Bérenger lui-même, évidente comme deux et deux font quatre [1].

Les observations précédentes ne constituent, croyons-nous, qu'un premier palier de la vérité historique. Il ne semble pas, en effet, que le comportement d'Hildebrand à l'égard de Bérenger ait été inspiré uniquement par des raisons d'opportunité. Sa modération dans l'affaire bérengarienne fait contraste avec l'attitude d'autres autorités romaines, telles que les papes Léon IX et Nicolas II, et le cardinal Humbert. Devenu pape sous le nom de Grégoire VII, il se montrera, jusqu'à la veille du concile de Rome du carême de 1079, plus tolérant encore vis-à-vis du maître tourangeau qu'il ne l'avait été comme légat à Tours en 1054. Deux facteurs ont pu contribuer à lui faire adopter cette ligne de conduite libérale. Plus nuancé que le cardinal Humbert, par exemple, ou que Lanfranc, Hildebrand avait admis que tout n'était pas dit *ne varietur* en ce qui concerne le sacrement de l'autel, et à Tours il n'avait pas craint de déclarer que dans ce domaine on devait faire appel à la recherche et à la réflexion [2]. Il semble donc qu'il était disposé non certes à approuver tout ce que disait Bérenger, mais du moins à reconnaître avec celui-ci l'importance de certains éléments de la croyance eucharistique trop négligés par les défenseurs de la doctrine paschasienne. De plus, en dépit des explications que lui avait données le maître tourangeau, il ne paraît pas s'être fait une opinion précise sur la nature de la doctrine bérengarienne. On comprendrait donc qu'il n'ait pas perçu l'aspect radical et négateur du symbolisme eucharistique de Bérenger ; par souci de

---

1. Cfr EF, LXXXVI, 148/1-7.

2. « Quid autem ? Audio eos, qui manifeste Christum et Christi sermones erubescant, ita palliasse formidolositatem suam, cum apud nos esses, ut dicerent non esse ejusmodi negotium istud, id est disquirere, qualiter vivendum [videndum ?] sit christiano de corpore Christi et sanguine. Unde etiam ipse non nihil egisti cum abbate sancti Albani, ut magnopere de eo intelligendo sit laborandum » (EF, LXXXVII, 151/18-23). Cfr DSC, 17/15-18 ; *Mém.*, 103 B-D. Le point de vue d'Humbert et de Lanfranc est différent. Pour Lanfranc, voir DC, 409 C 14-16 : « In talibus naeniis nollem vitam deterere, si populum Dei antiquam pacem permitteres habere ». Pour Humbert, voir *supra*, p. 107, *infra*, p. 167-168.

justice, il hésitait à condamner un homme dont l'hétérodoxie
ne lui semblait pas clairement démontrée. C'est seulement au
concile de Rome du carême de 1079 qu'il aura la certitude que
l'écolâtre, camouflant ses théories sous des formules ambiguës,
rejetait effectivement la présence réelle. Il le contraindra alors à
faire amende honorable et à confesser qu'il avait été dans l'erreur
depuis les origines de l'affaire pour n'avoir pas ajouté le terme
«substantiellement» à l'affirmation trop vague et, par conséquent,
équivoque : « Le pain et le vin consacrés sur l'autel sont le corps
et le sang du Christ » [1].

Le concile présidé par Hildebrand tint ses assises en l'église
cathédrale de Tours, dédiée à saint Maurice [2]. A propos de ce
concile, deux constatations s'imposent. D'une part, à aucun
moment, Bérenger ne tente d'exposer le fond de sa pensée
devant les Pères conciliaires : d'emblée, il se retranche derrière
une profession de foi équivoque [3]. D'autre part, en dépit de
cette attitude passive, il se déclarera, par la suite, profondément
ulcéré de la tournure qu'avaient prise les débats et reprochera
à Hildebrand de n'être pas venu au secours de la vérité [4]. De
ces deux faits on doit conclure que le maître tourangeau souhaitait que le légat, de sa propre initiative, oriente la discussion
dans un sens favorable au symbolisme eucharistique ou même
que, de but en blanc, il proclame la vérité bérengarienne et
condamne les partisans de Paschase [5]. Or, Hildebrand resta
dans les strictes limites de son rôle de président de l'assemblée
conciliaire. Après avoir annoncé qu'il allait emmener Bérenger à
Rome [6] et exprimé, par la même occasion sans doute, toute la
confiance qu'il accordait au Siège apostolique, dont on n'avait
jamais entendu dire qu'il ait été vaincu ni sur le plan de la
foi ni sur le plan militaire [7], Hildebrand laisse aux membres du

---

1. *Mém.*, 103 B, 104 E, 108 D-E, 109 A. Voir *infra*, p. 236-237.
2. DSC, 17/36-37.
3. DSC, 17/19-21, 34-35, 18/14-15. Cfr *Mém.*, 103 A-B.
4. EF, LXXXVII, *passim*.
5. EF, LXXXVII, 149/13-17, 25-26, 150/27-28, 151/13-15.
6. DSC, 17/13-16, 20-23.
7. « Gloriabaris autem tu et quasi proludebas in eo, Romam tuam fide atque
armis semper fuisse invictam » (EF, LXXXVII, 152/4-5). L'authenticité de
cette réflexion est bien marquée par son rapprochement avec la proposition XXII
des *Dictatus papae* de Grégoire VII : « Quod Romana Ecclesia nunquam erravit,

concile le choix entre deux procédures : ou l'on approfondira la question eucharistique, et le légat propose alors de mettre à la disposition des Pères conciliaires des livres qu'il avait fait apporter en grand nombre et dans lesquels des signets indiquaient les passages qui avaient trait à l'eucharistie [1], ou l'on se contentera de demander à Bérenger d'exprimer ses convictions et on le jugera sur sa réponse [2]. La première solution ne reçoit pas l'agrément du concile. Un des membres de l'assemblée, l'abbé de Saint-Aubin d'Angers [3], soutient même que, dans cette affaire, ce qui importait, c'était de croire et non d'épiloguer sur la croyance. Hildebrand défend contre lui, non sans insistance, le principe de la recherche doctrinale [4]. Néanmoins, les Pères conciliaires

---

nec in perpetuum, Scriptura testante, errabit » (PL, t. CXLVIII, 408 B). L'allusion à l'invincibilité de Rome sur le plan militaire peut paraître surprenante, quand on se rappelle que Léon IX avait été fait prisonnier par les Normands d'Italie le 18 juin 1053 et n'avait été libéré, le 12 mars 1054, qu'après avoir fait de graves concessions à ses vainqueurs. Sans doute, Hildebrand, dans une période difficile de l'histoire pontificale, voulait-il dire qu'en définitive, militairement, Rome avait toujours le dernier mot, ou que les armes finissaient par céder un jour ou l'autre devant sa puissance spirituelle. Bérenger n'aurait pas inventé cela. Les paroles qu'il prête à Hildebrand sont bien en situation, ce qui confirme leur authenticité.

1. DSC, 17/15-18. Cfr *Mém.*, 103 D. On peut se demander si Bérenger n'a pas fourni lui-même cette documentation.

2. DSC, 17/15-22. En DSC, 17/19-21, il paraît évident que Bérenger a donné aux paroles d'Hildebrand un prolongement proprement bérengarien. Voir *supra*, p. 152, note 4.

3. Voir le texte cité, p. 154, note 2. Il s'agit de Gautier, abbé de Saint-Aubin d'Angers de 1036 à 1055. Lors de l'élection de son successeur, Thierry, un moine de Marmoutier présenté par son abbé Albert, la communauté de Saint-Aubin, profondément divisée par des querelles doctrinales, éprouva le besoin de retrouver son unité, comme le montre un document intitulé *Electio Theoderici, abbatis S. Albini Andegavensis* : « Elegimus fratrem quemdam probitate ornatum, nomine Theodericum, quem nobis vice Christi patrem praeesse volumus, et in definitione ejus sententiarum nostram diversitatem uniri, ne diversa sentientes a Christi doctrina inveniamur extranei » (E. MARTÈNE et U. DURAND, *Thesaurus novus anecdotorum*, t. I, col. 184 D). Ces remous, vraisemblablement, étaient dus à la controverse eucharistique. Il est peu probable que Thierry ait pensé refaire l'unité de sa communauté autour de l'hérésie bérengarienne ! Aussi, le rôle joué par Albert de Marmoutier dans cette affaire ne rend guère plausible l'opinion de Bérenger qui voit en lui un adepte de sa doctrine (DCS, 18/10-12). Voir *infra*, p. 160. La position soutenue par Gautier au concile de Tours s'explique fort bien de la part d'un supérieur de monastère affecté de voir les moines dont il avait la charge se heurter à propos de questions doctrinales.

4. EF, LXXXVII, 151/18-25. Ce texte que nous citons *supra*, p. 154, note 2, est certainement altéré (voir l'apparat critique), mais le sens général ne peut faire de doute. Bérenger ne précise pas à quel moment des débats se situe

optent pour la procédure la plus rapide et ils se déchargent du soin d'examiner Bérenger sur une commission composée de l'archevêque de Tours et des évêques d'Orléans et d'Auxerre. Le dialogue qui s'engage alors ne manque pas de piquant. Bérenger, dans le *De sacra coena*, le rapporte en des termes qui semblent très proches de la réalité. Les évêques d'Orléans et d'Auxerre se plaignent au maître tourangeau de ce que « sa faute » les empêche de s'occuper des affaires pour lesquelles ils sont venus au concile. Voici en style direct, à peine transposées, les répliques qui font suite à cette observation, telles qu'on les trouve en style indirect dans le *De sacra coena* :

Bérenger. — De quelle faute voulez-vous parler ?

Un des évêques. — Vous dites que le pain sacré de l'autel est seulement du pain et ne diffère en rien du pain non consacré que l'on sert sur les tables.

Bérenger. — Pouvez-vous donner le nom d'un accusateur qui témoignerait m'avoir entendu m'exprimer de cette façon ?

Un des évêques. — A vrai dire, non. Mais c'est ce que nous avons entendu rapporter à votre sujet.

Bérenger. — C'est de la calomnie. Je n'ai jamais pensé ni dit rien de pareil.

Un des évêques. — Mais alors que dites-vous exactement ? [1]

Bérenger. — Soyez absolument certain que je dis et pense

---

l'intervention de l'abbé de Saint-Aubin : il est vraisemblable qu'elle se rapportait à la discussion de procédure mentionnée en DSC, 17/15-26. De toute évidence, le motif mis par Bérenger dans la bouche d'Hildebrand pour défendre le principe d'un approfondissement doctrinal *(velut aliquid contra rationes christianitatis valeat si vulgus in eo suo dimittatur errori)* déforme ou prolonge indûment les véritables propos du légat. A. J. MACDONALD, *Berengar*, p. 112, prend cela pour argent comptant. L'intervention de l'abbé de Saint-Aubin s'inscrit dans un courant traditionnel : « Sacramenta divina non tam discutienda sunt quam credenda » *(Missa in symboli traditione* : PL, t. LXXII, 488 C). Cfr DC, 421 D 1-4, qui renvoie à 427 A 1 sq. Voir aussi *ibid.*, 439 B 11-440 B 3. Voir H. DE LUBAC, *Corpus mysticum. L'eucharistie et l'église au moyen âge*, 2ᵉ éd., Paris, 1949, p. 267 sq.

1. Question un peu surprenante si l'on se rappelle le rôle joué par l'évêque d'Orléans lors du concile de Paris, devant lequel il avait fait lire une lettre de Bérenger qui semblait entachée de l'hérésie la plus pernicieuse (sur l'eucharistie, bien entendu). Il est vrai que les passages de cette lettre qui avaient scandalisé les membres du concile de Paris « paraissaient tirés » du livre de « Jean Scot » (DURAND DE TROARN, *Liber de corpore et sanguine Christi*, IX, XXXIII : PL, t. CXLIX, 1423 A) et n'étaient pas directement imputables à Bérenger, mais Bérenger les prenait bien à son compte, cela va sans dire. Voir *supra*, p. 113-114.

que le pain et le vin de l'autel sont, après la consécration, vraiment le corps et le sang du Christ.

Un des évêques. — Voilà qui est parfait. Précisément, les évêques qui sont réunis dans l'église de Saint-Maurice n'attendent pas autre chose, de votre part, que de vous entendre déclarer ce que vous venez de nous dire. Si vous le faites, nous retrouverons notre liberté et nous pourrons vaquer à nos propres affaires [1].

Bérenger se rend donc à l'église de Saint-Maurice, où siège le concile, et il répète la déclaration qu'il vient de faire devant ses examinateurs : « J'affirme que le pain et le vin de l'autel sont vraiment, après la consécration, le corps et le sang du Christ ». On pense bien que les Pères conciliaires, en entendant ces paroles tomber des lèvres de l'écolâtre, ne manquent pas d'être extrêmement surpris. Ils peuvent se demander avec raison pourquoi l'affaire bérengarienne avait, depuis quatre ou cinq ans, soulevé tant d'émotion à travers la chrétienté latine si, en définitive, Bérenger professait la croyance eucharistique commune [2]. Aussi, présument-ils que le maître tourangeau vient de mentir et que, croyant une chose, il en proclame une autre. Certains s'écrient qu'on ne peut se contenter de cette simple déclaration : il faut que Bérenger la confirme par un serment [3].

A ce moment, les débats du concile prennent une tournure dramatique, par suite d'un double malentendu. L'écolâtre refuse d'abord de prêter le serment qu'on exige de lui ; dans le *De sacra coena*, il précise qu'il agit de la sorte non en raison du contenu de la déclaration qu'il avait faite (car il pensait réellement ce qu'il venait de dire, tout en sachant que ses adversaires donnaient à la formule dont il s'était servi un sens différent de celui qu'il avait dans l'esprit), mais parce qu'il lui

---

1. « Quam meam culpam dicerent, interrogati, responderunt dicere me panem sanctum altaris panem tantum esse nec differre ab inconsecrato pane mensae communis ; quem in eo accusatorem meum haberent, producere neminem potuerunt ; ita diffamatum me se audisse responderunt et quid dicerem, cum negarem illud, audire voluerunt. Hic ego inquam : Certissimum habete dicere me panem atque vinum altaris post consecrationem Christi esse revera corpus et sanguinem. Quo audito, nichil expectare a me alios qui in ecclesia sancti Mauricii consederant dixerunt episcopos, quam ut in eorum quoque audientia eadem non tacerem et ita eos liberum habituros, ut sua quisque agere negotia non differrent » (DSC, 17/29-18/2).

2. DSC, 18/3-5. En DSC, 17/18-21, Bérenger souligne nettement son intention de jouer sur une équivoque.

3. DSC, 18/5-8.

paraissait injuste qu'on l'oblige à la reprendre sous le sceau du serment, alors qu'on n'avait pu produire aucun témoin qui assurât l'avoir entendu s'exprimer autrement [1]. Les membres du concile, qui n'avaient pas le moindre soupçon de l'interprétation donnée par Bérenger à sa déclaration (premier malentendu), ne peuvent expliquer son attitude que d'une seule façon : l'écolâtre a menti et, par un scrupule de conscience, il hésite à redire ce mensonge sous une forme plus contraignante (second malentendu) [2]. On sait, en effet, le caractère de gravité que le moyen âge attachait au parjure, notamment en ce milieu du XIe siècle [3]. Le refus de Bérenger provoque donc un tonnerre de protestations et soulève ce qu'en termes dédaigneux il appelle un « tumulte populaire », tumulte devant lequel il ne consent pas à céder, tout d'abord [4].

Peut-être est-ce au cours de cet épisode mouvementé qu'un des Pères conciliaires soutient qu'il faut jeter l'anathème sur ceux qui refusent d'admettre que le pain disparaît de la table du Seigneur après la consécration. En son for intérieur, l'écolâtre

---

1. DSC, 18/8-10. Cfr 17/31-32.

2. Mêmes malentendus, naturellement, dans les sources historiques non bérengariennes. Pour Lanfranc, a) Bérenger n'a pas osé défendre sa manière de voir, ce qui est en partie exact (contre DSC, 16/23-24, 29-30) puisque celui-ci, même dans le cadre de la procédure courte qui fut adoptée, aurait pu présenter explicitement sa pensée ; b) la profession de foi jurée par le maître tourangeau au concile de Tours est l'équivalent de la profession de foi rédigée par le cardinal Humbert au concile de Rome de 1059 (DC, 413 D 7-13). Voir aussi GUITMOND D'AVERSA, De corporis et sanguinis Domini veritate, III : PL, t. CXLIX, 1487 A 6-8 ; BERNOLD DE CONSTANCE, De Beringerii haeresiarchae damnatione multiplici, III : PL, t. CXLVIII, 1455 A 1-10 ; EE, 1204 B 1-3. A leur tour, les historiens modernes ne semblent pas avoir nettement perçu la tromperie qu'a constituée, de la part de Bérenger, le concile de Tours de 1054. Le De sacra coena publié en 1834 aurait dû les éclairer sur ce point.

3. D'où l'importance attachée au serment et au parjure de Harold dans les motifs qui servirent à justifier la conquête de l'Angleterre en 1066. Guillaume le Bâtard envoie à Alexandre II Gilbert, archidiacre de Lisieux, pour demander au pape son avis sur le projet de conquête. « Papa vero, auditis rebus quae contigerant, legitimo duci favit, audacter arma sumere contra perjurum praecepit, et vexillum sancti Petri apostoli, cujus meritis ab omni periculo defenderetur, transmisit » (ORDERIC VITAL, Historia ecclesiastica, II, III, XVII : PL, t. CLXXXVIII, 285 C). A propos de la fameuse tapisserie de Bayeux qui dépeint la conquête de l'Angleterre, « on a justement fait observer que le thème central, d'où elle tient son unité, est le parjure » (M. DE BOUARD, Guillaume le Conquérant, Paris, 1958, p. 76). La première partie du De corpore et sanguine Domini de Lanfranc est centrée sur le même thème : voir infra, p. 274, 280, 283.

4. DSC, 18/5-13, 26-27. Cfr 17/8-12, 18/23-26.

s'indigne de voir Hildebrand rester impassible devant un tel propos : il souhaiterait que le légat excommunie celui qui vient le proférer une parole que lui-même, Bérenger, estime contraire à la vérité d'une saine doctrine [1].

Le tumulte se serait prolongé sans fin si deux amis du maître tourangeau, Eusèbe Brunon, l'évêque d'Angers, et Albert, abbé de Marmoutier [2], n'étaient intervenus. Dans le *De sacra coena*, Bérenger prétend que ces deux personnages approuvaient ses théories eucharistiques et savaient qu'elles trouvaient leur justification dans les « écritures » [3]. Il est probable qu'il se faisait à ce sujet quelques illusions, au moins en ce qui concerne Eusèbe Brunon [4]. Bérenger affirme aussi qu'Eusèbe Brunon et Albert de Marmoutier n'ignoraient pas qu'il n'y avait aucun désaccord entre la déclaration qu'il avait faite et ce qu'il pensait réellement. Il est, en effet, fort probable que ni l'évêque d'Angers ni l'abbé bénédictin n'avaient, en l'occurrence, de raisons sérieuses de mettre en doute la sincérité du maître tourangeau. L'un et l'autre, certainement, avaient participé aux débats du concile réuni en présence de Gervais du Mans, deux ans auparavant, dans la ville de Tours ; or, la déclaration faite par Bérenger devant l'assemblée que présidait Hildebrand reprenait, pour l'essentiel, le contenu de la profession de foi du concile précédent, laquelle, après une discussion orageuse, avait reçu l'approbation d'Eusèbe Brunon, de l'écolâtre lui-même [5] et, à coup sûr, des autres artisans de ce synode. Eusèbe Brunon, nous l'avons dit, semble avoir joué un rôle important dans l'établissement d'une formule qui permettait d'éviter les difficultés inextricables suscitées par l'interprétation des textes patristiques concernant l'eucharistie ; on comprend qu'une fois de plus, en 1054, il insiste pour que Bérenger accepte de jurer une profession de foi

---

1. EF, LXXXVII, 149/25-26/150/1-2.
2. Albert avait été doyen du chapitre de la cathédrale de Chartres jusqu'en 1028, époque où il se fit moine à Marmoutier. Il mourut en 1064. Voir R. MERLET et A. CLERVAL, *Un manuscrit chartrain du XIe siècle*, p. 108, 112, 164.
3. DSC, 18/11-12, 17-18.
4. Voir *supra*, p. 119-120, 156, note 3.
5. Bérenger approuvait cette formule, qu'il interprétait à sa manière (DSC, 17/19-21), mais il regrettait, cependant, que le symbolisme eucharistique n'y soit pas exprimé explicitement. C'est ce regret qui, nous le conjecturons, fut à l'origine de la discussion qui marque le premier concile de Tours consacré à l'affaire bérengarienne (EE, 1204 A 14-B 1), c'est lui aussi qui explique la lettre à Hildebrand (EF, LXXXVII). Voir *supra*, p. 117 sq., *infra*, p. 165-167.

de la même nature. L'évêque d'Angers et l'abbé de Marmoutier font valoir auprès de l'écolâtre la nécessité d'apaiser l'agitation que provoque son entêtement. Bérenger finit par se laisser convaincre. A contre-cœur, il met par écrit la formule sur laquelle il doit prêter serment et qui dit que le pain et le vin de l'autel sont après la consécration le corps et le sang du Christ. Il lit ensuite à haute voix ce texte, dans lequel il précise, en outre, que ce qu'il affirme des lèvres, il le pense du fond du cœur.

Le concile se prolongea encore un peu, et Bérenger en attendait la conclusion pour partir avec le légat et se rendre directement dans la Ville éternelle, quand Hildebrand reçut la nouvelle de la mort de Léon IX (19 avril). Prenant raison ou prétexte de cette circonstance, Bérenger décida de surseoir à son projet et laissa le légat quitter sans lui la Touraine [1].

Si, durant le concile de Tours de 1054, Bérenger n'a pas eu à renier sa pensée véritable, il n'en a pas moins subi une grave défaite. En effet, bien qu'il ait trompé ses adversaires en jurant une profession de foi équivoque, il leur laisse le bénéfice d'une victoire apparente : pour le fond, ceux-ci peuvent croire qu'ils ont contraint le maître tourangeau à se rallier à leur manière de voir et, pour la forme, en lui imposant un serment, ils l'ont obligé à paraître se désavouer. Mais, surtout, Bérenger a vu s'écrouler les espérances qu'il avait fondées sur la venue d'Hildebrand à Tours. Sa déception est d'autant plus vive qu'il a eu l'occasion de s'entretenir avec le légat et d'exercer sur lui ses talents de persuasion et de séduction. Certain d'avoir convaincu son interlocuteur, il ne voit que deux explications à la dérobade d'Hildebrand. Ou le légat, redoutant les partisans du réalisme eucharistique, a craint de se compromettre à leurs yeux, ou il a préféré attendre des circonstances plus favorables pour prendre position [2]. Bérenger, suivant l'inclination de ses désirs, voudrait opiner en faveur de la seconde hypothèse, mais appréhendant que la première ne soit conforme à la réalité, il essaiera d'agir sur Hildebrand pour l'amener à ses fins : quand il viendra

---

1. DSC, 18/10-33.
2. EF, LXXXVII, 150/17-33-151/1-3.

à Rome en 1059, il rédigera à l'adresse de ce haut personnage une lettre écrite au nom du comte d'Anjou, dans laquelle ce dernier sera censé faire appel aux sentiments les plus nobles de son correspondant pour le pousser à prendre enfin courageusement le parti de la vérité ! [1]

---

1. EF, LXXXVII, 152/4-18. Cfr 149/16. Voir *infra*, p. 165-167.

CHAPITRE IX

LE CONCILE DE ROME DE 1059

C'est en 1059 seulement, sous le pontificat de Nicolas II, que Bérenger se rendit à Rome sur les instances d'Hildebrand [1]. Mais il est vraisemblable que celui-ci n'avait pas attendu cette date pour reprendre le projet de la venue de Bérenger dans la ville pontificale, projet auquel, en 1054, l'écolâtre avait d'abord donné son consentement, puis devant lequel il s'était dérobé en alléguant comme raison ou comme prétexte la mort du pape Léon IX [2]. On peut donc penser que, durant les cinq années qui séparent le concile de Tours de 1054 et le concile de Rome de 1059, Hildebrand intervint à plusieurs reprises auprès du maître tourangeau, sans doute par la voie épistolaire, pour le décider à comparaître devant le tribunal apostolique [3]. Si cette supposition est exacte, il faudrait attribuer l'échec temporaire de ces démarches soit à certaines circonstances historiques [4], soit, peut-être aussi, aux hésitations de Bérenger, qui, si vif que fût son désir de plaider sa cause à Rome, devait redouter de jouer son va-tout dans cette confrontation suprême. Le comportement

---

1. Voir le début de la lettre à Hildebrand rédigée par Bérenger au nom (et sans doute à l'insu) du comte d'Anjou à la veille du concile de Rome de 1059 : « Venit Romam B(erengarius), sicut visum est tibi et scriptis adurgebas » (EF, LXXXVII, 149/7).
2. DSC, 17/12-14, 18/31-33.
3. Dans le début de lettre cité ci-dessus, note 1, il est question de plusieurs messages adressés par Hildebrand à Bérenger pour le décider à venir à Rome. Or, Nicolas II ne fit son entrée dans la Ville éternelle que le 24 janvier 1059 ; vraisemblablement, c'est à partir de cette date que furent envoyées les lettres de convocation pour le concile qui devait s'ouvrir le 13 avril. Il semble peu naturel, bien que cela ne soit pas impossible, que, dans un délai aussi court, Hildebrand ait écrit à plusieurs reprises à Bérenger. Les autres *scripta* auxquels fait allusion la lettre du comte Geoffroy Martel, auraient donc été envoyés entre 1054 et 1059.
4. Ainsi, Étienne IX, couronné le 2 août 1057, meurt le 29 mars 1058, avant le concile qu'il avait projeté pour le 3 mai suivant. Il avait, dès septembre-octobre, invité des évêques français à prendre part à ce concile (ÉTIENNE IX, *Epistolae et privilegia*, I : PL, t. CXLIII, 869-870).

que l'écolâtre avait adopté lors du concile de Tours de 1054 trahit, du reste, l'appréhension qu'il ressentait quand il était appelé à prendre position devant des personnes dont il avait à craindre l'hostilité à ses idées et en face d'assemblées importantes, dans lesquelles, inévitablement, il ne pouvait rencontrer qu'une minorité de partisans. C'est précisément sur ces derniers, semble-t-il, qu'il comptait en de telles occasions, quitte, s'ils se taisaient, comme ils le firent généralement, à les accuser par la suite, non sans illogisme, de lâcheté [1], alors que lui-même n'avait pas eu le courage d'exposer publiquement le fond de sa pensée. A Tours, en 1054, il espérait que l'intervention d'Hildebrand lui fraierait le chemin de la victoire ; et, en conséquence, avant l'ouverture des débats, il avait cherché à exercer sur le légat tout son pouvoir de persuasion dans les entretiens confidentiels que celui-ci lui avait accordés [2]. En venant à Rome en 1059 pour affronter un concile qui, à des titres divers, marquera dans les annales de l'Église, il a vraisemblablement misé la plus grande partie de ses chances sur ceux des Pères conciliaires qu'il estime favorables à ses idées et, en particulier, sur Hildebrand [3]. De plus, on ne peut guère douter qu'il ait employé des arguments pécuniaires, auxquels sa grande fortune lui permettait d'avoir recours [4]. Mais, en dépit de ses illusions, il est peu probable qu'il envisage avec optimisme la perspective d'avoir à se justifier devant l'assemblée plénière du concile. Ce qu'il souhaite sans doute, c'est qu'on lui donne l'occasion de convaincre directement le pape en entretien particulier ; sinon,

---

1. Ainsi, il applique le verset *Jn.*, XIX, 38, concernant Joseph d'Arimathie : *Esset discipulus Jesu, occultus autem propter metum Judaeorum*, soit à ses partisans restés silencieux au concile de Rome de 1059 (DSC, 25/31-26/3), soit à Hildebrand à cause de son attitude au concile de Tours de 1054 (EF, LXXXVII, 149/17-19). Voir toute la lettre EF, LXXXVII.

2. DSC, 17/3-15.

3. DSC, 25/31-26/3 ; EF, LXXXVII.

4. Lanfranc l'en accuse formellement (DC, 411 C 15-D 2). De même, l'auteur anonyme d'une lettre en vers adressée à Bérenger : il se demande si les largesses du maître tourangeau ont été acceptées *(Vel si nescivit vel munera Roma cupivit)* et voit en elles une des raisons possibles de l'indulgence manifestée à Rome à l'égard d'un hérétique qui aurait dû subir le châtiment suprême. Il est difficile de savoir si ces allusions visent le premier séjour de Bérenger dans la Ville éternelle (1059) ou le second (1078-1079), mais, de toute façon, elles démontrent la vraisemblance de la chose dans l'un et l'autre cas (Ch. FIERVILLE, *Notices et extraits des manuscrits de la Bibliothèque de Saint-Omer. Nos 115 et 170*, Paris, 1884, p. 138). Cfr EF, C, 168/5-13. Voir *infra*, p. 186, note 4.

il espère, nous le conjecturons, que Nicolas II l'autorisera à plaider sa cause devant une commission d'experts [1].

Bérenger, qui a quitté la Touraine dans le courant de février ou de mars, arrive à Rome après un voyage que les rigueurs de la mauvaise saison ont dû rendre assez pénible [2]. Pour obtenir l'appui d'Hildebrand, il a rédigé à l'intention de celui-ci une lettre qui est censée émaner du comte d'Anjou [3]. Vraisemblablement, Bérenger apporte cette lettre avec lui [4] et, à son arrivée à Rome, la remet lui-même ou la fait remettre à celui à qui elle est destinée. Le sens général de ce document est le suivant. A Tours en 1054, Hildebrand a déçu Bérenger et ses partisans, qui escomptaient que le légat proclamerait la vérité des théories bérengariennes et condamnerait les positions des adversaires de l'écolâtre. Or, Hildebrand est resté sur la réserve. Il s'est comporté comme Joseph d'Arimathie, qui, par crainte des Juifs, n'osait se déclarer ouvertement disciple du Christ [5]. En évitant de rencontrer Bérenger à partir du moment où les ennemis de celui-ci étaient arrivés à Tours [6], en ne prenant pas publiquement le parti de la vérité, Hildebrand s'est montré inférieur à Pilate, qui, même s'il avait laissé condamner le Christ, alors qu'il était

1. Voir DSC 30/24-27 : *après* sa comparution dramatique devant les Pères conciliaires, Bérenger demande à Nicolas II d'être examiné soit par le pape en personne, soit par une commission d'experts, mais il n'est pas impossible que même avant le concile il ait souhaité bénéficier d'une procédure de ce type. On notera que, vers 1077, avant d'entreprendre son second voyage à Rome, il écrira à Grégoire VII pour lui manifester son désir de ne traiter de la question eucharistique *nisi in solius audientia tua* et il déclinera la compétence, pour juger son cas, des assemblées prévenues contre lui (EF, LXXXIX,155/6-7,12-18); il ne voulait pas voir se renouveler sa cuisante expérience de 1059.

2. Il est peu probable que Bérenger se soit mis en route avant l'arrivée de Nicolas II à Rome le 24 janvier 1059. Dans le *De sacra coena*, il évoquera la fatigue du voyage : « Qui Romam tanto contendissem labore ultroneus » (DSC, 30/27-28).

3. EF, LXXXVII. C. ERDMANN, *Gregor VII. und Berengar von Tours*, p. 56-60, a pensé que cette lettre, rédigée par Bérenger (ce que personne ne conteste), avait été fabriquée par l'écolâtre après 1059 pour donner une certaine idée de l'attitude de Grégoire VII dans la controverse depuis 1054. L'hypothèse de C. Erdmann est indéfendable. Voir *supra*, p. 18, 122, note 1.

4. On lit, en effet, dans la lettre : « Ecce praesentem habes cum Apostolico B(erengarium) » (EF, LXXXVII, 150/32-33).

5. *Ibid.*, 149/17-19. Voir *Jn.*, XIX, 38.

6. *Ibid.*, 149/23-25. Après des allusions explicites à Joseph d'Arimathie et à Pilate (149/17-23), il y a peut-être ici une réminiscence de l'attitude de Nicodème venant rendre visite au Christ en cachette : *Jn.*, III, 2.

en son pouvoir de l'arracher à la mort, n'avait pas hésité néanmoins, sans se préoccuper du qu'en-dira-t-on, à s'entretenir avec Jésus et à rendre témoignage à son innocence [1]. Faire de tels reproches à Hildebrand, ce serait dépasser les limites des convenances, si le comte ne savait, comme Bérenger lui-même lui en a donné l'assurance, que le légat n'avait adopté un tel comportement que d'une façon provisoire et dans l'attente d'une meilleure occasion. Ce n'est donc pas pour offenser le diacre romain que le comte s'exprime comme il le fait [2], mais c'est en toute amitié qu'il se permet de rappeler à son correspondant que, si lors du concile de Tours celui-ci avait pu temporiser pour de bonnes raisons, le moment est venu pour lui de proclamer la vérité, puisque Bérenger se trouve à Rome avec l'Apostolique. Si Hildebrand, cette fois encore, s'abstient de prendre parti contre l'erreur des sots, on aura la preuve que son silence à Tours était inspiré non par un calcul légitime, mais par la crainte et la pusillanimité. Le comte revient alors sur le concile de Tours. Puis il souligne combien il est important d'écraser une erreur qui s'attaque au dogme de la résurrection de la chair : « Cette erreur populaire, si jamais par hasard elle prend de la vigueur, aboutit à une hérésie capitale, et il ne sera plus possible d'affirmer la résurrection de la chair (qui a trouvé sa réalisation première dans le Christ et de laquelle l'Apôtre a dit : « Cet être corruptible revêtira l'incorruptibilité, et cet être mortel, l'immortalité » [3]), si nous continuons à laisser dire que le corps du Christ, en dehors de ce qui concerne le sacrement, est brisé sensiblement par les mains du prêtre, est broyé par les dents *(si adhuc concedimus Christi corpus sensualiter, excepto quod ad sacramentum pertinet, sacerdotum manibus frangi, dentibus atteri)* » [4]. En conclusion, Hildebrand était mis en garde contre le rôle néfaste qu'il jouerait, lui, personnage influent à Rome, s'il laissait s'affaiblir le rayonnement de la foi romaine et si, à cause de son abstention et en conséquence du silence du magistère suprême, était fortifiée une erreur

---

1. *Jn.*, XVIII, 28-XIX, 16.
2. On trouve des excuses semblables dans la lettre de Bérenger à Ansfroi (EF, XCVIII, 165/32-33) et dans sa lettre à Joscelin de Bordeaux éditée par G. Morin, *Lettre inédite de Bérenger de Tours à l'archevêque Joscelin de Bordeaux*, dans *Revue bénédictine*, t. XLIV, 1932, p. 223, 225.
3. Cfr *I Cor.*, XV, 53.
4. Voir *infra*, p. 171-172.

(sur l'eucharistie) qui est la semence d'une authentique hérésie (sur la résurrection). Hildebrand avait, au contraire, une occasion magnifique à saisir en combattant pour la vérité. Il ne fallait pas qu'il abandonne à un autre l'honneur de ce combat et donc il fallait qu'il soit prêt à porter l'ignominie du Christ et n'oublie pas que pour son courage le Seigneur le récompenserait non en or ni en argent ni en possessions terrestres, mais en se manifestant personnellement à lui.

Cet étrange document est une pièce essentielle du concile. Il est, en effet, extrêmement probable que son destinataire le versa au dossier que le cardinal Humbert avait constitué sur la question bérengarienne ; et ce dernier, lorsqu'il rédigea la profession de foi que Bérenger allait être contraint de lire devant les Pères conciliaires, le fit presque certainement en prenant le contre-pied du court passage de cette lettre dans lequel l'écolâtre résumait à sa manière le problème doctrinal mis en cause. Il y a entre ce passage de la lettre à Hildebrand et le texte de la profession de foi une parenté verbale qui ne peut guère s'expliquer d'autre façon.

Le grand artisan du concile de 1059 est le cardinal Humbert, qui tient alors à Rome la première place après le souverain pontife. Dès les origines de l'affaire, Humbert avait adopté une position catégorique à l'égard des théories eucharistiques de Bérenger [1], mais on aurait tort, pensons-nous, de voir dans ce comportement l'expression du tempérament fougueux et de l'esprit peu nuancé d'un homme dont les maladresses hâtèrent la consommation du schisme grec. On ne peut reprocher à Humbert d'avoir manqué de clairvoyance dans son jugement sur l'hérésie bérengarienne, et si les termes dont il se servit dans la profession de foi imposée à l'écolâtre nous semblent quelque peu insolites et, pour dire le vrai, assez choquants, on ne doit pas oublier que ce texte reçut l'approbation du pape et des Pères conciliaires. Humbert est très largement informé de la question bérengarienne. Il avait participé au concile de Rome de 1050, qui avait infligé au maître tourangeau sa première condamnation [2].

---

1. Voir *supra*, p. 107-108.
2. Léon IX, *Epistolae et decreta pontificia*, XXXVIII : PL, t. CXLIII, 646 D 14-15.

Au cours de l'année 1051, il avait reçu de France des écrits, probablement des lettres de dénonciation, dans lesquels Bérenger et Eusèbe Brunon étaient accusés de stercoranisme, et, dans une missive adressée à l'évêque d'Angers, il avait manifesté la peine que causait aux autorités romaines l'attitude de son correspondant, qui ébranlait la croyance eucharistique par des raisonnements nuageux et ambigus [1]. Il avait pu prendre connaissance de certaines des œuvres de Bérenger [2] ; et c'est sans doute pour cette raison qu'on trouve dans son *Adversus simoniacos*, en 1058, un écho de la formule augustinienne *sacramentum sacrum signum* remise en honneur par le maître tourangeau [3].

Le concile de Rome de 1059 réunit cent-treize évêques [4]. Il tint ses assises à partir du 13 avril [5]. Mais c'est vraisemblablement avant l'ouverture des débats ou, du moins, avant la séance durant laquelle comparaît Bérenger que le cardinal Humbert rédige la profession de foi que l'écolâtre sera obligé de lire devant les Pères conciliaires [6]. De toute évidence, il n'était pas question, dans l'esprit du cardinal, que s'instaure une discussion sur le sacrement de l'autel, discussion qui permettrait de trouver une meilleure expression de la croyance eucharistique. Pour Humbert, dans ce domaine, il n'y avait rien à innover [7] ; il s'agissait seulement de bien démontrer la culpabilité du téméraire écolâtre, et d'obtenir qu'il fasse amende honorable et adhère publiquement à la doctrine traditionnelle.

Les historiens de la controverse bérengarienne, dont beaucoup commettent une erreur en supposant que Lanfranc assistait

---

1. EH. Voir *supra*, p. 106-108.

2. C'est vraisemblablement lui qui a choisi les passages des œuvres de Bérenger qui furent lus devant les Pères conciliaires.

3. *Adversus simoniacos*, II, 39 : PL, t. CXLIII, 1126 D 8-1127 A 6. Voir D. VAN DEN EYNDE, *Les définitions des sacrements*, p. 9, note 2.

4. J. HEFELE et H. LECLERCQ, *Histoire des conciles*, t. IV, deuxième partie, Paris, 1911, p. 1165, note 2.

5. P. JAFFÉ et W. WATTENBACH, *Regesta pontificum Romanorum*, t. I, Leipsig, 1885, p. 558-559.

6. Lanfranc dit que les Pères conciliaires chargèrent le cardinal Humbert de rédiger la profession de foi (DC, 411 D 6-7), mais son récit est assez approximatif (que l'on compare DC, 411 D 3-6, 415 C 2-3 à DSC, 31/5-6), et le prieur du Bec n'avait pas assisté au concile. Il nous paraît beaucoup plus vraisemblable que la profession de foi a été rédigée à l'avance : cfr DSC, 1/15-16, 6/3-17, 29/21-34, 31/5-12, 35/4-9, 36/12-13, 50/29-31, 52/11-13, 60/7-13.

7. C'est tout le sens de la lettre du cardinal Humbert à Eusèbe Brunon : EH.

au concile [1], se trompent dans l'ensemble quand, par suite d'une interprétation inexacte de certains passages du *De sacra coena* [2], ils répètent à l'envi que Bérenger, paraissant devant les Pères conciliaires, leur tint un discours qui fit scandale [3]. Dans le *De sacra coena*, Bérenger avoue qu'il observa le mutisme le plus complet [4]. Et Lanfranc n'est pas moins affirmatif dans ce sens, quand il dit à son adversaire : « Tu n'as pas osé défendre l'opinion que tu soutenais auparavant » [5]. Il faut examiner de près les sources historiques pour comprendre ce qui s'est passé exactement. Le cardinal Humbert, après avoir, semble-t-il, présenté les différents aspects du problème posé par l'hérésie bérengarienne, fait donner lecture d'extraits des œuvres de Bérenger [6], et c'est cette lecture, et non les paroles du maître tourangeau, qui provoque des mouvements divers dans l'assemblée. Les Pères conciliaires manifestent leur désapprobation en se bouchant les oreilles quand, dans les textes qu'ils entendent lire, il est question d'une communion spirituelle au corps du Christ [7]. Parmi les personnes présentes, peut-être se

---

1. Voir *supra*, p. 43, note 5.

2. Ces historiens interprètent DSC, 25/8-9, 30/22-24, comme si l'indignation des Pères conciliaires dont il est question dans ces deux passages, était provoquée par des paroles tombées de la bouche de Bérenger. La disparition des premières pages du *De sacra coena* ne facilite pas la compréhension des faits, qu'on doit se contenter de reconstituer à partir des allusions que l'on trouve à leur sujet dans le reste de l'ouvrage.

3. « Bérenger comparut. Dans ce forum de spiritualité chrétienne, debout devant l'Assemblée inquiète, et tel que nous le trouvons dépeint dans les chroniques du temps avec son grand front chauve, ses yeux d'une brûlante clarté, sa bouche mince de disputeur sarcastique, son menton carré d'entêté, il commença d'argumenter, de pousser des bottes dialectiques. Les Pères s'agitèrent, grondèrent, un vent de colère passa, enfiévrant les esprits. Alors il se jeta la face contre terre et garda le silence. Puis, se relevant, il prit la formule qu'un clerc lui tendait et, sans la lire, apposa sa signature au bas de la dernière ligne. Tout semblait fini » (E. AEGERTHER, *Les hérésies du moyen âge*, Paris, 1939, p. 20-21).

4. DSC, 31/5. Cfr 23/24-24/30, 31/1-8, 24-31.

5. « Non ausus defendere quod antea senseras » (DC, 411 D 2-3). Voir aussi DC, 415 C 1.

6. Il semble, d'après DC, 409 B 6-10, qui renvoie à l'exposé qui précède (DC, 407 A 1-409 B 6), que les Pères conciliaires prirent connaissance non seulement de la pensée de Bérenger à travers les textes qui leur furent lus (et qui, vraisemblablement, furent extraits des livres jetés ensuite au feu par Bérenger : DC, 409 B 11-13), mais aussi des moyens par lesquels le maître tourangeau répandait ses opinions hétérodoxes. C'est ce qui nous fait supposer que le cardinal Humbert fit un exposé de l'ensemble de la question.

7. DSC, 25/8-9, 30/22-24.

trouvait-il des partisans de Bérenger. Celui-ci le croit et, par la suite, dans le *De sacra coena*, il leur reprochera de n'avoir pas osé intervenir [1]. Lui-même, comprenant son impuissance en face de témoignages d'hostilité aussi peu équivoques et craignant de subir le châtiment suprême en essayant, dans de telles conditions, de justifier ses théories [2], il adopte l'attitude du vaincu dans les jeux publics et se prosterne sur le sol sans prononcer un mot [3]. C'est à ce moment, sans doute, qu'il faut placer un débat auquel l'écolâtre fait allusion dans le *De sacra coena*, débat qui permet aux Pères conciliaires d'exprimer leur indignation à l'égard des propositions défendues par le maître tourangeau [4]. Le cardinal Humbert donne alors lecture du texte de la profession de foi, qu'il avait, croyons-nous, rédigé avant la séance, et demande à ses auditeurs d'en approuver le contenu [5]. Puis, Bérenger doit à son tour lire ce texte, mais on néglige de lui faire apposer sa signature au bas du document [6], en dépit des mots qui le terminent : « Après avoir lu et examiné, j'ai librement souscrit » [7]. Il est contraint ensuite de mettre le feu à un bûcher et d'y jeter, non sans horreur, ses livres sur l'eucharistie [8], ce qui équivalait, selon lui, à brûler les écrits prophétiques, évangéliques et apostoliques sur lesquels il appuyait ses démonstrations et dont les citations émaillaient ses ouvrages [9].

Après cette séance humiliante, Bérenger fit des représentations très vives à Nicolas II. Il reprocha au pape de l'avoir, pour ainsi dire, jeté aux fauves dans l'arène en l'abandonnant à la merci d'hommes qui ne pouvaient entendre parler d'une réfection spirituelle par le corps du Christ et qui, au mot « spiritualité »,

---

1. DSC, 25 /31-26 /3.

2. DSC, 23 /26-27, 24 /16-17, 31 /3-4, 25-27 ; DC, 408 A 5, 414 D 2.

3. DSC, 31 /7-8 ; DC, 409 B 10. Contre DC, 411 D 3-6, 415 C 2, Bérenger nie absolument qu'il ait supplié le pape et le concile de lui préciser oralement et par écrit ce qu'il devait croire sur l'eucharistie : DSC, 31 /5-6.

4. « Possem etiam eorum quos plus de calumpnia mea quam de rei veritate patres appellas, quas ipse audivi, assignare ineptias » (DSC, 29 /28-29). D'après le manuscrit, il faut lire *quas* et non *quasi*. On trouve d'autres allusions à ce débat en DC, 409 B 6-10, 411 D 6-10.

5. DC, 411 D 7-9 : d'après les manuscrits, il faut ajouter le mot *recitavit* après *scripsit*.

6. DSC, 1 /11-16 (comparer DSC, 1 /13-14 à DC, 411 D 11-12) ; DC, 409 B-C, 410 C-411 A, D.

7. « Lecto et perlecto sponte subscripsi » (DC, 411 A 15).

8. DC, 409 B 11-12.

9. DSC, 23 /27-28, 24 /17-18. Cfr 17 /4-5, 31 /19-20, 157 /29-32, 166 /6-9, 14-15.

se bouchaient les oreilles en signe de protestation. Il demanda que le procès soit repris sous une autre forme : que le pape veuille bien l'écouter en tête-à-tête ou qu'il délègue pour l'entendre des hommes compétents capables d'interpréter les textes de la tradition sur lesquels l'écolâtre prétendait fonder sa doctrine eucharistique. Nicolas II se contenta d'inviter Bérenger à se confier à Hildebrand. C'était une fin de non-recevoir, et le rôle du futur Grégoire VII semble avoir été, dans ce cas comme lors de ses précédentes missions concernant Bérenger, d'enrober de diplomatie les volontés très précises du Siège apostolique [1].

Se réjouissant de la conversion de Bérenger, Nicolas II, qui s'imaginait certainement avoir mis un point final à toute l'affaire, envoya le texte de la profession de foi aux villes d'Italie, de France, d'Allemagne, et autres lieux, dans lesquels l'hérésie bérengarienne avait jeté le trouble, en témoignage de la soumission du maître tourangeau [2].

* * *

Il nous reste à présenter la profession de foi lue par Bérenger durant le concile. Nous en donnons d'abord le texte, que nous éclairons en mettant en parallèle avec lui le passage de la lettre du comte d'Anjou à Hildebrand qui, nous l'avons dit, a vraisemblablement servi de point de départ à la rédaction de cette formule. Nous soulignons les expressions qui se répondent d'un document à l'autre.

LETTRE A HILDEBRAND	PROFESSION DE FOI
Simul in haeresim capitalem error ille vulgaris, si aliquando forte convalescat, evadit, nec potest constitui omnino resurrectio carnis, quae in Christo praecelebrata est et de qua apostolus : « Corruptibile hoc induet incorruptionem et mortale immortalitatem » [3], *si adhuc con-*	*Ego Berengarius, indignus diaconus Ecclesiae Sancti Mauricii Andegavensis, cognoscens veram, catholicam et apostolicam fidem, anathematizo omnem haeresim, praecipue eam de qua hactenus infamatus sum, quae astruere conatur panem et vinum quae in altare ponuntur,*

---

1. DSC, 30/19-32. On trouve, dans J. Hefele et H. Leclercq, *Histoire des conciles*, t. IV, deuxième partie, p. 1176, une traduction extraordinairement fantaisiste de ce passage.
2. DC, 411 D 13-412 A 12.
3. Cfr *I Cor.*, XV, 53.

cedimus CHRISTI CORPUS SENSUA-
LITER, EXCEPTO QUOD AD SACRA-
MENTUM PERTINET, SACERDOTUM
MANIBUS FRANGI, DENTIBUS
ATTERI [1].

*post consecrationem solummodo sa-
cramentum, et non verum* CORPUS
et sanguinem Domini nostri Jesu
CHRISTI *esse, nec posse* SENSUALI-
TER, NISI IN SOLO SACRAMENTO,
MANIBUS SACERDOTUM *tractari vel*
FRANGI, *aut fidelium* DENTIBUS
ATTERI. *Consentio autem sanctae
Romanae et apostolicae Sedi, et
ore et corde profiteor de sacramentis
dominicae mensae eam fidem tenere
quam dominus et venerabilis papa
Nicolaus, et haec sancta synodus,
auctoritate evangelica et apostolica
tenendam tradidit, mihique firmavit, scilicet panem et vinum quae in
altare ponuntur, post consecrationem
non solum sacramentum, sed etiam
verum* CORPUS *et sanguinem Domini nostri Jesu* CHRISTI *esse, et*
SENSUALITER NON SOLUM SACRA-
MENTO, *sed in veritate* MANIBUS
SACERDOTUM *tractari,* FRANGI *et
fidelium* DENTIBUS ATTERI, *jurans
per sanctam et homousion Trinita-
tem, et per haec sacrosancta Evangelia. Eos vero qui contra hanc fidem
venerint cum dogmatibus et secta-
toribus suis aeterno anathemate dig-
nos esse pronuntio. Quod si ego
ipse aliquando aliquid contra haec
sentire ac praedicare praesumpsero,
subjaceam canonum severitati. Lecto
et perlecto, sponte subscripsi* [2].

Mise à part l'expression *excepto quod ad sacramentum pertinet* [3], la pensée de Bérenger dans la lettre à Hildebrand se com-

---

1. EF, LXXXVII, 151/31-33-152/1-3. Voir *supra*, p. 166.
2. Texte établi d'après les trois manuscrits collationnés *infra*, p. 540 (DC 410 D- 411 A).
3. On notera le parallélisme qui existe entre cette expression et un texte de saint Augustin cité par Bérenger dans la *Purgatoria epistola contra Almannum* (PE, 112 C) : « Qui manducaverit ex hoc pane non morietur in aeternum, sed quod pertinet ad virtutem (id est rem) sacramenti, non quod pertinet ad visibile sacramentum » (Cfr *Tractatus in Joannem XXVI*, VI, 12). Dans la lettre à Adelman, Bérenger, en citant ce texte de saint Augustin, veut souligner que

prend sans difficulté : c'est le rejet de la conversion « sensualiste » tel qu'on le trouve déjà exprimé dans la *Purgatoria epistola contra Almannum* [1]. Quant à l'« exception » mise en avant par le maître tourangeau, elle s'éclaire par ce que nous avons dit, dans le quatrième point de l'exposé doctrinal du chapitre VII, au sujet de la présence métaphorique du corps du Christ dans l'eucharistie [2]. Bérenger nie, certes, que le corps du Christ soit brisé *sensualiter* sur l'autel, mais ce qu'il rejette pour le corps du Christ, il l'admet pour le signe ou sacrement de ce corps. Ainsi, les honneurs ou les sévices qui s'adressent à un ambassadeur atteignent « physiquement » le souverain qu'il représente : ils ne le font pas d'une façon directe, mais ils le font néanmoins très réellement à travers l'ambassadeur qui *tient la place* de ce chef d'État et qui *est* donc, d'une certaine manière, ce chef d'État [3]. On peut dire, par conséquent, que le corps du Christ est brisé *sensualiter* dans le sacrement, sans pour cela qu'il le soit dans sa réalité propre.

C'est en partant du texte que nous venons de commenter, dans la lettre du comte d'Anjou à Hildebrand, que, vraisemblablement, le cardinal Humbert a rédigé la profession de foi qui devait être imposée à Bérenger. Humbert laisse de côté ce qui, dans ces lignes, concerne le dogme de la résurrection, contre lequel le maître tourangeau voyait se dresser une menace d'hérésie. Il ne retient que ce que Bérenger appelle une erreur, c'est-à-dire la doctrine eucharistique que celui-ci attribue à ses adversaires. Et c'est cela précisément que le cardinal Humbert va présenter comme l'expression de la croyance authentique de l'Église dans la partie positive de la profession de foi (voir *infra*, IV) ;

---

la communion fructueuse n'est pas acquise par la simple réception du *sacramentum*. Dans la lettre à Hildebrand, il réserve à ce *sacramentum* ce qui est « sensible » dans l'eucharistie. La parenté verbale entre les deux textes est évidente. Voir aussi DSC, 14/1-17, 40/4-41/25, 77/19-21, 106/12-21, 108/17-22, 123/18-25, 132/16-21, 25-26, 133/11-15, 19-21, 138/26-27, 141/25-33, 151/11-14, 156/17-38, 157/13-18, 162/12-24, 163/7-17, 166/16-19.

1. « Ea est autem vulgi et Paschasii non sententia, sed insania : in altari portiunculam carnis dominicae etiam nunc manibus frangi, etiam nunc hominis exterioris dentibus atteri » (PE, 111 B). Voir aussi PE, 111 C-112 B.

2. Voir *supra*, p. 135, 147.

3. On trouve cette comparaison de l'ambassadeur en DSC, 156/17-38 (il s'agit exactement d'un légat apostolique). Bien que ce texte soit postérieur à la lettre à Hildebrand, nous n'avons pas cru illégitime de l'utiliser pour illustrer l'explication de l'expression *excepto quod ad sacramentum pertinet*.

c'est dans la pensée contraire qu'il verra une hérésie en composant la partie négative de cette formule (voir *infra*, II). Par ailleurs, Humbert estime nécessaire de rappeler ce qui est à la base de l'hérésie bérengarienne, la négation de la présence du corps du Christ sur l'autel après la consécration (voir *infra* I*b*) et la substitution d'un *sacramentum* à cette présence (voir *infra*, I*a*), alors que la foi catholique affirme l'existence simultanée de ces deux données traditionnelles dans l'eucharistie (voir *infra*, III*a* et *b*. Cfr IV*a*).

Nous présentons en un tableau synoptique les deux parties doctrinales de ce texte :

L'HÉRÉSIE A REJETER :

    ... *panem et vinum quae in altare ponuntur, post consecrationem*

I   *a*) *solummodo sacramentum,*

      b) *et non verum corpus et sanguinem Domini nostri Jesu Christi esse,*

II *nec posse sensualiter, nisi in solo sacramento, manibus sacerdotum tractari vel frangi, aut fidelium dentibus atteri...*

LA CROYANCE A ACCEPTER :

    ... *panem et vinum quae in altare ponuntur, post consecrationem*

III   *a*) *non solum sacramentum,*

      b) *sed etiam verum corpus et sanguinem Domini nostri Jesu Christi esse,*

IV *et sensualiter*

      a) *non solum sacramento,*

      b) *sed in veritate manibus sacerdotum tractari, frangi et fidelium dentibus atteri...*

Bérenger pouvait-il trouver dans la première partie de la profession de foi l'expression exacte de sa pensée ? Cela ne peut faire de doute pour tout le passage qui transpose terme à terme la lettre à Hildebrand (voir *supra*, II). Mais il ne pouvait accepter comme sienne la formule qui précède immédiatement ce passage (voir *supra*, I). Parler de *sacramentum*, c'était nécessairement, selon lui, parler aussi de *res sacramenti :* Humbert trahissait donc sa pensée en lui faisant dire que le pain et le vin de l'autel sont « seulement sacrement » [1]. Il n'empêche que le rédacteur

---

1. DSC, 26/25-27/20, 31/9-11, 35/3-12, 36/10-13, 50/29-31, 52/11-13, 55/26-56/1.

de la profession de foi avait touché là le point essentiel de l'hérésie bérengarienne ; pour Bérenger, effectivement, la *res sacramenti*, le corps du Christ « demeurait au ciel » [1], et le lien par lequel le *sacramentum* était uni à cette *res* se révélait extrêmement lâche [2] : sur l'autel, il n'y avait que ce que le maître tourangeau appelait *sacramentum*, c'est-à-dire « le pain et le vin eux-mêmes » [3] dotés d'un caractère sacré et symbolique. Bérenger se devait aussi de rejeter comme infidèle à sa pensée la négation de la présence réelle que lui attribuait Humbert (voir *supra*, I*b*), mais nous savons sur quelle interprétation de l'expression *verum corpus* s'appuyait l'écolâtre quand il affirmait sa croyance en la « vérité » du corps du Christ dans l'eucharistie [4]. La même interprétation lui permettait d'adopter intégralement la première moitié de la partie positive de la profession de foi [5] (voir *supra*, III).

Quel est le contenu positif de ce texte ? Il faut le reconnaître loyalement : bien loin de rejeter la conception que Bérenger se faisait de la doctrine de ses adversaires, le cardinal Humbert authentifie le propos de l'écolâtre et présente le « sensualisme » eucharistique comme objet de foi. Il ne nous paraît pas honnête d'éluder le problème qui se pose ainsi à nous, en présumant que, lorsque le cardinal Humbert agissait de la sorte, il cherchait à se mettre sur le terrain de l'hérésie pour en prendre plus efficacement le contre-pied, et en supposant donc qu'il ne faut pas interpréter selon leur sens obvie les termes dont il se sert pour définir le sacrement de l'autel [6]. Il nous semble plus juste d'ad-

---

1. PE, 110 A, 111 E ; SCS, 421 A-B ; DSC, 67/1, 77/10-11, 83/11-24, 84/3-4.
2. Voir *supra*, p. 144 sq.
3. PE, 110 A.
4. Voir *supra*, p. 147.
5. DSC, 28/16-21.
6. « Comme pour Bérenger *sensualiter* était synonyme de *realiter*, on l'a obligé, dans la formule de rétractation qu'il a signée, à écrire que Jésus-Christ était présent *sensualiter* dans le sacrement de l'autel. C'était couper court à son argumentation et se servir contre lui des termes dont il s'était servi » (O. DELARC, *Saint Grégoire VII et la réforme de l'Église au XIᵉ siècle*, Paris, 1889, p. 120 en note).
On ne peut être surpris de ce que la profession de foi rédigée par Humbert ait mis dans l'embarras les théologiens, surtout aux époques où, faute de sens historique, il leur était impossible de situer un texte de cette nature. Certaines de leurs interprétations sont évoquées par L. HÖDL, *Die « Confessio Berengarii » von 1059. Eine Arbeit zum frühscholastischen Eucharistietraktat*, dans *Scholastik*,

mettre que le concile de Rome de 1059 révèle l'affrontement
de deux doctrines extrêmes, celles mêmes que Bérenger oppose
l'une à l'autre soit dans la *Purgatoria epistola contra Almannum*,
soit, certainement aussi, dans les textes dont le cardinal Humbert
fit donner lecture devant les Pères conciliaires. L'une de ces
doctrines est un « spiritualisme » radical, qui exténue la croyance
eucharistique et à partir duquel il n'y a plus aucun progrès possible dans la recherche d'une meilleure expression doctrinale :
il n'y a plus que le néant. Les Pères conciliaires ont eu pleinement
raison de s'insurger contre ce « spiritualisme ». Si eux-mêmes
préconisent le « sensualisme » combattu par Bérenger, c'est
sans aucun doute parce qu'ils ne voient pas d'autre moyen
d'exprimer et de sauvegarder la présence réelle [1], mais ils rejettent, à n'en pas douter, les conséquences les plus fâcheuses

---

t. XXXVII, 1962, p. 370-394. L. Hödl a lui-même traduit de façon inexacte
la formule humbertienne. En donnant *sondern* (= *sed*) comme équivalent de
nisi, pour la première partie du texte, et en laissant de côté le second *sed* de
la deuxième partie, il a transformé le parallélisme *sensualiter sacramento —
sensualiter in veritate* de la profession de foi en un parallélisme *sensualiter-sacra-
mento*.

Saint Thomas, lorsqu'il cite la partie positive de la formule, omet les mots
sensualiter non solum sacramento, sed, ce qui lui permet de résoudre le problème
posé par ce texte, en disant : « Ipsum corpus Christi non frangitur, nisi secundum
speciem sacramentalem. Et hoc modo intelligenda est confessio Berengarii :
ut fractio et contritio dentium referatur ad speciem sacramentalem, sub qua
vere est corpus Christi » (*Somme théologique*, III^a pars, quaestio LXXVII,
art. 7, obj. et resp. 3, texte de A.-M. ROGUET, *Saint Thomas, Somme théologique.
L'eucharistie*, t. I, Paris-Tournai-Rome, 1960, p. 221 et 224).

Dans les controverses des XVIᵉ et XVIIᵉ siècles, les réformés ont tiré parti
de la formule humbertienne. Ainsi du Plessis-Mornay qui, après l'avoir citée,
écrit : « Et par là, comme nous voions, lui font anathématiser toute l'Église
romaine d'aujourd'hui qui tient ces propositions pour hérétiques : Que le pain
soit le corps ; que le corps soit brisé par les dents » (Ph. DE MORNAY, *De l'institution, usage et doctrine du sainct sacrement de l'eucharistie en l'Église ancienne*,
2ᵉ édition, Saumur, 1604, p. 1076-1077. Voir aussi, p. 1083, 1085-1086). Embarras évident du cardinal du Perron : voir J. D. DU PERRON, *Traité du sainct
sacrement de l'eucharistie*, Paris, 1622, p. 701, 705-707.

1. Ce réalisme assez brutal n'est pas un cas accidentel. Nous le retrouvons
chez Lanfranc, dont l'exposé doctrinal reçut l'approbation des Pères du concile
de Rome de 1050 (DC, 413 B 12-16). Pour le concile de Verceil de 1050, voir
supra, p. 80, note 2. La profession de foi imposée par Grégoire VII à Bérenger
en 1079 (et citée par Paul VI dans *Mysterium fidei*), tout en préparant les élaborations ultérieures par l'emploi des termes *substantia* et *substantialiter*, implique
des présupposés ultra-réalistes qui ne s'écartent guère des perspectives définies
par Humbert : *supra*, p. 27, *infra*, p. 231, note 2, et p. 236, p. 233-235, 462,
473-476.

qui sembleraient devoir en découler logiquement [1]. L'adoption du « spiritualisme » bérengarien aurait privé l'Église de son bien le plus cher ; l'affirmation du « sensualisme » eucharistique au concile de Rome de 1059 a constitué une étape un peu rude, mais finalement bénéfique [2] dans le développement de la formulation doctrinale : *l'histoire de la théologie montre qu'il a suffi de creuser ce « sensualisme » de l'intérieur pour arriver à une conception plus équilibrée du mode de la présence réelle*, conception dans laquelle la distinction de la substance et des accidents, empruntée à la philosophie aristotélicienne, a joué un rôle essentiel [3]. *Mais, il faut le reconnaître, l'hérésie bérengarienne a servi, en quelque sorte, d'élément catalyseur dans cette évolution* en suscitant le travail des théologiens et en posant les problèmes que ceux-ci se chargeront de résoudre. Ce travail commence déjà avec Lanfranc. Notamment, la distinction dans l'eucharistie entre « ce qui n'est pas vu » et « ce qui est vu », qui est le leitmotiv

---

1. L'exemple de Lanfranc suffira à le faire comprendre. Tout en affirmant une *ipsa carnis ipsius immolatio* dans l'eucharistie (DC, 425 A 9-10), il rejette expressément le capharnaïtisme (DC, 421 C 12-D 2, 422 A 7-B 8, 427 B 13-C 9, 434 B 2-C 3). Voir *infra*, p. 358-359. On peut contester les présupposés qui sont à la base de sa doctrine eucharistique, mais on doit reconnaître qu'ils étaient conciliables avec les données essentielles de la foi et que la solution qui en découlait était admissible, au moins *provisoirement*, en attendant une formulation plus satisfaisante. Si Bérenger n'a pas eu tort de trouver choquant le « sensualisme » eucharistique de ses adversaires, il s'est fourvoyé en ne reconnaissant pas l'orthodoxie de ces derniers (notamment en ce qui concerne le dogme de la résurrection) et en n'apportant pas de solution de rechange valable.

2. Nous voulons dire que, compte tenu d'une certaine rudesse de la pensée au XIe siècle (voir *supra*, les références de la note 2 de la p. 31), la solution brutale du concile de Rome de 1059 a sauvegardé l'essentiel.

3. C'est la raison pour laquelle les conclusions de l'article de G. Ghysens, *Présence réelle eucharistique et transsubstantiation dans les définitions de l'Église catholique*, dans *Irénikon*, t. XXXII, 1959, p. 420-435, nous paraissent trop absolues. Sans doute, on a voulu éviter au concile de Trente « que l'introduction du terme « accident » puisse faire croire qu'on prend *substantia* dans le sens que lui donne la systématique aristotélicienne de l'École » (p. 427). Mais pour passer du « sensualisme » eucharistique du concile de Rome de 1059 à la conception plus épurée d'une *substantia* désignant « la réalité véritable et profonde », il a fallu un long travail dans lequel la distinction technique de la substance et des accidents a joué un rôle primordial. Nous croyons donc que définir la *substantia* eucharistique comme « la réalité véritable et profonde » (p. 427), comme « la réalité vraie, profonde d'un être, ce qui fait qu'il est cela et pas autre chose » (p. 428), comme la « réalité profonde, solide, fondamentale des choses » (p. 429), c'est reconnaître implicitement tout ce que cette *substantia* doit à un certain apport philosophique. Voir *infra*, p. 232-235, 470-477.

du *De corpore et sanguine Domini* [1], prépare la distinction, élaborée après Lanfranc, de la substance du corps du Christ, et des accidents du pain et du vin. Bérenger ne se doutait pas qu'il indiquait la voie de l'avenir en appliquant aux termes de cette distinction les expressions *subjectum* et *quod in subjecto est* [2].

Si, en rédigeant la profession de foi imposée à Bérenger en 1059, le cardinal Humbert affirme vigoureusement le réalisme de la présence du corps du Christ sur les autels, il ne lui est pas possible de négliger l'aspect « sacramentel » de l'eucharistie, sous peine de justifier les reproches adressés par Bérenger à ses adversaires, coupables, selon le maître tourangeau, de ne pas tenir compte des enseignements de la tradition sur ce point. Malheureusement, faute d'un contexte, il nous est difficile de savoir ce que le cardinal Humbert entendait signifier quand il mentionnait l'existence d'un *sacramentum* dans l'eucharistie (voir *supra*, IIIa et IVa) et quand il distinguait une fraction qui s'opère *sensualiter… in veritate* (voir *supra*, IVb) et une autre qui s'opère *sensualiter… sacramento* (voir *supra*, IVa). Nous verrons, dans la seconde partie du présent travail, comment Lanfranc, dans le *De corpore et sanguine Domini*, articule sur le réalisme de la fraction eucharistique un sacramentalisme en action, par le moyen duquel la *caro* présente sur l'autel devient le signe ou sacrement du *corpus Christi* (ou, équivalemment, du *Christus ipse*) [3]. On peut considérer la doctrine exposée dans le célèbre traité de l'abbé de Saint-Étienne de Caen comme l'une des systématisations théologiques possibles de la formule humbertienne, à condition de préciser, cependant, que Lanfranc avait vraisemblablement organisé sa pensée sur le sacramentalisme eucharistique avant d'avoir pris connaissance de la profession de foi rédigée par le cardinal Humbert. De toute façon, si le réalisme eucharistique de Lanfranc et celui d'Humbert se recouvrent très exactement, il n'est pas prouvé qu'il en soit de même de leur sacramentalisme eucharistique. Le passage de l'*Adversus simoniacos* dans lequel le cardinal Humbert accuse l'influence

---

1. DC, 409 A 14-15. Voir *infra*, p. 359 sq.

2. DSC, 14/9, et *passim*. Mais ni chez Lanfranc ni chez Bérenger ces distinctions ne recouvrent, il s'en faut, ce que saint Thomas mettra sous les termes « substance » et « accident ». Voir *infra*, p. 419-420.

3. Voir *infra*, p. 299-300, 392 sq., 436-437, 454-457.

exercée sur lui par la notion de sacrement-signe, remise en
honneur par Bérenger à partir des œuvres de saint Augustin,
n'en reste pas moins dans la mouvance de la définition isidorienne des sacrements [1] : alors que le signe sacramentel, pour
Lanfranc comme pour Bérenger, renvoie à autre chose que lui,
il semble pour Humbert, dans ce passage, renvoyer à lui-même,
à son contenu intérieur et caché. Rappelons que l'*Adversus
simoniacos* est de 1058.

---

1. « Haec ita signa sunt, ut sint etiam res. Nam quod sunt et in se habent
significant... Hoc de reliquis catholicae ecclesiae mysteriis, quae idcirco mysteria,
id est secreta dicuntur, quia inest eis occulta virtus, quae per rem visibilem
quod suum est pro qualitate et ministerio hominis operatur » (*Adversus simoniacos*, II, XXXIX : PL, t. CXLIII, 1126 D 8-1127 A 6). De même : « Signa et
prodigia, ante primum adventum Christi, in hoc differunt a signis et prodigiis
quae fiunt a catholicis, ante secundum ejus adventum, quia illa sic significa-
verunt ut omnino res non essent ; ista autem sic signa sunt ut res quoque essentialiter et vere sint » (*op. cit.*, II, XL : *ibid.*, 1127 B 2-7). En fait, il semble
qu'Humbert envisage les sacrements, d'une part, comme *signa*, et il reste alors
dans l'ambiance isidorienne, d'autre part, comme *prodigia*, c'est-à-dire comme
signifiant le passé et annonçant l'avenir, et il rejoint alors le sacramentalisme
défini par Lanfranc (voir *op. cit.*, II, XXXIX : *ibid.*, 1127 A 8-14). Pour le
second cas, voir, par exemple, l'*Adversus Graecorum calumnias*, au chapitre
XXXI : « Mors... humanitatis Filii Dei in illo sacramento visibili (recolitur), ut
Apostolus ait : *Quotiescunque manducabitis panem hunc et calicem bibetis, mortem
Domini annuntiabitis donec veniat*. ... Mors Christi in fractione ejus et in usu annuntiatur » (PL, t. CXLIII, 850 B 13-C 2, D 1-2). Sur la doctrine eucharistique
d'Humbert, voir aussi A. MICHEL, *Die folgenschweren Ideen des Kardinals Humbert und ihr Einfluss auf Gregor VII*, dans *Studi Gregoriani*, t. I, 1947, p. 75-79.

CHAPITRE X

LA « REDIVIVA PESTIS »
POLÉMIQUE ENTRE LANFRANC ET BÉRENGER

Après le concile de Rome de 1059, la question eucharistique semble définitivement réglée [1]. Mais Bérenger, bien qu'il se soit soumis extérieurement, n'a pas admis la procédure qui lui a été imposée [2]. Il n'a pas adhéré non plus au contenu authentique de la profession de foi. Il ne reconnaît même pas avoir prêté un véritable serment [3]. Dans ces conditions, on comprend que l'affaire rebondisse et que, selon l'expression d'Eusèbe Brunon, le fléau renaissant *(rediviva pestis)* cause à nouveau des ravages [4].

Deux sortes de faits caractérisent la seconde période de l'affaire bérengarienne :

D'une part, Bérenger doit se débattre dans les difficultés que lui suscitent, surtout en Anjou, ses « ennemis », inquiets

---

1. DC, 411 D 13-412 A 5 ; EE, 1204 C 5-7 (voir *supra*, p. 123).
2. Voir *supra*, p. 170-171.
3. DSC, 1/13-16, 2/28-3/4, 16/24-26, 23/13-24/30, 31/24-31. Il nous manque les pages du *De sacra coena* où la question du serment était traitée intégralement (cfr DCS, 2/31-32). Ce qui ressort des autres passages où elle est simplement évoquée, est assez complexe : *a)* Bérenger estime n'avoir pas prêté un véritable serment (1/13-16, 16/24-25) ; *b)* le texte de la profession de foi, en raison de ses contradictions, n'a aucune portée (2/28-31, 23/24-25) ; *c)* ce que Bérenger se reproche, c'est de n'avoir pas osé proclamer la vérité et d'avoir « jeté au feu les écrits prophétiques, évangéliques et apostoliques » (= ses propres ouvrages remplis de citations de l'Écriture) (23/23-28, 24/16-18) ; *d)* sa faiblesse mérite compassion, mais bien d'autres plus dignes que lui n'ont pas eu, sous la pression du populaire, le courage d'affirmer leurs convictions, tels Aaron, Pierre, Platon (23/28-24/30) ; *e)* pour excuser son silence, Bérenger invoque aussi l'exemple de Boèce, qui, dans des circonstances analogues à celles qu'a connues le maître tourangeau, jugea préférable de se taire « de crainte qu'on ne l'estime sot d'avoir voulu paraître sage au milieu des sots » (31/26-31. Cfr BOÈCE, *Liber de persona et duabus naturis, Prooemium* : PL, t. LXIV, 1340 A. Voir *Mém.*, 104 A) ; *f)* à supposer qu'il ait prêté un serment contre sa conscience, renier ce serment ne serait pas commettre un parjure (2/31-3/4, 23/12-23).
4. EE, 1204 B 6-8 ; DC, 408 A 1-7, 409 C 2-3, 415 C 11-14 ; BERNOLD DE SAINT-BLAISE, *De Beringerii haeresiarchae damnatione multiplici*, VI : PL, t. CXLVIII, 1456 B 8-11.

de voir l'hérésie relever la tête, et, fait étrange, pour se défendre, il a recours aux autorités romaines. Nous consacrons le chapitre XI à l'exposé de ces tribulations du maître tourangeau pour les années qui vont du concile de Rome de 1059 à l'avènement de Grégoire VII (1073).

D'autre part, la discussion théologique passe sur le plan de la polémique, marquée par trois traités importants : le *Scriptum contra synodum*, dans lequel Bérenger attaque le concile de Rome de 1059, le *De corpore et sanguine Domini* de Lanfranc, réfutation de l'ouvrage précédent, le *De sacra coena*, réplique de Bérenger aux critiques de son adversaire [1]. La présentation de ces traités est l'objet des pages qui suivent.

I. Le « Scriptum contra synodum » de Bérenger

Après son retour en France, Bérenger écrit un opuscule dans lequel il attaque avec violence le concile, le pape Nicolas II, le cardinal Humbert. De cet ouvrage, auquel nous donnons le titre de *Scriptum contra synodum* [2], il ne reste plus, de façon certaine, que les vingt-trois fragments cités par Lanfranc dans la première partie du *De corpore et sanguine Domini*. Il semble

---

1. Pour la même période, il convient de signaler trois autres écrits polémiques antibérengariens, l'un de grande envergure, le *De corporis et sanguinis Domini veritate* de GUITMOND D'AVERSA (PL, t. CXLIX, 1427-1494), rédigé entre 1075 et 1078, les autres de moindre valeur, l'*Epistola ad Valcherum* de GOZECHIN (PL, t. CXLIII, 885-908), qui est de 1065 environ, l'*Epistola de sacramento eucharistiae contra errores Berengarii* de WOLPHELM DE BRAUWEILER (PL, t. CLIV, 412-414), qui se situe entre 1076 et 1079. L'intérêt de l'*Epistola ad Valcherum* est surtout d'ordre historique. Gozechin y dépeint les ravages causés dans la jeunesse scolaire par les théories bérengariennes ; il y avoue sa lassitude en face de la controverse et loue certains personnages importants qui ont préféré sagement ne pas prendre part à la discussion (*op. cit.*, XXVII-XXXIII : PL, t. CXLIII, 899 D-902 A). Ce qu'il dit à ce sujet ne semble pas exact en ce qui concerne Drogon de Paris. Les relations de Drogon et de Bérenger furent parfois orageuses (EF, XCVI et CIV), mais Drogon admirait fort le maître tourangeau (EF, XCVII) et semble avoir penché du côté de l'hérésie (EF, XCV et XCVI). Il croyait trouver dans la doctrine eucharistique d'Augustin une position différente de celle des autres Pères de l'Église : Bérenger se déclara disposé à lui montrer que cette différence n'existait pas (EF, XCV). Voir *infra*, p. 509-510.

2. Cette appellation nous est suggérée par Lanfranc : « Contra praefatam synodum... scriptum postea condidisti » (DC, 409 C 3-5). On trouve des expressions analogues soit de Bérenger pour désigner la profession de foi eucharistique rédigée par le cardinal Humbert (SCS, 409 D) ou le *De sacra coena* (DSC, 157/27-28), soit de *Palat. lat. 482* pour désigner le traité de Lanfranc (voir *infra*, p. 196, note 3).

que ces fragments ont étés transcrits par l'abbé de Saint-Étienne
de Caen selon l'ordre de leur apparition dans le *Scriptum contra
synodum*. Certains sont unis par un lien logique qui incite à
penser que, dans leur contexte d'origine, ils étaient contigus
ou, au moins, assez proches les uns des autres [1]. De dimensions
modestes (Lanfranc le dénomme opuscule) [2], le traité de Bérenger
n'était cependant pas exempt de longueurs, ce qui ne nous
surprend guère de la part du maître tourangeau [3].

a) Le premier fragment est probablement le début de l'ouvrage. C'est le titre donné par Bérenger à une citation partielle
de la profession de foi eucharistique du concile de Rome de
1059 [4] ; il montre clairement la position adoptée par l'écolâtre
à l'égard de son serment :

« Écrit d'Humbert le Bourguignon [5], qu'on avait fait à Rome
cardinal-évêque, qu'il a écrit contre la vérité catholique, comme
cela apparaîtra manifestement plus loin, de telle sorte que Bérenger soit contraint de le lire et de sembler professer l'erreur
du très inepte Bourguignon » [6].

Bérenger n'admet donc pas que la profession de foi l'ait
engagé. Il a été forcé de la « lire », mais cela n'implique pas qu'il y
ait eu de sa part une véritable adhésion à la pensée exprimée
dans ce texte ni qu'il ait prononcé un serment moralement et
juridiquement valable [7].

---

1. Ainsi SCS, 409 D et 410 C, 412 B à 419 B.

2. DC, 415 B 9.

3. DC, 409 C 10-13, 415 B 8-10, 417 C 13-15. Les fragments du *Scriptum
contra synodum* sont répartis dans le *De corpore* de 409 D à 426 D. Ils sont
précédés du nom de Bérenger écrit en capitales (et mis en abrégé à partir du
deuxième fragment), à l'exception du fragment qui se trouve en 426 A et qui,
du reste, n'est peut-être pas une citation littérale.

4. On notera que le *Mémoire* de Bérenger sur les conciles de Rome de 1078
et 1079 commence par une citation de la profession de foi du concile de Rome
de la Toussaint de 1078, citation précédée d'un titre.

5. Bérenger ayant traité Humbert de « bourguignon » (voir aussi SCS, 412 C,
D, 418 D, 426 A), Lanfranc répondra qu'Humbert était lorrain (DC, 409 D 14)
et que, de toute façon, il est sot d'incriminer un homme pour sa nationalité
(DC, 410 A 9-B 4). Voir aussi DC, 426 B 2-9.

6. « Scriptum Humberti Burgundi quem fecerant Romae episcopum cardina-
lem, quod scripsit contra catholicam veritatem, quod inferius patebit, ut cogeretur illud Berengarius (legere), et quasi profiteri errorem ineptissimi Burgundi »
(SCS, 409 D). Nous n'avons vu attesté le mot *legere* que par le manuscrit *Vorau
412* en correction marginale. Il nous paraît indispensable au sens.

7. Voir *supra*, p. 180, note 3.

Le second fragment est constitué par la citation de la première moitié de l'anathème de la profession de foi [1].

b) Dans le *Scriptum contra synodum*, Bérenger formule deux sortes de critiques concernant la profession de foi.

Il accuse d'abord Humbert de s'être contredit lui-même. Les onze fragments dans lesquels cette critique est développée, semblent appartenir à une « première partie » du *Scriptum contra synodum*. Ils se trouvent dans les chapitres III à VIII du *De corpore* de Lanfranc.

Les huit fragments suivants appartiennent vraisemblablement à une « seconde partie » de l'ouvrage de Bérenger. Ils sont cités par Lanfranc dans les chapitres IX à XV du *De corpore*. Cette « seconde partie » est un exposé doctrinal appuyé sur des témoignages de la tradition, à savoir : une parole de saint Pierre tirée des Actes des apôtres, des extraits d'œuvres d'Ambroise et d'Augustin ; elle était annoncée dans le premier fragment (voir p. 182) quand Bérenger précisait qu'il montrerait « plus loin » que la formule de profession de foi avait été « écrite contre la vérité catholique ».

c) Les deux derniers fragments sont une sorte de « conclusion ». L'avant-dernier, au début du chapitre XVI du *De corpore*, est un ramassis de grossières injures proférées contre l'Église romaine qui n'a pas été capable de comprendre « la Vérité elle-même », dont Bérenger pense être l'interprète. Le dernier fragment, au début du chapitre XVII du *De corpore*, résumant, semble-t-il, les attaques de Bérenger contre la formule humbertienne, souligne, au nom de la raison et des données de la foi, qu'il serait absurde d'admettre que le corps du Christ soit brisé sur l'autel.

d) Il est impossible de savoir si telles ou telles objections prêtées par Lanfranc à Bérenger et à ses partisans dans la seconde partie du *De corpore*, sont tirées du *Scriptum contra synodum*. A propos d'un texte de saint Augustin, Lanfranc suppose une objection de Bérenger qui, bien qu'elle soit conforme à la pensée du maître tourangeau, ne paraît pas transcrite directement d'une de ses œuvres [2]. On peut dire la même chose de deux autres

---

1. Avec des modifications qui ne touchent pas à l'essentiel : voir *infra*, p.184, note 5. Cfr *supra*, p. 171-172.

2. DC, 433 C 15-D 7.

objections attribuées à Bérenger et aux bérengariens [1]. Ailleurs,
Lanfranc cite comme faisant partie de l'arsenal des arguments
de Bérenger un passage du *De sacramentis* de saint Ambroise
qu'effectivement l'écolâtre avait déjà utilisé dans la *Purgatoria
epistola contra Almannum* [2]. De plus, Lanfranc invoque une fois
un ouvrage qui semble différent du *Scriptum contra synodum*
et qui pourrait être la lettre à Adelman : il y est, en effet, question
du thème principal de cette lettre, selon lequel ce qui est appelé
similitudo, figura, sacramentum, signum dans l'eucharistie, ce
n'est pas le corps du Christ, mais le sacrement du corps du
Christ [3]. Les références à la doctrine de Bérenger ne se présentent
pas, dans la seconde partie du *De corpore*, comme des citations
littérales ; aussi arrive-t-il que Lanfranc y fausse la pensée de
son adversaire, par exemple quand il lui prête une négation
abrupte de la présence réelle [4].

On peut ramener la démonstration du *Scriptum contra synodum* à deux thèses : Humbert se contredit lui-même et il contredit la vérité catholique.

A. HUMBERT SE CONTREDIT LUI-MÊME

1. Bérenger cite d'abord la première moitié de l'anathème
de la profession de foi :

« J'anathématise toute hérésie, notamment celle qui s'efforce
d'établir que *le pain* et *le vin* déposés sur l'autel sont, après
la consécration, seulement des sacrements, et non les vrais corps
et sang du Christ » [5].

En rédigeant le texte de cette façon, prétend Bérenger, Humbert s'est contredit lui-même et a, malgré qu'il en ait, affirmé
la vérité qu'il voulait rejeter [6]. En effet, lui qui avait la sottise
de penser, avec Paschase, Lanfranc et le populaire, que la sub-

---

1. DC, 439 B 11-C 3, 441 D 9-442 A 6.
2. DC, 438 D 13-439 A 8. Cfr PE, 110 D.
3. DC, 436 A. Cfr PE, 110 B, D. Voir *supra*, p. 132-133.
4. DC, 436 A 9, 439 A 8, C 2-3.
5. « Anathematizo omnem haeresim, praecipue eam quae astruere conatur
panem et vinum, quae in altari ponuntur, post consecrationem solummodo
sacramenta esse, et non verum corpus Christi et sanguinem » (SCS, 410 C. Cfr
DC, 410 D 2-8).
6. SCS, 412 B, C.

stance du pain disparaît entièrement de l'autel après la consécration [1], s'est mis en contradiction avec sa manière de voir [2] en
donnant les mots « pain » et « vin » comme sujets à la proposition
dans laquelle il définit, négativement, l'eucharistie. Mais on
notera que Bérenger formule sa critique en ces termes : « En
effet, celui qui dit : « Le pain et le vin de l'autel sont seulement
des sacrements », ou : « Le pain et le vin de l'autel sont seulement
les vrais corps et sang du Christ », établit de toute façon que le
pain et le vin demeurent » [3].

Comment expliquer qu'en développant son argument, dont la
teneur essentielle pouvait être présentée simplement, il l'ait
compliqué d'une manière aussi étrange ? Il le précise longuement
dans le *De sacra coena* ; nous ne croyons pas commettre d'anachronisme en faisant appel à cette mise au point : postérieure
au *Scriptum contra synodum*, il est peu probable, cependant,
qu'elle dénature l'intention qui inspirait le maître tourangeau
lorsque, dans cet opuscule, il formulait ainsi sa pensée. Il faut
tenir compte du fait que la première moitié de la profession de
foi, dont Bérenger croit pouvoir tirer les deux propositions qui
servent de base à sa démonstration, dénonce l'hérésie qu'il
faut renier. L'hérésie, selon le cardinal Humbert, affirme une
chose et en refuse une autre. Ce qui est affirmé, c'est-à-dire :
« Le pain et le vin de l'autel sont *seulement* des sacrements »,
serait le contenu même de la doctrine hérétique ; c'est bien de
cette façon, en effet, que le cardinal Humbert résume les théories
eucharistiques de Bérenger : Bérenger le constate tout en refusant de reconnaître là sa pensée véritable, puisque, pour
lui, dire « sacrement », c'est dire « sacrement de quelque chose » [4].
Quant à ce que nie l'hérésie, selon la formule d'Humbert, Bérenger y voit l'expression de la doctrine de ses adversaires, c'est-
à-dire (en supprimant la négation) : « Le pain et le vin
de l'autel sont les vrais corps et sang du Christ ». Mais, dans
l'esprit de Bérenger, les partisans du réalisme rejettent toute
forme authentique de sacramentalisme. Il estime donc légitime [5]

---

1. SCS, 412 D. Cfr 418 D.

2. SCS, 414 C. Cfr 419 A.

3. « Qui enim dicit : *Panis et vinum altaris solummodo sacramenta sunt* ;
vel : *Panis et vinum altaris solummodo sunt verum Christi corpus et sanguis*,
modis omnibus panem et vinum superesse constituit » (SCS, 414 D. Cfr 419 B).

4. DSC, 26/25-27/20. Voir *supra*, p. 49, note 3.

5. En fait, aux yeux du maître tourangeau, cette addition est non seulement légitime, mais nécessaire. En effet, pour Bérenger, la formule « Le pain

de mettre l'adverbe « seulement » en dénominateur commun des deux propositions et d'énoncer ainsi la doctrine qu'il prête à Humbert : « Le pain et le vin de l'autel sont *seulement* les vrais corps et sang du Christ ». Et Bérenger d'assurer que si Humbert avait voulu empêcher qu'on le comprît de la sorte, il aurait dû rédiger le texte de la profession de foi en ces termes : « J'anathématise toute hérésie, particulièrement celle qui s'efforce d'établir que le pain et le vin déposés sur l'autel sont, après la consécration, seulement des sacrements et non *aussi* les vrais corps et sang du Christ » [1].

L'intention du maître tourangeau est de montrer que le cardinal Humbert, en prenant les mots « pain » et « vin » comme sujets des propositions par lesquelles il cherche à formuler les deux doctrines opposées, contredit, dans un cas comme dans l'autre, sa conviction profonde [2]. Nous retrouvons ici le type de raisonnement que, dès les premiers temps de la controverse, le maître tourangeau avait appliqué à l'analyse des paroles de la consécration « Ceci est mon corps ». En vertu de « la connexion des mots », si la proposition : « Ceci est mon corps », est vraie, nécessairement subsiste la réalité désignée par le pronom « ceci », c'est-à-dire le pain, car nier l'existence de cette réalité, ce serait enlever toute consistance à la dite proposition [3].

Il n'est pas difficile de voir à quoi tendaient ces propos subtils sur la profession de foi. Certes, Bérenger considérait comme nul et non avenu le serment qu'à Rome on croyait lui avoir arraché. Il n'était pas cependant, mécontent de montrer qu'à la rigueur il pourrait, sans renier sa croyance personnelle, faire sienne la profession de foi, puisque, pour une part, elle rejoignait ses propres conceptions [4]. Quatre fois au moins, nous l'avons dit,

---

et le vin de l'autel sont les vrais corps et sang du Christ » ne suffit pas à *caractériser* la pensée d'Humbert, puisque l'écolâtre la fait également sienne tout en lui donnant un sens entièrement différent de celui qu'entendait le rédacteur de la profession de foi.

1. DSC, 26/11-12, 27/21-28/30, 35/12-25, 51/2-52/11, 60/16-61/17.

2. DSC, 4/30-5/8, 51/20-52/11, 54/10-15, 60/13-61/20.

3. EBA, 66 C 7-16 ; PE, 111 A, 112 A ; DSC, 160/15-17. Cfr DSC, 54/19-20.

4. Lanfranc a bien vu que Bérenger, en interprétant à sa manière le texte de la profession de foi, voulait justifier, devant sa conscience et devant l'opinion de ses partisans, l'attitude qu'il s'était laissé imposer durant le concile. Mais, assure Lanfranc, à supposer que ce texte contînt des éléments contradictoires, d'une façon ou d'une autre Bérenger n'avait pu éviter de parjurer ses propres convictions (DC, 414 C 8-D 7). Aussi, alors que, manifestement, dans le *Scriptum contra synodum*, Bérenger se défend d'avoir commis ce parjure, Lanfranc lui

comparaissant devant des conciles, il se servira de formules équivoques, expression exacte de sa pensée, auxquelles il savait que ses adversaires ne donnaient pas le même sens que lui, mais, deux fois, la première dans le cas examiné ici, la seconde lors du concile de Rome de 1079, il s'efforcera de distordre le sens de formules dont la signification réaliste et antibérengarienne ne pouvait faire de doute, pour les adapter à ses vues. Par de tels procédés, il cherchait, pour l'apaisement de sa conscience et de son amour-propre, à se soustraire aux conséquences morales de ses reniements et, pour sa sécurité personnelle, à tromper ses adversaires.

2. Dans la suite du *Scriptum contra synodum*, Bérenger reprend, sous des formes un peu différentes, sa critique fondée sur le caractère contradictoire de la profession de foi. Ainsi, aux deux propositions sur lesquelles il appuie sa démonstration il en compare une troisième. Dire : « Le Christ est la pierre angulaire », c'est affirmer l'existence du Christ, et, de la même façon, énoncer les deux propositions susdites, c'est affirmer l'existence du pain et du vin sur la table du Seigneur [1].

---

prête une apologie assez différente : le maître tourangeau chercherait à s'excuser de son parjure en en faisant retomber la responsabilité sur le pape et sur les Pères conciliaires, qui *docentes ac scribentes* (PL : *scientes*) *contraria... fuerunt causa perjurii* (DC, 415 B 3-11). L'auteur de l'épître en vers à Bérenger du manuscrit 115 de Saint-Omer s'exprime ainsi :

Principio Romae quid feceris ordine prome,
Si pateat digne quod sis salvatus ab igne
Quem tibi devota decrevit concio tota.
Pax mihi tecum, sed fraus si vicerit equum,
Et tibi fallacem dederunt sophismata pacem,
Vel si nescivit vel munera Roma cupivit.

(Ch. Fierville, *Notices et extraits des manuscrits de la Bibliothèque de Saint-Omer. Nos 115 et 170,* Paris, 1884, p. 138. Ce poème n'est pas cité intégralement par Ch. Fierville. On trouvera les passages omis, cités par A. Boutemy, *Notes additionnelles à la notice de Ch. Fierville sur le manuscrit 115 de Saint-Omer,* dans *Revue belge de philologie et d'histoire,* t. XXII, 1943, p. 29-30). Bien que ce poème puisse concerner le concile de Rome du carême de 1079, il nous semble plutôt se rapporter au concile de 1059. Son auteur avait conscience des détours et des palinodies de Bérenger. Rendus méfiants par l'expérience, les Pères du concile de Rome du carême de 1079 ne se contentèrent pas d'imposer à Bérenger une profession de foi nettement réaliste, mais lui firent promettre de l'interpréter par la suite *(deinceps)* dans le sens que lui avaient donné ses rédacteurs *(Mém.,* 108 B-C) ; cfr la dernière partie de cette profession de foi : « Sicut in hoc brevi continetur et ego legi et vos intelligitis, sic credo nec contra hanc fidem *ulterius* docebo ». Voir *infra,* p. 231, note 2.

1. SCS. 415 D-416 A. Cfr *Ephés.,* II, 20.

A son argumentation dont l'assise est grammaticale et dialectique, il donne une justification, en quelque sorte, technique, appuyée sur un syllogisme dont il ne reste plus que la majeure et la mineure, la conclusion n'ayant pas été reproduite par Lanfranc dans les fragments du *Scriptum contra synodum* [1] :

a) Majeure : « On ne peut dire de toute affirmation qu'elle pourra subsister, si l'on en supprime un des termes ». Et Bérenger d'ajouter : « Et cela, comme le dit le bienheureux Augustin dans le livre *De doctrina christiana*, trouve sa consistance indissoluble dans la Vérité elle-même de l'Éternité, qui est Dieu » [2]. Malheureusement, en s'exprimant ainsi, Bérenger commet plusieurs maladresses.

La première consiste à donner comme majeure à un syllogisme une proposition négative particulière. Lanfranc ne se fera pas faute de relever cette bévue [3].

Seconde maladresse : Bérenger cite de façon tellement inexacte le passage du *De doctrina christiana* invoqué par lui, que le texte en est méconnaissable [4]. Il donne ainsi, une fois encore, beau jeu à son contradicteur [5].

---

1. Précisons cependant que Lanfranc a reconstitué l'ensemble du raisonnement, avec la conclusion, dans le corps même de son exposé (DC, 417 D 5-418 A 8).

2. « Non enim constare poterit affirmatio omnis, parte subruta ; et hoc, sicut dicit beatus Augustinus in libro *De doctrina christiana* : *In ipsa aeternitatis veritate, quae Deus est, indissolubiter constat* » (SCS, 416 D). Il est impossible de traduire littéralement la majeure : nous l'avons donc légèrement paraphrasée.

3. DC, 417 D 5-418 A 8.

4. Cfr Augustin, *De doctrina christiana*, II, XXXII, 50 (PL, t. XXXIV, 58) : « Ipsa tamen veritas connexionum non instituta, sed animadversa est ab hominibus et notata, ut eam possint vel discere vel docere : nam est in rerum ratione perpetua et divinitus instituta ». En DSC, 54/19-20, Bérenger cite ce texte d'une façon moins approximative que dans SCS, 416 D, mais sans cependant le reproduire exactement. A titre de curiosité, signalons l'existence d'un manuscrit du *De doctrina christiana* qui pourrait être l'exemplaire que Bérenger avait en main. Il s'agit de l'ancien n° 42 du fonds Libri d'Ashburnam-Place, maintenant à la Bibliothèque nationale sous la cote *nouv. acq. lat. 1595*. Selon L. Delisle, ce serait le manuscrit du IXe siècle, provenant de l'abbaye de Saint-Martin de Tours, dans lequel on trouvait, sur la page de garde initiale, le texte d'une convention entre Gautier, *cantor*, et son neveu Bérenger, passée devant le chapitre de Saint-Martin de Tours ; cette page aurait été arrachée par Libri, qui avait subtilisé le manuscrit à la Bibliothèque municipale de Tours. Voir L. DELISLE, *Notice sur les manuscrits disparus de la Bibliothèque de Tours pendant la première moitié du XIXe siècle*, dans *Notices et extraits des manuscrits de la Bibliothèque nationale et autres bibliothèques*, t. XXXI, première partie, Paris, 1884, p. 207, n° XXXIV. Voir *infra*, p. 519, note 1.

5. DC, 418 B 6-C 2.

Enfin, s'exprimant avec une certaine gaucherie, il semble dire que saint Augustin, dans le *De doctrina christiana*, estimait que la proposition qui constitue la majeure du raisonnement trouvait un appui dans la vérité éternelle de Dieu. Or, on serait bien en peine de découvrir cette proposition dans l'ouvrage en question. En réalité, comme Bérenger l'expliquera dans le *De sacra coena*, la majeure ne constitue, dans le fragment de 416 D, qu'une parenthèse, et la sentence de saint Augustin est, sinon avec clarté dans le texte, du moins effectivement dans l'intention de Bérenger, mise en rapport avec le fragment précédent en 415 D-416 A, que le maître tourangeau ne prétend, du reste, en aucune façon avoir lu dans le traité de l'évêque d'Hippone [1] et qui est, de toute évidence, distinct de la citation augustinienne. Ce fragment, nous venons de le voir, énonce l'essentiel de la thèse de la « première partie » du *Scriptum contra synodum*. Il est très significatif que Bérenger ait pensé que son argument favori, tiré de la « connexion des propositions » (parmi lesquelles il fallait compter, cela va sans dire, la proposition « Ceci est mon corps »), « trouvait sa consistance indissoluble dans la Vérité elle-même de l'Éternité, qui est Dieu », c'est-à-dire avait un solide fondement ontologique. Mais le maître tourangeau, imprégné d'un formalisme intellectuel qui porte la marque de son époque, emporté par la fougue de ses convictions, n'était pas assez lucide pour se rendre compte qu'il renversait l'ordre des facteurs et qu'en pratique il faisait de la logique la règle à laquelle devait se plier le réel.

b) Mineure : « Or, la proposition suivante : « Le pain et le vin déposés sur l'autel sont seulement des sacrements », est une affirmation qui tient sa consistance de ses termes bien connus, prédicat et sujet. L'on peut dire la même chose de la proposition suivante : « Le pain et le vin déposés sur l'autel sont, après la consécration, seulement les vrais corps et sang du Christ » [2].

c) Conclusion que Lanfranc n'a pas transcrite dans les fragments du *Scriptum contra synodum*, mais qu'il reproduit dans le corps même de son propre exposé : supprimer un des termes

---

1. DSC, 54/1-30. Cfr DC, 418 A 8-C 2.

2. « Est autem affirmatio, notissimis partibus suis constans, praedicato et subjecto, quae ita enuntiat : *Panis et vinum, quae in altari ponuntur, sunt solummodo sacramenta* ; nihilominus quae ita enuntiat : *Panis et vinum, quae ponuntur in altari, post consecrationem, solummodo sunt verum Christi corpus et sanguis* » (SCS, 418 C). Cfr DC, 417 D 14-418 A 3.

de ces propositions en niant la réalité du pain, c'est enlever toute consistance aux affirmations qu'elles énoncent [1].

D'où l'on peut inférer qu'en avançant, au moins équivalemment, ces deux propositions, le cardinal Humbert s'était mis, sans l'avoir voulu, en face d'une alternative qui, dans un cas comme dans l'autre, l'obligeait à reconnaître que le pain et le vin restent présents sur l'autel après la consécration.

B. Humbert contredit la vérité catholique

Pour bien montrer que le cardinal Humbert contredit la vérité catholique [2], Bérenger, dans la « seconde partie » du *Scriptum contra synodum*, oppose au réalisme de la profession de foi le symbolisme qu'il croit avoir découvert dans les « écritures ». Cette « seconde partie » est donc un exposé de la doctrine bérengarienne à partir des témoignages de la tradition. Nous présentons cet exposé en en répartissant les données sous les quatre points énoncés au chapitre VII [3], mais nous reportons à la fin de notre aperçu la critique du réalisme que, dans ce chapitre, nous avions rangée sous le premier point.

1. *Le pain et le vin demeurent intacts sur l'autel après la consécration.*

Bérenger affirme d'abord la permanence du pain et du vin dans l'eucharistie, en prenant appui sur un passage du *De sacramentis* de saint Ambroise : « Par la consécration opérée sur l'autel, le pain et le vin deviennent sacrements de la religion, non pas qu'ils cessent d'être ce qu'ils étaient, mais « de telle sorte qu'ils soient ce qu'ils étaient et qu'ils se changent en autre chose », comme le dit le bienheureux Ambroise dans le livre *De sacramentis* » [4].

---

1. DC, 418 A 3-5. Cfr PE, 112 A.

2. Cfr SCS, 409 D. Voir *supra*, p. 182, note 6, p. 183.

3. Voir *supra*, p. 142-148. Nous nous contentons ici-même de répertorier et de classer les données doctrinales du *Scriptum contra synodum*, qui ne peuvent prendre tout leur sens que si l'on se reporte à l'exposé plus développé du chapitre VII.

4. « Per consecrationem altaris fiunt panis et vinum sacramentum religionis, non ut desinant esse quae erant, sed ut sint quae erant, et in aliud commutentur, quod dicit beatus Ambrosius in libro *De sacramentis* » (SCS, 419 C). Cfr Ambroise, *De sacramentis*, IV, IV, 15 : PL, t. XVI, 440 B-441 A.

2. *La consécration ne change donc pas la nature du pain et du vin, mais elle leur ajoute une valeur supplémentaire qui fait d'eux les « sacrements » ou « signes » du corps et du sang du Christ.* Prolongeant les données du fragment que nous venons de citer, Bérenger définit l'eucharistie avec ses deux composantes, le *sacramentum* et la *res sacramenti :* « Et le sacrifice de l'Église est constitué par deux principes, il est formé de deux principes, l'un visible, l'autre invisible, le sacrement et la chose du sacrement..., de même que l'individualité du Christ est constituée par sa divinité et par son humanité ». Et Bérenger précise que « la chose (du sacrement), c'est-à-dire le corps du Christ, si elle se trouvait devant les yeux, serait visible, mais élevée au ciel et assise à la droite du Père « jusqu'aux temps de la restauration universelle », comme l'écrit l'apôtre Pierre [1], elle ne peut être rappelée du ciel [2] ».

Bérenger fait alors intervenir plusieurs passages des ouvrages de saint Augustin qu'il avait déjà utilisés dans la *Purgatoria epistola contra Almannum :* la définition du sacrement comme signe tirée du *De civitate Dei* [3], la définition du signe donnée dans le *De doctrina christiana* [4], l'affirmation de la nécessité d'une ressemblance entre les « sacrements » et les « choses des sacrements », affirmation empruntée à l'*Epistola ad Bonifacium* [5]. Bérenger cite aussi tout au long un texte du *De catechizandis rudibus* dont il avait extrait l'une des formules du dossier de définitions des sacrements de la lettre à Adelman [6].

Rappelons que, dans la seconde partie du *De corpore*, Lanfranc fait allusion à un écrit de Bérenger (qui pourrait bien être la *Purgatoria epistola contra Almannum*), écrit dans lequel le maître tourangeau précisait que les lettres sacrées appellent la réalité présente sur l'autel *species, similitudo, figura, signum, mysterium, sacramentum,* mots qui impliquent une référence au corps du

---

1. *Act.*, III, 21. Cfr SCS, 426 D.
2. « Sacrificium Ecclesiae duobus constat, duobus confit (PL : conficitur), visibili et invisibili, sacramento et re sacramenti ; quae tamen res, id est Christi corpus, si esset prae oculis, visibilis esset ; sed, elevata in coelum sedensque ad dexteram Patris usque in tempora restitutionis omnium, quod scribit apostolus Petrus, coelo devocari non poterit, sicut Christi persona Deo constat et homine » (SCS, 421 A-B).
3. SCS, 422 B. Cfr PE, 110 B, 112 C-D.
4. SCS, 422 B-C. Cfr PE, 110 C, 113 A.
5. SCS, 422 D. Cfr PE, 110 C.
6. SCS, 423 A. Cfr PE, 112 E.

Christ et montrent donc que ce qui est sur l'autel n'est pas le corps du Christ [1].

3. *Il est nécessaire qu'il y ait une « ressemblance » entre les sacrements et les réalités désignées par les sacrements.*

Du texte de l'*Epistola ad Bonifacium* que nous avons mentionné un peu plus haut [2], il faut rapprocher un passage du *De sacramentis* de saint Ambroise dont Lanfranc, dans la seconde partie du *De corpore*, reproche à Bérenger de faire une utilisation critiquable [3]. Saint Ambroise dit : « De même, en effet, que tu as pris le symbole *(similitudinem)* de la mort (du Christ = baptême), ainsi tu bois le symbole *(similitudinem)* du précieux sang (du Christ = eucharistie) » [4]. On devine sans peine la façon dont Bérenger pouvait commenter cette comparaison entre baptême et eucharistie : comme il n'y a pas de mort réelle du Christ dans le baptême, il n'y a pas non plus de présence réelle du corps du Christ dans l'eucharistie [5].

Nous avons précisé au chapitre VII la nature de la ressemblance qui, selon Bérenger, existe entre l'eucharistie et le corps du Christ.

Le texte de l'*Epistola ad Bonifacium* dont il est question ci-dessus et celui du *De sacramentis* que nous avons cité à l'instant, se retrouvent assez proches l'un de l'autre dans la lettre à Adelman [6].

4. *On peut dire que, par la consécration, le pain et le vin sont devenus le vrai corps et le vrai sang du Christ.*

Dans les fragments qui nous restent de la lettre de Bérenger à Adelman, on ne trouve qu'une allusion rapide au fait que les sacrements peuvent, d'une certaine façon, être considérés comme les substituts des choses dont ils sont les sacrements [7]. Il s'agit de ce que nous avons appelé au chapitre VII la présence métaphorique du corps du Christ. Il y avait là de la part de Bérenger, dans la *Purgatoria epistola*, une référence implicite à un passage de la lettre d'Augustin à Boniface qui est rapporté en clair dans

---

1. DC, 436 A 2-B 2. Cfr PE, 110 B-E.
2. SCS, 422 D. Cfr PE, 110 C.
3. Il est évidemment impossible de savoir si Lanfranc avait trouvé cet argument de son adversaire dans le *Scriptum contra synodum*.
4. DC, 439 A. Cfr PE, 110 D. Voir *supra*, p. 134-135.
5. Cfr DC, 439 A 4-8 ; DSC, 123/25-127/1.
6. SCS, 422 D ; DC, 439 A : cfr PE, 110 C-D.
7. PE, 110 E. Voir *infra*, p. 533, note 4.

le *Scriptum contra synodum* : « De même que le sacrement du corps du Christ est d'une certaine façon le corps du Christ et que le sacrement du sang du Christ est d'une certaine façon le sang du Christ, de même le sacrement de la foi est la foi » [1].

Au symbolisme eucharistique dont il se fait le champion, Bérenger oppose, dans le *Scriptum contra synodum*, le réalisme de la profession de foi rédigée par le cardinal Humbert, pour le critiquer âprement. Il souligne que « la chose du sacrement », c'est-à-dire le corps du Christ, demeure au ciel, d'où elle ne peut être rappelée avant les temps de la restauration universelle [2] ; du reste, si le corps du Christ se trouvait ici-bas, il serait visible [3]. Bérenger réprouve le capharnaïtisme qu'implique, selon lui, la doctrine de ses adversaires : « Aussi, le bienheureux Augustin (dit) dans l'Évangile : « Quand on mange le Christ, on mange la vie. Et quand nous le mangeons, nous ne le partageons pas » [4].

---

1. SCS, 423 D. Bérenger ne modifie que très légèrement le texte d'Augustin, *Epistola XCVIII*, 9 ; PL, t. XXXIII, 364. Voir *supra*, p. 135.

2. SCS, 421 A-B. Voir *supra*, p. 191, note 1.

3. SCS, 421 A. Il y a dans ce présupposé implicitement le rejet, que Bérenger formulera dans le *De sacra coena*, de la distinction établie par Lanfranc entre ce qui est vu dans l'eucharistie et ce qui n'est pas vu. Pour Bérenger, il n'y a de choix logique qu'entre deux hypothèses : ou le corps du Christ est ici-bas (hypothèse que rejette Bérenger), et *on le voit nécessairement*, ou le corps du Christ n'est pas ici-bas (hypothèse qu'adopte Bérenger). Affirmer, comme Lanfranc, que le corps et le sang du Christ sont présents sur l'autel sous les apparences du pain et du vin qui les rendraient invisibles, semble au maître tourangeau non seulement faux mais contradictoire : *a)* Cela est faux, notamment parce qu'il est impossible que le *subjectum* du pain disparaisse sans que disparaisse aussi *quod est in subjecto* : DSC, 42 /6-43 /26, 91 /36-92 /6, 98 /10-33, 103 /20-35, 106 /26-107 /12, 117 /2-118 /33, 126 /27-127 /1, 139 /21-36. D'où l'on peut conclure que si l'on voit du pain *(quod est in subjecto)*, c'est qu'il y a du pain *(subjectum)*. *b)* L'affirmation de Lanfranc est, aussi, contradictoire. En effet, si la chair et le sang du Christ sont présents sur l'autel sous les apparences du pain et du vin, il serait illogique de les dire « invisibles » (DC, 424 A 2, 438 D 12), puisque à travers ces apparences on verrait la chair même et le sang du Christ, de même que sous le colorant on voit l'objet coloré : DSC, 63 /34-38, 91 /34-36, 107 /2-6, 111 /23-26.

4. « Unde beatus Augustinus in Evangelio : *Quando Christus manducatur, vita manducatur. Nec quando manducamus, partes de illo facimus* » (SCS, 421 D). Ces deux phrases de saint Augustin se trouvent à peu de distance l'une de l'autre dans le sermon Mai 129 : PL, *Supplementum*, t. II**, Paris, 1960, col. 518-519. Bérenger les a trouvées dans l'*Expositio in epistolas beati Pauli* de Florus de Lyon : voir PL, t. CXIX, 335 D 10-13 (Migne se contente de donner l'*incipit* du sermon cité par Florus). Sur ces faits, voir dom A. WILMART, *Distiques d'Hincmar sur l'eucharistie ? Un sermon oublié de S. Augustin sur le même sujet,*

Bérenger n'admet pas que le corps du Christ puisse être immolé réellement sur l'autel : « Le bienheureux Augustin (dit) dans la lettre à Boniface : « Le Christ a été immolé une fois en lui-même, et cependant il est immolé sacramentellement pour les foules non seulement à chaque solennité pascale, mais aussi chaque jour » [1]. Et Bérenger de déduire : « Si le Christ a souffert une seule fois en lui-même, (il a souffert) aussi une seule fois dans son corps, puisque son corps ne peut en aucune façon être séparé de lui-même » [2]. Dans le dernier fragment du *Scriptum contra synodum* cité par Lanfranc (dans la première partie du *De corpore*), Bérenger vise, semble-t-il directement la profession de foi : « Qui, en effet, concevrait avec sa raison, ou admettrait comme réalisable par un miracle, que le pain soit brisé dans le corps du Christ *(panem frangi in Christi corpore)*, alors que ce corps jouit d'une totale incorruptibilité et, jusqu'aux temps de la restauration universelle, demeure au ciel sans qu'on puisse l'en rappeler » [3].

Dans la seconde partie du *De corpore*, Lanfranc mentionne cinq objections de Bérenger et de ses disciples concernant le réalisme eucharistique. Comme nous l'avons dit plus haut, il n'est pas certain qu'il les ait trouvées dans le *Scriptum contra synodum*. Nous aurons l'occasion de revenir longuement sur elles au chapitre XV. Ci-dessus, dans les paragraphes 2 et 3,

---

dans *Revue bénédictine*, t. XL, 1928, p. 87-98. Cfr DSC, 66/31-32, 133/11-12, 152/5-27. Lanfranc attribue le passage aux *Tractatus in Joannem* : voir DC, ch. XI.

1. « Beatus Augustinus in epistola ad Bonifacium : *Semel immolatus Christus in semetipso, et tamen in sacramento non solum per omnes Paschae solemnitates, sed et omni die populis immolatur* » (SCS, 425 A-B). Nous avons modifié la ponctuation de Migne qui ferme les guillemets après *semetipso*. Cfr Augustin, *Epistola XCVIII*, 9 : PL, t. XXXIII, 363-364.

2. « Si semel passus est Christus in semetipso, semel etiam in corpore suo, eo quod corpus suum nullo modo separari potest a seipso » (DC, 426 A 1-4). Lanfranc fait précéder ce fragment non pas du nom de Bérenger, comme pour les autres fragments du *Scriptum contra synodum*, mais des mots : « Frustra ergo infers et dicis ».

3. « Quis enim aut ratione concipiat, aut per miraculum fieri posse concedat, panem frangi in Christi corpore, quod post resurrectionem tota viget incorruptibilitate, et usque in tempora restitutionis omnium coelo manet indevocabile » (SCS, 426 D). Cfr *Act.*, III, 21 et SCS, 421 A-B. L'expression *panem frangi in Christi corpore* est sans doute un décalque des mots suivants de la profession de foi : ... *panem... corpus... Domini nostri Jesu Christi esse et... frangi...*

nous avons donné quelques précisions sur deux d'entre elles [1].
Nous parlerons ici brièvement des trois autres. Bérenger croit
triompher devant un passage de l'*Enarratio in psalmum XCVIII*
de saint Augustin, dans lequel celui-ci critique la position capharnaïtique et recommande une compréhension « spirituelle »
de la manducation eucharistique [2]. Bérenger et les bérengariens
objectent que si le pain est changé en la vraie chair du Christ,
il faut qu'il soit enlevé au ciel, où s'opérera cette conversion,
ou que la chair du Christ descende ici-bas pour que le pain se
transforme en elle, hypothèses absurdes [3]. Autre objection :
l'eucharistie est appelée couramment « pain » dans les textes
sacrés [4].

En rejetant la croyance eucharistique commune, Bérenger,
comme le lui reproche Lanfranc, suppose que lui-même et ses
partisans représentent la véritable Église [5]. Aussi, le maître
tourangeau, identifiant sa cause à celle de « la Vérité elle-même » [6],
ne craint pas d'écrire dans le *Scriptum contra synodum :* « En
réalité, la Vérité elle-même n'a pas rencontré (à Rome) la sainte
Église, mais une église de méchants, un concile de vanité ;
ni l'Église apostolique, mais le siège de Satan » [7].

II. Le « De corpore et sanguine Domini » de Lanfranc

Le *Scriptum contra synodum* n'eut certainement qu'une diffusion clandestine, comme beaucoup d'autres écrits de Bérenger

---

1. DC, 436 A 2-9, 438 D 13-439 A 8.
2. DC, 433 C 15-D 7.
3. DC, 439 B 11-C 3.
4. DC, 438 A 7-8. Cfr PE, 111 B, 112 A-B.
5. DC, 441 D 9-442 A 6.
6. L'expression *veritas ipsa* est chère à Bérenger et, dans ses œuvres, se
rapporte le plus souvent au Christ : SCS, 416 D, 426 A ; DSC, 4/14-15, 24-25,
6/2, 7, 16/3, 22/28, 24/4, 26/6, 31/20, 33, 37/19, 54/7, 21-22, 66/16, 74/27,
98/28-29. Cfr DSC, 40/21, 46/30, 62/22, 109/36-37, 166/18-19. Voir *supra*,
p. 151, note 6.
7. « *Consentio*, inquit Burgundus, *sanctae Romanae Ecclesiae*. Revera non
sanctam Ecclesiam experta est veritas ipsa, sed Ecclesiam malignantium,
concilium vanitatis (cfr *Ps.*, XXV, 4-5), nec apostolicam, sed sedem Satanae
(cfr *Apoc.*, II, 13) » (SCS, 426 A-B). Bérenger avait proféré les mêmes injures
contre l'Église romaine à propos des conciles de Rome et de Verceil de 1050 :
voir *supra*, p. 97.

répandus par ses disciples à travers la chrétienté latine [1]. Un des exemplaires de cet ouvrage tomba entre les mains de Thierry, chanoine de Paderborn, ancien élève de Lanfranc. On peut penser que Thierry ne fut pas scandalisé seulement par les théories de l'écolâtre, mais aussi par les propos insultants que celui-ci tenait à l'adresse de l'abbé de Saint-Étienne de Caen [2]. Il envoya l'opuscule à Lanfranc en lui demandant d'en écrire la réfutation [3].

Telle est donc l'occasion qui amena le célèbre moine à composer son traité sur l'eucharistie. Ce traité, rédigé sous la forme d'une lettre dont Bérenger était le destinataire, n'avait pas de titre à l'origine [4]. L'appellation qui lui conviendrait le mieux serait celle de *Scriptum* [5] ou *Rescriptum* [6] *contra Berengarium*, ou encore celle de *Epistola contra* (ou *ad*) *Berengarium* [7]. Nous lui laissons le titre, désormais consacré, de *De corpore et sanguine Domini*. Quand il écrivit le *De corpore*, Lanfranc présidait aux destinées de l'abbaye de Saint-Étienne de Caen, qu'il venait de fonder à la demande de Guillaume le Bâtard [8], ce qui situe

---

1. Cfr DC, 409 B 5-6.

2. SCS, 412 D.

3. Nous avons déduit le rôle de Thierry de Paderborn, dans l'apparition du traité de Lanfranc, de la comparaison d'une ligne du *De corpore*, dans laquelle Lanfranc disait qu'il avait reçu l'opuscule de Bérenger pour le réfuter (*in hoc opusculo quod destruendum suscepi* : DC, 415 B 8-9), avec le titre donné au *De corpore* par le manuscrit *Palat. lat. 482*, f. 43^r : « Scriptum Lanfranci viri religiosi, Longobardi, primi abbatis Cathmensis, quod per inspirationem sancti Spiritus, rogatu Theodorici, discipuli sui, Paterbrunnensis canonici, et communi utilitate Ecclesiae inductus, contra Berengarium Andegavensis, bis perjuri, hereticam pravitatem edidit ». Voir notre *Note sur la controverse bérengarienne*, dans *Bulletin de la Société internationale pour l'étude de la philosophie médiévale*, t. IV, 1962, p. 133-134. Sur ce titre, voir *infra*, p. 266, 283.

4. Mis à part *Palat. lat. 482* (voir note précédente), dans les manuscrits les plus anciens du *De corpore*, le traité n'a pas de titre (par exemple dans *Arras 775 (744)*) ou il a un titre ajouté à une époque postérieure à la transcription du texte (par exemple dans *Vorau 412*). Dans les manuscrits plus récents, les titres varient, ce qui confirme l'absence de titre à l'origine.

5. Voir *supra*, p. 181, note 2.

6. Voir MANEGOLD DE LAUTENBACH, *Liber ad Gebehardum*, XLIV, dans *Monumenta Germaniae historica*, *Libelli de lite*, t. I, Hanovre, 1891, p. 386, ligne 41.

7. Voir *infra*, p. 269-270.

8. Voir une des lettres de Lanfranc à Alexandre II : « Epistolam quam Berengario schismatico dum adhuc Cadomensi coenobio praeessem, transmisi, paternitati vestrae, sicut praecepistis, transmittere curavi » (J. A. GILES, *Opera omnia Lanfranci*, t. I, p. 27).

le *terminus post quem* de la composition de cet ouvrage soit en 1062, si l'on tient compte de l'année durant laquelle l'ancien prieur du Bec commença à prendre en mains le monastère et à s'occuper de sa construction, soit, plus normalement, dans le courant de l'année 1066, si l'on s'appuie sur la date de son investiture abbatiale. Quant au *terminus ante quem* de la rédaction du *De corpore*, il faut le situer assez largement avant 1070, puisque la volumineuse réponse de Bérenger, le *De sacra coena*, a été écrite avant la consécration épiscopale de Lanfranc, laquelle eut lieu le 29 août 1070 [1].

Nous étudierons le *De corpore et sanguine Domini* dans la seconde partie du présent travail.

La composition du *De corpore et sanguine Domini* représente, semble-t-il, la dernière intervention directe de Lanfranc dans la controverse. L'abbé de Saint-Étienne de Caen envoya un exemplaire de cet ouvrage à Bérenger qui en était, au moins nommément, le destinataire. Devenu archevêque de Cantorbery, il en fit parvenir un autre exemplaire au pape Alexandre II, sur la demande même de ce pontife [2]. Dans les autres œuvres de Lanfranc, on ne trouve que de brèves allusions à Bérenger ou à l'hérésie bérengarienne [3]. Dans une lettre sur l'eucharistie, adressée, vers 1072-1073, à Dunan, évêque de Dublin, Lanfranc rappelle que des « schismatiques » ont pensé et pensent encore que saint Augustin nierait la *veritas carnis et sanguinis Christi* dans l'eucharistie [4]. C'est sans doute à cause de sa réputation de vieil adversaire de l'écolâtre tourangeau que trois ecclésiastiques poitevins écrivirent à Lanfranc, après le concile de Poitiers de 1075, pour lui demander de réfuter les propos de Bérenger qui avait, disaient-ils, mis en doute l'orthodoxie du livre X du *De Trinitate* de saint Hilaire. Dans sa réponse, Lanfranc, une fois de plus, applique à Bérenger la qualification de « schismatique » [5]. Et il conclut ainsi sa lettre : « Je vous en prie instamment,

---

1. A. J. MACDONALD, *Berengar*, p. 155, note 2. Voir *infra*, p. 520, note 1.

2. Voir *supra*, p. 45, note 1.

3. Dans les commentaires de Lanfranc sur les épîtres de saint Paul, nous n'avons relevé aucune allusion vraiment précise à la controverse.

4. ELD, 533 C 5-8. Voir *infra*, p. 326-331.

5. « Schismaticus ille (Berengarium dico) » (LANFRANC, *Epistola L* : PL, t. CL, 543 D 3). Voir aussi la lettre à Alexandre II, *supra*, p. 196, note 8.

soyez vigilants de toutes les manières, parce que, autour de vous et au milieu de vous, se trouvent des hérétiques et leurs partisans. Opposez-leur le bouclier de la crainte de Dieu, les assaillant avec les traits des divines paroles » [1]. On ne peut contester que Lanfranc, pour sa part, ait fait preuve d'un tel esprit combattif. A cette époque où naît la Chanson de Roland [2], lui et son adversaire ont la trempe et le relief, la simplicité et la verdeur des héros de la fameuse épopée. La première ligne du *De corpore et sanguine Domini* claque comme un défi avant le combat singulier : « Lanfranc, catholique par la miséricorde de Dieu, à Bérenger, adversaire de l'Église catholique ». Et la suite du traité, dans son enchaînement logique, comme la conclusion, où Lanfranc claironne la certitude d'une réfutation victorieuse, ont ce caractère agressif. Il était impossible que Bérenger subisse passivement cette attaque de grand style.

III. Le « De sacra coena » de Bérenger

En fait, l'ensemble du monde chrétien ignora pendant sept siècles que le maître tourangeau avait composé une réplique au traité de l'abbé de Saint-Étienne de Caen. C'est en 1770 seulement qu'on apprit l'existence de cette réponse, quand le grand écrivain Lessing en eut découvert un exemplaire dans la bibliothèque ducale de Wolfenbüttel [3]. Ce précieux document appartient à un lot de cent-trois manuscrits provenant de l'abbaye de Wissembourg en Alsace, acquis en 1690 par la bibliothèque de Wolfenbüttel. Il porte la cote *Wissembourg 101*. Mutilé, il compte actuellement 115 folios, et, d'après nos supputations, en comprenait 136 à l'origine [4].

Il doit son titre à Mathias Flacius Illyricus (1520-1575), qui l'eut entre les mains et inscrivit arbitrairement au bas du premier

---

1. « Obsecro, vigilate omnibus modis, quia schismatici et fautores eorum circa vos et inter vos sunt ; opponite eis scutum timoris Domini, impetentes eos jaculis divinorum eloquiorum » (LANFRANC, *Epistola L* : PL, t. CL, 545 D 1-4). Il faudrait citer ici également la lettre de l'antipape Clément III à Lanfranc : voir *supra*, p. 45.

2. Nous nous exprimons de façon approximative, l'époque *précise* de la composition de la Chanson de Roland étant inconnue.

3. G. E. LESSING, *Berengarius Turonensis*, Brunswick, 1770.

4. Voir *infra*, p. 485-486.

folio : *De sacra coena Domini, praesertim de transsubstantiatione* [1]. Il eût mieux valu lui laisser l'appellation *Rescriptum contra Lanfrannum*, que lui donne l'auteur lui-même [2]. Il n'entre pas dans notre propos de consacrer ici-même une étude particulière au manuscrit *Wissembourg 101* et au *De sacra coena* : elle sortirait du cadre de notre travail. Mais on trouvera en appendice un certain nombre de précisions importantes concernant le grand traité de Bérenger et le document qui nous l'a transmis [3]. Notons seulement que le plan du *De sacra coena* est celui du *Scriptum contra synodum*. Dans une première partie, Bérenger s'efforce de justifier la critique que, dans son opuscule, il formulait à l'égard de la profession de foi rédigée par le cardinal Humbert, laquelle, selon lui, aurait contenu des éléments contradictoires. En outre, il rectifie point par point l'historique de Lanfranc concernant les conciles de Rome et de Verceil de 1050, de Tours de 1054, de Rome de 1059 [4]. Dans une seconde partie, s'appuyant sur les témoignages de la tradition, il reprend, avec une prolixité lassante, la démonstration doctrinale du *Scriptum contra synodum* [5]. Dans la conclusion, il affirme, une fois de plus, que le pain présent sur l'autel ne change pas de nature après la consécration [6] et, en quatre propositions qui ressemblent fort à des anathématismes, il maintient, au nom de la doctrine du Christ et de la Vérité immuable et éternelle, son rejet catégorique des différents points de la profession de foi qui lui avait été imposée lors du concile de Rome de 1059 [7].

Si le *De sacra coena* fut d'abord conçu comme une réponse directe à Lanfranc, auquel Bérenger s'adressait à la deuxième personne, l'abbé de Saint-Étienne de Caen n'est plus mentionné, dans les dernières pages de cet ouvrage, qu'à la troisième personne. Vraisemblablement, ni lui ni la majorité de ses contemporains n'eurent connaissance de cette réfutation du *De corpore et sanguine Domini*. En revanche, il est probable que, durant

---

1. R. B. C. HUYGENS, *A propos de Bérenger et son traité de l'eucharistie*, dans *Revue bénédictine*, t. LXXVI, 1966, p. 133-134.
2. DSC, 157/27-28. Voir *infra*, p. 511, note 1.
3. Voir *infra*, p. 483-488, 503-521.
4. DSC, 1/1-61/36.
5. DSC, 62/1-165/17. *Infra*, p. 507-511, nous divisons cette seconde partie en une deuxième et en une troisième parties.
6. DSC, 165/18-166/5.
7. DSC, 166/6-19. Voir *infra*, p. 514.

la seconde période de la controverse, d'autres écrits de Bérenger circulèrent sous le manteau. Guitmond d'Aversa précise notamment qu'en écrivant son *De corporis et sanguinis Christi veritate in eucharistia* (entre 1073 et 1078), il se référait à des ouvrages du maître tourangeau [1], dont nous pouvons penser que certains avaient été composés après 1059 : il serait donc intéressant de confronter avec les données du *De sacra coena* les renseignements que nous fournit Guitmond sur la pensée de Bérenger.

---

1. GUITMOND D'AVERSA, *De corporis et sanguinis Christi veritate*, I : PL, t. CXLIX, 1427 B. Les renseignements de Guitmond sont parfois sujets à caution. Ainsi, il attribue à Bérenger une théorie de l'impanation qui est très éloignée de la pensée du maître tourangeau (*ibid.*, 1430 D, 1488 C). Pour connaître la pensée de Bérenger dans la seconde période de la controverse, peut-être faudrait-il aussi tenir compte du traité d'Hugues de Langres, si l'auteur de cet ouvrage n'est pas l'évêque de ce nom qui fut jugé au concile de Reims, mais celui qui occupa le siège de Langres de 1065 à 1085. En effet, l'auteur du traité en question, quel qu'il soit, a eu des entretiens avec Bérenger, et ce qu'il rapporte de la doctrine bérengarienne est manifestement beaucoup plus exact que ce qu'en dit, par exemple, Lanfranc. Voir *supra*, p. 48, note 1, p. 50, note 2.

CHAPITRE XI

LA « REDIVIVA PESTIS »
TRIBULATIONS DE BÉRENGER

Durant la période qui sépare le premier séjour à Rome du maître tourangeau, en 1059, de sa seconde venue dans la Ville éternelle, à la fin de 1077, son action est commandée par deux objectifs, peu conciliables apparemment mais qui répondent, en fait, à la logique de son caractère et à sa certitude absolue d'être dans le vrai.

D'une part, il continue à diffuser ses théories eucharistiques. Par prudence, il le fait avec une certaine discrétion, soit qu'il s'adresse à de petits cercles de disciples dans des réunions clandestines, et ces disciples à leur tour répandent les idées et les écrits de leur maître [1], soit qu'en public il jette sur sa véritable pensée le voile de formules équivoques, qui lui permettent, sans se compromettre, de rester fidèle à lui-même et d'écarter les précisions « sensualistes » de la profession de foi rédigée par le cardinal Humbert. Il semble aussi qu'à l'occasion il ait tenté de circonvenir des personnages de premier plan, tel le cardinal Étienne, mais il n'est pas impossible qu'il soit alors resté dans le vague sur la véritable nature de ses théories ou que le côté radical de sa doctrine ait échappé à la clairvoyance de ses interlocuteurs. Par contre, Bérenger ne réussit pas à abuser ses « ennemis », particulièrement en Anjou, et ceux-ci sont assez influents pour pousser le comte Geoffroy le Jeune, qui en novembre 1060 avait succédé au comte Geoffroy Martel, puis le comte Foulque, qui en 1067 supplantera son frère aîné, à sévir contre ce fauteur de désordre. Bérenger se voit interdire l'accès de la ville d'Angers, où sa charge d'archidiacre l'appelait à se rendre régulièrement.

D'autre part, c'est à Rome même que Bérenger s'inquiète de trouver un appui pour sortir des difficultés qui lui sont sus-

---

1. DC, 408 A 1-3, 409 B 5-6. Voir *supra*, p. 35, note 1, p. 181, note 1.

citées sur place. Il ne craint pas, par exemple, de solliciter le cardinal Étienne par la voie épistolaire afin d'obtenir que le pape écrive à l'archevêque de Tours et aux évêques du Mans et d'Angers, et que ceux-ci, « qui négligent, ou peu s'en faut, d'apporter leur suffrage à la vérité évidente *(perspicuae veritati)* » soient invités à s'entremettre pour apaiser ses ennemis [1]. La « vérité évidente » dont il est question ici, est l'hérésie que Bérenger avait abjurée solennellement à Rome quelques années plus tôt ! Et Rome, tout en blâmant le récidiviste (Alexandre II) ou en réclamant son silence (Grégoire VII), interviendra non pour apporter un soutien à l'hérésie (cela va de soi) mais, cependant, pour protéger l'écolâtre contre les mauvais procédés dont il avait à souffrir. Au reste, le maître tourangeau, jugeant ces interventions trop modérées, leur donnera un prolongement en rédigeant en sa faveur de fausses lettres pontificales de recommandation !

A l'égard de l'hérésie elle-même, les souverains pontifes useront à cette époque de deux méthodes différentes. Alexandre II, dans l'espoir de voir Bérenger revenir à de meilleurs sentiments, essaiera, mais en vain, de jouer, par lettre, de la réprimande et de la persuasion. Grégoire VII exigera que Bérenger garde le silence sur la question eucharistique, mais, en même temps, il préparera la solution définitive de cette trop longue affaire et la conduira à son dénouement par les conciles romains de la Toussaint de 1078 et du carême de 1079.

Telles sont les grandes lignes de l'affaire bérengarienne de 1059 à 1079. Venons-en maintenant à un exposé plus détaillé des faits. Dans le présent chapitre, nous n'envisageons, à peu près exclusivement, que des événements qui se rapportent au pontificat d'Alexandre II. Dans le chapitre suivant, nous traiterons de ceux qui se déroulèrent sous le pontificat de Grégoire VII.

Il ne semble pas que la question eucharistique soit évoquée lors du concile qui s'ouvre à Tours le 1er mars 1060 sous la présidence du cardinal Étienne, légat pontifical [2]. Sans doute, l'attitude de Bérenger, plus circonspecte alors que celle qu'il

---

1. « Qui perspicuae veritati suffragium ferre paene dissimulant » (EF, C, 168/7-8).
2. Th. SCHIEFFER. *Die päpstlichen Legaten*, p. 63.

avait adoptée neuf ans plus tôt après ses deux premières condamnations, n'a-t-elle pas encore réveillé les méfiances. Mais
il est fort probable qu'il met tout en œuvre pour entrer dans les
bonnes grâces du légat, qui vient du reste, et vraisemblablement
à plusieurs reprises, à la collégiale de Saint-Martin [1]. On s'expliquerait ainsi que Bérenger ait pu, par la suite, obtenir une
aide efficace de ce haut personnage, auquel il écrira la lettre
que nous avons mentionnée un peu plus haut [2]. Nous croirions
volontiers que le maître tourangeau s'est comporté en 1060
à l'égard du cardinal Étienne comme il l'avait fait en 1054 avec
Hildebrand [3] et que la même conviction naïve, la même illusion
d'avoir été compris et approuvé l'ont amené, en s'adressant
par lettre à l'un ou à l'autre, à parler de ses théories comme
d'évidences reconnues et indiscutables.

Quoique plus discrète, la propagande bérengarienne ne pouvait
pas ne pas se trahir un jour ou l'autre. Il n'est pas impossible,
du reste, que la mort du cardinal Humbert le 5 mai 1061, celle
de Nicolas II le 27 juillet de la même année, l'accession d'Hildebrand à un rôle de tout premier plan dans le gouvernement de
l'Église aient fait espérer à l'écolâtre que le vent allait tourner
en sa faveur. Peut-être se montre-t-il alors imprudent dans ses
propos et donne-t-il l'alarme aux adversaires qu'il compte en
Anjou et en Touraine, et particulièrement dans l'entourage du
nouveau maître de l'Anjou, Geoffroy le Jeune. Toujours est-il
que, sur la demande de celui-ci, une sorte de conférence théologique, ou de concile restreint, est organisée, vraisemblablement
en avril 1062, à Angers dans la chapelle de la comtesse Hilde-
garde, veuve de Foulque Nerra [4]. Ce concile réunit l'archevêque
Hugues de Besançon et les évêques Eusèbe Brunon d'Angers
et Bougrin du Mans, accompagnés chacun de leurs conseillers

---

1. *Narratio controversiae* : RGHF, t. XII, p. 460 A 7-11.
2. En haut de la p. 202.
3. *Supra*, p. 151-154.
4. Il existe deux documents concernant ce concile : une lettre écrite par
Bérenger à Eusèbe Brunon (EF, LXXXVI) et la réponse d'Eusèbe Brunon
(EE). Pour la date, voir A. J. MACDONALD, *Berengar*, p. 136, qui met en rapport
ce concile avec la consécration de l'abbaye de Saint-Sauveur d'Angers par Hugues
de Besançon, le 4 avril 1062, en présence des évêques d'Angers, du Mans et de
Nantes. Ce dernier n'est pas mentionné par Bérenger comme ayant participé
au concile (EF, LXXXVI, 148/10-14).

ecclésiastiques [1]. Parmi ces derniers se trouvait un chanoine de la cathédrale d'Angers, Geoffroy de Martin, dont nous aurons à parler bientôt [2]. Le concile d'Angers de 1062 nous paraît, au début de la seconde période de la controverse, répondre à une intention très semblable à celle qui avait amené les autorités angevines à convoquer le concile de Tours de 1051 ou 1052 au début de la première période [3]. En 1062, il s'agissait de prendre des mesures pour arrêter la renaissance d'un fléau dont les premières manifestations dix ans plus tôt avaient eu des conséquences graves, sur le plan politique comme sur le plan religieux, pour les provinces soumises aux comtes d'Anjou. Il est probable que Geoffroy le Jeune était heureux de saisir l'occasion que lui fournissait la présence à Angers de l'archevêque de Besançon venu dans cette ville pour y consacrer l'abbaye de Saint-Sauveur. En effet, Hugues de Besançon était alors un des prélats les plus influents de l'Église latine ; en lui demandant de présider le concile, Geoffroy le Jeune soulignait officiellement sa volonté d'assurer la paix religieuse dans les territoires dépendant de son autorité. Ce sont vraisemblablement ces considérations politiques, au sens large du mot, beaucoup plus que des préoccupations doctrinales, qui inspirèrent son initiative.

La solution adoptée à Angers rejoint celles auxquelles avaient abouti les conciles de Tours de 1051-1052 et de 1054. On s'en tint à une profession de foi calquée sur les paroles de l'institution eucharistique [4]. Bien loin de répugner à une solution de cet ordre, comme il l'avait fait lors des deux conciles tourangeaux, Bérenger l'accepta avec empressement, et l'on peut même se demander s'il n'en fut pas l'instigateur, en plein accord, du reste, avec l'évêque d'Angers, qui, une fois de plus, prit position très nettement en faveur de la formule « évangélique » [5]. Un changement d'attitude aussi radical, de la part de Bérenger, trouve son explication, pensons-nous, dans le cuisant échec subi par lui au concile de Rome de 1059. Instruit par cette

---

1. Bérenger mentionne la présence de clercs attachés à chaque évêque (EF, LXXXVI, 148/10-14). Ce sont certainement ces mêmes clercs qu'Eusèbe Brunon désigne comme des *eruditi* (EE, 1204 B 8-9).
2. *Infra*, p. 208.
3. *Supra*, p. 115-116.
4. EE, 1204 B 3-9. Cfr *ibid.*, 1201 D 15-16, 1202 D 1-1203 A 13.
5. EF, LXXXVI, surtout 148/7-9.

pénible expérience, il réserve désormais à quelques initiés les éclaircissements sur le véritable sens de sa doctrine. Publiquement, il croit avoir assez triomphé en faisant admettre une définition qui lui permet de tromper ses adversaires, de rester en accord avec ses convictions intimes et d'éviter les affirmations réalistes de la profession de foi rédigée par le cardinal Humbert.

On est surpris de constater que, tout en attribuant certainement à la profession de foi du concile d'Angers le même caractère ambivalent qu'aux formules acceptées par lui aux conciles de Tours de 1051-1052 et de 1054, il l'ait considérée cependant comme impliquant l'obligation, pour ceux qui l'avaient admise, de ne pas plaider la cause du réalisme eucharistique. En effet, quelque temps après le concile d'Angers, l'écolâtre se plaindra auprès d'Eusèbe Brunon de ce que l'un des clercs qui avaient participé à cette réunion, Geoffroy de Martin, en ait violé les décisions en défendant publiquement la doctrine de Lanfranc [1]. Cela signifie sans doute que le maître tourangeau, estimant que son interprétation personnelle, fût-elle demeurée implicite, de la profession de foi de type « évangélique » était la seule valable, jugeait les conceptions réalistes de ses adversaires inconciliables avec cette formule, même si verbalement elles pouvaient s'en accommoder. Cela montre aussi qu'en se retranchant derrière des définitions équivoques, il cherchait avant tout à écarter les précisions «sensualistes» du cardinal Humbert et de Lanfranc. De toute façon, on peut être certain que, durant le concile d'Angers, on ne s'est pas posé le problème de l'interprétation de la profession de foi, dont la signification réaliste devait sembler évidente à la majorité des personnes présentes ; à fortiori, on n'y a pas canonisé l'exégèse bérengarienne des paroles de l'institution eucharistique, paroles qui avaient fourni la matière du texte adopté. On aurait, du reste, peine à croire qu'un synode local, présidé par un homme d'Église important qui avait participé aux débats du concile de Rome de 1059, ait pris le contre-pied de la doctrine que le Siège apostolique venait d'imposer à Bérenger. On notera enfin que, pour Eusèbe Brunon, qui joua certainement un rôle actif dans cette réunion, la formulation « évangélique » offrait l'avantage de ne pas faire intervenir les textes patristiques, dont l'interprétation se révélait pleine

---

1. C'est le sens de la lettre EF, LXXXVI.

de difficultés [1]. Comment ne pas voir dans cette position le souci d'éviter les écueils du symbolisme, que Bérenger affirmait découvrir à travers les œuvres des Pères, et non la volonté expresse de rejeter le réalisme paschasien ?

Certains faits, qui sont extérieurs au concile d'Angers, mais qui, par tel ou tel point, ne sont peut-être pas sans rapport avec lui, peuvent nous apporter quelque lumière sur cet épisode de la controverse bérengarienne. Les voici :

1. En 1063, le cardinal Pierre Damien fit, comme légat pontifical, un long voyage à travers la France. Vers le mois de septembre, il se trouvait à Besançon auprès de l'archevêque de cette ville [2]. Il est dans l'ordre des choses que les deux prélats, dans un tour d'horizon, aient confronté leurs vues sur les principales questions intéressant l'Église, et nous ne croyons pas nous livrer à des déductions arbitraires en pensant que l'archevêque de Besançon rendit compte à son interlocuteur de ses impressions personnelles concernant le synode d'Angers. Il n'est pas sans intérêt de noter que Pierre Damien, évoquant par la suite son séjour à Besançon, insiste sur la précision de ses souvenirs [3].

2. Par ailleurs, si l'on en croit Bérenger, dont le témoignage circonstancié mérite considération, Grégoire VII, au concile de Rome de la Toussaint de 1078, aurait rappelé qu'il avait entendu Pierre Damien manifester sa désapprobation à l'égard des positions de Lanfranc sur l'eucharistie [4].

3. Enfin, selon Bérenger, Grégoire VII aurait ensuite déclaré que, le crédit de Pierre Damien surpassant à ses yeux celui de Lanfranc, il estimait préférable, en ce qui concerne le sacrifice eucharistique, de ne pas tenir compte de ce que pensait l'archevêque de Cantorbery et d'adopter le point de vue de l'ancien évêque d'Ostie [5]. Or, on remarquera que la profession de foi mise en avant par Bérenger et approuvée par Grégoire VII, lors du concile durant lequel le pape avait fait cette déclaration, était rédigée dans le même esprit que celle du synode d'Angers de 1062. Il n'est pas vraisemblable que Grégoire VII ait interprété cette formule de type « évangélique » dans le sens

---

1. EE, 1203 B 10-1204 A 14. Cfr *ibid.*, 1202 D 8-9.
2. Th. SCHIEFFER, *Die päpstlichen Legaten*, p. 72.
3. PIERRE DAMIEN, *Contra sedentes tempore divini officii*, I : PL, t. CXLV, 641 D.
4. *Mém.*, 103 B-C. Voir *infra*, p. 223.
5. *Mém.*, 103 A-C. Voir *infra*, p. 223-224.

symboliste que lui donnait l'écolâtre. Quant à Pierre Damien, il professait un réalisme eucharistique fort proche de celui de Lanfranc et situé sans aucun doute aux antipodes des théories bérengariennes [1].

A travers cet ensemble de faits assez complexes, on entrevoit, de façon quelque peu confuse, il est vrai, l'explication qui leur donne cohérence. Hugues de Besançon, ayant pris part au concile angevin, a pu croire que Bérenger adhérait à la croyance eucharistique commune et qu'il avait été jugé auparavant sur des malentendus. C'est certainement, en tout cas, l'impression que Bérenger cherchait à donner lorsqu'il prêtait serment en public sur des textes d'inspiration « évangélique » [2]. Ces professions de foi équivoques étaient, de plus, pour lui le moyen d'éviter les précisions réalistes et, si on les prenait dans le sens que le maître tourangeau estimait le seul authentique (même s'il n'ignorait pas que ses adversaires en donnaient une interprétation différente), elles excluaient effectivement le réalisme. Que, dans la confusion créée par ces faux-fuyants, ces ambiguïtés, ces sous-entendus, il ait essayé, en outre, de jeter la suspicion sur la doctrine de son principal adversaire, cela paraît assez naturel. On s'expliquerait ainsi comment l'écolâtre, écrivant à Eusèbe Brunon, pouvait prétendre que Geoffroy de Martin, par sa prise de position en faveur de Lanfranc, contrevenait aux décisions du concile d'Angers, comment Pierre Damien pouvait juger sévèrement l'intervention du célèbre moine dans la controverse, jugement qui n'était sans doute qu'un écho de celui que portait Hugues de Besançon, comment enfin Grégoire VII pourra prendre parti pour l'opinion de Pierre Damien concernant l'ancien prieur du Bec, à l'occasion précisément d'un concile (celui de Rome de la Toussaint de 1078) durant lequel Bérenger s'efforcera de renouveler sa supercherie du synode d'Angers.

Il est bien évident que nous n'établissons ces rapprochements qu'à titre d'hypothèse, avec la seule intention de poser quelques jalons dans la voie de la recherche historique.

---

1. PIERRE DAMIEN, *De variis miraculosis narrationibus*, introduction : PL, t. CXLV, 573 A 8-B 14, C 5-8 ; *De castitate et mediis eam tuendi*, II : PL, t. CXLV, 712 B 9-12, C 8-D 5. Voir J. GONSETTE, *Pierre Damien et la culture profane*, Louvain, 1956, p. 54, 59-60, 65-66.

2. DSC, 17/18-21, 29-35 ; *Mém.*, 103 A-B. Voir *infra*, p. 222.

Nous ignorerions jusqu'à l'existence du concile d'Angers
si Geoffroy de Martin, un des ecclésiastiques angevins présents
à cette réunion, n'avait, par la suite, suscité l'indignation de
Bérenger en proclamant à grand fracas que la doctrine eucharistique de Lanfranc trouvait sa justification dans les écrits de saint
Ambroise. Bérenger vit, en effet, dans cette propagande en faveur
des conceptions de son adversaire une atteinte aux conclusions
du synode de 1062 et, en conséquence, il écrivit à Eusèbe Brunon
une lettre qui, avec la réponse de l'évêque d'Angers, représente
notre unique source d'information sur ce concile. L'écolâtre
supplie son correspondant d'imposer silence au téméraire qui
ose afficher une opinion aussi « contraire à la vérité évangélique
et apostolique ». Si l'évêque d'Angers ne peut prendre cette
mesure, Bérenger lui demande d'organiser un débat soumis à
l'arbitrage d'un juge qualifié : le maître tourangeau se fait fort
d'y prouver publiquement contre Geoffroy de Martin la fausseté
de l'interprétation donnée par celui-ci du *De sacramentis* de
saint Ambroise [1]. On sait, par le *De sacra coena*, avec quelle
surabondance il pouvait, à cette époque, argumenter sur un tel
sujet : la moitié de ce volumineux traité est occupée par la réfutation de l'exégèse lanfrannienne de textes de saint Ambroise
se rapportant à l'eucharistie [2]. La réponse d'Eusèbe Brunon
est précise, circonstanciée, catégorique. De crainte sans doute
de n'être pas compris d'un homme que sa passion et son entêtement rendaient peu sensible aux conseils de modération, l'évêque
d'Angers reprend l'affaire depuis ses origines. Il rappelle que la
question agitée par le maître tourangeau avait ému autrefois
la plus grande partie de l'*orbis Romanus* et rejailli finalement
en scandale sur l'église angevine et sur sa propre personne.
Il énonce les principes à partir desquels on avait trouvé une solution qui ne puisse être l'objet d'aucune contestation : on s'était
inspiré des paroles mêmes du Christ à la Cène, en laissant de
côté les textes patristiques dont l'interprétation entraînait
dans des discussions sans issue. Eusèbe Brunon énumère les
trois conciles à l'occasion desquels cette formulation équilibrée,
ce *temperamentum*, avait été approuvée : le concile réuni à Tours
en présence de Gervais du Mans alors prisonnier, le concile

---

1. EF, LXXXVI.
2. DSC, 62/1-145/16, pages qui représentent la moitié de l'œuvre dans son
état intégral et près des 6/10 de ce qui nous en reste.

présidé par Hildebrand dans la même ville, le concile angevin dont parle Bérenger dans sa lettre. Eusèbe Brunon refuse, par conséquent, de revenir sur la question jugée et d'accéder à la demande de son archidiacre ou même d'accorder son consentement et son audience à une discussion publique organisée sans son intervention. Il va jusqu'à menacer d'excommunication ceux qui passeront outre à ses volontés. En conclusion, il résume les faits qui expliquent la fermeté de son attitude : « En effet, trois fois un terme a été mis à cette affaire par un arrêt rendu dans notre province et, une quatrième fois, elle a été éteinte par le jugement du synode réuni par le Siège apostolique » [1].

Le comte Geoffroy le Jeune ne s'était pas contenté de réunir un concile destiné à régler la question bérengarienne. Il avait interdit à l'écolâtre l'accès de la ville d'Angers, en le contrariant ainsi dans l'accomplissement des devoirs de sa charge d'archidiacre et dans la poursuite de ses affaires personnelles en Anjou. Il avait, de plus, manifesté à Bérenger une telle antipathie, proféré à son endroit de telles menaces que celui-ci, terrorisé, n'avait pas osé enfreindre les ordres de son seigneur [2] : il est assez révélateur qu'au-delà de 1059 on ne trouve pas de charte signée par le maître tourangeau au titre des fonctions qu'il avait à exercer dans la capitale angevine [3]. Bérenger attribue cette persécution à l'influence de membres de l'entourage du comte, personnages auxquels il applique les épithètes de « jaloux, stupides et paresseux » [4], mais en qui, pensons-nous, on peut voir plutôt des esprits clairvoyants justement émus par les dangers de l'hérésie bérengarienne [5].

Chose étrange, pour se tirer d'embarras, Bérenger eut recours aux autorités romaines. Il semble qu'il ait fait d'abord appel à plusieurs personnalités de l'entourage du pape, parmi lesquelles il faut compter probablement Hildebrand. Seul le cardinal

---

1. EE, 1201-1204. Voir *supra*, p. 123.
2. EF, C ; EB, I-IV.
3. A. J. MacDonald, *Berengar*, p. 41.
4. « Invidorum, insanorum ignavorumque vecordiam » (EF, C, 168/5-6). Cfr EB, III, 274/13-14. Les *ignavi* sont ceux qui n'ont pas étudié les « écritures » avec autant de zèle que Bérenger.
5. EB, III, 274/15, 20-23. Bérenger, qui a rédigé cette fausse lettre d'Alexandre II, y reconnaît que ce sont des raisons doctrinales qui inspiraient ses « ennemis ».

Étienne consent à intervenir, et c'est sans doute à cette intervention que Bérenger doit de recevoir par Rahard d'Orléans et par l'évêque du Mans, de retour de Rome, la bénédiction apostolique, vers la fin de 1063. Il aurait voulu davantage. Aussi, s'adressant de nouveau au cardinal Étienne, il le sollicite par lettre d'agir auprès d'Alexandre II pour que celui-ci écrive à l'archevêque de Tours et aux évêques du Mans et d'Angers, qui négligent de soutenir l'écolâtre contre ses ennemis et qui hésitent à « apporter leur suffrage à la vérité évidente » [1]. Alexandre II eut la générosité d'user de son autorité en faveur de Bérenger, lequel, dans une lettre rédigée vers 1065 à l'intention du pape pour le compte de l'archevêque de Tours, mentionne une démarche de cet ordre : à la requête d'Alexandre II, l'archevêque avait tenté d'arrêter la persécution que Geoffroy le Jeune exerçait contre l'écolâtre [2]. C'est au moment de cette intervention pontificale que, selon l'hypothèse la plus vraisemblable, se situerait un autre fait rapporté par Bernold de Saint-Blaise : Alexandre II avait, sur le ton de l'amitié, écrit au maître tourangeau en le priant de renoncer à son erreur et de ne plus scandaliser l'Église ; Bérenger de son côté avait répondu au pape en affirmant sa résolution de ne pas changer de manière de voir [3]. Ainsi, croyons-nous, Alexandre II, tout en acquiesçant à la demande que Bérenger lui avait adressée par l'intermédiaire du cardinal Étienne, aurait saisi cette occasion pour admonester charitablement le récidiviste. Quant à la réaction de Bérenger en face d'une démarche empreinte de tant de bienveillance, elle n'a pas de quoi nous surprendre ; ayant un prétexte pour écrire directement au pape, il n'avait pas manqué de plaider en faveur d'une cause dont l'échec, selon lui, ne pouvait s'expliquer que par des malentendus et qui devait infailliblement triompher chez les esprits clairvoyants. Mais il faut croire que l'intervention indirecte du pape auprès du comte d'Anjou n'avait pas paru assez vigoureuse à Bérenger. En effet, l'écolâtre ne craignit pas de forger de fausses lettres pontificales, plus conformes à

---

1. EF, C.

2. EF, XC, 156/30-31. On concevrait mal que, dans une lettre adressée au pape, Bérenger ait mentionné un fait de cet ordre en l'inventant de toutes pièces.

3. BERNOLD DE SAINT-BLAISE, *De Beringerii haeresiarchae damnatione multiplici*, VII : PL, t. CXLVIII, 1456 B 12-C 2. Notons que, vers la fin de son pontificat, Alexandre II demanda à Lanfranc un exemplaire du *De corpore et sanguine Domini* : voir *supra*, p. 45, note 1.

ses désirs, et ceci, semble-t-il, à trois reprises [1]. Une première fois, il compose deux lettres. L'une était adressée à lui-même, et le pape était censé y exprimer sa compassion devant les épreuves de Bérenger [2] ; peut-être celui-ci avait-il substitué ce texte à la véritable lettre qu'il avait reçue d'Alexandre II et à laquelle il ne devait pas tenir à donner une large publicité. L'autre lettre se présentait comme une délégation pontificale transmise à l'archevêque de Tours et à l'évêque d'Angers, les chargeant d'interdire au comte, de la part du pape, de continuer à tourmenter Bérenger [3]. A propos de cette lettre, on peut avancer une hypothèse identique à celle que nous formulons pour la lettre précédemment citée : il est bien possible qu'elle ait été substituée par Bérenger à un document original, dont l'existence nous est suggérée dans la missive que le maître tourangeau écrivit à l'adresse d'Alexandre II au nom de l'archevêque de Tours, vers 1065 [4]. Ces subterfuges n'ayant pas donné les résultats espérés, Bérenger insiste. Il invente une lettre d'Alexandre II adressée cette fois directement au comte d'Anjou : celui-ci était blâmé de n'avoir pas obéi à la « légation » pontificale et il était invité à mettre un terme à sa persécution contre Bérenger [5]. Ce procédé ne se montrant pas plus efficace que celui qu'il avait utilisé auparavant, Bérenger, en désespoir de cause, fabrique une seconde lettre du pape au comte, plus pressante encore, et brandissant la menace de sanctions : s'il n'obtempérait pas, Geoffroy le Jeune encourrait l'anathème [6].

Il se trouve que le comte d'Anjou fut excommunié, non pas, on s'en doute, en raison de son comportement à l'égard de l'écolâtre, mais parce qu'il en était arrivé aux voies de fait contre l'archevêque de Tours, qui, sans son consentement, voulait sacrer le nouvel évêque du Mans, Arnauld, régulièrement élu après la mort de Bougrin (10 mai 1065). Cette excommunication fut proférée d'abord à Orléans par les évêques du domaine royal et par l'archevêque de Tours. Bérenger, dans la lettre qu'il rédigea alors pour Barthélemy de Tours à l'adresse d'Alexandre II afin de rendre compte à ce dernier des événements,

---

1. Sur ce problème des faux, voir *supra*, p. 16 sq.
2. EB, I.
3. EB, III.
4. EF, XC, 156/31. Voir *supra*, p. 210, note 2.
5. EB, II. Voir *infra*, p. 489, note 1.
6. EB, IV.

n'hésite pas à étendre à son propre cas les raisons de la sentence et, toujours sous le couvert de son archevêque, il demande que le pape insiste auprès des évêques de la province ecclésiastique de Tours et particulièrement auprès d'Eusèbe Brunon pour qu'ils se solidarisent avec cette mesure. Il dut triompher quand, en février 1067, survint le cardinal Étienne, légat du Siège apostolique, qui fulmina à son tour l'excommunication contre Geoffroy le Jeune, et que se joignirent au légat le nouvel évêque du Mans et les évêques d'Angers et de Nantes, et quand, en partie à cause de son attitude à l'égard de l'Église locale, le comte Geoffroy le Jeune fut supplanté par son frère Foulque [1]. L'écolâtre ne gagnera pas au change. Foulque, comme son aîné, se laissera circonvenir par les « ennemis » de Bérenger. La preuve nous en est fournie par un document qui date du pontificat de Grégoire VII. Il s'agit d'une lettre de ce pape adressée à l'archevêque de Tours, Raoul, et à l'évêque d'Angers, Eusèbe Brunon. Cette lettre qui fait état des mauvais procédés exercés par le comte Foulque à l'égard de Bérenger, a été, sans aucun doute, fabriquée par ce dernier, qui s'est contenté, du reste, de transposer l'un des faux que, plusieurs années auparavant, il avait fait passer pour une pièce émanant d'Alexandre II [2].

---

1. EF, XC. Voir Th. SCHIEFFER, *Die päpstlichen Legaten*, p. 76-79, et L. HALPHEN, *Le comté d'Anjou au XIe siècle*, p. 139-151.

2. P. JAFFÉ, *Monumenta Gregoriana*, t. I, Berlin, 1865, p. 564 (ou PL, t. CXLVIII, 698 C). Cfr EB, III. Voir aussi la lettre de Bérenger à Hermann de Metz où, vers 1073-1077, le maître tourangeau évoque la divinité, « quae me infinitis invidorum perturbationibus exasperans nihilominus vicissim bonae affectionis tuae non dedignatur permulcere gratia » (EF, XCIII, 160/10-12).

CHAPITRE XII

GRÉGOIRE VII ET BÉRENGER.
CONCILES ROMAINS DE LA TOUSSAINT DE 1078
ET DU CARÊME DE 1079

Avec l'accession d'Hildebrand au souverain pontificat sous le nom de Grégoire VII (1073), l'affaire bérengarienne prend une orientation décisive. Mais la dernière étape de cette longue histoire ne laisse pas de poser des problèmes délicats. Constatons d'abord que la question qui avait été jugée à Rome en 1059, et qu'on avait alors considérée comme définitivement réglée [1], va être reprise sur de nouvelles bases. A ce propos, on pourrait parler d'un revirement du magistère, et les ennemis de Grégoire VII ne manqueront pas de l'accuser d'avoir « mis en discussion la foi catholique et apostolique concernant le corps et le sang du Seigneur » [2]. Constatons aussi que, sur le fond du problème, Grégoire VII se montrera assez hésitant et ne s'arrêtera à une solution définitive qu'après avoir longtemps avancé comme à tâtons [3].

---

1. DC, 411 D 13-412 A 4. Voir *supra*, p. 123, 180.

2. « Hildebrandum... catholicam atque apostolicam fidem de corpore et sanguine Domini in quaestionem ponentem, haeretici Berengarii antiquum discipulum » (*Decretum synodi Brixinensis*, dans I. M. WATTERICH, *Pontificum Romanorum vitae*, t. I, Leipsig, 1862, p. 442).

3. On peut compter cinq phases dans les rapports de Grégoire VII et de Bérenger en 1078 et 1079 :

1) Au concile de Rome de la Toussaint de 1078, Grégoire VII propose un texte de profession de foi rédigé par Bérenger et se porte garant de l'orthodoxie du maître tourangeau. *Infra*, p. 221-225.

2) Cependant, presque aussitôt (le 18 novembre ?), il met en cause le jugement qu'il vient de prononcer et décide que l'affaire sera soumise à un nouvel examen lors du concile prévu pour le carême de 1079. *Infra*, p. 226.

3) Peu de jours avant ce second concile, il convoque Bérenger pour lui dire qu'il est certain de sa rectitude doctrinale. *Infra*, p. 226-229.

4) Mais, en faisant remettre à Bérenger le texte de profession de foi que le maître tourangeau est invité à lire devant les Pères conciliaires, il insiste sur

A une époque que nous ne pouvons déterminer exactement,
mais qui se situe vraisemblablement dans les premiers temps
de son pontificat, Grégoire VII pose des jalons en vue d'un règlement du cas de Bérenger. Par un clerc d'Angers, du nom de Durand, il ordonne à l'écolâtre de ne plus discuter avec personne
de la question eucharistique, mais en contrepartie, semble-t-il,
de cette exigence, et peut-être d'une promesse de silence de
Bérenger, ce dernier reçoit l'assurance de pouvoir venir se justifier à Rome. Cette consigne est notifiée à l'écolâtre deux fois
encore, par l'évêque d'Angers, puis par l'évêque de Nantes,
de retour de la Ville éternelle. Dans une lettre [1] qu'il écrit à
Grégoire VII vers 1077, Bérenger se plaint de ce que les légats
apostoliques aient semblé ignorer la décision pontificale en voulant le faire comparaître devant des conciles français. De fait,
au début de l'année 1075, il avait été traîné par le légat Géraud
d'Ostie devant un concile réuni à Poitiers et il y avait été sérieusement malmené [2], sans doute pour avoir paru mettre en question

---

le terme réaliste « substantiellement » *(substantialiter)*, considéré par lui comme
l'élément essentiel de ce document. *Infra*, p. 229-235.

5) Enfin, durant le concile, en face des réticences de Bérenger, il ordonne
à celui-ci de faire amende honorable et de reconnaître qu'il était dans l'erreur
depuis les origines de l'affaire pour n'avoir pas ajouté le mot « substantiellement » à la formule « Le pain et le vin consacrés sur l'autel sont le corps et le
sang du Christ. » *Infra*, p. 235-237.

1. EF, LXXXIX. Dans cette lettre, à propos du clerc angevin du nom de
Durand, Bérenger dit : « Ut juberes me per Durandum clericum Andegavensem
ponere custodiam ori meo » *(ibid.*, 155/3-4). Tel est, du moins, le texte de l'édition Erdmann-Fickermann, qui a corrigé en *per Durandum* la leçon *perdurandum*
de *Hanovre 671*. O. Capitani, dans *Studi su Berengario di Tours*, p. 147-151,
estime préférable la version du manuscrit. D'après lui, le sens serait donc celui-ci :
Grégoire VII ordonne à Bérenger de garder le silence, s'il veut rester clerc
d'Angers. Contre cette façon de voir, nous ferons trois objections : 1) du point
de vue grammatical, la leçon *perdurandum* n'est guère satisfaisante ; 2) il
n'était pas question pour l'écolâtre de « demeurer » dans les charges ecclésiastiques
qu'il avait à Angers, mais d'en recouvrer l'exercice ; 3) enfin, quand, dans la
suite de la lettre, Bérenger évoque le rôle joué en l'occurence par les évêques
d'Angers et de Nantes, il s'exprime ainsi : « Hoc idem de voluntate paternitatis
tuae domnus praesul Andegavensis Roma rediens ad me retulit, idem et praesul
Nannetensis » (EF, LXXXIX, 155/9-11). Le pronom *idem*, qui se rapporte
à *hoc*, a ici, sans aucun doute, un sens adverbial d'usage très courant (= aussi,
pareillement). Le passage signifie : À son tour, c'est-à-dire *après Durand*, l'évêque
d'Angers m'a fait part de cet ordre, et à son tour, l'évêque de Nantes.

2. « Anno MLXXV. Pictavis fuit concilium, quod tenuit Giraudus legatus
de corpore et sanguine Domini, in quo Berengarius ferme interemptus est »
(*Ex chronico S. Maxentii* : RHGF, t. XII, p. 401 A). Pour la date, voir A. J. Mac-

l'orthodoxie de saint Hilaire, dont il ne devait pas faire bon avoir l'air de médire dans sa ville épiscopale. C'est probablement à la suite de cet incident que trois ecclésiastiques poitevins, dont Réginald, abbé de Saint-Cyprien, écrivirent à Lanfranc [1] pour soumettre à son appréciation les passages du livre X du *De Trinitate* que le maître tourangeau avait imprudemment critiqués en raison de leur saveur docétiste. On sait l'importance que Bérenger attachait à la notion du « vrai corps » du Christ et le rôle qu'il lui faisait jouer dans ses exposés sur l'eucharistie [2]. Lanfranc répondit assez longuement à la consultation des trois Poitevins [3]. Un autre légat de Grégoire VII, Hugues de Die ayant à son tour manifesté l'intention d'obliger Bérenger à se présenter devant un concile régional, le pape intervint, vraisemblablement à la demande de l'écolâtre, et l'affaire n'eut pas de suite.

La lettre que Bérenger écrivit à Grégoire VII pour le remercier de cette intervention, est très révélatrice de l'étrange mentalité de son auteur. Le maître tourangeau, rappelant à son auguste correspondant la consigne de silence qu'il en avait reçue, précise, en paraphrasant les versets 2 et 3 du psaume XXXVIII, que le pape lui avait ordonné de se taire même sur les choses bonnes (il s'agissait des théories eucharistiques condamnées !) dans le cas où un pécheur (c'est-à-dire un contradicteur !) se dresserait contre lui. Et il ajoute : « J'ai obéi à votre ordre autant qu'il le fallait *(quantum oportebat)* », ce qui semble indiquer qu'il se permettait d'apprécier lui-même la mesure dans laquelle il convenait qu'il se conforme aux injonctions du pontife. Dans la même lettre, Bérenger prépare les voies pour sa prochaine arrivée dans la Ville éternelle ; se souvenant de sa mésaventure

---

DONALD, *Berengar*, p. 179, note 2, qui situe ce concile au 13 janvier 1076, et Th. SCHIEFFER, *Die päpstlichen Legaten*, p. 87-88, qui le place au 13 janvier 1075.

1. Th. SCHIEFFER, *op. cit.*, p. 87, note 31, conteste le bien-fondé de ce rapprochement, mais, à notre avis, sans raisons suffisantes : la question soulevée par Bérenger à propos du *De Trinitate* de saint Hilaire n'est pas sans rapports avec la controverse eucharistique, comme nous le disons dans la suite de notre texte.

2. Voir *supra*, p. 132, 147.

3. LANFRANC, *Epistola L* : PL, t. CL, 543-546. En fait, il est peu probable que Bérenger ait mis sérieusement en cause l'autorité de saint Hilaire (cfr DSC, 157/31), mais il a pu paraître le faire, en s'efforçant de contrebalancer les passages en question du *De Trinitate* par d'autres éléments de la tradition (cfr DSC, 149/18-21).

du concile de Rome de 1059, il s'efforce d'en éviter la répétition en déclinant la compétence des juges qu'on pourrait lui imposer, s'ils sont prévenus contre lui et si leur vie peu édifiante ne permet pas de prendre en considération les sentences prononcées par eux. Cette mise en garde visait les grandes assemblées conciliaires, devant lesquelles, à l'avance, Bérenger se sentait désarmé. C'est à elles que pense le maître tourangeau quand il prie le pape de ne pas l'abandonner à la merci de personnes malveillantes, comme on jetterait un condamné en pâture aux fauves dans les jeux du cirque [1]. On voit se dessiner ici une manœuvre qui faillit lui donner la victoire partielle à laquelle se limitait son ambition depuis sa grande humiliation de 1059. Arrivé à Rome vers la fin de 1077 ou le début de 1078 [2], il réussit, en effet, à éviter de comparaître devant le concile qui aura lieu du 27 février au 3 mars et rassemblera près d'une centaine d'évêques ; et, grâce à une formule équivoque, il serait sorti justifié d'un synode restreint réuni le 1er novembre 1078, si des hommes clairvoyants n'avaient obtenu de Grégoire VII que le règlement définitif de l'affaire soit reporté au concile du carême de 1079.

Bérenger demeura en Italie pendant au moins quatorze ou quinze mois. Le séjour prolongé dans la péninsule de ce personnage à qui son intelligence, sa science et, d'une certaine façon, ses théories subversives elles-mêmes conféraient un réel prestige, provoqua outre-monts une intense fermentation des esprits que révèlent des écrits de l'époque [3]. Bérenger fit usage de la tactique qui lui était familière. En public, il se garda de livrer le fond de sa pensée. Mais, en privé, il plaida pour ses conceptions avec des arguments qui firent impression sur nombre de ses interlocuteurs, dont certains se rallièrent à sa manière de voir ou furent sérieusement ébranlés. L'efficacité de ce prosélytisme

---

1. EF, LXXXIX. Comparer à DSC, 30/21-24 (= en 1059, Bérenger se plaint en ces termes d'avoir été livré aux Pères conciliaires : « Ego Nicholaum papam quanta potui objurgatione adortus cur me quasi feris objecisset immansuetis animis »), 21/24-22/19, 24/36-25/9 (= incompétence des membres du concile de Rome de 1059) ; Mém., 103 E-104 A.

2. Mém., 103 C : Bérenger note qu'au 1er novembre 1078 il avait déjà passé près d'un an auprès de Grégoire VII.

3. On notera que les hérétiques jugés à Arras en 1025 en raison notamment de leur négation de l'eucharistie étaient d'origine italienne : voir supra, p. 46-47, note 4.

se révèle dans le fait que, lors du concile de Rome du carême de 1079, pour la première fois, semble-t-il, des partisans de l'écolâtre osèrent prendre ouvertement la défense du symbolisme eucharistique. Nous énumérons les différents témoignages qui permettent de mesurer l'intensité de l'agitation suscitée en Italie par la propagande bérengarienne en 1078 et 1079 :

1. Un homonyme du maître tourangeau, qui est vraisemblablement l'évêque de Venouse, dans un traité adressé à Grégoire VII en 1078, atteste l'émotion soulevée dans le sud de l'Italie par l'arrivée à Rome de Bérenger, qui, d'après la rumeur publique, aurait l'intention de restaurer l'opinion à laquelle il avait dû renoncer autrefois (c'est-à-dire au concile de Rome de 1059). Le trouble provoqué par cette nouvelle est tel que non seulement les clercs et les moines, mais aussi les laïcs discutent de la question eucharistique sur les places publiques [1].

2. Nous pensons, avec J. Geiselmann, que c'est à un disciple de Bérenger et non à Bérenger lui-même qu'il faut attribuer le texte publié par dom Matronola d'après les pages 25 à 31 du manuscrit *Casinensis 276* [2]. Ces pages font état de discussions auxquelles ont pris part l'auteur de ce texte et deux autres personnes du nom d'Albéric et de Bonifilius. La position de l'auteur rejoint, pour l'essentiel, les thèses de Bérenger ; la position de Bonifilius est celle d'un partisan de la présence réelle. Par contre, il est plus difficile de discerner la pensée qui est mise au compte d'Albéric. Il semblerait, d'après le *Casinensis 276*, qu'Albéric ait estimé que le pain demeurait sur l'autel après la consécration. Mais si l'Albéric du *Casinensis 276* est le moine de ce nom qui appartenait à l'abbaye du Mont-Cassin, il n'est pas prouvé, comme nous allons le voir, qu'il ait effectivement adopté, même durant un temps limité, l'opinion que lui prête ce document.

---

1. G. MORIN, *Bérenger contre Bérenger. Un document inédit des luttes théologiques du XIe siècle*, dans *Recherches de théologie ancienne et médiévale*, t. IV, 1932, p. 109-133.

2. M. MATRONOLA, *Un testo inedito di Berengario di Tours e il concilio Romano del 1079*, Milan, 1936 (voir notamment p. 117-118) ; J. GEISELMANN, *Ein neuentdecktes Werk Berengars von Tours über das Abendmahl ?*, dans *Theologische Quartalschrift*, t. CXVIII, 1937, p. 1-31, 133-172. Par les idées, le texte qu'a découvert dom Matronola est certainement très proche des écrits de Bérenger, mais par la façon de présenter ces idées et par le style, il est très différent des productions, si fortement caractérisées, du maître tourangeau.

3. Bérenger s'en prendra à Albéric du Mont-Cassin dans une courte note que Mabillon avait éditée incomplètement en 1701 et que dom Meyvaert a mise au jour dans son intégralité en 1960. Selon Bérenger, Albéric avait d'abord adhéré à la vérité bérengarienne et avait affirmé publiquement que la pensée de l'écolâtre était juste ; puis il avait tourné casaque et déclaré que le maître tourangeau était dans l'erreur pour n'avoir pas ajouté le mot *substantialiter* à la formule : *Panis sacratus in altari est corpus Christi* [1].

On remarquera que les positions successives attribuées par Bérenger à Albéric recouvrent exactement celles qu'il assigne à Grégoire VII : *a*) d'après Bérenger, Grégoire VII, au concile romain de la Toussaint de 1078, « avait combattu pour le parti de la vérité » (en défendant une profession de foi équivoque rédigée par le maître tourangeau) et il avait déclaré que Bérenger n'était pas hérétique; *b*) mais, au concile de Rome du carême de 1079, le pape avait souligné l'importance du mot *substantialiter* dans le nouveau texte de profession de foi et il avait obligé Bérenger à reconnaître qu'il s'était trompé en n'ajoutant pas ce mot à la formule : *Panis et vinum sacrata in altari sunt Christi corpus et sanguis* [2].

Ce parallélisme entre les positions de Grégoire VII et celles d'Albéric nous fait supposer qu'elles se sont affirmées dans les mêmes circonstances. Cela est certain en ce qui concerne les jugements défavorables à Bérenger, qui ont eu pour théâtre le concile de Rome du carême de 1079 : Albéric a joué, en effet, un rôle essentiel dans l'établissement du texte de profession de foi qui fut alors proposé et qui était caractérisé par l'introduction du terme *substantialiter* dans les définitions volontairement imprécises du maître tourangeau [3]. Cela est assez probable en ce qui concerne les appréciations favorables à l'écolâtre : le certificat d'orthodoxie que lui avait d'abord décerné Albéric avait sans doute le même fondement que le jugement identique exprimé par Grégoire VII, à savoir la formule équivoque et trompeuse mise en avant par Bérenger au concile de la Toussaint de 1078 [4].

---

1. P. Meyvaert, *Bérenger de Tours contre Albéric du Mont-Cassin*, dans *Revue bénédictine*, t. LXX, 1960, p. 324-332.

2. *Mém.*, 103 A, 104 E, 109 A.

3. Voir *infra*, p. 229-230.

4. *Mém.*, 103 B. Voir aussi *infra*, p. 224, note 3.

4. Revenant sur les discussions qui avaient marqué le séjour de Bérenger en Italie de 1077 à 1079, Bruno de Segni note qu'« en raisonnant d'un point de vue philosophique sur le corps et le sang du Christ, Bérenger amenait (ses interlocuteurs) à des conclusions impossibles »[1]. Et Pierre Diacre fait remarquer que « personne ne pouvait lui résister »[2].

5. Dans son *Mémoire* sur les conciles romains de la Toussaint de 1078 et du carême de 1079, Bérenger énumère un certain nombre de ses partisans qui appartenaient à l'entourage du pape : il s'agit de Jean, évêque de Porto, créé cardinal par Alexandre II, de Bonizon, évêque de Sutri, d'Ambroise, évêque de Terracine, des cardinaux Atton, archevêque de Milan, et Deusdedit, du chancelier Pierre, qui était cardinal, lui aussi, d'un clerc du nom de Foulque, en compagnie duquel Bérenger reviendra en France, d'un certain Techbaldus, homme particulièrement réputé dans les milieux romains pour sa culture, d'un « frère » surnommé Bonadies et de plusieurs autres personnes dont Bérenger ne se rappelait plus les noms et les titres[3]. Dans le même document, le maître tourangeau se loue fort d'un certain Pierre de Naples, moine du Mont-Cassin, mais sans préciser s'il s'était montré favorable aux théories bérengariennes[4].

---

1. « Berengarius... qui de corpore et sanguine Christi philosophice disputando ad impossibilia nos ducebat » (BRUNO DE SEGNI, *Expositio in Leviticum*, VII : PL, t. CLXIV, 404 C 3-5).

2. « Cum ei nullus resistere valeret » (PIERRE DIACRE, *De viris illustribus Casinensis coenobii*, XXI : PL, t. CLXXIII, 1033 A 15).

3. *Mém.*, 103 D-E. Sur l'évêque de Porto, voir aussi *ibid.*, 108 D. Sur Foulque, voir la lettre encyclique de Grégoire VII fabriquée par Bérenger, dans P. JAFFÉ, *Monumenta Gregoriana*, t. I, p. 550, dans R. B. C. HUYGENS, *Bérenger de Tours, Lanfranc et Bernold de Constance* (*Sacris erudiri*, t. XVI, 1965, p. 389, en note), ou dans PL, t. CXLVIII, 689 D.

4. *Mém.*, 109 C. Sur Pierre de Naples, voir A. LENTINI, *Alberico di Monte-Cassino nel quadro della Riforma Gregoriana*, dans *Studi Gregoriani*, t. IV, 1952, p. 68-70. Dom Lentini pense pouvoir identifier ce Pierre de Naples avec Pierre de Capoue, dont il est question dans la chronique du Mont-Cassin (LÉON DE MARSICA, *Chronicon Casinense* : PL, t. CLXXIII, 743 B). Pierre de Capoue devint abbé de Saint-Benoît de Salerne, puis cardinal. Il est signalé dans le nécrologe de *Cas. 47* comme *Domnus Petrus (de Capua) diaconus (sancti Georgii) et cardinalis*. Un manuscrit du British Museum (*Arundel 390*, f. 132), à propos d'un curieux épisode, mentionne un Pierre de Naples qui est certainement celui dont parle Bérenger : voir PL, t. CLIV, 331 A-C. Dom Lentini croit pouvoir déceler de l'ironie dans la louange par prétérition décernée par Bérenger à ce personnage. Cela ne nous paraît pas évident : l'ironie de Bérenger est en général plus appuyée.

Parmi ses adversaires les plus acharnés, il mentionne les évêques Landulf de Pise et Ulrich de Padoue [1]. S'il signale le rôle joué dans l'affaire à deux reprises par Didier, abbé du Mont-Cassin, il ne précise pas dans quel parti il le rangeait [2].

6. Le compte-rendu officiel du concile de Rome du carême de 1079 reconnaît l'existence, parmi les Pères conciliaires, d'une minorité bérengarienne très active [3]. A propos de ce concile, Pierre Diacre mentionne également les deux partis, dont aucun ne voulait céder à l'autre [4].

7. Enfin, relevons le témoignage très significatif d'Alphanus, évêque de Salerne, qui, écrivant vraisemblablement après le concile de 1079, dit au sujet du maître tourangeau : « Pour parler de cette doctrine à cause de laquelle il est blâmé par certains, bien que je craigne de m'écarter de la manière de voir du parti le plus nombreux, je ne vois pas, cependant, comment je pourrais être d'un autre avis que Bérenger, si je veux me trouver en accord avec Augustin » [5].

Bérenger est à Rome depuis un semestre environ quand Hugues, abbé de Cluny, adresse à Grégoire VII une lettre que nous ne connaissons que par la réponse du pape. Hugues de Cluny s'étonnait peut-être du retard apporté au jugement de l'écolâtre, qui n'avait pas comparu devant le concile romain du carême de 1078, et il cherchait sans doute à connaître les

---

1. *Mém.*, 104 B-C, E. Sur Ulrich de Padoue, voir G. B. BORINO, *Olderico, vescovo di Padova (1064-1080), legato di Gregorio VII in Germania (1079)*, dans *Miscellanea in onore di Roberto Cessi*, t. I, Rome, 1958, p. 63-79.

2. *Mém.*, 108 B, 109 C.

3. E. CASPAR, *Gregorii registrum*, t. II, Berlin, 1923, VI, 17a (p. 425-426) ; ou PL, t. CXLVIII, 811 A-B.

4. PIERRE DIACRE, *De viris illustribus Casinensis coenobii*, XXI : PL, t. CLXXIII, 1033 B 2-3.

5. « Et ut de ea sententia unde a quibusdam redarguitur loquar, licet ego numerosiori parte removeri formidaverim, qualiter tamen ab eo dissenciam non intelligo si Augustino consentire velim ». Ce jugement est rapporté dans une lettre anonyme du manuscrit du British Museum *Harley 3023*, f. 65[v], lettre éditée par R. W. SOUTHERN, *Lanfranc of Bec and Berengar of Tours*, p. 48. R. W. Southern situe cette lettre peu après 1059 (*ibid.*, p. 47-48). Mais en 1059 le parti de Bérenger n'avait pas osé se manifester (DSC, 25/31-26/3). Il nous semble que l'allusion d'Alphanus de Salerne à deux partis, l'un plus nombreux que l'autre, s'accorde beaucoup mieux avec ce que nous savons du concile de Rome de 1079. Sur Alphanus de Salerne, voir N. ACOCELLA, *La figura e l'opera di Alfano I di Salerno*, dans *Rassegna storica salernitana*, t. XIX, 1958, p. 1-75, t. XX, 1959, p. 17-90.

dispositions arrêtées par le pape pour régler la question eucharistique. Dans sa réponse, datée du 7 mai, Grégoire VII se contente de préciser qu'il a chargé des moines revenant de Rome à Cluny d'informer leur abbé sur sa manière de voir : « Les frères que nous vous renvoyons... vous feront savoir ce que nous pensons et ce que nous avons décidé *(quid nobis videatur vel quid disposuerimus)* à propos de Bérenger » [1]. Il est bien regrettable que Grégoire VII ne se soit pas montré plus explicite. Faut-il imaginer qu'à côté des dispositions pratiques envisagées par lui *(quid disposuerimus)*, il formulait un avis sur le fond du problème *(quid nobis videatur)*, et que cet avis était celui qu'il devait exprimer lors du concile de la Toussaint de 1078, à savoir que Bérenger n'était pas hérétique ? Nous ne le saurons vraisemblablement jamais.

Dans la lettre qu'il avait adressée au pape vers 1077, Bérenger laissait entendre qu'il déclinait la compétence, pour juger son propre cas, des assemblées conciliaires importantes, dans lesquelles il risquait de rencontrer nombre d'évêques ou d'abbés prévenus contre lui [2]. Il aurait même voulu ne s'expliquer que seul à seul avec le souverain pontife, comme il avait souhaité le faire avec Nicolas II en 1059 [3]. Sans doute est-ce pour tenir compte des répugnances ainsi manifestées par l'écolâtre que Grégoire VII décide de soumettre l'affaire bérengarienne non à l'un des grands conciles romains qui se réunissaient traditionnellement en carême, par exemple à celui qui eut lieu du 27 février au 3 mars 1078, mais à une assemblée plus restreinte, convoquée le jour de la Toussaint de la même année dans la basilique du Latran. Grégoire VII avait fait mettre à la disposition des évêques abbés, clercs et moines présents des écrits des Pères, notamment d'Ambroise, de Jérôme et d'Augustin, ayant trait à l'eucharistie [4]. Ainsi, les membres du concile auraient la possibilité de confronter à la doctrine traditionnelle exprimée dans les « écritures » un texte de profession de foi rédigé par Bérenger et que le pape avait chargé des lecteurs de faire connaître à travers la basilique de telle façon que chacun puisse bien l'entendre et se le graver dans la mémoire :

1. *Sancti Gregorii VII registrum*, V, XXI : PL, t. CXLVIII, 506 B.
2. Voir *supra*, p. 216.
3. EF, LXXXIX, 155/6-7. Cfr DSC, 30/24-25. Voir *supra*, p. 171.
4. Il avait fait la même chose au concile de Tours de 1054 (DSC, 17/15-18).

Profiteor panem altaris post consecrationem esse verum corpus Christi, quod natum est de Virgine, quod passum est in cruce, quod sedet ad dexteram Patris, et vinum altaris, postquam consecratum est, esse verum sanguinem qui manavit de latere Christi, et sicut ore pronuntio, ita me in corde habere confirmo. Sic me adjuvet Deus, et haec sacra [1].

Nous savons ce que ce texte signifiait pour Bérenger [2], et l'on notera avec quelle hypocrisie le maître tourangeau insistait sur les expressions apparemment réalistes, qui rappellent même certaines tournures paschasiennes reprises par Lanfranc [3]. Il ne peut faire de doute qu'il ait eu l'intention de donner le change. Il s'en expliquera, du reste, le plus naturellement du monde quand il écrira le récit des événements de 1078 et 1079 et dira que ce texte « devait *suffire* pour ceux à qui il faut donner la boisson du lait et non de la nourriture solide » [4]. C'est dans le même sens que, dans une fausse lettre pontificale, il fait dire par Alexandre II au sujet du comte Geoffroy le Jeune : « Ce n'est pas son affaire de traiter des divins sacrements, conformément à ce que dit le Seigneur aux disciples : A vous il a été donné de connaître le mystère du royaume de Dieu, mais aux autres (il n'est présenté qu') en paraboles » [5]. On ne peut supposer que Grégoire VII soit entré dans ce double jeu. C'est donc certainement sans

---

1. *Mém.*, 103 A-E, 104 B, 108 A. Bérenger dit que Grégoire VII fit lire le texte *vociferatione multa omnibus* (*Mém.*, 103 A : cfr 108 A), ce qui peut s'entendre soit de plusieurs lecteurs répartis dans la basilique, soit d'une lecture répétée plusieurs fois par le même lecteur.

2. Voir *supra*, p. 20-21, 25-26, 119, 124, 132, 147.

3. Par exemple : « Ipsa Veritas ad disciplos : *Haec*, inquit, *caro mea est pro mundi vita* (*Jn.*, VI, 52), et, ut mirabilius loquar, non alia plane quam quae nata est de Maria et passa in cruce et resurrexit de sepulcro » (PASCHASE RADBERT, *De corpore et sanguine Domini*, I : PL, t. CXX, 1269 B). Cfr DC, 425 C 2-3, 428 B 11-14, 430 C 9-11, 433 D 9-10, 441 A 3.

4. « Sufficere debere his quibus lac potus dandus esset, non cibus » (cfr *Hebr.*, V, 12-14, *I Cor.*, III, 2) (*Mém.*, 103 A-B). Bérenger met ces paroles dans la bouche de Grégoire VII, mais elles sont en réalité un prolongement ou un commentaire discutables des paroles authentiques du pape. Dans le même texte, on trouvera d'autres exemples d'orchestrations bérengariennes ainsi apportées aux intentions formelles de Grégoire VII : *Mém.*, 103 B-C, 104 B, C, E, 109 C. Ce procédé est familier à Bérenger et relève beaucoup plus de ses illusions et de son imagination que de la mauvaise foi. Cfr DSC, 17 /12-15, 18-21, 18 /28-31 ; EF, LXXXVII, 151 /23-24. Voir *supra*, p. 156-157, note 4.

5. « Non est enim suum de divinis agere sacramentis dicente domino ad discipulos : *Vobis datum est nosse mysterium regni Dei, ceteris autem in parabolis* » (cfr *Lc.*, VIII, 10) (EB, III). Voir *supra*, p. 21.

la moindre restriction mentale qu'en faisant proclamer à travers la basilique du Latran la formule de profession de foi il ordonna aux lecteurs d'ajouter que cette formule devait *suffire* pour exprimer la croyance eucharistique [1]. Si le pape ne permit pas qu'on retranche rien du texte proposé par Bérenger ni qu'on y fasse une addition, ce n'était pas dans l'intention d'écarter les précisions réalistes que redoutait l'écolâtre : c'était simplement pour couper court à toute discussion, cette profession de foi paraissant administrer clairement la preuve de l'orthodoxie de son auteur [2]. On comprend, dans ces conditions, que le pape n'ait pas hésité à dire avec force, devant l'assemblée, que Bérenger n'était pas hérétique. Ce jugement visait moins la véritable pensée de l'écolâtre que le sens qui paraissait se dégager de la formule rédigée par lui : Grégoire VII déclara, en effet, que Bérenger en s'exprimant comme il le faisait dans ce texte *(ita)* puisait son inspiration non dans des conceptions personnelles *(non de corde)* mais dans les « écritures » *(de scripturis)*, celles précisément dont les membres du concile pouvaient vérifier la teneur exacte en consultant les livres qui avaient été mis à leur disposition [3]. Peut-être est-ce à l'occasion du concile de la Toussaint de 1078 qu'Albéric du Mont-Cassin, en écho aux déclarations du souverain pontife [4], affirma publiquement qu'il ne mettait pas en doute la rectitude doctrinale de Bérenger : *Publice praeconatus (est) recta me de mensa sentire dominica, in perceptione veritatis de scripturis me habere Deo digna* [5].

Si l'on en croit Bérenger (et nous ne voyons pas de raison sérieuse de douter de la véracité de son récit), Grégoire VII aurait précisé, durant le concile, qu'il avait entendu Pierre Damien désapprouver la doctrine eucharistique de Lanfranc ; or, il semblait au pape qu'il valait mieux suivre l'opinion de l'ancien évêque d'Ostie, lequel ne le cédait en rien à l'archevêque de Cantorbery en valeur intellectuelle et en dignité de vie

---

1. *Mém.*, 103 A, 104 B.
2. *Mém.*, 104 B-C.
3. *Mém.*, 103 B.
4. A moins que ce ne soit l'inverse : Albéric, « expert » du concile du carême suivant, avait déjà pu jouer à la Toussaint de 1078 ce rôle de conseiller théologique. Voir *supra*, p. 218.
5. P. MEYVAERT, *Bérenger de Tours contre Albéric du Mont-Cassin*, p. 332.

religieuse [1]. Dans le chapitre précédent, nous avons avancé une hypothèse pour expliquer la position de Pierre Damien en cette affaire [2]. Mais, que notre hypothèse soit exacte ou non, on ne voit pas bien, de toute façon, en quoi la formule de profession de foi se serait opposée formellement à la doctrine eucharistique de Lanfranc (si ce n'est, dans la pensée de Bérenger, en écartant toute précision réaliste expresse), ni en quoi elle aurait représenté un point de vue symboliste (si ce n'est implicitement dans l'optique de Bérenger), point de vue dont Pierre Damien se serait fait prétendument le champion. Ce qu'on entrevoit en filigrane dans le cas envisagé ici, comme dans celui de la précédente déclaration de Grégoire VII concernant l'orthodoxie de Bérenger, c'est tout une suite de méprises dues aux faux-fuyants et aux sous-entendus du maître tourangeau [3].

En conclusion, Grégoire VII annonça que, si les membres du concile l'agréaient, Bérenger, sous peu de jours, prêterait serment sur le texte de profession de foi dont ils venaient de prendre connaissance ; ce serment serait confirmé par l'épreuve du fer rouge à laquelle se soumettrait l'un des familiers de l'éco-

---

1. *Mém.*, 103 B-C. Grégoire VII était d'autant plus enclin à préférer Pierre Damien à Lanfranc que ses rapports avec ce dernier étaient assez mauvais : voir A. J. MACDONALD, *Lanfranc*, ch. XV.

2. *Supra*, p. 206-207.

3. Dans le même sens, on fera encore les remarques suivantes :

a) Bérenger évoque la présence, au concile de la Toussaint de 1078, d'un certain nombre de personnes de l'entourage du pape « pensant comme lui » (*mecum sentientibus* : *Mém.*, 103 D). Que ces personnes aient ou non adhéré vraiment au symbolisme eucharistique de l'écolâtre, nous constatons que, pour être de son côté durant ce concile, il suffisait d'approuver une profession de foi au contenu bien anodin.

b) En 1059, il avait reproché à Hildebrand de n'avoir pas « combattu pour le parti de la vérité » (EF, LXXXVII, 149/16) lors du concile de Tours de 1054, où Bérenger avait dû se contenter d'avancer une formule de profession de foi de type « évangélique », alors qu'il aurait souhaité voir le légat condamner le réalisme paschasien et approuver le symbolisme eucharistique dont le maître tourangeau s'était fait le champion. Or, il estimera qu'à Rome, en 1078, Grégoire VII avait « combattu pour le parti de la vérité » (*Mém.*, 104 A) en défendant un texte rédigé dans le même esprit que la formule de Tours de 1054. En 1078, on pouvait donc être bérengarien à bon compte.

c) Aussi, quand Bérenger dit d'Albéric du Mont-Cassin : « Quae destruxerat, praevaricatione sacrilega iterum reaedificare non horruit » (P. MEYVAERT, *Bérenger de Tours contre Albéric du Mont-Cassin*, p. 332), on peut se demander si le premier temps indiqué ici (= *quae destruxerat*) ne consistait pas simplement à approuver la profession de foi équivoque de 1078 et par le fait même à exclure, à « détruire » le réalisme de type lanfrannien. Cfr *supra*, p. 205.

lâtre [1]. Il semble que la circonstance prévue pour cet acte solennel fut le concile qui devait se tenir à Rome le 19 novembre [2]. Bérenger se prépara à ce jugement de Dieu par le jeûne et la prière. C'est peut-être à cette occasion qu'il composa le très bel hymne *Juste judex*, poème de douze strophes dans lequel il suppliait le Christ Jésus de le soustraire aux embûches de ses ennemis :

> *Sanctae crucis, Christe, signum*
> *Sensus meos muniat,*
> *Et vexillo triumphali*
> *Me victorem faciat,*
> *Et devictus inimicus*
> *Viribus deficiat* [3].

---

1. *Mém.*, 108 A. Le fait que Bérenger ait voulu soumettre au « jugement de Dieu » un serment vrai à la lettre, mais destiné à tromper ses adversaires, trouve son pendant dans l'histoire de Tristan et d'Yseult. Yseult va subir une ordalie pour attester sa prétendue fidélité conjugale. Avant d'arriver à l'endroit où elle doit prêter serment, il lui faut traverser un ruisseau. Un mendiant est là qui la porte d'une rive à l'autre. C'est Tristan déguisé. Et Yseult de déclarer ensuite : « Je jure de n'avoir été dans les bras d'aucun homme, si ce n'est dans les bras de mon mari, le roi Marc, et dans ceux de ce mendiant ». Elle saisit alors le fer rouge, puis montre sa main intacte. Dieu s'est porté garant de ce serment matériellement exact, mais ô combien fallacieux !

2. Au sujet du concile du 19 novembre, Bernold de Constance précise : « In sinodo ista Beringarius Andegavensis canonicus, ut ab heresi sua respisceret, sinodaliter convenitur, eique induciae usque ad proxime futuram sinodum conceduntur » (*Bernoldi chronicon* : PL, t. CXLVIII, 1377 C). On a contesté l'exactitude de la chronologie de Bernold de Constance, parce qu'on pensait qu'il situait au 19 novembre des faits qui concernaient le concile de la Toussaint (voir A. J. MACDONALD, *Berengar*, p. 189, note 2), alors que, prises à la lettre, les données de ce passage sont tout à fait vraisemblables : *a*) au synode du 19 novembre on attendait une abjuration de Bérenger *(ut ab heresi sua resipisceret)*, abjuration qui, lors du concile de la Toussaint, avait été seulement annoncée pour un jour proche (*Mém.*, 108 A) ; *b*) mais cette abjuration est ajournée au concile suivant *(eique induciae usque ad proxime futuram sinodum conceduntur)*. Il est inutile d'insister sur le fait que cet ajournement, qui paraît au chroniqueur une faveur accordée à Bérenger *(induciae conceduntur)*, représentait pour celui-ci une grave défaite.

3. E. MARTÈNE et U. DURAND, *Thesaurus novus anecdotorum*, t. IV, col. 115-116. Nous avons cité la dixième strophe. Le rapprochement s'impose entre les mots *Juste judex* (cfr *II Tim.*, IV, 8) qui commencent ce poème et ce que dit Bérenger de ses préparatifs spirituels au serment et à l'ordalie : « Ita, veniente die constituto, quantum poteram, jejuniis et orationibus rei exitum apud justum judicem praemunitum me habere praesumebam » (*Mém.*, 108 A). Voir aussi EF, LXXXV, 146/1-3 : « Putat nescium me habere pontificem magnum, Jesum justum ... ? ». Voir *supra*, p. 101.

A la veille même, semble-t-il, de la journée décisive, après le
coucher du soleil, Bérenger reçut la visite de Didier, abbé du
Mont-Cassin, personnage alors très influent à la cour pontificale,
qui venait lui communiquer la décision du pape de supprimer
la double épreuve du serment et de l'ordalie par le fer rouge.
Grégoire VII ordonnait donc à l'écolâtre de rompre le jeûne
en allant se restaurer à l'hôtellerie [1]. Ce fait est certainement
lié à une autre décision du pontife, qui, subissant l'influence
des adversaires de Bérenger, avait résolu de reprendre l'examen
de la question eucharistique durant le concile qui devait avoir
lieu au début du carême de l'année suivante [2]. Selon Bérenger,
deux hommes jouèrent un rôle capital dans ce revirement de
Grégoire VII. Ce sont les évêques Ulrich de Padoue et Landulf
de Pise. Le maître tourangeau les accuse d'avoir importuné
le pape pour obtenir que l'affaire jugée le 1er novembre soit
reprise dans un second concile, qui, en raison du nombre important de ses participants, donnerait plus de chances de l'emporter aux tenants du réalisme eucharistique. Il les accuse aussi
d'avoir encouragé et patronné tous ceux qui se montraient
hostiles à ses théories, et, quand il rédigera son Mémoire sur les
événements de 1078 et 1079, il verra dans la mort prématurée
de ses deux ennemis la manifestation de la justice divine :
Landulf de Pise mourra subitement le 25 octobre 1079 ; et
Ulrich de Padoue, de retour d'une ambassade auprès de l'empereur Henri IV en 1080, sera poignardé par un de ses
compagnons de route [3].

Peu de temps avant le concile du carême de 1079, se situe un
fait assez étrange rapporté par Bérenger dans son Mémoire.
L'écolâtre prétend que le pape l'avait convoqué pour lui faire,

---

1. Mém., 108 A-B.
2. Mém., 103 E-104 C, 108 B. Bernold de Constance, dans le passage de sa
chronique que nous citons plus haut, marque bien le lien qui a existé entre
l'annulation de l'épreuve attendue pour le 19 novembre et le report de cette
épreuve au concile suivant : supra, p. 225, note 2.
3. Mém., 103 E-104 E, 108 B. Sur la mort de Landulf de Pise, voir le Chronicon Pisanum, dans L. A. MURATORI, Rerum Italicarum scriptores, t. VI,
Milan, 1725, col. 108 D. Sur la mort d'Ulrich de Padoue, voir les Bertholdi
annales, dans Monumenta Germaniae historica, Scriptores, t. V, Hanovre, 1844,
p. 326. Voir également R. B. C. HUYGENS, Bérenger de Tours, Lanfranc et Bernold
de Constance, p. 393, en note.

en présence de l'évêque de Porto, une déclaration dont voici la teneur : Grégoire VII, bien qu'il fût convaincu de la rectitude de la croyance de Bérenger et de la conformité de cette croyance avec les données des « écritures » *(Ego plane te de Christi sacrificio secundum scripturas bene sentire non dubito)*, avait eu recours à la Vierge Marie par l'intermédiaire d'un pieux ami pour savoir quelle position il devait adopter et garder fermement sur la question eucharistique : *Quorsum me de negotio quod in manibus habebam de Christi sacrificio reciperem, in quo immotus persisterem* ; la Vierge Marie avait répondu qu'il ne fallait pas avoir d'autre pensée à ce sujet que celle que contenaient les « écritures » authentiques, avec lesquelles Bérenger n'était pas en contradiction : *A beata Maria audivit et ad me retulit, nihil de sacrificio Christi cogitandum, nihil esse tenendum nisi quod haberent autenticae scripturae, contra quas Beringerius nihil habebat.* Grégoire VII ajoutait qu'il avait voulu faire part à l'écolâtre de cette révélation, afin que celui-ci ait une plus grande confiance dans le pape et nourrisse un espoir plus vif de l'heureuse issue de l'affaire : *Hoc tibi manifestare volui ut securiorem ad nos fiduciam et alacriorem spem habeas* [1].

---

1. *Mém.*, 108 C-E. Il faudrait en rapprocher un autre fait signalé par le cardinal Beno, ennemi de Grégoire VII : « Idem praesumptor jejunium indixit cardinalibus, ut Deus ostenderet, quis rectius sentiret de corpore Domini, an Romana aecclesia (cfr le concile de Rome de 1059), an Berengarius : per hoc manifeste probatus infidelis, cum in Niceno concilio scriptum sit, quia *dubius in fide infidelis est.* Et de corpore Domini signum quesivit, quod petente beato Gregorio (saint Grégoire le Grand) ad firmandam mulieris fidem contigit, quando panis Christi formam accepit digiti. Et misit duos cardinales, Attonem et Cunonen, apud sanctam Anastasiam, ut cum Suppone, ejusdem aecclesiae archipresbitero, triduanum jejunium peragerent, et illis tribus diebus singuli per dies singulos psalterium et missas decantarent ut supra dictum signum Christus ostenderet : quod minime contigit » (BENO, *Gesta Romanae Ecclesiae contra Hildebrandum,* I, 4, dans *Monumenta Germaniae historica, Libelli de lite,* t. II, Hanovre, 1892, p. 370-371).

Le témoignage de Beno est quelque peu suspect de partialité. Pierre Diacre mentionne un troisième fait du même ordre, auquel il donne une signification tout autre que celle qu'envisageait Beno ; Grégoire VII aurait demandé un miracle non pour éclairer sa foi mais pour raffermir la foi des fidèles : « Illis porro temporibus Berengarius, diaconus Andegavensis, sui nominis haeresim condidit... Hoc ubi Romano pontifici nuntiatum est, Dominum Jesum Christum precibus pulsare admonuit, ut populum suo sanguine redemptum ad viam dignaretur reducere veritatis. Igitur dum omnes ob hoc Domini flagitarent clementiam, supradictus Theodemarius hostiam Deo oblaturus accedit ; cumque ad consecrationem ventum fuisset, praedictam oblationem in carnem repente mutatam conspicit. Quod cum Romano pontifici nuntiatum fuisset, omnium

Notons dès à présent que, durant les débats du concile, Bérenger fera allusion à son entrevue avec le pape [1].

Il nous est difficile de porter un jugement sur l'authenticité du récit du maître tourangeau et sur la réalité de la révélation qu'aurait invoquée Grégoire VII. Dans ce domaine privé, celui-ci n'était pas nécessairement exempt des estimations et des interprétations erronées. Ce qui nous paraît se dégager le plus clairement de cet épisode, que nous ne croyons pas inventé de toutes pièces, ce sont les incertitudes du pape soit en ce qui concernait la croyance subjective de Bérenger, soit en ce qui regardait la signification objective de la doctrine bérengarienne. Nous savons que, lors du concile de Tours de 1054, Hildebrand avait défendu le principe de la recherche doctrinale [2] ; il est donc normal que Grégoire VII n'ait pas exclu à priori de ses perspectives de pensée le souci d'une meilleure formulation de la doctrine eucharistique et qu'en conséquence il ait pu être sensible à certaines des vues de Bérenger, en particulier à son augustinisme. Mais trompé, semble-t-il, par les équivoques maniées avec tant de dextérité par le maître tourangeau, il est peu probable qu'il ait perçu toutes les implications des théories bérengariennes [3] ; sinon, il n'aurait pas, comme nous allons le voir, invité Bérenger, *quelques jours seulement après l'entrevue*, à accepter une profession de foi qui, tout en faisant sa part au « sacramentalisme », contredisait radicalement le pur symbolisme cher à l'écolâtre. Il nous semble que le problème qui se posait à lui, depuis le début de son pontificat, n'était pas tant d'apprécier l'orthodoxie d'une doctrine dont les données devaient lui paraître assez floues que de s'assurer de la rectitude subjective de la croyance de Bérenger : s'il était prouvé, comme semblaient le démontrer les professions de foi des conciles de Tours de 1051-1052 et de 1054, d'Angers de 1062, de Rome de la Toussaint de 1078, que Bérenger adhérait à une forme de « sacramenta-

---

bonorum reseratori gratias retulit, Berengariumque cum sequacibus eidem cum haeresi renuntiare coegit » (PIERRE DIACRE, *De ortu et obitu justorum coenobii Casinensis*, L : PL, t. CLXXIII, 1105 D-1106 A).

1. *Mém.*, 108 C-E. Voir *infra*, p. 236.

2. Voir *supra*, p. 154, 156.

3. Au concile qu'il avait présidé à Tours en 1054, en tant que légat de Léon IX, comme au concile de Rome de la Toussaint de 1078, Grégoire VII avait vu Bérenger présenter de lui-même des formules de profession de foi dont le contenu semblait parfaitement orthodoxe.

lisme » compatible avec la croyance en la présence réelle, l'affaire qui avait troublé la chrétienté latine pendant une trentaine d'années serait classée définitivement, pour le plus grand bien de l'Église.

Pour comprendre le comportement de Grégoire VII dans l'affaire bérengarienne, il faut donc, croyons-nous, distinguer le problème de fait que le pape se posait au sujet de Bérenger et la position que ce pontife avait adoptée sur l'eucharistie. Cette position, Bérenger naïvement nous la révèle. Les plus clairvoyants des adversaires du maître tourangeau n'avaient pas été dupes de la profession de foi qu'il avait mise en avant lors du concile romain de la Toussaint de 1078. On ne pouvait donc plus se contenter de reprendre, sous une forme plus ou moins développée, les données de l'institution eucharistique. Il fallait leur *ajouter* une précision doctrinale, précision qui, loin de trahir le sens des paroles du Christ à la Cène, en exprimerait au contraire la vérité profonde [1] et ne laisserait aucun échappatoire au trop subtil et trop fuyant écolâtre. Vraisemblablement, ce sont les évêques de Pise et de Padoue qui furent les plus diligents à résoudre ce problème. Puisqu'en novembre 1078 ils avaient sollicité et obtenu du pape que la question eucharistique soit reprise durant le concile qui devait s'ouvrir à Rome le 11 février 1079, on peut penser qu'ils jouèrent un rôle de premier plan dans l'élaboration d'une seconde profession de foi. Il est donc probable que c'est, au moins pour une part, à leur instigation [2] qu'Albéric du Mont-Cassin, très peu de temps, semble-t-il, avant l'ouverture du concile, prit le soin de composer un court traité où était mise en valeur la notion d'une conversion substantielle dans l'eucharistie [3]. On remania le texte de la formule rédigée

---

1. On touche ici le problème du rapport entre Écriture et magistère. Une formule telle que « Ceci est mon corps », prise littéralement, peut être interprétée dans le sens de Bérenger comme dans le sens réaliste. Le rôle du magistère est de garantir le sens authentique porté par la tradition et conforme à l'ensemble des données de l'Écriture. Voir J. DUPONT, « *Ceci est mon corps* », « *Ceci est mon sang* », dans *Nouvelle revue théologique*, t. LXXX, 1958, p. 1025-1041.

2. « Iste (Landulf de Pise) maxime, cum Paduano illo, omnibus qui de sacrificio Christi contradicebant maxime veritatem negando patrocinari susceperat » (*Mém.*, 104 B).

3. PIERRE DIACRE, *De viris illustribus Casinensis coenobii*, XXI : PL, t. CLXXIII, 1033 A-B. Pierre Diacre affirme que, durant le concile, afin de mettre d'accord les deux partis opposés, Albéric obtint un délai d'une semaine

par Bérenger, afin d'y introduire cette notion. Il semble que
Grégoire VII attendit que le nouveau texte ait été approuvé
par l'assemblée conciliaire, pour le communiquer à Bérenger
par le truchement de l'évêque de Pise en priant l'écolâtre de
l'accepter. De l'aveu même de ce dernier, le pape insistait sur
le terme *substantialiter*, qu'il considérait comme l'apport fondamental de cette rédaction [1]. Certes, dans la pensée du maître
tourangeau, en agissant ainsi Grégoire VII faisait preuve d'in-
constance et subissait des pressions qui allaient à l'encontre de
ses convictions personnelles [2] ; mais rien ne nous oblige à admettre
une telle interprétation des faits : jugeant des intentions de ce
pontife d'après ses actes et ses paroles, et non d'après des hypothèses, nous verrons dans la position qu'il avait adoptée sans
équivoque lors du concile de Rome du carême de 1079, l'expression
authentique de sa pensée.

Durant le concile, le problème posé par l'hérésie bérengarienne fut l'objet de vives discussions. Comme Bérenger ne mentionne pas ces débats dans son récit, on peut penser qu'il n'y a
pas pris part. Il s'agissait sans doute de savoir s'il fallait entériner
ou non la profession de foi proposée par les évêques de Pise
et de Padoue, et défendue par Albéric du Mont-Cassin. La
majorité des membres du concile se montrent favorables à l'addition du terme *substantialiter* dans la formule mise en avant
par Bérenger à la Toussaint précédente. Par contre, une minorité
défend avec vigueur le sacramentalisme radical du maître
tourangeau [3]. Cette dernière position ne peut nous surprendre. Il
est normal que les objections de Bérenger aient fini par ébranler
certains esprits, d'autant que la doctrine courante de l'époque

---

pour composer son traité. Cette chronologie, peu vraisemblable en elle-même,
est contredite par le compte-rendu officiel qui ne mentionne que deux jours
de débats (PL, t. CXLVIII, 811 B 10-12). Le traité d'Albéric a malheureusement
disparu. J.-B. Mari affirme l'avoir vu à Florence dans la bibliothèque du cou-
vent de Sainte-Croix des Frères mineurs conventuels. Mabillon a exploré cette
bibliothèque sans réussir à retrouver ce précieux document. Voir J. MABILLON,
Annales Ordinis sancti Benedicti, livre LXV, ch. LII : t. V, Lucques, 1740,
p. 130.

1. « Respondi, quia ita placeret domno papae, me *substantialiter* additurum »
(*Mém.*, 105 A). Voir aussi *Mém.*, 104 B, E-105 A, 108 B, 109 A.

2. *Mém.*, 104 A-E.

3. Voir le compte-rendu officiel du concile dans PL, t. CXLVIII, 811 A-B,
et PIERRE DIACRE, *De viris illustribus Casinensis coenobii*, XXI : PL, t. CLXXIII,
1033 A-B.

ne rendait pas compte de façon satisfaisante d'éléments traditionnels de la croyance eucharistique, tels ceux qu'impliquait l'usage, en parlant du sacrement de l'autel, des termes *sacramentum, figura, signum*. En s'efforçant de réintégrer ces éléments dans la synthèse dogmatique, on risquait d'en écarter d'autres d'une importance capitale. Le témoignage de l'évêque de Salerne que nous avons déjà cité, est très significatif à cet égard : « Bien que je craigne, disait-il, de m'écarter de la manière de voir du parti le plus nombreux, je ne vois pas cependant comment je pourrais être d'un autre avis que Bérenger, si je veux me trouver en accord avec Augustin »[1]. A la fin de la deuxième journée de discussion, la minorité rendit les armes et le point de vue de la majorité l'emporta.

Voici le texte de la profession de foi qui fut adoptée en la circonstance ; nous y soulignons les expressions qui sont reprises littéralement de la formule proposée par Bérenger en 1078 :

Ego Berengarius corde credo et ore confiteor PANEM *et* VINUM, *quae ponuntur in altari, per mysterium sacrae orationis et verba nostri redemptoris substantialiter converti in veram et propriam ac vivificatricem carnem et sanguinem Jesu Christi Domini nostri et* POST CONSECRATIONEM ESSE VERUM CHRISTI CORPUS, QUOD NATUM EST DE VIRGINE *et quod pro mundi salute oblatum* IN CRUCE *pependit et* QUOD SEDET AD DEXTERAM PATRIS, *et* VERUM SANGUINEM *Christi*, QUI DE LATERE *ejus effusus est, non tantum per signum et virtutem sacramenti, sed in proprietate naturae et veritate substantiae.* SICUT *in hoc brevi continetur et ego legi et vos intelligitis, sic credo nec contra hanc fidem ulterius docebo (excepta causa reducendi ad viam veritatis eos, qui per meam doctrinam ab hac fide recesserunt, aut exponendi fidem, quam hactenus tenui, his qui me interrogaverint).* SIC ME DEUS ADJUVET ET HAEC SACRA *evangelia*[2].

---

1. Voir *supra*, p. 220, note 5.
2. Le texte ci-dessus est celui qu'on trouve dans E. CASPAR, *Gregorii registrum*, t. II, p. 281, qui, à cet endroit, donne de la profession de foi une reproduction isolée. Ailleurs (p. 426-427), la profession de foi est insérée dans le compte-rendu du concile, mais les mots *excepta... interrogaverint* ont été omis dans le serment pour être repris, immédiatement après, en substance, sous la forme d'une injonction de Grégoire VII : « Tunc domnus papa praecepit Berengario, etc. ». Cfr DC, 411 B-C. Le texte donné par Bérenger, dans *Mém.*, 104 C-D, omet les deux premiers mots *(Ego Berengarius)* et toute la conclusion à partir de

Cette profession de foi précise d'abord que la conversion du pain et du vin à la vraie chair et au vrai sang du Christ s'opère « substantiellement » *(substantialiter)*. Puis, reprenant en partie le texte de Bérenger, elle affirme que les réalités qui se trouvent sur l'autel sont « après la consécration, le vrai corps du Christ, celui qui est né de la Vierge, ... a été suspendu à la croix et qui siège à la droite du Père, et le vrai sang du Christ, qui s'est répandu de son côté » (on reconnaît ici la formulation paschasienne utilisée par le maître tourangeau), mais abordant le problème du « sacramentalisme », que Bérenger avait intentionnellement laissé dans l'ombre, elle distingue deux sortes de présence de ce corps et de ce sang : d'une part une présence sacramentelle, la seule admise par Bérenger, liée au symbolisme et à la grâce du sacrement, *per signum et virtutem sacramenti* [1], d'autre part une présence réelle *in proprietate naturae et veritate substantiae*. La profession de foi semble donc établir une certaine dicho-

---

Sicut. Pour la partie commune, les deux textes du *Gregorii registrum* et celui du *Mémoire* sont identiques.

Dans de nombreuses éditions de cette profession de foi (par exemple DC, 411 C), les mots *Sicut... intelligitis* (DC : *intellexistis*) sont rattachés à ce qui les précède et non à ce qui les suit. Cette question de ponctuation est capitale, car *ce qui est demandé à Bérenger, c'est de prendre le texte dans le sens que lui donnent les Pères conciliaires*. D'après *Mém.*, 108 B-C (« Quod legeram ad interpretationem meam, non ad ipsorum me legere inclamaverunt : ut etiam hoc juramento firmarem me secundum eorum sensa scriptum quod tenebam deinceps interpretaturum »), on peut penser que les Pères conciliaires se sont appuyés sur ce passage de la profession de foi pour exiger que Bérenger prenne un engagement spécial d'interpréter, par la suite, celle-ci comme ils la comprenaient eux-mêmes. Mais on peut tout aussi bien supposer que cette précision a été ajoutée à une première rédaction de la formule, en fonction de l'exigence ainsi manifestée par les Pères conciliaires. Voir *supra*, p. 27, *infra*, p. 474-475.

L'expression *per mysterium sacrae orationis* se trouve dans saint Ambroise (AMBROISE, *De fide*, IV, X, 124 : PL, t. XVI, 641 A 12). Voir H. DE LUBAC, *Corpus mysticum*, 2ᵉ édition, p. 48, note 7.

La profession de foi élaborée à Rouen au temps de l'évêque Maurille (1055-1067) disait déjà : « Profitemur... converti naturam et substantiam panis in naturam et substantiam carnis » (PL, t. CXLIII, 1383 A).

1. Il ne nous semble pas que soit exacte la traduction « figurativement et par la vertu du sacrement », pour les mots *per signum et virtutem sacramenti* (dans la version française, due aux éditions du Centurion, de l'encyclique *Mysterium fidei*, Paris, 1965, p. 52 : précisons que l'encyclique cite intégralement la partie proprement dogmatique de la profession de foi). Le génitif *sacramenti* n'est pas enclavé et se rapporte donc aussi bien à *signum* qu'à *virtutem*. La profession de foi distingue, d'un côté, ce qui est « sacramentel » et à quoi Bérenger voudrait réduire l'eucharistie, c'est-à-dire le symbolisme et la grâce, et, d'un autre côté, ce qui est présence réelle.

tomie entre ce qui est réel et ce qui est sacramentel dans l'eucharistie [1] ; elle est tributaire d'une époque où l'analyse théologique va d'emblée à la présence réelle et n'intègre que secondairement le sacramentalisme [2]. On trouve ici les trois niveaux que nous découvrirons dans la doctrine eucharistique de Lanfranc et que l'auteur du *De corpore et sanguine Domini* situe dans un ordre très significatif : *veritas, sacramentum* ou *signum, virtus* [3]. Bérenger ne fait siens que les deux derniers niveaux, qui correspondent à ce que, en exposant sa doctrine, nous avons appelé présence métaphorique et présence spirituelle du corps et du sang du Christ [4].

Quant aux mots *substantialiter* et *substantia*, dont l'apport est fondamental dans ce texte et dans l'histoire du dogme, il faudrait, pour les interpréter correctement, connaître le traité, malheureusement disparu, d'Albéric du Mont-Cassin ou rechercher leur signification dans des ouvrages composés à une époque voisine du concile romain de 1079, notamment dans le *De corporis et sanguinis Christi veritate* de Guitmond d'Aversa[5]. Parlant de la profession de foi que nous étudions, G. Ghysens dit : « Il est bien clair que l'emploi des mots *substantialiter* et *substantia* ne dépend pas des catégories aristotéliciennes : « substance-accident », mais d'une idée plus générale, plus spontanée, moins technique, où *substantia* désigne la réalité vraie, profonde d'un être, ce qui fait qu'il est vraiment cela et pas autre chose » [6]. Il nous semble que, pour parvenir à une notion aussi épurée de la *substantia* eucharistique, il a fallu un long travail, qui était seulement commencé au XIe siècle et qui arrivera à maturité avec la synthèse thomiste d'abord, puis, sur le plan dogmatique, avec les décrets du concile de Trente. L'instrument philosophique qui permettra à ce travail d'aboutir

---

1. On peut en dire autant de la profession de foi eucharistique rédigée par le cardinal Humbert en 1059. Voir *supra*, p. 171 sq.

2. On est encore loin du *sacramentaliter praesens* du concile de Trente (*Decretum de sanctissimo eucharistiae sacramento*, ch. I : *De reali praesentia D. N. J. C. in sanctissimo eucharistiae sacramento* : dans *Conciliorum œcumenicorum decreta*, Bâle, etc., 1963, p. 670, ligne 3).

3. *Infra*, p. 341-345.

4. *Supra*, p. 147.

5. PL, t. CXLIX, 1427-1512. Voir *infra*, p. 462-464.

6. G. GHYSENS, *Présence réelle eucharistique et transsubstantiation dans les définitions de l'Église catholique*, dans *Irénikon*, t. XXXII, 1959, p. 428. Voir *supra*, p. 177, note 2.

est, sans conteste, la distinction aristotélicienne de la substance et des accidents. *Mutatis mutandis,* nous appliquerions volontiers à ce problème d'histoire doctrinale la réflexion d'un des grands savants français actuels, le professeur Lichnerowicz : « Le sens commun est une métaphysique qui dépend très certainement des théories physiques régnantes et se modifie avec elles ». Si la croyance en la présence réelle est une donnée immuable de la tradition, la façon « spontanée » (= le sens commun) de se représenter le mode de cette présence a considérablement évolué depuis le XIe siècle en fonction de l'évolution des schèmes de la théologie (= les théories). Un des témoins orthodoxes des débats qui animèrent le concile romain du carême de 1079 nous en donne la preuve. Bernold de Constance, qui avait assisté à la rétractation de Bérenger, dans un aperçu qui embrasse quarante années de controverse [1], ne fait que mentionner la profession de foi inspirée par Albéric du Mont-Cassin et, par contre, cite intégralement la formule rédigée en 1059 par le cardinal Humbert. De plus, en concluant son exposé, il revient sur ce dernier texte pour dire : « Dans le serment cité plus haut, appuyé sur l'autorité du pape et du concile, et proposé par celle-ci à Bérenger pour qu'il fasse sa soumission, on trouve énoncé en termes concis et clairs ce en quoi il s'est trompé et ce que la sainte Église romaine et universelle a défini comme étant de foi. Donc, c'est cela que nous devons retenir avec soin et observer de la même façon après l'avoir retenu, pour condamner, nous aussi, ce que l'Église condamne et adopter ce qu'elle adopte, de crainte qu'à notre tour nous ne soyons condamnés à juste titre, si l'on découvre que nous sommes en accord avec l'hérésie et que, de quelque façon que ce soit, nous sommes en désaccord avec la sainte Église romaine » [2]. La profession de foi de 1079 marque, certes, un progrès sur celle de 1059, mais ce progrès était moins

---

1. BERNOLD DE CONSTANCE, *De Beringerii haeresiarchae damnatione multiplici,* IX : PL, t. CXLVIII, 1457 A 1-4. Bernold écrit en 1088.

2. « Est autem in superiori juramento quod apostolica et synodalis auctoritas firmavit, et Berengerio ad satisfaciendum proposuit, satis breviter et distincte comprehensum vel in quo ipse erraverit, vel quid sancta Romana et universalis Ecclesia credendum statuerit. Hoc ergo diligenter notare, et notatum diligenter observare debemus, ut et nos damnenus quod ipsa damnavit, et recipiamus quod ipsa recepit (PL : recipit) ; ne nos ipsi jure damnemur si vel haeresi assentire, vel a sancta Romana Ecclesia quoquo modo dissentire detegimur » (BERNOLD DE CONSTANCE, *op. cit.,* XII : PL, t. CXLVIII, 1459-1460).

sensible pour les contemporains de Grégoire VII qu'il ne l'est pour nous, qui, avec le recul du temps, savons que l'application à l'eucharistie des termes *substantialiter* et *substantia* posait un premier jalon pour la définition de la transsubstantiation. Bernold n'a pas établi de différence entre les deux formules. Il est fort douteux qu'il ait eu de la *substantia* eucharistique une notion aussi épurée que celle qu'évoque G. Ghysens [1]. Il y a vu « la réalité vraie » du corps et du sang du Christ, mais il est peu probable qu'il ait pris « ce mot en un sens général, quoique très ferme, de réalité profonde, solide, fondamentale des choses » [2]. Sa vision « spontanée » du mode de la présence réelle était très différente de la vision « spontanée » qu'en possède le chrétien de nos jours et qui est le fruit d'une longue évolution théologique.

Bérenger eut peu de temps pour examiner la profession de foi, que lui avait communiquée l'évêque de Pise de la part de Grégoire VII. Ainsi que nous l'avons dit plus haut, le pape insistait sur le terme *substantialiter* [3], propos que l'écolâtre interprétait comme une simple concession tactique destinée à apaiser ceux qu'il considérait comme ses « calomniateurs » [4]. Après réflexion, Bérenger décida d'accepter ce texte en pensant qu'à la rigueur les expressions qu'il contenait pouvaient être entendues dans le sens de sa doctrine, même si elles en avaient un tout autre dans l'esprit de leurs rédacteurs. Ainsi, que le pain et le vin soient convertis *substantialiter* à la chair et au sang du Christ, pouvait se comprendre *salva sua substantia* : la substance du pain et du vin restant intacte [5] ! C'était le procédé de l'équivoque appliqué non plus à un texte vague, comme cela avait été le cas à Tours en 1051-1052 et en 1054, à Angers en 1062, à Rome en 1078, mais à un texte dont la signification antibérengarienne et réaliste était très nettement accusée.

---

1. *Substantia*, chez Lanfranc, a un sens très concret : DC, 419 A 7, 15, 428 A 9, 430 B 14. Voir *infra*, p. 374.
2. G. GHYSENS, *op. cit.*, p. 429.
3. *Supra*, p. 230, note 1.
4. *Mém.*, 104 E.
5. *Mém.*, 104 E-108 A. La moitié du *Mémoire* est ainsi occupée par un véritable petit traité sur la restriction mentale justifiée à partir des paroles du Christ !

Nous avons vu que, dans le *Scriptum contra synodum* et dans le *De sacra coena*, Bérenger avait fait appel à des subtilités de cet ordre pour se libérer de l'hypothèque de son serment du concile de Rome de 1059 [1].

Bérenger se présente donc devant les Pères conciliaires et donne lecture de la profession de foi sur laquelle il appose sa signature [2]. Mais ses adversaires, qui n'avaient pas été abusés par le subterfuge de la formule équivoque du concile de la Toussaint, flairent un nouveau stratagème. Ils crient que Bérenger lit le texte en lui attribuant un sens différent de celui qu'ils ont à l'esprit ; et se souvenant sans doute de ce qui s'était passé après le concile de Rome de 1059, ils exigent que l'écolâtre s'engage à interpréter par la suite cette nouvelle formule non selon sa pensée personnelle, mais conformément à leur propre interprétation. Le moment est dramatique. Pour la première fois de sa vie, Bérenger est mis en demeure de prendre ouvertement parti, sans donner le change, comme il l'avait fait jusqu'alors. Mis au pied du mur, le maître tourangeau cherche désespérément une parade contre cette attaque trop directe. Il la trouve en répliquant qu'il ne se croit pas obligé de donner à son serment la signification adoptée par ses interlocuteurs : il déclare s'en tenir là-dessus à ce qui, peu auparavant, avait été entendu entre le pape et lui [3]. Rien n'indique que, dans l'entrevue que nous avons mentionnée plus haut, il ait été question du contenu même de la doctrine de Bérenger : ce qui semble alors avoir été en cause pour Grégoire VII, c'était l'orthodoxie subjective de l'écolâtre et non, à proprement parler, la rectitude objective de ses théories, sur lesquelles le pape ne paraît pas avoir eu des données bien précises. Bérenger, par sa riposte, n'en avait pas moins imposé silence à ses contradicteurs. Personne n'ose l'interroger sur ce qui avait constitué le fond de son entretien avec le souverain pontife, et ni Bérenger ni Grégoire VII n'en

---

1. Voir *supra*, p. 184-187.

2. BERNOLD DE CONSTANCE, *De Beringerii haeresiarchae damnatione multiplici*, IX : PL, t. CXLVIII, 1457 A 11-13. Au concile de Rome de 1059, Bérenger n'avait pas signé la profession de foi qui lui avait été imposée. Il l'avait seulement lue. Voir *supra*, p. 170.

3. *Mém.*, 108 B-109 A. En 108 C, il faut certainement lire *quod legeram* au lieu de *quod legerunt* du manuscrit. Sur l'entrevue avec Grégoire VII, voir *supra*, p. 226-228.

soufflent mot [1]. Mais il faut croire que la réaction du maître tourangeau en face des exigences de ses adversaires avait éclairé définitivement Grégoire VII, qui savait, lui, à quoi s'en tenir sur la fameuse entrevue. Balayant d'un geste des années d'incertitude et d'indulgence, le pape ordonne à Bérenger de se prosterner à terre et d'avouer qu'il avait été dans l'erreur depuis les origines de la controverse *(ad tempus illud usque)* pour n'avoir pas ajouté le mot *substantialiter* à l'énoncé : *Panis et vinum sacrata in altari sunt Christi corpus et sanguis* [2]. On notera qu'en s'exprimant de la sorte Grégoire VII rejoignait les propos d'Albéric du Mont-Cassin, dont Bérenger dira : *Mentitus est errare me de mensa dominica, nisi cum dicerem : panis sacratus in altari est corpus Christi, adderem : substantialiter* [3]. Il faut reconnaître qu'on ne pouvait pas mieux résumer cette longue histoire de trente années, durant laquelle Bérenger avait réussi à cacher derrière des formules traditionnelles son refus d'admettre la présence réelle du corps et du sang du Christ dans l'eucharistie. Cette fois, le maître tourangeau était officiellement et solennellement obligé de se prononcer sans équivoques, sans faux-fuyants. Pris au dépourvu, se voyant menacé par l'anathème pontifical, craignant, s'il refusait d'obéir, d'être mis à mal par la foule, dont à Poitiers il avait déjà expérimenté les procédés sanguinaires [4], Bérenger préféra se sauver des mains de ses adversaires en pensant que recourir à la miséricorde divine pour « la faute » qu'il allait commettre lui serait plus facile que d'échapper à la vindicte de ses ennemis. D'une voix que son récit qualifie de « sacrilège » [5], il déclara donc qu'il s'était trompé [6].

---

1. *Mém.*, 108 C.

2. *Mém.*, 109 A.

3. P. MEYVAERT, *Bérenger de Tours contre Albéric du Mont-Cassin*, p. 332.

4. *Mém.*, 109 B. Bérenger ne craignait donc pas que l'autorité elle-même lui imposât le châtiment suprême. De fait, Grégoire VII se comportait de façon très humaine, pour ne pas dire libérale, avec les hérétiques opiniâtres : voir *Gregorii registrum*, VII, XXVIII (PL, t. CXLVIII, 570 sq.). Par contre, Bérenger semble penser, comme Lanfranc, que, lors du concile de Rome de 1059, il aurait risqué la peine capitale en refusant de se soumettre : DSC, 23/26-27, 24/17, 31/3-4, 25, et DC, 408 A 5, 414 D 2. La lettre-poème du manuscrit 115 de Saint-Omer va dans le même sens : *supra*, p. 30, note 5, p. 186, note 4. Sur le concile de Poitiers, voir *supra*, p. 214, note 2.

5. Voir *supra*, p. 96, note 3.

6. *Mém.*, 109 A-B.

Dans son *Mémoire*, Bérenger affirmera que la peur de mourir
ne fut pas la seule raison qui lui avait dicté son reniement. En
effet, durant son séjour à Rome mais à une époque qu'il ne précise pas, Didier du Mont-Cassin et un autre moine de la célèbre
abbaye, Pierre de Naples, lui avaient rapporté qu'en ce qui le
concernait *(si soli illi assensum praebuissem)*, Grégoire VII
souhaitait que l'écolâtre, tant que vivrait le pontife, se retirât
dans un lieu d'où il ne sortirait pas plus que d'une prison. De
la sorte, on n'entendrait plus dire que le pape s'accordait avec
Bérenger sur l'interprétation des « écritures », et ainsi, Grégoire
VII, ses ennemis étant apaisés [1], n'aurait plus à courir de risques
en se trouvant obligé de prendre la défense de la vérité [2]. L'épisode est sans doute exact, même si Bérenger, suivant sa manière
de faire habituelle, l'a coloré de ses illusions. Que les ennemis
de Grégoire VII aient fait feu de tout bois, est indéniable. Le
pape pouvait donc désirer légitimement leur enlever un nouveau
prétexte de calomnie contre lui. Si le désir du pape portait sur
l'avenir immédiat, cela signifiait que la question eucharistique
ne serait pas traitée en concile à Rome : ceci concerne peut-être
le concile de la Toussaint de 1078, au cours duquel, sans doute
par souci de justice, Grégoire VII devait se compromettre
pour défendre la réputation du maître tourangeau. Mais le
souhait formulé par le pape pouvait viser, soit en partie, soit
entièrement, un avenir un peu plus lointain, comme permet
de le supposer le fait qu'à son retour de Rome Bérenger se
retrancha du monde : la tradition situe le lieu de cette retraite
dans l'île de Saint-Cosme près de Tours [3]. Si donc, finalement,
au concile de Rome du carême de 1079, Bérenger baissa pavillon
et céda à l'injonction de Grégoire VII, ce fut, dans une certaine
mesure, selon lui, pour ne pas compromettre le pontife et pour
se conformer à ses désirs tels qu'ils avaient été exprimés dans
la circonstance que nous venons de rapporter. Les actes officiels
précisent, de leur côté, que Grégoire VII ordonna à Bérenger,
en vertu de l'autorité du Tout-puissant et des saints apôtres

---

1. Dans le manuscrit, on lit : *Ita adversariis sibi complacitis*, ce dernier
mot étant une correction du copiste, qui avait d'abord écrit *complicitis*. Mais
complacitis ne donne guère un sens satisfaisant. Il nous semble qu'il faut lire
complacatis.

2. *Mém.*, 109 B-D.

3. A. J. MACDONALD, *Berengar*, p. 202-203. Voir *supra*, p. XLIII-XLIV.

Pierre et Paul, de ne plus discuter avec personne de la question eucharistique, ni d'enseigner quoi que ce soit sur ce sujet, si ce n'est dans l'intention de ramener à la vraie foi les malheureux que sa doctrine en avait détournés [1].

Le comportement de Grégoire VII dans l'affaire bérengarienne a pu donner prise à la calomnie. C'est ainsi que le concile schismatique de Brixen, dans son décret, daté du 25 juin 1080, l'accusa d'être depuis longtemps déjà le disciple de Bérenger et d'avoir « mis en discussion la foi catholique et apostolique concernant le corps et le sang du Seigneur » [2]. Si, de fait, Grégoire VII a, d'une certaine façon, posé à nouveau un problème auquel le concile de Rome de 1059 paraissait avoir apporté une solution définitive [3], cela tient à un ensemble de raisons assez complexes. Il se trouve qu'après 1059, par suite de l'entêtement de Bérenger, qui ne s'était soumis qu'en apparence, la controverse eucharistique, bien loin de s'apaiser, avait connu une période de recrudescence très marquée. Un tel état de choses ne pouvait manquer de jeter le trouble dans la chrétienté latine, d'autant qu'il semblait difficile de se faire une opinion sur la pensée du maître tourangeau : les formules équivoques mises en avant par Bérenger dans les débats publics paraissaient apporter la preuve de la rectitude de sa croyance, mais, dans les discussions privées, on avait peine à réfuter les arguments avec lesquels il défendait son symbolisme eucharistique, particulièrement ceux qu'il empruntait à la tradition patristique et, notamment, à saint Augustin. Il n'était donc pas inutile de soumettre l'affaire à un nouvel examen. La principale raison qui, vraisemblablement, a décidé Grégoire VII à entreprendre cette révision du procès bérengarien fut le désir de ramener la paix dans les esprits, aussi bien, du reste, dans l'esprit de Bérenger, auquel, très probablement, le pape a manifesté son intention de lui faire rendre justice, si cela était nécessaire, que dans l'esprit des adversaires du maître tourangeau : dans ce dernier cas, il suffi-

---

1. PL, t. CXLVIII, 811 D-812 A. Cfr le texte lui-même de la profession de foi : voir *supra*, p. 231, note 2.

2. Voir *supra*, p. 213, note 2.

3. DC, 412 A 2-5 ; EE, 1204 C 5-7. Cfr le texte de l'homonyme de Bérenger édité par G. MORIN, *Bérenger contre Bérenger*, dans *Revue bénédictine*, t. LXX, 1960, p. 3 : dans le sud de l'Italie, en 1077-1078, le bruit courait que Bérenger voulait restaurer l'opinion à laquelle il avait dû renoncer autrefois.

sait soit de prouver que Bérenger n'était pas sorti des limites de l'orthodoxie (comme cela fut tenté au concile de la Toussaint de 1078), soit de le contraindre à faire amende honorable (comme cela se produisit au concile du carême de 1079). Du point de vue pratique, où, apparemment, il se plaçait, il semble que, pour Grégoire VII, l'affaire eût été réglée si Bérenger, de lui-même, avait consenti à garder le silence définitivement [1]. Quant aux fluctuations du pape dans le jugement qu'il porta sur la doctrine bérengarienne, elles s'expliquent non par on ne sait quelles incertitudes de la foi d'Hildebrand ou de Grégoire VII [2], mais par la difficulté qu'il éprouvait à connaître la véritable pensée de Bérenger et à apprécier dans quelle mesure on pouvait considérer comme orthodoxe la synthèse doctrinale dans laquelle le maître tourangeau intégrait certaines données traditionnelles trop négligées avant lui. Si Bérenger a estimé pouvoir compter Hildebrand ou Grégoire VII au nombre de ses partisans, jamais il n'a mentionné, de la part de celui-ci, une approbation *explicite* des théories bérengariennes *en tant que telles*. Quand, en 1054, il a cru avoir rallié Hildebrand à sa manière de voir, c'est sans doute qu'ayant eu l'occasion de s'entretenir avec lui il ne pouvait imaginer ne l'avoir pas convaincu [3]. Quand, à son point de vue, Grégoire VII, lors du concile romain de la Toussaint de 1078, « avait combattu pour le parti de la vérité » [4], cela n'implique pas que le pape ait effectivement adhéré à cette prétendue vérité, puisque la formule proposée par Bérenger et défendue par Grégoire VII, durant ce concile, pouvait s'entendre dans le sens le plus orthodoxe.

Encore tout bouillant des sentiments d'indignation que lui inspirait son échec, Bérenger rédigea une note vengeresse contre celui en qui il pouvait voir le principal artisan de sa défaite, Albéric du Mont-Cassin. Dans cette note découverte par Mabillon, le maître tourangeau disait notamment : « Si celui qui a dit : « Le pain consacré sur l'autel est le corps du Christ », s'est trompé

---

1. *Mém.*, 109 C. Voir *supra*, p. 238.

2. Voir la lettre de Grégoire VII à la comtesse Mathilde sur l'eucharistie et sur la Vierge Marie : *Gregorii registrum*, I, XLVII (PL, t. CXLVIII, 326 D-328 B).

3. *Supra*, p. 153-154.

4. *Mém.*, 104 A. Voir *supra*, p. 224, note 3.

parce qu'il n'a pas ajouté « substantiellement », la Vérité elle-même s'est trompée, elle qui a dit : « Ce pain est mon corps », « Le pain que je donnerai est ma chair pour la vie du monde », et n'a pas ajouté « substantiellement ». Et Bérenger, plus loin, déclarait : « Il s'est trompé plutôt, il s'est trompé beaucoup plus certainement cet Albéric, qui n'est pas un moine *(monachus)*, mais un démon *(daemoniacus)* du Mont-Cassin, lui qui percevant avec moi la vérité évidente par le regard de l'intelligence... et prêtant aussi attention à l'immuable autorité des écritures, en ce qui concerne le sacrifice de l'Église, n'est pas resté cependant ferme dans son adhésion à la vérité. Ce qu'il avait renversé, il n'a pas eu horreur de le réédifier à nouveau avec une prévarication sacrilège. Alors qu'il avait publiquement proclamé que ma manière de voir à propos de la table du Seigneur était juste et que, dans la perception de la vérité à partir des écritures, j'avançais des choses dignes de Dieu, recherchant la gloire auprès des hommes, ne recherchant pas celle qui vient de Dieu seul [1]... il a menti en affirmant que je me trompais, en ce qui regarde la table du Seigneur, si, lorsque je disais : « Le pain consacré sur l'autel est le corps du Christ », je n'ajoutais pas « substantiellement ». Il a agi de cette façon pour se rendre favorables ceux qui sont dans l'erreur à propos du sacrifice de l'Église et pour leur donner un semblant de victoire [2] en obtenant de me faire retrancher éventuellement ou ajouter quelque chose à mon énoncé concernant le sacrifice du Christ » [3].

---

1. Cfr EF, LXXXVII, 152/10-18.

2. On aperçoit ici très nettement un des buts que visait Bérenger quand, sans attendre qu'on lui imposât une formule de profession de foi, il en proposait une de sa composition. Non seulement il voulait ne pas se déjuger et, pour éviter d'avoir à le faire, il présentait un texte équivoque ; mais il cherchait, au moins autant, à ne pas *paraître* se déjuger et à ne pas donner à ses adversaires une *apparence* de victoire (cfr SCS, 409 D : *Ut cogeretur illud Berengarius (legere) et quasi profiteri errorem ineptissimi Burgundi*), et, pour cela, il tenait à ce que le texte vînt entièrement de lui-même : voir *Mém.*, 103 A, 104 B, E. Pour la même raison, à Tours en 1054, il avait commencé par refuser de reprendre sous la forme d'un serment la déclaration qu'il avait pourtant faite spontanément : prêter ce serment, c'était, en effet, céder à ses adversaires et *sembler* reconnaître qu'il s'était trompé. Voir *supra*, p. 158-161.

3. « Si erravit qui dixit: *Panis sacratus in altari est corpus Christi*, pro eo quod non addidit *substantialiter*, erravit ipsa Veritas quae dixit : *Hic panis est meum corpus, Panis quem ego dabo caro mea est pro mundi vita*, et non addidit *substantialiter*... Erravit potius, facilius plane erravit Cassinus ille non monachus sed daemoniacus Albericus, qui mentis acie perspicuam mecum intuens verita-

Avant de regagner la Touraine, Bérenger s'était fabriqué une sorte de sauf-conduit. Il avait rédigé une fausse lettre pontificale, lettre encyclique dans laquelle Grégoire VII était supposé jeter l'anathème sur ceux qui nuiraient à l'écolâtre dans sa personne ou dans ses biens, ou qui l'appelleraient hérétique [1]. Ce document montre clairement quelles raisons avaient incité Bérenger soit à demander l'épreuve d'un nouveau jugement de son cas à Rome, soit à y consentir : non pas l'espoir du triomphe de sa doctrine, sur lequel depuis 1059 il ne devait plus compter, au moins pour l'avenir immédiat [2], mais celui d'un succès limité qui lui aurait permis d'obtenir une caution d'orthodoxie sans avoir à adhérer à une profession de foi « sensualiste » et même en faisant accepter un texte de sa composition, dont il voulait pouvoir dire qu'on n'y avait rien ajouté ni retranché [3]. Indirectement, ce brevet d'orthodoxie l'aurait mis à l'abri des vexations dont il était victime depuis près de vingt ans du fait de sa propagande suspecte ; il lui aurait permis aussi de continuer impunément à défendre, de façon plus ou moins clandestine, ses théories eucharistiques.

Bérenger se retira donc dans la solitude de Saint-Cosme [4]. Il s'y abîmait dans la componction, non parce qu'il regrettait d'avoir vécu de longues années dans l'erreur, mais, bien au contraire, parce qu'il était torturé à la pensée d'avoir, sous la pression des circonstances, renié ses convictions personnelles.

---

tem... simul impervertibilem de sacrificio Ecclesiae scripturarum auctoritatem attendens, in veritate tamen non perstitit : quae destruxerat, praevaricatione sacrilega iterum reaedificare non horruit ; cum publice praeconatus fuisset recta me de mensa sentire dominica, in perceptione veritatis de scripturis me habere Deo digna, gloriam ab hominibus quaerens, gloriam quae a Deo solo est non quaerens, ... mentitus... est errare me de mensa Dominica, nisi cum dicerem : *Panis sacratus in altari est corpus Christi*, adderem *substantialiter*, ut in eo sibi conciliaret, et quasi victores constitueret errantes de sacrificio Ecclesiae, si effectum daret, ut ego enuntiationi de Christi sacrificio meae demerem aliquid forte vel adderem » (P. MEYVAERT, *Bérenger de Tours contre Albéric du Mont-Cassin*, dans *Revue bénédictine*, t. LXX, 1960, p. 331-332).

1. Voir P. JAFFÉ, *Monumenta Gregoriana*, t. I, p. 550 ; ou PL, t. CXLVIII, 689 D ; ou R. B. C. HUYGENS, *Bérenger de Tours, Lanfranc et Bernold de Constance*, p. 389, en note.

2. Il comptait sur le jugement de la postérité : « Verius... erat nominare aecclesias eos qui per infinita terrarum spatia gavisi sunt, gaudent gaudebuntque pro veritate per me propicia divinitate asserta » (DSC, 2 /8-10).

3. Voir *supra*, p. 241, note 2.

4. Voir *supra*, p. XLIII-XLIV.

Il se confiait à la miséricorde divine, implorant le pardon du
Tout-puissant pour le « sacrilège » dont il s'était rendu coupable.
Il exprime ces sentiments de repentir dans une lettre adressée
à Eudes de Conteville, demi-frère de Guillaume le Conquérant,
qui, pour des raisons de propagande personnelle, avait témoigné
sa compassion au malheureux écolâtre [1]. Il les manifeste également dans un *Mémoire*, où il évoque les principaux événements
qui avaient marqué son séjour à Rome en 1078 et 1079. On
devine qu'avec un pareil état d'esprit Bérenger se résigna mal à
observer la consigne de silence qui lui avait été imposée par
Grégoire VII. Nous avons une preuve de son entêtement dans
une lettre qui semble dater de la période de son exil à Saint-
Cosme et dont le destinataire est sans doute un membre de la
curie pontificale, peut-être le sous-diacre Roger, qui avait été
légat à Tours en 1078. Dans cette lettre, Bérenger formule une
« promesse », mais avec tant de conditions et de restrictions que,
tout compte fait, il en vient à affirmer sa décision de continuer
à défendre ses théories eucharistiques [2]. Pour le contraindre au
silence, les légats Hugues de Die et Aimé d'Oloron le firent
comparaître devant un concile réuni à Bordeaux le 6 octobre
1080 : de nouveau il dut « rendre compte de sa foi » [3]. C'est la
même année sans doute que Bérenger rédigea son *Mémoire* sur
les synodes romains de la Toussaint de 1078 et du carême de
1079. Les dernières lignes de cet étrange document, adressées
au lecteur, font songer aux épitaphes par lesquelles, dans la
mélancolie des cimetières, les défunts sont supposés interpeller
les passants : « Et vous aussi, mes frères dans le Christ, vous qui
tomberez sur cet écrit, déployez généreusement les forces de
la tendresse qui anime le chrétien à l'égard de son prochain.
Regardez avec compassion les larmes de mes aveux. Faites en
sorte, par vos souhaits, qu'elles me rendent favorable la toute-
puissante miséricorde » [4].

---

1. EF, CI. Voir *infra*, p. 490-491, 523.
2. *Infra*, p. 521-530.
3. RHGF, t. XII, p. 401 B *(Ex chronico S. Maxentii)*. Voir PL, t. CLV, 1645-
1648, et Th. SCHIEFFER, *Die päpstlichen Legaten*, p. 123-124.
4. « Et vos etiam, mihi in Christo fratres, quicumque in scriptum istud
incideritis, fortes dilectionis in proximum christianae vires exerite ! Confessionis
meae lacrimas miseranter attendite ! Mihi apud omnipotentem misericordiam
proficiant votis agite ! » (*Mém.*, 109 E).

De tels accents nous inspirent un certain scepticisme à l'égard des traditions qui font état de la « conversion » de Bérenger dans les dernières années de son existence [1]. Qu'il ait vécu jusqu'à la fin de manière édifiante, il n'y a pas à en douter. Qu'il ait pu changer d'opinion sur la question qui avait été le centre de ses préoccupations pendant plus de trois décades, cela nous paraît difficile à imaginer [2]. Mais nous n'avons pas à le juger. Le cas de Bérenger est complexe. Il faut y faire part de l'orgueil intellectuel, celle aussi d'une grande myopie dans l'appréciation des choses de foi et d'Église [3]. A l'excuse du maître tourangeau, il faut tenir compte des graves insuffisances de la théologie eucharistique de son époque. Enfin, nous ne croyons pas manquer à la charité due à sa mémoire en constatant que sa structure mentale était de forme paranoïaque.

Il mourut le jour de l'Épiphanie de l'an 1088. Ses restes, ensevelis d'abord dans la basilique de Saint-Martin, furent ensuite réinhumés à Saint-Cosme, où avait été fondé un prieuré. Pendant des siècles, le mardi de Pâques de chaque année, les chanoines de la célèbre collégiale vinrent prier sur la tombe de leur confrère, sise dans le cloître du prieuré près de la porte du chapitre, et y réciter un *De profundis* [4]. Dans le musée de Saint-Cosme, où le souvenir du poète Ronsard a quelque peu éclipsé la mémoire du grand écolâtre, nous avons pu voir la dalle funéraire, une pierre de schiste noir, qui recouvrait autrefois la dépouille de Bérenger.

---

1. J. MABILLON, *Vetera analecta*, Paris, 1723, p. 515-516, se fait l'écho de ces traditions. A regarder de près les témoignages qu'il cite, on constate que la plupart d'entre eux montrent Bérenger terminant sa vie de façon édifiante, mais que deux seulement font état d'un revirement des idées du maître tourangeau sur l'eucharistie. Il s'agit du témoignage de Guillaume de Malmesbury (cfr *Gesta regum Anglorum*, III, 284-285 : PL, t. CLXXIX, 1256 A-1258 D) et de celui du moine Clarius (début du XIIe siècle, dit Mabillon) qui déclare : « Fidelis et vere catholicus vitam finivit » (cfr *Chronicon S. Petri Vivi*, dans L. D'ACHERY, *Spicilegium*, t. II, Paris, 1723, p. 476).

2. L'antipape Clément III, écrivant vers 1088 à Lanfranc, mentionne la persistance de l'hérésie bérengarienne, mais sans préciser si ce fait était imputable à Bérenger lui-même ou seulement à ses disciples : voir *supra*, p. 45.

3. « L'hérétique est celui qui disjoint de l'ensemble organique des données de sa foi un ou plusieurs de ses éléments, rompant ainsi expressément ou non avec la « communauté » qu'a constituée l'identité de croyance » (M.-D. CHENU, extrait du résumé de sa communication au colloque « Hérésies et sociétés » de Royaumont).

4. Voir A. J. MACDONALD, *Berengar*, p. 208-210.

Lanfranc mourut à Cantorbery, seize mois environ après son adversaire malchanceux, le lundi qui suivit l'octave de la Pentecôte, 28 mai 1089 [1]. Après le grand incendie qui ravagea la cathédrale de Cantorbery en 1174, ses restes furent transférés dans la chapelle de Saint-Martin, qui donne sur le croisillon nord du transept oriental de cet édifice. C'est là qu'ils reposent encore.

---

1. Voir A. J. Macdonald, *Lanfranc*, p. 250-251. Voir *supra*, p. 38, note 1.

SECONDE PARTIE

LANFRANC,
SA DOCTRINE EUCHARISTIQUE

I. Introduction littéraire

CHAPITRE XIII

LE TEXTE DU « DE CORPORE ET SANGUINE DOMINI »

Lanfranc a présenté et justifié sa croyance eucharistique dans le traité qu'entre 1063 et 1068 environ il a écrit, à la demande de Thierry de Paderborn, pour réfuter l'opuscule dans lequel Bérenger attaquait le concile de Rome de 1059 [1]. Durant le concile de Rome de 1050, Lanfranc avait, en quelque sorte, offert une ébauche de cet ouvrage lorsque, sur l'invitation de Léon IX, il avait pris la parole devant les Pères conciliaires afin de dissiper les soupçons que faisait peser sur lui la rumeur publique, choquée de ce qu'il fût le destinataire d'une lettre au contenu hétérodoxe. En effet, le plan qu'il avait suivi dans le discours prononcé en cette circonstance devait lui fournir le cadre de son traité : il avait d'abord donné la version exacte des faits (cfr DC, chapitres II-VIII), puis exposé sa croyance eucharistique (cfr DC, chapitres IX-XVII) et prouvé celle-ci à l'aide de témoignages de la tradition (cfr DC, chapitres XVIII-XIX) et de raisonnements (cfr DC, chapitres XX-XXIII) [2]. On notera que le discours de Lanfranc avait rencontré l'approbation unanime des membres de l'assemblée [3].

C'est le *De corpore et sanguine Domini* qui fournit les renseignements les plus abondants et les plus précis sur la doctrine eucharistique de Lanfranc. Il convient cependant de ne pas négliger les informations que nous pourrons trouver soit dans une lettre

---

1. *Supra*, p. 196.
2. DC, 413 B 10-C 1.
3. « Itaque surrexi, quod sensi dixi, quod dixi probavi, quod probavi omnibus placuit, nulli displicuit » (DC, 413 B 14-C 1). Bérenger contestera cette unanimité, sous prétexte que *tous* les Pères conciliaires n'avaient pas donné leur avis : DSC, 10/7-10.

adressée par Lanfranc à Dunan, évêque de Dublin, qui désirait
savoir s'il fallait prendre à la lettre le verset 53 du chapitre VI
de l'évangile de saint Jean sur la nécessité de recevoir l'eucharistie
pour avoir la vie éternelle, soit dans certains passages des commentaires de Lanfranc sur les épîtres de saint Paul. Ces commentaires se répartissent en deux textes, l'un représenté par
plusieurs manuscrits et par l'édition de Migne, l'autre dont le
seul témoin est le manuscrit de Berlin *Phillipps 1650*, folios
39^r-138^v. Faute d'une édition du manuscrit de Berlin, nous
ne pourrons utiliser ce second texte. Il nous faudra tenir compte
aussi de certaines indications des *Decreta pro Ordine sancti Benedicti* sur la pratique de la communion.

Dans les chapitres XIII à XVI, nous présentons et analysons
ces divers écrits. Dans les chapitres XVII à XX, nous exposons
la doctrine eucharistique de Lanfranc, telle qu'on peut la dégager des textes analysés [1].

* * *

Il n'existe pas d'édition critique de l'ensemble du traité de
Lanfranc sur l'eucharistie : nous en préparons une pour « Sources
chrétiennes ». Dans le présent travail, nous utilisons l'édition
de la Patrologie de Migne (PL, t. CL, 407-442), que nous corri-
geons, quand il y a lieu de le faire, à l'aide des variantes fournies
par les manuscrits *Vorau 412. Palat. lat. 482, Paris, BN lat.
13217*. On trouvera la liste de ces variantes à l'appendice III.

Voici quelques observations sur un certain nombre de manuscrits et d'éditions du *De corpore et sanguine Domini* de Lanfranc :

I. Manuscrits

Dans son article *Bérenger de Tours, Lanfranc et Bernold de
Constance*, p. 360-363 [2], R.B.C. Huygens donne une liste de
manuscrits du *De corpore* plus complète que celle que nous avions

---

1. Sigebert de Gembloux, dans le *De scriptoribus ecclesiasticis*, ch. CLV,
écrit à propos de Lanfranc : « Scripsit invectivas contra Berengarium Turonensem epistolas, refellens scripta ejus de corpore et sanguine Christi Jesu »
(PL, t. CLX, 538 A). En fait, il semble bien que Lanfranc n'a écrit qu'une seule
« lettre » contre Bérenger, le *De corpore et sanguine Domini*. Sur le *De celanda
confessione* et sur le *Sermo sive sententiae*, voir *infra*, p. 337-340.

2. *Sacris erudiri*, t. XVI, 1965, p. 355 sq.

établie nous-même [1]. Nous n'y ajoutons qu'un seul manuscrit, qui ne contient, à vrai dire, que des fragments. Voici cette liste :

Admont 443 (XIIe s.), *Arras 744 (775)* (XIe-XIIe s.), *Berlin, BN Phillipps 1704* (XIe s.), *Berne 292* (XIe s.), *Bruxelles, BR 4399-4402* (XIIe s.), *Bruxelles, BR 5576-5604* (XIIe s.), *Bruxelles, BR 10807-10811* (XIIe s.), *Cambridge, Corpus Christi College 331* (XVe s.), *Cambridge, Trinity College 1445* (XVe s.), *Graz 975* (XIIIe s.), *Klosterneuburg 218* (XIIe s.), *Klosterneuburg 253* (XIIe s.), *Leyde, Vossianus lat. oct. 87* (XIIe s.), *Liège 152 (79)* (XIIe s.), *Londres, BM Harley 3061* (XIIe s.), *Londres, BM Royal 5 A XV* (XIIe s.), *Londres, BM Royal 5 F XII* (XIIe s.), *Londres, BM Royal 7 C VIII* (XIIe s.), *Munich, Clm 3071* (XVe s.), *Munich, Clm 18549 a* (XVe s.), *Munich, Clm 19126* (XIIe s.), *Oxford, Bodleian Library 569* (XII[e] s.), *Oxford, Brasenose College 11* (XV[e] s.), *Oxford, Trinity College 51* (XIIe s.), *Paris, BN lat. 1690* (XIIe-XIIIe s.), *Paris, BN lat. 1858* (XIIIe s.), *Paris, BN lat. 2473* (XIVe s.), *Paris, BN lat. 2876* (XIIe s.), *Paris, BN lat. 10401* (XIIe s.), *Paris, BN lat. 13217* (XIIe s.), *Paris, BN lat. 16363* (XIIe s.), *Paris, BN lat. 18065* (XIIe s.), *Rome, Bibliothèque Vaticane, Palatinus lat. 482* (XIe s.), *Rome, Bibliothèque Vaticane, Reginensis lat. 237* (XIIe s.), *Rouen A 387 (538)* (XIIe s.), *Salsbourg, Sankt-Peter a V 32* (XIIe S.), *Sankt-Paul-im-Lavanthal 30/1* (XIIe s.), *Vienne 864* (XIe s.), *Vienne 878* (XIIe s.), *Vorau 412* (XIe s.), *Wolfenbüttel, Wissembourg 101* (XIe s.).

1. *Vorau 412* (Autriche), folios 149[r]-162[r] (XIe s.).

Dans l'appendice I, nous étudions les documents constitués par les folios 149 à 162 du manuscrit *Vorau 412* et par le manuscrit *Wissembourg 101*. L'examen de ces deux documents et leur comparaison permettent de penser qu'ils proviennent d'une officine bérengarienne. *Wissembourg 101* serait l'original du *De sacra coena*, et peut-être même l'unique exemplaire manuscrit qui ait jamais existé de ce traité. Quant au texte du *De corpore* de Lanfranc dans le manuscrit de Vorau, il aurait été recopié par Bérenger, ou sur son ordre, sans doute d'après l'exemplaire envoyé par Lanfranc au maître tourangeau ; il n'est pas exempt de fautes grossières : par exemple, *depulsis* pour *de pusillis*

---

1. Liste à laquelle, depuis, il a ajouté les manuscrits de Salsbourg et de Sankt-Paul-im-Lavanthal. Consulter son article aux p. 359-369.

(409 A 7), *ascribere* pour *ascriberet* (410 A 11-12), *pervinire* pour *pervenire* (412 A 2), *exhubuit* pour *exhibuit* (413 D 1), etc. Néanmoins, en raison de sa provenance, il est un élément important de la tradition manuscrite du *De corpore* [1].

2. *Wissembourg 101* (XIe s.).

Ce manuscrit de la Herzog-August-Bibliothek de Wolfenbüttel donne le quart environ du *De corpore* de Lanfranc, cité par Bérenger lui-même dans le *De sacra coena*. Mais Bérenger ne s'est guère soucié d'exactitude, quand il a reproduit des passages du traité de son adversaire. On ne peut donc se fier au texte du *De corpore* qu'il transmet. Cependant, on pourra trouver dans *Wissembourg 101* la confirmation de telle ou telle variante des autres manuscrits.

3. *Palat. lat. 482* (Vatican), folios 43ʳ-60ʳ (XIe s.).

Palat. lat. 482 est un recueil composite provenant de l'abbaye cistercienne de Schönau (diocèse de Worms), formé de quatre manuscrits réunis en volume au XVe siècle. Le second de ces manuscrits (folios 43-66) contient le traité de Lanfranc (folios 43ʳ-60ʳ) suivi du commentaire de Thierry de Paderborn sur l'oraison dominicale. A partir du folio 63ᵛ, on trouve plusieurs notules de mains différentes. La dernière de ces notules relate les incendies de Paderborn des années 1000 et 1058. Les écritures sont vraisemblablement du XIe siècle. Il est donc possible que le second des quatre manuscrits de *Palat. lat. 482* vienne de Paderborn et que le texte du traité de Lanfranc qu'il nous livre soit en rapport très étroit avec l'exemplaire du *De corpore* que Lanfranc n'a pas manqué (du moins, nous le supposons) d'envoyer à Thierry de Paderborn [2]. L'en-tête assez développé donné à l'ouvrage de Lanfranc dans *Palat. lat. 482* révèle, en tout cas, de la part de celui qui a rédigé ce chapeau, une connaissance très précise des circonstances qui amenèrent l'abbé de Saint-Étienne de Caen à écrire son traité sur l'eucharistie. Il est vrai-

---

1. Autres formes défectueuses du texte du *De Corpore* dans *Vorau 412* : *Turoniensi* pour *Turonensi*, qui est la forme la plus courante (413 D 7), *habitis* pour *habebitis* (425 D 11), *pulluantur* pour *polluantur* (435 A 4), *angelii* pour *angeli* (438 B 3-4), *praeditur* pour *praedicatur* (442 C 10). Nous n'avons pas jugé utile de faire figurer les formes défectueuses dans le tableau des variantes de l'appendice III.

2. Voir notre *Note sur la controverse bérengarienne*, dans le *Bulletin de la Société internationale pour l'étude de la philosophie médiévale*, t. IV, 1962, p. 134 : il faut y corriger *Schongau* en *Schönau*. Voir *supra*, p. 196, note 3.

semblable que *Palat. lat. 482* est l'archétype des six autres manuscrits où l'on retrouve ce titre, à savoir : *Admont 443, Graz 975, Munich, Clm 3071, Munich, Clm 18549 a, Salsbourg, Sankt Peter a V 32, Vienne 864* [1].

4. *Paris, BN lat. 13217*, folios 166[r]-191[v] (XIIe s.).

Un folio de ce manuscrit a disparu entre les folios 190 et 191 : il contenait la majeure partie du chapitre XXII. Ce manuscrit provient de l'abbaye du Bec. Notons que l'existence d'exemplaires du *De corpore* ayant appartenu à l'abbaye du Bec est attestée à plusieurs reprises :

a) D'après un catalogue du XIIe siècle, la bibliothèque du Bec possédait un volume contenant le commentaire de Bède sur les épîtres canoniques, l'exposition sur l'Apocalypse due à Bérengaud et le *liber Lanfranci archiepiscopi Cantuariensis de corpore et sanguine Domini contra Berengerium Turonensem* [2].

b) Le *Paris, BN lat. 13217*, provenant du Bec, comprend seulement l'ouvrage de Bérengaud sur l'Apocalypse et le *liber venerabilis Lanfranci archiepiscopi Cantuariensis de corpore et sanguine Domini contra Berengerium*. Si *a* et *b* sont identiques, c'est évidemment que le commentaire de Bède a été soustrait de *Paris, BN lat. 13217* [3]. S'ils représentent deux exemplaires

---

1. Sur ces manuscrits, voir R. B. C. Huygens, *Bérenger de Tours, Lanfranc et Bernold de Constance*, p. 364-366.

2. *Tituli librorum Beccensis almarii* : PL, t. CL, 774 D 3-8. Ce catalogue (*ibid.*, 771 A-778 D) se trouve dans le manuscrit *Avranches, 159*, f. 1-3, avec le catalogue des livres offerts au Bec en 1163 par Philippe d'Harcourt, évêque de Bayeux (*ibid.*, 779 A-782 C). Ces deux inventaires ont été transcrits vers 1163-1164 au Mont Saint-Michel, sous l'abbatiat de Robert de Torigny, d'après un original aujourd'hui disparu et qui est vraisemblablement le *memoriale... voluminum omnium quae armario Beccensi servabantur saeculo 12* signalé par le père Bellaise en 1693. Voir G. Nortier, *Les bibliothèques médiévales des abbayes bénédictines de Normandie*, Caen, 1966, p. 62-68. Avant d'être édité en un volume, le travail de G. Nortier a paru en articles dans la *Revue Mabillon* des années 1957-1958, 1960-1962. Le chapitre concernant la bibliothèque du Bec se retrouve dans le n° 188 de cette revue, année 1957, p. 57-83.
On notera que « la première étape de la confection du catalogue consista... à inscrire en tête de chacun de ces livres le sommaire des ouvrages qu'il contenait. Puis on recopia exactement ces sommaires » (G. Nortier, *op. cit.*, p. 64).

3. C'est l'hypothèse la plus vraisemblable. En effet, dans ce volume, que d'Achery a d'abord emprunté au Bec, puis qu'il a acquis définitivement vers 1670 pour la bibliothèque de Saint-Germain des Prés, manque un des signes distinctifs des manuscrits les plus anciens provenant du Bec où l'on trouve sur une des premières feuilles de garde les tables dont nous parlons à la note précédente.

différents, on ne s'aventure guère en pensant qu'ils sont étroitement apparentés.

c) Quand il édita le *De corpore* en 1540, Guillaume Le Rat utilisa un manuscrit que dom François Carré avait découvert dans la bibliothèque du Bec [1]. L'édition due à ses soins, reproduite par l'édition de d'Achery, laquelle à son tour fut reprise dans la Patrologie de Migne, présente une assez longue interpolation concernant le concile de Rome du carême de 1079 [2]. Le manuscrit dont s'est servi Guillaume Le Rat est différent de *Paris, BN lat. 13217*, mais cependant lui est apparenté. Si l'on consulte le tableau des variantes que nous donnons dans l'appendice III, on voit que dix omissions dans le texte de Migne (par rapport à *Vorau 412* et à *Palat. lat. 482*) déparaient aussi à l'origine *Paris, BN lat. 13217*, où le texte a été complété à la suite d'un travail de collation avec un témoin plus correct (sans cependant que la proposition *cum revera sit sacramentum corporis Christi*, à rétablir après *corpus Christi* en 425 A 7, y ait été restituée).

d) Au XVIIe siècle, dom L. d'Achery a consulté un exemplaire manuscrit du *De corpore* appartenant à l'abbaye du Bec, dans lequel il n'a pas trouvé l'interpolation que nous venons de mentionner. Il s'agit de *Paris, BN lat. 13217* [3].

En conclusion, dans les quatre cas envisagés ci-dessus, on peut déceler l'existence au Bec, au cours des siècles, d'au moins deux témoins différents du *De corpore* de Lanfranc : l'actuel *Paris, BN lat. 13217* et le manuscrit édité par Guillaume Le Rat. De ce dernier manuscrit on ne découvre plus trace à l'heure actuelle. L'exemplaire mentionné dans le catalogue du XIIe siècle correspond vraisemblablement à l'un de ces deux manuscrits.

5. *Bruxelles, BR 4399-4402*, folios 69r-90v (XIIe s.), provenant de l'abbaye de Bonne-Espérance dans le Hainaut.

On trouve dans ce manuscrit, successivement, du folio 62 au folio 96 : *a*) la lettre de Bérenger à Lanfranc; *b*) quelques lignes précédées par les mots : *Sententia scripta in calice Fulberti, Carnotensis episcopi*; *c*) le traité de Lanfranc dans son intégralité, suivi de citations de saint Jérôme et de saint Hilaire

---

1. Voir la lettre de dom F. Carré au chanoine G. Le Rat dans PL, t. CL, 405-408. Voir *infra*, p. 257-258.
2. DC, 411 B 1-C 14.
3. Voir *Ad lectorem*, dans PL, t. CL, 15 A 4-B 15.

ayant trait à l'eucharistie; *d*) le traité de Hugues de Langres sur l'eucharistie.

6. *Paris, BN lat. 1858*, folios 108^r-114^r (XIIIe s.), provenant de la Bibliothèque royale de Blois.

Du folio 107 au folio 117, ce manuscrit présente une suite de textes parallèles à ceux qui occupent les folios 62 à 96 du manuscrit *Bruxelles, BR 4399-4402*, à savoir : *a*) la lettre de Bérenger à Lanfranc ; *b*) la lettre de Bérenger à Richard suivie d'un complément correspondant au petit texte qui, selon le manuscrit de Bruxelles, aurait été gravé sur le calice de Fulbert [1]; *c*) le traité de Lanfranc avec de très importantes lacunes, suivi des citations de saint Jérôme et de saint Hilaire qu'on trouve également dans le manuscrit bruxellois [2]; *d*) le traité de Hugues de Langres sur l'eucharistie. Il est évident que les groupements de textes qui ont trait à l'affaire bérengarienne, dans *Bruxelles, BR 4399-4402* et dans *Paris, BN lat. 1858*, tirent leur origine d'un document commun, que ces manuscrits ont reproduit de façon incomplète. *Bruxelles, BR 4399-4402* a supprimé la lettre de Bérenger à Richard (tout en gardant la note qui suivait cette lettre). *Paris, BN lat. 1858* a amputé le traité de Lanfranc.

II. Éditions [3]

Nous présenterons les deux éditions les plus anciennes du *De corpore*, datant de 1528 et de 1540. Chacune d'elles constitue un travail original exécuté à partir d'un unique manuscrit. Ces deux manuscrits n'ont pas été retrouvés, mais, pour l'un et l'autre, subsiste un manuscrit apparenté, respectivement à la Bibliothèque royale de Bruxelles et à la Bibliothèque nationale de Paris.

Nous présenterons aussi les éditions de Louvain de 1551 et de 1561. Dans le titre du volume, l'auteur de l'édition de 1551

---

1. Cfr EF, LXXXVIII, 153/12-23, 35-43, 154/12-17. Voir *supra*, p. 104.
2. On les trouve reproduites par J. A. Giles, dans les *Opera omnia Lanfranci*, t. II, après la conclusion du traité de Lanfranc. Il s'agit de Jérôme, *Commentaria in Ezechielem prophetam*, XIII, XLIV : PL, t. XXV, 429 B 11-C 6 ; et de Hilaire, *De Trinitate*, VIII, 13-16 : PL, t. X, 246 A 1-249 B 7.
3. Toutes les éditions que nous mentionnons ici, à l'exception de celle de Louvain de 1561, se trouvent à la Bibliothèque nationale de Paris.

se flatte d'avoir accompli un travail critique, affirmation dont la portée exacte serait à vérifier. L'édition de 1561 s'appuie sur un manuscrit identifié, appartenant à la collection Harley (British Museum) depuis 1723.

Quant aux autres éditions, insérées pour la plupart dans de grandes collections, elles reproduisent directement ou indirectement telle ou telle des premières éditions. Nous ne dirons rien d'elles, si ce n'est des trois plus connues, qui sont dues respectivement à dom L. d'Achery (1648), J.A. Giles (1844) et J.-P. Migne (1854).

R.B.C. Huygens, dans son article *Bérenger de Tours, Lanfranc et Bernold de Constance*, p. 370-377, a donné une édition critique des passages historiques du traité de Lanfranc, c'est-à-dire du chapitre premier, de la majeure partie du chapitre II et de la première moitié du chapitre IV.

1. Le traité de Lanfranc sur l'eucharistie a été édité pour la première fois par Jean Sichard à Bâle en 1528 d'après un manuscrit du diocèse de Trèves. Paul Lehmann, au cours de ses recherches sur les manuscrits utilisés par Jean Sichard pour ses éditions de textes anciens, n'a pas retrouvé le manuscrit qui est à la base de cette édition. Par contre, il est certain que l'actuel *Bruxelles, BR 10807-10811* est de la même famille que ce manuscrit disparu. Le volume a pour titre : *Philastrii, episcopi Brixiensis, haereseon catalogus, cui adiectus est eruditissimus libellus Lanfranci, episcopi Canthuariensis de sacramento eucharistiae adversus Berengarium, nunc recens editi. Cum gratia et privilegio.* La lettre-dédicace, adressée par Jean Sichard à Balthasar, évêque-coadjuteur de Constance, est datée du 26 novembre 1528. La première partie du volume est occupée par le catalogue des hérésies dû à Philastrius. Vient ensuite, au folio 99ᵛ, le traité de Lanfranc avec le titre : *Lanfranci Cant. de eucharistiae sacramento libellus adversus Berengarium Turon.* L'imprimeur, non désigné sur le volume, est Henricus Petrus, de Bâle.[1]

---

[1]. Voir P. LEHMANN, *Johannes Sichardus und die von ihm benützten Bibliotheken und Handschriften*, Munich, 1912, p. 38, 60, 202. La parenté entre le manuscrit *Bruxelles, BR 10807-10811* et le manuscrit utilisé par Sichard pour son édition de Lanfranc s'établit de la façon suivante. En 1528, Sichard édite les *Tractatus* XII-XIII et XVII-XXXI de Chromace d'Aquilée sur l'évangile de saint Matthieu, d'après un manuscrit envoyé par Mathias de Sarrebourg, official de Trèves, manuscrit qui contenait également le *Sermo de octo beatitudinibus* du même Chromace. La même année Sichard éditait aussi le traité de

2. Une seconde édition du traité de Lanfranc parut à Rouen en 1540, réalisée par Guillaume Le Rat, pénitencier de Rouen et grand vicaire du cardinal Georges II d'Amboise, à la demande de dom François Carré, moine du Bec, à partir d'un manuscrit que celui-ci avait découvert dans la bibliothèque de son abbaye. Comme nous l'avons dit plus haut, le manuscrit utilisé par Guillaume Le Rat présentait une assez longue interpolation se rapportant au concile de Rome du carême de 1079 [1]. Cette interpolation est inspirée du compte-rendu de ce concile, tel qu'on le trouve dans le « Registre » de Grégoire VII [2]. Le texte de l'édition de Rouen de 1540 est apparenté, nous l'avons déjà précisé, au texte du manuscrit *Paris, BN lat. 13217.* Il est caractérisé par une dizaine d'omissions qui existaient aussi dans le manuscrit de la Bibliothèque nationale de Paris, où une main contemporaine a restitué les mots qui faisaient défaut.

L'édition de 1540 se présente sous deux formes. Certains exemplaires commencent par le titre *Lanfrancus contra Bellengarium,* suivi du privilège établi au nom de Louis Bouvet ; avant le privilège on lit : *Venundantur Rothomagi in officina Ludouici Bouuet : & cadomi in officina Michaelis angier.* Les autres exemplaires commencent directement à la page 1, où l'on peut lire cet intitulé : *LANFRANCI CANTVARIENSIS archiepiscopi in berengarium Turonensem, hęreticum de corpore & sanguine domini dialogus opus quidem recens ęditum, sed ab ipso authore quingentis Iam annis conscriptum. Cui additur paschasij ratberti de altissimo iuxta ac sacratissimo altaris & sacramento & sacrificio, opus non minus veterum redolens eloquentiā quam*

Lanfranc d'après un manuscrit communiqué par Mathias de Sarrebourg. Or, dans le manuscrit *Bruxelles, BR 10807-10811,* on trouve les *Tractatus* XVII-XXXI (mais pas les XII-XIII), le *Sermo de octo beatitudinibus* et le traité de Lanfranc. Le texte de Chromace du manuscrit de Bruxelles correspond à celui de l'édition. De même pour le texte de Lanfranc : « Codex plane concordat cum editione Sichardi » (A. HOSTE, *Chromatii Aquileiensis episcopi quae supersunt,* dans *Corpus christianorum,* série latine, t. IX, Turnhout, 1957, p. 374-375). Sur ces faits, voir R. ÉTAIX et R. LEMARIÉ, *La tradition manuscrite des ' Tractatus in Matheum ' de saint Chromace d'Aquilée,* dans *Sacris erudiri,* t. XVII, 1966, p. 312-313. Sur l'origine du manuscrit qui a servi à Sichard pour ses éditions de Chromace et de Lanfranc, A. HOSTE (*op. cit.,* p. 375) précise : « Fortasse codex idem est ac Marienstattensis, in dioecesi Limpurgensi, anno 1490 in catalogo ejusdem monasterii memoratus ; hodie deperditus est ».

1. DC, 411 B 1-C 14. Voir *supra,* p. 254.
2. E. CASPAR, *Gregorii registrum,* t. II, Berlin, 1923, VI 17a, p. 425-427 ; même texte dans PL, t. CXLVIII, 809 D-812 A.

*sapientiam. ROTHOMAGI. Ex officina Iohannis Parui. M.D.
XL.* Le traité de Lanfranc occupe les pages 17 à 76 avec le même
titre qu'à la page 1 *(Lanfranci... conscriptum).* Les pages 2 à
16 contiennent plusieurs textes ; le seul qui ait été reproduit
par Migne est une lettre, datée du 31 janvier 1540, écrite par
dom F. Carré au chanoine G. Le Rat (p. 13-16)[1]. A la page 2
se trouve un abrégé des vies de Lanfranc et de Paschase extrait
du *De scriptoribus ecclesiasticis* de Jean Trithème. Les pages
3 à 10 sont occupées par une préface de Guillaume Le Rat
adressée au cardinal Georges II d'Amboise. Au début de cette
préface, Guillaume Le Rat précise que, passant à l'abbaye du
Bec pour y remplir les devoirs de sa charge, il reçut des mains
de dom F. Carré le manuscrit du traité de Lanfranc, document
qui était en assez piteux état (ce qui explique sans doute pourquoi il n'est pas parvenu jusqu'à nous). Signalons enfin, aux
pages 11 et 12, trois petites pièces en vers dues à la plume de
dom F. Carré, dont les deux premières sont adressées respectivement aux moines de Saint-Étienne de Caen et à l'abbé commen-
dataire du Bec.

Dom F. Carré se pique d'être le premier à avoir pris l'initiative
d'une édition de l'ouvrage de Lanfranc et traite sans ambages
de menteurs ceux qui prétendent le contraire. Guillaume Le
Rat semble partager cette conviction, comme l'indique la mention *opus quidem recens editum* dans le titre du volume. Mais ces
affirmations un peu trop voyantes (et démenties par l'existence
de l'édition de Bâle) n'ont peut-être qu'un seul but : justifier
le privilège, qui ne pouvait être dévolu qu'à un ouvrage non
encore « mis en impression ».

3. En 1551, à Louvain, Jean Coster édita le traité de Lanfranc
avec divers autres écrits se rapportant pour la plupart directement à la controverse bérengarienne. Le titre du volume est :
*De veritate corporis et sanguinis Domini nostri Jesu Christi in
eucharistiae sacramento.* En sous-titre on lit : *Cum refutatione
diversarum circa hoc haereseon, Authores vetusti, vitae sancti-
monia ac eruditione insignes antehac mendosi ac mutili, nunc
vero collatione veterum codicum et purgatiores et auctiores effecti.*
Puis : *Lovanii. Apud Petrum Phalesium. Anno MDLI. Cum
privilegio sign. a P. Lens.* Jean Coster semble donc avoir cherché

---

1. PL, t. CL, 405-408.

à faire un travail vraiment critique, mais nous ne savons pas sur quels manuscrits il appuie son édition du traité de Lanfranc. A ce traité, qui suit la préface dédicatoire, il donne le titre suivant : *D. Lanfranci Archiepiscopi Cantuariensis contra Berengarium. Liber unus.*

4. Dom Rivet, dans l'*Histoire littéraire de la France*, présente le recueil d'écrits sur l'eucharistie édité par Jean Ulimmer à Louvain en 1561 comme la reprise du volume de Jean Coster [1]. Mais, pour éditer les traités de Paschase et de Lanfranc, Ulimmer a eu à sa disposition un manuscrit apporté d'Angleterre. Ce manuscrit acquis par le monastère Saint-Martin de Louvain, dont Ulimmer fut le prieur de 1559 à 1562, entra dans la collection Harley en 1723 et se trouve au British Museum sous la cote *Harley 3061* [2].

5. Dom L. d'Achery, dans les *Lanfranci opera omnia*, Paris, 1648, a repris l'édition de Rouen de 1540. Le savant bénédictin affirme avoir purgé l'édition due à Guillaume Le Rat des fautes qui y pullulaient [3]. Il en a, en fait, laissé subsister un grand nombre et, s'il a consulté trois manuscrits du *De corpore* appartenant respectivement à la Bibliothèque royale *(Paris, BN lat. 1858)*, à la bibliothèque du Bec *(Paris, BN lat. 13217)*

---

1. Cité dans PL, t. CXLIII, 1285 D-1286 A.

2. N. R. KER, *English manuscripts owned by Johannes Ulimmerius and Cornelius Duyn*, dans *Library*, série 4, t. XXII, 1941-1942, p. 205-207.

3. *Ad lectorem*, dans PL, t. CL, 15 B 5-C 7. Voici la liste de ces corrections, que nous donnons en mettant en premier lieu la leçon de l'édition Le Rat et en second la leçon de l'édition d'Achery : *a)* corrections conformes aux leçons des manuscrits dont nous donnons les variantes dans l'appendice III : *conditum=eruditum* (409 D 11), *astrinxerunt=astruxerunt* (410 B 10), *fidiei=fidei* (410 B 12), *in medium=medium* (410 C 14), *quid=quod* [2] (413 B 14), *quilibet=quibus* (413 C 15), *adiurandi=ad jurandum* (414 C 11), *temere=tenuem* (423 A 7), *gratiae = gratia* (424 A 4), *factam=suam* (424 B 13), *dominum=Deum* (424 D 9), *nunc = nunc iterum* (426 B 12), *praebemus = probemus* (431 A 12-13), *Noyses = Moyses* (431 B 2), *id=jam* (437 C 3), *unitatis=invitatis* (438 B 7), *vel=nec* (439 C 1); *b)* corrections qui s'écartent des leçons des manuscrits susdits : *imponit=imponunt* (416 C 8), *regulis=regulas* (Migne a ajouté *per* avant *regulas* : 417 A 9), *debriat=inebriat* (419 B 4), *seu=seu* [al. *sed*] (430 B 6), *ne =ne* [al. *nec*] (430 B 12), *exemplis=exemplis ut* (431 A 13), *Osee=Osea* (438 B 14), *vestigatur=vestigatur* [al. *investigatur*] (440 B 3), *finium=filiorum* (442 B 5), *tantum=totam* (442 C 5). La seconde série de variantes, dix en tout, compte en fait au moins cinq erreurs de l'éditeur ou négligences du typographe. Les corrections de la première série sont toutes valables. Le bilan est maigre. Il est assez fâcheux notamment que d'Achery n'ait pas tiré parti du manuscrit qu'il avait fait venir du Bec *(Paris, BN lat. 13217)*, pour suppléer les lacunes de l'édition de G. Le Rat.

et à la bibliothèque d'A. Petau *(Vatican, Reginensis lat. 237)*, c'est, semble-t-il, beaucoup plus pour savoir s'ils contenaient l'interpolation concernant le concile de Rome de 1079 que pour faire un véritable travail de collation. Sa mauvaise santé explique cette négligence [1].

6. J.A. Giles a édité le *De corpore* de Lanfranc dans le tome second des *Opera omnia Lanfranci*, Oxford-Paris, 1844, volume de la collection des *Patres Ecclesiae Anglicanae*. Il a utilisé l'édition de d'Achery, mais l'a sommairement corrigée à l'aide d'un manuscrit de la Bibliothèque royale de Paris, qui, selon lui, porterait le n° 1359 [2]. En fait, la cote donnée par Giles ne correspond à aucun manuscrit du traité de Lanfranc. De plus, le manuscrit *Paris, BN lat. 1858* que Giles a consulté, est très incomplet. Il semble que Giles *a)* a collationné avec ce manuscrit l'édition de d'Achery, *b)* que pour les passages manquant dans *Paris, BN lat. 1858*, il s'en est tenu au texte de d'Achery, *c)* sauf en ce qui concerne tel ou tel passage (notamment DC, 425 A 7), pour lesquels il a puisé à une source que nous ignorons, manuscrit ou édition. J.A. Giles a ajouté au *De corpore* les citations de saint Jérôme et de saint Hilaire qu'on trouve dans *Paris, BN lat. 1858* (et dans *Bruxelles, BR 4399-4402*), après la conclusion de ce traité [3].

7. J.-P. Migne, dans le tome CL de la *Series secunda* du *Patrologiae cursus completus*, Petit-Montrouge, 1854, col. 407-442, a reproduit le texte du *De corpore* de l'édition de d'Achery, en commettant, du reste, quelques erreurs de transcription. Il ne s'inspire en aucune façon de l'édition de Giles [4]. L'édition de Migne présente donc les mêmes imperfections, légèrement aggravées, que l'édition de 1648. Sans être franchement mauvais, le texte qu'elle offre est néanmoins souvent fautif, comme on peut en juger par le tableau des variantes que nous donnons dans l'appendice III.

* * *

---

1. Sur l'activité de dom L. d'Achery éditeur de Lanfranc, on trouvera des renseignements intéressants dans J. FOHLEN, *Dom Luc d'Achery (1609-1685) et les débuts de l'érudition mauriste*, dans *Revue Mabillon*, t. LVI, 1966, p. 1-30.

2. J. A. GILES, *Opera omnia Lanfranci*, t. II, p. VI, 147-199, 311-312.

3. Voir *supra*, p. 255, note 2.

4. On dit couramment le contraire : « Migne a repris l'édition de Luc d'Achery en la collationnant avec celle de Giles » (J. FOHLEN, *art. cit.*, p. 18).

Pour terminer cet aperçu sur le texte du *De corpore*, nous groupons quelques remarques de détail, dont certaines ont déjà été l'objet d'une mention dans les pages qui précèdent :

a) Le traité de Lanfranc appartenant au genre épistolaire n'avait pas de titre à l'origine. Certains manuscrits de ce traité, parmi les plus anciens, commencent *ex abrupto* par l'adresse : *Lanfrancus, misericordia Dei catholicus, Berengario, catholicae Ecclesiae adversario.* Ailleurs, on trouve avant cette adresse les titres les plus variés, ce qui confirme l'absence de titre originel. Nous nous en tenons à l'appellation *De corpore et sanguine Domini*, consacrée par un long usage [1].

b) La division en chapitres est l'œuvre de dom L. d'Achery (1648) [2]. Si elle ne présente pas de coupure arbitraire, elle ne rend pas compte, cependant, de la structure du *De corpore*, ouvrage dont le plan est très délibéré, comme on pourra en juger par la suite.

c) On n'a pas retrouvé la trace, dans les manuscrits, de l'interpolation concernant le concile de Rome de 1079, telle qu'elle existe dans l'édition de Guillaume Le Rat (1540). Inspirée du compte-rendu officiel du concile, elle a peut-être été insérée par Lanfranc lui-même dans un exemplaire du *De corpore* qu'il aurait envoyé au Bec après 1079. Introduite par les mots *Ad haec*, elle se présente clairement comme un apport étranger au texte primitif [3].

d) Deux citations du *De fide* de saint Ambroise ne sont pas à leur place logique, mais leur lien grammatical avec le texte qui les précède montre que cette étourderie n'est pas due à la négligence d'un copiste et qu'elle a été commise lors de la rédaction du *De corpore* [4].

e) Il n'y a aucune raison sérieuse de penser que l'addition de citations patristiques après la conclusion du *De corpore*, dans les manuscrits *Bruxelles, BR 4399-4402* et *Paris, BN lat. 1858*, soit à attribuer à Lanfranc [5].

---

1. Voir *supra*, p. 196, *infra*, p. 269.
2. *Ad lectorem* : PL, t. CL, 15 C 4-5.
3. DC, 411 C 1-B 14. Voir *supra*, p. 254, 257.
4. DC, 437 B 7-15. Ces citations sont en rapport avec les développements de DC, 437 C 8-D 11 : voir *infra*, p. 316-317.
5. Voir *supra*, p. 254-255, 260.

CHAPITRE XIV

LA NATURE
DU « DE CORPORE ET SANGUINE DOMINI »

Le traité de Lanfranc sur l'eucharistie se présente comme la réfutation de l'opuscule que Bérenger avait écrit contre le concile de Rome de 1059 [1]. Dans l'introduction de son ouvrage (il s'agit du chapitre premier), Lanfranc explique ses intentions. Il est disposé à discuter avec Bérenger de la question eucharistique sous l'arbitrage d'un concile [2], discussion qui aurait peut-être pour effet de ramener son adversaire à la pensée commune de l'Église et à une juste interprétation des « écritures » [3] et qui, à défaut de cette conversion, serait, pour les disciples du maître tourangeau, l'occasion d'un retour à la vraie foi [4]. Ce colloque aurait pour objet essentiel de montrer comment Bérenger utilise fallacieusement l'argument patristique en appuyant son argumentation sur des textes inauthentiques ou partiellement défigurés [5]. Par ces procédés démoniaques, l'écolâtre scandalise les fidèles et il pervertit les esprits non avertis, « ignorants du divin mystère », qui, incapables de résister à ses sophismes, jugent de l'eucharistie d'après les apparences sans pénétrer jusqu'à la réalité invisible : *Contemplantur ea quae videntur*,

---

1. DC, 409 C, 415 B 8-10.

2. Ce n'est pas dans l'introduction du *De corpore*, mais quelques pages plus loin que Lanfranc précise qu'il envisageait le colloque comme devant avoir lieu devant une assemblée conciliaire (DC, 414 C 2-5). On remarquera qu'en 1049 et 1050 la situation était inverse : à cette époque, c'est Bérenger qui désirait rencontrer Lanfranc pour discuter avec lui de la question eucharistique. Ils se rencontrèrent en fait à Brionne vers la fin de 1050, mais il ne semble pas qu'il y ait eu entre eux un véritable débat : voir *supra*, p. 53 sq., 91 sq.

3. Rappelons que les expressions *scripturae sanctae* (DC, 408 B 4), *divinae litterae* (DC, 415 D 8-9), *scriptura divina* (dans la lettre de Bérenger à Lanfranc) et d'autres analogues, employées par Lanfranc, Bérenger et leurs contemporains, englobent non seulement l'Écriture Sainte, mais aussi les autres textes de la tradition et notamment les écrits patristiques.

4. DC, 407 A-B.

5. DC, 408 A 7-409 A 2.

non ea quae non videntur[1]. Ses théories subversives, Bérenger ne se contente pas de les défendre par la parole, il les répand aussi par des écrits que ses partisans se chargent de diffuser dans les régions les plus diverses.

Hélas ! Lanfranc sait que Bérenger ne se prêtera pas à un débat public. Le maître tourangeau préfère agir dans la clandestinité. Extérieurement, par crainte de la mort, il s'est soumis au concile romain qui a condamné sa doctrine et ses agissements, mais il n'en continue pas moins à exposer ses idées en cachette devant des cercles restreints d'esprits incompétents. C'est la raison pour laquelle il fuit Lanfranc et ne se soucie guère de rencontrer les hommes de religion qui pourraient arbitrer une discussion entre les deux adversaires. De plus, violant sa profession de foi, il a écrit contre le concile, contre la vérité catholique, contre la pensée de toutes les églises, un opuscule auquel Lanfranc se propose de répondre dans son ouvrage[2].

De ces premières données ressortent les intentions et les idées directrices qui inspireront Lanfranc dans la composition de son traité :

1. Renonçant à un colloque public que Bérenger n'accepterait pas, il défendra par la plume le synode romain et la foi catholique contre les attaques lancées par Bérenger dans le *Scriptum contra synodum*.

2. Sur le plan doctrinal, le point le plus important mis en cause, celui auquel achoppe particulièrement la pensée de l'écolâtre de Saint-Martin de Tours, est la notion du « divin mystère » eucharistique : le sacrement de l'autel ne peut être jugé d'après le témoignage des sens. A ce propos, Lanfranc formule, dès l'abord, la distinction, qui sera le leitmotiv du *De corpore*, entre ce qui est visible et ce qui est invisible dans l'eucharistie : *Ea quae videntur, ... ea quae non videntur.*

3. Enfin, l'argumentation de Lanfranc s'appuiera sur une exégèse loyale des textes patristiques et sur une critique serrée des artifices employés par Bérenger dans l'utilisation de la preuve « scripturaire ».

---

1. DC, 409 A 14-15. Cfr *II Cor.*, IV 18 : « Non contemplantibus nobis quae videntur, sed quae non videntur. Quae enim videntur, temporalia sunt ; quae autem non videntur, aeterna sunt ». Voir aussi AMBROISE, *De sacramentis*, I, III, 10 : PL, t. XVI, 420 C ; *De mysteriis*, III, 8 : PL, t. XVI, 391 B.

2. DC, 408 A-409 C.

Si le but premier de Lanfranc dans le *De corpore* est de réfuter le *Scriptum contra synodum*, il réserve en fait le détail de cette réfutation pour la première partie de son traité (ch. II-XVII), et dans la seconde partie (ch. XVIII-XXIII) il confronte d'une façon plus large la doctrine orthodoxe avec l'opinion bérenga-rienne et se propose de démontrer que le pain et le vin sont, par la consécration, convertis à la vraie chair et au vrai sang du Christ.

Réfutation du *Scriptum contra synodum*, le *De corpore* est construit avec toute la rigueur d'un réquisitoire, il est puissam-ment organisé et charpenté afin d'atteindre l'objectif que vise son auteur, qui est de défendre la foi commune et d'écraser la doctrine hérétique. La démonstration y est conduite avec méthode, et les conclusions vigoureusement soulignées rappellent que chez Lanfranc le dialecticien et l'homme de loi s'unissent au théo-logien [1].

Néanmoins, les raisonnements de l'ancien écolâtre du Bec ne sont pas constamment efficaces. Il arrive à Lanfranc d'attacher une valeur probante à des remarques purement formelles ou, faisant appel à la logique, de tomber dans des paralogismes déconcertants [2]. Il faut, du reste, reconnaître que, de son côté, Bérenger, tout en se montrant plus exigeant que Lanfranc dans l'agencement de ses preuves, égare son lecteur à travers le dédale d'argumentations filandreuses dans lesquelles le verbalisme a plus de part que l'intelligence effective des problèmes. On doit voir dans ces gaucheries les premiers balbutiements de la pensée systématique, qui, de loin, préparaient l'essor de la période scolastique, comme les pas mal assurés et le bégaiement du petit enfant préludent aux démarches de l'adolescent et de l'homme.

Quoiqu'il en soit de ces maladresses de détail, l'ensemble du *De corpore* atteint parfaitement le but que se proposait l'abbé de Saint-Étienne de Caen, et Bérenger, qui rend fréquemment hommage à la valeur intellectuelle de son adversaire [3], montrera par l'âpreté de sa réaction combien il avait été touché au vif.

---

1. On remarquera en particulier l'emploi de la conjonction *ergo* soulignant les conclusions de développements secondaires (DC, 412 C 11, 417 C 6, 13) et des développements les plus importants du *De corpore* (DC, 412 A 5, 414 C 11, 424 B 3, C 6, 425 A 6, 426 A 1, 440 D 10, 442 D 10). Autres conclusions très appuyées en DC, 415 D 7-11, 419 B 14-C 2.

2. Voir *infra*, p. 275-276, 281, 286, 291-293.

3. Voir le billet de Bérenger à Lanfranc et DSC, 4/26, 14/31, 18/35, etc.

La défense et l'attaque de Lanfranc ne se limitent pas aux pures questions de doctrine. Avec un sens admirable de l'Église, il situe le débat dans ses vraies perspectives. L'erreur bérengarienne tend à priver la chrétienté non d'une vérité abstraite mais d'une réalité vitale, dans laquelle la communauté puise ses énergies spirituelles et qui est à la fois le signe de l'unité et la source de la charité [1]. Il s'agit donc de savoir si Bérenger acceptera humblement de se rallier à l'Église catholique, romaine, universelle, qui, depuis les temps apostoliques, garde jalousement le dépôt de la croyance eucharistique, ou s'il restera séparé d'elle en lui préférant orgueilleusement ses vues personnelles [2]. En suscitant une hérésie, Bérenger a rompu « la paix antique » [3], il a provoqué un schisme [4], et c'est ce douloureux état de fait que l'Église a sanctionné en le privant de la communion ecclésiastique lors du concile de Rome de 1050. Lanfranc exprime cela en un saisissant raccourci : « Comme on comprenait que tu avais, à propos de l'eucharistie, une pensée opposée à la foi commune, on a promulgué contre toi une sentence de condamnation *en te privant de la communion de la sainte Église, elle que tu cherchais à priver de sa sainte communion* » [5]. Aussi, le sens profond du *De corpore* est-il déjà inclus dans les mots qui lui servent d'entrée en matière, dans cette suscription quelque peu provocante, il est vrai, mais néanmoins si pertinente : « Lanfranc, catholique par la miséricorde de Dieu, à Bérenger, adversaire de l'Église catholique » [6].

Si Lanfranc élargit le débat à ses dimensions ecclésiales, il le porte également sur tous les terrains où il pense trouver son adversaire en défaut. Sur le terrain doctrinal, évidemment, où il fait intervenir soit des exposés précisant la pensée de l'Église (ch. IX-XV), soit des démonstrations appuyées sur les

---

1. DC, 415 A 12, 425 C 2-426 A 1, 429 B 2-430 A 9.

2. DC, 407 A 11-15, 410 B 4-12, 412 A, 414 A, 419 A 3-5, 426 B-D, 429 B 4-7, 430 A 11-13, D 1-3, 435 C 9-12, 439 D 10-11, 440 D 10-442 D 8.

3. DC, 409 C 15-D 1.

4. DC, 414 A, 439 D 11-12. Voir *supra*, p. 196, note 8, p. 197, note 5.

5. « Intellecto quod... communi (PL : communis) de eucharistia fidei adversa sentires, promulgata est in te damnationis sententia, privans te communione sanctae Ecclesiae, quam tu privare sancta ejus communione satagebas » (DC, 413 B 5-10).

6. « Lanfrancus, misericordia Dei catholicus, Berengario catholicae Ecclesiae adversario » (DC, 407 A 2-3).

témoignages de la tradition (ch. XVIII-XIX) et sur le raisonnement (ch. XX-XXIII). Mais il est trop convaincu de la gravité
de la question mise en cause, trop pénétré de la certitude de
sa foi, trop persuadé de l'indigence des arguments de Bérenger,
pour rester dans les limites d'une discussion irénique. Il va donc
chercher à déconsidérer son adversaire devant l'opinion catholique, à écraser non seulement la fausse doctrine, mais aussi les
procédés, les agissements, le caractère de celui qui ose la défendre.

Sur le plan intellectuel, Lanfranc s'efforce de minimiser
les capacités de Bérenger. Il souligne, par exemple, les erreurs
techniques de l'écolâtre dans l'utilisation de la dialectique [1].
En ce qui concerne les citations patristiques du *Scriptum contra
synodum*, il relève, non parfois sans lourdeur, les imprécisions
de Bérenger et ses falsifications (ou prétendues telles), et ceci
même en des points qui n'ont guère de rapport avec le problème
doctrinal [2]. Dans l'un et l'autre cas, l'intention évidente de Lanfranc est de ruiner le crédit du maître tourangeau [3]. Il ne rend
à l'intelligence de Bérenger aucun des hommages que celui-ci,
jusque dans ses pages les plus hargneuses, ne cesse de présenter
à l'intelligence et à la culture de son adversaire [4].

Bien plus, l'auteur du *De corpore* s'en prend à la personne du
maître tourangeau. Enferrant celui-ci dans ses propres arguments, il lui fait remarquer que ses injures et ses accusations se
retournent contre lui-même [5] ; avec une logique impitoyable,
il lui démontre que sa diatribe à l'adresse du cardinal Humbert
le contraint à avouer un double parjure. En effet, en attaquant
la formule de profession de foi qu'il a reçue des mains d'Humbert, Bérenger renie son serment [6]. De plus, en prétendant que
cette profession de foi contient des affirmations contradictoires,
il reconnaît qu'en la lisant il a, d'une façon ou d'une autre,
renié ses convictions [7]. Aucun reproche ne pouvait être plus

---

1. DC, 417 B 9-418 A 15. Voir *infra*, p. 291-293.
2. DC, 415 D 5-11, 418 B 6-14, 420 C 1-421 A 8, D 9-14, 422 C 9-D 10, 423
C 11-D 3. Cfr 416 C 2-D 4, 419 A 11-B 5, etc.
3. DC, 408 A-B, 418 A-B, D 5-12, 420 C, etc.
4. Voir *supra*, p. 264, note 3.
5. DC, 410 B 4-15, C 9-12, 412 B-D.
6. DC, 412 A 12-14.
7. DC, 414 C 8-D 3, 426 B 11-12. Sur le double parjure, voir *supra*, p. 196,
note 3, *infra*, p. 274, 280, 283-284.

sensible à l'amour-propre de Bérenger que le rappel de cette infidélité à sa croyance personnelle ; nous savons, du reste, qu'il essaiera d'en atténuer le mordant en assurant qu'à Rome il n'avait pas prêté un véritable serment [1].

Lanfranc stigmatise l'orgueil de l'écolâtre de Saint-Martin de Tours : suffisance de l'intellectuel qui refuse de soumettre sa raison à la foi, ambition et vanité d'un homme qui cherche sa propre gloire et regarde de haut la grande masse chrétienne attachée, selon lui, à des opinions grossières [2]. Il le rappelle au devoir de la prière [3]. Il soupçonne la malice de ses intentions [4] et ajoute foi aux bruits d'après lesquels Bérenger recruterait ses partisans à prix d'argent [5].

Cette insistance de Lanfranc à déconsidérer son adversaire n'est pas la conséquence d'une animosité trop humaine, la manifestation d'un ressentiment personnel qui se parerait de prétextes désintéressés [6]. Elle correspond au souci de répliquer coup pour coup à Bérenger [7], de ne pas lui abandonner un seul pouce de terrain [8] et de protéger par là les esprits faibles contre l'influence pernicieuse de ce maître d'erreur [9].

Mais il faut aller plus en profondeur. Le lecteur du *De corpore* ne peut pas ne pas être frappé par la sécurité de Lanfranc, par la sérénité imperturbable de sa croyance et par sa conviction massive de l'inanité des théories bérengariennes. Aux yeux de Lanfranc, poser un problème au sujet du sacrement de l'autel, c'était mettre en cause inutilement ce qui était établi solidement depuis les origines du christianisme et n'avait pas été par la suite l'objet de la moindre contestation [10]. Fort d'une telle certitude, l'abbé de Saint-Étienne de Caen n'imaginait pas que la

---

1. Voir *supra*, p. 180.
2. DC, 407 A 12-13, 412 B 4-10, 414 A 9-B 3 (cfr SCS, 412 D), 427 A-B, 429 A 14-15, 430 B 6-13, 439 D, 442 A 1-8.
3. DC, 429 B 1-2, 439 D 5.
4. DC, 408 A 10-11.
5. DC, 411 D 1-2, 436 A 13-14. Voir *supra*, p. 30, notes 4 et 5, p. 164, note 4.
6. Lanfranc attaqué personnellement par Bérenger (SCS, 412 D) ne cherche pas à se défendre lui-même, mais se considère comme solidaire de toute l'Église (DC, 414 B 9-C 2).
7. DC, 410 B 4-15, C 9-12, 412 A-D, 414 C 6-11, 421 B 3-10.
8. DC, 417 A 1-2, 418 D 5-12.
9. DC, 408 A 2-3, 409 A, 412 A 10-12, 418 D 8-9.
10. DC, 409 C 14-D 1, 415 D 9-10, 418 D 9-11, 421 D 2-5, 427 A 1-C 14, 430 D 1-3, 436 A 1-2, 439 C 3-440 B 3.

doctrine de Bérenger puisse s'imposer ailleurs que chez des gens sans véritable culture [1] et par d'autres moyens que les arguments sonnants et trébuchants [2]. Il n'entrait donc lui-même dans le débat qu'à contre-cœur et préférerait, disait-il, ne pas s'occuper de ces balivernes si la propagande hétérodoxe du maître tourangeau, en troublant la paix de l'Église, n'avait rendu nécessaire son intervention [3]. Cet état d'esprit explique la rudesse avec laquelle il traite son adversaire dans le *De corpore*. En réalité, un problème se posait, dont Lanfranc lui-même dans son ouvrage nous révélera à son insu toute la gravité. Mais on ne peut lui faire grief de n'avoir pas compris, comme cela nous est possible avec le recul du temps, que l'apparition de l'hérésie bérengarienne était liée, ainsi que ce fut le cas pour tant d'autres hérésies, à un malaise latent dans l'Église. Lutter contre l'hérésie était nécessaire, certes, mais insuffisant ; il fallait aussi s'attaquer aux causes qui en expliquaient la naissance.

En écrivant le *De corpore*, Lanfranc s'est efforcé d'être bref. Il dénomme son ouvrage « opuscule », « compendium » [4]. Dans la seconde partie, notamment, il insiste sur son intention de faire court et résumé [5]. Il avait plusieurs raisons de ne pas écrire un traité aux vastes proportions. Il est possible, en premier lieu, qu'indisposé par la prolixité de son adversaire [6] et absorbé lui-même par de nombreuses occupations, il n'ait pas tenu à accorder à la composition du *De corpore* un temps trop considérable [7]. Il avait de plus adopté pour son écrit le genre épistolaire, qui réclame de la brièveté [8]. Enfin, il constatait que s'il n'est pas nécessaire d'aligner beaucoup de témoignages patristiques et de raisonnements pour convaincre les esprits bien disposés, ce n'est pas la multiplication de tels arguments qui changerait l'attitude de ceux qui, à l'avance, ont décidé de rester sur leurs positions [9].

---

1. *Supra*, p. 267, note 9.
2. *Supra*, p. 267, note 5.
3. DC, 409 C 13-D 1.
4. DC, 409 C 6, 13.
5. DC, 430 A 15-B 13, 435 C 3-4.
6. DC, 409 C 12-13, 415 B 9-10, 417 C 13-D 2, 418 C 11-13, 436 A 9-11.
7. DC, 409 C 13-D 1.
8. DC, 430 B 4-5.
9. DC, 430 B 6-13.

A quels lecteurs l'ouvrage de Lanfranc est-il destiné ? Il pourrait sembler que ce soit essentiellement à Bérenger. Le *De corpore* est, en effet, une lettre adressée au maître tourangeau. C'est sous cette appellation de « lettre » que Lanfranc le désigne soit dans le corps même de l'œuvre [1], soit dans une missive envoyée au pape Alexandre II [2]. Il le commence par cette suscription : « Lanfranc, catholique par la miséricorde de Dieu, à Bérenger, adversaire de l'Église catholique », et le continue en s'adressant constamment à Bérenger à la deuxième personne. Nous avons vu, du reste, que cet écrit n'avait pas de titre à l'origine [3]. Le *De corpore* est donc une lettre avant d'être un traité. A.J. Macdonald suppose qu'en avançant dans son travail Lanfranc a été comme obligé de lui donner une ampleur qui dépassait le cadre épistolaire et que, pour préciser sa position, il a ajouté les six derniers chapitres, qui seraient une présentation constructive du sujet [4]. Nous ne croyons pas que cette manière de voir soit justifiée. Le plan initial devait comprendre les derniers chapitres, qui sont clairement annoncés dans les chapitres IV et VIII et exigés par la première partie [5] sous peine de déséquilibrer l'ensemble de l'ouvrage : c'est à cet ensemble que Lanfranc a voulu laisser, un peu artificiellement, le caractère d'une lettre.

Le destinataire du *De corpore* est donc Bérenger, et Lanfranc ne se soucie pas seulement de le convaincre d'erreur [6], mais aussi de le ramener à la vraie foi, de sauver son âme [7]. Il ne semble pas considérer cette conversion comme impossible et pense que, la grâce aidant, il pourrait faire changer d'opinion le maître tourangeau s'il lui était donné de le rencontrer [8]. Cependant, dans la seconde partie du *De corpore*, l'appel à Bérenger est moins direct que dans la première partie. Alors que celle-ci se termine par une exhortation à l'humilité et à la prière, grâce auxquelles l'écolâtre pourrait s'ouvrir à une véritable intelligence du mystère

---

1. DC, 430 B 4.
2. Voir *supra*, p. 196, note 8.
3. *Supra*, p. 196, note 4.
4. A. J. MACDONALD, *Berengar*, p. 160. Dans ce passage du livre de A. J. Macdonald, il est question des « cinq » derniers chapitres du *De corpore*, mais il est évident que l'auteur a voulu parler des six derniers chapitres.
5. DC, 414 B 6-9, 419 A 8-11.
6. DC, 442 D 9-11.
7. DC, 407 A 4-14, 429 A 12-B 10.
8. DC, 414 C 2-5.

eucharistique [1], le début de la seconde partie souligne que les arguments, quels qu'ils soient, ne peuvent guère avoir d'influence sur les esprits qui ont décidé de persévérer dans l'infidélité et de cultiver la discorde [2] ; et la conclusion d'ensemble claironne le triomphe de la vérité sur l'erreur sans un mot d'encouragement personnel à Bérenger. Cette différence de ton s'explique soit par l'existence d'un intervalle de temps entre la période qui vit la rédaction de la première partie et celle durant laquelle Lanfranc mit la dernière main à son ouvrage, soit, beaucoup plus probablement, par le fait que la première partie, centrée sur le concile de Rome de 1059, fait intervenir des questions de personnes, alors que la seconde partie se situe sur un plan plus abstrait et plus général.

Si Lanfranc donne à son traité la forme d'une lettre adressée à Bérenger, il veut, en fait, davantage éclairer un large public qu'amener le maître tourangeau à reconnaître son erreur et à se convertir. A.J. Macdonald pense que la forme épistolaire adoptée par l'abbé de Saint-Étienne de Caen limita la première diffusion de son ouvrage [3]. C'est oublier que le genre dit « épistolaire » ne constitue le plus souvent qu'un cadre littéraire sans grand rapport avec la correspondance privée. Dans le cas du *De corpore*, nous en avons pour preuve non seulement la mention qu'on y trouve de lecteurs ou même d'auditeurs éventuels [4], mais l'allure générale du traité. Manifestement, en le composant, Lanfranc s'est donné comme but principal de rendre service à l'ensemble de l'Église, de rétablir la paix doctrinale compromise par les assertions impies de l'écolâtre de Saint-Martin de Tours [5].

On notera, en particulier, que le genre épistolaire du *De corpore* se double d'une forme dialoguée qui supplée au colloque public auquel Bérenger ne pourrait que se dérober [6]. Dans la première partie (ch. II-XVII), Lanfranc imagine, en effet, la présentation

---

1. DC, 429 A 12-B 10.
2. DC, 430 B 10-13.
3. A. J. MACDONALD, *Berengar*, p. 160.
4. DC, 414 D 6, 420 C 1, 423 B 1. Bérenger, lui aussi, fait allusion aux « auditeurs » du traité de son adversaire : c'est donc que cet ouvrage était destiné à la lecture publique dans les chapitres et les monastères (DSC, 15/1).
5. DC, 409 C 14-D 1. Voir aussi le titre donné au traité de Lanfranc dans *Palat. lat. 482* : c'est pour répondre aux besoins de l'ensemble de l'Église que Lanfranc a composé son livre (*supra*, p. 196, note 3).
6. DC, 407 A 4-409 A 2.

suivante : le nom de Bérenger placé en tête des citations du
Scriptum contra synodum et le nom de Lanfranc placé avant ses
propres réponses seront les substituts, les « vicaires » des deux
personnages absents pour le lecteur [1]. Ainsi, le colloque que la
mauvaise volonté de Bérenger rend impossible se réalisera d'une
autre façon, et le but que Lanfranc aurait voulu donner à cette
rencontre sera atteint aussi efficacement : à savoir soit l'acquiescement de Bérenger à la vérité catholique, soit, au moins, le retour
de ses partisans à la vraie foi. Puisque, semble dire Lanfranc à
Bérenger, ne peut avoir lieu la réunion devant des personnes
compétentes « qui pourraient donner leur avis sur tes paroles
et sur les miennes » [2], il reste à porter le débat devant « les
lecteurs de tes assertions et des miennes » [3] : ce que les premières
auraient pu juger, à savoir la façon dont tu inventes des textes
patristiques, ou dont tu les déformes, selon les besoins de ta
cause, ce sera aux autres de le constater [4].

Dans la seconde partie de l'ouvrage (ch. XVIII-XXIII),
Lanfranc laisse de côté le texte du *Scriptum contra synodum*
et abandonne, par conséquent, la disposition alternée, le dialogue
fictif qu'il avait adopté dans la première partie, mais c'est
en les opposant dans une sorte de diptyque qu'il présente sa
doctrine et celle de Bérenger [5], et il continue à faire parler ses
adversaires pour répondre ensuite à leurs objections [6]. A deux
reprises même, c'est à Lanfranc interpellé à la deuxième personne que sont supposées s'adresser les critiques du maître
tourangeau et de ses disciples [7]. Bien plus, l'objet de la seconde
partie, la démonstration de la conversion eucharistique par
les *auctoritates* et par les *rationes*, est identique à l'objet du
plaidoyer que Lanfranc aurait prononcé s'il avait eu l'occasion
de rencontrer Bérenger devant une assemblée conciliaire [8].

---

1. DC, 409 C 7-9. Bérenger adoptera d'abord la même présentation dans le
De sacra coena, puis il y renoncera : voir *infra*, p. 487.
2. DC, 408 A 6-7. Cfr 414 C 2-4.
3. DC, 420 C 1-2.
4. Comparer DC, 408 A 7-409 A 2 à DC, 420 C 1-5.
5. DC, 430 A 14-B 2, 440 B 5-7. Cfr 430 B 14-C 14, d'une part, et 440 B 7-
C 3, d'autre part.
6. DC, 433 C 15-D 7, 436 A 2-9, 438 D 13-439 A 8, B 11-C 3, 441 D 9-442 A 6.
7. DC, 433 D 3, 5, 436 A 4.
8. DC, 414 B 4-C 5. Cfr 419 A 8-11, 430 A 14-B 2, 440 B 5-7.

CHAPITRE XV

L'ORDONNANCE ET LE CONTENU
DU « DE CORPORE ET SANGUINE DOMINI »

L'étude approfondie de la structure et du contenu du *De corpore et sanguine Domini* est un prélude indispensable à l'exposé doctrinal que nous ferons dans les chapitres XVII à XX. Nous donnons au préalable le plan sommaire du traité :

INTRODUCTION. Circonstances qui ont poussé Lanfranc à écrire cet ouvrage (chapitre premier).

PREMIÈRE PARTIE. Réfutation des calomnies formulées par Bérenger dans le *Scriptum contra synodum* contre l'Église romaine et contre le cardinal Humbert (chapitres II-XVII) :

Première section. Réplique aux attaques lancées par Bérenger contre le cardinal Humbert et contre le texte de profession de foi, rédigé par celui-ci à l'intention de Bérenger lors du concile de Rome de 1059 : par ces attaques, l'écolâtre viole son serment et commet donc un parjure (chapitre II).

Deuxième section. Bérenger accuse le cardinal Humbert d'avoir juxtaposé des éléments contradictoires dans le texte de la profession de foi ; par là-même, il reconnaît qu'en le lisant devant les Pères conciliaires il a renié, d'une façon ou d'une autre, ses convictions et s'est parjuré en prêtant un faux serment (chapitres III-IV).

Troisième section. Réfutation proprement dite de l'accusation de contradiction : Bérenger dénature le texte de la profession de foi (chapitres V-VIII). La partie centrale de cette section fait appel au raisonnement dialectique (chapitre VII et premier paragraphe du chapitre VIII).

Quatrième section. Véritable pensée de l'Église sur les points à propos desquels Bérenger a dénaturé le texte de la profession de foi : l'eucharistie n'est pas seulement *veritas carnis ac sanguinis* (chapitres IX-XI) mais aussi *sacramentum* (chapitres XII-XV).

Cinquième section. Double conclusion de la première partie, jugeant le comportement adopté par Bérenger à l'égard du concile de Rome de 1059 et à l'égard du Siège apostolique (chapitre XVI) et définissant l'attitude de foi que le maître tourangeau devrait faire sienne en face du mystère eucharistique (chapitre XVII).

DEUXIÈME PARTIE. Démonstration de la doctrine de la conversion eucharistique à l'aide de témoignages de la tradition et à l'aide du raisonnement (chapitres XVIII-XXIII) :

Sixième section. Exposé de la doctrine orthodoxe et sa preuve par l'argument d'autorité (chapitres XVIII-XIX) et par le raisonnement (chapitres XX-XXI).

Septième section. Exposé de la doctrine bérengarienne et sa réfutation par l'absurde (chapitres XXII-XXIII).

Le *De corpore et sanguine Domini* comprend donc une introduction (chapitre premier), que nous avons présentée plus haut [1], et deux parties, que nous allons analyser dans les pages qui suivent.

Dans la première partie, Lanfranc entend réfuter les calomnies formulées par Bérenger, dans le *Scriptum contra synodum,* contre l'Église romaine et contre le cardinal Humbert. Notamment, il désavoue l'opinion que se fait Bérenger de la croyance eucharistique orthodoxe : du point de vue doctrinal, cette première partie se ramène essentiellement à un *exposé* de la pensée de l'Église sur l'aspect « réaliste » et sur l'aspect « sacramentel » de l'eucharistie.

Dans la seconde partie, annoncée à deux reprises par la première partie, Lanfranc s'attache au point le plus important mis en cause par les négations du *Scriptum contra synodum,* à la doctrine de la conversion eucharistique. Abandonnant le texte de l'opuscule de Bérenger, il confronte la foi eucharistique authentique et les conceptions bérengariennes, et se propose de prouver, par les *auctoritates* et par les *rationes,* que le pain et le vin sont, lors de la consécration, changés en la vraie chair et au vrai sang du Christ : du point de vue doctrinal, il s'agit ici non plus d'un exposé mais d'une *démonstration.*

I. Première partie du « De corpore et sanguine Domini »

Nous croyons nécessaire de donner d'abord un *aperçu général* de cette première partie, de façon à bien dégager l'enchaînement

---

des subdivisions qui la constituent et le rapport qu'elle soutient avec la deuxième partie. Nous serons ensuite plus à l'aise pour examiner le texte en détail.

Nous conformant aux indications très précises de Lanfranc [1], nous avons divisé la première partie en cinq sections. La deuxième et surtout la troisième sections sont les plaques tournantes de tout le traité.

1. Dans la *première section* (chapitre II), Lanfranc donne une première réplique aux attaques lancées par Bérenger contre la formule de profession de foi rédigée par le cardinal Humbert : en attaquant cette formule, Bérenger s'oppose à l'Église catholique, renie son serment et commet donc un parjure.

2. Dans la *deuxième section* (chapitres III et IV), Lanfranc entre dans le vif du sujet, mais il dissocie en deux éléments l'argumentation de Bérenger :

a) Bérenger prétend que la formule de profession de foi contient des affirmations contradictoires. Une telle accusation se retourne contre lui, car s'il a prêté serment sur un texte dans lequel il croyait trouver des contradictions, il a, de toute façon (c'est-à-dire pour l'un ou l'autre des aspects soi-disant contradictoires de la formule), renié sa propre pensée et donc commis un autre parjure (qui chronologiquement est le premier) (chapitre III et dernier paragraphe du chapitre IV).

b) Bérenger attaque la doctrine de la conversion eucharistique. Lanfranc, prolongeant les considérations ecclésiales de la première section, montre qu'en agissant ainsi Bérenger s'oppose à la pensée de toute l'Église. De plus, Lanfranc annonce la démonstration de la conversion eucharistique à laquelle sera consacrée la seconde partie du traité [2] (chapitre IV, excepté le dernier paragraphe).

3. Bérenger ayant précisé, dans le *Scriptum contra synodum*, quels aspects de la profession de foi lui paraissaient contra-

---

1. Le plan que nous donnons n'a pas été conçu par nous de façon arbitraire. Lanfranc a lui-même marqué très nettement les articulations de son texte sous la forme soit d'annonces de futurs développements, soit de formules de transition : DC, 412 A 14-15, 414 B 4-9, D 3-7, 415 A 8-15 (cfr 416 B 10-C 2, 418 C 13-D 5), 419 A 8-11, C 2-3, 421 D 2-5, 422 C 6-8, 430 A 11-B 2, 436 A 2-3, 440 B 5-7. A ces indications, dont la clarté ne laisse rien à désirer, s'ajoutent celles que fournissent l'analyse du texte et les conclusions très fortement soulignées des principaux développements : voir *supra*, p. 264, note 1.

2. DC, 414 B 4-9.

dictoires, Lanfranc dans la *troisième section* de son traité (chapitres V à VIII), lui répond sur deux plans différents, comme il l'avait fait dans la deuxième section. Le problème réellement posé par Bérenger concernait les termes « pain » et « vin » employés par Humbert dans le texte de la profession de foi. Humbert qui prétendait, avec le vulgaire, Paschase et Lanfranc, que la substance du pain et du vin disparaît de l'autel au moment de la consécration [1], contredisait lui-même cette prétention [2] : « En effet, celui qui dit : « Le pain et le vin de l'autel sont seulement des sacrements », ou : « Le pain et le vin de l'autel sont seulement les vrais corps et sang du Christ », convient de toute façon que le pain et le vin demeurent (sous-entendu : sur l'autel après la consécration) » [3]. Nous avons, au chapitre X, expliqué pourquoi Bérenger avait exprimé sa critique sous cette forme déconcertante [4]. Voici comment lui répond Lanfranc :

a) Humbert, dit Lanfranc, n'a formulé aucune des deux propositions sur lesquelles Bérenger appuie son raisonnement. La première, du reste, qui dit que le pain et le vin de l'autel sont *seulement* des sacrements, énonce l'erreur de Bérenger et de ses disciples. La seconde, qui dit que le pain et le vin de l'autel sont *seulement* les vrais corps et sang du Christ, ne peut être attribuée à personne : ni à Bérenger, qui refuse d'admettre la réalité de la présence du corps et du sang du Christ sur l'autel, ni à l'Église, qui croit *à la fois* que le pain et le vin de l'autel sont changés en la chair et au sang du Christ, et qu'ils sont sacrements. Du moment qu'Humbert n'a formulé aucune des deux propositions que Bérenger croit trouver dans la profession de foi, tout le raisonnement du maître tourangeau s'écroule [5]. Lanfranc passe ainsi à côté de l'objection de Bérenger : s'en prendre à certaines déficiences de forme d'un raisonnement n'est pas nécessairement répondre au problème posé dans ce raisonnement. Soit dans sa partie négative, soit dans sa partie positive, le texte rédigé par Humbert incluait que *le pain* et *le vin* sont sacrements, et corps et sang du Christ. Bérenger n'avait donc pas tort de dire : « (Humbert) convient de toute

---

1. SCS, 412 D.
2. SCS, 414 C.
3. SCS, 414 D. *Supra*, p. 185, note 3.
4. *Supra*, p. 185-187.
5. DC, 414 D 14-415 D 11, 416 B 10-C 2, 418 C 11-D 5, 419 B 10-C 2.

façon que le pain et le vin demeurent ». La réponse de Lanfranc laisse intacte cette objection.

b) En fait, Lanfranc apportera une solution au problème posé par son adversaire. Il expliquera que les mots « pain » et « vin », dans la formule du cardinal Humbert et dans d'autres textes eucharistiques, sont employés dans un sens figuré (chapitre VI et partie centrale du chapitre VIII). Mais ce ne sont pas ces développements qu'il considérera comme la réfutation topique de la critique formulée par Bérenger [1].

Dans la partie centrale de la troisième section (chapitre VII et premier paragraphe du chapitre VIII), dans laquelle Lanfranc fait appel au raisonnement dialectique, on retrouve ces deux niveaux de pensée [2].

On voit donc que Lanfranc estime avoir à défendre le cardinal Humbert contre *deux* calomnies de Bérenger [3], l'une prêtant au rédacteur de la profession de foi des propositions qui excluent de l'eucharistie soit le « réalisme », soit le « sacramentalisme » [4], l'autre lui attribuant la négation involontaire de la présence réelle par le maintien des mots « pain » et « vin » dans la formule imposée au maître tourangeau [5]. C'est autour de la réponse à ces deux calomnies que s'organise le *De corpore*. Comme nous l'avons dit plus haut, la deuxième et surtout la troisième sections sont les plaques tournantes de tout le traité :

— A partir de la réponse étrange qu'il donne à l'objection de Bérenger, Lanfranc précisera la pensée de l'Église sur l'aspect « réaliste » et sur l'aspect « sacramentel » de l'eucharistie. Au début de la troisième section, sont annoncés les développements de la quatrième section, qui est consacrée à un exposé sur ces deux points [6].

— A partir du vrai problème posé par Bérenger, problème auquel Lanfranc a apporté des solutions de principe dans la deuxième section (la doctrine de la conversion eucharistique est celle de l'Église) et dans la troisième section (les mots « pain » et « vin », dans la formule de profession de foi, ne sont pas à

---

1. Voir, en particulier, DC, 415 D 10-11, 419 B 10-C 2.
2. Voir, d'une part, 417 B 9-D 4 et, d'autre part, 417 D 5-418 A 15.
3. Cfr DC, 430 A 11-14.
4. DC, 414 D 14-415 A 2, D 6-8, 419 B 11-14.
5. DC, 416 A 5-8, 419 A 3-B 5.
6. DC, 415 A 3-15.

prendre à la lettre), Lanfranc annonce la démonstration de la conversion eucharistique qui occupe la seconde partie du traité [1].

4. La *quatrième section* (chapitres IX à XV) prolonge donc un des deux niveaux de pensée de la troisième section. Elle est l'exposé positif sur l'aspect « réaliste » et sur l'aspect « sacramentel » de l'eucharistie, correspondant au refus, formulé dans la troisième section, d'admettre que les propositions exclusives prêtées par Bérenger au cardinal Humbert se trouvent dans la profession de foi.

Dans cette quatrième section, à la fin du chapitre X, Lanfranc annonce les développements du chapitre XVII. Nous y lisons, en effet, après un exposé sur la présence réelle : « Si tu demandes comment cela peut se faire, je te réponds *brièvement pour l'instant* : C'est un mystère de foi ; il est profitable de le croire, il n'est pas utile de l'explorer » [2]. Ce qui est énoncé ici « brièvement » sera présenté tout au long dans le chapitre XVII.

5. Dans la *cinquième section* (chapitres XVI et XVII), nous avons rangé la double conclusion de la première partie.

Avant d'entreprendre une étude plus détaillée de la première partie, nous croyons utile de montrer dans un tableau synoptique comment l'ensemble du traité se développe à partir de la deuxième et de la troisième sections. On voit, d'après ce tableau, que le *De corpore*, dans les deuxième et troisième sections, présente une double construction, verticale et horizontale. Une des « couches » (elle-même dédoublée) située à l'horizontale aboutit à la quatrième section. L'autre « couche » se prolonge dans la deuxième partie. La complexité de ce plan tient essentiellement au dédoublement, opéré bien à tort par Lanfranc, de l'argument unique de Bérenger [3].

---

1. DC, 414 B 4-9, 419 A 8-11.

2. DC, 421 D 2-5 ; *infra*, p. 361, note 4, *in fine*.

3. *a)* Pour ne pas surcharger ce tableau, nous n'y mentionnons pas une parenthèse, incluse dans le ch. VI, concernant l'accusation de contradiction : DC, 416 B 10-C 2.

b) Dans la partie dialectique on trouve le même dédoublement que dans les 2e et 3e sections, soit : 417 B 9-D 4 + 418 C 11-D 5, et 417 D 5-418 A 15.

c) Un paragraphe du ch. XIII (423 B 11-C 11) concerne la question de la *veritas carnis ac sanguinis*, bien qu'il soit inclus dans les développements consacrés au sacramentalisme eucharistique.

d) Une digression du ch. XVIII (433 C 15-434 C 3) est à ranger parmi les *rationes*.

e) On peut considérer les ch. XXII et XXIII comme continuant l'argumentation par *rationes* des ch. XX-XXI.

PLAN DU « DE CORPORE ET SANGUINE DOMINI »

	PREMIÈRE PARTIE : RÉPONSE AUX CALOMNIES PROFÉRÉES PAR BÉRENGER CONTRE HUMBERT ET CONTRE L'ÉGLISE ROMAINE					SECONDE PARTIE : LA CONVERSION EUCHARISTIQUE	
Première section (chapitre II)	*Deuxième section* (chapitres III-IV)	*Troisième section* (chapitres V-VIII)	*Quatrième section* (chapitres IX-XV)	*Cinquième section* (chapitres XVI-XVII)		*Sixième section* (chapitres XVIII-XXI)	*Septième section* (chapitres XXII-XXIII)
Bérenger attaque la profession de foi sur laquelle il a prêté serment.	Bérenger prétend que la profession de foi contient des éléments contradictoires (ch. III).	Réplique à l'accusation de contradiction : Humbert n'a pas dit que l'eucharistie était seulement sacrement ou seulement présence réelle. ANNONCE DE LA QUATRIÈME SECTION (415 A). (Ch. V.)		Conclusions stigmatisant Bérenger hérétique, infidèle à ses propres convictions, injurieux pour l'Église romaine (ch. XVI) et précisant l'attitude de foi qu'il devrait faire sienne en face du mystère de la présence réelle (ch. XVII, annoncé implicitement à la fin du ch. X).		Énoncé de la doctrine orthodoxe et sa preuve par les *auctoriates* (ch. XVIII-XIX) et par les *rationes* (ch. XX-XXI).	Énoncé de la doctrine bérengarienne et démonstration de sa fausseté à partir de l'absurdité de ses conséquences (ch. XXII-XXIII).
	Il attaque la doctrine de la conversion eucharistique. PREMIÈRE ANNONCE DE LA SECONDE PARTIE (414 B). (Ch. IV, excepté le dernier paragraphe.)	Les termes «pain» et «vin» ne s'opposent pas à la doctrine de la conversion (ch. VI). Développement dialectique (ch. VII et premier tiers du ch. VIII). Les termes «pain» et «vin» ne s'opposent pas à la doctrine de la conversion. SECONDE ANNONCE DE LA SECONDE PARTIE (419 A). (Deux. tiers du ch. VIII.)	Exposé sur *veritas* (ch. IX-XI) et sur *sacramentum* (ch. XII-XV) dans l'eucharistie.				
IL COMMET UN PARJURE EN RENIANT SON SERMENT.	L'accusation de contradiction se retourne contre lui : IL A RENIÉ SES CONVICTIONS ET, CE FAISANT, IL A COMMIS UN PARJURE (dernier paragraphe du ch. IV).	Réplique à l'accusation de contradiction : Humbert n'a pas dit que l'eucharistie était seulement présence réelle (dernier tiers du ch. VIII).					

A. Première section (chapitre II)

Bérenger se montre injurieux à l'égard du cardinal Humbert, homme pourtant fort respectable et dont l'orthodoxie est au-dessus de tout soupçon. Attaquer Humbert en prétendant que la formule de profession de foi rédigée par lui s'oppose à la vérité catholique, c'est attaquer aussi l'Église romaine et donc tomber dans l'hérésie au moment précis où l'on accuse autrui d'y succomber [1].

Bérenger cite de façon tronquée la profession de foi pour ne pas montrer qu'il a été obligé de la faire sienne. Il serait, en effet, assez embarrassant pour lui d'avouer qu'il a prêté serment sur ce texte, s'il le déclarait en même temps hérétique : ce serait se dire hérétique [2].

Ainsi, d'emblée, l'argumentation de Lanfranc se fait incisive. Elle cherche à toucher l'adversaire au défaut de la cuirasse, à retourner contre lui les conséquences de ses propres affirmations. Quoi qu'il fasse, Bérenger est hérétique : hérétique par rapport à la foi romaine, hérétique par rapport à ses propres convictions. Ce dernier point prépare la réplique foudroyante qui conclura la deuxième section.

Lanfranc cite alors le texte intégral de la profession de foi [3] et rappelle en bref les événements du concile romain de 1059 qui ont trait à l'affaire bérengarienne. Texte et faits montrent amplement, d'une part, que Bérenger a adhéré à cette profession de foi, d'autre part, que celle-ci a été rédigée par le cardinal Humbert non de son propre chef, mais sur l'ordre du pape et du concile, qui en ont approuvé la teneur. De plus, Nicolas II a envoyé des exemplaires de cette formule à diverses Églises d'Italie, de France et d'Allemagne, qui les ont reçus avec vénéra-tion et se sont réjouies de la soumission de Bérenger. Pourquoi celui-ci voudrait-il mettre cette profession de foi au compte du seul Humbert, comme s'il n'y avait pas adhéré lui-même, ainsi que le pape, le concile et les Églises auxquelles elle a été adressée ? C'est qu'il lui est plus facile d'attribuer une erreur à un seul homme que de la faire retomber sur tant de personnes,

---

1. DC, 409 D 8-410 B 15.
2. DC, 410 C 6-12.
3. DC, 410 C 12-411 A 15. Cfr *supra*, p. 171-172.

et s'il avouait avoir prêté serment sur ce texte qu'il attaque maintenant, il reconnaîtrait qu'il est en train de se parjurer [1].

Dans cette section, Lanfranc cherche donc à montrer que Bérenger est hérétique et parjure. Bérenger est hérétique à son point de vue, puisqu'il a prêté serment sur un texte de profession de foi qu'il estimait contraire à la vérité catholique. Il l'est effectivement, puisqu'il s'oppose à la pensée de l'Église. Il est parjure, puisque, par son retour à l'hérésie, il a renié le serment qu'il avait prononcé ; au chapitre XVI, dans la conclusion de la première partie, Lanfranc ne retiendra plus sur ce point que la dénomination d'« hérétique », réservant l'expression « parjure » pour le reniement consenti par Bérenger de ses convictions personnelles (voir conclusion de la deuxième section : fin du chapitre IV) : Lanfranc comprenait que le rappel de ce second type de parjure (le premier chronologiquement) était infiniment plus mortifiant pour Bérenger que la mention du premier [2].

B. Deuxième section (chapitres III et IV)

Cette section est annoncée à la fin de la précédente : « Mais voyons maintenant comment se précise ton attaque » [3].

1. Bérenger accuse Humbert de s'être contredit lui-même en rédigeant la profession de foi, d'avoir affirmé la vérité qu'il niait dans la formule même où il la niait. Tel est le principe de son argumentation, principe qu'il énonce en trois propositions :

« Il apparaît que la lumière brille dans les ténèbres et que les ténèbres ne la comprennent pas » [4].

« Parce que, tout en étant ennemi de la vérité, (Humbert) bon gré mal gré affirme la vérité » [5].

« Parce que, comme Goliath, (Humbert) le Bourguignon périt par sa propre épée » [6].

---

1. DC, 411 C 15-412 A 14.
2. Cfr DSC, 23/15-20.
3. « Sed jam qualiter redarguas (PL : redarguis) videamus » (DC, 412 A 14-15).
4. « Apparet quia lux in tenebris lucet, et tenebrae eam non comprehendant (PL : comprehenderunt) » (SCS, 412 B). Cfr *Jn.*, I, 5.
5. « Quia veritatis inimicus, velit nolit, veritatem asserat » (SCS, 412 B).
6. « Quia, sicut Goliath, proprio Burgundus ense depereat » (SCS, 412 C). Cfr *I Samuel*, XVII, 51.

La première de ces affirmations, réplique Lanfranc, s'applique parfaitement non à Humbert, mais à Bérenger, dont l'esprit ténébreux, perdu d'orgueil, égaré dans ses propres pensées ne peut s'ouvrir à la lumière de la foi [1].

A la seconde affirmation, Lanfranc rétorque que Bérenger, préoccupé de jeter son mépris sur Humbert, ne fait pas attention à ce qu'il dit. Bérenger, en effet, prétend que « celui qui affirme la vérité bon gré mal gré, est ennemi de la vérité ». Et Lanfranc, en un raisonnement bien en forme, montre la fausseté de cette assertion. Il est fâcheux qu'en l'occurrence l'inattention soit de son côté, car il intervertit les termes de la proposition de son adversaire et n'a pas grand peine alors à en souligner l'absurdité ; de plus, Bérenger n'avait pas formulé un jugement applicable à tout homme, comme semble le penser Lanfranc, qui sépare ce membre de phrase de son contexte, mais le maître tourangeau cherchait seulement à discréditer le cardinal Humbert [2].

Enfin, Bérenger, toujours plein de jactance, se compare à David et compare Humbert à Goliath. Il faudrait inverser les rôles, dit Lanfranc, Humbert ayant vécu et enseigné en toute humilité, tandis que Bérenger est arrogant comme Goliath, et il pense, écrit et dit des choses qui, à la façon du glaive du Philistin, se retourneront contre lui. Cette dernière réflexion prépare la conclusion de la deuxième section [3].

2. Mais, avant d'arriver à cette conclusion, la pensée de Lanfranc s'oriente, comme nous l'avons expliqué [4], dans une autre direction. Bérenger, amorçant l'argument dont il venait d'énoncer le principe, disait : « (Humbert) se comportait en Bourguignon en adoptant l'opinion ou plutôt l'élucubration du vulgaire, de Paschase et de Lanfranc, selon laquelle la substance du pain et du vin disparaît entièrement de l'autel après la consécration » [5].

Lanfranc réplique en mettant en valeur le critère ecclésial auquel il avait déjà fait appel dans la première section : cette opinion que Bérenger attribue avec dédain au peuple, à Humbert,

---

1. DC, 412 B 4-10.
2. DC, 412 C 2-12. Voir DSC, 4/18-5/20.
3. DC, 412 C 15-D 9.
4. *Supra*, p. 274-276.
5. « Erat autem Burgundus in sententia, imo vecordia vulgi, Paschasii atque Lanfranci, minime superesse in altari post consecrationem substantiam panis atque vini » (SCS, 412 D).

à Lanfranc, est la pensée de toute l'Église, comme le prouvent les actes du magistère romain concernant l'affaire bérengarienne, actes que Lanfranc passe en revue depuis le concile de Rome de 1050 jusqu'au concile de Rome de 1059 [1].

Quant au fond de la question, à la doctrine de la conversion eucharistique mise en cause par Bérenger, Lanfranc en renvoie à une partie ultérieure du traité (la seconde partie) la démonstration appuyée sur les témoignages de la tradition *(auctoritates)* et sur le raisonnement *(rationes)* [2].

Personnellement injurié par le maître tourangeau et mis par lui au rang du vulgaire, Lanfranc assure qu'il préférerait être, avec les gens du peuple, un catholique simple et sans culture plutôt que de se montrer, aux côtés de Bérenger, hérétique mondain et précieux. Il ajoute que si Dieu permettait qu'il rencontre son adversaire devant un concile, il avait confiance que, la grâce aidant, celui-ci cesserait de penser et de s'exprimer comme il le fait, c'est-à-dire, suivant le contexte, que le maître tourangeau ne considérerait plus comme une sottise la doctrine de la conversion eucharistique [3]. La démonstration que Lanfranc aurait voulu présenter à Bérenger dans cette audience solennelle, il l'avait déjà soumise au jugement du concile de Rome de 1050 [4], et c'est elle que, faute de pouvoir rencontrer l'écolâtre de Saint-Martin de Tours, il développera dans la seconde partie du *De corpore*, annoncée dans le paragraphe précédent [5].

3. Lanfranc, abandonnant le problème de la conversion eucharistique, revient aux considérations du début de la seconde section. Bérenger continuait son raisonnement de la façon suivante : « Cette opinion (= que la substance du pain et du vin disparaît entièrement de l'autel après la consécration [6]), il (Humbert) l'a renversée lui-même et n'en a pas tenu compte, lorsqu'il s'est exprimé comme nous l'avons dit plus haut (c'est-

---

1. DC, 413 A 1-414 B 3. En ne mentionnant que des conciles présidés par des papes ou par un légat pontifical, Lanfranc envisage le magistère à son sommet et dans son expression la moins contestable : cfr DC, 410 B 4-15, 426 B 13-D 9.

2. DC, 414 B 4-9.

3. DC, 414 B 9-C 5.

4. DC, 413 B 10-C 1.

5. C'est-à-dire en DC, 414 B 4-9.

6. SCS, 412 D.

à-dire dans la citation partielle de la profession de foi donnée par Bérenger au début de son opuscule [1]) »[2].

Avec une logique impitoyable, Lanfranc explicite la riposte qu'il avait annoncée auparavant [3] : en prétendant que la formule de profession de foi contient des éléments contradictoires, Bérenger avoue que, lorsqu'il l'a prononcée, il s'est parjuré. En effet, celui qui prête serment sur des données contradictoires commet nécessairement un parjure en l'un ou l'autre des points qui s'opposent dans son serment. Cette conclusion, qui ne pouvait manquer de toucher Bérenger au vif de son amour-propre, Lanfranc la souligne, comme il l'avait fait du reste pour la conclusion de la première section, par un *ergo* péremptoire [4]. Comme le dit l'auteur du titre développé donné au traité de Lanfranc dans le manuscrit *Palat. lat. 482*, Bérenger est « deux fois parjure », parjure à son serment du concile de Rome de 1059 (voir la conclusion de la première section), parjure à ses propres convictions (c'est la conclusion de la deuxième section) [5].

Aussi, pathétiquement, Lanfranc interpelle-t-il Bérenger : « Ô homme infortuné ! ô âme très misérable ! pourquoi avoir juré que tu croyais des choses qui te paraissaient s'accorder si mal entre elles ? Ne valait-il pas mieux, si tu estimais posséder la vraie foi, terminer ta vie par une mort honorable, plutôt que de commettre un parjure, jurer une perfidie, abjurer ta foi ? »[6] Curieuse apostrophe en plein moyen âge et qui étonne-

---

1. SCS, 410 C.

2. « Quam sententiam superioribus suis verbis ille ipse dejecit, nec attendit » (SCS, 414 C).

3. Voir DC, 412 D 4-5.

4. DC, 414 C 8-13. Cfr 412 A 5-14.

5. Est-ce tomber dans un excès de schématisation que de voir dans cette double accusation de parjure le pivot de tout le traité ?

L'un de ces parjures est un reniement de la présence réelle et commande par conséquent les développements de la première section, des parties centrales des deuxième et troisième sections (exception faite des développements dialectiques qui constituent un tout à part), et de la seconde partie.

L'autre parjure est un reniement par Bérenger lui-même de ses propres convictions ; il met en cause (non en fait, mais dans l'exposé de Lanfranc) une juste présentation de la doctrine orthodoxe dans son aspect « réaliste » et dans son aspect « sacramentel », et commande par conséquent les développements des débuts et des fins des deuxième et troisième sections, et les développements de la quatrième section.

Voir *supra*, p. 196, note 3, p. 274-278.

6. « O infelix homo ! o miserrima anima ! cur te credere jurabas, quae tantopere inter se dissidere intelligebas ? nonne praestabat, si veram fidem te habere

rait moins sous la plume d'un homme du vingtième siècle. Évitons, cependant, de commettre un anachronisme. Il y a dans cette invitation à la sincérité totale même dans l'erreur un argument *ad hominem*. En frappant Humbert, en l'accusant de se contredire, Bérenger s'est « découvert », et la réplique vient foudroyante, le touchant au point douloureux : il n'a pas eu le courage de ses opinions, il n'a pas été logique avec lui-même, et cette lâcheté qui torture sa conscience, cet illogisme lui sont reprochés par ses amis, qui estiment qu'il aurait dû ou ne pas prêter un serment inacceptable ou rester fidèle à ce serment [1].

En fait, Bérenger avait cherché une échappatoire aux accusations qu'on ne pouvait manquer de porter contre lui [2]. Nous avons vu, dans la première section, qu'en essayant de désolidariser Humbert de l'Église et de se désolidariser lui-même de la profession de foi rédigée par le cardinal, il avait voulu, au dire de Lanfranc, éviter le reproche d'hérésie et celui d'avoir renié son serment. De même, selon Lanfranc, en prétendant que la formule du cardinal Humbert contenait des éléments contradictoires, il avait tenté se justifier d'avoir prêté le serment qu'on lui imposait [3]. Cette justification, Bérenger la voyait dans le fait que la formule d'Humbert, d'une certaine façon, s'accordait avec ses propres vues. Mais de ce même fait Lanfranc retient qu'en acceptant de lire une profession de foi dont les données lui paraissaient contradictoires Bérenger, avait inévitablement renié ses convictions.

C. Troisième section (chapitres V à VIII)

Cette section, dans sa partie centrale, contient un assez long développement dans lequel Lanfranc fait appel au raisonnement dialectique (chapitre VII et premiers tiers du chapitre VIII). Nous étudierons ce passage à part.

Lanfranc, dans cette section, se propose de répondre à l'accusation lancée par Bérenger contre le cardinal Humbert,

---

putabas, vitam honesta morte finire quam perjurium facere, perfidiam jurare, fidem abjurare ? » (DC, 414 C 14-D 3).

1. Cfr DC, 415 B 3-5.
2. Nous mentionnons ici non pas les véritables justifications de Bérenger, mais celles que lui prête Lanfranc. Cfr *supra*, p. 180, note 3.
3. DC, 415 B 5-10. Voir *supra*, p. 186, note 4.

rédacteur du texte de la profession de foi [1]. Nous sommes donc au cœur de la première partie du De corpore, qui a pour objet de réfuter les « calomnies » formulées par Bérenger contre le cardinal Humbert et contre l'Église romaine [2].

Nous avons expliqué, au début du présent exposé sur la première partie du De corpore, comment Lanfranc répond à Bérenger [3]. De la réponse essentielle à nos yeux il fait une réponse accessoire, qui sera cependant l'amorce de développements importants. Mis à part le passage dans lequel intervient le raisonnement dialectique (chapitre VII et premier tiers du chapitre VIII), cette réponse occupe la partie centrale de la troisième section (chapitre VI et deuxième tiers du chapitre VIII). Elle prolonge les développements de la partie centrale de la deuxième section (chapitre IV, excepté le dernier paragraphe), qui ne sont pas sans lien avec l'ensemble de la première section (chapitre II), et elle-même se prolonge dans les développements de la deuxième partie (chapitre XVIII à XXIII), qu'elle annonce expressément.

Quant à la réponse que Lanfranc juge à tort comme allant ad rem, elle occupe le début et la fin de la troisième section (chapitre V et derniers tiers du chapitre VIII) [4] et prolonge les considérations du début et de la fin de la deuxième section (chapitre III et dernier paragraphe du chapitre IV). Elle-même se poursuit dans les exposés de la quatrième section (chapitre IX à XV), qu'elle annonce expressément [5].

Sans nous astreindre à suivre l'ordre du texte du De corpore, nous étudierons d'abord les passages dans lesquels Lanfranc s'imagine répondre vraiment aux critiques de Bérenger (chapitre V et dernier tiers du chapitre VIII) [6], puis les passages dans lesquels il aborde la question sous son aspect véritable (chapitre VI et deuxième tiers du chapitre VIII), enfin ceux dans lesquels il utilise l'argumentation dialectique (chapitre VII et premier tiers du chapitre VIII).

---

1. DC, 414 D 3-7.
2. DC, 430 A 11-13.
3. Supra, p. 274-276.
4. Ajouter les parenthèses 416 B 10-C 2, au ch. VI, et 418 C 11-D 5, au ch. VIII.
5. DC, 419 A 8-11.
6. Ajouter les parenthèses signalées supra, note 4.

1. Sur le premier point, dont nous avons déjà exposé les données essentielles [1], nous irons assez vite. Le cardinal Humbert, dit Lanfranc, n'a formulé aucune des deux propositions sur lesquelles Bérenger appuie son accusation [2]. De cette observation, qui, si exacte qu'elle soit, ne répond en rien au problème posé par l'écolâtre, Lanfranc déduit avec insistance l'écroulement total des conclusions de son adversaire [3].

A ce propos, pour la première fois, Lanfranc, se conformant à son programme initial [4], relève la façon malhonnête dont Bérenger utilise les textes sacrés, dans la catégorie desquels, par conséquent, l'abbé de Saint-Étienne de Caen range la formule de profession de foi rédigée par Humbert. Constatant le traitement abusif que Bérenger fait subir à ce texte, il s'écrie : « On voit de la sorte comment tu démolis et tu ruines les divines lettres et comment, à partir de textes déformés ou inventés de toutes pièces, tu enveloppes les gens incompétents dans les brouillards de l'erreur » [5].

Enfin, à trois reprises, Lanfranc fait une remarque qui sera l'amorce, et en un cas l'annonce très explicite, des développements de la quatrième section. La première proposition attribuée par Bérenger à Humbert, celle qui dit que le pain et le vin de l'autel sont seulement des sacrements, exprime la pensée du maître tourangeau et de ses disciples ; la seconde, celle qui dit que le pain et le vin de l'autel sont seulement les vrais corps et sang du Christ, n'exprime la pensée de personne. « En effet, dit Lanfranc, toi, tu nies la réalité de la chair et du sang, tandis que l'Église du Christ croit que le pain est converti à la chair et le vin au sang, de façon toutefois qu'elle croie pour son plus grand bien et qu'elle reconnaisse avec raison qu'ils sont le sacre-

---

1. *Supra*, p. 275-276.

2. Ch. V et dernier tiers du ch. VIII.

3. « Verum in his verbis, nec verba sua superius posita, nec eorum sententias quisquam poterit invenire. Unde apparet perversorem ac subversorem te esse divinarum litterarum, et ex depravatis fictisque sententiis erroris nebulas spargere imperitis, falsumque esse quod ex falso principio constiterit emanare » (DC, 415 D 5-11). « Caetera namque dixit (Humbertus), adverbium *solummodo* nequaquam posuit. Quidquid igitur ex mendacio te mendaciter astruente colligitur, quidquid infertur, necessario totum dispargitur, infirmatur, cassatur » (DC, 419 B 14-C 2).

4. DC, 408 A 7-409 A 2 : *supra*, p. 262-263.

5. DC, 415 D 7-9 : voir ci-dessus, note 3.

ment de la passion du Seigneur, de la miséricorde divine, de la concorde et de l'unité et enfin de la chair et du sang pris de la Vierge : chacun [de ces deux aspects de l'eucharistie] ayant ses modalités propres et distinctes, dont il sera parlé plus explicitement en leur lieu et temps »[1]. Il n'est pas nécessaire de souligner l'importance de ce résumé doctrinal, dont nous devrons retrouver les différents éléments dans la quatrième section[2].

2. Comme nous l'avons déjà constaté, Lanfranc, nonobstant la façon un peu étrange dont il résout, ou plutôt croit résoudre, le problème que posait Bérenger, ne laisse pas de répondre subsidiairement à l'objection réelle du maître tourangeau, sans cependant considérer cette réponse comme la réplique exacte qu'il convenait de donner à la critique formulée par celui-ci. Lanfranc explique, en effet, que les expressions « pain » et « vin » appliquées à l'eucharistie, dans la formule du cardinal Humbert ou dans la *divina pagina,* ne sont pas à prendre à la lettre et relèvent d'emplois figurés[3]. Certaines de ces figures échappent à la compréhension de Lanfranc, qui les abandonne à de plus doctes que lui[4]. Pour sa part, il s'en tient à deux explications. On peut dire que les expressions « pain » et « vin » dans les cas envisagés se rapportent aux réalités matérielles à partir desquelles est constituée l'eucharistie, et dont elle garde les apparences et continue à porter le nom[5]. On peut dire aussi que l'emploi de ces expressions repose sur l'analogie qui existe entre l'eucharistie, nourriture de l'âme, et le pain et le vin, nourritures du corps. Il y a du pain sur l'autel, mais c'est le pain dont se rassasient les anges, qui est descendu du ciel et qui donne la vie au monde, ce pain qu'Ambroise[6] et Augustin[7] appellent

---

1. « Nam et tu veritatem carnis ac sanguinis negas, et Ecclesia Christi, sic panem in carnem, vinum credit converti in sanguinem, ut tamen salubriter credat et veraciter recognoscat sacramentum esse dominicae passionis, divinae propitiationis, concordiae et unitatis, postremo assumptae de Virgine carnis ac sanguinis : singula suis distinctisque modis, de quibus suo loco ac tempore evidentius disseretur (DC, 415 A 3-15) ». Avant *singula* nous avons suppléé une ponctuation qui manque dans la PL. Cfr DC, 416 B 10-C 2, 418 C 11-D 5.
2. Ch. IX-XV : voir *infra,* p. 398-401.
3. DC, 416 A 7-8, C 8-10.
4. DC, 416 D 2-4.
5. DC, 416 A 8-B 9, C 8-11. Cfr 438 A 8-10, D 7-8.
6. AMBROISE, *De sacramentis,* V, IV, 24 : PL, t. XVI, 452 A-B.
7. Cette attribution semble inexacte. Lanfranc met au compte de saint Augustin ce qu'il n'a pu lire que dans JÉRÔME, *Commentariorum in Matthaeum libri quatuor,* I, VI, versets 11-13 : PL, t. XXVI, 43 A-C.

epiousion, c'est-à-dire « supersubstantiel », parce que la chair du Christ dépasse en dignité toutes les substances créées ; il y a du vin, mais c'est celui qui réjouit le cœur des serviteurs de Dieu, enivre les âmes et les purifie de leurs péchés [1].

Le but de ces précisions de Lanfranc est, évidemment, de défendre la doctrine de la conversion eucharistique. Cette doctrine exige absolument que le pain et le vin aient fait place, après la consécration, à la chair et au sang du Christ. Il est donc impossible que les expressions « pain » et « vin » dans les formules eucharistiques et, notamment, dans la formule rédigée par Humbert, soient à prendre à la lettre. Ce que Lanfranc considère d'un point de vue plutôt négatif dans la troisième section, il l'envisagera sous son aspect positif dans la seconde partie du traité (chapitres XVIII à XXIII), lorsqu'il y démontrera, à l'aide des *auctoritates* et des *rationes*, que le pain et le vin sont changés, par la consécration, en la réalité de la chair et du sang du Christ [2].

On notera que l'autre problème étudié par Lanfranc dans la troisième section du *De corpore* est également envisagé sous son aspect négatif [3], l'exposé positif qui lui correspond étant reporté à la quatrième section.

3. Examinons maintenant les considérations appuyées sur la dialectique qui occupent le chapitre VII et le premier tiers du chapitre VIII. Bérenger ayant fait intervenir dans la discussion la technique du raisonnement dialectique, Lanfranc estime nécessaire de le suivre sur ce terrain. Dans la réponse de Lanfranc, nous distinguerons d'une part l'introduction [4] et la conclusion [5], qui examinent le problème de l'utilisation de la dialectique en matière doctrinale, d'autre part la réfutation dialectique des arguments de Bérenger [6].

a) Lanfranc estime que le recours de Bérenger aux données de la logique formelle est une dérobade, un moyen pour le maître tourangeau d'en imposer aux esprits incompétents et de compenser de cette façon l'inanité de ses arguments appuyés sur

1. DC, 416 C 11-D 1, 419 A 11-B 4. Cfr 438 A 8-11, D 8-11.
2. DC, 419 A 2-10.
3. DC, 414 D 14-415 A 2, D 5-11, 419 B 10-14.
4. DC, 416 D 11-417 B 9.
5. DC, 418 D 5-12.
6. DC, 417 B 9-418 A 15.

les *auctoritates* [1]. Nous aurons l'occasion de constater que Lanfranc ne répugne pas à l'emploi du raisonnement en matière doctrinale, bien que, de toute évidence, il mette les *testimonia Patrum* [2] avant les *rationes* [3] et attribue à la raison en face du mystère un rôle plutôt négatif [4]. Mais il hésite à se servir du raisonnement proprement dialectique dans une question aussi élevée que la question eucharistique [5]. S'il se résigne à le faire, c'est pour ne pas sembler reculer devant Bérenger sur ce terrain, où le maître tourangeau croirait pouvoir triompher à son aise en abandonnant à ses contradicteurs les arguments tirés des témoignages de la tradition [6]. Peut-être ce recours à la dialectique paraîtra-t-il à certains relever de la vanité et de l'ostentation plutôt que d'une vraie nécessité, mais Lanfranc affirme qu'en toute sincérité, dans le commentaire des textes sacrés, il préférerait s'abstenir de poser les problèmes et de les résoudre en faisant appel à la logique formelle. De toute façon, quand l'objet de la discussion est tel qu'il trouve dans cet art la possibilité d'une plus grande élucidation, Lanfranc, autant que faire se peut, dissimule les procédés de l'art par les équivalences des propositions *(aequipollentias propositionum)* [7], de façon à ne pas

---

1. DC, 416 D 11-12, 418 D 5-12.

2. DC, 419 A 9-10.

3. DC, 413 B 12-13.

4. « Probatis quae probari oportebat, et exclusis quae excludi ratio suadebat » (DC, 440 B 5-6).

5. DC, 416 D 12-15. Cfr 418 D 6-7.

6. DC, 416 D 15-417 A 2. Cfr 418 D 9-12.

7. « Quando materia disputandi talis est ut hujus artis regulis (PL : regulas) valeat enucleatius explicari, in quantum possum, per aequipollentias propositionum tego artem, ne videar magis arte quam veritate sanctorumque Patrum auctoritate confidere » (DC, 417 A 8-13). Ces lignes sont énigmatiques. L'équipollence est la convertibilité de propositions qui ont été obtenues en ajoutant la négation *non* à telle ou telle proposition donnée, universelle ou particulière. Ainsi, pour obtenir une proposition équipollente, c'est-à-dire équivalente, de *quidam homo non currit*, qui est la contradictoire de *omnis homo currit*, il faut ajouter *non* devant cette dernière proposition : *non omnis homo currit*. Dans un syllogisme, les propositions équipollentes ont, sous des formes différentes des propositions dont elles sont équivalentes, une efficacité identique. L'utilité de l'équipollence réside dans la possibilité qu'elle offre de remplacer une proposition obscure par une autre proposition de même valeur mais plus compréhensible. Il n'apparaît pas que Lanfranc ait pris le mot « équipollence » dans ce sens très technique, qui n'aurait pas répondu à son désir de dissimuler les procédés de l'art dialectique. Il semble qu'il lui a donné une signification plus générale. Commentant *I Cor.*, IX, 15 dans un raisonnement assez fouillé, il termine son commentaire en soulignant que saint Paul dit cela équivalemment : « Hoc

paraître attribuer plus de valeur probante à cette technique qu'à l'autorité des Pères. Cependant il reconnaît que saint Augustin loue hautement cette discipline dans ses écrits, particulièrement dans le *De doctrina christiana*, et qu'il souligne tout le parti qu'on peut en tirer dans l'exégèse des lettres sacrées [1]. Dans le *Contra Felicianum* (inauthentique), saint Augustin, faisant usage de la dialectique, pousse son adversaire Félicien dans ses derniers retranchements, si bien que celui-ci est contraint d'avouer sa défaite [2].

On notera que pour Lanfranc le raisonnement, dialectique ou non, quand il est appliqué aux questions doctrinales, a pour but d'aider à la compréhension des textes de la tradition [3]. Lanfranc a, du reste, une conception assez étroite de l'argument par *auctoritates*. Les *testimonia Patrum* ou *auctoritates*, ce sont les textes bruts alignés sans commentaire : dès qu'intervient une explication des textes sacrés, on passe au domaine des *rationes* [4]. Dans ses commentaires sur les épîtres de saint Paul, Lanfranc donne maint exemple de la façon dont il conçoit l'utilisation de la dialectique dans la glose scripturaire : il s'agit de rendre le texte plus compréhensible en lui appliquant les cadres de la logique formelle, en le faisant entrer dans le moule d'un raisonnement renfermant majeure, mineure et conclusion [5].

---

est quod dicit aequipollenter : *Bonum est enim mihi magis mori* » (*Commentarii*, 185, n⁰ 14). Voir aussi *Commentarii*, 178, n⁰ 24, 182 n⁰ 14. Autrement dit, l'équipollence, pour Lanfranc, consisterait à éviter, autant que possible *(in quantum possum)*, l'appareil de la dialectique, propos qui s'accorde mal avec son intention d'utiliser précisément cette discipline pour mieux éclaircir certains problèmes. La déclaration : « In quantum possum, per aequipollentias propositionum tego artem », semble contredire celle qui la précède : « Quando materia disputandi, etc. »

1. AUGUSTIN, *De doctrina christiana*, II, XXXI, 48 : PL, t. XXXIV, 58.
2. PSEUDO-AUGUSTIN (en réalité VIGILE DE TAPSE), *Liber contra Felicianum arianum de unitate Trinitatis*, IV (PL, t. XLII, 1159), X (*ibid.*, 1164). Voir DC, 417 A 2-B 9.
3. Voir *infra*, p. 311.
4. Voir *infra*, p. 309.
5. Voir, par exemple, *Commentarii*, 128, n⁰ 23, 131, n⁰ 11, 162, n⁰ˢ 9, 11, 178, n⁰ 24, 182, n⁰ 16, 184, n⁰ 18, 201, n⁰ 3, 207-208/13, n⁰ 9, 211-212/9, n⁰ 41, 225, n⁰ 14, 269-270/18, 271, n⁰ 19, 272, n⁰ 26, 273, n⁰ 36, 274, n⁰ 40, etc. Sur le rôle du raisonnement dialectique dans le commentaire scripturaire, voir *Commentarii*, 157, n⁰ˢ 11, 12, 158, n⁰ˢ 14, 16, 17, 159, n⁰ˢ 22, 24, 160, n⁰ 29, 161, n⁰ˢ 1, 4 (cfr 161-162/6-7, 12), 163, n⁰ 15, 323, n⁰ 3 (cfr 323-324/16-17), n⁰ 5, 360, n⁰ 18 (cfr 359-360/30), 376, n⁰ 8, 394, n⁰ 8. Voir *infra*, p. 443, note 5.

b) Dans la partie proprement dialectique de son argumentation, Lanfranc opère la même étrange dissociation du raisonnement de son adversaire que dans le reste de la troisième section
et que dans la deuxième section [1]. Là où il n'y avait qu'un argument de Bérenger appuyé sur le fait que le cardinal Humbert
employait les mots « pain » et « vin » dans sa définition de l'eucharistie, il voit *deux* développements différents et, une fois de plus,
c'est à la considération la plus éloignée de la question mise en
cause qu'il attribue la valeur d'une réfutation adéquate, sans
cependant négliger l'autre point de vue. De plus, dans l'un et
l'autre cas, il se tient à un aspect purement formel du problème.
Dans le *De sacra coena*, Bérenger ne se privera pas de souligner
ces maladresses [2], assez surprenantes, il est vrai, quand on sait
la réputation dont jouissait Lanfranc, estimé par ses contemporains comme l'un des grands maîtres du *trivium* et renommé
tout particulièrement pour sa compétence dans le domaine de
la dialectique.

Lanfranc s'en prend d'abord aux deux propositions que Bérenger croyait pouvoir tirer de la formule rédigée par le cardinal
Humbert. La première, celle qui dit que le pain et le vin une
fois consacrés sont seulement sacrements, exprime la pensée de
Bérenger et, par conséquent, ne peut servir de base à un raisonnement, puisque, dans le débat, la valeur des théories du
maître tourangeau est précisément mise en question. Quant
à la seconde, celle qui dit que le pain et le vin sont seulement
les vrais corps et sang du Christ, Lanfranc avait déjà démontré
qu'elle n'est soutenue par personne [3] ; elle ne peut donc entrer
dans la composition d'un syllogisme. Et il conclut à l'échec de
l'argumentation de Bérenger établie à partir de ces deux propositions [4]. Il ne fait ici que présenter sous une forme technique
la réponse qu'il croyait pouvoir opposer victorieusement aux
critiques exprimées par l'écolâtre à l'encontre de la profession
de foi. Nous avons dit l'inefficacité radicale de cette réfutation [5].
Il est inexact que l'argumentation de Bérenger ait reposé sur
les deux propositions énoncées plus haut ; elle s'appuyait non sur

---

1. Voir *supra*, p. 274-278.
2. DSC, 50/26-28, 51/17-19, 53/7-54/1, 61/20-24.
3. DC, 415 A 3-15, 416 B 10-C 2, 418 C 13-D 5.
4. DC, 417 B 9-D 3.
5. *Supra*, p. 275-276.

ces propositions, mais sur le fait qu'Humbert, en les énonçant équivalemment, affirmait, à l'inverse de ses propres convictions, que le pain et le vin demeurent sur l'autel après la consécration. De plus, parlant de façon approximative, Lanfranc attribue à son adversaire l'intention de prouver, par l'argumentation envisagée ici, que le pain et le vin ne subissent aucun changement du fait de la consécration [1], alors que Bérenger cherchait seulement à montrer qu'Humbert s'était contredit.

Lanfranc se tourne ensuite vers l'objection de fond du maître tourangeau, mais c'est pour passer à côté du vrai problème. Notons d'abord que, comme dans le cas précédent, il voit dans cet « autre argument » de son confrère un moyen pour celui-ci de prouver que la consécration ne change pas la nature du pain et du vin ; or, il n'était question, dans la pensée de Bérenger, que de démontrer l'illogisme du cardinal Humbert. Lanfranc part de l'argumentation proprement dialectique du *Scriptum contra synodum*. Il la décompose dans le syllogisme suivant :

Majeure : « On ne peut dire de toute affirmation qu'elle pourra subsister, si l'on en supprime un des termes » *(Non enim constare poterit affirmatio omnis, parte subruta)* [2].

Mineure *(assumptio)* : « Les deux propositions : « Le pain et le vin de l'autel sont seulement sacrement », ou : « Le pain et le vin de l'autel sont seulement les vrais corps et sang du Christ », sont des affirmations ».

Conclusion : Si l'on détruit l'un des termes de ces affirmations, on leur enlève toute consistance [3].

Lanfranc se trouve donc en face de la véritable objection de Bérenger. Au lieu de l'aborder de front, il se contente de remarquer que la majeure est énoncée sous la forme d'une négative particulière. Bérenger aurait dû dire : *Nulla affirmatio*, au lieu de : *Non omnis affirmatio*. Mais il est évident que cette faute technique, facile à corriger, ne changeait rien à la critique fondamentale du maître tourangeau. Néanmoins, prenant acte de ce que la majeure se trouve réduite au rôle de proposition particulière, comme c'était le cas pour la mineure, Lanfranc conclut à la nullité de toute l'argumentation de son adversaire [4].

---

1. DC, 417 B 9-11.
2. Voir *supra*, p. 188, note 2.
3. Voir *supra*, p. 143, note 1.
4. DC, 417 D 4-418 A 8, 12-15.

Bérenger, dans le *De sacra coena*, n'aura pas tort de lui dire :
« Tu t'attardes sur le fait que j'ai mal construit le syllogisme,
et tu ne traites pas, même en passant, la question proprement
dite » [1].

Lanfranc termine sa réfutation de l'argumentation dialectique
de l'écolâtre de Saint-Martin de Tours par deux remarques
qui portent sur la façon dont Bérenger fait appel à l'autorité
de saint Augustin pour appuyer son raisonnement. Trompé
par la rédaction assez maladroite du passage du *Scriptum
contra synodum* qu'il est en train de critiquer, Lanfranc croit
que c'est à la proposition *Non enim constare poterit affirmatio
omnis, parte subruta,* que Bérenger fait attribuer par saint Augustin une consistance qui aurait pour fondement la Vérité
éternelle de Dieu [2]. Sans doute, dit-il, cette proposition est vraie
et, placée correctement dans un syllogisme, elle aurait pu y jouer
un rôle efficace, mais Bérenger l'a mal utilisée, et, de toute
façon, la vérité de cette proposition n'a pas un titre plus particulier que la vérité des autres choses ou propositions à reposer sur
la Vérité de Dieu, qui sait et prévoit tout, qui a fondé les choses
dans leurs essences « principales » et « secondaires » et en a fait
la raison d'être des propositions vraies ou fausses. Lanfranc
s'étonne, en outre, de ce que Bérenger ait l'audace de citer comme
provenant du *De doctrina christiana* de saint Augustin une réflexion qui ne s'y trouve en aucune façon ; et l'abbé de Saint-
Étienne de Caen profite de l'occasion pour stigmatiser une seconde fois avec force les procédés employés par Bérenger lorsqu'il
utilise l'argument d'autorité, procédés qui supposent de sa part
soit une grande ignorance des livres dont il parle, soit beaucoup
de sottise s'il s'imagine que ses lecteurs ajouteront foi d'emblée
à ses affirmations opposées à l'antique croyance de l'Église et
les laisseront passer sans les discuter comme si elles étaient
intouchables [3].

D. Quatrième section (chapitres IX à XV)

Les développements de la quatrième section du *De corpore*
sont annoncés, nous l'avons dit, dans la troisième section.

---

1. « Quod male sillogismum collocaverim, moras facis, circa rem nec trans-
eunter agis » (DSC, 53/30-32).
2. Voir *supra*, p. 188-189.
3. DC, 418 A 8-C 2.

Bérenger ayant accusé Humbert de s'être contredit en rédigeant la formule de profession de foi, Lanfranc, dans la troisième section, avait cru répliquer efficacement à cette critique en niant que le texte incriminé contînt l'une ou l'autre des deux propositions exclusives à partir desquelles Bérenger formulait son accusation, à savoir : « Le pain et le vin qui se trouvent sur l'autel sont *seulement* des sacrements », et : « Le pain et le vin qui se trouvent sur l'autel sont *seulement* les vrais corps et sang du Christ » ; et Lanfranc avait annoncé un exposé où serait mise en évidence la croyance authentique de l'Église (et du cardinal Humbert), exposé qui montrerait que les réalités présentes sur l'autel après la consécration sont la vraie chair et le vrai sang du Christ, et qu'elles sont *aussi* « la figure et le sacrement de nombreuses choses sublimes » [1]. Cet exposé, qui constitue la quatrième section, est la justification positive correspondant aux dénégations du début et de la fin de la troisième section [2]. Il s'inscrit très normalement dans l'ensemble de la première partie du *De corpore*, qui avait pour objet de réfuter les calomnies proférées par Bérenger contre le cardinal Humbert et contre l'Église romaine [3].

Alors que Bérenger ne voit dans l'eucharistie que ce qui la fait « sacrement », l'Église l'envisage donc à deux points de vue : elle est en même temps présence réelle de la chair et du sang du Christ, et sacrement. Lanfranc expose la doctrine de la présence réelle dans les chapitres IX à XI, et la doctrine du sacramentalisme eucharistique, dans les chapitres XII à XV. Un principe directeur unit ces chapitres, de beaucoup les plus significatifs du *De corpore*. Il s'agit pour Lanfranc de montrer que ces deux aspects de l'eucharistie ne s'excluent pas mutuellement, mais qu'ils s'articulent l'un à l'autre, tout en se distinguant suivant leurs modalités propres [4]. Cependant, dans la pensée de notre auteur, la *veritas carnis ac sanguinis* est le point essentiel de la croyance eucharistique : c'est elle qu'il veut défendre contre les dangereuses spéculations de Bérenger et c'est, en fait, à elle qu'il limitera le résumé doctrinal qui ouvre

---

1. DC, 416 B 10-C 2. Cfr 415 A 7-15, 418 D 1-5. Voir *infra*, p. 394.
2. *Supra*, p. 285-286.
3. DC, 430 A 11-14.
4. Cfr DC, 415 A 13-14. Voir *supra*, p. 287, note 1.

la seconde partie du traité [1]. Aussi, dans les chapitres consacrés au sacramentalisme eucharistique (XII à XV), vise-t-il à établir que ce sacramentalisme non seulement n'exclut pas la présence réelle mais prend appui sur elle.

1. « *Veritas carnis ac sanguinis* » (ch. IX à XI)

Les chapitres IX à XI forment un tout concernant la présence réelle. Des trois, le chapitre X apparaît comme le plus important. En effet, reprenant à contresens la distinction opérée par Bérenger entre le « sacrement visible » et la « chose invisible du sacrement », et s'étonnant de retrouver chez son adversaire l'affirmation accidentelle de la vérité catholique, Lanfranc définit dans ce chapitre ce qu'est l'eucharistie : une réalité composée de « l'apparence visible des éléments » (du pain et du vin) et de « la chair et du sang invisibles du Seigneur Jésus-Christ ». Et il souligne fortement que cette définition est une des pièces maîtresses de son traité, le leitmotiv de sa pensée en face des assertions de Bérenger [2].

Lanfranc complète cette définition en précisant que la manducation de la chair eucharistique laisse intacte l'humanité du Christ au ciel. A ce propos, il invoque un verset de l'épître de saint Paul aux Romains (VI, 9) et une parole de saint André tirée du *Martyrium sancti Andreae apostoli* [3], écrit apocryphe datant du Ve siècle ; à cette parole il mêle, du reste, l'expression *usque in tempora restitutionis omnium*, empruntée à un discours de saint Pierre [4] et que citait Bérenger [5].

Ayant formulé l'essentiel de la doctrine de la présence réelle, Lanfranc renvoie implicitement aux développements du chapitre XVII, dans lesquels les mêmes vérités seront envisagées du point de vue de l'adhésion qu'elles réclament de la foi et de l'intelligence des fidèles [6].

Le chapitre précédent (IX) est consacré à défendre saint Ambroise contre Bérenger, qui, citant une ligne du *De sacramentis* séparée de son contexte, prétendait y trouver l'affirma-

---

1. DC, 430 B 14-C 14. Voir *infra*, p. 306-307, 347-348.
2. DC, 421 B 3-C 10. Cfr *supra*, p. 191, note 2.
3. Cfr *Passio sancti Andreae apostoli*, 6, dans R. A. Lipsius et M. Bonnet, *Acta apostolorum apocrypha*, t. II, Leipsig, 1898, p. 13-14.
4. *Actes*, III, 21.
5. DC, 421 C 10-D 1.
6. DC, 421 D 1-4. Voir *infra*, p. 301 sq.

tion de la permanence du pain et du vin sur l'autel après la consécration, ce qui équivalait à faire nier par le grand évêque de Milan la doctrine de la conversion eucharistique. Vers la fin de ce chapitre, est amorcée la première des deux données du chapitre X, ayant trait à la distinction dans l'eucharistie entre les apparences visibles et la réalité invisible.

Quant au chapitre XI, il reprend et développe la seconde des deux données du chapitre X : le Christ demeure entier au ciel, bien que sa chair soit mangée ici-bas. Lanfranc fait appel à l'autorité de saint Augustin commentant les versets du chapitre VI de l'évangile de saint Jean dans lesquels est mentionné le scandale provoqué chez certains disciples du Christ par le discours sur le Pain de vie.

Nous avons ainsi, sur la présence réelle, un développement en trois étapes :

Première étape : la conversion eucharistique (ch. IX, excepté le dernier tiers [1]).

Deuxième étape : l'eucharistie dans sa double réalité, visible et invisible (dernier tiers du ch. IX [2] et la plus grande partie du ch. X).

Troisième étape : la manducation de la chair eucharistique laisse intacte le corps du Christ au ciel (dernières lignes du chapitre X [3] et chapitre XI).

Précisons qu'il faut rattacher à la deuxième étape un court passage du chapitre XIII, chapitre qui appartient aux développements concernant le sacramentalisme eucharistique [4]. Dans ce passage, Lanfranc commente, en l'appliquant à l'eucharistie, la définition du sacrement tirée par Bérenger du *De catechizandis rudibus* de saint Augustin.

Nous retrouverons la même progression en trois étapes au début du chapitre XVII [5] et, plus nettement encore, dans le résumé doctrinal situé en tête de la deuxième partie [6].

Dans ces chapitres, nous relevons deux nouvelles critiques de Lanfranc contre la façon dont Bérenger utilise l'argument

---

1. Exactement : excepté DC, 420 C 12-D 12.
2. DC, 420 C 12-D 12.
3. Exactement : DC, 421 C 10-D 2.
4. DC, 423 B 11-C 11.
5. DC, 427 A 1-D 13. Voir *infra*, p. 302.
6. DC, 430 B 14-C 14. Voir *infra*, p. 306-307, 347-348.

de tradition. Bérenger écrivait : *Per consecrationem altaris fiunt panis et vinum sacramentum religionis, non ut desinant esse quae erant, sed ut sint quae erant et in aliud commutentur, quod dicit beatus Ambrosius in libro De sacramentis* [1]. Seuls les derniers mots de ce passage sont de saint Ambroise : *Ut sint quae erant et in aliud commutentur* [2], mais c'est toute la phrase que Bérenger semblait lui attribuer. Lanfranc s'indigne vivement de ce que le maître tourangeau se permette de faire tenir par saint Ambroise des propos que, soit dans la lettre *(tale aliquid ab Ambrosio dictum)*, soit dans l'esprit *(taliterque expositum)*, on serait bien en peine de découvrir en parcourant les ouvrages de ce Père de l'Église. Si saint Ambroise s'était exprimé comme le prétend Bérenger, il aurait grandement nui à sa haute réputation, il se serait contredit lui-même et aurait proposé à la croyance une chose difficile à accepter. Il faudrait, en effet, être insensé pour admettre qu'une réalité soit changée en une autre tout en ne cessant pas de rester ce qu'elle est [3]. Lanfranc ne se contente pas de cette réponse globale et il présente une réfutation plus détaillée sous trois formes différentes :

a) Saint Ambroise n'a pu se contredire lui-même et, témoin de la vérité, témoigner contre la vérité. Or, il a cru à la conversion eucharistique, comme le montrent ses œuvres [4]. Lanfranc met ici en avant certains développements du *De mysteriis* et quelques lignes du *De sacramentis*. Nous y reviendrons dans l'exposé doctrinal [5]. Ainsi, les lecteurs du *De corpore* peuvent constater (comme l'auraient fait les auditeurs des deux adversaires, si Bérenger avait accepté de rencontrer Lanfranc devant un concile [6]) de quelle façon Bérenger invente des textes de toutes pièces, en dénature d'autres et donne de fausses interprétations de ceux qu'il laisse intacts [7].

---

1. SCS, 419 C.
2. Voir *infra*, p. 298.
3. DC, 419 C 11-D 10.
4. Lanfranc invoque à plusieurs reprises le critère doctrinal de la cohérence « scripturaire » : un témoin de la tradition ne peut se contredire lui-même ni contredire la pensée de l'Église. Il applique ce critère à saint Ambroise (DC, 419 D 6, 10-12, 438 D 14), à saint Augustin (DC, 433 D 8-13), au cardinal Humbert (DC, 419 A 3-4). Voir aussi DC, 439 D 10-12. Bérenger a invoqué le même principe : DSC, 76/23-77/35, 94/33-95/3, 142/20-24, 149/18-29. Voir *infra*, p. 509.
5. *Infra*, p. 354-355.
6. Cfr DC, 408 A 7-409 A 2, 414 C 2-4.
7. DC, 419 D 10-420 C 12.

b) Lanfranc, dans son traité, insiste sur la nécessité de ne pas séparer de son contexte un texte qu'on veut interpréter [1]. Appliquant ici ce principe aux lignes du *De sacramentis* desquelles Bérenger avait pu tirer partiellement la citation qu'il prêtait à saint Ambroise, il montre que ce passage ne justifie aucunement le commentaire qu'en donne le maître tourangeau. Ambroise, dans un raisonnement à fortiori, affirmait que la puissance divine est capable de changer en autre chose des réalités existantes, elle qui a tiré du néant toute chose : *Si igitur tanta vis est in sermone Domini ut inciperent esse quae non erant, quanto magis operatorius est ut sint quae erant et in aliud commutentur* [2]. Pour Lanfranc, ces lignes et le contexte dans lequel elles s'insèrent signifient que les réalités du pain et du vin dans l'eucharistie continuent à exister selon leur apparence visible (cfr *ut sint quae erant*), mais que, dans leur essence profonde, elles sont changées en la nature de choses (la chair et le sang du Christ) qui n'étaient pas là auparavant (cfr *et in aliud commutentur*) [3]. Au point de départ, l'explication de Lanfranc était valable, mais sa conclusion inattendue est assez contestable.

c) L'abbé de Saint-Étienne de Caen imagine une autre solution du problème, appuyée sur la critique textuelle et qui ne peut surprendre de sa part, puisqu'il avait le souci d'amender les textes de la tradition et qu'il nous a laissé dans le manuscrit *Le Mans 15* un exemple de son travail de correcteur appliqué précisément à des œuvres de saint Ambroise et notamment au *De sacramentis*. Il assure donc avoir trouvé, pour les derniers mots du passage en question, la leçon suivante : *Ut quae erant in aliud commutentur* [4]. Ainsi corrigé, le texte, dit-il, s'accorde pour le sens avec les lignes suivantes du *De mysteriis* [5] : *Sermo ergo Christi, qui potuit ex nihilo facere quod non erat, non potest ea quae sunt in id mutare quod non erant ?* [6]

On trouve une autre mise au point « scripturaire » au début du chapitre XI. Elle est de peu de portée, mais trahit par là-

1. Par exemple, DC, 422 C 9-D 10, 433 C 14-434 C 3.
2. AMBROISE, *De sacramentis*, IV, IV, 15 : PL, t. XVI, 440 B.
3. DC, 420 C 12-D 12.
4. O. FALLER, *Corpus scriptorum ecclesiasticorum*, t. LXXIII, *Sancti Ambrosii opera*, VII, Vienne, 1955, p. 52, ne mentionne pas cette leçon dans l'apparat critique de l'édition du *De sacramentis*.
5. AMBROISE, *De mysteriis*, IX, 52 : PL, t. XVI, 407 A.
6. DC, 420 D 12-421 A 8.

même le souci qu'avait Lanfranc de relever les moindres bévues
de son adversaire. Bérenger introduisait une citation de saint
Augustin, se rapportant à l'évangile de saint Jean, par les mots :
Unde beatus Augustinus in Evangelio. Et Lanfranc de préciser
que le bienheureux Augustin n'a rien dit dans l'Évangile, où
ne prennent la parole que le Seigneur et les personnages mis en
scène par les évangélistes [1].

2. « *Sacramentum* » (ch. XII à XV)

Le chapitre XII sert d'introduction aux développements du
De corpore qui ont trait au sacramentalisme eucharistique.
Il faut compléter cette introduction par un bref passage du
chapitre XIII [2]. Lanfranc adopte avec Bérenger la définition
augustinienne du sacrement, telle qu'on la trouve dans le *De
civitate Dei* [3], et il reconnaît qu'elle s'applique à l'eucharistie :
« Nous aussi, nous croyons et nous engageons à croire que le
sacrement dont nous parlons est un signe sacré » [4]. Il n'est pas
exagéré de dire que cette prise de position est un des grands
tournants de l'histoire de la théologie sacramentelle et la conséquence la plus importante de l'apparition de l'hérésie bérengarienne. A la suite de Bérenger, Lanfranc commente cette définition à l'aide de la définition du signe donnée par saint Augustin
dans le *De doctrina christiana* [5] *:* « Par ce signe (= l'eucharistie),
au-delà de l'apparence qui frappe les yeux de ceux qui regardent,
vient à la pensée de ceux qui comprennent avec fruit une réalité
tout autre et extrêmement diverse » [6]. Lanfranc admet, il est
vrai, que le mot *sacramentum* peut avoir d'autres sens que celui
qu'il vient de préciser ; néanmoins c'est à ce dernier qu'il se
tiendra dans les développements de son traité concernant le
sacramentalisme eucharistique [7].

Le début du chapitre XIII [8] et les chapitres XIV et XV,
commentant les passages de l'*Epistola ad Bonifacium* cités par

---

1. DC, 421 D 10-15. Voir *supra*, p. 193, note 4.

2. DC, 423 A 13-B 11.

3. Voir *supra*, p. 133, 138-139, 144, 191.

4. « Et nos sacramentum, de quo agimus, sacrum esse signum credimus,
et credendum suademus » (DC, 422 C 2-4).

5. Voir *supra*, p. 133, 139, 144, 146, 191.

6. « Quo signo, praeter speciem quae se oculis intuentium ingerit, longe
aliud valdeque diversum in cogitationem salubriter intelligentium venit »
(DC, 422 C 4-6).

7. DC, 423 A 13-B 11. Cfr 437 C 8-13, D 11-438 A 6.

8. DC, 423 A 6-B 1.

Bérenger dans le *Scriptum contra synodum*, disent comment et de quoi l'eucharistie est signe. Ces chapitres avaient été annoncés dans la troisième section [1] et dans l'introduction de la quatrième section [2]. L'eucharistie est signe « de la passion du Seigneur, de la miséricorde divine, de la concorde et de l'unité et enfin de la chair et du sang pris de la Vierge » [3]. Nous réservons l'analyse détaillée de ces chapitres pour la partie doctrinale de notre travail [4]. Disons en bref pour l'instant que l'auteur du *De corpore*, tout en acceptant les présupposés « sacramentalistes » de Bérenger (mis à part, évidemment, le rejet de la présence réelle), a mal interprété la pensée de son adversaire sur ce point. Alors que Bérenger préconisait ce que nous pourrions appeler un sacramentalisme de consécration, Lanfranc attribue à l'écolâtre tourangeau et adopte pour son compte personnel un sacramentalisme de célébration. Dans l'eucharistie, c'est la chair même du Christ qui, à travers la fraction et la manducation, évoque, par cette immolation réelle, la passion historique du Sauveur et la miséricorde divine, dont le sacrifice de la croix nous a apporté le témoignage ; elle évoque aussi l'union des fidèles. L'immolation *actuelle* de la chair du Christ sur l'autel, en nous rappelant l'immolation que le Christ a subi *autrefois* dans le déploiement de son être corporel et dans sa réalité personnelle *(ipse Dominus Christus)*, fait donc de cette chair le signe du corps du Christ tel qu'il se trouvait à la croix et tel qu'il est maintenant au ciel. Si, comme on le voit, le rite de la communion « corporelle » (fraction et manducation) est à la base du sacramentalisme eucharistique ainsi conçu, la communion « spirituelle » trouve, pour une part, son aliment dans les pensées suggérées par cette « célébration ». Ces deux formes de communion sont, du reste, nécessaires en même temps pour qui veut tirer de l'eucharistie son fruit propre. De plus, le fait de la communion corporelle prouve que si le Christ ne souffre plus dans son être personnel, il continue à souffrir dans sa réalité corporelle eucharistique *(in corpore suo)* [5].

---

1. DC, 415 A 10-15. Cfr 416 B 15-C 2, 418 D 1-5.
2. DC, 422 C 4-8.
3. DC, 415 A 10-15. Voir *supra*, p. 287 note 1.
4. *Infra*, p. 403-416.
5. Signalons au passage, dans ces chapitres, deux nouvelles mises au point concernant la façon dont Bérenger utilise l'argument de tradition : DC, 422 C 9-D 10, 423 C 11-D 3.

E. Cinquième section (chapitres XVI et XVII)

Les chapitres XVI et XVII apportent une conclusion à la première partie du *De corpore*. Dans le chapitre XVI, Lanfranc formule un jugement d'ensemble sur le comportement de Bérenger et, notamment, sur son attitude à l'égard de l'Église romaine. Dans le chapitre XVII, il précise la nature des dispositions intimes que devrait adopter le maître tourangeau en face du « mystère de foi ».

1. *Bérenger et l'Église romaine* (ch. XVI)

Ayant, avec le chapitre XV, achevé de réfuter les « calomnies » proférées par Bérenger contre le cardinal Humbert et contre l'Église romaine, Lanfranc embrasse d'un regard l'ensemble du comportement de Bérenger. Il rappelle que l'écolâtre de Saint-Martin de Tours a fait sienne la profession de foi rédigée par Humbert et que celle-ci exprime non seulement la pensée personnelle de son auteur, mais aussi la croyance des membres du concile de Rome de 1059. Bérenger qui était passé de l'hérésie au parjure (en reniant ses convictions), est maintenant revenu à l'hérésie (voir les deux premières sections). C'est pourquoi il insulte l'Église romaine. Lanfranc souligne avec indignation le caractère exceptionnel de ces propos blasphématoires visant le Siège apostolique, auquel, plus qu'à tout autre, s'appliquent les promesses adressées par le Christ à l'Église et à Pierre.

Le *De corpore* est imprégné de la certitude que la croyance authentique est la croyance commune à l'Église universelle, la foi catholique, laquelle ne fait qu'un avec la foi romaine. Il est normal que cette certitude se soit exprimée plus particulièrement dans la conclusion de la partie du traité qui était destinée à réfuter les calomnies proférées par Bérenger contre l'Église romaine. De plus, avant de rappeler qu'il convient d'aborder le mystère eucharistique dans une attitude de foi, il n'était pas inutile de relier cette foi à son centre visible, au Siège apostolique.

2. « *Mysterium fidei* » (ch. XVII)

L'objet du chapitre XVII, dont les développements sont implicitement annoncés à la fin du chapitre X, est de montrer que s'il est bienfaisant de croire au « mystère de foi », il n'est pas utile de l'explorer avec le regard indiscret de la raison [1].

Au début du chapitre, Lanfranc oppose à la mentalité rationaliste de Bérenger l'attitude du véritable croyant face au mystère de la présence réelle. Mais, pour confondre la perversité des hérétiques, qui, dans leur orgueil, cherchent à pénétrer la raison de tout et se moquent de la foi des âmes simples, pour guérir aussi l'infirmité d'esprits tentés par le doute, la puissance divine a permis qu'en certain cas l'enveloppe des choses visibles et corruptibles disparaisse, et que la chair et le sang du Christ présents sur l'autel se montrent, tels qu'ils sont, sous le regard des yeux corporels [2].

A l'aide de quelques textes de l'Écriture et de la tradition, Lanfranc précise ensuite certaines données de la croyance eucharistique. En premier lieu, il rejette une des objections de Bérenger. Celui-ci estimait impossible que les fidèles se nourrissent de la chair du Christ, puisque le corps du Seigneur ne peut plus désormais connaître la corruption ni, avant le jour du Jugement, descendre du ciel. Lanfranc lui répond par une comparaison. Il serait stupide d'invoquer le fait que le contenu du vase de la veuve de Sarepta n'a pas diminué, pour prétendre que cette femme n'a pu y puiser de l'huile afin de s'en nourrir, alors que le récit biblique dit formellement : « Elle alla et fit comme avait dit Élie, et ils mangèrent, elle, lui et son fils » [3]. De la même façon, ce serait sottise, en alléguant la croyance en la résurrection du Christ, de rejeter la possibilité pour l'Église de manger la chair et le sang du Rédempteur, alors que celui-ci a dit : « Si vous ne mangez la chair du Fils de l'homme et si vous ne buvez son sang, vous n'aurez pas la vie en vous » [4].

Cette chair et ce sang du Fils de l'homme, en lesquels peuvent se changer le pain et le vin de l'autel, Lanfranc affirme que deux hérésies différentes les ont entendus soit comme la chair et le sang d'un homme quelconque, soit comme la chair et le sang d'un homme choisi et sanctifié par Dieu. Il y a là, de la part de l'abbé de Saint-Étienne de Caen, une méprise due à l'interprétation trop littérale d'un passage d'une lettre de saint

---

1. DC, 422 D 1-2. Voir *supra*, p. 277.
2. DC, 427 A 1-B 13.
3. *I Rois*, XVII, 7-16.
4. *Jn.*, VI, 53. DC, 427 B 13-D 13.

Cyrille qui ne visait que la seule hérésie nestorienne. Saint Cyrille disait : « Nous approchons des bénédictions mystiques (= eucharistie), et nous nous sanctifions en participant au corps saint et au sang précieux du Christ, devenu notre Rédempteur à tous, en les recevant non comme une chair ordinaire (ce qu'à Dieu ne plaise !), ni comme celle d'un homme sanctifié et uni au Verbe par une unité de dignité, ou ayant reçu l'habitation divine, mais comme une chair vraiment vivifiante et comme la chair propre du Verbe lui-même » [1]. Lanfranc cite ce passage et le onzième des anathématismes rédigés par saint Cyrille contre Nestorius [2].

Selon Lanfranc, l'expression « bénédictions mystiques » a pour équivalent « bénédictions secrètes », car, d'après saint Augustin dans le *De catechizandis rudibus*, il y a un rapport entre le mot *mysterium* (auquel se rattache le mot « mystique ») et l'idée de secret [3]. « De fait, qu'y a-t-il de plus secret que de voir l'apparence du pain et du vin, de goûter leur saveur, de les éprouver par le toucher, et cependant, par suite de l'action admirable de Dieu, de croire, manger et boire la vraie chair et le vrai sang du Christ » ? [4]

---

1. « Ad benedictiones... mysticas accedimus et sanctificamur, participes sancti corporis et pretiosi sanguinis Christi, omnium nostrum Redemptoris effecti, non ut communem carnem percipientes, quod absit ! nec ut viri sanctificati et Verbo conjuncti secundum dignitatis unitatem, aut sicut divinam possidentis habitationem, sed vere vivificatricem et ipsius Verbi propriam factam » (DC, 428 C 3-10). C'est à l'occasion du concile réuni à Alexandrie en novembre 430 que Cyrille envoya lettre et anathématismes à Nestorius. A Éphèse (juin-juillet 431), ces documents ne furent l'objet d'aucune approbation par vote, mais furent seulement insérés dans les actes du concile. La traduction citée par Lanfranc est celle de Denys le Petit, la seule connue et exploitée au m. â., transmise par le Pseudo-Isidore, qui présente ces documents comme l'œuvre de deux-cents évêques réunis en concile à Éphèse (cfr DC, 428 B 14-C 3). Voir *Isidori Mercatoris collectio decretalium*, dans PL, t. CXXX, 293 B, 294 B, 297 C-D, 301 A. Sur ces faits, voir M. LEPIN, *L'idée du sacrifice de la messe*, 2ᵉ édition, Paris, 1926, p. 58-61, et P.-TH. CAMELOT, *Éphèse et Chalcédoine*, Paris, 1962, p. 41-42, 52, 67-68, 203, 206. Sur l'utilisation de ce texte au moyen âge à propos de l'eucharistie et plus particulièrement dans la controverse bérengarienne, voir H. DE LUBAC, *Corpus mysticum*, 2ᵉ édition, p. 108, note 122, et L. OTT, *Das Konzil von Ephesus (431) in der Theologie der Frühscholastik*, dans *Theologie in Geschichte und Gegenwart* (ouvrage collectif pour les soixante ans de M. Schmaus), Munich, 1957, p. 305-306.

2. DC, 427 D 13-429 A 4.

3. AUGUSTIN, *De catechizandis rudibus*, IX, 13 : PL, t. XL, 320.

4. « Quid enim secretius quam panis vinique speciem conspicere, saporem gustare, tactum sentire, et tamen mirabiliter operante Deo veram carnem verumque sanguinem credere, comedere, bibere ? » (DC, 429 A 8-12).

Ayant, de la sorte, opposé au rationalisme de Bérenger quelques textes de la tradition dans lesquels est mis en valeur le « mystère de foi », Lanfranc adresse un appel à son adversaire. Si Bérenger lisait avec humilité ces textes et d'autres de la même teneur, s'il s'efforçait de les comprendre en demandant à Dieu dans la prière de lui en donner l'intelligence, si avec prudence il distinguait ce qu'il faut interpréter littéralement et ce qui doit être entendu dans un sens spirituel, il croirait et prêcherait ce que croit l'Église universelle, et ce que la doctrine apostolique a recommandé de prêcher à travers le monde, à savoir que nous mangeons et que nous buvons la chair et le sang du Christ par la bouche du corps et par celle de l'esprit, c'est à dire corporellement et spirituellement. Nous les mangeons et les buvons corporellement par la bouche du corps chaque fois que nous recevons à l'autel, de la main du prêtre, le corps même du Seigneur. Nous les mangeons et les buvons spirituellement par la bouche de l'esprit quand, comme le dit saint Augustin, nous repassons en notre mémoire les mystères du Christ, son incarnation, sa passion, sa résurrection, son ascension, son retour à la fin des temps, et que nous conformons notre vie, par la mortification, aux souffrances et aux vertus du Seigneur [1]. L'existence de l'une et de l'autre de ces façons de se nourrir du Christ est attestée dans les écrits de la tradition. Pour la communion corporelle, Lanfranc cite les paroles de l'institution eucharistique et un verset de la première épître de saint Paul aux Corinthiens [2]. Pour la communion spirituelle, il se réfère à la vingt-sixième homélie de saint Augustin sur l'évangile de saint Jean, dans laquelle il est dit, notamment, que le fruit *(virtus)* du sacrement de l'eucharistie est l'union au Corps du Christ dans sa réalité ecclésiale. Ainsi, Lanfranc peut conclure la première partie de son traité par ces mots du Docteur d'Hippone : « Ô sacrement de l'amour ! ô signe de l'unité ! ô lien de la charité ! » [3]

---

1. Cfr Augustin, *De doctrina christiana*, III, XVI, 24 : PL, t. XXXIV, 75.
2. *I Cor.*, XI, 29.
3. « O sacramentum pietatis, o signum unitatis, o vinculum charitatis » (DC, 430 A 8-9). Cfr Augustin, *Tractatus in Joannem XXVI*, VI, 11-13 : PL, t. XXXV, 1611-1613.

II. Deuxième partie du « De corpore et sanguine Domini »

Dans la première partie du *De corpore et sanguine Domini*, Lanfranc a suivi de près le texte du *Scriptum contra synodum*, il en a réfuté point par point les diverses assertions afin de justifier le cardinal Humbert et l'Église romaine en face des calomnies du maître tourangeau. Dans la seconde partie de son traité, il concentre toute son argumentation sur une seule des questions soulevées par son adversaire, la plus importante à vrai dire, celle qui était au cœur de la discussion. Bérenger prétendait que la substance du pain et du vin ne disparaît pas de l'autel après la consécration [1]. Lanfranc va démontrer que le pain et le vin de l'autel sont, lors de la consécration, convertis de façon mystérieuse en la substance de la chair et du sang du Christ. Cette démonstration qu'il avait annoncée à deux reprises dans la première partie de son traité [2], il la fera en confrontant la doctrine orthodoxe et l'opinion bérengarienne.

Il présentera d'abord la foi de l'Église et en prouvera le bien-fondé par deux types d'arguments : l'argument de tradition, appuyé sur les *auctoritates* et particulièrement sur les *testimonia Patrum*, et l'argument de raison, dans lequel les *rationes* apporteront moins une confirmation positive de la foi [3] qu'elles ne serviront à écarter certaines objections [4]. Ce sera la sixième section du *De corpore* [5].

Ensuite, Lanfranc résumera la doctrine bérengarienne et en montrera les conséquences inacceptables. Dans ce cas, il fera donc encore appel à l'argumentation par les *rationes* et, plus précisément, au raisonnement par l'absurde [6]. Ce sera la septième et dernière section du *De corpore* [7].

---

1. SCS, 412 D.
2. DC, 414 B 4-9, 419 A 8-11. Voir le tableau de la page 278.
3. DC, 430 B 4.
4. DC, 440 B 5-7.
5. Chapitres XVIII à XXI.
6. Chapitres XXII et XXIII. Sans doute, ces chapitres font appel aux *auctoritates*, mais avec un élément de discussion qui les classe dans la catégorie des développements où interviennent les *rationes*. On peut dire la même chose des chapitres XX et XXI.
7. DC, 414 B 4-9, 419 A 8-11, 430 A 15-B 2, 440 B 5-7.

Si la première partie du *De corpore et sanguine Domini* avait pour objet de rectifier la façon inexacte dont Bérenger présentait la croyance orthodoxe, si donc, du point de vue doctrinal, elle se ramenait à un *exposé* destiné à opérer les distinctions nécessaires entre présence réelle et sacrement, entre communion corporelle et communion spirituelle, la seconde partie est une *démonstration* de la conversion eucharistique. Nous ne pourrons être surpris de la voir se conclure comme le serait une argumentation dialectique : « Donc ce que tu crois et affirmes au sujet du corps du Christ est faux. Par conséquent *(ergo)* vraie est sa chair que nous recevons, vrai est son sang que nous buvons » [1].

A. Sixième section (chapitres XVIII à XXI)

Après une courte introduction et un résumé préliminaire de la croyance eucharistique orthodoxe, cette section présente deux subdivisions exploitant l'une la preuve par *auctoritates* (ou *testimonia scripturarum*), l'autre la preuve par *rationes* (ou *firmamenta disputationum*) [2].

1. *Bref exposé de la croyance eucharistique de l'Église* (début du ch. XVIII) [3]

Nous avons déjà signalé que ce résumé ne faisait pas intervenir la notion de sacrement et se limitait à un exposé sur la présence réelle. Nous avons dit aussi que la doctrine de la *veritas carnis ac sanguinis* y était développée en trois étapes : la conversion eucharistique, l'eucharistie constituée dans sa double réalité visible et invisible, le rapport de l'eucharistie avec le corps du Christ au ciel [4]. Lanfranc termine cet exposé en revenant sur le second point ; il précise que c'est le corps même du Christ que nous recevons dans la communion, et que cependant ce n'est pas le même : c'est le même quant à son essence, aux propriétés de sa vraie nature et à ses effets bienfaisants, mais

---

1. « Falsum est igitur quod de corpore Christi a te creditur et astruitur. Ergo vera est ejus caro, quam accipimus, et verus ejus sanguis quem potamus » (442 D 9-11).
2. Cfr DC, 430 B 3-4.
3. Exactement, DC, 430 B 14-C 14.
4. *Supra*, p. 296.

ce n'est pas le même quant aux apparences, qui sont celles du pain et du vin. Nous analyserons ce texte dans le chapitre XVIII[1].

2. *Preuve de cette croyance par les « auctoritates »* (suite du ch. XVIII et ch. XIX)

Parlant de la doctrine qu'il vient de résumer, Lanfranc déclare : « C'est à cette foi que depuis les temps anciens a adhéré et que présentement adhère l'Église qui, répandue à travers le monde, s'appelle catholique»[2]. Alors que l'opinion bérengarienne est celle d'une « secte »[3], la doctrine défendue par Lanfranc peut être dite catholique au sens plein du terme. Les témoignages de la tradition cités par l'abbé de Saint-Étienne de Caen mettront en lumière la signification à la fois réaliste et spirituelle de cette doctrine[4] et ils montreront que celle-ci a appartenu à l'Église de façon continue depuis les origines jusqu'à l'époque récente[5]. Le premier de ces témoignages, ce sont, bien entendu, les paroles mêmes du Seigneur instituant l'eucharistie[6]. Viennent ensuite des textes des Pères de l'Église :

a) Textes de *saint Ambroise*[7]. Le dernier mis à part, ils sont empruntés aux mêmes endroits du *De mysteriis* et du *De sacramentis* que les textes cités au chapitre VI, mais ici les citations sont moins fragmentaires :

du *De mysteriis*, des extraits des numéros 48 à 53[8] ;

du *De sacramentis*, des extraits des numéros 14 à 16 (ch. IV) et le numéro 23 (ch. V) du livre IV, les numéros 1 à 4 (ch. premier) du livre VI[9] ;

le début de la lettre LXIV[10].

---

1. *Infra*, p. 347-348 sq.
2. « Hanc fidem tenuit a priscis temporibus, et nunc tenet Ecclesia, quae per totum diffusa orbem catholica nominatur » (DC, 430 D 1-3). Cfr 435 D 4-10.
3. DC, 430 A 15.
4. DC, 435 C 3-8.
5. Cfr *supra*, p. 265.
6. DC, 430 D 3-8. On notera que Lanfranc insère dans les paroles de la consécration du précieux sang les mots de la liturgie *mysterium fidei*.
7. DC, 430 D 8-432 D 9.
8. PL, t. XVI, 404-407.
9. PL, t. XVI, 439 B, 441 A, 444 A-B, 453-455. En DC, 432 A 15-B 1, Lanfranc rappelle qu'il avait cité plus haut (c'est-à-dire en 420 B 11-15) le début du livre VI du *De sacramentis*.
10. PL, t. XVI, 1219.

b) Textes de *saint Augustin* [1] :

extraits d'homélies sur les psaumes XXXIII (deuxième homélie), XLV, LXV, XCVIII [2] (dans ce dernier cas, le texte de saint Augustin est accompagné d'un commentaire dont nous parlerons plus bas et dans lequel Lanfranc fait appel à quelques lignes de l'homélie XXVII sur l'évangile de saint Jean) [3] ;

extraits des homélies XI, XXXI et XL sur l'évangile de saint Jean [4] ;

quelques lignes tirées d'un sermon à des néophytes sur l'eucharistie [5] ;

deux courts extraits des chapitres XIII et XIV du livre IV du *De Trinitate* [6].

c) Textes de *saint Léon* [7] : extraits d'un sermon sur le jeûne du septième mois, d'une lettre à l'évêque Anatole, d'un sermon sur la passion du Seigneur [8].

d) Un extrait d'une homélie de *saint Grégoire* [9].

---

1. DC, 432 D 10-434 D 14.

2. Augustin, *Enarratio in psalmum XXXIII*, *Sermo II*, 10 (PL, t. XXXVI, 313), 25 (*ibid.*, 321) ; *Enarratio in psalmum XLV*, 4 (*ibid.*, 517) ; *Enarratio in psalmum LXV*, 6 (*ibid.*, 791) ; *Enarratio in psalmum XCVIII*, 9 (PL, t. XXXVII, 1264-1265).

3. Augustin, *Tractatus in Joannem XXVII*, 5 : PL, t. XXXV, 1617. Voir *infra*, p. 312-313.

4. Augustin, *Tractatus in Joannem XI*, 8 (PL, t. XXXV, 1479) ; *XXXI*, 9 (*ibid.*, 1640) ; *XL*, 2 (*ibid.*, 1686).

5. Augustin, *De sacramento altaris ad infantes*, II : PL, t. XLVI, 827. Le texte de PL, t. XLVI (identique à celui que donne dom G. Morin dans les *Sermones post Maurinos reperti*, 1930, p. 19, lignes 7-9) et celui du DC diffèrent quelque peu. Dans PL, t. XLVI, on lit : « Hoc agnoscite in pane quod pependit in cruce ; hoc in calice, quod manavit ex latere ». Dans DC, on lit : « Hoc accipite in pane quod pependit in cruce. Et hoc accipite in calice quod effusum est de Christi latere ». De plus, Lanfranc ajoute : « Erit enim illi mors, non vita, qui mendacem putaverit vitam », phrase qu'on ne trouve pas dans le sermon d'Augustin (mais dont le sens correspond *grosso modo* au contenu de ce sermon). Bérenger a cité ce passage dans *Mém.*, 107 D, dans DSC, 70/13-14, 94/22-24, 104/4-5, 147/16-17, avec un texte différent de celui de DC et de PL, t. XLVI. En DSC, 146/32-34, il cite le passage d'après DC (en effet, DSC, 145/19-147/6 reproduit le florilège augustinien de DC, 432 D 11-434 D 14), mais sans la phrase *Erit... vitam.*

6. Augustin, *De Trinitate*, IV, XIII, 18 et XIV, 19 : PL, t. XLII, 900, 901.

7. DC, 434 D 14-435 B 12.

8. Léon le Grand, *Sermo XCI*, III (PL, t. LIV, 452 A-B) ; *Epistola LXXX*, II (*ibid.*, 914 A-B) ; *Sermo LXII*, III (*ibid.*, 351 B).

9. Grégoire le Grand, *XL homiliarum in Evangeliis libri duo*, II, XXII, 7 : PL, t. LXXVI, 1178 A-B. DC, 435 B 12-C 2.

On remarquera que, pour Lanfranc, la preuve par les *auctoritates* consiste essentiellement dans une suite de citations sans commentaire. C'est ainsi qu'après avoir commenté au passage un texte de saint Augustin de la liste des *auctoritates*, Lanfranc écrit : « En voilà assez sur ce sujet. Revenons à notre propos » [1]. De toute évidence, à son point de vue, ces explications ne rentrent pas dans la ligne générale de l'argumentation par les *auctoritates* : aussi les examinerons-nous avec les chapitres XX et XXI consacrés à l'argumentation par les *rationes* [2].

A cette preuve tirée des *testimonia Patrum*, Lanfranc apporte la confirmation des miracles eucharistiques, qui, aux diverses périodes de l'histoire de l'Église, en dévoilant le « secret » de la présence réelle, ont montré l'exactitude de l'interprétation qui est donnée traditionnellement des textes patristiques concernant l'eucharistie [3].

Mise à part la mention des miracles eucharistiques, on trouve à la fin du chapitre XIX une double conclusion de l'argumentation appuyée sur les *auctoritates*. D'abord une conclusion doctrinale préparée par le texte de saint Grégoire qui la précédait et dans lequel il était dit que le sang de l'Agneau est absorbé non seulement par la bouche du corps, mais aussi par la bouche de l'esprit : « Par ces témoignages extraits des paroles divines, dit Lanfranc, ... il apparaît clairement, je pense, qu'à la table du Seigneur c'est la vraie chair du Christ et que c'est son vrai sang qui sont immolés, mangés, bus corporellement, spirituellement, incompréhensiblement » [4]. Cette conclusion doctrinale rejoint celle que Lanfranc avait donnée à son exposé sur la *veritas carnis ac sanguinis* et sur le *sacramentum* dans la quatrième section [5], celle aussi par laquelle il couronnait la première partie de son traité quand il invitait Bérenger à mieux comprendre

---

1. « De his hactenus ad propositum revertamur » (434 C 2-3).
2. *Infra*, p. 311-312.
3. DC, 435 C 8-D 4. Sur la question des miracles eucharistiques au moyen age P. Browe a écrit un article dont nous n'avons pas eu l'occasion de prendre connaissance : *Die eucharistischen Verwandlungswunder des Mittelalters*, dans *Römische Quartalschrift für christliche Altertumskunde und Kirchengeschichte*, t. XXXVII, 1929, p. 137-161.
4. « His divinorum eloquiorum testimoniis... clare, ut arbitror, innotescit quod vera Christi caro, verusque ejus sanguis in mensa Dominica immoletur, comedatur, bibatur, corporaliter, spiritualiter, incomprehensibiliter » (DC, 435 C 3-8).
5. DC, 425 B 13-426 A 1. Voir *supra*, p. 300.

les « divines lettres » et à y distinguer, à propos de l'eucharistie, ce qu'il faut interpréter de façon littérale et ce qu'il faut situer sur un plan spirituel, à savoir la manducation corporelle du corps du Seigneur par la bouche du corps et la manducation spirituelle de ce corps par la bouche de l'esprit dans la participation aux mystères de la rédemption [1].

Seconde conclusion, que nous pourrions appeler méthodologique : Lanfranc précise le degré d'autorité et donc aussi de valeur probante des « écritures » qui rapportent les miracles eucharistiques, apologie qui concerne en fait non seulement les récits merveilleux dont il vient de faire mention, mais aussi l'ensemble des *testimonia Patrum* [2] des chapitres XVIII et XIX. Sans doute, dit-il, ces écritures n'ont pas la même portée que celle, incomparable, que nous attribuons aux écritures que nous appelons « prophétiques » (Ancien Testament) ou « apostoliques » (Nouveau Testament), mais elles sont aptes à donner la preuve que les fidèles qui nous ont précédés ont bien possédé la même foi que les chrétiens de l'heure présente (ainsi est défini le but que visait Lanfranc en utilisant l'argument de tradition), car s'il n'en était pas ainsi (c'est-à-dire si ces écritures n'avaient ni autorité ni donc valeur probante), les décrets des souverains pontifes et les saints canons les auraient rangées nommément dans la catégorie des apocryphes et elles ne seraient pas lues solennellement par les catholiques dans l'Église catholique [3].

3. *Preuve de cette croyance par les « rationes »* (ch. XX et XXI + un paragraphe du ch. XVIII [4]).

Si, dans le *De corpore et sanguine Domini*, l'argumentation par les *auctoritates* a pour objet de démontrer la vérité de la doctrine de la conversion eucharistique à partir des témoignages de la tradition [5], l'argumentation par les *rationes* ne nous éloigne pas des textes sacrés. Son rôle est d'interpréter ces textes, de les expliquer [6], de confirmer leur signification [7], d'écarter les

---

1. DC, 429 A 12-430 A 9. Voir *supra*, p. 304.
2. DC, 419 A 9-10.
3. DC, 435 D 4-14.
4. DC, 433 C 15-434 C 3.
5. DC, 414 B 4-9, 419 A 3-10, 430 A 14-B 13, D 1-3, 435 C 3-D 14, 436 A 2, 440 B 5.
6. DC, 416 D 11-417 B 9.
7. DC, 430 B 4.

objections fallacieuses qui peuvent être faites à leur propos. [1]
Les *rationes* se situent donc à l'arrière-plan de la démonstration
doctrinale [2] ; elles servent à dissiper les ténèbres par lesquelles
l'esprit critique de Bérenger s'efforce d'obscurcir les affirmations
lumineuses des *auctoritates* [3]. Nous avons déjà noté que, pour
Lanfranc, l'argument de raison intervient au moment précis où
le commentaire succède à la citation brute du texte sacré [4].

Lanfranc organise la démonstration de la conversion eucharistique par les *rationes* à partir de cinq objections prêtées à
Bérenger et aux disciples du maître tourangeau. Deux de ces
objections et la réfutation qui les suit concernent le vocabulaire
eucharistique des textes scripturaires et patristiques [5] ; une
autre s'appuie sur un texte de saint Augustin [6] ; une autre sur
un texte de saint Ambroise [7] ; la dernière est une pure objection
de raison : elle fournira à Lanfranc l'occasion de porter un jugement d'ensemble sur les possibilités et les limites de l'investiga-
tion rationnelle dans le domaine de la foi et lui permettra de
donner ainsi une conclusion adéquate aux chapitres du *De corpore*
consacrés à l'argumentation par les *rationes* [8].

a) *Première objection et sa réfutation* [9]

Saint Augustin, dans l'homélie sur le psaume XCVIII [10],
prête les paroles suivantes au Christ s'adressant à ceux de ses
disciples qu'avait choqués l'annonce de l'eucharistie [11] : « Comprenez dans un sens spirituel *(spiritualiter)* ce que je vous ai
dit [12]. Ce que vous mangerez, ce n'est pas ce corps que vous

---

1. DC, 436 A 2 sq., 440 B 5-6.
2. DC, 413 B 12-13.
3. DC, 418 D 5-12, 435 C 3-8, 436 A 2-3. C'est peut-être, au moins pour une
part, à l'argumentation par les *rationes* que pensait Lanfranc quand, dans la
première partie du traité, il annonçait la démonstration de la seconde partie en
disant : « Patrum testimoniis ita esse *nec aliter posse esse* monstrabitur » (419 A
9-11), formule qu'il faudrait mettre en parallèle avec la suivante : « Probatis
quae probari oportebat, et *exclusis quae ratio excludi suadebat* » (440 B 5-6).
4. *Supra*, p. 309, note 1.
5. DC, 436 A 2-438 A 6, 438 A 7-D 13.
6. DC, 433 C 15-434 C 3.
7. DC, 438 D 13-439 B 9.
8. DC, 439 B 11-440 B 3.
9. DC, 433 C 15-434 C 3.
10. AUGUSTIN, *Enarratio in psalmum XCVIII*, 9 : PL, t. XXXVII, 1264-1265.
11. *Jn.*, VI, 48-71.
12. Cfr *Jn.*, VI, 63.

voyez, et ce que vous boirez, ce n'est pas le sang que feront couler ceux qui me crucifieront » [1]. Bérenger croit trouver là un argument écrasant contre la croyance en la présence réelle.

Mais, riposte Lanfranc, Augustin ne peut se contredire [2], lui qui, un peu plus haut, dans la même homélie, a affirmé que le Christ nous donnait à manger la chair qu'il avait prise de la Vierge et avec laquelle il avait accompli sa route terrestre [3]. Un lecteur raisonnable et catholique ne peut penser un instant qu'une colonne de l'Église, comme l'était saint Augustin, qu'un des plus sûrs garants de la vérité, dont l'orthodoxie a été hautement confirmée par les décrets du pape Célestin [4], ait mis en doute la présence réelle. En s'exprimant dans des termes qui, à première vue, semblent aller dans le sens des théories du maître tourangeau, Augustin n'a dit en fait que ce que croit l'Église et qu'avait formulé Lanfranc dans son résumé de la croyance eucharistique, à savoir que le sacrement de l'autel est le corps même du Christ, quant à sa vraie nature, et n'est pas le même corps, quant aux apparences [5]. La chair du Christ est réellement mangée sans que les sens en soient offusqués et de telle sorte que la foi ait à s'exercer. Aussi, plus loin, Augustin explique clairement ce qu'il avait dit auparavant de façon obscure : « Et s'il est nécessaire de célébrer celui-ci (= le corps du Christ) visiblement *(visibiliter)*, il faut cependant le saisir par la pensée invisiblement *(invisibiliter)* » [6]. La manducation eucharistique est réelle, mais elle n'est pas sanglante. Notons donc que, pour Lanfranc, *spiritualiter* a ici pour équivalent *invisibiliter*.

b) *Deuxième objection et sa réfutation* [7]

Bérenger, dans un de ses écrits, et les disciples du maître tourangeau objectent que ce que Lanfranc prétend être le vrai corps

---

1. « Spiritualiter... intelligite quod locutus sum. Non hoc corpus quod videtis manducaturi estis et bibituri illum sanguinem quem fusuri sunt qui me crucifigent » (DC 433 C 11-14).
2. Voir *supra*, p. 297, note 4.
3. Voir DC, 433 B 3-7.
4. *Epistola XXI*, II 3 : PL, t. L, 530 A.
5. Voir DC, 430 C 9-14.
6. « Et si necesse est ... illud visibiliter celebrari, oportet tamen invisibiliter intelligi » (DC, 434 A 15-B 2). Voir H. DE LUBAC, *Corpus mysticum*, p. 109-110. A notre avis, sur ce point Guitmond innove assez peu et ne fait que prolonger les distinctions établies par Lanfranc : voir DC, 430 C 9-14.
7. DC, 436 A 2-438 A 6.

du Christ, est appelé dans les textes sacrés *species, similitudo, figura, signum, mysterium, sacramentum.* Toutes ces appellations impliquent une relation à quelque chose ; entendons : au corps du Christ. Mais des réalités qui sont référées à autre chose ne peuvent être ce à quoi elles sont référées. Par conséquent, la réalité présente sur l'autel ne peut être le corps du Christ [1]. Il s'agit d'une des objections les plus graves de Bérenger [2], prenant appui, notamment, sur la définition du sacrement comme « signe sacré » donnée par saint Augustin dans le livre X du *De civitate Dei* : si l'eucharistie est le signe du corps du Christ, elle ne peut être le corps du Christ [3].

La réponse de Lanfranc est double et elle correspond à deux façons de situer le sacramentalisme eucharistique : l'une instinctive chez lui (et qui suivait, du reste, le courant de la tradition), se rapportant aux apparences du pain et du vin sous lesquelles se cachent la chair et le sang du Christ, l'autre qu'il a seule intégrée dans sa synthèse théologique et selon laquelle la chair eucharistique du Christ est elle-même signe du Christ envisagé dans le déploiement de son être personnel *(ipse Dominus Christus).*

— Lanfranc étudie d'abord les mots *species, similitudo, figura.* Il s'attarde sur les deux premiers de ces vocables. *Species* et *similitudo,* quand il s'agit de l'eucharistie, se rapportent aux réalités qui ont disparu, le pain et le vin, et à partir desquelles ont été formés le corps et le sang du Christ [4]. Et Lanfranc cite deux exemples pour illustrer la pensée de l'Église sur ce point. Le premier exemple concerne le mot *species ;* il va entraîner Lanfranc dans une longue suite de digressions. Le second exemple concerne le mot *similitudo.*

Premier exemple [5]. Il s'agit d'une oraison que nous citons dans le texte latin, pour ne pas préjuger de sa traduction : *Perficiant in nobis, Domine, quaesumus, tua sacramenta quod continent, ut quae nunc* SPECIE *gerimus, rerum veritate capiamus.* On sait que Ratramne donnait de cette oraison un commentaire qui pouvait, à tort, être entendu comme impliquant la négation

---

1. DC, 436 A 2-B 2.
2. Voir H. DE LUBAC, *Corpus mysticum,* p. 245 sq.
3. DC, 422 B 11-C 8. *Supra,* p. 134, 141.
4. DC, 436 B 2-6.
5. DC, 436 B 6-437 A 4.

de la présence réelle : *Specie geruntur ista, non veritate*. Quand Bérenger était passé à Chartres en 1050, son ami Ascelin l'avait mis dans l'embarras en lisant devant lui le passage du traité de « Jean Scot » (Ratramne) où se trouvait ce commentaire [1]. Lanfranc explique ainsi l'oraison en question : « Le prêtre demande que le corps du Christ qui est saisi maintenant sous l'apparence du pain et du vin soit un jour appréhendé dans une vision manifeste, tel qu'il est réellement » [2]. Mais Lanfranc éprouve le besoin de justifier le sens qu'il donne ici au mot *veritas* (vision manifeste) et qui est presque l'inverse de celui qu'il adopte couramment en utilisant ce mot à propos de l'eucharistie (réalité cachée) : « On trouve souvent *veritas* avec le sens de *manifestatio* dans les lettres sacrées » [3]. Lanfranc remarque, cependant, qu'il y a, dans la dite oraison, un autre sens possible pour *veritas*. La *veritas carnis ac sanguinis* signifierait ici vraisemblablement l'efficacité de la chair et du sang du Christ, c'est-à-dire la rémission des péchés procurée par cette chair et par ce sang. C'est dans le même ordre d'idées qu'on trouve dans le canon de la messe la formule suivante : « Afin que (cette oblation) devienne *pour nous* le corps et le sang de votre très cher Fils, notre Seigneur Jésus-Christ » [4]. « Pour nous », c'est-à-dire pour ceux qui ont la foi, et qui reçoivent ce corps et ce sang dans de bonnes dispositions, alors que ceux qui le reçoivent dans de mauvaises dispositions mangent et boivent leur propre condamnation [5]. Saint Grégoire dit également dans le quatrième livre de ses *Dialogues :* « Il sera *pour nous* une vraie victime offerte à Dieu, quand nous aurons fait de nous-mêmes une victime » [6]. Cette acception

---

1. EA, 67 B 12-C 12. L'embarras de Bérenger a tenu sans doute au fait que « Jean Scot » paraissait ici rejeter la *veritas* dans l'eucharistie, alors que le maître tourangeau prétendait rester fidèle, à sa manière, à la notion du *verum corpus* de l'autel. Voir *supra*, p. 71, 82.

2. « Postulat quippe sacerdos ut corpus Christi quod sub specie panis vinique nunc (PL *om.* nunc) geritur, manifesta visione, sicuti revera est, quandoque capiatur » (DC, 436 B 11-13).

3. « Veritas enim pro manifestatione in sacris saepe litteris reperitur » (DC, 436 B 13-14).

4. « Ut nobis corpus et sanguis fiat dilectissimi Filii tui Domini nostri Jesu Christi » (DC, 436 C 12-14).

5. Cfr *I Cor.*, XI, 29.

6. « Tunc vera pro nobis Deo hostia erit, cum nosmetipsos hostiam fecerimus » (DC, 436 D 4-5). Cfr GRÉGOIRE LE GRAND, *Dialogorum libri*, IV, LIX : PL, t. LXXVII, 428 A.

du mot *veritas* entraîne Lanfranc dans de nouvelles explications,
car il est bien évident qu'en l'adoptant d'une manière exclusive
on irait dans le sens purement « spirituel » donné par Bérenger
à l'eucharistie. Il faut donc préciser que « même pour les pécheurs
et pour ceux qui communient dans de mauvaises dispositions
la chair du Christ est vraie et vrai son sang, mais par leur essence,
non par leur efficience salutaire » [1]. C'est ce que confirme saint
Augustin dans le *De baptismo*, quand il évoque la communion
de Judas [2].

Deuxième exemple [3]. Il s'agit d'un passage du *De sacramentis*
de saint Ambroise : *Ambrosius in sexto De sacramentis* : « *Quomodo vera ? Qui* SIMILITUDINEM *video, non video sanguinis
veritatem* ». *Et paulo post : « Ideo in* SIMILITUDINE *quidem accipis
sacramentum, sed verae naturae gratiam virtutemque consequeris* » [4].
Dom B. Botte traduit ainsi ces lignes : « Comment est-ce sa
vraie chair ? Je vois certes l'image du sang, je n'en vois pas
la réalité... Tu reçois le sacrement symboliquement, mais tu
reçois la grâce et la vertu de ce qu'il est réellement » [5]. La façon
dont Lanfranc commente le même texte suppose une interprétation différente : « Dans ce passage, cela ne peut faire de doute,
(saint Ambroise) comprend le mot *similitudo* dans le sens de
l'apparence *(speciem)* du pain et du vin, sous laquelle la nature
du corps du Christ est cachée et est reçue de façon salutaire par
ceux qui communient dans de bonnes dispositions, sans que leur
sens soient affectés par la vue du sang qui coule » [6]. Lanfranc
commet ici une erreur, qui s'explique par le contexte de la seconde partie de sa citation du *De sacramentis*, contexte dont
s'inspire son commentaire, mais cette erreur n'en est pas moins
surprenante à un double titre : en effet, la construction grammaticale aurait dû lui montrer que, dans la première partie
de la citation, *sanguinis* est complément de *similitudinem* et

---

1. « Est quidem etiam peccatoribus, et indigne sumentibus vera Christi
caro, verusque sanguis, sed essentia, non salubri efficientia » (DC, 436 D 5-8).
2. DC, 436 D 8-437 A 4. AUGUSTIN, *De baptismo*, V, VIII, 9 : PL, t. XLIII, 181.
3. DC, 437 A 4-12.
4. Cfr AMBROISE, *De sacramentis*, VI, I, 2 et 3 : PL, t. XVI, 454 C, 455 A.
5. B. BOTTE, *Ambroise de Milan, Des sacrements, Des mystères*, 2e édition,
Paris, 1961, p. 139.
6. « Similitudinem hoc in loco nullo dubitante panis vinique speciem intelligit,
sub qua corporis Christi natura contegitur, et sine cruoris horrore a digne
sumentibus in salutem accipitur » (437 A 9-12).

pas seulement de *veritatem*, et il se trouve, de plus, qu'il cite quelques pages plus loin un autre passage du *De sacramentis* dans lequel *similitudo* a le sens de « symbole » du précieux sang [1].

Lanfranc précise, en outre, que les mots *species*, *similitudo*, *figura* peuvent parfois être pris dans le sens de « vérité ». Cette remarque a une valeur générale et ne semble pas, dans son esprit, concerner le vocabulaire eucharistique proprement dit. Lanfranc donne de nombreux exemples de cette acception [2]. Nous ne les commenterons pas, puisqu'ils ne s'appliquent pas à la question que nous étudions. Au milieu de ces exemples, se trouvent deux citations du *De fide* de saint Ambroise qui concernent l'emploi du mot *sacramentum* dans le vocabulaire eucharistique [3] : elles sont à replacer dans les développements auxquels nous allons nous arrêter maintenant.

— Lanfranc s'occupe ensuite des mots *signum*, *mysterium*, *sacramentum* [4]. Ces mots, dit-il, et d'autres analogues, désignent la passion du Christ, si, du moins, on prend le mot « sacrement » dans le sens de « signe sacré » que lui donne saint Augustin dans le *De civitate Dei*. Lanfranc renvoie donc ici implicitement à ses éclaircissements sur le sacramentalisme eucharistique de la première partie du *De corpore* [5]. Comme exemple de l'emploi du mot *mysterium* dans ce sens, il cite trois passages des *Dialogues* de saint Grégoire le Grand [6] ; il avait cité le second de ces passages au chapitre XIV [7]. Pour illustrer l'emploi, dans le même sens, du mot *sacramentum*, il cite quelques lignes de la

---

1. Voir DC, 439 A 1-3. Voici, selon L. Lavorel, le sens exact du mot *similitudo* dans les passages en question de saint Ambroise : « Le corps et le sang du Christ ne sont pas appréhendés par les sens dans leur réalité : *speciem sanguinis non video, non video sanguinis veritatem*. Cependant, ils sont réellement présents sur l'autel : *vera caro sicut ipse dixit, quam accipimus*. Leur présence est liée à ces éléments du pain et du vin consacrés qui en sont précisément la manifestation sensible, la *similitudo* ou *figura* » (L. LAVOREL, *Oblats et corps du Christ sur l'autel d'après Ambroise*, dans *Recherches de théologie ancienne et médiévale*, t. XXV, 1957, p. 219).

2. DC, 437 A 13-C 7. Cfr *Commentarii*, 187/11 (*infra*, p. 333), 375/19.

3. DC, 437 B 7-15. Cfr AMBROISE, *De fide ad Gratianum*, IV, X, 124 : PL, t. XVI, 641 A.

4. DC, 437 C 8-438 A 6.

5. DC, ch. XII-XV. Voir *infra*, p. 399-400, 403-416.

6. Cfr GRÉGOIRE LE GRAND, *Dialogorum libri*, IV, LVIII et LIX : PL, t. LXXVII, 425 C, D, 428 A.

7. DC, 424 A 9-B 1. Ici, le texte de la citation est assez approximatif. En 437 D 1-4, il est plus exact.

vingt-deuxième homélie de saint Grégoire sur l'Évangile [1].
Il faudrait ajouter ici les citations du *De fide* de saint Ambroise
que nous avons mentionnées ci-dessus et qui se rapportent à
la même utilisation du mot *sacramentum*. Par ailleurs, Lanfranc
précise, comme il l'avait fait au chapitre XIII, aux développements duquel il se réfère expressément [2], que *sacramentum*
peut avoir d'autres significations dans les « livres divins », que
celle de « signe sacré », et il donne un exemple d'une de ces
significations, tiré également du *De fide* [3].

La façon dont Lanfranc vient d'expliquer certains termes
du vocabulaire eucharistique ne s'harmonise pas entièrement
avec l'usage qu'il fait de ces termes dans le reste du *De corpore*.
Ainsi, dans son traité, il ne cantonne pas *similitudo* dans un emploi
concernant les apparences du sacrement de l'autel, mais il
s'en sert aussi dans une perspective symboliste ayant trait
soit à l'eucharistie envisagée comme une nourriture spirituelle [4],
soit à la passion du Seigneur [5]. A l'inverse, s'il réfère couramment
sacramentum et *mysterium* au symbolisme de la passion, il les
utilise encore pour rappeler le caractère secret de l'eucharistie,
aspect de la doctrine qui est lié aux apparences dont sont re-
vêtus le corps et le sang du Christ mystérieusement présents sur
l'autel [6]. Par ailleurs, il est assez surprenant que, dans le passage
que nous étudions ici, il ait négligé de mentionner le rapport
du mot *figura* avec le symbolisme de la passion du Christ [7] ;
il se contente d'indiquer une signification de ce vocable sans
relation avec l'usage qu'il en fait à propos de l'eucharistie [8].

c) *Troisième objection et sa réfutation* [9]

Nous retrouvons ici l'objection que Bérenger avait formulée
au sujet du terme « pain » employé par le cardinal Humbert

---

1. GRÉGOIRE LE GRAND, *XL homiliarum in evangelia libri duo*, II, XXII, 7 :
PL, t. LXXXVI, 1178 B.

2. DC, 438 A 5-6 : cfr 423 A 13-B 11.

3. Cfr AMBROISE, *De fide*, II, V, 44 ; III, III, 16 ; III, X, 65 ; IV, XII, 158,
etc. (PL, t. XVI, 568, 593, 603, 647, etc.). Voir *infra*, p. 372, notes 2 et 3.

4. Voir DC, 416 C 2-D 2, 438 A 7-11, D 6-13.

5. DC, 423 A 6-13. Cfr 425 A 1-5.

6. Voir DC, 409 A 2-3, 421 B 12-C 10, D 2-4, 425 C 3-4, 427 A 5 et le contexte,
429 A 4-12.

7. Voir DC, 424 B 14 et le contexte. Cfr 424 A 9 et le contexte.

8. DC, 437 A 13-14. Voir *infra*, p. 371-372.

9. DC, 438 A 6-D 13.

dans la profession de foi eucharistique du concile de Rome de 1059 [1]. Cette objection peut être élargie à tous les textes de la tradition qui désignent l'eucharistie sous l'appellation « pain ».

Lanfranc résoud ici cette difficulté de la même façon que dans la première partie du *De corpore* [2]. Ou le mot « pain », quand il désigne l'eucharistie, est en rapport avec le pain à partir duquel celle-ci a été réalisée et dont elle garde les apparences, ou il répond à un emploi symbolique, l'eucharistie étant la nourriture de l'âme comme le pain est la nourriture du corps [3]. Pour justifier ces explications, Lanfranc cite un certain nombre de textes tirés de l'Écriture ou de commentaires scripturaires, dans lesquels se trouvent, appliquées à d'autres questions que l'eucharistie, des figures de rhétorique du type de celles qui permettent d'appeler « pain » le sacrement de l'autel : les « livres sacrés » [4] désignent certains êtres par le nom d'autres réalités dont ils proviennent [5] ou dont ils ont toutes les apparences [6] ou avec lesquelles ils ont des analogies [7].

d) *Quatrième objection et sa réfutation* [8]

Saint Ambroise s'adressant au nouveau baptisé s'exprime ainsi : « De même, en effet, que tu as pris le symbole de la mort, ainsi tu bois le symbole du sang précieux » [9]. Bérenger prétendait que cette comparaison entre le baptême et l'eucharistie implique le rejet de la présence réelle : on peut en déduire, en effet, que puisqu'il n'y a pas de véritable mort du Christ dans le baptême, il n'y a pas non plus de vrai sang du Christ dans l'eucharistie.

Lanfranc répond que comparer deux choses n'est pas nécessairement les mettre sur le même plan. Il en donne pour preuve des versets de l'Évangile dans lesquels une comparaison est

---

1. SCS, 414 D, 415 D-416 A, 419 A. Voir *supra*, p. 184-190.
2. Voir DC, 416 A 5-B 9, C 2-D 4, 419 A 11-B 5. *Supra*, 287-288.
3. DC, 438 A 7-11, D 6-13.
4. DC, 438 A 7-8.
5. DC, 438 A 11-B 2.
6. DC, 438 B 2-D 3.
7. DC, 438 D 3-6.
8. DC, 438 D 13-439 B 9.
9. « Sicut enim mortis similitudinem sumpsisti, ita etiam similitudinem pretiosi sanguinis bibis » (DC, 439 A 2-3). Cfr AMBROISE, *De sacramentis*, IV, IV. 20 : PL, t. XVI, 443 A. Notre traduction est empruntée à B. BOTTE, *Ambroise de Milan. Des sacrements. Des mystères*, 2e édition, p. 113.

établie entre Dieu et les hommes [1]. A ces versets il ajoute un bref commentaire tiré de la quatre-vingt-dixième homélie de saint Augustin sur l'évangile de saint Jean [2].

e) Cinquième objection et sa réfutation [3]

Si le pain est changé en la vraie chair du Christ, disent Bérenger et ses disciples, il faut qu'il soit enlevé au ciel, où s'opérera cette conversion, ou que la chair du Christ descende ici-bas pour que le pain se transforme en elle. Or, il n'est pas exact que le pain soit transporté au ciel ni que la chair du Christ soit amenée sur terre. Il n'y a donc pas sur l'autel de vraie chair du Christ en laquelle le pain se serait converti.

Nous estimons assez significatif que Lanfranc, dans le cas présent, ne fasse pas appel à une meilleure compréhension des données de la foi et ne trouve d'autre réponse que la soumission de l'intelligence devant le mystère. Cette réponse, nous l'avons dit, permet à notre auteur de conclure assez heureusement les chapitres qu'il a consacrés à l'argumentation par les *rationes* en formulant un jugement d'ensemble sur l'attitude que doit adopter la raison en face des œuvres de Dieu. L'apôtre Paul n'autorise pas la sagesse humaine à sonder les œuvres divines [4]. Et Grégoire le Grand s'exprime ainsi : « Nous devons reconnaître que l'œuvre de Dieu ne suscite pas l'admiration, si la raison vient à bout de l'expliquer ; et la foi n'a pas de mérite, quand la raison humaine lui fournit une preuve » [5]. Sans doute, pour Lanfranc, tout n'est pas inaccessible à la raison dans les éléments de la croyance, et, aussi bien dans la première partie du *De corpore* [6] que dans les chapitres de la deuxième partie consacrés aux *rationes*, il s'est efforcé d'amener Bérenger à mieux comprendre certains aspects de la doctrine eucharistique orthodoxe. C'est probablement ce qu'il veut rappeler quand il dit ici : « En face de réalités aussi insondables, il aurait mieux valu que

---

1. *Lc.*, VI, 36 ; *Jn.*, XVII, 22-23.
2. Augustin, *Tractatus in Joannem CX*, 5 : PL, t. XXXV, 1923.
3. DC, 439 B 11-440 B 3.
4. *Rom.*, XII, 3 ; *I Cor.*, II, 4-5 ; *Col.*, II, 8.
5. « Sciendum, inquit, nobis est quod divina operatio, si ratione comprehenditur, non est admirabilis. Nec fides habet meritum, cui humana ratio praebet experimentum » (DC, 439 D 1-4). Cfr Grégoire le Grand, *XL homiliarum in evangelia libri duo*, II, XXVI, 1 : PL, t. LXXVI, 1197 C.
6. Voir DC, 427 B 13-C 5, 429 A 12-B 10.

tu pries Dieu pour comprendre ce qui peut être compris dans les limites des possibilités humaines... ». Mais il ajoute aussitôt : « ... ou que tu endures patiemment et humblement, et que tu croies cependant, ce qui, dans un si grand mystère, dépasse les forces de l'esprit humain et ne peut en aucune façon, durant cette vie, être saisi par l'intelligence, plutôt que de soulever une controverse, de t'écarter de la pensée de l'Église universelle et de susciter un nouveau schisme en t'opposant par tes paroles et par tes écrits aux enseignements des saints Pères » [1]. En se tenant à cette ligne de conduite, Bérenger se conformerait aux prescriptions du Législateur dans l'Écriture, lequel s'exprime en ces termes : « Ne va pas au-delà des limites fixées par tes pères » [2]. C'est la même prudence que recommande saint Augustin dans le premier livre du *De sermone Domini in monte* [3], dans le troisième livre du *De Trinitate* [4] et dans le *Contra Felicianum*. En citant un passage de ce dernier ouvrage (inauthentique), Lanfranc conclut de façon très pertinente la sixième section de *De corpore* par une affirmation de la priorité des *testimonia Patrum* sur les *rationes* dans le domaine de la foi : « Dans les problèmes se rapportant à la foi, il est plus facile de croire aux témoignages que d'enquêter avec sa raison » [5].

B. Septième section (chapitres XXII et XXIII)

La démonstration de la conversion eucharistique qui occupe la seconde partie du *De corpore et sanguine, Domini* présente trois sortes de preuves : des preuves positives fournies par les *aucto-*

---

1. « Propterea in tanta rerum profunditate magis oportuit te orare Deum, ut aut intelligeres quae pro humana capacitate intelligi possunt, aut patienter, et humiliter ferres, et tamen crederes quae in tanto arcano humani ingenii vires excedunt, et in hac vita intelligi minime possunt, quam litem movere, ab universali Ecclesia dissentire, novum schisma verbis et scriptis contra sanctorum Patrum praecepta inferre » (DC, 439 D 4-12).

2. « Ne transgrediaris terminos patrum » (DC, 439 D 15). Cfr *Prov.*, XXII, 28. On lit, en fait, dans la Vulgate : « Ne transgrediaris terminos antiquos, quos posuerunt patres tui. » Quant à la traduction sur le texte hébreu, elle donne dans la Bible de Jérusalem : « Ne déplace pas la borne antique que posèrent tes pères. »

3. Augustin, *De sermone Domini in monte*, I, XI, 32 : PL, t. XXXIV, 1245.

4. Augustin, *De Trinitate*, III, X, 21 : PL, t. XLII, 881.

5. « Facilius in negotiis fidei testimoniis creditur quam ratio vestigatur » (DC, 440 B 1-3). Cfr Pseudo-Augustin (en réalité Vigile de Tapse), *Liber contra Felicianum arianum*, II : PL, t. XLII, 1158.

ritates (cg. XVIII-XIX), des preuves négatives appuyées sur les *rationes* et dont le but est de réfuter les objections de l'adversaire (ch. XX-XXI) et des preuves par l'absurde destinées à montrer que la doctrine bérengarienne entraîne des conséquences inacceptables (ch. XXII et XXIII) [1]. Ce dernier type d'argumentation, utilisé dans la septième et dernière section du traité, appartient encore au domaine des *rationes*, lesquelles, nous l'avons dit, n'excluent pas l'emploi des *auctoritates*, mais font intervenir un élément de discussion [2] moins conforme, selon Lanfranc, à l'objet de la démonstration [3]. La septième section compte deux subdivisions : d'une part un bref exposé de la doctrine eucharistique de Bérenger, d'autre part la réfutation de cette doctrine au moyen du raisonnement par l'absurde.

1. *Bref exposé de la doctrine eucharistique de Bérenger* [4]

Nous étudierons cet exposé à loisir dans le chapitre XVII [5]. Remarquons, pour l'instant, qu'il comprend trois niveaux différents. Au premier niveau, est niée la conversion eucharistique : le pain et le vin de l'autel ne sont pas changés « quant à leur substance » par la consécration. Au second niveau, est présenté l'aspect sacramentel de la réalité eucharistique ainsi entendue : à travers la célébration liturgique, cette réalité rappelle la passion du Christ. Au troisième niveau, sont évoquées les aspirations spirituelles qui prennent appui sur le sacramentalisme ainsi défini. Comme nous l'avons dit plus haut [6], Lanfranc a attribué à Bérenger un sacramentalisme de célébration dont on serait bien en peine de trouver la moindre trace dans les écrits du maître tourangeau [7]. L'abrégé de la doctrine bérengarienne donné par Lanfranc nous éclaire davantage sur la pensée de l'abbé de Saint-Étienne de Caen que sur celle de son adversaire [8].

---

1. « Probatis quae probari oportebat (= ch. XVIII-XIX) et exclusis quae excludi ratio suadebat (= ch. XX-XXI), jam quid tu credas, et credulitatem tuam quid sequatur, videamus (= ch. XXII-XXIII) » (DC, 440 B 5-7).

2. DC, 441 D 9-11.

3. DC, 413 B 12-13, 416 D 12-13, 440 A 9-B 3.

4. DC, 440 B 7-C 3.

5. *Infra*, p. 342-345.

6. *Supra*, p. 299-300.

7. Certes, pour Bérenger, il y a une immolation « sacramentelle », liée à la fraction de l'hostie (*supra*, p. 147, note 4, p. 173), mais elle est la *conséquence* et non le fondement du sacramentalisme eucharistique tel qu'il le conçoit.

8. *Infra*, p. 342.

2. Réfutation par l'absurde de la doctrine eucharistique de Bérenger [1]

Lanfranc administre la preuve de la fausseté de la doctrine eucharistique de Bérenger en montrant que cette doctrine entraîne deux conséquences inacceptables :

a) Première conséquence de la doctrine de Bérenger : si cette doctrine était vraie, les sacrements des Juifs seraient plus remarquables et plus divins que les sacrements des chrétiens [2].

En effet, la manne et les animaux sacrifiés par les Juifs ont plus de valeur que ce qui, dans l'hypothèse de Bérenger, ne serait qu'une bouchée de pain et une gorgée de vin [3].

Par ailleurs, il est plus divin d'annoncer les choses à venir, comme le font les sacrements des Juifs, que de rappeler le passé, comme le ferait l'eucharistie dans la doctrine bérengarienne. Annoncer l'avenir suppose l'aide de l'Esprit-Saint ; raconter le passé est à la portée de l'homme le moins instruit [4].

Les conclusions qui découlent des théories du maître tourangeau sont donc inacceptables. Saint Ambroise, notamment, a souligné le fait que les sacrements des Juifs se situaient, en dignité et en efficacité, sur un plan inférieur aux sacrements des chrétiens [5]. C'est pourquoi *(ergo)*, ce que Bérenger avance est faux [6].

b) Deuxième conséquence de la doctrine de Bérenger : si cette doctrine était vraie, la croyance eucharistique de l'Église universelle serait fausse [7], ce qui impliquerait soit que l'Église n'a jamais existé en tant que « catholique », soit qu'après avoir existé elle s'est écroulée, car il y a un lien très étroit entre la pérennité de l'Église et la pureté de sa croyance. Mais jamais un catholique n'admettra que l'Église n'ait pas existé ou qu'elle ait disparu [8].

Lanfranc développe ces deux points. La réalité universelle de l'Église est attestée soit par l'Ancien Testament, qui annonce

---

1. DC, 440 C 3-442 D 11.
2. DC, 440 C 3-D 11.
3. DC, 440 C 5-9.
4. DC, 440 C 9-13.
5. AMBROISE, *De mysteriis*, VIII, 44, 47, 49 : PL, XVI, 403-405 ; *De sacramentis*, IV, III, 10 : PL, XVI, 438 B.
6. DC, 440 C 13-D 11.
7. DC, 440 D 12-441 A 9.
8. DC, 441 A 8-13.

une extension du Royaume de Dieu à toutes les nations [1], soit
par l'existence même de l'Église, dont saint Augustin évoque
l'aspect « catholique » [2], soit par les paroles du Seigneur [3] en-
voyant ses disciples à travers le monde pour prêcher l'Évangile
à toute créature [4].

Bérenger et ses disciples admettraient à la rigueur que l'Église
a existé, qu'elle s'est répandue de par le monde, mais ils pensent
qu'elle est ensuite tombée dans l'erreur et a péri presque totalement pour ne plus subsister que dans la secte bérengarienne.
Cette prétention (que, de fait, dans le *De sacra coena*, Bérenger
n'est pas tellement loin d'avoir exprimée) [5] est contredite par
le Seigneur dans l'Évangile. En effet, d'une part, Jésus a promis
d'être présent à son Église jusqu'à la consommation des siècles [6],
ce qu'il n'aurait pu faire si l'Église devait périr avant la fin des
temps ; d'autre part, il n'a pas admis que cette présence puisse
se cantonner dans tel ou tel secteur limité, mais il l'a affirmée
de l'Église catholique, universelle [7]. Saint Augustin, dans les
Enarrationes in psalmos [8], met en valeur ces deux aspects de
la vie de l'Église : pérennité et universalité, et il montre que
l'Ancien Testament les avait annoncés [9].

Ayant ainsi, une fois de plus, relié les données de la foi et
la réalité ecclésiale [10], Lanfranc peut conclure sa démonstration,
et le traité tout entier, par cette affirmation, dont les derniers
mots sont empruntés, avec une variante inauthentique, au début
du livre VI du *De sacramentis* de saint Ambroise : « Par conséquent, ce que tu crois et assures au sujet du corps du Christ

---

1. *Gén.*, XXII, 18 ; *Ps.*, II, 8, XXI, 28, CVI, 2-3.

2. AUGUSTIN, *Enarratio in psalmum XXI, Enarratio II*, 26 : PL, t. XXXVI,
177 ; *Enarratio in psalmum XXXIX*, 15 : PL, t. XXXVI, 443, etc. ; *De agone
christiano*, I, XXIX, 31 : PL, t. XL, 306-307.

3. *Mc.*, XVI, 15 ; *Matth.*, XIII, 38, 47.

4. DC, 441 A 13-D 7.

5. DSC, 2/24-28, 7/8-15, 19-27, 10/11-15, 13/11-17, 31-32, 19/14-20/18
21/24-22/19, 24/36-25/6, 56/28-57/8.

6. *Matth.*, XXVIII, 20.

7. *Matth.*, XXIV, 23.

8. AUGUSTIN, *Enarratio in psalmum LVI*, 1 : PL, t. XXXVI, 662 ; *Enarratio
in psalmum LXIV*, 9 : PL, t. XXXVI, 780 ; *Enarratio in psalmum LXXI*, 8 :
PL, t. XXXVI, 906 ; *Enarratio in psalmum XCII*, 8 : PL, t. XXXVII, 1189 ;
Enarratio in psalmum CI, Sermo II, 9 : PL, t. XXXVII, 1310, etc.

9. DC, 441 D 8-442 D 8.

10. Cfr DC, ch. II, IV et XVI.

est faux. Donc *(ergo)* vraie est sa chair que nous recevons, et vrai, son sang que nous buvons » [1].

* * *

On voit, par cette analyse du *De corpore et sanguine Domini*, ce qu'il faut penser du jugement de A.J. Macdonald, qui estime que le traité de Lanfranc ne présente aucun agencement méthodique [2]. Il faut dire, au contraire que le plan de cet ouvrage a été conçu avec beaucoup de logique et mis en œuvre avec une grande rigueur. Nous pouvons cependant relever dans le *De corpore* certains défauts de composition. La première partie, si organisée qu'elle soit, présente un aspect quelque peu confus. A l'intérieur, notamment, des deuxième, troisième et quatrième sections, les problèmes se chevauchent, les répétitions ne manquent pas. Ce désordre s'explique surtout par le fait que Lanfranc s'est astreint à suivre le texte de l'opuscule qu'il réfutait, mais il vient aussi de l'erreur que l'ancien écolâtre du Bec a commise lorsqu'il a cru trouver deux arguments, et non un seul, dans la démonstration par laquelle son adversaire s'efforçait de jeter le discrédit sur la profession de foi rédigée par le cardinal Humbert [3]. De cette erreur, qui commande toute la composition du traité, il a finalement tiré un parti très heureux, mais à cause d'elle il n'a pu éviter, dans les deuxième et troisième sections, une complexité excessive. Notons encore que, dans la seconde partie de son ouvrage, aux chapitres XX-XXI, il a aligné les objections de Bérenger et de ses partisans sans chercher à les grouper en un tout organique. De plus, dans les explications qu'il donne, au chapitre XX, en ce qui concerne le vocabulaire « sacramentel », et dans la façon dont il utilise ce vocabulaire tout au long du traité, on constate un certain manque de cohérence qui nuit à l'unité de la pensée et de la rédaction [4].

---

1. DC, 442 D 9-11. Cfr 420 B 14-15. Voir B. BOTTE, *Ambroise de Milan, Des sacrements, Des mystères*, 2e édition, Paris, 1961, p. 211-212.
2. A. J. MACDONALD, *Berengar*, p. 159.
3. *Supra*, p. 274-278, 285, 291-292.
4. Ce manque de cohérence vient de ce que, comme nous l'avons dit plus haut, le sacramentalisme eucharistique de Lanfranc a deux points d'application différents. Faute de les avoir bien distingués, les commentateurs mettent sur le même plan des données hétérogènes : voir, par exemple, J. GEISELMANN, *Die Eucharistielehre der Vorscholastik*, p. 370-373, 375. Voir *supra*, p. 313-317.

Enfin, on pourrait reprocher à Lanfranc de n'avoir pas abordé, dans chacune des deux parties du *De corpore*, des sujets assez distincts : de l'une à l'autre, il y a des recoupements et des redites. Ce défaut serait assez grave si l'abbé de Saint-Étienne de Caen avait voulu faire œuvre irénique et présenter une synthèse doctrinale : dans ce cas, on serait autorisé à penser que la logique si rigoureuse du développement, dans le *De corpore*, est plus formelle que réelle, plus extérieure que profonde. Mais, pour bien juger d'un écrit, quel qu'il soit, ne doit-on pas d'abord tenir compte des intentions de celui qui en est l'auteur et des circonstances qui l'ont amené à le concevoir ? Engagé dans une controverse qui mettait en cause la vie de l'Église dans sa réalité la plus intime et la plus essentielle, Lanfranc ne pouvait se contenter d'un simple exposé doctrinal. Après avoir présenté la croyance, il lui fallait également en démontrer le bien-fondé. On s'explique ainsi que des matériaux de la première partie du *De corpore* aient été repris dans la seconde partie, mais dans chaque partie ils ont été utilisés à des fins différentes.

CHAPITRE XVI

AUTRES ÉCRITS DE LANFRANC SUR L'EUCHARISTIE

I. Lettre à Dunan, évêque de Dublin [1]

La lettre à Dunan [2] est à dater des premières années de l'épis-copat de Lanfranc, Dunan étant mort en 1074. Cette lettre était destinée à Dunan et à d'autres personnes qui, avec l'évêque de Dublin, s'étaient adressées à l'archevêque de Cantorbery, par la voie épistolaire, pour le consulter sur un point de la doctrine eucharistique. Nous n'avons pas le texte de la lettre envoyée par l'évêque irlandais et par ses compatriotes. Il semble que les correspondants de Lanfranc s'imaginaient que l'Église d'Angle-terre et les Églises du continent appliquaient littéralement aux enfants morts sans avoir reçu l'eucharistie le verset de l'évangile de saint Jean : « Si vous ne mangez la chair du Fils de l'homme et si vous ne buvez son sang, vous n'aurez pas la vie en vous » [3]. On comprend que les fidèles d'Irlande, n'ayant pas une opinion assurée sur la question, se soient inquiétés d'une façon de penser qui excluait les enfants de la béatitude éternelle, lorsque, en cas de danger de mort imminente, en l'absence d'un prêtre,

---

1. LANFRANC, *Epistola XXXIII* : PL, t. CL, 532-533. Nous donnons à la lettre XXXIII le sigle ELD. Nous avons confronté le texte donné par Migne avec le texte et les variantes de l'édition due à J. A. GILES (*Opera omnia Lan-franci*, I, Oxford-Paris, 1844, p. 54-56, 402-410), lequel a collationné les manuscrits *Cambridge, Trinity College, Galaeus 5996* (cote actuelle : 0.10.16), *Londres, BM Nero A VII, Londres, BM Vesp. E IV*. En 532 C 14, les manuscrits et Giles ont *contingat* au lieu de *contingit* de Migne. En 532 D 5, le manuscrit de Cambridge porte *inquinamentis* au lieu de *iniquitatibus* des autres manuscrits et des éditions dues à Migne et à Giles.

2. Sur Dunan ou Donatus (et non Domnald), voir C. MOONEY, article *Dublin*, dans le *Dictionnaire d'histoire et de géographie ecclésiastiques*, t. XIV, 1960, col. 852-853.

3. *Jn.*, VI, 53.

un laïc leur administrait le baptême et que ces enfants mouraient sans avoir reçu le saint viatique [1].

Lanfranc était en voyage loin de sa ville épiscopale, quand il reçut le messager qui lui apportait la lettre de Dunan. Ce messager, impatient de se remettre en route, ne lui laissa pas le loisir de puiser dans les livres une large information sur le sujet à traiter. Aussi, l'archevêque de Cantorbery dut-il se contenter de rédiger sur le champ une réponse sommaire, ce dont il demandait à ses correspondants de bien vouloir l'excuser [2].

Cette réponse comprend deux parties. Lanfranc rappelle d'abord certains principes généraux, puis il commente le verset 53 du chapitre VI de l'évangile de saint Jean, verset à propos duquel les Irlandais lui adressaient leur consultation.

1. Le baptême sans l'eucharistie suffit à procurer le salut [3]

Lanfranc précise la véritable pensée de l'Église d'Angleterre et des Églises du continent sur le point qui faisait difficulté pour ses correspondants. Selon ces Églises, il est extrêmement avantageux que tous les fidèles, quel que soit leur âge, durant leur vie, comme aux approches de la mort, trouvent un réconfort dans la réception du corps et du sang du Christ. Cependant, ces Églises croient aussi que le fait de mourir sans avoir jamais communié n'est pas une cause de damnation ; sinon, le Christ n'aurait pas été véridique en disant : « Celui qui croira et sera baptisé, sera sauvé » [4]. A l'appui de cette manière de voir, Lanfranc invoque, outre le verset de l'évangile de saint Marc que nous venons de citer, un verset de l'Ancien Testament et deux du Nouveau Testament [5].

---

1. ELD, 532 C 7-9, 533 A 1-3, 11-15. Comme le fait remarquer d'Achery, la lettre à Dunan suppose l'existence en Irlande de la coutume de donner la communion aux enfants en bas âge, sans doute immédiatement après le baptême. Voir *Ad epistolam XXXIII* : PL, t. CL, 610 C-611 B. Bien qu'il ne blâme pas cette coutume, puisqu'il admet qu'on peut communier à n'importe quel âge (ELD, 532 C 10), Lanfranc restreint l'*obligation* de recevoir l'eucharistie à *fidelis quisque divini mysterii per intelligentiam capax* (ELD, 533 B 2-3). Cfr DC, 425 D 6-426 A 1.

2. ELD, 532 B-C.

3. ELD, 532 C 10-D 13.

4. *Mc.*, XVI, 16.

5. *Ez.*, XXXVI, 25 ; *I Pet.*, III, 21 ; *Gal.*, III, 27.

2. Commentaire du verset 53 du chapitre VI de l'évangile de saint Jean [1]

La parole du Christ : « Si vous ne mangez la chair du Fils de l'homme et si vous ne buvez son sang, vous n'aurez pas la vie en vous », appelle, de la part de Lanfranc, deux ordres de considérations.

On ne peut dire, d'une façon générale, que cette parole soit à entendre comme impliquant pour tous la nécessité du recours à la communion corporelle *(comestio oris)*. En effet, beaucoup de martyrs sont morts sans même avoir reçu le baptême. Cependant, dans la pensée de l'Église, ils sont sauvés pour avoir confessé le Christ [2]. Le salut est également assuré aux enfants baptisés morts sans avoir reçu l'eucharistie. Pour juger de leur cas, Lanfranc fait appel au droit ecclésiastique : les prescriptions canoniques prévoient qu'en péril de mort, en l'absence du prêtre, un laïc peut baptiser un enfant, mais elles ne situent pas cet enfant hors de la communauté des fidèles s'il arrive qu'il meure aussitôt (c'est-à-dire sans avoir communié) [3].

Ces considérations, on le voit, n'ajoutent rien aux principes énoncés dans la première partie de la lettre ; elles les confirment seulement par deux exemples. On remarquera, en outre, que si Lanfranc rejette une interprétation trop littérale du verset mis en cause, il ne précise pas quel sens élargi il faudrait lui donner pour en concilier les exigences avec les exemples qu'il vient de citer. Mais, indirectement, il laisse entendre que ce qui ne peut se réaliser « corporellement » pour tous, peut, dans certains cas, trouver un équivalent spirituel [4].

Compte tenu des restrictions qu'il vient d'énoncer, Lanfranc donne son avis sur la portée qu'il convient d'attribuer au verset litigieux. Ceux qui, dans ce verset, sont visés par l'exigence du Christ, ce sont tous les fidèles aptes à adhérer,

---

1. ELD, 532 D 14-533 D 2.
2. *Matth.*, X, 32.
3. ELD, 532 D 14-533 A 15.
4. ELD, 532 D 14-533 A 4. Les dernières lignes du texte édité par d'Achery sous le nom de Lanfranc avec le titre *Sermo sive sententiae* (PL, t. CL, 640 B 7-C 1) répondent exactement au problème qui est laissé ici en suspens. Ces lignes sont empruntées presque littéralement à une lettre de Fulgence de Ruspe. Reste à savoir si cet emprunt est à mettre au compte de Lanfranc. Voir *infra*, p. 338-340.

par l'intelligence, au « divin mystère » [1]. Entendons : tous les fidèles parvenus à l'âge de raison. De plus, manger la chair du Christ et boire son sang vraiment et utilement *(vere et salubriter)* consistera pour eux à recevoir cette chair et ce sang non seulement avec la bouche du corps, mais aussi avec tout l'amour et tout le goût qui sont l'œuvre de l'esprit, c'est-à-dire en considérant avec affection et en savourant dans une conscience pure le fait que, pour notre salut, le Christ a assumé une chair et qu'avec cette chair il a été suspendu à la croix, est ressuscité des morts et est monté au ciel, en marchant sur les traces du Sauveur et en s'unissant à ses souffrances [2], dans la mesure où le permet la faiblesse humaine et où la grâce divine en accorde la possibilité [3]. Nous retrouvons donc, dans la lettre à Dunan, ce que Lanfranc disait, dans le *De corpore et sanguine Domini*, de la communion corporelle et de la communion spirituelle, toutes deux nécessaires en même temps pour que l'eucharistie porte son fruit [4], nous retrouvons aussi les précisions qu'il donnait, dans son traité, sur la *veritas carnis ac sanguinis* entendue non au sens de la simple présence réelle, mais avec la signification d'une présence réelle rendue efficace par les bonnes dispositions du communiant [5].

Comme dans le *De corpore*, Lanfranc fait appel à l'autorité de saint Augustin pour justifier ces développements [6]. Il cite d'abord un passage du *De doctrina christiana* : « On pourrait croire qu'il (le Christ : cfr *Jn.*, VI, 53) oblige à un acte criminel ou scandaleux, mais c'est en figure *(figura)* qu'il recommande de communier à la passion du Seigneur et de se rappeler au plus intime de soi-même, avec goût et profit, que sa chair a été blessée et crucifiée pour nous » [7]. Le mot *figura* évoque à la pensée de Lanfranc la controverse bérengarienne [8]. Aussi, sans nommer Bérenger,

---

1. Cfr DC, 409 A 3.
2. Cfr *I Pet.*, II, 21.
3. ELD, 533 A 15-B 12.
4. DC, 425 C 14-D 12 et le contexte, 429 A 12-430 A 9, 435 C 3-8.
5. DC, 436 C 5-437 A 4.
6. Cfr DC, 429 B 15, 436 D 8-9.
7. « Facinus vel flagitium jubere videtur : figura vero est praecipiens passioni Dominicae communicandum esse, et suaviter atque utiliter in memoria recondendum quod pro nobis caro ejus vulnerata et crucifixa sit » (ELD, 533 B 15-C 4). Cfr AUGUSTIN, *De doctrina christiana*, III, XVI, 24 : PL, t. XXXIV, 74-75.
8. Cfr DC, 436 A 5 ; et PE, 110 B-C. Voir *supra*, p. 132 sq., 313 sq.

estime-t-il nécessaire de bien délimiter le sens de ce mot dans
le texte de saint Augustin : « Il appelle « figure » ce qui est une
locution figurée. En effet, il ne nie pas la réalité de la chair et
du sang du Christ, comme l'ont imaginé et l'imaginent encore
nombre de schismatiques » [1]. Il ne semble pas que, pour Lanfranc,
le mot *figura* concerne ici l'aspect objectif du symbolisme
liturgique, puisqu'il le situe du côté des dispositions du communiant et non du côté de la célébration eucharistique [2]. Mais,
selon lui, c'était précisément le symbolisme attaché à la fraction
et à la communion qui suscitait les aspirations pieuses
des fidèles [3]. Prolongeant sa pensée, nous pourrions dire que de
même que le Christ est immolé sur l'autel réellement quant à
sa chair eucharistique, mais figurativement quant à sa passion
historique [4], de même le fidèle participe à l'immolation réelle
de cette chair [5] de façon à pouvoir en esprit, figurativement,
s'associer à la mort que le Christ a subi sur la croix [6] : ni dans
un cas ni dans l'autre, le mot *figura* n'implique donc la négation de la présence réelle.

Autre citation avancée par Lanfranc, un texte dans lequel
saint Augustin commentait cette affirmation du Christ tirée
du discours sur le Pain de vie : « Celui qui mange ma chair et
boit mon sang, demeure en moi et moi en lui [7]. « Assurément,
dit saint Augustin, manger et boire la chair et le sang du Christ
d'une façon profitable, c'est demeurer dans le Christ et avoir
le Christ demeurant en soi, car Judas, qui livra le Seigneur,
communia avec sa bouche *(ore accepit)*, comme les autres apôtres,
mais parce qu'il ne mangea pas en esprit *(corde non comedit)*,

---

1. « Figuram vocat figuratam locutionem, neque enim negat veritatem carnis et sanguinis Christi (quod plerisque schismaticis visum est, et adhuc non
cessat videri) » (ELD, 533 C 4-7). Dans le *De corpore*, Lanfranc parle également
de « schisme » à propos de l'hérésie bérengarienne (DC, 414 A 8, 13, 439 D 11).
Bérenger lui reprochera cette impropriété de termes (DSC, 19/29-32). Voir encore
supra, p. 196, note 8, p. 197, note 5.
2. Cfr DC, 424 B 14 et le contexte.
3. Cfr DC, 440 B 13-C 4 : ici, Lanfranc résume ce qu'il croit être la pensée de
Bérenger, mais, en fait, il prête au maître tourangeau sa propre conception du
sacramentalisme eucharistique. Voir *infra*, p. 342-344.
4. Voir *infra*, p. 403-413.
5. Cfr DC, 424 A 11-13. Voir *infra*, p. 404-407, 411-416.
6. Voir *infra*, p. 429.
7. *Jn.*, VI, 57.

il reçut, en ce qui le concerne, une sentence de damnation éternelle » [1].

Dunan avait demandé aussi à Lanfranc la solution de problèmes ressortissant aux « lettres séculières ». L'archevêque de Cantorbery conclut sa missive en précisant que, lorsqu'il avait accédé aux responsabilités pastorales, il avait pris la décision de ne plus s'occuper de questions de cet ordre, dont l'étude ne peut se concilier avec les objectifs impliqués par la charge épiscopale [2].

II. Commentaires sur les épîtres de saint Paul

D'après Miss B. Smalley [3], il existe deux commentaires de Lanfranc sur les épîtres de saint Paul. L'un est représenté par un seul témoin, le manuscrit *Berlin, BN Phillipps 1650*, folios 39r-138v. On trouve dans ces folios les épîtres pauliniennes commentées par des gloses dont certaines sont attribuées à Lanfranc. Il semble que les gloses mises sous le nom de Lanfranc que l'on peut considérer comme authentiques, sont extraites d'un texte continu. Deux raisons nous ont empêché de les utiliser : le fait qu'elles ne sont pas éditées et que leur graphie ne se prête guère à la lecture au moyen du microfilm ; un problème d'authenticité que nous n'aurions pu résoudre sans nous laisser entraîner dans des recherches qui auraient été sans proportion avec l'objet du présent travail.

L'autre commentaire est représenté par sept témoins, que décrit Miss B. Smalley [4]. Parmi ces témoins, il faut compter l'édition de L. d'Achery, reprise par Migne dans le tome CL

---

1. « Hoc est namque carnem Christi et sanguinem salubriter comedere et bibere, in Christo manere et Christum in se manentem habere ; nam et Judas, qui Dominum tradidit, cum caeteris apostolis ore accepit ; sed quia corde non comedit, judicium sibi aeternae damnationis accepit » (ELD, 533 C 11-T D 2). Cfr AUGUSTIN, *Tractatus in Joannem XXVI*, 18 : PL, t. XXXV, 1614. Voir DC, 436 D 8-437 A 4.

2. ELD, 533 D 3-8. Voir *infra*, p. 547.

3. B. SMALLEY, *La Glossa ordinaria. Quelques prédécesseurs d'Anselme de Laon*, dans *Recherches de théologie ancienne et médiévale*, t. IX, 1937, p. 378-389 ; et *The study of the Bible in the Middle Ages*, 2e édition, Oxford, 1952, p. 47, 65-66.

4. En voici la liste : *Berne 334* ; *Londres, BM Royal 4 B IV* ; *Manchester, John Rylands Library 109* ; *Paris, BN lat. 2875* ; *Paris, BN lat. 12267* ; *Rome, Vaticanus lat. 143* ; et l'édition de d'Achery reprise par Migne.

de sa Patrologie latine, col. 101-406 : cette édition a été réalisée à partir d'un manuscrit de l'abbaye Saint-Melaine de Rennes, manuscrit aujourd'hui disparu. Il ne nous a pas été possible de comparer avec le texte de Migne les six autres témoins énumérés par Miss B. Smalley, mais il apparaît, d'après les renseignements fournis par celle-ci, que l'on peut faire confiance à l'édition de d'Achery, telle qu'on la trouve dans la Patrologie de Migne. C'est donc du texte de Migne que nous nous servirons.

Le commentaire des épîtres dans l'édition d'Achery-Migne (et dans le manuscrit disparu que reproduit cette édition) se présente sous la forme de gloses interlinéaires et de gloses marginales. Certaines des gloses marginales sont mises sous les noms d'Ambroise et d'Augustin, les autres, sous le nom de Lanfranc. La tradition manuscrite montre que Lanfranc n'est pas responsable de l'insertion, à côté de son propre commentaire, de gloses attribuées à Ambroise et à Augustin. Nous n'étudierons ici-même que les gloses lanfranniennes qui ont trait au sacrifice de la messe et certaines de celles qui se rapportent au sacrifice de la croix [1], mais, dans les chapitres XVII à XX de notre travail, il nous arrive de faire appel aux renseignements que fournissent sur la pensée de Lanfranc des gloses qui ne concernent pas directement la question eucharistique.

1. *Commentarii*, 171 /6-9, n⁰ 4 (sur *I Cor.*, V,7-8)

Nous devons vivre purifiés du péché, parce que le Christ, notre Pâque, a été immolé et que nous devons faire de lui (immolé) notre nourriture. Ce que Lanfranc évoque de la sorte, ce sont les dispositions intérieures, la communion « spirituelle », sans lesquelles la communion « corporelle » ne peut être fructueuse. Ces deux formes complémentaires de communion sont en relation très étroite avec la passion du Christ [2].

2. *Commentarii*, 187 /9-17, nᵒˢ 4, 5, 7, 8 (sur *I Cor.*, X,1-5)

A la suite de saint Paul, Lanfranc établit un rapport entre certains « sacrements » des Hébreux au désert, manne et eau du rocher, et les sacrements de l'eucharistie et du baptême. La nourriture miraculeuse des Hébreux, la manne, était la même

---

1. Notons que la deuxième des gloses dont nous parlons sous le numéro 11 fait allusion au sacrement de pénitence.
2. Cfr DC, 425 B 5-426 A 10, 429 B 13-430 A 9 ; ELD, 533 A 15-D 2.

que celle dont nous faisons notre aliment spirituel, non par sa
réalité propre *(non specie)* ¹, mais par sa signification ; elle était
spirituelle, parce qu'elle avait un sens spirituel *(spiritualem
intelligentiam)*, parce qu'elle signifiait le corps du Christ. De
même pour le rocher, qui signifiait le Christ. Les Hébreux dans
le désert avaient tous part aux mêmes sacrements, mais certains
plurent à Dieu, d'autres non, suivant leurs différentes façons
de vivre ².

3. *Commentarii*, 189/3-8, nᵒˢ 14, 15, 17 (sur *I Cor.*, X,16-18)

De même que ceux qui mangent la chair des victimes sacrifiées aux idoles se mettent en communion avec les démons,
de même ceux qui mangent la chair du Christ et boivent son
sang s'unissent au Christ. Celui qui mange le corps du Seigneur
et boit son sang, ne peut donc manger ce qui est immolé aux
idoles.

A propos de *I Cor.*, X, 17, Lanfranc précise comment, selon
saint Paul, l'eucharistie devient vraiment, *pour celui qui communie*, la chair et le sang du Christ ³. Ce qui fait que la communion
est vraie non seulement en raison de la réalité objective de la
présence du corps du Christ, mais aussi en fonction des dispositions du communiant *(accipienti, pro te)*, c'est la charité qui
anime celui-ci. Si cette charité fait défaut, le communiant
mange sa propre condamnation ⁴. En effet, la charité permet
seule de réaliser ce que signifie l'eucharistie et ce à quoi elle doit
amener normalement, à savoir l'unité des fidèles dans l'Église.

---

1. Cfr DC, 437 A 13-B 7, 15-C 4. Voir *supra*, p. 316.
2. Cfr DC, 419 D 13-420 A 2, 440 C 3-D 10.
3. *Commentarii*, 189/3-6 (= glossa interjecta) : « Calix benedictionis, cui
nos sacerdotes benedicimus, nonne communicatio sanguinis Christi est, *facit
nos communicantes sanguinis Christi* ? Et panis quem frangimus, nonne participatio corporis Domini est ? Quoniam *ut unus panis est ex multis*, unum corpus
multi sumus, omnes qui de uno pane participamus » (cfr *I Cor.*, X 16-17).
Commentarii, 189, nᵒ 15, sur *Quoniam unus panis* : « Exponit modum et
causam quo et qua calix benedictionis et panis qui frangitur fiant accipienti
caro et sanguis Christi. Per unitatem enim panis et unitatem corporis, chari-
tatem oportet intelligi ; quae si desit, judicium sumunt qui sumunt. Typice,
dum unus panis et unum corpus Ecclesia dicitur Christi ; pro te videlicet, quia
sicut unus panis ex multis granis et unum corpus membris componitur, sic
Ecclesia Christi ex multis fidelibus, charitate connectente ».
Nous avons modifié la ponctuation de la PL dans ces deux textes.
4. Cfr *I Cor.*, XI, 29 ; DC, 425 D 1-5, 436 C 5-437 A 4 ; ELD, 533 C 14-D 2.

Cette unité est signifiée soit par l'image du pain (intégrante à l'eucharistie), soit par l'image du corps (évoquée par la communion des fidèles au même corps du Christ) : de même que le pain est formé de grains rassemblés, et le corps, de membres unis, de même l'Église du Christ, que saint Paul compare au pain et au corps, est formée de nombreux fidèles, dont l'union est cimentée par la charité [1]. Pour avoir part aux fruits de l'eucharistie, c'est-à-dire pour vivre dans l'unité ecclésiale, il faut donc être animé par la charité. Lanfranc rejoint ici ce qu'il dit ailleurs soit en parlant d'une présence réelle entendue au sens de présence rendue « vraie », c'est-à-dire efficace, par les bonnes dispositions du communiant [2], soit en insistant sur la nécessité de se nourrir à la fois corporellement et spirituellement du Christ pour tirer de l'eucharistie tous ses effets bienfaisants [3], soit encore en montrant dans la charité et l'unité le véritable aboutissement de l'eucharistie envisagée comme symbole ou comme réalité [4].

4. *Commentarii*, 193/4-195/7, n°s 15, 18-23, 25, 27 (sur *I Cor.*, XI,17-34)

A l'inverse de ce qu'on pourrait supposer, il y a peu de renseignements intéressants à glaner dans les commentaires de Lanfranc sur *I Cor.*, XI,17-34. Lanfranc parle, comme il se doit, de la communion indigne (gloses 18,25). Il précise qu'en instituant l'eucharistie le Christ a confirmé par son sang, c'est-à-dire par sa mort, le Nouveau Testament, qu'il a par ce sang réalisé la nouvelle promesse, réalisation qui consiste en la rémission totale des péchés (glose 19). Une seule des gloses rencontrées ici mérite une mention particulière : « Dans le sacrement du corps du Christ, sa mort est annoncée (cfr *I Cor.*, XI, 26), parce que chaque jour (ce sacrement) *est célébré* par les fidèles en mémoire de sa mort » (glose 21. Cfr glose 20) [5]. Cet exposé, apparemment fort banal, se révèle extrêmement significatif, quand

---

1. Lanfranc commente ainsi *Eph.*, IV, 16, sur l'édification du Corps mystique : « Exponit modum hujus aedificationis ; quod non fit nisi charitate. Si operari renuit, membrum non est » (*Commentarii*, 299 n° 23).

2. DC, 436 C 5-437 A 4 ; ELD, 533 B 11-12 et le contexte.

3. DC, 425 C 3-D 7.

4. DC, 415 A 12, 425 C 9-11, 430 A 1-9.

5. « In sacramento corporis Christi mors ejus annuntiatur, quia in memoriam mortis ejus quotidie a fidelibus celebratur ». Cfr. DC, 440 B 13-15, 434 B 1 : voir *infra*, p. 394 et *supra*, p. 179, note 1 *in fine*.

on sait tout ce qu'implique, pour Lanfranc, la « célébration » eucharistique, qui est immolation réelle de la chair du Christ et, par cette immolation, évocation symbolique de la passion du Sauveur.

5. *Commentarii*, 303/10-14, n° 22 (sur *Ephés.*, V, 30-32)

L'union des époux évoque, à la manière d'une allégorie, l'union du Christ et de l'Église : ce qui est à prendre à la lettre pour le mari et la femme, est à transposer spirituellement pour le Christ et l'Église. Le Christ a quitté son Père en s'anéantissant dans la condition humaine [1], il a abandonné sa mère la Synagogue, quand, celle-ci persistant dans l'infidélité, il a envoyé ses apôtres évangéliser les nations païennes et a formé à partir de ces nations l'Église à laquelle il s'unit pour ne former avec elle qu'une seule chair, comme l'époux s'unit à son épouse : en effet, l'Église reçoit quotidiennement, dans le sacrifice eucharistique, la chair que le Christ a pris de la Vierge Marie.

6. *Commentarii*, 317, n° 4 (sur *Phil.*, IV,6)

Lanfranc établit un parallèle entre les expressions *oratio, obsecratio, gratiarum actio*, employées par saint Paul, et les trois oraisons de la messe.

7. *Commentarii*, 386, n° 4 ; 387, n°s 11, 12 (sur *Hébr.*, V, 6,10-11)

Le Christ a observé le rite de Melchisédech en offrant le pain et le vin, « qui, cependant, sont convertis en la chair et au sang du Christ » *(quae tamen in Christi carnem et sanguinem convertuntur)* (glose 11). On peut voir, dans le dernier membre de phrase de la glose que nous venons de citer, une allusion, fort lointaine à vrai dire, à la controverse. Lanfranc, sachant que Bérenger et ses disciples pouvaient tirer argument de la comparaison entre le Christ et Melchisédech [2], rejette une interprétation de *Hébr.*, V, 6, 10, qui mettrait en cause la doctrine de la conversion eucharistique.

8. *Commentarii*, 389, n° 6 (sur *Hébr.*, VI,4-5)

Lanfranc applique au Verbe les mots suivants de *Hébr.*, VI,5 : *Gustaverunt nihilominus Dei verbum*, en les commentant ainsi :

---

1. Cfr *Phil.*, II, 6-8.
2. DSC, 62/25-33, 65/16-19, 69/20-26, 70/25-71/31, etc.

« Le Verbe de Dieu, c'est-à-dire du Père, qui est goûté dans la réception de son corps et de son sang » [1].

9. *Commentarii*, 397, n° 13 (sur *Hébr.*, IX,23-24)

Saint Paul explique que les victimes sacrifiées sous la Loi nouvelle sont meilleures que celles de la Loi ancienne : elles se ramènent à une seule, le corps du Christ.

10. *Commentarii*, 398, n° 8 (sur *Hébr.*, X,14-15)

Le Saint-Esprit confirme le propos de saint Paul, lequel assure que les péchés ont été remis par la seule offrande du corps du Christ.

11. *Commentarii*, 399, n°s 14, 15 (sur *Hébr.*, X, 26, 29)

Il faut vivre dans la charité et s'abstenir du mal, car, tant que la volonté de pécher est en nous, la victime immolée pour nos péchés ne nous sert de rien (glose 14). Celui qui demeure volontairement dans le péché, foule la grâce du Fils de Dieu en lui, estime que le sang du Christ est incapable de purifier les péchés, méprise le Saint-Esprit, par lequel les péchés sont remis à celui qui les confesse (glose 15). Ainsi, une fois de plus, Lanfranc insiste sur la nécessité de ce qu'en théologie sacramentelle on appelle l'*ex opere operantis* : l'action des sacrements n'est pas contraignante, elle exige notre collaboration. Recevoir les sacrements et demeurer en état de péché, c'est montrer qu'on ne croit pas vraiment à l'efficacité de la rédemption.

12. *Commentarii*, 404, n° 11 (sur *Hébr.*, XII,24)

L'aspersion du sang d'Abel appelle la vengeance ; celle du sang du Christ, la miséricorde.

13. *Commentarii*, 405, n° 3 (sur *Hébr.*, XIII,9-10)

Celui qui se nourrit du corps du Christ, doit pratiquer la sobriété. L'autel dont il est question dans *Hébr.*, XIII,10, c'est le corps du Christ. On retrouve cette appellation, pour désigner le corps du Christ, dans d'autres passages des « divines écritures ». Le corps du Christ est appelé « autel », parce que c'est sur lui comme sur un autel, c'est-à-dire à partir de la foi que nous avons

---

1. « *Dei Verbum*, id est Patris, qui in perceptione corporis et sanguinis gustatur » (ponctuation modifiée).

en lui, que l'offrande de nos prières et de nos actions devient agréable à Dieu. Ce commentaire de *Hébr.*, XIII,10 semble inspiré des prières du canon de la messe, notamment du *Supplices*.

III. Les « Decreta pro Ordine sancti Benedicti »

A l'intention de la communauté monastique de sa cathédrale de Christ Church, Lanfranc a rédigé des constitutions où nous avons fort peu de renseignements intéressants à glaner [1]. Il a prévu des mesures sévères dans le cas où, par suite d'une négligence, le précieux sang aurait été répandu et l'hostie serait tombée [2]. Il prescrit de porter le Saint-Sacrement durant la procession des Rameaux [3]. Il donne quelques précisions sur la pratique de la communion. Le Jeudi Saint, après la messe, le prêtre donne la communion aux pauvres avec des oblats non consacrés, simplement bénis d'un signe de croix [4]. Du Mardi au Vendredi Saints, les moines doivent communier chaque jour, à moins qu'ils n'aient une raison sérieuse *(rationabilis causa)* de ne pas le faire [5]. Le moine qui fait profession doit communier trois jours de suite [6]. Le moine malade en danger de mort doit recevoir la sainte communion, sauf s'il a déjà communié dans la journée même [7].

IV. Œuvres douteuses, inauthentiques ou perdues

1. *De celanda confessione* [8]

Nous n'utiliserons pas cet écrit, dont l'attribution à Lanfranc serait à établir de façon indiscutable [9] et qui n'apporte

---

1. Édition critique avec traduction anglaise par D. KNOWLES, *The monastic constitutions of Lanfranc*, Londres-Édimbourg, etc., 1951. Nous renverrons à cette édition et à celle de Migne (PL, t. CL, 443-516).
2. PL, t. CL, 492 B-493 B ; KNOWLES, p. 90-91.
3. PL, t. CL, 456 B ; KNOWLES, p. 23-24. C'est de l'abbaye du Bec que Lanfranc a importé cette coutume en Angleterre : voir M.-P. DICKSON, *Introduction à l'étude critique du coutumier du Bec*, dans *Spicilegium Beccense*, t. I, Le Bec-Hellouin, Paris, 1959, p. 616, 627.
4. PL, t. CL, 459 C ; KNOWLES, p. 30.
5. PL, t. CL, 459 D-460 A ; KNOWLES, p. 30. Voir P. BROWE, *Die Pflichtkommunion im Mittelalter*, Münster, 1940, p. 86.
6. PL, t. CL, 503 A ; KNOWLES, p. 109.
7. PL, t. CL, 509 A ; KNOWLES, p. 121.
8. PL, t. CL, 625-632.
9. Voir A. J. MACDONALD, *Lanfranc*, p. 291-292.

rien d'essentiel au sujet que nous traitons. On y trouve une signification assez large des *ecclesiastica sacramenta* ou des *sacramenta* [1], signification qui ne nous intéresse guère, puisque Lanfranc, dans le *De corpore et sanguine Domini*, déclare s'en tenir, pour l'eucharistie, à la définition du sacrement comme « signe sacré » [2].

Dans le *De celanda confessione*, il est dit que la nouvelle tente de l'Alliance est le corps de Dieu et du médiateur des hommes, et que les lévites (= le clergé) en mesurent l'accès pour le peuple en définissant les péchés qui obligent à ne pas s'en approcher [3]. Il y a une certaine ressemblance entre la formule suivante de cet opuscule : *Levitae populo terminum ponunt, dum pro quibus peccatis a mensa Domini abstinere debeat, docent* [4], et celle-ci tirée du *De corpore et sanguine Domini* : *Communicant, nisi forte poenitentium more et episcopali judicio, pro capitalibus peccatis abstineant* [5].

Le passage du *De celanda confessione* dont le contenu et le style se rapprochent le plus du *De corpore*, précise, notamment à propos du baptême, le rapport entre ce qui est visible et ce qui est invisible dans les « sacrements » : *Visibilia namque sacramenta et operantur et significant invisibilia* [6].

2. *Sermo sive sententiae* [7]

Sur la foi d'un manuscrit du XVe siècle du Brasenose College d'Oxford, actuellement *Oxford, Brasenose College 12*, f. 192 [8], d'Achery a édité ce texte sous le nom de Lanfranc dans son *Spicilegium* [9]. C'est un écrit composite. La première partie, de *Octo sunt* à *faciant* [10], n'est pas de Lanfranc et pourrait être attribuée à Raoul, prieur de Rochester, puis abbé de Battle, ancien moine de Saint-Étienne de Caen, qui était venu en Angleterre

---

1. PL, t. CL, 625 C 10-15, 626 C 1-627 A 3.
2. Cfr DC, 422 B 11-C 8, 423 A 5-B 11, 437 C 8-438 A 6.
3. PL, t. CL, 629 B 14-C 2. Cfr DC, 425 D 6-426 A 1.
4. PL, t. CL, 629 C 1-2.
5. DC, 425 D 14-426 A I.
6. Voir tout le contexte : PL, t. CL, 629 C 11-D 5. Cfr DC, 409 A 14-15, 421 B 10-C 1, 422 C 13-D 10, 423 B 11-C 11, 424 D 2-13.
7. PL, t. CL, 637-640.
8. En dépôt à la Bodleian Library.
9. L. d'ACHERY, *Spicilegium*, nouvelle série, t. I, Paris, 1723, p. 442-443.
10. PL, t. CL, 637 D à 639 B, ligne 10.

avec Lanfranc[1]. Le reste est une collection d'extraits de différentes sources. Le dernier de ces extraits, le seul qui nous intéresse, est emprunté presque littéralement à une lettre de Fulgence de Ruspe[2].

Le problème traité dans ces lignes est très proche de celui que Lanfranc s'efforçait de résoudre quand il écrivait à Dunan : Quelle est la situation par rapport à l'eucharistie des fidèles morts sans avoir jamais communié ? S'adressant à l'évêque de Dublin, Lanfranc affirmait que le verset de l'évangile dont son correspondant demandait une interprétation authentique, n'était pas à entendre pour tous d'une communion corporelle et que, de toute façon, la participation corporelle au sacrement de l'autel ne pouvait être fructueuse sans une participation spirituelle[3], mais il ne disait pas explicitement qu'il pouvait exister une communion spirituelle indépendante de la communion corporelle[4] et, par conséquent, il n'expliquait pas vraiment comment un baptisé pouvait, sans avoir communié corporellement, répondre aux exigences du Christ formulées en ces termes : « Si vous ne mangez la chair du Fils de l'homme et si vous ne buvez son sang, vous n'aurez pas la vie en vous ».

Les lignes en question apportent la solution du problème qui était resté en suspens dans la lettre à Dunan. Lanfranc aurait-il fait sien leur contenu ? Faut-il lui attribuer cette transposition d'un texte de Fulgence de Ruspe ? Il est impossible de l'affirmer. Il est même assez hasardeux de le supposer en faisant valoir les liens, à vrai dire très ténus, qui existent entre le document où se trouve ce texte et l'archevêque de Cantorbery[5]. Sans prendre position sur cette question, nous croyons

---

1. R. W. Hunt, *The collections of a monk of Bardney*, dans *Mediaeval and Renaissance studies*, t. V, 1961, p. 31.

2. PL, t. CL, 640 B 7-C 1 : d'après le manuscrit, il faut lire *constitutus* et non *constituto*. Cfr Fulgence de Ruspe, *Epistola XII*, 26 : PL, t. LXV, 392 C 8-D 4.

3. Voir *supra*, p. 326 sq.

4. Mais il le disait implicitement : « Sententia illa quam Dominus in Evangelio dicit : « *Nisi manducaveritis carnem Filii hominis et biberitis ejus sanguinem, non habebitis vitam in vobis* », quantum ad comestionem oris non potest generaliter dicta esse de omnibus » (ELD, 532 D 15-533 A 4).

5. Ces liens sont les suivants : 1) l'attribution à Lanfranc, dans le *Brasenose College 12*, de l'ensemble des textes groupés sous le titre *Sermo sive sententiae* ; 2) l'attribution possible à un compagnon de Lanfranc du premier de ces textes ; 3) le rapport doctrinal entre le contenu des dernières lignes du *Sermo* et le

cependant utile de montrer comment la doctrine formulée dans les dernières lignes du *Sermo* s'insère assez exactement dans le prolongement des principes mis en valeur par Lanfranc dans sa lettre à l'évêque de Dublin. Le baptisé, qui, par son baptême, est devenu membre du Corps du Christ, participe déjà au corps et au sang du Christ. En effet, s'il meurt sans avoir communié, il n'est pas privé de la participation au pain eucharistique et au calice, et des bienfaits qu'elle procure, puisqu'il se trouve qu'il portait en lui ce que le sacrement de l'autel symbolise et produit. Autrement dit, le baptême donne déjà ce que l'eucharistie a pour fonction de signifier et d'assurer : l'union au Corps du Christ, c'est-à-dire à la communauté ecclésiale, dont le Christ est la tête, et les fidèles, les membres [1].

3. De sacramentis excommunicatorum

Un ouvrage disparu portant ce titre est attribué à Lanfranc par des catalogues anciens de bibliothèques médiévales [2]. L'expression *sacramenta excommunicatorum* n'est pas très claire et semble même impliquer une contradiction puisque les excommuniés, par définition, sont écartés des sacrements et particulièrement de l'eucharistie. Il est probable cependant que c'est de ce refus des sacrements aux excommuniés qu'il était question dans cet écrit [3].

---

problème posé dans la lettre de Lanfranc à Dunan. On remarquera que lorsque Lanfranc écrivit à Dunan, il se trouvait dans de mauvaises conditions pour faire appel à une documentation patristique : il souligne lui-même qu'il était loin de sa ville épiscopale (et donc loin de ses livres familiers) et que le messager de l'évêque de Dublin, dans sa hâte, ne lui laissa pas le temps de faire une enquête sérieuse en bibliothèque (ELD, 532 B 10-C 6). On ne peut donc s'étonner de ce qu'il n'ait pas utilisé le texte de Fulgence de Ruspe qui répondait si bien au problème posé par son correspondant. Si, plus tard, ses lectures l'ont fait tomber sur le passage en question, il est assez naturel qu'il en ait pris note.

1. Lanfranc a beaucoup insisté sur cette signification ecclésiale du sacrement de l'autel : DC, 415 A 12, 425 C 9-11, 429 D 7-430 A 9 ; *Commentarii*, 189, nº 15.

2. Renseignement du fichier bibliographique de l'Institut de recherche et d'histoire des textes.

3. Cfr DC, 425 D 12-426 A 1 ; *De celanda confessione*, dans PL, t. CL, 629 C 1-2 : voir *supra*, p. 338.

II. La doctrine eucharistique de Lanfranc

CHAPITRE XVII

INTRODUCTION A LA DOCTRINE EUCHARISTIQUE DE LANFRANC

Lanfranc a écrit le *De corpore et sanguine Domini* pour défendre la croyance eucharistique de l'Église contre les attaques de Bérenger. Nous ne pourrons comprendre la doctrine exposée dans ce traité et dans les autres écrits de Lanfranc concernant l'eucharistie sans la confronter à la doctrine bérengarienne proprement dite et à l'opinion que l'auteur du *De corpore* se fait de la pensée de son adversaire [1].

Lanfranc ne rejette pas en bloc les théories bérengariennes. Il s'accorde avec le maître tourangeau pour reconnaître que l'eucharistie offre un aspect « sacramentel » et un aspect « spirituel », mais il refuse de s'en tenir là. L'eucharistie est aussi, et avant tout, *veritas carnis ac sanguinis*, présence réelle, et pas seulement sacrement [2] ; elle est réalité corporelle, et pas uniquement vie spirituelle [3].

— Nous présentons ici sans nuances cette opposition, assez étrange à première vue, entre « corporel » et « spirituel » : elle s'éclairera par la suite. Il ne faut pas se laisser arrêter par les

---

1. En gros, Lanfranc ne s'est pas mépris sur le véritable sens de la doctrine de Bérenger. Il s'est trompé cependant quand il a prêté à son adversaire sa propre conception du sacramentalisme eucharistique, ce qui du même coup l'empêchait de comprendre les passages du *Scriptum contra synodum* dans lesquels le maître tourangeau exposait sa pensée sur la nature du « sacrement » de l'autel : voir DC, 421 B 3-15, 423 B 11-C 11. W. H. BEEKENKAMP, dans *De avondmaalsleer van Berengarius van Tours*, p. 35, commet donc une erreur en présentant l'abrégé de la doctrine bérengarienne donné par Lanfranc (DC, 440 B 7-C 3) comme l'expression fidèle des théories de Bérenger. Voir *supra*, p. 321, *infra*, p. 351-352.

2. DC, 415 A 3-13, 416 B 10-C 2, 418 C 12-D 5, et les chapitres IX-XV.

3. DC, 429 A 4-430 A 9, 435 C 1-8, et le chapitre XV.

mots : pour Lanfranc, le « corporel » dans l'eucharistie se situe du côté du don de Dieu, il est éminemment porteur de vie spirituelle, le « spirituel » se situe, pour une grande part, du côté des dispositions de l'homme, il est l'aptitude de l'homme à accueillir la grâce, mais il faut normalement l'intervention « corporelle » de l'humanité du Christ dans le sacrement de l'autel pour que ce « spirituel » parvienne à son plein épanouissement [1]. — Nous pourrions comparer les deux doctrines adverses, telles que se les représente Lanfranc, à deux constructions symétriques comprenant chacune trois niveaux ou étages [2]. Les deux étages supérieurs de l'une des constructions ont la même apparence et la même structure que les étages correspondants de l'autre construction. Mais les étages situés à la base, semblables, eux aussi, s'ils sont vus de l'extérieur, sont très différents l'un de l'autre quant à leur agencement intérieur, et la façon dont ils sont constitués favorise pour l'une des constructions et compromet pour l'autre la solidité interne de tout l'édifice.

Au premier niveau, Lanfranc défend contre Bérenger la croyance traditionnelle selon laquelle, les apparences restant les mêmes, le pain et le vin de l'autel sont changés, par la consécration, en la chair et au sang du Christ. Bérenger nie ce changement : pour lui, le pain et le vin demeurent intacts sur l'autel.

Mais, à partir de là, Lanfranc admet ce que, selon lui, Bérenger affirme de l'aspect « sacramentel » (second niveau) et de l'aspect « spirituel » (troisième niveau) de l'eucharistie, avec, néanmoins, cette différence fondamentale que le « sacramentalisme » et le « spiritualisme » eucharistiques de Bérenger s'appuient sur la réalité inchangée du pain et du vin, tandis que le « sacramentalisme » et le « spiritualisme » eucharistiques de Lanfranc supposent la présence de la chair et du sang du Christ sur l'autel.

Voici comment Lanfranc résume ce qu'il estime être la doctrine eucharistique de Bérenger, résumé qui nous éclaire davantage sur sa pensée que sur celle de son adversaire ; nous distinguons dans ce texte les trois niveaux que nous venons de mentionner :

1. « Tu crois que le pain et le vin de la table du Seigneur demeurent sans changement quant à leur substance pendant

---

1. Voir *infra*, p. 417 sq.
2. Nous disons « niveaux ou étages », ayant exclu de notre comparaison le terme trop prosaïque de « rez-de-chaussée ».

qu'ils sont consacrés, c'est-à-dire que le pain et le vin existaient avant la consécration et qu'ils existent après la consécration,

2. qu'ils sont appelés chair et sang du Christ parce qu'ils sont dans l'Église l'objet d'une célébration qui rappelle la chair qui a été crucifiée et le sang qui s'est répandu hors du côté, (= sacramentalisme),

3. afin que, notre esprit étant mis en éveil par ce rite, nous nous souvenions toujours de la passion du Seigneur et que ce souvenir nous incite à crucifier sans cesse notre chair avec ses vices et ses mauvais penchants (= spiritualisme) »[1].

Au second niveau, Lanfranc a formulé la pensée qu'il prête à Bérenger dans des termes qui conviendraient aussi bien pour exprimer sa propre manière de voir ; mais sa croyance en la présence réelle donne finalement au sacramentalisme adopté par lui un sens très différent du sacramentalisme qu'il attribue au maître tourangeau. Pour Bérenger, selon Lanfranc, l'eucharistie est sacrement parce que la réalité présente sur l'autel est soumise à une « célébration »[2] qui rappelle la crucifixion de la chair du Christ au Calvaire et l'effusion de son sang. L'analogie qui, du fait de cette célébration, s'établit entre la réalité eucharistique et le corps du Christ permet d'appeler la première du nom du second [3]. Nous retrouvons les mêmes données dans la doctrine de Lanfranc ; mais le sacramentalisme eucharistique entendu par lui, au lieu de s'exercer sur la matière du pain et du vin, s'applique à la chair même et au sang du Christ en une immolation réelle, rappel de la passion historique du Sauveur : la ressemblance ainsi constituée entre la *caro Christi* présente sur l'autel et le *corpus Christi* dans tout le déploiement de son être *(ipse Dominus Christus)*, tel qu'il était à la croix et tel

---

1. « Tu credis panem vinumque Dominicae mensae, inter consecrandum, quantum ad substantiam, immobilia permanere, hoc est panem et vinum exstitisse ante consecrationem, et panem vinumque existere post consecrationem. Christi carnem ac sanguinem propterea vocari quod, in memoriam crucifixae carnis et de latere effusi sanguinis, in Ecclesia celebrentur, ut dominicam passionem per hoc admoniti semper recolamus, et recolentes, carnem nostram cum vitiis et concupiscentiis incessanter crucifigamus » (DC, 440 B 7-C 4).
2. Cette « célébration » est constituée par la fraction et la manducation de l'hostie et par l'effusion du contenu du calice : DC, 423 A 9-13, 424 A 5-9, 425 A 9-10.
3. DC, 440 B 12-15. Cfr SCS, 423 D ; PE, 110 E *in fine*.

qu'il est maintenant au ciel, permet de donner à cette *caro* le nom du *corpus* [1].

Au troisième niveau, même accord apparent entre les deux doctrines : Lanfranc, comme il se doit, reconnaît avec Bérenger l'aspect de vie spirituelle impliqué par l'eucharistie [2]. Toutefois, la communion « spirituelle », telle qu'il la comprend, non seulement n'exclut pas la présence réelle, mais s'appuie sur elle, et cela de deux façons. Notons d'abord que la communion « spirituelle » est, pour une part, suscitée par le « sacramentalisme », dont le symbolisme éveille en l'âme des sentiments d'union au Christ souffrant, de confiance en la miséricorde de Dieu, de charité fraternelle [3] ; or, il est certain que ce « sacramentalisme » prend une consistance très particulière du fait d'avoir pour support « l'immolation même de la chair même » du Christ *(ipsa carnis ipsius immolatio)* [4]. De plus, Lanfranc, bien qu'il admette que la communion « corporelle » n'est pas strictement indispensable pour le salut [5], est cependant convaincu qu'elle est normalement requise pour que les fidèles aient le courage de s'inspirer, dans leur prière et dans leur vie, des sentiments qui constituent la communion « spirituelle » : ces deux formes de communion s'appellent et se soutiennent l'une l'autre [6].

A la construction bérengarienne, telle que l'imagine Lanfranc, correspond donc symétriquement la construction lanfrannienne. Il y aurait identité complète entre les parties supérieures de ces deux édifices, si leurs bases étaient de même nature. Mais, en dépit de leur ressemblance extérieure, ces bases diffèrent intégralement dans leur constitution intime, et il en résulte que les deux constructions, loin d'être équivalentes, sont antithétiques. L'eucharistie n'est plus elle-même dans son « sacramentalisme » et dans son « spiritualisme », si en est évacué ce qui lui donne sa solidité. En niant que le pain et le vin soient convertis en la chair et au sang du Christ, Bérenger a exténué la réalité eucharistique, il l'a ramenée à un

---

1. DC, ch. XIV.
2. DC, 429 A 12-430 A 9, 435 B 12-C 8, 436 C 5-437 A 4, et le ch. XV ; *Commentarii*, 189, n° 15.
3. DC, 415 A 10-12, 416 B 15-C 2.
4. DC, 425 A 9-10.
5. ELD, 532 C 13-533 A 15.
6. DC, 425 C 14-D 7. En DC, 425 D 2-3, il faut ponctuer ainsi : « Nam prior, si desit posterior, non solum... ».

pur « sacramentalisme » et à un pur « spiritualisme », alors qu'il
aurait fallu distinguer en elle, d'une part, l'aspect « réaliste »
et, d'autre part, les aspects « sacramentel » et « spirituel », sans
annihiler le premier au profit des deux autres.

C'est à établir ces distinctions que Lanfranc invite Bérenger.

Distinction entre la *veritas carnis ac sanguinis* et le *sacramentum :* « Tu nies la réalité de la chair et du sang, tandis que
l'Église du Christ croit que le pain est converti en la chair et
le vin au sang, de façon toutefois qu'elle croie pour son plus
grand bien et qu'elle reconnaisse avec raison qu'ils sont sacrement... : chacun [de ces deux aspects de l'eucharistie] ayant
ses modalités propres et distinctes » [1]. « Tu nies la chair et le
sang, ramenant tout au seul sacrement, tandis que nous, nous
accordons qu'il y a sacrement, tout en confessant avec fidélité
et véracité la réalité de cette chair et de ce sang » [2].

Distinction entre le caractère corporel et le caractère spirituel
de l'eucharistie : « Si, avec une prudence chrétienne, tu distinguais [dans les divines lettres] ce qu'il faut prendre au sens
littéral et ce qu'il faut entendre dans un sens spirituel, tu croirais
sans aucun doute ce que croit l'Église universelle..., à savoir
que nous mangeons et que nous buvons la chair et le sang de
notre Seigneur Jésus-Christ avec la bouche du corps et avec
celle de l'esprit, c'est-à-dire corporellement et spirituellement » [3].

Notre exposé suivra le mouvement de la pensée de Lanfranc.
Nous envisagerons donc successivement la présence réelle, le
sacramentalisme, la communion spirituelle. Ces trois aspects
de la doctrine eucharistique de l'auteur du *De corpore et sanguine
Domini* sont étroitement liés entre eux, comme nous venons
de le constater et comme les développements qui vont suivre
le montreront avec plus d'évidence encore.

---

1. « Nam et tu veritatem carnis ac sanguinis negas et Ecclesia Christi sic
panem in carnem, vinum credit converti in sanguinem, ut tamen salubriter
credat et veraciter recognoscat sacramentum esse... : singula suis distinctisque
modis » (DC, 415 A 7-14).

2. « Nam et tu carnem ac sanguinem negas, in solo sacramento rem totam
constituens ; et nos sacramentum fatemur, et tamen utriusque veritatem fideliter ac veraciter confitemur » (DC, 418 D 1-5). Cfr DC, 416 B 13-C 2.

3. « Si ea quae ad litteram accipi, et ea quae spiritualiter oportet intelligi,
christiana cautela distingueres, procul dubio crederes quod universalis Ecclesia
credit, ... carnem scilicet ac sanguinem Domini nostri Jesu Christi et ore
corporis et ore cordis, hoc est corporaliter ac spiritualiter manducari et bibi »
(DC, 429 B 2-10).

CHAPITRE XVIII

« VERITAS CARNIS AC SANGUINIS »[1]

La *veritas carnis ac sanguinis* est la base de la doctrine orthodoxe de l'eucharistie, et, dans le *De corpore et sanguine Domini*, Lanfranc n'a pas d'autre but que de la défendre contre les attaques de Bérenger. Rappelons brièvement les grandes lignes de ce plaidoyer.

La doctrine de la conversion eucharistique mise en cause par Bérenger exprime la croyance de l'Église universelle[2] ; aussi, les mots « pain » et « vin », quand ils sont appliqués à l'eucharistie, sont-ils à prendre en un sens figuré[3]. Dans la deuxième partie du traité, Lanfranc démontre la vérité de cette doctrine[4].

Dans l'eucharistie, le « réalisme » et le « sacramentalisme » ne s'excluent pas l'un l'autre : à l'inverse de ce que prétend Bérenger, l'Église romaine croit que l'eucharistie est à la fois *veritas carnis ac sanguinis* et *sacramentum*[5], et le texte de profession de foi rédigé par le cardinal Humbert est conforme à cette croyance[6]. Cet autre point de la doctrine de la présence réelle est mis en évidence dans les chapitres XII-XV et trouve son prolongement dans les développements sur la communion « corporelle » et sur la communion « spirituelle »[7].

---

1. Notre tâche consistant essentiellement à exposer la doctrine eucharistique de Lanfranc, il ne nous sera pas possible d'interrompre à tout propos cet exposé pour situer la pensée de notre auteur dans le courant de l'évolution théologique. Nous renvoyons le lecteur à des présentations plus vastes, notamment à H. DE LUBAC, *Corpus mysticum*, 2e édition, Paris, 1949. Sur la *veritas carnis ac sanguinis*, voir le ch. IX de cet ouvrage.

2. DC, 410 B 4-14, 411 C 15-412 A 15, 413 A 1-414 C 5, 419 A 3-9.

3. DC, 416 A 5-9, C 2-D 4, 417 D 4-418 A 8, 419 A 11-B 5 ; *Commentarii*, 387, n° 11.

4. DC, ch. XVIII-XXIII.

5. DC, 415 A 3-15, 416 B 10-C 2, 418 C 11-D 5.

6. DC, 414 D 3-7, 14-415 A 2, 15-D 11, 419 B 10-C 2.

7. DC, 425 B 13-426 A 10, 429 A 12-430 A 9, 435 C 1-8.

L'erreur de Bérenger et de ses disciples vient de ce qu'ils jugent du sacrement de l'autel d'après le témoignage des sens et les critères de la raison, alors qu'elle est un « mystère », auquel la foi seule peut donner accès [1].

Comment se présente la doctrine dont Lanfranc prend ainsi la défense ? Nous avons déjà constaté que la marche de la pensée de notre auteur, en ce qui concerne la *veritas carnis ac sanguinis*, s'effectue en trois étapes [2] : la conversion du pain et du vin en la chair et au sang du Christ, l'eucharistie constituée dans sa double réalité visible et invisible, le rapport de l'eucharistie avec le corps du Christ au ciel. Nous avons remarqué aussi que la seconde étape était considérée par Lanfranc comme particulièrement importante [3], puisque c'est sur le « mystère » eucharistique que viennent buter le maître tourangeau et ses partisans. Ces observations se vérifient dans le texte de profession de foi placé par l'abbé de Saint-Étienne de Caen en tête de sa démonstration de la présence réelle ; les trois étapes que nous venons de mentionner y sont nettement indiquées, et la seconde de ces étapes y est mise en valeur dans une conclusion où elle est l'objet d'une explicitation supplémentaire :

1. « Nous croyons donc que les substances terrestres qui, sur la table du Seigneur, sont sanctifiées par Dieu grâce au ministère du prêtre, sont, d'une façon ineffable, incompréhensible, merveilleuse, sous l'action de la puissance d'en-haut, changées

2. en l'essence du corps du Seigneur, les apparences et certaines autres qualités des choses elles-mêmes étant conservées, pour éviter qu'en percevant la réalité dans son état brut et sanglant on ne soit saisi d'horreur et afin que, la foi ayant à s'exercer, on reçoive, de ce fait, une plus grande récompense,

3. le corps lui-même du Seigneur existant cependant au ciel à la droite du Père, immortel, inviolé, entier, pur de toute souillure, intact,

2 bis. de telle sorte qu'on puisse dire en toute vérité que c'est le corps même qui a été pris de la Vierge que nous prenons et que, cependant, ce n'est pas le même : le même, certes, quant à son essence et quant aux caractéristiques et aux énergies de

---

1. DC, 409 A 2-3, 14-15, 421 D 2-5, 427 A 1-429 A 12.
2. *Supra*, p. 295-296.
3. DC, 409 A 2-3, 14-15, 421 B 10-C 2.

sa vraie nature, mais pas le même si l'on considère l'apparence du pain et du vin, et les autres qualités mentionnées plus haut » [1].

Les derniers mots de ce texte nous renvoient à un passage antérieur du *De corpore* dans lequel Lanfranc disait : « Qu'y a-t-il de plus mystérieux que de voir l'apparence du pain et du vin, de goûter leur saveur, de les éprouver par le toucher, et cependant, par suite de l'action admirable de Dieu, de croire, manger et boire la vraie chair et le vrai sang du Christ ? » [2] Les « autres qualités » auxquelles il est fait allusion dans la dernière ligne de la profession de foi, sont donc celles qui affectent non plus seulement la vue, mais aussi le goût et le toucher. Dans le passage que nous venons de citer, est soulignée la notion de « mystère » [3], inhérente à la croyance eucharistique et à laquelle se réfère la seconde étape du résumé doctrinal de Lanfranc.

Nous exposerons la pensée de notre auteur sur la présence réelle en suivant l'ordre des idées adopté par lui dans ce résumé.

I. La conversion du pain et du vin en la chair et au sang du Christ

Le problème de la conversion eucharistique permet de situer de façon très nette les positions respectives de Lanfranc et de Bérenger sur l'eucharistie.

---

1. « Credimus igitur terrenas substantias, quae in mensa Dominica, per sacerdotale ministerium (PL : mysterium), divinitus sanctificantur, ineffabiliter, incomprehensibiliter, mirabiliter, operante superna potentia, converti in essentiam dominici corporis, reservatis ipsarum rerum speciebus, et quibusdam aliis qualitatibus, ne percipientes cruda et cruenta, horrerent, et ut credentes fidei praemia ampliora perciperent, ipso tamen Dominico corpore existente in coelestibus ad dexteram Patris, immortali, inviolato, integro, incontaminato, illaeso : ut vere dici possit, et ipsum corpus quod de Virgine sumptum est nos sumere, et tamen non ipsum. Ipsum quidem, quantum ad essentiam veraeque naturae proprietatem atque virtutem ; non ipsum autem, si spectes (PL : species) panis vinique speciem, caeteraque superius comprehensa » (DC, 430 B 14-C 14). Cfr AMBROISE, *De sacramentis*, VI, I, 3 (PL, t. XVI, 455 A) : « Ne igitur plures hoc dicerent, veluti quidam esset horror cruoris, sed maneret gratia redemptionis, ideo in similitudinem quidem accipis sacramenta, sed verae naturae gratiam virtutemque consequeris ». Voir DC, 432 C 4-8, 437 A 4-12.

2. « Quid enim secretius quam panis vinique speciem conspicere, saporem gustare, tactum sentire, et tamen mirabiliter operante Deo veram carnem verumque sanguinem credere, comedere, bibere ? » (DC, 429 A 8-12).

3. Cfr le contexte antérieur : DC, 429 A 4-8, 428 C 3, 427 A 1-B 13 (ce dernier passage étant lui-même annoncé implicitement en 421 D 2-5).

Reprenons le début de la profession de foi : « Nous croyons donc que les substances terrestres qui, sur la table du Seigneur, sont sanctifiées par Dieu grâce au ministère du prêtre, sont, d'une façon ineffable, incompréhensible, merveilleuse, sous l'action de la puissance d'en-haut, changées en l'essence du corps du Seigneur »[1]. La transformation merveilleuse qui, par le ministère du prêtre, s'opère sur l'autel, a donc pour point de départ les substances terrestres du pain et du vin et pour point d'aboutissement l'essence du corps du Christ. Dans ce processus, nous pouvons distinguer l'acte consécratoire, par lequel se réalise la conversion, et la conversion elle-même, résultat de l'acte consécratoire.

La consécration s'effectue *per sacerdotale ministerium*[2], expression courante à l'époque de Lanfranc et que nous retrouvons par exemple, sous des formes équivalentes, dans la lettre d'Ascelin à Bérenger[3]. Mais le prêtre n'est qu'un instrument, et c'est de Dieu, *divinitus*[4], que vient la puissance consécratoire.

L'action consécratoire est désignée par le mot *benedictio*, que Lanfranc reprend, du reste, à saint Ambroise[5], à saint Augustin[6] ou à saint Cyrille traduit par Denys le Petit[7]. Cette bénédiction opère une consécration ou sanctification[8]. Les différentes expressions qui évoquent la consécration sont appliquées soit à l'action consécratoire[9], soit aux réalités terrestres qui sont consacrées[10], soit au corps du Christ, qui est dit consacré[11]. On trouve encore, pour exprimer l'action consécratoire, les verbes *efficere* et *conficere*, particulièrement dans les passages du *De corpore* où Lanfranc justifie l'application à l'eucharistie des mots « pain » et « vin » : l'eucharistie est appelée « pain », parce qu'elle est « confectionnée » à partir du pain[12].

---

1. *Supra*, p. 348, note 1.
2. DC, 430 B 15 : il faut lire *ministerium* au lieu de *mysterium*.
3. *Per sacerdotis ministerium* (EA, 67 B 8-9) ; *per ministerium sacerdotis* (EA, 67 D 11-12) ; *ministerio sacerdotis* (EA, 68 A 18-19).
4. DC, 430 B 15-C 1.
5. DC, 420 A 6.
6. DC, 423 B 14.
7. DC, 428 C 3, 429 A 5.
8. DC, 423 C 8, 11, 430 C 1.
9. DC, 419 A 5-6.
10. DC, 430 B 14-C 1.
11. DC, 423 C 5-6, 10-11.
12. DC, 416 A 9, 12, C 10, 421 C 6, 427 A 1, 436 B 6, 438 D 7. Voir B. BOTTE, *Conficere corpus Christi*, dans *L'année théologique*, 1947, p. 309-315.

La consécration a pour résultat la conversion, c'est-à-dire le changement mystérieux des réalités terrestres du pain et du vin, qui, en disparaissant de l'autel, font place à la chair et au sang du Christ. Aussi, pour Lanfranc, démontrer la conversion eucharistique et démontrer la présence réelle sont une seule et même chose.

1. C'est à partir du problème de la conversion que se marque l'opposition entre la croyance de l'Église et la doctrine bérengarienne. En effet, jugeant d'après le témoignage des sens et non d'après les affirmations de la foi [1], le maître tourangeau prétend que la consécration laisse le pain et le vin intacts sur l'autel [2]. Notons à ce propos deux équivalences établies par Lanfranc, qui sont à la source de sa pensée sur la présence réelle et de sa critique des positions de Bérenger :

Nous avons relevé ci-dessus la première de ces équivalences : affirmer que le pain et le vin existent encore sur l'autel après la consécration, c'est nier la conversion et donc la présence réelle. Bérenger disait : « (Humbert) se comportait en Bourguignon en adoptant l'opinion ou plutôt l'élucubration du vulgaire, de Paschase et de Lanfranc, selon laquelle la substance du pain et du vin disparaît entièrement de l'autel après la consécration » [3].

Lanfranc transpose d'emblée : « Quant au fait que tu appelles une élucubration la pensée selon laquelle nous croyons que le pain est changé en la vraie chair du Christ et le vin en son vrai sang... » [4].

La seconde équivalence est apparue dans le résumé de la doctrine bérengarienne que nous avons cité ci-dessus, pages 342-343 ; et ce que nous dirons plus loin du sacramentalisme eucharistique de Lanfranc aidera à mieux la comprendre : maintenir l'existence du pain et du vin sur l'autel auprès la consécration, c'est réduire l'eucharistie à son aspect sacramentel. En effet, si l'on affirme que le pain et le vin demeurent sur l'autel après la consécration, on n'a plus d'autre ressource, pour définir

---

1. DC, 409 A 3, 427 A 1-B 13, 429 A 4-430 A 9.
2. DC, 440 B 7-12. Cfr SCS, 412 D, 419 C.
3. SCS, 412 D : voir *supra*, p. 281, note 5.
4. « Quod vero sentientiam qua panem in veram Christi carnem, et vinum in verum Christi sanguinem converti, credimus, vecordiam nominas... » (DC, 414 B 4-6).

l'eucharistie, que de l'envisager comme une réalité sensible dont le rôle sera d'évoquer la passion du Christ [1] : ce rôle est proprement celui du « sacrement » [2]. On comprend donc pourquoi Lanfranc, enregistrant le refus de Bérenger d'admettre la conversion eucharistique, l'a accusé de réduire l'eucharistie à sa fonction sacramentelle [3]. L'équivalence vraie dans un sens l'est aussi dans l'autre : réduire l'eucharistie à son aspect sacramentel, c'est rendre inutile la présence réelle, le sacrement étant une réalité visible évocatrice de réalités invisibles, mais n'impliquant pas la présence de ces dernières [4]. Bérenger, en ne voyant dans l'eucharistie qu'un sacrement, ne va donc à rien moins qu'à rabaisser ce mystère au dessous des sacrements de la religion juive. Ceux-ci, en effet, si l'on s'en tient à l'opinion du maître tourangeau, avaient sur le sacrement de l'autel une double supériorité. La manne qui tombait du ciel, les créatures animées qu'on sacrifiait dans le Temple étaient « plus remarquables » que ce que Bérenger ramène à la condition d'une bouchée de pain et d'une gorgée de vin. Par ailleurs, les sacrements juifs annonçant l'avenir étaient « plus divins » que l'eucharistie, dont la seule fonction, dans l'hypothèse de Bérenger, serait de rappeler un événement du passé [5].

2. En fait, pour Bérenger, il y avait bien « conversion » eucharistique, puisque, selon lui, la consécration, tout en laissant intacts le pain et le vin sur l'autel, leur donnait une valeur nouvelle, celle d'un « sacrement ». C'est pourquoi, dans la pensée du maître tourangeau, sans cesser d'être eux-mêmes, ce pain et ce vin devenaient, néanmoins, autre chose : « Par la consécration opérée sur l'autel, le pain et le vin deviennent sacrement de la religion, non qu'ils cessent d'être ce qu'ils étaient, mais « de telle sorte qu'ils restent ce qu'ils étaient et qu'ils se changent en autre chose », comme le dit le bienheureux Ambroise » [6]. Ce n'était donc plus du pain et du vin ordinaires [7], mais une réalité qui, sans perdre ses caractéristiques antérieures, était

---

1. DC, 440 B 7-15.
2. DC, 422 C 2-8, 437 C 8-10.
3. DC, 415 A 3-5, 416 B 12-13, 417 B 12-13, C 6, 418 D 1-3.
4. DC, 425 A 11-12, 436 A 4-9.
5. DC, 440 C 3-D 11. Cfr DC, 419 D 12-A 2 ; *Commentarii*, 187 nos 4, 5, 7, 397, no 13.
6. SCS, 419 C : voir *supra*, p. 190, note 4.
7. DSC, 17/29-35.

intrinsèquement sublimée [1] : sacrements, ils devenaient signes de réalités invisibles [2], ils étaient essentiellement référés à ces réalités [3]. Ainsi, l'eucharistie était-elle constituée par deux types de réalités foncièrement liées l'une à l'autre, le « sacrement » visible sur l'autel et la « chose du sacrement », le corps du Christ, qui, du fait de sa session à la droite du Père, demeurait au ciel, invisible [4].

Lanfranc refuse d'admettre qu'une réalité puisse rester elle-même tout en devenant autre chose : une telle notion de la conversion lui paraît absurde [5]. Mais, s'il traduit la pensée de Bérenger sur ce point dans des termes qui, de fait, la rendent inacceptable pour la raison, c'est qu'il n'a pas compris son adversaire. Cette incompréhension se manifeste encore dans deux autres cas :

Quand Bérenger présente l'eucharistie comme constituée par le « sacrement » visible sur l'autel et par la « chose du sacrement », le corps du Christ, invisible, au ciel [6], Lanfranc témoigne un grand étonnement, car il croit retrouver là, exprimée comme par mégarde, sa propre pensée sur la distinction dans l'eucharistie entre ce qui est visible, les apparences du pain et du vin, et ce qui est invisible, la chair et le sang du Christ [7].

On ne peut donc être surpris de le voir attribuer à son adversaire le sacramentalisme de « célébration » auquel il se tient lui-même : de bonne foi, quand il veut résumer la doctrine bérengarienne, il le substitue au sacramentalisme de consécration que prône effectivement le maître tourangeau [8].

3. Si le pain et le vin disparaissent de l'autel après la consécration, il faut expliquer pourquoi les textes de la tradition désignent couramment l'eucharistie au moyen des mots « pain » et « vin », il faut en particulier justifier l'utilisation de ces mots dans la profession de foi rédigée par le cardinal Humbert. Nous avons vu que celui-ci se servait des termes « pain » et « vin »

---

1. SCS, 423 A.
2. SCS, 422 B, 423 A.
3. Cfr DC, 436 A.
4. SCS, 421 A-B. Voir *supra*, p. 191, note 2.
5. DC, 419 D 7-10,
6. SCS, 421 A-B, 423 A.
7. DC, 421 B 3-C 10, 423 B 11-C 12.
8. DC, 440 B 12-15. Voir cependant *supra*, p. 147, note 4, p. 172-173.

comme sujets de la proposition dans laquelle il définissait l'eucharistie [1] ; Bérenger avait pris argument de ce fait pour l'accuser de s'être contredit [2]. Pour répondre de façon satisfaisante aux objections que Bérenger formulait à ce propos, il aurait fallu d'abord réfuter le principal argument sur lequel les appuyait le maître tourangeau, qui prétendait qu'une proposition perd nécessairement sa consistance, si l'on nie l'existence de la réalité désignée par l'un des termes qui la compose, et qui soutenait que pour dire légitimement : « Ceci est mon corps », ou : « Ce pain est le corps du Christ », on est obligé de croire que les réalités désignées par les mots « ceci » ou « ce pain » continuent d'exister [3]. Lanfranc aurait dû contester une telle pétition de principe [4]. Or, quand il n'en reste pas à un aspect purement formel du problème [5], il se contente de préciser que les mots « pain » et « vin », si on les rapporte à l'eucharistie, sont employés dans un sens figuré. C'est ainsi qu'on peut désigner un être par le nom d'un autre être à partir duquel il a été formé, même s'il est devenu tout à fait différent de ce dernier [6], ou lui donner ce nom en raison d'une ressemblance qui peut se situer soit sur le plan des apparences, l'eucharistie ayant tous les dehors du pain et du vin [7], soit sur le plan de l'analogie morale, l'eucharistie nourrissant et enivrant l'âme, comme le pain et le vin sustentent et réjouissent le corps [8].

On notera qu'en évoquant les ressemblances qu'on peut observer entre l'eucharistie, et le pain et le vin, en utilisant à

---

1. *Supra*, p. 184, note 5.
2. *Supra*, p. 184 sq.
3. *Supra*, p. 72, 82, 135-136, 137, 142-143.
4. Comme le souligne dom J. DUPONT dans « *Ceci est mon corps* », « *Ceci est mon sang* » (*Nouvelle revue théologique*, t. LXXX, 1958, p. 1025-1041), prises hors de tout contexte, les paroles de la consécration ont *deux* sens possibles : « Pour fonder la doctrine de la présence réelle, il n'y a pas lieu de presser le sens grammatical des expressions employées ; par elles-mêmes, ces expressions peuvent signifier une identité symbolique aussi bien qu'une identité réelle » (p. 1039).
5. DC, 417 D 5-418 A 8. Cfr *supra*, p. 275-276, 286, 291-293.
6. DC, 416 A 5-B 9, 438 A 7-9, 11-B 2, D 6-7. Cfr *Commentarii*, 386, n° 4, 388, n°s 11-12 : le Christ a offert et il a ordonné à l'Église d'offrir du pain et du vin, suivant le rite de Melchisédech, pain et vin *quae tamen in Christi carnem et sanguinem convertuntur* (n° 11).
7. DC, 416 C 2-11, 438 A 9-10, D 7-8. Cfr 436 B 4-7, 437 A 4-12.
8. DC, 416 C 11-D 2, 419 A 11-B 5, 438 A 10-11, D 3-6, 8-13. Lanfranc ajoute : « Seu aliquo alio modo qui a doctioribus comprehendi potest, a nobis non potest » (416 D 2-4).

ce propos le mot *similitudo* [1], Lanfranc se place dans les perspectives du sacramentalisme eucharistique de Bérenger. Il est donc assez surprenant qu'il n'ait pas remarqué que la *similitudo* envisagée par le maître tourangeau, en ce qui concerne l'eucharistie [2], ne se rapportait pas à la « célébration » eucharistique [3], mais reposait sur l'analogie qui existe entre le pain terrestre et le Christ, Pain de vie.

4. Sur la nature de la conversion, nous trouvons, dans le chapitre IX du *De corpore,* deux sortes de considérations, appuyées sur des citations du *De sacramentis* et du *De mysteriis* de saint Ambroise :

Cette conversion est vraie, comme l'atteste saint Ambroise dans le *De mysteriis,* en la comparant à d'autres miracles analogues *(per similia),* qui, par leur existence même, confirment la possibilité de ce changement mystérieux, telle la transformation de la baguette de Moïse en serpent et des eaux du Nil en sang [4]. Il s'agit donc d'une conversion radicale (n'affectant pas cependant les apparences) [5] et que Lanfranc n'hésite pas à appeler *materialis mutatio* [6]. Et notre auteur de citer aussi les premières lignes du livre VI du *De sacramentis,* dans lesquelles est affirmée vigoureusement la réalité de la présence de la chair et du sang du Christ dans l'eucharistie : « De même que notre Seigneur Jésus-Christ est vrai Fils de Dieu, non par grâce, comme les autres hommes, mais par nature, de même vraie est sa chair que nous recevons et vrai son sang que nous buvons » [7].

Ce changement se situe dans la sphère du surnaturel, qui dépasse la compréhension humaine [8]. Il n'y a pas lieu de s'étonner

---

1. DC, 416 C 2, 6-7, 438 A 11, D 4-9.

2. SCS, 422 D. Voir *supra*, p. 134, 146.

3. Cfr DC, 440 B 12-15, 437 C 8-D 11, 423 A 6-13, et les ch. XII-XV dans leur ensemble.

4. DC, 420 A 10-B 2 : cfr *De mysteriis*, IX, 51 : PL, t. XVI, 405-406.

5. DC, 420 D 5-7.

6. DC, 415 B 13-14.

7. « Sicut verus est Dei Filius Dominus noster Jesus Christus, non per gratiam quemadmodum caeteri homines, sed per naturam, ita vera caro ejus est, quam accipimus, et verus ejus sanguis quem potamus » (DC, 420 B 9-15). Cfr *De sacramentis*, VI, I, 1 (voir B. BOTTE, *Ambroise de Milan, Des sacrements, Des Mystères*, 2e édition, p. 211-212).

8. 419 A 5-8, 427 A 1-B 13, 429 A 10, 430 C 1-3.

de ce que la nature cède ici le pas devant l'intervention d'en-
haut [1], puisque la bénédiction qui consacre la chair et le sang
du Christ a plus de force que la nature qui a formé le pain et
le vin [2], puisque le corps du Christ rendu présent par cette bénédiction n'est pas soumis entièrement aux lois naturelles, comme
le prouve sa naissance miraculeuse du sein d'une Vierge [3]. Si
la puissance divine a pu faire en sorte que, sur son ordre, toutes
choses surgissent du néant, à plus forte raison peut-elle obtenir
que les choses qui existent soient changées en d'autres choses [4].

5. Les expressions par lesquelles Lanfranc traduit le fait
de la conversion eucharistique sont de divers types. Il emploie le
verbe *converti* [5] et le substantif *conversio* [6], les verbes *mutari* [7]
et *commutari* [8] et l'expression *materialis mutatio* [9], les verbes
transferri [10], *transire* [11], *fieri* [12].

6. Reste à préciser la façon dont Lanfranc caractérise le
point de départ de la conversion eucharistique, le pain et le vin
présents sur l'autel, et son point d'aboutissement, la chair et
le sang du Christ :

L'eucharistie est réalisée à partir du pain et du vin [13]. Ce pain
et ce vin sont des réalités matérielles [14] ; ils entrent dans la catégorie des « éléments » [15], des « substances terrestres » [16], des « choses
visibles et corruptibles » [17] ; ils sont les « choses » qui existaient
avant la consécration et qui, après la consécration, ont disparu

---

1. Cfr l'adverbe *divinitus* dans la profession de foi de Lanfranc : *supra*, p. 348, note 1.
2. DC, 420 A 2-10, 423 C 7-11. Cfr *De mysteriis*, IX, 50 : PL, t. XVI, 405 C.
3. DC, 420 B 2-9. Cfr *De mysteriis*, IX, 53 : PL, t. XVI, 407 A.
4. 420 C 12-421 A 8. Cfr *De sacramentis*, IV, IV, 15 : PL, t. XVI, 440 B-441 A ; *De mysteriis*, IX, 52 : PL, t. XVI, 407 A.
5. DC, 414 B 6, et *passim*.
6. DC, 420 A 3, et *passim*.
7. DC, 417 B 11, et *passim*.
8. DC, 419 A 7-8, *passim*.
9. DC, 415 B 13-14.
10. DC, 416 A 10.
11. DC, 420 C 15.
12. DC, 438 A 9. Au passif, les verbes *efficere* et *conficere* ont parfois un sens très voisin de *fieri* : voir *supra*, p. 349, note 12.
13. DC, 416 C 10, 436 B 4-8, 438 A 9, D 6-7.
14. DC, 438 D 8-10.
15. DC, 420 A 2, 421 B 14.
16. DC, 428 A 9, 430 B 14.
17. DC, 427 B 1-2.

pour faire place à la chair et au sang du Christ [1]. Ce changement, nié par Bérenger, affirmé par Lanfranc, est considéré par l'un et l'autre comme concernant la « substance » du pain et du vin [2]. Plus précisément, pour Lanfranc, il affecte les « essences » du pain et du vin [3], il transforme le pain et le vin « essentiellement » [4] ; et, d'une façon plus exacte encore, il atteint l'« essence intérieure [5] » du pain et du vin, leurs « essences principales » [6], opposées à leur « apparence visible » [7] ou à leurs « essences secondaires » [8], qui restent intactes. Ce changement « essentiel » se situe sur le plan de la nature du pain et du vin [9], et ceci en un double sens. La nature du pain et du vin fait place à une autre nature, celle de la chair et du sang du Christ [10]. Mais l'on peut dire aussi, en entendant la nature comme un principe d'action limité par des lois générales, que le pain et le vin sont simplement formés par la nature, alors que leur substitution par la chair et le sang du Christ est l'œuvre d'une puissance miraculeuse qui dépasse la nature et que le corps du Christ, rendu ainsi présent sur l'autel, échappe, pour une part, aux lois naturelles, comme le prouve sa naissance à partir d'une Vierge [11].

Le point d'aboutissement de la conversion est la réalité eucharistique, le corps du Christ. Lanfranc, pour désigner cette réalité, se sert d'expressions diverses : « Christ » [12], « Seigneur Jésus-Christ » [13], « eucharistie » [14], « mystère de foi » [15], « divin mystère » [16], « hostie » et « sang » [17], « sacrifice des chrétiens » [18],

---

1. DC, 416 A 9-11, 419 D 8, 423 C 11, etc.
2. SCS, 412 D ; DC, 440 B 9.
3. DC, 415 B 14.
4. DC, 417 B 11, 427 A 2-3.
5. DC, 420 D 7-8.
6. DC, 420 D 6-7. Cfr 418 B 3-4.
7. DC, 420 D 6.
8. Cfr 418 B 3-4.
9. DC, 427 A 2-3. Cfr 420 D 6-8.
10. DC, 416 A 10, 420 D 6-8.
11. DC, 420 A 4-10, B 2-9, 423 C 4-11.
12. DC, 422 A 9.
13. DC, 427 C 7.
14. DC, 413 B 7, C 8.
15. DC, 416 D 12, 421 D 3-4. Cfr 427 C 8, 430 D 6.
16. DC, 409 A 3 ; ELD 533 B 2.
17. DC, 423 A 10-11.
18. DC, 419 D 14-15.

« sacrifice de l'Église » [1] ; il utilise des expressions comprenant le mot « sacrement » : « sacrement » [2] ou « ce sacrement » [3], « sacrement du Seigneur » [4], « sacrements de l'autel » [5], « sacrement du corps du Christ » [6], « sacrement de la chair » et « sacrement du sang » [7], « chose du sacrement » [8] ; assez souvent, il emploie le mot « corps » : « corps du Seigneur » [9], « corps et sang du Seigneur » [10], « corps et sang » du « Verbe » [11], « corps du Christ » [12], « corps et sang du Christ » [13] ; mais, plus couramment il nomme les réalités eucharistiques « chair et sang du Christ » [14], « ses chairs et son sang » [15], et il précise, ou laisse entendre, à trois reprises, que l'appellation « chair » est plus adéquate que l'appellation « corps » [16] ; d'une façon concrète, il désigne aussi la chair et le sang du Christ présents sur l'autel comme des « choses » [17]. Enfin, conformément au but qu'il s'est assigné en écrivant le *De corpore et sanguine Domini*, il insiste sur l'authenticité de cette présence. Si le changement du pain et du vin opéré par la conversion affecte ceux-ci dans leur substance ou réalité, dans leur nature essentielle, dans leurs « essences principales », il est normal qu'il rende présents la chair et le sang du Christ dans leur substance ou réalité [18], dans leur nature ou essences [19], « parce que toute chose contient en elle la nature

---

1. DC, 421 B 12-13, C 7.
2. DC, 423 D 14.
3. DC, 423 C 14, 428 C 1, 430 A 2, 433 D 4, 441 A 3.
4. DC, 436 D 13.
5. DC, 439 A 6-7.
6. DC, 423 D 11, 425 A 7 (suppléer, d'après les manuscrits, les mots *cum revera sit sacramentum corporis Christi*, avant *illius*) ; *Commentarii*, 193, n° 21.
7. DC, 424 A 1-2, B 10-11.
8. DC, 421 B 15-C 1, 7-9.
9. DC, 416 C 8-9, 423 C 6, 429 B 12 : *Commentarii*, 195/1, n° 25.
10. DC, 409 C 1, 413 A 6-7, 422 C 12 ; *Commentarii*, 193, n° 18 ; ELD, 532 C 12.
11. *Commentarii*, 389, n° 6. Cfr DC, 428 C 3-10.
12. DC, 436 A 4, 9, B 11, 438 D 6, 12, 440 D 12, 442 D 9.
13. DC, 436 B 6 ; *Commentarii*, 193, n° 18 ; ELD, 532 C 13-14.
14. DC, 423 C 4, 10, et *passim* ; *Commentarii*, 190, n°s 15, 17, 387, n° 11 ; ELD, 533 B 3, 11-12, C 6-7.
15. DC, 421 C 12-13.
16. DC, 421 B 14-C 2, 424 B 3-9, 425 A 6-9 (avec la leçon des manuscrits *cum revera sit sacramentum corporis Christi*, avant *illius*). Cfr H. de Lubac, *Corpus mysticum*, p. 51-55. Voir *infra*, p. 383-387.
17. DC, 420 A 3, D 7, 423 C 3, 11, 434 A 13.
18. DC, 419 A 7.
19. DC, 416 A 10, 420 D 6-8, 421 C 4-6, 424 B 3-7, 430 C 3, 11-13, 436 D 5-7, 437 A 11.

et la réalité des choses qui la constituent » [1]. Ainsi, ce qui est présent sur l'autel, c'est vraiment « le corps même (du Christ) ... quant à son essence et quant aux caractéristiques et aux énergies de sa vraie nature » ; à quoi il faut ajouter que ce n'est « pas le même si l'on considère l'apparence du pain et du vin » [2]. En un mot, la chair du Christ que nous recevons dans l'eucharistie est « vraie », c'est-à-dire réelle, « vrai » est son sang que nous buvons : telle est la conclusion du *De corpore* [3], telle est aussi l'affirmation qui court tout au long des pages de ce traité [4].

Cette affirmation porte la marque du réalisme eucharistique de Paschase Radbert : la chair du Christ présente sur l'autel est celle-même qu'il a prise de la Vierge Marie, c'est la chair de son corps historique, du corps qui a souffert sur la croix et qui réside maintenant au ciel [5]. Lanfranc précise, de plus, avec Cyrille d'Alexandrie, que cette chair n'est pas celle d'un homme quelconque ou d'un homme qui aurait été choisi et sanctifié par Dieu : c'est la chair du Verbe lui-même [6].

A partir de telles affirmations, un problème va se poser, qui appellera une double solution, le problème du capharnaïtisme. Le réalisme eucharistique ne conduit-il pas, en effet, à la conception grossière de certains disciples du Christ qui, à Capharnaüm, avaient compris dans le sens le plus matériel les déclarations de Jésus sur la nécessité de manger sa chair et de boire son sang pour avoir la vie éternelle ? [7] Bérenger posait brutalement l'objection [8]. Les deux principes qui permettent à Lanfranc de résoudre cette difficulté correspondent aux développements du *De corpore* dans lesquels sont mises en valeur la deuxième et la troisième étapes de la doctrine de notre auteur sur la *veritas carnis ac sanguinis* [9] :

D'une part, Lanfranc insiste sur le fait que, dans l'eucharistie, nous ne recevons pas la chair et le sang du Christ sous leurs

---

1. « Quia omnis res illarum rerum naturam et veritatem in se continet ex quibus conficitur » (DC, 421 C 4-6).
2. DC, 430 C 10-14. Voir *supra*, p. 348, note 1.
3. DC, 442 D 10-11.
4. DC, 414 B 4-6, 415 A 8, 418 D 1-5, 420 A 10-11, etc.
5. DC, 425 C 2-3, 428 B 11-14, 430 C 9-11, 433 D 9-10, 441 A 3 ; *Commentarii*, 304, n° 22.
6. DC, 427 C 5-429 A 4. Cfr *Commentarii*, 389, n° 6. Voir *supra*, p. 303.
7. *Jn.*, VI, 48-66.
8. SCS, 421 D, 426 D.
9. Voir *supra*, p. 347.

apparences normales, et ceci pour que la foi ait à s'exercer et que les sens ne soient pas offusqués [1]. Il s'agit, dans ce cas, de la distinction, dans la réalité eucharistique, entre ce qui est vu, c'est-à-dire les qualités du pain et du vin, et ce qui n'est pas vu, c'est-à-dire la chair et le sang du Christ.

D'autre part, Lanfranc assure que, si nous mangeons la chair du Christ ici-bas, son corps n'en demeure pas moins intact au ciel [2]. Il s'agit alors de la question des rapports de l'eucharistie avec le corps du Christ résidant au ciel, question posée de façon très aigüe par Lanfranc lui-même puisque, à la suite de Paschase Radbert, il affirme avec force que l'eucharistie est le corps historique du Christ, « le corps même du Seigneur » [3].

Voyons comment Lanfranc expose ces deux points de sa doctrine eucharistique.

II. Distinction, dans l'eucharistie, entre la réalité cachée et les apparences

La distinction, dans l'eucharistie, entre la réalité cachée et les apparences est le point de la doctrine eucharistique sur lequel Lanfranc a le plus insisté en face de l'hérésie bérengarienne. En effet, l'erreur de Bérenger et de ses partisans tient, fondamentalement, à ce qu'ils jugent du sacrement de l'autel non d'après l'enseignement authentique de la tradition, mais d'après le témoignage des sens et les à priori de la raison. Ils oublient que l'eucharistie est une réalité mystérieuse [4] et « contemplent les choses visibles, non les choses invisibles » [5]. A l'humble attitude de foi que réclame un si grand « mystère », ils préfèrent une attitude raisonneuse et questionneuse. Et pourtant, n'est-il pas superflu de chercher à comprendre des réalités qui dépassent l'entendement humain et ne sont accessibles qu'à la foi ? [6]

---

1. DC, 430 C 3-7, 9-14, 434 A 4-C 3.
2. DC, 430 C 7-9, 421 C 12-D 2, 422 A 7-B 9, 427 B 13-D 13.
3. DC, 429 B 12.
4. DC, 409 A 3, 429 A 4-12 ; ELD 533 B 2. Voir aussi DC, 430 D 6 : Lanfranc cite les paroles de l'institution eucharistique en y incluant les mots *mysterium fidei* de la liturgie. De même en DC, 427 D 8.
5. DC, 409 A 4-15. Voir *supra*, p. 262-263.
6. DC, 416 D 11-15, 421 D 2-5, 427 A 1-14, 429 A 4-B 10, 436 A 2-3, 439 C 3-440 B 3.

Par ailleurs, nous avons déjà noté que, pour Lanfranc, le sacramentalisme fait intervenir le côté extérieur, visible de l'eucharistie [1]. De ce strict point de vue, il n'y a pas de différence entre la pensée de Lanfranc et celle qu'il attribue à son adversaire : ce qui est présent sur l'autel, qu'il s'agisse de la chair et du sang du Christ, comme le croit notre auteur, ou du pain et du vin, comme le prétend Bérenger, a la même puissance d'évocation symbolique pour ceux qui assistent à la « célébration » eucharistique. Mais réduire l'eucharistie à ce rôle sacramentel [2], c'est rester à la surface des choses, juger d'après les seules apparences. Il y a sous ces apparences une réalité que la foi seule peut discerner : « Nous croyons plutôt ce que nous ne voyons pas » [3].

Avant d'entrer dans quelques précisions sur le problème envisagé ici, nous estimons utile de citer les passages du *De corpore et sanguine Domini* dans lesquels Lanfranc présente la distinction, dans l'eucharistie, entre ce qui est vu et ce qui est caché. Ces passages sont nombreux puisque cette distinction est le leitmotiv du traité.

1) « Tu surprends les esprits ignorants du divin mystère et crédules à ton égard..., égarant ceux qui, incapables de résister à tes arguments, contemplent les choses visibles, non les choses invisibles » [4].

2) « De même que celui qui dit : « Le Christ est la pierre angulaire », ne prétend pas que le Christ est vraiment une pierre, mais lui donne ce nom à cause d'une ressemblance qui existe entre le Christ et la pierre, de la même façon, quand la divine page appelle pain le corps du Seigneur, elle le fait suivant une façon de parler sacrée et mystérieuse, soit parce qu'il est rendu présent à partir du pain et qu'il garde quelques unes de ses qualités, etc. » [5].

---

1. *Supra*, p. 350-351.

2. DC, 418 D 2-3.

3. « Potius id credimus quod non videmus » (DC, 434 A 12).

4. « Ignaras divini mysterii mentes tibique credulas invadis... subvertens eos qui, nescientes tibi resistere, contemplantur ea quae videntur, non ea quae non videntur » (DC, 409 A 2-3, 13-15). Voir *supra*, p. 263, note 1.

5. « Sicut enim qui dicit : *Christus est lapis angularis*, non revera Christum lapidem esse constituit, sed propter aliquam similitudinem, quam ad se invicem gerunt, tale (PL *om.* tale) ei nomen imponit (PL : imponunt) ; eodem modo cum divina pagina corpus Domini panem vocat, sacrata ac mystica locutione id agit, seu, quoniam ex pane conficitur ejusque nonnullas retinet qualitates... » (DC, 416 C 4-11). Cfr *Éph.*, II 20.

3) « Si donc il y a dans la parole du Seigneur Jésus une si grande force que ce qui n'était pas a commencé à être, combien est-elle plus efficace pour faire que ce qui était existe et soit changé en autre chose » (AMBROISE, *De sacramentis*, IV, IV, 15). Il atteste, certes, que ce qui était existe selon l'apparence visible, mais est changé, selon l'essence intérieure, en la nature des choses qui n'étaient pas là auparavant » [1].

4) « C'est en effet ce que nous disons, ce que nous nous efforçons de toutes les manières de prouver contre toi et contre tes partisans, à savoir que le sacrifice de l'Église est constitué par deux principes, est formé de deux principes, l'apparence visible des éléments, et la chair et le sang invisibles du Seigneur Jésus-Christ, le sacrement et la chose du sacrement, laquelle, pour me servir de tes expressions, est le corps du Christ, de même que l'individualité du Christ, comme tu le dis également, est formée et constituée par sa divinité et son humanité, puisque le Christ lui-même est vrai Dieu et vrai homme (en effet, toute chose contient en elle la nature et la réalité des choses qui la constituent). Or, le sacrifice de l'Église, comme tu en portes aussi témoignage, est constitué par le sacrement et par la chose du sacrement, c'est-à-dire le corps du Christ. Il est donc sacrement et chose du sacrement, c'est-à-dire corps du Christ. Cependant, « le Christ ressuscité des morts ne meurt plus, la mort n'a plus désormais de pouvoir sur lui » (*Rom.*, VI, 9). Mais, comme le dit l'apôtre André, « alors que, sur terre, sa chair est vraiment mangée et son sang vraiment bu, lui-même, cependant, jusqu'aux temps de la restauration de toutes choses, demeure au ciel à la droite du Père, entier et vivant » [2]. Si tu demandes comment cela peut se faire, je te réponds brièvement pour l'instant [3] : C'est un mystère de foi ; il est profitable de le croire, il n'est pas utile de l'explorer » [4].

---

1. « *Si igitur tanta est vis in sermone Domini Jesu ut inciperent esse quae non erant, quanto magis operatorius est ut sint quae erant et in aliud commutentur ?* Esse quidem secundum visibilem speciem testatur quae erant, commutari vero secundum interiorem essentiam in naturam illarum rerum quae antea non erant » (DC, 420 D 1-8). Cfr PL, t. XVI, 440-441.

2. Voir *supra*, p. 295, notes 3, 4.

3. Renvoi implicite au chapitre XVII, dont nous citons deux passages *infra*, p. 363-364, n°s 10 et 11.

4. « Hoc est namque quod dicimus, hoc modis omnibus contra te ac sequaces tuos approbare contendimus, sacrificium scilicet Ecclesiae duobus confici

5) « Nous, en effet, nous honorons dans l'apparence du pain et du vin, que nous voyons, des choses invisibles, à savoir la chair et le sang du Christ. Et nous n'apprécions pas ces deux apparences, à partir desquelles est consacré le corps du Seigneur, comme nous les apprécions avant la consécration, puisque nous confessons avec foi qu'avant la consécration c'était du pain et du vin, c'est-à-dire des choses qu'avait formées la nature, mais que, durant la consécration, elles se sont converties en la chair et au sang du Christ, choses qui, toutes deux, ont été consacrées par la bénédiction » [1].

6) « Le sacrement du corps du Christ..., c'est sa chair, que nous recevons dans le sacrement, recouverte par la forme du pain, et son sang, que nous buvons sous l'apparence et le goût du vin » [2].

7) « Par la chair et par le sang, l'un et l'autre invisibles, intelligibles, spirituels, est signifié le corps du Rédempteur visible, palpable, manifestement plein de la grâce de toutes les vertus et de la majesté divine » [3].

---

duobus constare, visibili elementorum specie, et invisibili Domini Jesu Christi carne et sanguine, sacramento et re sacramenti ; quae res (ut verbis tuis utar) est corpus Christi, sicut Christi persona, te quoque auctore, constat et conficitur Deo et homine, cum ipse Christus sit verus Deus et verus homo, quia omnis res illarum rerum naturam et veritatem in se continet ex quibus conficitur. Conficitur autem, te etiam teste, sacrificium Ecclesiae sacramento et re sacramenti, id est corpore Christi. Est igitur sacramentum et res sacramenti, id est corpus Christi. Christus tamen *resurgens ex mortuis jam non moritur ; mors illi ultra non dominabitur.* Sed, sicut dicit Andreas Apostolus, *cum vere in terris carnes ejus sint comestae et vere sanguis ejus sit bibitus, ipse tamen usque in tempora restitutionis omnium in coelestibus ad dexteram Patris integer perseverat et vivus.* Si quaeris modum quo id fieri possit, breviter ad praesens respondeo : *Mysterium est* (PL *om.* est) *fidei ; credi salubriter potest, vestigari utiliter non potest* » (DC, 421 B 10-D 5).

1. « Nos etenim in specie panis et vini, quam videmus, res invisibiles, id est Christi carnem et sanguinem, honoramus. Nec similiter pendimus has duas species, ex quibus consecratur Dominicum corpus, quemadmodum ante consecrationem pendebamus, cum fideliter fateamur, ante consecrationem, esse panem vinumque, id est eas res quas natura formavit, inter consecrandum vero converti in Christi carnem ac sanguinem, quas utrasque res benedictio consecravit » (DC, 423 C 2-11).

2. « Sacramentum corporis Christi... caro ejus est, quam forma panis opertam, in sacramento accipimus, et sanguis ejus, quem sub vini specie ac sapore potamus » (DC, 423 D 11-15).

3. « Carne et sanguine, utroque invisibili, intelligibili, spirituali, significatur Redemptoris corpus visibile, palpabile, manifeste plenum gratia omnium virtutum et divina majestate » (DC, 424 A 2-5).

8) « Par conséquent, la chair et le sang dont ... nous faisons notre nourriture quotidienne sont appelés corps et sang du Christ non seulement parce qu'ils sont essentiellement la même chose, tout en en étant très différents par les qualités, mais encore en raison de cette façon de parler en vertu de laquelle on a coutume d'appeler la chose qui signifie du nom de la chose qui est signifiée » [1].

9) « La chair est prise en elle-même et le sang en lui-même, non sans qu'intervienne un certain mystère » [2].

10) « De quelle façon le pain devient la chair et le vin se convertit au sang, leur nature étant essentiellement changée, le juste qui vit de la foi ne cherche pas à le reconnaître avec des preuves et à le concevoir avec sa raison. Il préfère, en effet, adhérer maintenant par la foi aux célestes mystères, pour être apte à parvenir un jour aux récompenses de la foi, plutôt que,

---

1. « Caro ergo et sanguis, quibus... quotidie alimur, Christi corpus ac sanguis vocantur, non solum quia essentialiter idem sunt, qualitatibus plurimum discrepantes, verum etiam eo locutionis modo quo res significans significatae rei solet vocabulo nuncupari » (DC, 424 B 3-9).

2. « Sumitur quidem caro per se, et sanguis per se non sine certi mysterii ratione » (DC, 425 C 3-4). M. Lepin, dans L'idée du sacrifice de la messe, p. 114-115, pense que dans ce passage l'auteur du De corpore a voulu établir un rapport entre la communion eucharistique et l'immolation du Calvaire, rapport « tiré du fait que la communion a lieu au corps et au sang séparés », mais il note qu'il s'agit d'un nouveau symbolisme de Lanfranc, dont la « pensée plus profonde et plus ferme est celle qu'il exprime partout ailleurs nettement : la vraie représentation de l'immolation sanglante se fait à la communion par la fraction de l'hostie et l'effusion du sang ». De plus, M. Lepin précise que « ce nouveau symbolisme est suggéré en passant. Lanfranc ne prend pas la peine d'expliquer la raison mystérieuse qu'il vient d'alléguer. Sans s'arrêter, il passe à des considérations d'un ordre tout différent. » Nous ne croyons pas à l'existence de ce symbolisme qui se situerait hors des cadres de la pensée habituelle de l'abbé de Saint-Etienne de Caen et qui , de l'aveu même de M. Lepin, apparaîtrait comme un bloc erratique dans le contexte où il est formulé. C'est d'après ce contexte qu'il faut déterminer le sens de la phrase en question. Lanfranc y insiste fortement sur le réalisme de la communion à la vraie chair et au vrai sang du Christ (DC, 425 B 15-C 4), non sans souligner que tout se passe sous le voile des apparences du pain et du vin, non sine certi mysterii ratione. Ces deux affirmations sont complémentaires et se retrouvent plusieurs fois associées dans le De corpore. Par exemple : « Caro ejus... quam, forma panis opertam, in sacramento accipimus, et sanguis ejus, quem sub vini specie ac sapore potamus » (DC, 423 D 13-15), « Caro ergo et sanguis... Christi corpus ac sanguis vocantur..., quia essentialiter idem sunt, qualitatibus plurimum discrepantes » (DC, 424 B 3-7). Cfr 424 A 2-3, 430 C 4-6, 12-15. Quant à l'expression per se répétée, elle ne marque pas ici la séparation qui existe entre la chair et le sang, mais le fait que l'un et l'autre sont pris dans leur réalité propre, en eux-mêmes.

négligeant la foi, se donner une peine superflue pour comprendre des choses qui ne peuvent être comprises ... Il ne t'est pas nécessaire, en effet, de voir de tes propres yeux ce qui est caché. Cependant, l'action merveilleuse de la puissance divine a permis que cela soit possible, et certaines personnes qui doutaient n'ont pas manqué de l'aide de miracles appropriés, grâce auxquels, les enveloppes des choses visibles et corruptibles étant enlevées, la chair et le sang du Christ sont apparus tels qu'ils sont, sous le regard des yeux corporels » [1].

11) « Quant au fait qu'il [Cyrille d'Alexandrie] dise « bénédictions mystiques » [2], comprends-le comme s'il disait « bénédictions secrètes ». En effet, comme le dit le bienheureux Augustin dans son livre *De catechizandibus rudibus* (IX, 13), « mystère » tire son nom de l'idée de secret [3]. De fait, qu'y a-t-il de plus secret que de voir l'apparence du pain et du vin, de goûter leur saveur, de les éprouver par le toucher et, cependant, par suite de l'action admirable de Dieu, de croire, manger et boire la vraie chair et le vrai sang du Christ » [4] ?

12) « Nous croyons donc que les substances terrestres qui, sur la table du Seigneur, sont sanctifiées par Dieu grâce au ministère du prêtre, sont, d'une façon ineffable, incompréhensible, merveilleuse, sous l'action de la puissance d'en-haut, changées en l'essence du corps du Seigneur, les apparences et certaines autres qualités des choses elles-mêmes étant conservées,

---

1. « Quonammodo panis efficiatur caro vinumque convertatur in sanguinem, utriusque essentialiter mutata natura, justus, qui ex fide vivit, scrutari argumentis et concipere ratione non quaerit. Mavult enim coelestibus mysteriis nunc (PL *om.* nunc) fidem adhibere, ut ad fidei praemia valeat quandoque pervenire, quam fide omissa in comprehendendis iis, quae comprehendi non possunt, supervacue laborare... Non est enim tibi necessarium ea quae abscondita sunt videre oculis tuis. Divina tamen potentia mirabiliter operante fieri posse concedit. Nec defuere quibusdam dubitantibus digna miracula, quibus rerum visibilium atque corruptibilium ablatis tegumentis, sicuti revera est, appareret corporalibus oculis caro Christi et sanguis » (DC, 427 A 1-B 4).

2. Cfr DC, 428 C 3. Voir *supra*, p. 303, note 1.

3. Cfr PL, t. XL, 320.

4. « Quod vero ait *benedictiones mysticas*, sic dictum accipe, quasi diceret *secretas*. *Mysterium* namque, sicut beatus Augustinus in libro *De catechizandis rudibus* dicit, a *secreto* nomen accepit. Quid enim secretius quam panis vinique speciem conspicere, saporem gustare, tactum sentire, et tamen mirabiliter operante Deo veram carnem verumque sanguinem credere, comedere, bibere ? » (DC, 429 A 4-12).

pour éviter qu'en percevant la réalité dans son état brut et sanglant on ne soit saisi d'horreur et afin que, la foi ayant à s'exercer,
on reçoive, de ce fait, une plus grande récompense, le corps
même du Seigneur existant cependant au ciel à la droite du Père,
immortel, inviolé, entier, pur de toute souillure, intact, de telle
sorte qu'on puisse dire en toute vérité que c'est le corps même
qui a été pris de la Vierge que nous prenons et que, cependant,
ce n'est pas le même : le même, certes, quant à son essence et
quant aux caractéristiques et aux énergies de sa vraie nature,
mais pas le même si l'on considère l'apparence du pain et du vin,
et les autres qualités mentionnées plus haut » [1].

13) Saint Augustin, dans une homélie sur le psaume XCVIII,
prête les paroles suivantes au Christ s'adressant à ceux des
disciples qui avaient été choqués par son discours sur le Pain
de vie : « Comprenez dans un sens spirituel ce que je vous ai
dit. Ce que vous mangerez, ce n'est pas le corps que vous voyez,
et ce que vous boirez, ce n'est pas le sang que feront couler
ceux qui me crucifieront » [2]. Lanfranc, pour répondre à une objection possible de Bérenger, commente ainsi ce texte : « Il a dit
en réalité... ce que, moi aussi, plus haut, dans la profession de
foi, j'ai exposé brièvement, mentionné brièvement [3], à savoir
que c'est le corps même du Christ et que ce n'est pas le même.
En effet, nous ne croyons pas, comme eux-mêmes se l'imaginaient,
que nous mangeons le corps visible du Christ ou que nous buvons
le sang que ses bourreaux allaient verser et qu'ils allaient voir
de leurs propres yeux, mais nous croyons plutôt ce que nous
ne voyons pas, pour que la foi ait à s'exercer, ce qui ne pourrait
avoir lieu si les réalités qui sont objet de foi se trouvaient présentées aux sens corporels. Aussi, expliquant ce qu'il avait
exposé d'une façon obscure, il dit : « Et s'il est nécessaire de
le célébrer visiblement, il faut cependant le comprendre invisiblement » [4]. Car ils pensaient que le Seigneur leur recommandait
de manger, à la manière des animaux ou des hommes, le corps
qu'ils voyaient ou de boire le sang que les bourreaux verseraient,

1. Voir *supra*, p. 348, note 1.
2. « Spiritualiter, inquit, intelligite quod locutus sum. Non hoc corpus quod
videtis manducaturi estis et bibituri illum sanguinem quem fusuri sunt qui me
crucifigent » (DC, 433 C 11-14). Cfr AUGUSTIN, *Enarratio in psalmum XCVIII*,
9 : PL, t. XXXVII, 1265.
3. Voir DC, 430 C 9-14 : *supra*, p. 348, note 1.
4. Cfr AUGUSTIN, *ibidem*.

c'est-à-dire soit cru, soit cuit à l'eau, soit rôti sur des charbons. Pour corriger ce qu'il y avait de charnel dans leur façon de comprendre ses paroles, le Seigneur dit dans l'évangile de saint Jean : « C'est l'esprit qui vivifie, la chair ne sert de rien » (*Jn.*, VI, 63). En expliquant cela dans sa vingt-septième homélie sur le même évangile, le bienheureux Augustin déclare [1] : « Qu'est-ce que cela signifie ? La chair ne servirait-elle de rien ? Elle ne sert de rien, si l'on comprend les choses comme ils les entendaient, car ils comprenaient la chair à la manière dont elle est dépecée sur un cadavre ou vendue au marché, non comme une chair qui est vivifiée par l'esprit » [2].

14) « Il y a eu autrefois, comme à l'époque actuelle, dans les diverses Églises, des miracles conformes à cette croyance, par lesquels la sagesse éternelle de Dieu a fait connaître un si grand secret dans les circonstances de temps, de lieu, de personnes qu'elle avait déterminées » [3].

15) « Les mots « apparence » *(species)* et « ressemblance » *(similitudo)* concernent les choses qui existaient auparavant et à partir desquelles le corps et le sang du Christ ont été rendus présents, je veux dire le pain et le vin. C'est ainsi qu'à la fin d'une certaine messe on prie en ces termes : *Perficiant in nobis,*

---

1. Cfr Augustin, *Tractatus in Joannem XXVII*, 5 : PL, t. XXXV, 1617.

2. « Imo revera id dixit quod catholica Ecclesia in omnibus membris suis fideliter fatetur et credit, quod ego quoque in professione fidei breviter superius (PL *om.* superius) posui, breviter comprehendi, videlicet ipsum esse corpus, et non ipsum. Neque enim eo quo ipsi putabant modo credimus quod visibile Christi corpus comedamus, aut sanguinem quem fusuri et oculis suis conspecturi erant persequentes bibamus. Sed potius id credimus quod non videmus, ut valeat esse fides, quae non potest esse, si res quae creduntur corporalibus sensibus constiterit subjacere. Unde exponens quod obscure posuit : *Et si necesse est, inquit, illud visibiliter celebrari, oportet tamen invisibiliter intelligi.* Existimabant namque quod praeciperet eis Dominus, aut bestiali more, aut humano, corpus comedere quod videbant, aut bibere sanguinem quem persequentes fusuri erant, hoc est aut crudum, aut aqua coctum, aut substratis (PL : subtractis) carbonibus in verubus assum. Hanc carnalem eorum intelligentiam redarguens Dominus, in Evangelio secundum Joannem, dicit : *Spiritus est qui vivificat ; caro autem non prodest quidquam.* Quod exponens beatus Augustinus in vicesima septima ejusdem Evangelii homilia, ait : *Quid est ergo, non prodest quidquam caro ? Non prodest quidquam. Sed quomodo illi intellexerunt ? Carnem quippe sic intellexerunt : quomodo in cadavere dilaniatur, aut in macello venditur, non quomodo spiritu vegetatur* » (DC, 434 A 4-C 2). Ponctuation modifiée.

3. « Facta sunt, tam antiquis quam modernis temporibus, in diversis Ecclesiis huic fidei congrua miracula, quando, et ubi, et quibus tantum secretum demonstrare voluit aeterna Dei (PL *om.* Dei) sapientia » (DC, 435 C 11-14).

Domine, quaesumus, tua sacramenta quod continent, ut quae nunc specie gerimus, rerum veritate capiamus. Le prêtre demande, en effet, que ce qui se passe maintenant sous l'apparence du pain et du vin, soit un jour appréhendé dans une vision manifeste, tel que cela est en réalité » [1].

16) « Ambroise dans le sixième livre du *De sacramentis* : *Quomodo vera ? Qui similitudinem video, non video sanguinis veritatem.* Et un peu plus loin : *Ideo in similitudine quidem accipis sacramentum, sed verae naturae gratiam virtutemque consequeris.* Par le mot *similitudo*, il veut, sans aucun doute, entendre l'apparence du pain et du vin sous laquelle la nature du corps du Christ est dissimulée et est reçue, pour leur salut, par ceux qui communient dans de bonnes dispositions, sans qu'ils soient horrifiés à la vue de chairs sanglantes » [2].

17) « Quant au fait que le corps du Christ soit dénommé pain, cela se produit suivant l'habitude des livres sacrés, qui souvent appellent tels ou tels êtres par le nom des choses à partir desquelles ils sont faits, ou avec lesquelles on peut les confondre, bien qu'ils soient autres, ou avec lesquelles ils ont, d'une façon ou d'une autre, une ressemblance » [3].

18) « Le corps du Christ est appelé pain soit parce qu'il est rendu présent à partir du pain, soit parce qu'il apparaît comme du pain aux yeux de ceux qui le regardent, bien qu'il soit de la chair, soit parce qu'une certaine ressemblance le met en rapport avec le pain corporel et visible. En effet, de même

---

1. « *Species* namque, et *similitudo* illarum rerum vocabula sunt quae ante fuerunt, et ex quibus corpus Christi sanguisque conficitur. Panem dico, ac vinum, unde in fine cujusdam missae oratur, et dicitur : *Perficiant in nobis, Domine, quaesumus, tua sacramenta quod continent, ut quae nunc specie gerimus, rerum veritate capiamus.* Postulat quippe sacerdos ut corpus Christi quod sub specie panis vinique nunc (PL *om.* nunc) geritur, manifesta visione, sicuti revera est, quandoque capiatur » (DC, 436 B 4-13).

2. « Ambrosius in sexto *De sacramentis* : *Quomodo vera ? Qui similitudinem video, non video sanguinis veritatem.* Et paulo post : *Ideo in similitudine quidem accipis sacramentum, sed verae naturae gratiam virtutemque consequeris.* Similitudinem hoc in loco nullo dubitante panis vinique speciem intelligit, sub qua corporis Christi natura contegitur, et sine cruoris horrore a digne sumentibus in salutem accipitur » (437 A 4-12.) Cfr AMBROISE, *De sacramentis*, VI, I, 1-2 : PL, t. XVI, 454 C-455 A.

3. « Quod vero panis dicitur, consueto sacrorum codicum more id fit, qui res quaslibet saepe vocant nominibus illarum rerum, ex quibus fiunt, seu quae esse putantur, et non sunt, sive quibus aliquo modo similes existunt » (DC, 438 A 7-11).

que ce pain matériel pris à part nourrit et sustente la chair humaine, de même le corps spirituel et invisible du Christ rassasie et fortifie l'âme de ceux qui le prennent dans de bonnes dispositions »[1].

Nous divisons en trois parties notre étude sur la conception que Lanfranc se fait de la réalité eucharistique dans sa double constitution, visible et invisible : après avoir précisé un certain nombre de données, nous abordons deux problèmes-clefs, à savoir l'intervention de la notion d'essence dans la définition que donne Lanfranc de l'eucharistie et le rôle qu'il attribue aux apparences du pain et du vin qui voilent la chair et le sang du Christ sur l'autel.

A. Les deux principes, visible et invisible, qui constituent l'eucharistie

L'eucharistie est constituée par deux principes, d'une part les apparences, qui sont celles du pain et du vin, d'autre part la chair et le sang du Christ, invisibles sous ces apparences.

1. Ainsi, malgré la conversion du pain et du vin en la chair et au sang du Christ, la réalité eucharistique garde la « ressemblance » *(similitudo)* [2] des « éléments »[3] à partir desquels cette chair et ce sang ont été rendus présents : « Quand la divine page appelle pain le corps du Seigneur, elle le fait [pour une part]... en raison du fait qu'il est rendu présent à partir du pain et qu'il garde quelques unes de ses qualités »[4].

Ces apparences concernent non seulement la vue, mais aussi les autres sens[5]. En effet, si Lanfranc les appelle le plus souvent *species* ou *species visibilis*[6], il les envisage aussi, d'une façon plus

---

1. « Corpus Christi vocatur panis, vel quia ex pane conficitur, seu quia contuentium oculis cum caro sit, panis videtur, sive quod corporali et visibili pani similitudine quadam conjungitur. Nam sicut quia iste materialis panis discrete sumptus humanam carnem nutrit et sustentat, sic spirituale et invisibile corpus Christi animam digne sumentium alit et vegetat » (DC, 438 D 6-13).

2. DC, 416 C 2-10, 436 B 4-7, 437 A 4-12, 438 A 9-10, D 6-8;

3. DC, 421 B 14.

4. DC, 416 C 9-12, cité *supra*, p. 360, note 5. Voir aussi 420 D 4-6, 421 B 14, 429 A 9-10, 430 C 3-5, 13-14, 436 B 4-12, 437 A 9-10, 438 A 7-10, D 6-8.

5. DC, 434 A 14.

6. DC, 420 D 5, 421 B 14, 423 C 2, 5, D 15, 429 A 9, 430 C 4, 14, 436 B 4, 10, 12, 437 A 10.

large, comme des « qualités » [1] et, parmi ces qualités, en plus de celles qui impressionnent la vue, il mentionne celles qui sont en rapport avec le goût ou le toucher [2]. Pour désigner ces apparences, Lanfranc se sert encore du mot *forma*, que nous pourrions traduire par « forme », « allure » ou « configuration » : la chair du Christ, dans l'eucharistie, est « recouverte par la forme du pain » [3]. Lanfranc présente enfin ces apparences comme des « enveloppes » *(tegumenta)*, qui, considérées en elles-mêmes, évoquent les « choses visibles et corruptibles », le pain et le vin, mais qui, lorsqu'elles sont enlevées miraculeusement, laissent apparaître aux yeux du corps la chair et le sang du Christ tels qu'ils sont en réalité [4].

2. Remarquons que, pour Lanfranc, la réalité eucharistique ne retient pas toutes les qualités du pain et du vin ; elle n'en conserve qu'un certain nombre [5] de telle façon, cependant, que rien, en dehors de la foi, ne permette d'atteindre la présence de la chair et du sang du Christ [6]. Ayant les apparences du pain et du vin, la chair et le sang du Christ présents sur l'autel diffèrent du corps et du sang du Christ tels qu'ils étaient à la croix et tels qu'ils sont maintenant au ciel [7], mais pas au point de perdre toutes les qualités qu'ils ont en commun avec ce corps et ce sang du Christ « historique ». Lanfranc, en effet, ne dit pas que les qualités de la réalité eucharistique sont entièrement autres que celles du corps « historique », il dit seulement qu'elles en diffèrent en grande partie *(plurimum)* [8].

3. Aux deux principes qui constituent l'eucharistie s'appliquent respectivement les déterminations de « visible » et d'« invisible » [9]. Invisibles, la chair et le sang du saint sacrifice sont dits aussi « intelligibles » et « spirituels » [10], adjectifs qui con-

---

1. DC, 416 C 11, 424 B 7, 430 C 4-5.
2. DC, 423 D 15, 429 A 9-10. Cfr 416 C 11, 430 C 4-5, 14.
3. DC, 423 D 13-14.
4. DC, 427 B 1-4.
5. « Corpus Domini... ex pane conficitur ejusque *nonnullas* retinet qualitates » (DC, 416 C 10-11). « Reservatis ipsarum rerum speciebus et quibusdam aliis qualitatibus » (DC, 430 C 4-5).
6. DC, 429 A 4-12, 435 C 13.
7. DC, 430 C 9-14, 434 A 4-C 3. Cfr 424 A 2-5, B 3-7, 425 B 5-7, C 3-4.
8. DC, 424 B 7.
9. DC, 409 A 14-15, 420 D 4-8, 421 B 10-15, 423 C 3-4, 424 A 2, 434 B 1-2, 438 D 6-12.
10. DC, 424 A 1-2, 438 D 11-12.

cernent moins leur nature que le fait d'être accessibles seulement
à l'intelligence et à l'esprit éclairés par la foi [1]. Au couple eucharistique se rapportent également les notions d'« extérieur »
et d'« intérieur », traduites sous les formes les plus diverses :
« (Le pain et le vin) existent selon l'apparence visible, mais sont
changés, selon l'essence intérieure, en la nature des choses
qui n'étaient pas là auparavant » [2], « Nous honorons dans l'apparence du pain et du vin, que nous voyons, des choses invisibles,
à savoir la chair et le sang du Christ » [3], etc. Si nous cherchons
à préciser le rapport qui est établi par Lanfranc entre la chair
et le sang du Christ, d'une part, et les apparences du pain et du
vin, d'autre part, nous aurons parfois l'impression, en prenant
dans leur sens littéral certaines des formules employées par lui,
que, dans sa pensée, la chair et le sang du Christ présents sur
l'autel supportent eux-mêmes les qualités du pain et du vin :
« Le corps du Seigneur... est rendu présent à partir du pain et
garde *(retinet)* quelques-unes de ses qualités » [4]. « Le sacrement
du corps du Christ..., c'est sa chair que nous recevons, recouverte
par la forme du pain *(forma panis opertam)* » [5].

4. Occasionnellement, Lanfranc a rapproché du couple eucharistique « apparence-réalité », le couple « sacrement-chose du
sacrement » [6]. Or, nous savons qu'il définit habituellement le
sacramentalisme eucharistique de tout autre façon, le sacrement étant la réalité présente sur l'autel prise dans sa totalité,
et la chose du sacrement étant le corps du Christ tel qu'il était
à la croix et tel qu'il est maintenant au ciel ; la ressemblance
qui permet de voir dans la chair et le sang de l'autel le signe ou
sacrement du corps du Christ ainsi envisagé, repose sur le fait que
cette chair et ce sang immolés au cours de la « célébration »
évoquent le corps du Christ immolé sur la croix [7]. On s'égarerait
en essayant de faire la synthèse de ces deux manières de comprendre le sacramentalisme eucharistique. Il leur est commun

---

1. Voir *infra*, p. 381-383.
2. DC, 420 D 4-8 : voir *supra*, p. 361, note 1.
3. DC, 423 C 2-4 : voir *supra* p. 362, note 1. Voir aussi DC 423 D 11-15,
427 B 3, 436 B 11-12, 437 A 10-11.
4. DC, 416 C 8-11 : voir *supra*, p. 360, note 5.
5. DC, 423 D 11-14 : voir *supra*, p. 362, note 2.
6. DC, 421 B 3-C 10.
7. DC, 415 A 11-12, 423 D 11, 14, 424 A 1, B 11, C 6, 425 A 7 (voir apparat
critique p. 543), 436 A 6, 437 B 11, C 8-10, D 9.

de partir, l'une et l'autre, de l'apparence de l'eucharistie. Elles se distinguent par le fait que l'une se situe sur un plan statique et conduit à une chose du sacrement qui se confond avec la réalité eucharistique elle-même, tandis que l'autre évolue dans un dynamisme qui fait de la réalité eucharistique le symbole d'un ensemble de choses et particulièrement du Christ dans la manifestation de tout son être à la croix et au ciel. Nous avons déjà eu l'occasion de constater que Lanfranc ne s'est pas toujours préoccupé de mettre de la cohérence et de l'uniformité dans la façon dont il manie son vocabulaire eucharistique [1] : il n'y a pas constamment accord, dans son traité, entre les définitions qu'il donne de certains termes et l'usage qu'il en fait, et pour les termes qu'il définit, comme pour d'autres termes importants qu'il ne définit pas, il y a diversité dans la manière dont il les utilise en les appliquant, suivant les cas, tantôt à l'un, tantôt à l'autre des trois niveaux de sa théologie eucharistique. Ceci se vérifie pour le mot *similitudo* qu'il rapporte soit aux apparences du pain et du vin [2], soit au symbolisme sacramentel [3], soit à la communion spirituelle [4], pour les mots *spiritualis* et *spiritualiter* qui concernent la chair et le sang du Christ présents sur l'autel, en tant qu'ils sont invisibles [5], ou les dispositions personnelles qui permettent de tirer tout son fruit de la communion [6]. Quant au mot *mysterium*, il a deux emplois, parallèles à ceux du mot *sacramentum* ; l'un de ces emplois est lié aux apparences du pain et du vin sous lesquelles se cache le « mystère » de la présence réelle [7], l'autre s'appuie sur le « mystère » en action de la célébration eucharistique évoquant la mort

---

1. Voir *supra*, p. 317.

2. DC, 416 C 2, 10-11, 436 B 4-7, 437 A 4-12, 438 A 8-10.

3. DC, 423 A 6-11, 425 A 2.

4. DC, 416 C 2, 11-D 2, 438 A 10-11, D 3-6, 8-13. La « ressemblance » dont il est question dans ces textes est celle qui existe entre le corps du Christ considéré comme une nourriture spirituelle et le pain, nourriture matérielle. C'est à cette ressemblance que Bérenger fait appel pour fonder le sacramentalisme eucharistique, mais Lanfranc ne l'envisage qu'au niveau de la communion spirituelle.

5. DC, 424 A 3, 433 C 11 (cfr 434 B 1-2), 438 D 12.

6. DC, 429 B 9, D 7, 435 C 7. On pourrait également mentionner l'évocation « spirituelle » qui résulte du symbolisme sacramentel. En fait, Lanfranc n'en parle jamais à propos de l'eucharistie, mais cette forme de « spiritualisme » est sous-jacente à tous ses développements sur le sacramentalisme eucharistique. Cfr *Commentarii*, 187 /9-14, nos 5, 7 (il s'agit des « sacrements » des Hébreux au désert) : comparer avec *ibid.*, 303, no 22, 325, no 18.

7. DC, 409 A 3, 425 C 4, 429 A 4-12, 430 D 6 ; ELD, 533 B 2.

du Christ au Calvaire [1]. Dans le premier emploi du mot *myste-rium*, Lanfranc envisage la réalité eucharistique comme cachée, mystérieuse, alors que, lorsqu'il se sert du mot *sacramentum* au même niveau, il insiste, vraisemblablement, sur le fait que les apparences du pain et du vin signifient et désignent la chair et le sang du Christ [2]. L'utilisation du mot *sacramentum* dans ce sens et l'application des notions de « sacrement » et de « chose du sacrement » au couple eucharistique apparence-réalité sont, sans aucun doute, accidentelles de sa part [3]. Il n'en existe qu'un exemple dans le *De corpore et sanguine Domini* et, de toute évidence, cet exemple s'inscrit dans le mouvement du passage du *Scriptum contra synodum* que Lanfranc commente à cet endroit. Trois fois, du reste, notre auteur souligne qu'il reprend les termes mêmes de son adversaire [4]. Comme nous l'avons

---

1. DC, 425 A 12, 436 A 6, 437 C 8, D 1, 5-6. Cfr 424 D 14, 425 A 1. L'uti-lisation par Lanfranc du mot *mysterium* en dehors de la question eucharistique oscille entre l'idée de réalité cachée et dévoilée, et celle d'allégorie. Les deux significations se chevauchent quelque peu, l'allégorie ayant pour fonction de signifier une réalité sans la rendre effectivement présente. Voir *Commentarii*, 143, n° 18, 162, n° 7, 167, n° 2, 201, n° 2, 202, n° 8, 204, n° 18, 293/11, 306, n° 15, 323, n° 2, 387, n° 12.

2. C'est un sens analogue que Lanfranc, se référant à saint Ambroise, donne au mot *sacramentum* à propos de l'humanité du Christ considérée comme la manifestation visible, le « sacrement » de la seconde personne de la Trinité : « Sanctus Ambrosius, in libro ad Gratianum, apparuisse dicit hominibus Uni-genitum Patris per sacramentum assumpti hominis. Quod tantumdem signi-ficat, quantum si diceret apparuisse eum per hominem, quem assumpsit, et quem divinitati suae dignum habitaculum consecravit » (DC, 437 D 13-438 A 5). On notera cependant que, dans plusieurs passages de ses commentaires sur les épîtres de saint Paul, Lanfranc emploie le mot *sacramentum* dans le sens de « mystère » : *Commentarii*, 157, n° 11, 293, n° 2, 306, n° 15, 323/6 (cfr 323/3). Voir *supra*, p. 317, note 6.

3. De toute façon, ce n'est pas sous cet angle que Lanfranc envisage explici-tement le sacramentalisme eucharistique. Certains rapprochements de textes nous le confirmeront : *a)* Dans le passage que nous mettons en cause, Lanfranc établit un parallèle entre le couple eucharistique « sacrement » et « chose du sacrement » appliqué aux apparences de l'eucharistie et à sa réalité invisible, et le couple humanité et divinité dans le Christ : DC, 421 B 10-C 3. *b)* Or, il considère comme sans rapport avec le sacramentalisme eucharistique la signi-fication que, dans le *De fide*, saint Ambroise donne au mot *sacramentum* à propos de l'incarnation (voir la note précédente) : DC, 437 C 8-11, D 12 sq. Cette signi-fication (= l'humanité du Christ est « sacrement » de sa divinité) rejoint exacte-ment celle dont il est question en 421 B 10-C 3. C'est donc que la façon dont Lanfranc entend occasionnellement le sacramentalisme eucharistique au cha-pitre X ne répond pas, pour lui, aux conditions du sacramentalisme eucharistique *proprement dit*.

4. DC, 421 C 1, 2-3, 6-7.

dit plus haut, il a pris ici à contresens le texte de Bérenger, croyant y trouver l'affirmation fortuite de la distinction, dans l'eucharistie, entre les apparences du pain et du vin et la chair et le sang du Christ [1].

5. En terminant ce premier aperçu sur la nature de la réalité eucharistique, notons que Lanfranc situe le rapport entre ce qui est visible et ce qui est invisible non seulement sur le plan statique de l'eucharistie telle que la consécration l'a constituée, mais aussi sur le plan dynamique de la célébration. Autrement dit, de même que la chair et le sang du Christ, sous une apparence visible différente de celle qui leur est propre, doivent être atteints invisiblement par l'esprit et sont, de ce fait, qualifiés de « spirituels » [2], de même l'immolation de cette chair et de ce sang, à travers une célébration qui, pour la vue, ne concerne que les apparences du pain et du vin, doit être comprise invisiblement par l'esprit et c'est en ce sens qu'elle est qualifiée de « spirituelle » [3], car, en elle-même, elle est effectivement « corporelle ».

B. Intervention de la notion d'essence
dans la définition de la réalité eucharistique

Les observations qui précèdent ne nous permettent pas encore de porter un jugement d'ensemble sur la conception que Lanfranc se fait de la réalité eucharistique. Il en ressort déjà, cependant, que notre auteur n'a pas réussi à dégager des implications sensibles sa notion de la présence réelle. Pour effectuer ce dégagement, il aurait fallu qu'il utilise, par exemple, la définition de la substance, opposée aux accidents, de la philosophie d'Aristote. Sans doute, dans son analyse des deux principes constitutifs de l'eucharistie, fait-il appel à un instrument de pensée assez proche de la substance péripatéticienne, lorsqu'il se sert du concept d'essence et qu'il distingue, dans le sacrement de l'autel, « essences principales » et « essences secondaires », mais, comme nous allons le constater, il n'a pas creusé cette distinction au point de la faire coïncider avec la distinction,

---

1. Voir *supra*, p. 295, 352.
2. DC, 424 A 3, 438 D 12.
3. DC, 433 C 15-434 C 3. Voir *infra*, p. 382-383.

établie après lui par la théologie scolastique, entre la substance du corps du Christ et les accidents du pain et du vin.

Dans le *De corpore et sanguine Domini*, on rencontre sept fois le substantif *essentia* [1] et trois fois l'adverbe *essentialiter* [2] ; dans les commentaires sur les épîtres de saint Paul, on trouve plusieurs fois le mot *essentia* [3]. Dans ces écrits, *essentia* et *essentialiter* ont une certaine résonnance philosophique, tandis que, au moins dans le *De corpore*, *substantia* a un sens concret et signifie « réalité » ou « chose » [4]. Ainsi, Lanfranc appelle « substances terrestres » le pain et le vin [5] ; il dit que le pain et le vin sont convertis « en la substance de la chair et du sang du Christ [6] » et que la chair du Christ est « supérieure à toutes les substances créées » [7]. Il n'y a rien là qui implique un sens philosophique, une détermination ontologique [8]. Quant à la pensée de Bérenger selon laquelle il est stupide de prétendre « que la substance du pain et du vin ne demeure en aucune façon sur l'autel après la consécration » [9], Lanfranc l'entend comme la négation pure et simple de la présence réelle, sans faire intervenir, dans ce cas, de distinction particulière [10].

Dans l'épaisseur de cette réalité concrète, la pensée peut opérer certaines coupes, et c'est ici que la notion d'essence joue son rôle. Lanfranc dit :

— « Nous croyons que les substances terrestres qui, sur la table du Seigneur, sont sanctifiées par Dieu grâce au ministère du prêtre, sont, d'une façon ineffable, incompréhensible, merveilleuse, sous l'action de la puissance d'en-haut, changées

---

1. DC, 415 B 14, 417 D 6, 418 B 4, 420 D 6-7, 430 C 3, 12, 436 D 7.
2. DC, 417 B 11, 424 B 6, 427 A 2-3.
3. Par exemple *Commentarii*, 212, n° 38, 277, n° 21, 376, n° 8, 404, n° 13.
4. Sur *substantia* dans l'évolution de la théologie eucharistique, voir H. DE LUBAC, *Corpus mysticum*, p. 168-175.
5. DC, 428 A 9, 430 B 14.
6. DC, 419 A 7.
7. DC, 419 A 15.
8. On notera cependant que dans les *Commentarii*, à côté d'utilisations très concrètes du mot *substantia* (par exemple, 316, n° 25), on trouve la distinction substance-accidents, que Lanfranc ne pouvait ignorer, mais, fait significatif, cette distinction est mise en œuvre avec le mot *essentia* : il est question d'une *substantialis essentia* désignant l'humanité commune à tous les hommes et d'une *accidentalis essentia* comprenant les qualités par lesquelles les hommes peuvent ou non se ressembler (277, n° 21).
9. SCS, 412 D.
10. DC, 414 B 4-6. Cfr 440 B 7-10.

en l'*essence* du corps du Seigneur,
les apparences et certaines autres qualités des choses elles-
mêmes étant conservées » [1].

— « C'est le corps même qui a été pris de la Vierge que nous
prenons et, cependant, ce n'est pas le même :
le même, certes, quant à son *essence* et quant aux caractéristiques et aux énergies de sa vraie nature,
mais pas le même si l'on considère l'apparence du pain et
du vin, et les autres qualités mentionnées plus haut » [2].

— « (Saint Ambroise) atteste, certes,
que ce qui était existe selon l'apparence visible,
mais est changé, selon l'*essence intérieure*, en la nature des
choses qui n'étaient pas là auparavant » [3].

— « La chair et le sang dont ... nous faisons notre nourriture
quotidienne sont appelés corps et sang du Christ non seulement
parce qu'ils sont *essentiellement* la même chose,
tout en en étant très différents par les qualités... » [4].

Si nous cherchons à approfondir le sens donné par Lanfranc
aux mots *essentia* et *essentialiter*, nous constatons qu'ils sont
mis par lui en rapport avec la nature des êtres. Dans l'eucharistie,
c'est le corps même du Seigneur que nous recevons, « le même
quant à son *essence* et quant aux caractéristiques et aux énergies
de sa vraie *nature* » [5]. Le pain et le vin, qui demeurent présents
sur l'autel par leurs apparences, sont changés « selon l'*essence*
intérieure, en la *nature* des choses qui n'étaient pas là
auparavant » [6]. « Le pain devient la chair, et le vin se convertit
au sang, leur *nature* étant *essentiellement* changée » [7].

Enfin Lanfranc, qui distingue dans l'eucharistie « l'essence
intérieure » et « l'apparence visible » [8], précise davantage sa
pensée quand, justement dans la partie dialectique et donc,
d'une certaine façon, philosophique du *De corpore*, il décompose
la réalité en « essences principales » et en « essences secondaires » :

---

1. Voir *supra*, p. 348, note 1.
2. Voir *supra*, *ibid.*
3. Voir *supra*, p. 361, note 1.
4. Voir *supra*, p. 363, note 1.
5. Voir *supra*, p. 348, note 1.
6. Voir *supra*, p. 361, note 1.
7. Voir *supra*, p. 364, note 1.
8. Voir *supra*, p. 361, note 1.

(Deus) res ipsas in principalibus ac secundis essentiis condi-dit [1], et quand il accuse Bérenger de vouloir prouver que le pain et le vin demeurent présents sur l'autel « dans leurs essences principales » : *Contendis panem vinumque post consecrationem in principalibus permanere essentiis* [2].

Donc, les mots *essentia* et *essentialiter* s'appliquent à ce qui est profond dans les êtres, et l'on parlera d'« essences princi-pales », qui constituent la « nature » des êtres, alors que les « ap-parences » ne constituent pas cette nature [3] ; mais ils peuvent aussi s'appliquer à ce qui est superficiel dans les êtres, et l'on parlera d'« essences secondaires », qui se confondent en tout ou en partie avec les qualités sensibles. Quelques lignes du commentaire de Lanfranc sur *Hébr.*, XII, 27 confirmeront ces vues. Lanfranc glose ainsi les mots *ut maneant ea quae sunt immobilia :* « En ce qui concerne l'expression *ea quae sunt*, il faut la comprendre comme s'il y avait *id quod sunt*. En effet, tout ce qui sera, qu'il s'agisse des essences principales ou (des essences) prises de l'extérieur, demeurera immobile à ces deux points de vue » [4]. On voit d'après ce texte que Lanfranc met la notion d'essence en rapport avec ce qu'en terme d'école nous pourrions appeler la « quiddité » des êtres et qu'il oppose les « essences principales » des êtres à leurs modalités superficielles, c'est-à-dire à leurs « essences secondaires ».

En faisant la synthèse de toutes ces données, nous arrivons aux conclusions suivantes :

a) Par la consécration, le pain et le vin sont changés quant à leur essence : *Panis (efficitur) caro vinumque (convertitur) in sanguinem, utriusque essentialiter mutata natura* [5]. A l'inverse, il est reproché à Bérenger d'enseigner ceci : *Panem vinumque altaris, post consecrationem, sine materiali mutatione in pristinis essentiis remanere* [6].

---

1. DC, 418 B 3-4. Lanfranc a-t-il forgé ce couple d'expressions ou l'a-t-il emprunté ? Nous n'avons pas pu nous faire une opinion précise à ce sujet. Voir *infra*, p. 447, note 5.

2. DC, 417 D 6-7.

3. Voir ci-dessous le premier texte cité en *b* et le texte cité en *d*.

4. « Quod vero dicitur : *Ea quae sunt*, sic intelligendum est quasi diceretur : *Id quod sunt*. Quidquid enim erit sive in principalibus essentiis, sive extrinse-cus sumptis, secundum id immobile erit » (*Commentarii*, 404, n° 13).

5. DC, 427 A 1-3.

6. DC, 415 B 12-14. Cfr 417 B 9-11.

b) Mais ce changement n'affecte que la nature du pain et du vin (voir le premier texte cité en *a*) ou, équivalemment, leur « essence intérieure » : *(Ambrosius) esse quidem secundum visibilem speciem testatur quae erant, commutari vero secundum interiorem essentiam in naturam illarum rerum quae antea non erant* [1]. Ceci revient à dire qu'un tel changement ne concerne que les « essences principales » du pain et du vin, comme l'atteste cette accusation portée contre Bérenger : *Probare contendis panem vinumque post consecrationem in principalibus permanere essentiis* [2].

c) Ce changement laisse donc intactes une grande partie des qualités du pain et du vin : *Corpus Domini ... ex pane conficitur ejusque nonnullas retinet qualitates* [3]. Ces qualités rentrent dans la catégorie des « essences secondaires » du pain et du vin ou de ce que, dans sa glose sur *Hébr.*, XII, 27, Lanfranc appelle les « essences prises de l'extérieur » [4].

d) Ce qui remplace « l'essence intérieure » ou « les essences principales » du pain et du vin, c'est l'essence de la chair et du sang du Christ [5] ou « essence du corps du Christ » [6], c'est-à-dire la nature de ce corps : *Ipsum corpus quod de Virgine sumptum est nos (sumimus) et tamen non ipsum. Ipsum quidem, quantum ad essentiam veraeque naturae proprietatem atque virtutem ; non ipsum autem, si spectes panis vinique speciem* [7].

Si le principe intérieur et invisible de l'eucharistie se confondait strictement avec les « essences principales » du corps du Christ, de même que le principe extérieur et visible ne fait qu'un avec les « essences secondaires » du pain et du vin, on trouverait ici, sous d'autres concepts philosophiques, une préfiguration de la distinction, élaborée plus tard par la théologie scolastique, entre la substance du corps du Christ et les accidents du pain et du vin. Mais pour que cette anticipation soit vérifiée, deux

---

1. DC, 420 D 5-9. Voir *supra*, p. 361, note 1.
2. DC, 417 D 5-7.
3. DC, 416 C 10-11. Cfr 430 C 3-5 et aussi 420 D 4-6, 421 B 14, 423 C 2-3, D 13-15, 429 A 9-10, 430 C 13-14, 436 B 4-12, 437 A 9-10, 438 A 7-10, D 6-8.
4. Cfr DC, 418 B 4 ; *Commentarii*, 404, n⁰ 13.
5. DC, 424 B 3-7, 436 D 7-8.
6. DC, 430 C 2-3, 11-13.
7. DC, 430 C 10-14. Cfr 420 D 7-9, 427 A 1-3.

conditions devraient être assurées. Il faudrait d'abord que
les « essences principales », telles que les conçoit Lanfranc, ne
soient pas un simple substrat des qualités sensibles ; c'est de
cette façon que Bérenger se les représente quand il transpose
la distinction lanfrannienne de la réalité intérieure et des apparences en celle de *subjectum* et de *quod in subjecto est* [1], et rien
ne prouve que son adversaire ait eu sur ce point une conception
plus dépouillée que la sienne. Il faudrait, en outre, que Lanfranc ait effectivement pensé que la présence du corps du Christ
dans l'eucharistie se réalisait par les seules « essences principales »
de ce corps à l'exclusion de ses « essences secondaires ». Or, Lanfranc n'a rien dit de façon précise dans ce sens ; bien au contraire,
en affirmant que les qualités de la chair et du sang du Christ
présents sur l'autel diffèrent en grande partie *(plurimum)*
de celles du corps et du sang du Christ résidant au ciel [2], il laisse
entendre qu'elles n'en diffèrent pas entièrement. Si une ressemblance existe, même limitée, entre ces deux types de réalités,
on est bien obligé d'admettre que, pour lui, la chair et le sang
eucharistiques, en plus de leurs « essences principales », ont,
comme le corps et le sang du Christ au ciel, des « essences secondaires » qui leur sont propres, sous-jacentes aux « essences
secondaires » du pain et du vin. On comprend alors qu'il ait
pu dire, comme allant de soi, que lorsque, par suite d'un miracle,
sont enlevées « les enveloppes des choses visibles et corruptibles »
qui recouvrent la chair et le sang du Christ, cette chair et ce
sang apparaissent aux yeux du corps « tels qu'ils sont en réalité » [3].

Quant à la différence, importante mais non totale, qui existe
entre les qualités ou « essences secondaires » de la chair et du
sang du Christ présents sur l'autel et les qualités ou « essences
secondaires » du corps et du sang du Christ résidant au ciel,
elle peut être entendue dans ce sens que la chair et le sang
eucharistiques supportent les qualités du pain et du vin et se
trouvent, par là-même, ne pas ressembler au corps et au sang
du Christ doués de leur apparence naturelle ; elle signifie aussi,
vraisemblablement, que cette chair et ce sang sont dans un
état diminué qui fait contraste avec le plein épanouissement du

---

1. Voir *supra*, p. 178, note 1, *infra*, p. 419.
2. DC, 424 B 7.
3. DC, 427 A 15-B 3.

corps du Christ tel qu'il était sur la croix [1] et tel qu'il est maintenant à la droite du Père [2] : les « essences secondaires », réduites
dans le cas de la chair et du sang de l'autel, sont intégrales dans
le cas du corps et du sang du ciel [3].

C. Rôle des apparences du pain et du vin
dans l'eucharistie

Dans « L'Église au pouvoir des laïques », Mgr Amann écrit :
« Il nous semble que la conception bérengarienne est beaucoup
moins aberrante qu'on ne l'a dit de la doctrine officielle telle
que l'a formulée le concile de Trente. Bérenger admet une présence réelle du Christ dans l'Eucharistie ; s'il s'élève contre une
doctrine de la transsubstantiation, c'est contre celle que dé-
fendaient Paschase Radbert et ses partisans du XIe siècle et
qui ne se posait aucune question sur l'existence objective,
la nature et le devenir des accidents eucharistiques » [4]. Nous ne
souscrirons pas à ce brevet d'orthodoxie accordé à Bérenger,
car nous pensons que les théories eucharistiques du maître
tourangeau sont radicalement inconciliables avec les exigences
de la foi. En revanche, il est indéniable que la doctrine de ceux
qui, au XIe siècle, se recommandaient de Paschase Radbert
justifie, dans une très large mesure, les critiques du maître
tourangeau. Mais les déficiences de cette doctrine ne se limitent
pas au problème des accidents eucharistiques. L'idée que les
adversaires de Bérenger se font des accidents ne peut être
considérée à part de la façon dont ils conçoivent la présence
réelle. C'est ce que nous allons vérifier en étudiant le rôle que
Lanfranc attribue aux apparences du pain et du vin dans l'eucharistie.

Contre le « rationalisme » de Bérenger, Lanfranc a insisté
sur le fait que l'eucharistie est un « mystère de foi » [5]. Dire
« mystère », c'est dire réalité cachée, inaccessible aux yeux du
corps, perceptible pour le seul regard de l'esprit éclairé par la

---

1. DC, 425 B 5-C 4.
2. DC, 424 A 2-5.
3. Cfr *supra*, p. 375-376, et *infra*, p. 387.
4. E. Amann et A. Dumas, *L'Église au pouvoir des laïques (888-1057)*, Paris
1943, p. 529, note 6.
5. DC, 409 A 3, 431 D 1-4, 427 A 1-B 13, D 8, 430 D 6.

lumière de la foi [1]. Ce qui cache cette réalité, ce sont les apparences visibles et autres qualités du pain et du vin, qui recouvrent la chair et le sang du Christ comme d'un voile [2]. Or, Lanfranc n'hésite pas à dire que, si ce voile était enlevé, la chair et le sang du Seigneur apparaîtraient aux yeux du corps « tels qu'ils sont en réalité » [3], affirmation qui n'implique pas seulement une certaine façon de comprendre la nature des accidents, mais qui met aussi en jeu une conception particulière de la présence réelle.

Les raisons pour lesquelles, selon Lanfranc, la chair et le sang du Christ sont ainsi cachés, vont nous aider à approfondir la signification de cet ultra-réalisme. Ces raisons sont au nombre de deux.

1. L'épreuve que nous vivons ici-bas avant de parvenir à la béatitude éternelle requiert que nous soyons guidés dans notre marche terrestre non par les évidences de la manifestation divine, mais par les certitudes obscures de la foi [4]. C'est donc pour exercer la foi et pour nous en faire acquérir les mérites que la présence eucharistique est « mystérieuse » [5]. Cette première raison suggère que la chair et le sang du Christ dans l'eucharistie sont cachés non en raison des conditions inhérentes à la présence du Christ glorieux dans notre monde *in via*, mais uniquement en fonction de facteurs subjectifs propres aux fidèles. Que le facteur subjectif, ou moral, du mérite de la foi ait à céder le pas devant un autre facteur subjectif, tel que le raffermissement de la foi, et la Providence fait exception à la règle en permettant qu'on voie la chair et le sang du Christ comme ils se trouvent en réalité sous les apparences du pain et du vin. Nous n'irons pas, cependant, jusqu'à dire, en nous servant

---

1. DC, 409 A 14-15, 423 B 11-C 4, 424 A 2-3.
2. DC, 427 B 1-2, 429 A 4-12, 430 C 13-14, 437 A 9-12, 438 D 7-8.
3. DC, 427 A 15-B 3.
4. DC, 412 B 4-6.
5. DC, 421 D 3-5, 427 A 5-9, 430 C 6-7, 434 A 12-15, 439 D 1-4. Voir H. DE LUBAC, *Corpus mysticum*, p. 267-274. Il y a là un changement de perspective par rapport aux âges précédents : « Le mystère à comprendre s'efface donc devant le miracle à croire » (*ibid.*, p. 269). Dans ses commentaires sur les épîtres de saint Paul, Lanfranc va jusqu'à dire, semble-t-il, qu'en prouvant, dans les vérités chrétiennes, ce qui peut être objet de preuve on s'enlève le bénéfice d'une adhésion de foi plus méritoire : « Si syllogistice convicti [essent ?] et crederent, non prodesset eis » (*Commentarii*, 157, n° 12). Cfr DC, 439 D 1-4 (voir H. DE LUBAC, *op. cit.*, p. 272-273).

d'un terme employé par Mgr Amann, que, dans la doctrine de
Lanfranc, les apparences eucharistiques ne sont pas « objectives » :
elles sont objectives indéniablement, mais d'une objectivité
superficielle, qui s'accommode d'un réalisme assez cru.

2. Et la seconde raison avancée par Lanfranc pour justifier
le caractère « mystérieux » de la présence réelle vient renforcer
ces observations. C'est encore une raison subjective : Dieu veut
éviter que les sens des fidèles ne soient saisis d'horreur à la vue
d'une chair sanglante [1]. Un récit de miracle émanant de Lanfranc
et recueilli par Guitmond d'Aversa illustre ce propos. L'événement s'était passé en Italie durant la prime jeunesse du futur
archevêque de Cantorbery. Alors qu'un prêtre célébrait la messe,
la chair et le sang du Christ s'étaient montrés à ses yeux avec
leurs apparences naturelles au lieu et place des espèces eucharistiques. Pris d'un sentiment de crainte et d'inquiétude, ce
prêtre n'osant communier dans ces conditions avait demandé
conseil à son évêque. Celui-ci avait décidé de conserver l'eucharistie miraculeuse comme une relique insigne en la plaçant
à l'intérieur d'un autel, projet qu'il avait mis à exécution au
cours d'une cérémonie solennelle [2].

On voit donc que la distinction entre un principe visible et
un principe invisible dans l'eucharistie constitue l'une des réponses de Lanfranc à l'objection capharnaïtique : la chair et
le sang du Christ s'offrent à nous avec les apparences du pain
et du vin pour que nous n'ayons pas à nous en nourrir sous une
modalité sanglante [3]. Nous allons insister sur ce point dans les
développements qui vont suivre et qui ont trait à la qualification
de « spirituelle » attribuée par Lanfranc à la présence du corps
du Christ dans l'eucharistie.

3. Quand Lanfranc désigne l'eucharistie comme « chair et sang
spirituels » ou comme « corps spirituel » [4], il fait encore intervenir le rôle joué par les apparences du pain et du vin dans le
sacrement de l'autel. Il dit par exemple : « Par la chair et par

---

1. DC, 430 C 5-6, 437 A 10-12. Voir H. DE LUBAC, *op. cit.*, p. 271 et notes
97 et 98.
2. GUITMOND D'AVERSA, *De corporis et sanguinis Christi veritate*, II : PL,
t. CXLIX, 1449 D-1450 A.
3. DC, 434 B 2-7.
4. DC, 424 A 2-3, 438 D 12. Sur ce vocabulaire, voir H. DE LUBAC, *Corpus
mysticum*, p. 66-70 et le chapitre VI.

le sang, l'un et l'autre invisibles, intelligibles, spirituels, est signifié le corps du Rédempteur visible, palpable, manifestement plein de la grâce de toutes les vertus et de la majesté divine » [1]. Le caractère « spirituel » de la chair et du sang présents sur l'autel tient au fait que, cachés sous le voile des apparences du pain et du vin, ils sont « invisibles » [2] ; « invisibles », ils ne peuvent être perçus que par le regard de l'intelligence et de l'esprit éclairés par la lumière de la foi : ils sont donc « intelligibles » et « spirituels ». Les trois adjectifs « invisibles », « intelligibles », « spirituels » s'expliquent les uns par les autres, et leur sens exact est souligné par les expressions qui font antithèse avec eux et qui concernent le Christ tel qu'il est au ciel, « visible, palpable, manifestement plein de la grâce de toutes les vertus et de la majesté divine » [3], ou tel qu'il était sur la croix, « visible, palpable, mortel » [4], « dans la manifestation de son corps et la distinction de tous ses membres » [5].

Le rapport entre la notion de « chair spirituelle » et celle de « chair invisible » est très nettement marquée dans un passage du *De corpore* où Lanfranc traite de la question capharnaïtique [6]. Saint Augustin prêtait au Christ les paroles suivantes : « Comprenez dans un sens *spirituel* ce que je vous ai dit. Ce que vous mangerez, *ce n'est pas le corps que vous voyez*, et ce que vous boirez, ce n'est pas le sang que feront couler ceux qui me crucifieront ». Lanfranc commente ainsi ce texte : « Nous ne croyons pas, comme eux-mêmes [certains disciples du Christ choqués par son discours sur le Pain de vie] se l'imaginaient, que nous mangeons le corps visible du Christ ou que nous buvons le sang que ses bourreaux allaient verser et qu'ils allaient voir de leurs propres yeux, mais nous croyons plutôt *ce que nous ne voyons pas*, pour que la foi ait à s'exercer, ce qui ne pourrait avoir lieu si les réalités qui sont objet de foi se trouvaient présentées aux sens corporels. Aussi, expliquant ce qu'il avait exposé d'une façon obscure, il dit : Et s'il est nécessaire de le célébrer *visiblement*, il faut cependant le comprendre *invisiblement* ». De même

---

1. Voir *supra*, p. 362, note 3.
2. DC, 424 A 2-3, 438 D 12.
3. DC, 424 A 3-5.
4. DC, 425 A 8.
5. DC, 425 B 6-7.
6. Voir *supra*, p. 365-366, n° 13.

que la chair du Christ présente sur l'autel est vraie et qu'elle est, en même temps, « invisible » et donc « spirituelle », c'est-à-dire qu'elle n'est accessible que pour le seul regard de l'esprit, de même l'immolation de cette chair, à travers une célébration qui, pour les yeux du corps, concerne seulement les apparences du pain et du vin, se réalise réellement et invisiblement, de façon à n'être comprise que par l'esprit éclairé par la lumière de la foi. Lanfranc renvoie, du reste, expressément dans ce passage à la distinction à laquelle il faisait appel dans sa profession de foi entre le principe visible et le principe invisible de l'eucharistie. Et il conclut : « Pour corriger ce qu'il y avait de charnel dans leur façon de comprendre ses paroles, le Seigneur dit dans l'évangile de saint Jean : « *C'est l'esprit qui vivifie*, la chair ne sert de rien ». En expliquant cela dans sa vingt-septième homélie sur le même évangile, le bienheureux Augustin déclare : « Qu'est-ce que cela signifie ? La chair ne servirait-elle de rien ? Elle ne sert de rien, si l'on comprend les choses comme ils les entendaient, car ils comprenaient la chair à la manière dont elle est dépecée sur un cadavre ou vendue au marché, non comme la chair qui est *vivifiée par l'esprit* ».

III. Rapport entre la chair et le sang du Christ présents sur l'autel et le corps du Christ résidant au ciel [1]

1. La distinction dans l'eucharistie entre un principe visible et un principe invisible ne résout qu'un seul des problèmes posés par l'objection capharnaïtique. Après avoir précisé qu'à l'autel nous recevons la chair et le sang du Christ sous les apparences non sanglantes du pain et du vin, il faut expliquer comment le corps du Christ peut demeurer intact au ciel, bien

---

1. Tout en réfutant Bérenger, Lanfranc accepte un grand nombre des présupposés du maître tourangeau. En ce qui concerne la question étudiée ici, il opère une conciliation entre la notion du « corps » du Christ localisé, inspirée à Bérenger par saint Augustin, et l'idée d'une diffusion de la « chair » du Christ, conception qui s'accorde avec la problématique paschasienne : voir H. DE LUBAC, *Corpus mysticum*, p. 145-154. Au XIIe siècle, la doctrine eucharistique de Folmar, qui sur ce point est le décalque de celle de Lanfranc, sera considérée par Gerhoch de Reichersberg comme une résurgence de l'hérésie bérengarienne ! Voir H. DE LUBAC, *op. cit.*, p. 153, note 76, et J. DE GHELLINCK, *Eucharistie au XIIe siècle en Occident*, dans *Dictionnaire de théologie catholique*, t. V², Paris, 1913, 1264-1266.

que, dans la communion, ce soit de ce corps même que nous faisons notre nourriture [1]. Lanfranc affirme que les deux choses sont conciliables et, hormis un point particulier que nous étudierons plus loin [2], il ne voit pas pourquoi cet aspect de la question eucharistique, sur lequel Bérenger appuyait ses critiques les plus sérieuses [3], mettrait les esprits dans l'embarras : « A notre foi, en vertu de laquelle nous croyons que le corps même du Seigneur est réellement mangé par ses fidèles, tu opposes comme une cause d'impossibilité le fait que ce corps est incorruptible et ne peut être rappelé du ciel avant le jour du jugement. C'est assurément que tu ne comprends pas bien notre foi ou que l'ayant comprise tu essayes, pour ta propre perte, de la dénaturer en la présentant mal. En effet, nous croyons que le Seigneur Jésus-Christ est mangé sur terre réellement et fructueusement par ceux qui le reçoivent dans de bonnes dispositions, tout en tenant pour un fait indubitable qu'il demeure au ciel pur de toute souillure, incorruptible, intact » [4].

En allant jusqu'au fond de la pensée de Lanfranc, nous découvrons la raison pour laquelle il est convaincu de la simplicité de ce problème : il lui paraît tout naturel de distinguer une réalité partielle présente sur l'autel, chair et sang du Christ, et une réalité totale résidant au ciel, le Christ en personne *(ipse Dominus Christus)* [5]. Sans doute, cette façon d'envisager les choses ne suffit pas à résoudre toutes les difficultés. Il faut donc encore montrer que la réalité totale du ciel peut demeurer intacte, même si une part authentique de son être subsiste en dehors d'elle. Aussi, Lanfranc ajoute-t-il les remarques suivantes aux considérations que nous venons de citer : « Tu serais stupide d'affirmer que la veuve de Sarepta n'a pu manger de l'huile dont son vase était plein, sous prétexte que, d'après le

---

1. DC, 427 C 1, 430 C 9-12, 434 A 8. Voir *supra*, p. 358-359.

2. Voir DC, 439 B 11-440 B 3, et *infra*, p. 388.

3. PE, 110 A, E ; SCS, 421 A-B, 426 D ; EF, LXXXVII, 151 /31-33-152 /1-3.

4. « Quod vero incorruptionem Dominici corporis, et quod coelo usque in diem judicii devocari non possit : fidei nostrae qua ipsum vere a fidelibus suis manducari credimus, quasi causam impossibilitatis opponis, profecto fidem nostram aut non intelligis, aut intellectam male exponendo ad tuam ipsius perniciem depravare contendis. Sic enim credimus vere salubriterque manducari in terris a digne perpicientibus Dominum Jesum Christum, ut certissime teneamus existere illum in coelestibus incontaminatum, incorruptum, illaesum » (DC, 427 B 13-C 9).

5. DC, 423 D 12-13.

témoignage de l'histoire sacrée, l'huile de ce vase n'a pas diminué, alors que la même Écriture dit : Elle alla et fit comme avait dit Élie, et ils mangèrent, lui, elle et toute sa maison [1]. Tu commettrais la même lourde sottise si tu t'efforçais de démontrer que l'Église ne peut se nourrir de la chair et du sang de son Rédempteur, en alléguant la déclaration de l'Apôtre : Le Christ ressuscité des morts ne meurt plus, la mort n'exerce plus de pouvoir sur lui [2], alors que le Seigneur lui-même parlant à ses disciples affirme : Recevez et mangez. Ceci est mon corps qui sera livré pour vous » [3]. Ainsi, en prenant « à la lettre » [4] les données de l'Écriture et de la foi sur la résurrection du Christ, d'une part, et sur l'eucharistie, d'autre part, Lanfranc énonce une solution du problème qui lui paraît aller de soi, mais qui ne laisse pas de nous surprendre.

2. Il nous faut maintenant entrer dans le détail de cette question, que nous venons seulement d'esquisser. Que pour Lanfranc l'eucharistie soit une réalité partielle, nous en avons des preuves décisives dans plusieurs passages du *De corpore et sanguine Domini*.

Bérenger avait dit dans le *Scriptum contra synodum :* « Le sacrifice de l'Église est constitué par deux principes, il est formé de deux principes, l'un visible, l'autre invisible, le sacrement et la chose du sacrement, laquelle... est *le corps* du Christ » [5]. Lanfranc réplique : « C'est en effet ce que nous disons..., à savoir que le sacrifice de l'Église est constitué par deux principes, est formé de deux principes, l'apparence visible des éléments, et

---

1. *I Rois*, XVII, 7-16.

2. *Rom.*, VI, 9.

3. *I Cor.*, XI, 24. « Ineptus sis si propterea dicas Saraptenam viduam potuisse comedere oleum quo plenus erat lecythus suus, quia sacra testante historia lecythus olei non est imminutus, cum eadem Scriptura dicat : *Abiit, et fecit juxta verbum Eliae, et comedit ipse, et illa, et domus ejus.* Non dissimili gravaris vecordia, si idcirco moliaris astruere non posse ali Ecclesiam carne ac sanguine Redemptoris sui, quia Apostolus dicit : *Christus resurgens ex mortuis jam non moritur ; mors illi ultra non dominabitur ;* cum ipse Dominus loquens discipulis suis testetur, dicens : *Accipite, et manducate ; hoc est corpus meum quod pro vobis tradetur* » (DC, 427 C 9-D 7.) Cfr DC, 421 C 10-D 1, 422 A 2-B 9, 424 B 1-3, 425 A 11, 430 C 2-3, 7-13. On trouve la même comparaison chez Hugues de Langres : voir *infra*, p. 459, note 1.

4. DC, 429 B 2-3.

5. « Sacrificiumque Ecclesiae duobus constat, duobus confit (PL : conficitur), visibili et invisibili, sacramento et re sacramenti ; quae tamen res, id est Christi corpus... » (SCS, 421 D).

la chair et *le sang* invisibles du Seigneur Jésus-Christ, le sacrement et la chose du sacrement, laquelle, *pour me servir de tes expressions*, est *le corps* du Christ » [1]. Donc, les termes dont Lanfranc se sert spontanément, pour désigner l'eucharistie, sont ceux de « chair » et de « sang », mais il admet le terme « corps » et écrit, du reste, quelques lignes plus bas : « Le sacrifice de l'Église, comme tu en portes aussi témoignage, est constitué par le sacrement et par la chose du sacrement, c'est-à-dire *le corps* du Christ. Il est sacrement et chose du sacrement, c'est-à-dire *le corps* du Christ » [2].

Nous trouvons, dans la conclusion d'un des chapitres consacrés par Lanfranc au sacramentalisme eucharistique, une précision du même ordre, mais plus explicite : « Le pain céleste qui est la vraie *chair* du Christ, est appelé, à sa manière, *corps* du Christ, bien qu'il soit, en réalité, le sacrement du corps du Christ » [3]. Ainsi, l'eucharistie est d'abord « chair » du Christ. Ce n'est que d'une certaine manière qu'on peut l'appeler « corps » du Christ.

Un troisième texte conduit jusqu'à leur ultime précision les données des deux textes que nous venons de citer :
« La *chair* et le sang dont … nous faisons notre nourriture quotidienne sont appelés *corps* et sang du Christ
non seulement parce qu'ils sont essentiellement la même chose, tout en en étant très différents par les qualités,
mais encore en raison de cette façon de parler en vertu de laquelle on a coutume d'appeler la chose qui signifie du nom de la chose qui est signifiée » [4].
Il y a donc deux raisons pour lesquelles la « chair » eucharistique peut être appelée « corps ». La première de ces raisons relève de la conversion eucharistique. Il est normal que Lanfranc

---

1. « Hoc est namque quod dicimus…, sacrificium scilicet Ecclesiae duobus confici, duobus constare, visibili elementorum specie, et invisibili Domini Jesu Christi carne et sanguine, sacramento et re sacramenti ; quae res (ut verbis tuis utar) est corpus Christi » (DC, 421 B 10-C 2).

2. « Conficitur autem, te etiam teste, sacrificium Ecclesiae sacramento et re sacramenti, id est corpore Christi. Est igitur sacramentum et res sacramenti, id est corpus Christi » (DC, 421 C 6-10.)

3. « Coelestis panis, quae vera Christi caro est, suo modo vocatur corpus Christi, cum revera sit sacramentum corporis Christi (PL *om.* cum… Christi) » (DC, 425 A 6-7).

4. DC, 424 B 3-9 : voir *supra*, p. 363, note 1.

y ait fait une première allusion (voir le premier texte cité ci-dessus) dans les chapitres du *De corpore* où il expose la doctrine de la *veritas carnis ac sanguinis*. Sans être le corps total du Christ, l'eucharistie est « essentiellement » de la même nature que ce corps [1]. C'est donc, en un sens authentique, ce corps lui-même [2]. Si, cependant, il n'y a pas identité complète entre la chair et le sang du Christ présents sur l'autel, et son corps résidant au ciel, cela vient de la différence de leurs qualités.

La seconde raison pour laquelle la « chair » eucharistique peut être appelée « corps » est liée au sacramentalisme. C'est donc à elle que se référait Lanfranc dans la conclusion d'un des chapitres du *De corpore* concernant le *sacramentum*, comme nous l'avons vu ci-dessus (second texte cité). Le passage que nous examinons pour le moment, de peu antérieur à cette conclusion, explicite cette raison. Le principe sur lequel celle-ci repose resterait valable même s'il n'y avait pas sur l'autel la vraie chair et le vrai sang du Christ, mais uniquement un signe sensible. Aussi, Lanfranc le met-il au compte de Bérenger [3]. Le signe peut être appelé du nom de la réalité qu'il signifie : la chair et le sang du Christ sont appelés corps et sang du Christ, parce qu'ils sont signes du Christ tel qu'il fut sur la croix et tel qu'il est maintenant au ciel [4].

3. La distinction établie par Lanfranc entre la « chair » eucharistique et le « corps » du ciel lui permet de soutenir en même temps deux affirmations que Bérenger estimait inconciliables [5] : d'une part la chair du Christ est réellement mangée dans l'eucharistie [6], d'autre part le corps du Christ demeure intact au ciel [7]. Lanfranc va si loin dans ce sens qu'il n'hésite

---

1. DC, 421 C 4-6, 430 C 3, 11-13.
2. DC, 427 B 13-C 1, 429 B 12, 430 C 10-13.
3. DC, 440 B 12-15.
4. Cfr DC, 423 A 6-B 1, D 11-425 A 13, B 5-C 2, 437 C 8-D 11. On trouve encore cette opposition entre la « chair » eucharistique et le « Christ entier » dans un passage où Lanfranc compare la communion « corporelle » à la « chair » présente sur l'autel et la communion « spirituelle » au Christ personnel : « Sumitur quidem caro per se, et sanguis per se non sine certi mysterii ratione. Quamvis alio locutionis modo totus Christus manducari dicatur et credatur, scilicet cum vita aeterna, quae ipse est, spirituali desiderio appetitur » (DC, 425 C 3-7).
5. SCS, 426 D.
6. DC, 425 C 1-4, etc.
7. DC, 421 C 10-D 1, 422 A 2-B 9, 424 B 1-3, 425 A 11, 427 B 13-D 13, 430 C 7-9.

pas à parler d'une immolation réelle de la chair et du sang du Christ, immolation liée à la fraction et à la communion, et qui, cependant, ne porte pas atteinte à l'intégrité corporelle du Christ *in seipso* [1].

4. Cette distinction, si naturelle qu'elle paraisse à Lanfranc [2], ne laisse pas, malgré tout, de lui poser un problème assez significatif. Si le pain est changé en la vraie chair du Christ, disaient Bérenger et ses partisans, il faut qu'il soit enlevé au ciel, où s'opèrera cette conversion, ou que la chair du Christ descende ici-bas pour que le pain se transforme en elle ; or, il n'est pas vérifié que le pain soit transporté au ciel ni que la chair du Christ vienne sur terre ; il n'y a donc pas, sur l'autel, de vraie chair du Christ en laquelle serait converti le pain [3]. Lanfranc aurait pu contester l'exactitude de la problématique que supposait cette objection, invoquer un principe qui aurait montré que la difficulté mise en avant par Bérenger et par ses disciples n'avait aucun fondement ; constamment, en effet, pour répondre à certaines critiques du maître tourangeau, il en appelle à l'intelligence et à une meilleure présentation de la croyance traditionnelle [4]. Or, dans le cas présent, il se contente d'invoquer la foi, devant laquelle, en définitive, la raison doit s'incliner [5].

5. Tout en étant distincts l'un de l'autre, la « chair » eucharistique et le « corps » du Christ au ciel sont « essentiellement la même chose » [6]. La différence qui existe entre eux vient moins de leur séparation [7] que des qualités dont ils sont dotés [8]. La distinction établie par Lanfranc entre la « chair » du Christ présente sur l'autel et le « corps » du Christ résidant à la droite du Père rejoint, par conséquent, la distinction dont il fait le leitmotiv de son traité, selon laquelle il y a, dans l'eucharistie, un principe visible, les apparences du pain et du vin, et un principe invisible, la chair et le sang du Seigneur. La chair eucharistique, outre qu'elle supporte des apparences qui sont celles

---

1. DC, 422 B 5-9. Cfr 425 B 5-C 2, 426 A 1-10, 435 C 5-7.
2. DC, 427 B 13-D 13.
3. DC, 439 B 11-C 3.
4. Voir, par exemple, DC, 427 B 13-C 5, 429 A 12-B 4, 439 D 4-7, et le chapitre XX.
5. DC, 439 C 3-440 B 3.
6. DC, 424 B 3-7.
7. Cfr DC, 439 B 10-440 B 3.
8. DC, 424 B 7.

du pain et du vin [1], est une réalité partielle bien différente du Christ visible du ciel, existant dans la plénitude de son être [2]. Lanfranc oppose donc l'eucharistie à la fois comme « chair », c'est-à-dire comme réalité incomplète, et comme « chair invisible », c'est-à-dire comme réalité cachée, au Christ tel qu'il était sur la croix [3] et tel qu'il est maintenant dans le ciel [4].

Sur l'autel se trouvent « la chair et le sang invisibles, intelligibles, spirituels » [5] et ne possédant qu'une partie des « essences secondaires » du corps du Christ [6].

Au ciel, comme autrefois sur la croix, réside le Christ en personne [7], vrai Dieu et vrai homme [8], possédant la plénitude des « essences secondaires » de son corps [9]. C'est ce Christ qui a été immolé au Calvaire « dans la manifestation de son corps et la distinction de tous ses membres » [10], « visible, palpable, mortel » [11], et qui siège maintenant à la droite du Père, « visible, palpable, manifestement plein de la grâce de toutes les vertus et de la majesté divine » [12] : c'est « le Christ complet » [13].

Ainsi s'éclaire le sens de la profession de foi eucharistique de Lanfranc : « Nous croyons, dit-il, que les substances terrestres... sont ... changées en l'essence du corps du Seigneur, les apparences et certaines autres qualités des choses elles-mêmes étant conservées..., le corps lui-même du Seigneur existant cependant au ciel à la droite du Père, immortel, inviolé, entier, pur de toute souillure, intact, de telle sorte qu'on puisse dire en toute vérité que c'est le corps même qui a été pris de la Vierge que nous prenons et que, cependant, ce n'est pas le même : le même, certes, quant à son essence et quant aux caractéristiques et aux énergies de sa vraie nature, mais pas le même si l'on

---

1. DC, 429 A 4-12.
2. DC, 424 A 2-5, 425 A 6-9, B 5-C 2.
3. DC, 425 A 6-9, B 5-C 2.
4. DC, 424 A 2-5.
5. DC, 424 A 2-3.
6. Voir *supra*, p. 375-379.
7. DC, 421 C 14, 423 D 12-13, 425 B 5, 8, C 7, 426 A 2, 6-7.
8. DC, 425 B 7, 426 A 6-7.
9. Cfr *supra*, p. 379.
10. DC, 425 B 5-8.
11. DC, 425 A 7-9.
12. DC, 424 A 3-9.
13. DC, 425 C 5.

considère l'apparence du pain et du vin » [1]. La notion d'« essence »,
telle que la comprend Lanfranc, est donc, en définitive, très
différente du concept de « substance » utilisé par Aristote et
saint Thomas. Elle concerne la « quiddité » des êtres [2], une
« quiddité » qui n'embrasse pas nécessairement l'être dans sa
totalité et, s'il y a lieu, dans sa personnalité, et qui peut se
contenter d'une présence partielle, pourvu que cette présence
apporte « quelque chose » de l'être. Il y a présence « essentielle »
du « corps » du Christ sur l'autel par sa « chair ». Ce qui est
commun à ce « corps » et à cette « chair », ce sont les « essences
principales ». Ce qui les différencie, ce sont les « qualités » ou
« essences secondaires », incomplètes et cachées dans le cas de
la « chair » eucharistique, complètes et manifestes en ce qui
concerne le « corps » de la croix et du ciel [3]. Seule une philosophie
de l'« essence » assez rudimentaire permettait un tel découpage
dans un être personnel. Nous avons déjà entrevu et nous verrons
de façon plus précise en exposant le sacramentalisme eucharistique de Lanfranc à quelles déductions surprenantes celui-ci
peut être amené par une distinction aussi radicale entre la « chair »
présente sur l'autel et le « corps » du Christ résidant au ciel [4].

* * *

Ce que nous connaissons à présent de la doctrine de Lanfranc
sur le sacrement de l'autel, pose le problème du devenir de la
réalité eucharistique. Cette réalité est-elle soumise aux avatars
des objets naturels, comme l'imaginent les « stercoranistes »
si souvent pris à partie par les défenseurs de la présence réelle
durant la controverse bérengarienne ? On sait que Bérenger
était accusé de « stercoranisme » parce que, pour lui, la réalité
présente sur l'autel subissait les transformations inhérentes
aux choses corruptibles [5]. A l'inverse de Durand de Troarn [6],
de Guitmond d'Aversa [7] et d'Alger de Liège [8], Lanfranc n'a

---

1. DC, 430 B 14-C 14 : voir *supra*, p. 348, note 1.
2. Voir *supra*, p. 376.
3. Cfr *supra*, p. 378-379.
4. Voir *infra*, p. 406-407, 412-413, 415-416.
5. Voir *supra*, p. 104-105, 124, note 2, p. 141, 144.
6. Voir R. Heurtevent, *Durand de Troarn*, p. 228, 245-248.
7. Guitmond d'Aversa, *De corporis et sanguinis Domini veritate*, II : PL,
t. CXLIX, 1450-1451.
8. Alger de Liège, *De sacramentis corporis et sanguinis dominici*, II, I :
PL, t. CLXXX, 810.

pas traité explicitement la question. On remarquera, cependant, qu'il envisage les apparences du pain et du vin comme « les enveloppes des choses visibles et corruptibles »[1], mais cette expression vise-t-elle l'état ancien des apparences ou permet-elle de supposer que, pour Lanfranc, celles-ci peuvent être entraînées dans un processus de dégradation correspondant, du reste, à l'expérience courante ? Il est difficile de le préciser. On peut être certain que, de toute façon, dans la pensée de notre auteur, la chair et le sang du Christ ne supportent pas le contrecoup de cette détérioration. C'est sans doute ce qu'il laisse entendre indirectement lorsqu'il dit : « Une certaine ressemblance le (= le corps eucharistique) met en rapport avec le pain corporel et visible. En effet, de même que ce pain matériel, pris à part, *(discrete sumptus)*, nourrit et sustente la chair humaine, de même le corps spirituel et invisible du Christ rassasie et fortifie l'âme de ceux qui le prennent dans de bonnes dispositions ». Si le pain corporel « pris à part » nourrit le corps, lorsqu'il est devenu chair du Christ, il ne nourrit plus que l'âme[2].

---

1. DC, 427 B 1-2.
2. DC, 438 D 9-13 : voir *supra*, p. 368, note 1.

CHAPITRE XIX

SACRAMENTALISME EUCHARISTIQUE

Lanfranc a présenté sa conception du sacramentalisme eucharistique dans les chapitres XIII, XIV et XV du *De corpore et sanguine Domini* [1]. Avant d'analyser ces chapitres, nous donnons un exposé d'ensemble de la question.

I. Vue d'ensemble sur le sacramentalisme eucharistique

1. Pour rendre compte de l'aspect « sacramentel » de l'eucharistie, Lanfranc adopte, à la suite de Bérenger, la définition : « Le sacrement est un signe sacré » [2]. L'autorité de saint Augustin,

---

1. Notons que, dans le chapitre XIII, le début seulement (423 A 6-13) concerne le sacramentalisme eucharistique. On trouvera d'autres indications sur le sacramentalisme eucharistique dans DC, 415 A 11-13, 416 B 15-C 2, 418 D 1-5, 437 B 7-15 (fragment à raccorder au passage mentionné ci-après), C 8-438 A 6, 440 B 12-15 ; ELD, 533 C 5-8 ; *Commentarii*, 189, n° 15, 193/20-21, n°s 20, 21, 22, 304, n° 22. Cfr aussi DC, 422 C 9-D 10.

Sur la définition du sacrement, voir DC, 422 C-D, 423 A 6-B 11, 437 D 11-438 A 6.

En ce qui concerne les divers sacrements chrétiens et pas seulement l'eucharistie, et en ce qui concerne les « sacrements » des Juifs, on trouvera des indications éparses, dont certaines pourront nous éclairer sur le sacramentalisme eucharistique de Lanfranc : DC, 419 D 13-420 A 2, 422 C 13-D 10, 423 C 12-D 3, 424 D 2-425 A 5, 12-13, 440 C 3-D 11 ; *Commentarii*, 121, n° 11 bis, 162, n° 7, 187/9-17, n°s 2, 4, 5, 7, 8, 194, n° 22, 304, n° 22, 387, n° 12, 394, n° 5, 399, n° 15. Nous mettons à part le *De celanda confessione* (PL, CL, 625-632), dont l'attribution à Lanfranc serait à prouver de façon indiscutable et qui, même s'il était authentique, ne nous apporterait aucun renseignement vraiment utile pour notre travail. Nous en dirons autant du court poème sur la confession attribué à Lanfranc dans le manuscrit 115 de Saint-Omer et édité par A. BOUTEMY, *Notes additionnelles à la notice de Ch. Fierville sur le manuscrit 115 de Saint-Omer*, dans *Revue belge de philologie et d'histoire*, t. XXII, 1943, p. 8. Entre ce poème et le *De celanda confessione* nous n'avons trouvé aucun point commun qui permette de supposer qu'ils ont le même auteur, constatation purement négative et qui laisse intact le problème de leur attribution. Voir *supra*, p. 337-338. Sur le *Sermo sive sententiae*, voir *supra*, p. 338-340.

2. DC, 422 C 2-8, 437 C 10-13. Cfr SCS, 422 B ; PE, 110 B, 112 C-D. Voir *supra*, p. 133, 139-140, 144, 191. Sur le plan strictement « sacramentel », il

invoquée par le maître tourangeau, imposait ce choix et justifiait l'abandon de la définition isidorienne des sacrements [1]. Mais, dans le domaine sacramentel, le retour à la tradition augustinienne constituait au XIe siècle une innovation et posait des problèmes délicats. Aussi, tout en acceptant d'affronter Bérenger sur le terrain où celui-ci s'était placé, Lanfranc souligne que le mot *sacramentum* a bien d'autres significations que celle à laquelle il a décidé de se tenir en ce qui concerne l'eucharistie [2]. Il semble, du reste, qu'il ait éprouvé quelque difficulté à ne pas sortir des limites d'un sacramentalisme dont il énonce pourtant les composantes avec beaucoup de clarté ; il lui est arrivé, en effet, une fois en passant, de donner au couple « sacrement — chose du sacrement », en ce qui concerne l'eucharistie, un point d'application différent de celui qu'il considère par ailleurs, sans ambiguïté, comme répondant à la définition augustinienne du sacrement [3].

2. Le sacramentalisme eucharistique de Lanfranc prend appui sur les apparences de l'eucharistie [4]. De ce point de vue, il n'y a pas de différence entre la pensée de l'abbé de Saint-Étienne de Caen et celle qu'il attribue à l'écolâtre de Saint-Martin de

---

n'y a pas, pour Lanfranc, de différence fondamentale entre les sacrements juifs et les sacrements chrétiens : voir *Commentarii*, 187/9-17, nos 4, 5, 7, 8 (cfr DC, 419 D 13-420 A 2, 422 C 9-D 10, 440 C 3-D 12).

1. Sur la définition isidorienne des sacrements, voir H. DE LUBAC, *Corpus mysticum*, p. 55 ; P. POURRAT, *La théologie sacramentaire*, Paris, 1910, p. 32-33 ; D. VAN DEN EYNDE, *Les définitions des sacrements*, p. 3-4 ; A.-M. ROGUET, *Saint Thomas d'Aquin, Somme théologique, Les sacrements*, Paris-Tournai-Rome, 1945, p. 257. Voir *supra*, p. 139, note 1.

2. DC, 423 A 14-B 11, 437 D 11-438 A 6.

3. DC, 421 B 10-C 10. Voir *supra*, p. 370-373. Il est donc inexact de dire : « Lanfranc thus prefers use the word [*sacramentum*] in a wider sense, because « not even the divine codices use it in one signification only » [cfr DC, 437 D 11-13]. In the history of sacraments, as we shall see, this turned out to be a momentous and fateful decision » (N. M. HARING, *Berengar's definitions of sacramentum and their influence on mediaeval sacramentology*, dans *Mediaeval studies*, t. X, 1948, p. 112). Il faut dire, au contraire, que parmi plusieurs significations possibles du mot *sacramentum*, Lanfranc, traitant de l'eucharistie, en a *choisi* et *préféré* une, qui était celle que Bérenger mettait en avant. Ce choix, qui était déjà sous-jacent aux développements de Durand de Troarn sur le sacramentalisme eucharistique, prend consistance définitive avec Lanfranc et oriente de façon décisive le développement de la théologie sacramentelle. Voir *infra*, p. 454-458. N. M. Haring se trompe donc quand il dit : « The early anti-Berengarians had refused to yield to Berengar's definition » (*op. cit.*, p. 130). Pour le cardinal Humbert, voir *supra*, p. 168, 178-179.

4. DC, 422 C 4-5.

Tours. Dans la doctrine de Lanfranc, comme dans la doctrine qu'il prête à Bérenger, l'eucharistie, envisagée à partir de son aspect extérieur et notamment à partir des rites de la fraction et de la communion, est l'objet d'une « célébration [1], d'un « mystère » en action [2], qui évoque un certain nombre de réalités spirituelles [3] et, tout particulièrement, la passion du Seigneur [4]. L'erreur de Bérenger est de se contenter de cette évocation symbolique en réduisant ainsi l'eucharistie au « seul sacrement » [5]. Pour Lanfranc, ce « sacrement » est *aussi* « vérité de la chair et du sang du Christ » [6], ce qui revient à dire que la chair et le sang présents sur l'autel servent de support au sacramentalisme, qu'ils sont sacrements *à la fois* dans leur être caché et dans leurs apparences [7]. A plusieurs reprises, du reste, conformément à l'usage traditionnel, Lanfranc appelle l'eucharistie « sacrement » pour la qualifier tout entière, sans mentionner de façon explicite sa fonction de signe [8]. En s'exprimant de la sorte, il n'est pas en contradiction avec lui-même ni ne tombe sous le coup des critiques qu'il adresse à Bérenger quand il l'accuse de tout ramener au « seul sacrement » [9].

En unissant dans la même réalité présence réelle et sacrement, Lanfranc résout le problème posé par la définition du sacrement comme « signe sacré ». Pour comprendre la gravité de ce problème, il faut oublier la solution qui en sera donnée par la théologie scolastique précisant que le sacrement est un signe d'une nature particulière qui rend présente la réalité qu'il signifie. Lanfranc ne peut récuser l'autorité du plus illustre des Docteurs de l'Église latine ; il accepte donc la définition mise en avant par Bérenger sous le couvert de saint Augustin : « Nous aussi, nous croyons et nous engageons à croire que le sacrement dont

---

1. DC, 434 B 1, 437 D 6, 440 B 12-15 ; *Commentarii*, 194, n° 21.
2. DC, 425 A 12, 437 C 8, D 5-6 : cfr 436 A 6.
3. DC, 416 B 15-C 1.
4. DC, 415 A 11-12, 437 C 8-10, 440 B 12-15 ; *Commentarii*, 194, n°s 20, 21.
5. DC, 418 D 2-3. Cfr 415 A 3-5, 416 B 12-14, 417 B 11-13, 440 B 5-D 11.
6. DC, 415 A 8-14, 416 B 14-C 2, 418 D 3-5. Cfr *Commentarii*, 353, n° 18 (sur *I Tim.*, III, 16) : « Veritas et sacramentum quod hic habetur, id est, Christus, qui est veritas et sacramentum, manifeste magnus est ».
7. DC, 423 D 11-424 A 9, B 9-14, 425 A 6-9 (ajouter *cum revera sit sacramentum corporis Christi* après le mot *Christi*).
8. DC, 425 D 13-14, 428 C 1, 430 A 2, 433 D 4, 436 D 13, 439 A 6-7, 451 A 3.
9. Cfr DC, 418 D 2-3.

nous parlons est un signe sacré » [1]. Mais on mesurera les conséquences de cette prise de position en lisant le commentaire qu'il
donne de la définition augustinienne : « Par ce signe, au-delà
des apparences qui frappent les yeux de ceux qui regardent,
vient à l'esprit de ceux dont la pensée s'exerce sainement une
réalité *tout autre* et très diverse » [2]. Une notion du sacrement
aussi intellectualiste permettait à Bérenger de poser l'objection
suivante : « Ce que tu affirmes être le vrai corps du Christ est
appelé dans les lettres sacrées « apparence », « ressemblance »,
« figure », « signe », « mystère », « sacrement ». Or, ces appellations
impliquent une relation à quelque chose. Mais des réalités qui
sont référées à quelque chose ne peuvent être ce à quoi elles sont
référées. Il n'y a donc pas (sur l'autel) de vrai corps du Christ » [3].

Le moyen adopté par Lanfranc pour venir à bout de cette
difficulté consiste, après avoir distingué une réalité partielle
présente sur l'autel, la « chair » du Christ, et une réalité totale
résidant au ciel, le Christ « en lui-même » [4], à faire de la première
le *sacramentum*, ou signe, et de la seconde, la *res sacramenti*,
ou réalité signifiée [5]. Le fait, pour la réalité présente sur l'autel,

---

1. « Et nos sacramentum, de quo agimus, sacramentum esse signum credimus,
et credendum suademus » (DC 422 C 2-4).

2. « Quo signo, praeter speciem quae se oculis intuentium ingerit, longe aliud
valdeque diversum in cogitationem salubriter intelligentium venit » (DC, 422
C 4-6).

3. « Quod tu verum Christi corpus esse asseris, in sacris litteris appellatur
species, similitudo, figura, signum, mysterium, sacramentum. Haec autem
vocabula ad aliquid sunt. Nulla vero quae ad aliquid referuntur, possunt esse
id quod sunt ea ad quae referuntur. Non est igitur corpus Christi » (DC, 436 A
4-9). C'est Lanfranc qui prête cette objection à Bérenger d'après un ouvrage
du maître tourangeau (DC, 436 A 9-11) qui pourrait être la *Purgatoria epistola
contra Almannum* (voir PE, 110 E, 113 B-C), mais la formule terminale (= *Non
est igitur corpus Christi*) n'est certainement pas conforme à la lettre du texte
de Bérenger.

4. Voir *supra*, p. 384, 388-389.

5. N. M. HARING, dans *A study in the sacramentology of Alger of Liège (Mediaeval studies*, t. XX, 1958), p. 73, écrit : « When Lanfranc wrote of the Eucha-
rist : « Caro videlicet carnis, et sanguis sacramentum est sanguinis. Carne et
sanguine utroque invisibili, intelligibili, spirituali significatur Redemptoris
corpus visibile et palpabile [cfr DC, 424 A 1-4] », he did not use the word *sacramentum* as defined in the definitions selected by Berengar ». Ceci est inexact.
Lanfranc a accepté la définition augustinienne *Sacramentum est sacrum signum*
mise en avant par Bérenger (SCS, 422 B), mais, évidemment, il en a fait à l'eucharistie une *application* différente de celle que prônait son adversaire. Il n'en
avait pas moins l'intention de reprendre dans une perspective réaliste le sacramentalisme de célébration qu'il attribuait à tort à celui-ci. Voir *supra*, p. 342-
344.

d'être le signe de la réalité totale du Sauveur ne lui enlève pas
son caractère de « vrai corps du Christ ». Si d'un certain point
de vue, ces deux réalités « sont essentiellement la même chose »,
elles n'en sont pas moins marquées d'une véritable altérité non
seulement en raison de leurs qualités qui sont pour une très
grande part *(plurimum)* différentes [1], mais aussi en raison de
leurs situations respectives : « La même chair et le même sang
sont sacrements d'eux-mêmes si on les envisage sous un aspect
et sous un autre » [2]. Pour mieux faire comprendre sa pensée
sur ce point, Lanfranc montre comment le Christ, en feignant de
quitter les disciples d'Emmaüs et de s'éloigner de la route commune des hommes, avait symbolisé son départ de la terre, son
ascension ; cela ne signifie pas que le Christ d'Emmaüs ait été
une fiction, et le Christ de l'ascension le seul Christ réel : « Autre
est la fiction de la route terrestre, autre est la réalité de la route
qui monte au ciel. Personne ne poussera la sottise au point de
nier que soit vrai le Christ feignant de poursuivre sa route, sous
prétexte qu'en se servant de cette fiction il a signifié le vrai
Christ qui devait monter au ciel » [3].

Telles sont les bases du sacramentalisme eucharistique de
Lanfranc. Il nous faut maintenant déterminer de façon plus
précise les éléments qui le constituent. En raison de la complexité
du sujet, nous procéderons par approximations successives.

3. L'eucharistie « est la figure et le sacrement de nombreuses
réalités sublimes » [4]. « Par ce signe, au-delà des apparences qui
frappent les yeux de ceux qui regardent, vient à l'esprit de ceux
dont la pensée s'exerce sainement une réalité tout autre et
très diverse » [5]. Envisagée en tant que sacrement, l'eucharistie
est donc un symbole qui évoque des réalités spirituelles fort

---

1. DC, 424 B 6-7.
2. « Eadem caro, idemque sanguis sui ipsorum sacramenta existant secundum aliud atque aliud accepta » (DC, 424 B 10-12). Voir H. DE LUBAC, *Corpus
mysticum*, p. 84. Les références à DC, 425 A, 423 D dans le même ouvrage, p. 95,
note 32, ne concernent pas le sacramentalisme orienté vers le Corps ecclésial,
mais l'auto-sacramentalisme dont nous parlons ici.
3. « Verumtamen aliud est figmentum terreni itineris, aliud in coelum veritas
ascendentis. Nec aliquis ita desipuerit ut propterea abnegare praesumat fingentem se longius ire esse Christum verum, quia ipso figmento longioris itineris
significavit verum Christum ascensurum in coelum » (DC, 424 C 11-D 2).
4. « Multarum et excelsarum rerum figuram ac sacramentum » (DC, 416 B
15-C 1).
5. Voir *supra*, p. 395, note 2.

variées. Avant de chercher quelles sont exactement ces réalités, notons que leur caractère commun est d'élever l'âme. Pour Lanfranc, comme pour Bérenger, le sacramentalisme eucharistique est, par conséquent, le point d'appui de la communion « spirituelle » et il a davantage, semble-t-il, pour effet d'éveiller un ensemble assez complexe de sentiments pieux et d'aspirations religieuses que de désigner des choses aux contours bien délimités [1]. Commentant le passage du *De civitate Dei* duquel Bérenger avait tiré la définition du sacrement, Lanfranc dit : « Le bienheureux Augustin, dans le livre « De la cité de Dieu », n'a pas défini d'une façon aussi abrupte que tu l'affirmes que le sacrement est un signe sacré. A cet endroit, il ne parlait nullement du corps et du sang du Seigneur, mais, traitant du rite des sacrifices juifs, affirmant que par les sacrifices visibles étaient signifiées les choses invisibles grâce auxquelles est donné à la société humaine le moyen d'aimer Dieu et le prochain, il conclut brièvement sa démonstration : « Donc le sacrifice visible est le sacrement, c'est-à-dire le signe sacré, du sacrifice invisible ». Ce qu'il appelle sacrifice visible, sacrifice invisible, il l'explique un peu plus loin en ces termes : « Donc Dieu ne veut pas le sacrifice du bétail immolé, mais le sacrifice du cœur contrit ». Et peu après : « Or, c'est la miséricorde qui est le vrai sacrifice » » [2]. Bien que, vraisemblablement, dans ce passage, Lanfranc cherche moins à présenter la doctrine sacramentelle de saint Augustin qu'à corriger l'exégèse un peu trop rapide de Bérenger [3], nous ne croyons pas qu'il ait de raison de s'écarter de la pensée du Docteur d'Hippone telle qu'il l'expose ici et nous pensons que ce qui était dit au sujet des sacrifices juifs dans le livre X du *De*

---

1. Il y a donc pour Lanfranc comme pour Bérenger une certaine confusion entre la *res sacramenti* et la *virtus sacramenti*. Voir *supra*, p. 138, 141, 145 et *infra*, p. 422-423.

2. « Beatus Augustinus in libro *De civitate Dei* non ita abrupte, ut tu dicis, sacramentum sacrum esse signum definivit. Nihil vero in eo loco de corpore et sanguine Domini loquebatur, sed tractans de ritu Judaicorum sacrificiorum, quod, per sacrificia quae viderentur, res invisibiles, per quas humanae societati ad diligendum Deum proximumque consulitur, significarentur, paucis approbatam sententiam conclusit, dicens : *Sacrificium ergo visibile invisibilis sacrificii sacramentum, id est sacrum signum, est.* Quid vero visibile, quid invisibile sacrificium vocaverit, post aliqua his verbis exponit : *Non vult ergo Deus sacrificium trucidati pecoris, sed vult sacrificium contriti cordis.* Et paulo post : *Porro autem misericordia verum sacrificium est* » (DC, 422 C 9-D 10). Cfr AUGUSTIN, *De civitate Dei*, X, V : PL, t. XLI, 282.

3. Cfr *supra*, p. 266, note 2.

civitate Dei s'applique pour lui *mutatis mutandis* à l'eucharistie : « Par les sacrifices visibles sont signifiées les choses invisibles grâce auxquelles est donné à la société humaine le moyen
d'aimer Dieu et le prochain » [1].

4. Parmi les « choses invisibles » signifiées par le sacrement
de l'eucharistie certaines se dégagent avec plus de netteté. Lanfranc précise en effet : « « Signe », « mystère », « sacrement », et
les termes analogues, sont les mots qui désignent la passion du
Seigneur, si du moins l'on prend « sacrement » avec le sens de
« signe sacré », selon la définition qui en est donnée par le bienheureux Augustin dans le livre « De la cité de Dieu » » [2]. Et
lorsqu'il formule ce qu'il s'imagine être le sacramentalisme
eucharistique de Bérenger, Lanfranc, nous éclairant davantage
sur sa propre doctrine que sur celle de son adversaire, s'exprime
ainsi : « Tu crois que le pain et le vin de la table du Seigneur...
sont appelés chair et sang du Christ parce qu'ils sont dans l'Église
l'objet d'une célébration qui rappelle la chair qui a été crucifiée
et le sang qui s'est répandu hors du côté » [3]. Le sacramentalisme
eucharistique est donc orienté essentiellement vers le sacrifice
de la croix.

Lanfranc présente d'une façon plus complète ses vues sur la
question quand, dans les premières pages du *De corpore et sanguine*

---

1. DC, 422 C 14-D 2 : voir *supra*, p. 397, note 2.

2. « Porro signum, mysterium, sacramentum, et si quid hujusmodi est, dominicae passionis designativa nomina sunt, si tamen sacramentum ea signi-
ficatione accipiatur, qua sacrum esse signum in libro *De civitate Dei* a beato
Augustino deffinitur » (DC, 437 C 8-13). Cfr DC, 422 C 2-8. Voir H. DE LUBAC,
Corpus mysticum, p. 70-75. En ce qui concerne l'usage que fait Lanfranc du
vocabulaire auquel il se réfère ici, on notera qu'il utilise, dans le sens « sacramentel » qui lui est propre, *signum* (DC, 422 C 3-4, 11, D 5, 425 C 9-10, 436 A 6,
437 C 8), *significare* (DC, 422 D 2-3, 424 A 3, B 8-9, C 2-3, 15, D 10 ; *Commentarii*,
188/11-14), *mysterium* (DC, 424 D 14, 425 A 1, 12, 436 A 6, 437 C 8, D 5-6),
sacramentum (DC, 415 A 11-12, 423 D 11, 424 A 1, B 11, C 6, D 1, 425 A 2, 7 en
tenant compte de la leçon des manuscrits, 436 A 6, 437 B 11, C 8-10, D 9 ; cfr
aussi 440 C 4-D 10). Mais cette liste n'est pas complète, et l'on peut être surpris
de ce que Lanfranc, en DC 437 C 8-9, n'ait mentionné que les mots *signum*,
mysterium, sacramentum comme se rapportant au symbolisme sacramentel,
alors qu'un peu plus haut (DC, 436 A 5-6 et le contexte) il avait annoncé un
examen portant aussi sur les mots *species* (hors de cause en ce qui concerne le
« sacramentalisme »), *similitudo*, *figura*. Il faudrait donc ajouter *similitudo*
(DC, 423 A 9, 425 A 2), *figura* (DC, 416 C 1, 419 D 15, 424 B 14, 440 D 8 : cfr
ELD, 533 C 5), *figurare* (DC, 424 A 9, C 6), *typus* (DC, 424 B 14), *typice* (*Commentarii*, 189, n° 15), etc.

3. DC, 440 B 6-14 : voir *supra*, p. 343, note 1.

Domini, il annonce les développements des chapitres XIII, XIV et XV de ce traité. La chair et le sang présents sur l'autel « sont, dit-il, le sacrement de la passion du Seigneur, de la miséricorde divine, de la concorde et de l'unité et enfin de la chair et du sang pris de la Vierge..., (questions) dont il sera parlé plus explicitement en leur lieu et temps » [1]. Si nous cherchons dans les chapitres du *De corpore* mentionnés ci-dessus les données qui correspondent aux différents points signalés dans ce résumé, voici ce que nous trouvons :

a) Les rites de la fraction et de la communion, en réalisant dans une célébration l'immolation de la chair et du sang du Christ présents sur l'autel, sont un « mystère » en action qui rappelle, symbolise la passion historique du Rédempteur [2].

b) Par le fait même, ces rites manifestent la miséricorde divine, dont la mort du Christ sur la croix est l'expression suprême, et ils nous en communiquent les effets [3].

c) L'eucharistie est aussi « le sacrement de la concorde et de l'unité ». Dans le *De corpore*, Lanfranc se contente d'une brève allusion à cet aspect du sacramentalisme eucharistique lorsqu'il dit que dans la communion spirituelle « la charité fraternelle, dont ce sacrement est le signe, est chérie par amour du Christ ». [4] Il exprime sa pensée sur ce point de façon plus explicite dans une glose concernant *I Cor.*, X, 17 : de même que le pain

---

1. DC, 415 A 11-15 : voir *supra*, p. 287, note 1. Cfr DC 422 C 6-8, 423 A 6-13, D 4-426 A 10.

2. DC, 423 A 6-13, 424 A 5-9, 425 A 6-13 (ajouter *cum revera sit sacramentum corporis Christi* après *Christi*), B 13-C 2, 426 A 1-10 ; *Commentarii* 194, n° 21. L'expression elle-même *sacramentum dominicae passionis* (415 A 11-12) fusionne une formule empruntée à saint Ambroise (*mortis dominicae sacramenta* : DC, 437 B 11. Voir *supra*, p. 316, note 3) et une formule empruntée à saint Grégoire (*passionis dominicae mysteria* : DC, 437 D 5-6. Voir *supra*, p. 316, note 6).

3. DC, 424 A 6, 11-B 1, 425 B 5-C 2, 11-14. Cfr *Commentarii*, 194, n° 19, 397, n° 13, 398, n° 8, 404, n° 11, 405, n° 3. L'expression *sacramentum divinae propitiationis* (415 A 11-12) pourrait être inspirée de saint Léon (*in eadem tamen carne quam sumpsit ex Virgine sacramentum propitiationis exsequitur* : DC, 435 B 5-7. Voir *supra*, p. 308, note 8).

4. « Fraterna charitas, cujus signum hoc sacramentum gestat, pro Christi amore diligitur » (DC, 425 C 9-11). Voir H. DE LUBAC, *Corpus mysticum, passim*. Dans les lignes terminales du *Sermo sive sententiae*, il est dit que celui qui, grâce au baptême, vit « dans l'unité du corps du Christ », n'est pas écarté de la participation à l'eucharistie, même s'il meurt avant d'avoir communié effectivement, puisqu'il bénéficie de ce que signifie le sacrement de l'autel. Voir *supra*, p. 338-340.

réunit des grains multiples et le corps des membres divers, ainsi l'Église trouve dans la communion des fidèles au même pain eucharistique et au même corps du Christ le symbole et la source de son unité, dont la charité est le lien [1]. C'est encore à cet aspect du sacramentalisme eucharistique que se réfère la conclusion de la première partie du *De corpore* [2] ; Lanfranc y cite quelques lignes de saint Augustin ayant trait à la charité fraternelle, fruit de l'eucharistie, et se terminant par ces mots : « Ô sacrement de l'amour ! ô signe de l'unité ! ô lien de la charité ! » [3]

d) En dernier lieu seulement *(postremo)* et par l'intermédiaire du « mystère » en action [4] dont nous venons de décrire trois modalités, l'eucharistie est « le sacrement de la chair et du sang tirés de la Vierge ». On peut être surpris de ce que la *res sacramenti* par excellence de l'eucharistie, le corps du Christ, n'ait pas été mentionnée la première et qu'elle soit présentée comme le point d'aboutissement de tout un processus « sacramentel ». Qu'il en soit ainsi tient, sans aucun doute, au fait que, pour Lanfranc, l'eucharistie est avant tout *veritas carnis ac sanguinis* ; sans être extrinsèque à la réalité eucharistique, le *sacramentum* n'en est cependant qu'une efflorescence. La chair et le sang présents sur l'autel ne sont pas d'emblée « sacrements », ils ne le deviennent qu'à la faveur de la célébration eucharistique, en conclusion de l'immolation opérée par la fraction et par la communion : par cette immolation et grâce à la « ressemblance » *(similitudo)* [5] qu'elle établit entre l'eucharistie et le corps du Christ souffrant sur la croix, la chair et le sang du saint sacrifice acquièrent la valeur de symboles de la chair crucifiée au Calvaire et du sang versé par les bourreaux ; si la ressemblance ainsi entendue n'existait pas, il n'y aurait pas « sacrement » [6].

En bref, dans la pensée de Lanfranc, le sacramentalisme eucharistique concerne d'abord la passion du Christ [7]. Si l'on développe le sens de ce sacramentalisme fondé sur les rites de

---

1. *Commentarii*, 189, nº 15. Voir *supra*, p. 333, note 3.
2. DC, 429 D 4-430 A 9.
3. « O sacramentum pietatis, o signum unitatis, o vinculum charitatis ! » (DC, 430 A 8-9). Voir *supra*, p. 304, note 3.
4. DC, 425 A 12.
5. DC, 423 A 9, 425 A 2.
6. DC, 423 A 7-B 1, 425 A 1-4, et l'ensemble des chapitres XIV et XV.
7. DC, 437 C 8-13.

la fraction et de la communion, on précisera que l'eucharistie est « sacrement de la passion du Seigneur, de la miséricorde divine, de la concorde et de l'unité » [1]. C'est en dernier ressort, par le truchement de la célébration rituelle, que l'eucharistie devient « sacrement du corps du Christ » : « Le sacrement du corps du Christ, en ce qui regarde le fait que le Seigneur Christ lui-même a été immolé sur la croix, c'est sa chair, que nous recevons dans le sacrement, recouverte par la forme du pain, et son sang, que nous buvons sous l'apparence et le goût du vin » [2]. Ce qu'il fallait, en effet, pour que la même chair et le même sang soient sacrements d'eux-mêmes, c'est qu'ils puissent être envisagés sous deux aspects qui fussent différents et qui, cependant, se ressembleraient, de telle sorte que l'un d'eux rappelât et évocât l'autre [3].

5. La doctrine sacramentelle de Lanfranc s'articule autour de cinq notions dont nous pouvons maintenant, en fonction surtout de l'eucharistie, préciser le sens et montrer l'agencement : *mysterium, res mysterii, similitudo, sacramentum, res sacramenti.*

Le « mystère » [4], c'est l'action liturgique ou « célébration », qui exprime et symbolise des réalités spirituelles. Dans le baptême, par exemple, le « mystère » consiste dans l'ablution d'eau, qui traduit visiblement la purification de l'âme réalisée invisiblement par Dieu [5]. Dans l'eucharistie, le « mystère » réside dans l'immolation de la chair et du sang accomplie par les rites de la fraction et de la communion ; la réalité évoquée par ce « mystère », c'est-à-dire « la chose du mystère », c'est la passion subie par le Christ sur la croix [6].

Le « sacrement » [7] est, en quelque sorte, ce qui sert de matériau au « mystère » et qui devient « signe sacré » ou « sacrement » à travers l'action mystérieuse. La « chose du sacrement », c'est

---

1. DC, 415 A 11-12 : voir *supra*, p. 287, note 1.
2. « Sacramentum corporis Christi, quantum ad id spectat quod in cruce immolatus est ipse Dominus Christus, caro ejus est, quam forma panis opertam, in sacramento accipimus, et sanguis ejus, quem sub vini specie ac sapore potamus » (DC, 423 D 11-15).
3. DC, 423 A 9-13, 424 A 5-B 3, 9-D 1.
4. Voir *supra*, p. 394, note 2.
5. DC, 424 D 3-425 A 5.
6. DC, 425 A 9-12, 437 C 8-D 6. Cfr 424 D 14-425 A 1. Voir H. DE LUBAC, *Corpus mysticum*, p. 47-66.
7. Voir *supra*, p. 392, note 2.

la réalité désignée par le « sacrement ». Le « mystère » a pour fonction d'établir une « ressemblance »[1] entre « sacrement » et « chose du sacrement ». Sans cette « ressemblance », il n'y aurait pas « sacrement »[2].

En ce qui concerne l'eucharistie, le « sacrement », c'est la chair et le sang du Christ présents sur l'autel ; la « chose du sacrement », c'est le Christ lui-même mourant sur la croix ; le « mystère », grâce auquel il y a « ressemblance » entre ces deux réalités et qui les établit dans un rapport « sacramentel » de signifiant et de signifié, est constitué par l'immolation de la chair et du sang eucharistiques, qui les rend signes du Christ immolé au Calvaire[3].

Nous pouvons schématiser ces vues dans le tableau suivant, qui marque à la fois la distinction qui existe entre la réalité eucharistique et le Christ « en lui-même », et le rapport « sacramentel » qu'établit entre ces deux modalités corporelles du Sauveur la « ressemblance » due à « l'immolation de la chair » sur l'autel :

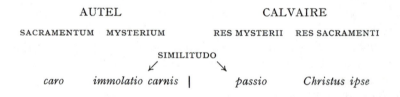

6. Un point important reste encore à mentionner si l'on veut donner une idée complète de la pensée de Lanfranc sur le sacramentalisme eucharistique. Par l'immolation de la chair et du sang du Christ réalisée au cours de la messe, un rapport « sacramentel » est établi pour l'eucharistie non seulement avec le Sauveur mourant autrefois sur la croix, mais aussi avec le Sauveur présent actuellement à la droite du Père. Lanfranc dit en effet : « Par la chair et par le sang, l'un et l'autre invisibles, intelligibles, spirituels est signifié le corps du Rédempteur visible, palpable, manifestement plein de la grâce de toutes les vertus

---

1. Cfr *supra*, p. 134, 146.
2. DC, 423 A 9-14, 424 D 9-425 A 13 (en 425 A 7, ajouter *cum revera sit sacramentum corporis Christi* après *Christi*).
3. DC, 423 A 9-13, D 11-425 A 13, 437 C 8-D 11.

et de la majesté divine » [1]. Nous voyons donc intégrée dans le sacramentalisme eucharistique la distinction qui existe déjà, du seul point de vue de la *veritas carnis ac sanguinis*, entre la « chair » du Christ présente sur l'autel et le « Christ en lui-même » résidant au ciel [2]. Ces deux réalités, qui sont « essentiellement la même chose », sont néanmoins si différentes par leurs « qualités » [3] et donc si distinctes que le fait, pour la « chair » eucharistique, de désigner « le Christ en lui-même » de la croix l'habilite à désigner également le même Christ au ciel. Si « le pain céleste qui est la vraie chair du Christ... est le sacrement du corps du Christ, à savoir de *celui-là* qui visible, palpable, mortel a été suspendu à la croix » [4], il est aussi le sacrement de *celui-là* qui se trouve maintenant au ciel « visible, palpable, manifestement plein de la grâce de toutes les vertus et de la majesté divine » [5].

Avant d'analyser les chapitres XIII, XIV et XV du *De corpore et sanguine Domini*, il n'était pas inutile que nous ayons une vue d'ensemble des conceptions de Lanfranc sur le sacramentalisme eucharistique. En revanche, cette analyse apportera la preuve de l'exactitude des considérations qui précèdent. De plus, elle nous permettra de mieux nous rendre compte du caractère ultra-réaliste de la doctrine eucharistique de l'abbé de Saint-Étienne de Caen [6], plus sensible encore dans ces chapitres traitant du *sacramentum* que dans les chapitres antérieurs, où il était question de la *veritas carnis ac sanguinis*.

II. Les chapitres XIII, XIV et XV du « De corpore et sanguine Domini »

Dans les chapitres XIII, XIV et XV du *De corpore et sanguine Domini*, Lanfranc commente successivement trois extraits de l'*Epistola ad Bonifacium* de saint Augustin cités par Bérenger dans le *Scriptum contra synodum* [7]. Nous analysons ici ces dévelop-

---

1. DC, 424 A 2-5 : voir *supra*, p. 362, note 3. Ce Rédempteur dans la pleine manifestation de sa majesté, c'est bien le Christ tel qu'il est au ciel et non tel qu'il était sur la croix : cfr *Matth.*, XIX, 28, XXIV, 30, XXV, 31, *Lc.*, IX, 26, XXI, 27.
2. Voir *supra*, p. 383-390.
3. DC, 424 B 6-7.
4. DC, 425 A 6-9 : voir *infra*, p. 411.
5. DC, 424 A 3-5 : voir *supra*, p. 362, note 3.
6. Voir *infra*, p. 408, 412-413, 415-416.
7. SCS, 422 D, 423 D, 425 A-B.

pements en laissant de côté les trois derniers quarts du chapitre XIII, qui ne concernent pas le sacramentalisme eucharistique.

Quatre conclusions soulignées par l'adverbe *ergo* [1] donnent la clef de ces chapitres, les plus importants de tout le traité. Bérenger prétendait que le réalisme défendu par ses adversaires contredisait les données de la tradition en excluant de l'eucharistie tout sacramentalisme. Lanfranc répond à cette accusation en montrant que la notion de *sacramentum* et celle de *veritas carnis ac sanguinis* ne s'opposent pas et se fournissent même un mutuel appui.

1. *Premier développement* (début du chapitre XIII) [2]

Dans le premier texte de l'*Epistola ad Bonifacium* cité par Bérenger, saint Augustin disait : « Si les sacrements n'avaient pas la ressemblance des choses dont ils sont les sacrements, ils ne seraient en aucune façon des sacrements » [3].

Pour Bérenger, la « ressemblance » sacramentelle propre à l'eucharistie est celle qui existe entre le pain de l'autel, nourriture du corps, et le Christ, pain céleste, nourriture de l'âme [4].

Lanfranc situe la « ressemblance » sacramentelle sur un tout autre plan : le rite de la fraction de l'hostie et celui qui consiste à répandre le sang hors du calice dans la bouche des fidèles « désignent » l'immolation du corps du Seigneur sur la croix et l'effusion de son sang hors de la plaie du côté. Sans la « ressemblance » établie de la sorte entre la réalité eucharistique et le corps du Christ, il n'y aurait pas « sacrement », si, du moins, on prend le mot « sacrement » dans le sens de « signe sacré » [5].

2. *Deuxième développement* (chapitre XIV)

Dans le second texte de l'*Epistola ad Bonifacium* cité par Bérenger, saint Augustin comparait le sacrement de l'eucharistie et le sacrement du baptême de la façon suivante :

---

1. DC, 424 B 3, C 6, 425 A 6, 426 A 1.

2. DC, 423 A 6-B 1.

3. « Augustinus in epistola ad Bonifacium episcopum : *Si sacramenta rerum, quarum sacramenta sunt, similitudinem non haberent, omnino sacramenta non essent* » (SCS, 422 D). Cfr Augustin, *Epistola XCVIII*, 9 : PL, t. XXXIII, 364. Voir PE, 110 C.

4. Voir *supra*, p. 134, 146.

5. Cfr DC, 422 C 2-6, 437 C 8-13.

« De même que le sacrement du corps du Christ est, d'une
certaine façon, le corps du Christ, et le sacrement du sang du
Christ, d'une certaine façon, le sang du Christ,
     de même le sacrement de la foi est la foi » [1].

Dans la pensée de Bérenger, le premier terme de la comparaison signifie que le pain et le vin consacrés devenus sacrements
du corps et du sang du Christ « sont » en quelque sorte, c'est-à-dire
métaphoriquement, le corps et le sang du Christ et peuvent,
par conséquent, en prendre le nom [2].

Lanfranc adopte la même interprétation, mais en la transpo-
sant dans son propre registre sacramentel : la chair et le sang
du Christ présents sur l'autel sont sacrements du corps et du
sang du Christ immolés sur la croix et résidant maintenant
au ciel, et, de ce point de vue (comme aussi en vertu de l'identité
essentielle qui existe entre la « chair » eucharistique et le « corps »
du Christ), ils sont et peuvent être appelés corps et sang du Christ.

Le commentaire de Lanfranc comprend deux parties correspondant aux deux termes de la comparaison de saint Augustin,
et une conclusion qui résume et précise l'ensemble du développement.

a) *Commentaire du premier terme de la comparaison : sacramentalisme eucharistique* [3]

« Le sacrement du corps du Christ, en ce qui regarde le fait
que le Seigneur Christ lui-même a été immolé sur la croix, c'est
sa chair que nous recevons, recouverte par la forme du pain,
et son sang, que nous buvons sous l'apparence et le goût du vin.
C'est dire que la chair est sacrement de la chair, et le sang
sacrement du sang. Par la chair et par le sang, l'un et l'autre
invisibles, intelligibles, spirituels, est signifié le corps du Rédempteur visible, palpable, manifestement plein de la grâce
de toutes les vertus et de la majesté divine » [4].

---

1. « Unde beatus Augustinus in epistola ad Bonifacium : *Sicut*, inquit, *sacramentum corporis Christi secundum quemdam modum corpus Christi est, sacramentum sanguinis Christi secundum quemdam modum sanguis Christi est : ita
sacramentum fidei, fides est* » (SCS, 423 D). Cfr Augustin, *Epistola XCVIII*, 9 :
PL, t. XXXIII, 364. Voir PE, 110 E *in fine*.
    2. Voir *supra*, p. 135, 147, 192-193.
    3. DC, 423 D 11-424 D 1.
    4. « Sacramentum corporis Christi, quantum ad id spectat quod in cruce
immolatus est ipse Dominus Christus, caro ejus est, quam, forma panis opertam,
in sacramento accipimus, et sanguis ejus, quem sub vini specie ac sapore potamus.

Ainsi, le rapport « sacramentel » établi à la sainte messe entre la réalité eucharistique et le corps du Christ résidant à la droite du Père est lié au « fait que le Seigneur Christ lui-même a été immolé sur la croix » *(quantum ad id spectat quod in cruce immolatus est ipse Dominus Christus).* Lanfranc s'en explique quand il précise à nouveau [1] que la fraction de la chair eucharistique et sa division en vue de la communion, l'effusion du sang répandu hors du calice et reçu par la bouche des fidèles « figurent » la mort du Christ sur la croix et l'écoulement de son sang hors de la plaie du côté [2].

Il trouve une confirmation de ces vues dans un texte tiré du quatrième livre des *Dialogues* de saint Grégoire le Grand : « Là assurément, c'est sa chair qui est prise, c'est son sang qui est versé, non plus dans les mains des infidèles, mais dans la bouche des fidèles. Il faut donc que nous appréciions la valeur de ce sacrifice qui, pour l'acquittement de nos péchés, *imite* toujours la mort du Fils unique ». Lanfranc commente ainsi ces derniers mots : « Il dit « imite » et non « réalise », parce que (le Christ) ressuscité ne meurt plus et que la mort n'exerce plus de pouvoir sur lui » [3]. A la fin du chapitre XI du *De corpore,* dans la partie de son exposé doctrinal qui concernait la *veritas carnis ac sanguinis,* Lanfranc avait déjà affirmé que si « nous mangeons et buvons le Christ immolé, il n'en continue pas moins d'exister au ciel, entier et vivant » [4] : parce qu'il établissait une distinction entre la « chair » eucharistique présente sur l'autel et le « corps » du Christ résidant au ciel, il lui était possible d'affirmer que le Christ est immolé ici-bas sans que, pour autant, soit compromise l'intégrité corporelle du « Christ en lui-même »

Caro, videlicet carnis, et sanguis sacramentum est sanguinis. Carne et sanguine, utroque invisibili, intelligibili, spirituali, significatur Redemptoris corpus visibile, palpabile, manifeste plenum gratia omnium virtutum et divina majestate » (DC, 423 D 11-424 A 5.)

1. Cfr le premier développement : DC, 423 A 10-13.

2. DC, 424 A 5-9.

3. « Utrumque beatus Gregorius et solerter attendit, et enucleate in quarto *Dialogi* libro exponit dicens : *Ejus quippe caro ibi sumitur, ejus sanguis non jam in manus infidelium, sed in ora fidelium funditur. Pensandum ergo est quale sit hoc sacrificium quod pro absolutione nostra mortem unigeniti Filii semper imitatur. Imitatur* dixit, non *operatur,* quia resurgens ex mortuis, jam non moritur, mors illi ultra non dominabitur » (cfr *Rom.,* VI, 9) (DC, 424 A 9-B 3). Cfr GRÉGOIRE LE GRAND, *Dialogorum libri,* IV, LVIII : PL, t. LXXVII, 425 D.

4. « Sic nempe in terris immolatum Christum manducamus et bibimus, ut in coelestibus ad dexteram Patris semper existat et vivus » (DC, 422 B 6-9).

trônant à la droite du Père [1]. Quand il précise que le sacrifice
de l'autel « imite » et ne réalise pas la mort du Seigneur, cela
signifie donc que l'immolation de la chair eucharistique ne renouvelle pas la passion historique subie par « le Christ en lui-
même » ; cette immolation n'en est pas moins véritable. C'est
ce que n'a pas vu M. Lepin dans *L'idée du sacrifice de la messe*,
lorsqu'il avance, d'une façon trop absolue, que, pour un certain
nombre de théologiens des IXe et XIe siècles, parmi lesquels
il range Lanfranc, l'immolation du Christ à la messe est « toute
figurative » [2]. Il aurait fallu nuancer ce jugement, au moins en
ce qui concerne Lanfranc, en disant que *cette immolation est
figurative par rapport au sacrifice de la croix, mais réelle en elle-
même.*

Ayant exposé les principales données du sacramentalisme
eucharistique, Lanfranc, en conclusion, leur applique la formule
de l'*Epistola ad Bonifacium* selon laquelle « le sacrement du
corps du Christ est, d'une certaine façon, le corps du Christ,
et le sacrement du sang du Christ, d'une certaine façon, le sang
du Christ » [3] : « Par conséquent *(ergo)*, la chair et le sang dont
... nous faisons notre nourriture quotidienne sont appelés
corps et sang du Christ non seulement parce qu'ils sont essentiellement la même chose, tout en en étant très différents par les qualités (ici Lanfranc se situe sur le plan du réalisme eucharistique),
mais encore en raison de cette façon de parler en vertu de laquelle on a coutume d'appeler la chose qui signifie du nom de
la chose qui est signifiée (ici Lanfranc se situe sur le plan du
sacramentalisme eucharistique) » [4].

Lanfranc aurait pu arrêter à cet endroit son commentaire
du premier terme de la comparaison de saint Augustin, mais
il éprouve le besoin de justifier un sacramentalisme dans lequel
une réalité devient symbole d'elle-même, justification qui lui
donne, en outre, l'occasion de montrer comment le sacramentalisme eucharistique tel qu'il le conçoit, bien loin de compromettre
la croyance en la présence réelle, la rend indispensable. Il va
donc soutenir deux positions complémentaires, l'une insistant
sur l'identité qui existe dans l'eucharistie entre le « sacrement »

---

1. Voir *supra*, p. 383 sq.
2. M. LEPIN, *L'idée du sacrifice de la messe*, 2e édition, Paris, 1926, p. 101.
3. Cfr SCS, 423 D ; PE, 110 E *in fine*.
4. Voir *supra*, p. 363, note 1.

et la « chose du sacrement » [1], l'autre soulignant qu'il y a aussi altérité entre ce « sacrement » et cette « chose du sacrement ». Si l'identité était totale, il ne serait pas possible d'imaginer un rapport « sacramentel » : il faut qu'une chose puisse être envisagée sous deux aspects à la fois distincts et semblables pour être symbole d'elle-même. Par contre, si l'altérité était absolue, la présence réelle serait niée, la « chose du sacrement », c'est-à-dire le corps du Christ, étant alors entièrement « autre » que le « sacrement » présent sur l'autel. Bérenger, en se plaçant exclusivement au point de vue « sacramentel », prétendait mettre ses adversaires en contradiction avec eux-mêmes, puisque ceux-ci devaient bien reconnaître que, de tout temps, l'eucharistie avait été appelée « sacrement du corps du Christ », et il les interpellait ainsi dans la *Purgatoria epistola contra Almannum* : « Vous qui n'hésitez pas à parler de sacrement du corps, de sacrement du sang, et qui, de plus, ne pouvez contester que, pour les écritures, les sacrements sont des signes, vous établissez que autre est le sacrement du corps, autre le corps, autre le sacrement du sang, autre le sang » [2]. Lanfranc, respectueux de la tradition et, notamment, de l'autorité de saint Augustin, se garde bien de rejeter en bloc la problématique bérengarienne, mais il échappe aux conclusions extrêmes du maître tourangeau en conciliant le principe de l'altérité « sacramentelle », soutenu par Bérenger, avec le principe de l'identité entre « sacrement » et « chose du sacrement », qui sauvegarde la présence réelle et, même, implique l'ultra-réalisme. Il précise donc : « La même chair et le même sang sont sacrements d'eux-mêmes... », mais c'est pour ajouter aussitôt : « ... si on les envisage sous un aspect et sous un autre » [3]. Un exemple inspiré par saint Augustin [4] lui permet d'expliquer clairement ces deux positions. Après sa résurrection, le Seigneur Jésus a été le « type » et la « figure » de lui-même, si on le considère à des époques différentes *(diversa*

---

1. Pour la commodité de l'exposé, nous utilisons ici les expressions « sacrement » et « chose du sacrement ». En fait, on ne les trouve pas dans le passage que nous étudions présentement (DC, 424 B 9-D 1), mais, par exemple, en DC, 423 A 7-8, 425 A 1-2.

2. PE, 113 B. Cfr DC, 436 A 2-9.

3. « Nec juste quisquam movebitur, si eadem caro, idemque sanguis sui ipsorum sacramenta existant secundum aliud et aliud accepta » (DC 424 B 9-12).

4. AUGUSTIN, *Sermo LXXXIX*, 4-7 : PL, t. XXXVIII, 556-558.

temporum ratione). En effet, lorsqu'il a feint de quitter les disciples d'Emmaüs [1], c'est-à-dire d'abandonner la route commune des hommes qui était « figurée » par ces disciples, il a « signifié » que peu de jours après il devait monter au ciel [2]. « Donc *(ergo)* le Christ est sacrement du Christ, c'est-à-dire que (le Christ) feignant de s'en aller plus loin (est sacrement du Christ) qui monte plus loin à son heure vers le ciel. Le même (est sacrement) du même (= identité), et, cependant, pas entièrement du même (= altérité), car il est vrai Dieu et vrai homme soit dans sa fiction, soit dans son ascension (= identité), et, pourtant, autre est la fiction qui concerne la route terrestre, autre est la vérité de la route qui monte au ciel (= altérité) » [3]. Dans ce passage du *De corpore*, Lanfranc donne deux applications différentes aux mots « vrai » et « vérité ». Du point de vue de l'action « sacramentelle » (que Lanfranc, plus loin, appellera un « mystère » [4]), ce qui est « sacramentel » est fiction et signe, ce qui est désigné par le « sacrement » est vérité : en envisageant le « sacrement » de l'eucharistie sous cet angle, Lanfranc insiste sur l'altérité qui doit exister entre « sacrement » et « chose du sacrement ». Mais, à un autre point de vue, le « sacrement » est vrai dans son être propre, et la « chose du sacrement » l'est également dans sa réalité propre ; aussi, que le Christ soit signe de lui-même n'implique pas qu'il ne soit pas vrai en réalisant l'action symbolique : « Personne ne poussera la sottise au point de nier que soit vrai le Christ feignant de poursuivre sa route, sous prétexte qu'en se servant de cette fiction, il a signifié le vrai Christ qui devait monter au ciel » [5]. Par analogie, cet exemple permet donc à Lanfranc de montrer comment, dans l'eucharistie, peuvent se concilier « réalisme » et « sacramentalisme ».

---

1. *Lc.*, XXIV, 28.
2. DC, 424 B 12-C 6. En 424 C 5, il faut lire *est* au lieu de *et*.
3. « Christus ergo Christi est sacramentum. Longius videlicet ire se fingens ; longius suo tempore ascendentis in coelum. Idem ejusdem, nec tamen usquequaque ejusdem. Verus namque Deus, et verus homo, et fingens, et ascendens. Verumtamen aliud est figmentum terreni itineris, aliud in coelum veritas ascendentis » (DC, 424 C 6-12).
4. DC, 424 D 14, 425 A 1, 12.
5. « Nec aliquis ita desipuerit ut propterea abnegare praesumat fingentem se longius ire esse Christum verum, quia ipso figmento longioris itineris significavit verum Christum ascensurum in coelum » (DC, 424 C 12-D 1).

b) Commentaire du second terme de la comparaison : sacramentalisme baptismal [1]

Dans le second terme de sa comparaison entre eucharistie et baptême, saint Augustin disait : « Le sacrement de la foi est la foi » [2]. Lanfranc, en commentant ce jugement, utilise la notion de « mystère ». Dans notre aperçu général sur le sacramentalisme eucharistique de notre auteur, nous avons signalé que celui-ci distingue, dans le sacrement de l'autel, « sacrement » et « mystère ». Avec la notion de « sacrement », il envisage surtout le rapport de deux *êtres*, à savoir le signifiant, ou « sacrement », et le signifié, ou « chose du sacrement ». Avec la notion de « mystère », il considère l'*action* qui, en s'exerçant sur le « sacrement » le rend semblable à la « chose du sacrement », elle-même objet d'une action analogue dénommée « chose du mystère » [3]. *Mutatis mutandis*, ces distinctions sont valables dans le cas du baptême, dans lequel, cependant, l'action est prédominante : on comprend donc qu'en parlant de ce sacrement Lanfranc ait fait intervenir la notion de « mystère ».

Le « mystère » baptismal, c'est l'ablution d'eau par laquelle « est signifiée » la « chose du mystère ». Celle-ci consiste en la purification de l'âme opérée par la foi. Le baptême (= ablution d'eau) est appelé « foi » (= purification de l'âme) « selon cette façon de parler d'après laquelle on a coutume d'attribuer au mystère le nom de la chose dont il est le mystère. Pour cette raison, existe une ressemblance, qu'on doit toujours trouver nécessairement, entre sacrement et chose du sacrement, comme on la trouve dans le cas du baptême et de la foi : en effet, l'un et l'autre lavent, assainissent, purifient, celui-là la chair, celle-ci l'esprit » [4].

c) Conclusion

Lanfranc reprend dans son ensemble la comparaison que saint Augustin établissait entre le sacrement de l'eucharistie et le sacrement du baptême, et il y insère les données sacra-

---

1. DC, 424 D 2-425 A 5.
2. Voir *supra*, p. 405.
3. Voir *supra*, p. 401-402.
4. « Per ablutionem quae corpori extrinsecus adhibetur, purgatio animae exprimitur, quam fides interior operatur. Vocaturque baptismus fides, secundum eam locutionis formam qua mysterium ejus rei, cujus mysterium est, censeri nomine consuevit. Hujus rei causa similitudo est quam in sacramento, et in re sacramenti reperiri semper necesse est, sicut in baptismo et fide. Utrumque enim lavat, purgat, purificat ; illud carnem, hoc mentem » (DC, 424 D 10-425 A 5).

mentelles qu'il vient de présenter dans le chapitre XIV ; avec la notion de « sacrement » il fait, par conséquent, intervenir, à propos de l'eucharistie, la notion de « mystère » dont il n'avait fait mention précédemment qu'au sujet du baptême :

Sicut ergo coelestis panis, quae vera Christi caro est, suo modo vocatur corpus Christi, cum revera sit sacramentum corporis Christi, illius videlicet quod visibile, palpabile, mortale in cruce est suspensum ;	« Donc, de même que le pain céleste, qui est la vraie chair du Christ, est appelé, à sa manière, corps du Christ, bien qu'en réalité il soit le sacrement du corps du Christ, de celui-là qui, visible, palpable, mortel, a été suspendu à la croix,
vocaturque ipsa carnis ipsius immolatio, quae sacerdotis manibus fit, Christi passio, mors, crucifixio, non rei veritate, sed significante mysterio,	de même aussi que l'immolation même de la chair même, qui se fait par les mains du prêtre, est appelée passion, mort, crucifixion du Christ, non parce qu'elle réalise la chose, mais parce qu'elle la signifie à travers un mystère,
sic sacramentum fidei, quod baptisma intelligit, est fides [1].	de même le sacrement de la foi, par lequel (saint Augustin) entend le baptême, est la foi ».

Une mise en parallèle des différents éléments de ce texte en facilitera l'intelligence :

	EUCHARISTIE		BAPTÊME
	«SACRAMENTUM»	«MYSTERIUM»	
	Sicut ergo	*vocaturque*	*sic*
Le signe	*coelestis panis, quae vera Christi caro est,*	*ipsa carnis ipsius immolatio, quae sacerdotis manibus fit,*	*sacramentum fidei, quod baptisma intelligit,*
est appelé	*suo modo vocatur*	*(vocatur)*	*est*
du nom du signifié	*corpus Christi,*	*Christi passio, mors, crucifixio,*	*fides.*
bien qu'il ne soit pas le signifié	*cum revera*	*non rei veritate,*	
mais le signe	*sit sacramentum*	*sed significante mysterio,*	
de la réalité signifiée.	*corporis Christi, illius videlicet quod visibile, palpabile, mortale in cruce est suspensum ;*		

---

1. DC, 425 A 6-13 (PL *om.* cum... Christi).

Le « sacrement » eucharistique, c'est la « chair » du Christ présente sur l'autel, laquelle désigne le « corps » du Christ, qui, visible, palpable, mortel, a été suspendu à la croix (et qui se trouve maintenant au ciel dans sa majesté). Immolé une fois, ce « corps » est ressuscité et, désormais, ne peut plus mourir. La « chair » eucharistique peut prendre le nom du « corps » en vertu de cette façon de parler selon laquelle le signifiant est appelé du nom du signifié.

La « chair » du Christ présente sur l'autel est l'objet d'une action liturgique, véritable « immolation », « mystère » qui évoque la passion subie autrefois par le « corps » du Christ sur la croix. L'immolation accomplie de la sorte au cours de la sainte messe peut être dénommée « passion, mort, crucifixion du Christ » en vertu de cette façon de parler selon laquelle le « mystère » est appelé du nom de l'action qu'il signifie et dont il est le « mystère », mais cette immolation ne renouvelle pas la mort du Christ, elle la symbolise.

A partir de cette dernière affirmation, J. Geiselmann a commis une erreur du même type que celle que nous avions relevée dans *L'idée du sacrifice de la messe* de M. Lepin : « Das eucharistische Opfer ist keine reale Verwirklichung, sondern eine Nachahmung des Todes Christi (*imitatur, non operatur* : 424 B). *Christi passio, mors, crucifixio* wird die Eucharistie darum nicht auf Grund wirklichen Geschehens, sondern symbolischer Darstellung genannt »[1]. N'ayant aperçu que l'aspect symbolique du sacramentalisme eucharistique de Lanfranc, J. Geiselmann n'a pas soupçonné que ce symbolisme prenait appui sur une immolation réelle de la chair du Christ. En raison du parallélisme rigoureux qui existe, dans la pensée de Lanfranc, entre la notion de « sacrement » et la notion de « mystère » (voir le tableau), l'interprétation de J. Geiselmann conduirait à faire nier la présence réelle par le principal adversaire de Bérenger ! En effet, en restant dans la ligne exacte de la doctrine eucharistique de Lanfranc, si l'on admettait que l'immolation de la chair du Christ à la messe n'est réalisée que symboliquement, il faudrait en conclure que cette chair n'est présente sur l'autel que figurativement. Il y a immolation réelle de la chair du

---

1. J. GEISELMANN, *Die Eucharistielehre der Vorscholastik*, Paderborn, 1926, p. 372. Voir *supra*, p. 407.

Christ, parce que cette chair est réellement présente sur l'autel. Lanfranc le souligne vigoureusement quand il voit dans le sacrifice eucharistique « l'immolation *même* de la chair *elle-même* » *(ipsa carnis ipsius immolatio)*. Le pronom *ipse* a, dans ses écrits, une valeur d'identification très marquée : pour lui, c'est donc bien l'immolation proprement dite de la chair eucharistique dans son être propre qui a lieu au moment de la fraction et de la communion. L'étude du chapitre XV nous en apportera la confirmation.

3. *Troisième développement* (chapitre XV)

Ce développement évoque non seulement le *sacramentum dominicae passionis*, mais aussi, sommairement, deux des autres facteurs du sacramentalisme eucharistique mentionnés dans le résumé qui, au chapitre V du *De corpore*, annonçait l'exposé des chapitres IX-XV : il s'agit du *sacramentum divinae propitiationis* et du *sacramentum concordiae et unitatis* [1]. Le *sacramentum divinae propitiationis* est mis en valeur au début du chapitre XV : le sacrement eucharistique est célébré « en mémoire » du sacrifice de la croix dans lequel le Christ s'est offert comme victime à son Père pour la rédemption de ceux, vivants ou morts, que Dieu a prédestinés au salut [2]. Le *sacramentum concordiae et unitatis* est l'objet d'une brève allusion : dans la communion spirituelle, « la charité fraternelle, dont ce sacrement est le signe, est chérie par amour pour le Christ » [3].

Ce dernier des trois développements du *De corpore* qui ont trait au sacramentalisme eucharistique est, comme les deux précédents, le commentaire d'un passage de l'*Epistola ad Bonifacium* cité par Bérenger dans le *Scriptum contra synodum*. Saint Augustin disait : « Le Christ a été immolé une seule fois en lui-même et, cependant, il est immolé sacramentellement pour les foules non seulement durant chaque solennité pascale, mais aussi chaque jour » [4].

---

1. DC, 415 A 11-13 : voir *supra*, p. 287, note 1, p. 398-401.
2. DC, 425 B 5-15.
3. « Fraterna charitas, cujus signum hoc sacramentum gestat, pro Christi amore diligitur » (DC, 425 C 9-11).
4. « Beatus Augustinus in epistola ad Bonifacium : *Semel immolatus est Christus in semetipso. Et tamen in sacramento non solum per omnes Paschae solemnitates, sed et omni die populis immolatur* » (SCS, 425 A-B ; nous supprimons le guillemet qui dans la PL interrompt à tort la citation de saint Augustin après *semetipso*). Cfr AUGUSTIN, *Epistola XCVIII*, 9 : PL, t. XXXIII, 363-364.

Bérenger tirait argument de la première proposition (« Le Christ a été immolé une seule fois en lui-même ») pour dire : « Si le Christ a souffert une seule fois en lui-même, (il a souffert) aussi une seule fois dans son corps, puisque son corps ne peut en aucune façon être séparé de lui-même » [1].

Lanfranc, s'appuyant sur la seconde proposition (« ... et, cependant, il est immolé sacramentellement *(in sacramento)* pour les foules non seulement durant chaque solennité pascale, mais aussi chaque jour »), prend le contre-pied de l'affirmation de son adversaire. Il distingue deux sortes d'immolation du Christ : d'une part, l'immolation qui a eu lieu sur la croix, qui ne s'est produite qu'une fois et qui atteignit le Christ « en lui-même ... dans la manifestation de son corps et la distinction de tous ses membres, vrai Dieu et vrai homme » [2], et, d'autre part, l'immolation sacramentelle *(in sacramento)*, qui est un rappel de la précédente et dans laquelle, chaque jour, la chair du Christ est immolée, divisée, mangée, et son sang, versé hors du calice et bu par les fidèles. A propos de l'immolation sacramentelle, Lanfranc insiste sur le réalisme de la communion qui nous fait recevoir la vraie chair et le vrai sang du Christ, la chair et le sang que le Christ a pris de la Vierge. A ce point de vue, il oppose communion corporelle et communion spirituelle. Dans la communion corporelle, nous recevons des réalités partielles, la chair en elle-même, le sang en lui-même, dans un contact direct, certes, mais où, cependant, nous ne saisissons cette chair et ce sang qu'à travers le « mystère » des apparences du pain et du vin. Dans la communion spirituelle, nous nous adressons au « Christ tout entier ». Ces deux formes de communion se complètent l'une l'autre. Sans la communion spirituelle, la communion corporelle non seulement n'effacerait pas les péchés, mais elle rendrait le communiant encore plus coupable. Par contre, la communion spirituelle requiert normalement l'appui de la communion corporelle, dont la nécessité est soulignée par le Christ, par saint Ambroise et saint Cyprien, par les canons ecclésiastiques [3].

---

1. DC, 426 A 1-4 : voir *infra*, p. 459, note 1.

2. « In seipso semel immolatus est Christus, quia in manifestatione sui corporis, in distinctione membrorum omnium verus Deus et verus homo semel tantum in cruce pependit » (DC, 425 B 5-8).

3. DC, 425 B 13-426 A 1. Cfr AMBROISE, *De sacramentis*, V, IV, 24-26 (PL, t. XVI, 452-453) ; CYPRIEN, *Liber de oratione dominica*, XVIII (PL, t. IV,

Et Lanfranc de conclure : « Tu fais donc une déduction erronée quand tu dis *(Frustra ergo infers et dicis) :* « Si le Christ a
souffert une seule fois en lui-même, (il a souffert) aussi une seule
fois dans son corps, puisque son corps ne peut en aucune façon
être séparé de lui-même ». Cela n'est pas valable *(Quod non
procedit)* »[1]. Il est difficile de s'exprimer plus nettement : du
moment qu'il y a communion corporelle à la vraie chair du Christ,
et non pas seulement communion spirituelle au Christ tout entier,
il y a immolation réelle du corps du Christ dans l'eucharistie.
Nous savons, du reste, que, pour Lanfranc, cette immolation
n'affecte pas le Christ « en lui-même » et, par conséquent, ne met
pas en cause son intégrité physique [2] ; le passage que nous étudions implique une telle réserve. Il n'en reste pas moins que,
dans la pensée de l'abbé de Saint-Étienne de Caen, l'immolation
eucharistique atteint le Christ dans sa réalité corporelle.

Lanfranc justifie sa manière de voir en ajoutant : « En effet,
il y a dans les choses beaucoup de réalités qu'on ne peut rapporter
aux parties des choses. Ainsi, bien que le Seigneur Jésus lui-
même soit vrai Dieu et vrai homme et que tout homme soit
composé d'une âme raisonnable et d'un corps, on ne pourra
cependant pas appeler à bon droit son âme elle-même ou son
corps lui-même homme ou Dieu »[3]. Lanfranc laisse au lecteur
le soin d'appliquer cette remarque au cas envisagé. Il y a une
réalité totale, le Christ « en lui-même », duquel on doit dire :
« Il n'a souffert qu'une seule fois ». Mais ce qui est vrai pour le
Christ « en lui-même », ne l'est pas pour l'un des composants
de l'être du Christ, pour son corps. Il est donc indéniable que,
pour Lanfranc, la chair du Christ est immolée réellement dans

---

531-532). Voir le canon XVIII du concile d'Agde (506) dans J. D. Mansi, *Sacrorum conciliorum nova et amplissima collectio*, VIII, Venise, 1776, col. 327,
ou sous une autre forme, dans Burchard de Worms, *Decreta*, II, LXXVI
(PL, t. CXL, 639 D) ; Anségise, *Caroli Magni, Ludovici et Lotharii imperatorum
capitularia*, II, 43 (PL, t. XCVII, 549-550). Voir également P. Browe, *Die
Pflichtkommunion im Mittelalter*, p. 27-45.

1. « Frustra ergo infers et dicis : « Si semel passus Christus in semetipso,
semel etiam in corpore suo, eo quod corpus suum nullo modo separari potest
a seipso ». Quod non procedit » (DC, 426 A 1-4).

2. Voir *supra*, p. 383-390.

3. « Multa quippe sunt in rebus, quae rerum partibus convenire non possunt.
Nam cum ipse Dominus Jesus verus Deus sit et verus homo, omnisque homo
constet anima rationali et corpore, non tamen anima ipsa aut ipsum corpus
recte vocabitur homo, vel Deus » (DC, 426 A 5-10).

l'eucharistie, immolation qui permet de dire que cette chair « souffre ». Il est non moins certain que l'auteur du *De corpore* situe cette immolation dans la communion, comme aussi dans le rite de la fraction.

On voit par là comment Lanfranc concilie « réalisme » et « sacramentalisme ». Bérenger, partant du *sacramentum*, croit, à travers lui, rejoindre la *res sacramenti*, ou corps du Christ. Lanfranc, partant de la *veritas carnis ac sanguinis*, organise le sacramentalisme eucharistique en s'appuyant sur la présence réelle de telle façon que son exposé concernant le *sacramentum* soit pour lui une raison supplémentaire d'affirmer le réalisme et même l'ultra-réalisme.

CHAPITRE XX

COMMUNION

I. Communion corporelle et communion spirituelle [1]

A plusieurs reprises, Lanfranc distingue deux façons de communier au Christ. Dans la communion qui se réalise « par la bouche du corps », on reçoit « corporellement » la chair et le sang du Christ ; dans celle qui s'effectue « par la bouche de l'esprit », on se nourrit « spirituellement » de la personne du Sauveur [2]. Le premier type de communion unit le fidèle à une réalité partielle, chair et sang [3], par laquelle, cependant, il est mis en relation corporellement avec « le corps même du Seigneur » [4]. Le second type de communion s'adresse au « Christ tout entier » [5].

1. Cette distinction entre communion corporelle et communion spirituelle n'est pas seulement une « distinction très pieuse », comme le disent les auteurs de l'article *Lanfranc* du *Dictionnaire de théologie catholique* [6], c'est la charnière de la pensée de l'abbé de Saint-Étienne de Caen sur l'eucharistie, l'aspect le plus révélateur de ce qui l'oppose à Bérenger et de ce qui, en même temps, l'en rapproche étrangement. Combien de fois, dans l'histoire des idées, n'a-t-on pas constaté que des adversaires irréductibles partaient en réalité de postulats communs, de schèmes philosophiques identiques ! Pour transcender leurs oppositions, il fallait trouver une autre philosophie, inventer d'autres instruments de pensée qui permettraient de tenir compte de l'âme de vérité de chacun des systèmes antagonistes. Une controverse

---

1. Cfr H. DE LUBAC, *Corpus mysticum*, chapitres VI et VII.
2. DC, 425 B 13-426 A 10, 429 A 12-430 A 9, 435 B 12-C 8 ; ELD, 533 A 3-4, 15-D 2.
3. DC, 425 C 3-4.
4. DC, 429 B 10-13.
5. DC, 425 C 4-7.
6. E. AMANN et A. GAUDEL, article *Lanfranc*, dans *Dictionnaire de théologie catholique*, VIII³, 1925, col. 2569.

doctrinale ne se réduit pas nécessairement tout entière au combat de la vérité et de l'erreur, de la foi et de l'hérésie. Dans le cas de la controverse eucharistique du XIe siècle, on s'est trop limité à cette vue sommaire, sans essayer de découvrir le malaise qui expliquait l'hérésie bérengarienne et qui rendait son apparition presque indispensable pour permettre à la foi de s'exprimer de façon plus adéquate. *Oportet et haereses esse* [1].

Lanfranc prend la défense de la présence réelle, mais c'est pour lui une présence locale, « corporelle », au sens physique du mot. La fraction de la réalité qui se trouve sur l'autel n'est pas seulement un symbole qui parle aux yeux, un pieux rappel de la passion du Seigneur ; c'est une immolation qui atteint la chair du Christ dans son être propre. D'où la nécessité d'imaginer une distinction entre cette « chair » et le « Christ en lui-même » désormais immortel. *Bérenger n'a pas connu d'autre formulation de la doctrine de la présence réelle,* et c'est contre elle qu'il s'élève, estimant que cette présence « sensuelle » d'un « morceau de la chair du Christ » ne peut s'accorder avec le dogme de la résurrection [2]. Pour que le corps du Christ reste intact au ciel et qu'il soit, en même temps, tout entier sur l'autel, seule une présence symbolique, « spirituelle », à partir du pain et du vin, lui paraît admissible [3]. Mais la doctrine qu'il croit retrouver dans les « écritures », si elle utilise des expressions traditionnelles [4], vide la croyance eucharistique de son contenu. Nous sommes dans une impasse : pour en sortir, il faudra qu'un lent travail creuse la distinction chère à Lanfranc entre « ce qui est vu », dans l'eucharistie, et « ce qui n'est pas vu » [5] et que, peu à peu, il la fasse coïncider avec une conception vraiment philosophique de la distinction aristotélicienne des accidents et de la substance. Quand ce travail sera achevé, on pourra dire (sans crainte de tomber dans l'hérésie bérengarienne) : *Signi tantum fit fractura* [6], formule qu'Humbert et Lanfranc auraient jugée, non sans raison à leur époque, incompatible avec la croyance

---

1. *I Cor.*, XI, 19, verset auquel nous donnons ici un sens accommodatice d'usage fort courant.
2. PE, 111, C ; EF, LXXXVII, 151/31-33-152/1-3.
3. PE, 110, A-B, E.
4. PE, 110 B-D, 111 A-D, etc.
5. DC, 409 A 14-15.
6. Extrait de la séquence *Lauda Sion* de la messe de la Fête-Dieu.

en la présence réelle, on pourra affirmer que, dans la communion, le Christ se donne « tout entier à chacun » [1] et qu'il est tout entier sous chaque parcelle de l'hostie [2]. L'apport d'une nouvelle philosophie aura permis de répondre aux objections de Bérenger tout en sauvegardant la foi, de passer de la notion d'une présence locale à celle d'une présence substantielle, désormais canonisée par le concile de Trente. Un retour en arrière est à jamais inconcevable ; si la pensée catholique a dû se contenter, pendant un certain temps, d'un véhicule inadéquat, elle n'a plus le droit de s'y laisser compromettre. La notion de présence substantielle est une acquisition définitive de la croyance eucharistique dont devront tenir compte les évolutions doctrinales ultérieures.

On commettrait un anachronisme en pensant que les objections de Bérenger contre la distinction établie par Lanfranc entre « ce qui est vu » et « ce qui n'est pas vu » dans l'eucharistie tombent aussi sur la distinction des accidents du pain et du vin, et de la substance du corps du Christ, telle que l'a élaborée saint Thomas. Une lecture attentive du *De sacra coena* montre le sens exact de la critique du maître tourangeau. Lanfranc parlait d'une « chair invisible », puisque cette chair n'avait pas sur l'autel ses apparences normales [3]. Bérenger conteste la justesse de cette expression : « Si ton visage était revêtu de la même couleur que celui d'un Éthiopien, on le verrait nécessairement en voyant cette couleur » [4]. L'opposition des deux controversistes est ici davantage dans les mots que dans la façon de se représenter les choses. Ailleurs, Bérenger refuse d'admettre que ce qui est sous les apparences, *subjectum*, puisse être détruit sans que les apparences, *quod in subjecto est*, le soient également [5].

---

1. *Corpus dominicum datum discipulis,*
   Sic totum omnibus, quod totum singulis (hymne des matines de la Fête-Dieu).
2. Voir le *Lauda Sion.*
3. DC, 424 A 2. Cfr 438 D 12.
4. « Te ipse dejicis nec attendis ; dicis portiunculam carnis post consecrationem esse sensualiter in altari, eam esse invisibilem asseris, quod tibi tamen nulla ratione licebat. Dicebas enim portiunculam illam carnis Christi panis esse colore adopertam, quod dicens asserere eam invisibilem non poteras, quia si supervestiatur facies tua colore Aethiopis, necesse est faciem tuam videri, si colorem illum constiterit videri » (DSC, 63/32-38). Voir *supra*, p. 193, note 3.
5. DSC, 106/21-31.

Ce qu'il attaque, ce n'est pas le changement substantiel entendu au sens aristotélico-thomiste, mais la conception d'une présence physique de la chair du Christ sur l'autel. En effet, la chair eucharistique telle que l'imagine Lanfranc n'est pas une « substance » pensée selon le mode péripatéticien : c'est une réalité matérielle dépourvue de son aspect habituel.

L'opposition fondamentale qui existe entre Bérenger et Lanfranc réside donc tout entière dans le fait que, pour ce dernier, l'eucharistie est présence physique, « corporelle » de la chair du Christ, alors que, pour le maître tourangeau, « en dehors de ce qui concerne le sacrement » [1], tout se passe « spirituellement » à la table sainte. Dans le débat qui les met aux prises, pour l'un comme pour l'autre, la notion de « corporel » inclut la réalité matérielle, et la notion de « spirituel » se réfère à ce qui est dans l'esprit. Ils n'ont pas l'idée de la présence « sacramentelle » telle que la théologie scolastique la redécouvrira, qui ne soit ni matérielle ni conceptuelle. Aussi, poussés par des impératifs différents, adoptent-ils des positions inconciliables, mais ils le font à partir de jugements identiques sur la structure de la réalité.

2. C'est ici qu'intervient la distinction entre communion corporelle et communion spirituelle. Si Lanfranc insiste sur la présence corporelle et sur la communion corporelle, il n'en accepte pas moins le principe d'une communion spirituelle. En accord avec les Pères du concile de Rome de 1059, qui se bouchaient les oreilles quand, dans les textes de Bérenger dont ils entendaient la lecture, il était question de « spiritualité » ou de « réfection spirituelle par le corps du Christ » [2], ce qu'il reproche au maître tourangeau, ce n'est pas d'affirmer qu'il existe une communion spirituelle, mais de ramener l'eucharistie à ce seul aspect. Il l'invite donc à opérer les distinctions nécessaires : « Si avec une prudence chrétienne tu distinguais ce qu'il faut prendre à la lettre et ce qu'il faut interpréter dans un sens spirituel, tu croirais, sans aucun doute, ... que la chair et le sang de notre Seigneur Jésus-Christ sont mangés par la bouche du corps et par celle de l'esprit, c'est-à-dire corporellement et

---

1. EF, LXXXVII, 152/2-3 ; DSC, 77/20, etc. Voir *supra*, p. 172-173.
2. DCS, 25/5-8, 30/21-24. Voir *supra*, p. 169-171.

spirituellement » [1]. Cette distinction sert de conclusion à la première partie du *De corpore et sanguine Domini*. Elle inspire la conclusion de la quatrième section, la plus importante de tout le traité. En démontrer le bien-fondé est l'objet de l'argumentation par *auctoritates* de la seconde partie : « Par ces témoignages extraits des paroles divines, ... il apparaît clairement, je pense, qu'à la table du Seigneur, c'est la vraie chair du Christ et c'est son vrai sang qui sont immolés, mangés, bus corporellement, spirituellement, incompréhensiblement » [2].

A vrai dire, Bérenger faisait usage d'une distinction analogue, puisqu'il voyait dans le rite de la manducation du pain et du vin consacrés le moyen sensible qui incite le communiant à adhérer spirituellement aux mystères du Christ [3]. Il y a, par conséquent, communion corporelle et communion spirituelle dans les deux doctrines adverses ; mais si, pour le maître tourangeau, le « sacrement », objet de la communion corporelle, reste du pain et du vin, il est, pour Lanfranc, la chair même et le sang du Christ.

La distinction que Lanfranc établit entre communion corporelle et communion spirituelle est donc une des pièces maîtresses de son exposé sur le sacrement de l'autel, elle est le point d'aboutissement de toute sa pensée. Nous pouvons reprendre ici ce que nous avons dit des trois niveaux de la doctrine eucharistique de l'abbé de Saint-Étienne de Caen [4]. Au premier niveau se situe la *veritas carnis ac sanguinis*. Au second niveau se place la « célébration » constituée par les rites de la fraction et de la communion : cette « célébration » est une immolation de la chair et du sang du Christ, qui rappelle la passion historique du Sauveur. Au troisième niveau s'exercent les sentiments d'union au Christ qui s'inspirent de cette « célébration ». La communion corporelle sert donc de tremplin à la communion

---

1. « Si ea quae ad litteram accipi, et ea quae spiritualiter oportet intelligi, Christiana cautela distingueres, procul dubio crederes... carnem scilicet ac sanguinem Domini nostri Jesu Christi, et ore corporis, et ore cordis, hoc est corporaliter ac spiritualiter manducari et bibi » (DC, 429 B 2-10).

2. « His divinorum eloquiorum testimoniis, ... clare, ut arbitror, innotescit quod vera Christi caro, verusque ejus sanguis in mensa Dominica immoletur, comedatur, bibatur, corporaliter, spiritualiter, incomprehensibiliter » (DC, 435 C 3-8).

3. DSC, 123/25-124/15. Voir *supra*, p. 146.

4. Voir *supra*, p. 342-345.

spirituelle non seulement, comme nous le verrons plus loin, en raison du complément d'efficacité intérieure que ces deux types de communion s'apportent mutuellement, mais aussi parce que le rite de la communion corporelle évoque les idées pieuses et suscite les élans de l'âme qui sont le propre de la communion spirituelle. Le passage de l'une à l'autre s'opère par le « sacrement ». Le sacramentalisme eucharistique de Lanfranc a, nous le savons, une face réaliste et, même, ultra-réaliste, et une face spiritualiste. Réaliste, il s'appuie sur le rite de la communion corporelle, immolation réelle de la chair du Christ. Spiritualiste, il évoque, à partir de ce rite, une multitude de pensées et, tout particulièrement, le souvenir de la passion du Sauveur, et il est, par conséquent, la base de la communion spirituelle. Aussi, comprend-on que la première partie du *De corpore* insistant sur la distinction entre *veritas carnis ac sanguinis* et *sacramentum* [1] se conclue par la distinction entre communion corporelle et communion spirituelle [2]. Ces deux distinctions sont dans le prolongement rigoureux l'une de l'autre. Et, pour Lanfranc, le reproche adressé à Bérenger de ramener toute l'eucharistie au sacramentalisme [3] n'est pas essentiellement différent de l'accusation de la réduire à son aspect spirituel [4].

Ce qui est commun, en effet, au sacramentalisme eucharistique de Lanfranc et à sa conception de la communion spirituelle, c'est précisément le caractère intellectualiste de l'un et de l'autre. Les mots *spiritualis* et *spiritualiter*, dans le *De corpore et sanguine Domini*, ont moins rapport à la nature des choses qui seraient spirituelles qu'aux opérations de la pensée qui appréhende les choses. Nous avons déjà vérifié cela à propos des expressions « chair et sang spirituels », « corps spirituel » [5]. La communion spirituelle concerne les dispositions de l'âme, ses affections pieuses. Or, la fonction du « sacrement » eucharistique est de mettre en branle les sentiments religieux [6]. Il y a, du reste, dans la doctrine de Lanfranc, une certaine confusion, que l'on retrouve aussi dans la doctrine de Bérenger, entre les évocations du « sacre-

---

1. DC, 415 A 9-15 annonçant les chapitres IX-XI sur la *veritas carnis ac sanguinis* et les chapitres XII-XV sur le *sacramentum*.
2. Chapitre XV et dernier tiers du chapitre XVII.
3. DC, 418 D 1-3.
4. DC, 440 B 7-C 3.
5. DC, 424 A 1-2, 438 D 12. Voir *supra*, p. 381-383.
6. DC, 422 C 4-6, 9-D 10. Cfr 416 B 15-C 2.

ment » et les fruits de la communion [1]. Le « sacrement » a pour but de rappeler la passion du Christ [2], de signifier la charité fraternelle [3]. La communion consiste, pour une part, à méditer la passion [4], à s'exciter à la charité fraternelle [5] ; son objet déborde, cependant, les limites des réalités évoquées par le « sacrement » : elle prolonge et amplifie les données « sacramentelles », particulièrement en amenant le fidèle à conformer sa vie avec ce que le « sacrement » lui a permis d'entrevoir [6]. C'est dire la richesse du « sacramentalisme » et du « spiritualisme » décrits par Lanfranc dans le *De corpore*, mais aussi leur indigence s'ils représentaient à eux seuls toute la doctrine eucharistique. Le Christ dans sa réalité totale est désormais au ciel [7]. L'évoquer par le « sacrement », s'unir à lui par la communion spirituelle, ce n'est pas entrer en contact réel avec son humanité : s'en tenir à cet aspect de l'eucharistie, c'est priver l'Église de sa sainte communion [8], c'est enlever au « sacramentalisme » et au « spiritualisme » eucharistiques le moyen de se réaliser vraiment. Lanfranc souligne ce point avec une justesse de vues dans laquelle se révèlent la perspicacité et la profondeur de sa foi. Nous trouvons ici la clef de son traité, nous tenons la vérité essentielle que Bérenger n'avait même pas entrevue. Dans la théologie eucharistique de Lanfranc, dépendante d'une philosophie rudimentaire, l'affirmation d'une communion corporelle sous une modalité que nous n'acceptons plus maintient un réalisme auquel l'Église ne cessera jamais d'adhérer de toute son âme. La communion spirituelle, au sens où l'entendent Bérenger et Lanfranc, ne suffit pas normalement à nous unir au Christ, elle ne peut à elle seule permettre à l'eucharistie de porter tous ses fruits. Il lui faut le complément de la communion corporelle : « L'une et l'autre façon de manger sont nécessaires, l'une et l'autre sont fructueuses, elles ont besoin l'une de l'autre

---

1. Voir *supra*, p. 138, 145.
2. DC, 415 A 11-12, 423 A 10-13, D 11-424 B 9, 425 A 6-13, B 13-C 2, 437 B 7-15, C 8-D 11, 440 B 12-15.
3. DC, 425 C 9-11 ; *Commentarii*, 189 nᵒ 15.
4. DC, 425 C 11-14, 429 B 13-C 13, 440 B 15-C 3 ; ELD, 533 B 5-C 5 ; *Commentarii*, 171, nᵒ 4.
5. DC, 425 C 9-11, 430 A 1-9 ; *Commentarii*, 189, nᵒ 15.
6. DC, 429 C 7-13, D 9-11, 430 A 3-5, 440 C 2-4 ; ELD, 533 B 8-11, C 12-D 2 ; *Commentarii*, 171, nᵒ 4, 189, nᵒˢ 14, 15, 405, nᵒ 3.
7. DC, 421 C 14-D 1, 422 B 7-9, 427 C 7-9, 430 C 7-9.
8. DC, 413 B 9-10.

pour produire un bon résultat »[1]. C'est ce que nous allons préciser dans les pages suivantes.

II. Nécessité de la communion corporelle et de la communion spirituelle

1. *Nécessité de la communion corporelle*

Écrivant à Dunan, évêque de Dublin, Lanfranc s'efforce de résoudre le problème posé par cette déclaration du Christ : « Si vous ne mangez la chair du Fils de l'homme et si vous ne buvez son sang, vous n'aurez pas la vie en vous »[2]. Prise dans son sens littéral, elle permet de douter indistinctement du salut de tous les fidèles qui meurent sans avoir jamais reçu le sacrement de l'eucharistie, elle met donc en question l'avenir éternel des enfants qui, en cas de danger de mort, reçoivent le baptême de la main d'un laïc et rendent le dernier soupir avant que le prêtre ait eu le temps d'intervenir pour leur donner la communion[3].

Pour Lanfranc, la nécessité de manger la chair du Christ et de boire son sang afin d'avoir la vie éternelle englobe normalement la communion corporelle et la communion spirituelle[4]. Cependant, s'il s'agit de la communion corporelle, cette nécessité ne concerne pas tous les fidèles sans distinction. L'Église considère, par exemple, que, même s'ils n'ont pas reçu le baptême (et, à fortiori, l'eucharistie), les martyrs sont sauvés ; le Christ a dit en effet : « Celui qui m'aura rendu témoignage devant les hommes, à mon tour je rendrai témoignage de lui devant mon Père qui est dans les cieux »[5]. De même, les canons ecclésiastiques ne situent pas hors de la communauté chrétienne les enfants baptisés morts sans avoir communié[6].

Lanfranc donne une justification indirecte de la position adoptée par l'Église sur ce point. Si la réception de l'eucharistie était absolument nécessaire pour le salut, le Seigneur, qui est

---

1. « Utraque comestio necessaria, utraque fructuosa. Altera indiget alterius, ut boni aliquid operetur » (DC, 425 C 14-D 2).
2. *Jn.*, VI, 53. Voir *supra*, p. 326-331.
3. ELD, 532 C 7-9, 533 A 11-15.
4. ELD, 533 A 15-B 5.
5. *Matth.*, X, 32.
6. ELD, 533 A 5-15.

la Vérité même, n'aurait pas été véridique en disant : « Celui qui croira et sera baptisé, sera sauvé » [1]. Par ailleurs, l'Écriture atteste que le baptême suffit à effacer les péchés [2].

Sans doute, de tels arguments pouvaient rassurer pleinement l'évêque de Dublin et ses ouailles, mais ils n'expliquent pas comment la possibilité d'un salut obtenu sans la réception de l'eucharistie se concilie avec la déclaration formelle de Jésus : « Si vous ne mangez la chair du Fils de l'homme et si vous ne buvez son sang, vous n'aurez pas la vie en vous ». Implicitement, Lanfranc, écrivant à l'évêque de Dublin, fait entendre que ce qui ne peut se réaliser corporellement trouve un équivalent spirituel [3].

Si elles étaient indubitablement authentiques, les dernières lignes du *Sermo sive sententiae* compléteraient de façon très heureuse l'argumentation que la lettre à Dunan laisse inachevée. Nous avons dit que ces lignes sont empruntées presque littéralement à Fulgence de Ruspe. Il est assez douteux que Lanfranc soit l'auteur de cet emprunt. Rappelons cependant la solution que Fulgence apporte au problème posé dans la lettre à l'évêque irlandais : en recevant le baptême, le fidèle est établi dans l'unité du Corps du Christ, entendu au sens ecclésial, et, de ce fait, même s'il meurt avant d'avoir pu communier, il n'est pas privé de la participation à l'eucharistie, puisqu'il a en lui ce que signifie (et procure) ce sacrement [4].

Si la communion corporelle n'est pas indispensable dans tous les cas pour le salut, il est néanmoins très avantageux que tous, à tout âge, trouvent un réconfort dans la réception du corps et du sang du Seigneur [5]. La communion spirituelle ne peut normalement se réaliser sans l'appui de la communion corporelle. C'est pourquoi la tradition considère qu'on ne doit pas, en règle générale, se passer de l'eucharistie, comme en témoignent notamment saint Ambroise et saint Cyprien lorsqu'ils commentent l'expression « pain quotidien » de l'oraison dominicale [6], comme le prouvent aussi ce verset de l'Évangile :

---

1. *Mc.*, XVI, 16.
2. ELD, 532 C 13-D 13.
3. ELD, 533 A 3-4.
4. Voir *supra*, p. 338-340. Cfr DC, 425 C 9-11 ; *Commentarii*, 189, n° 15.
5. ELD, 532 C 10-13.
6. Voir *supra*, p. 414, note 3.

« Si vous ne mangez la chair du Fils de l'homme et si vous ne buvez son sang, vous n'aurez pas la vie en vous » [1], et les canons ecclésiastiques qui ordonnent à tous les fidèles de recevoir le sacrement du corps du Christ [2] excepté dans le cas où, en raison de fautes particulièrement graves, certains d'entre eux auraient des motifs de s'en abstenir, suivant la coutume des pénitents, conformément à la décision de leur évêque [3]. Le principe formulé par Lanfranc, à partir de la déclaration du Christ qui posait un problème à l'évêque de Dublin, est donc le suivant : que tout fidèle dont l'intelligence est apte à discerner le divin mystère mange et boive la chair et le sang du Christ non seulement avec la bouche du corps, mais aussi avec l'amour et le goût qui sont l'œuvre de l'esprit [4]. En énonçant ce principe, Lanfranc cherche uniquement à délimiter les obligations qui incombent aux chrétiens en matière de pratique eucharistique. Il situe sur un tout autre plan la coutume d'après laquelle en Irlande on administrait la communion aux enfants qui n'avaient pas encore atteint l'âge de raison : cette coutume est louable, mais elle ne présente aucun caractère de nécessité [5].

2. Nécessité de la communion spirituelle

Si la communion spirituelle trouve un appui dans la communion corporelle, celle-ci de son côté ne peut se passer de la première. Ces deux formes de communion sont nécessaires, elles sont toutes deux fructueuses, mais elles s'appellent l'une l'autre pour produire un bon résultat. Si, par exemple, la communion spirituelle faisait défaut, la communion corporelle non seulement n'effacerait pas les péchés, mais elle augmenterait la culpabilité de celui qui recevrait le corps du Christ dans de mauvaises dispositions : « En effet, celui qui mange et boit indignement, mange et boit sa propre condamnation » [6]. Aussi, Lanfranc insiste-t-il sur la nécessité de communier à la fois « vraiment »,

---

1. *Jn.*, VI, 53.
2. Les *Decreta* précisent à ce sujet quelques règles particulières concernant les moines : *supra*, p. 337.
3. DC, 425 C 14-D 2, 6-426 A 1. Voir également le *De celanda confessione* : *supra*, p. 338.
4. ELD, 533 A 15-B 5 sq.
5. ELD, 532 C 10-13.
6. *I Cor.*, XI, 29. Voir DC, 425 C 14-D 15 (ponctuer : *Nam prior, si desit posterior, non...*) ; *Commentarii*, 195, n° 25.

c'est à dire corporellement ; et « salutairement », c'est-à-dire avec les dispositions intérieures qui permettent de tirer de l'eucharistie tous ses effets utiles « pour le salut » [1].

Dans ces perspectives, il distingue deux façons de comprendre la *veritas carnis ac sanguinis* [2]. Même pour les pécheurs qui reçoivent l'eucharistie indignement, la chair et le sang du Christ sont vrais dans leur essence, sinon dans leur efficience bienfaisante. Par contre, pour ceux qui s'approchent du sacrement de l'autel avec des sentiments de générosité, la chair et le sang du Christ sont vrais de toutes les manières : vrais par leur présence et vrais aussi par leurs effets salutaires et, notamment, par la rémission des péchés [3]. Cette présence à la fois réelle et efficace de la chair et du sang du Christ dans l'eucharistie a donc un aspect relatif, puisque, pour une part, elle dépend de l'attitude de celui qui communie. Lanfranc trouve la mention de cette relativité dans certains textes de la liturgie et des Pères. Ainsi, au canon de la messe, le prêtre dit : « Afin que (cette offrande) devienne *pour nous* le corps et le sang de votre très cher Fils, notre Seigneur Jésus-Christ ». « Pour nous, glose Lanfranc, c'est-à-dire pour ceux qui croient et qui communient de telle façon qu'ils soient dignes de ta miséricorde » [4]. Saint Grégoire dit également dans le quatrième livre de ses *Dialogues :* « Il sera *pour nous* une vraie victime offerte à Dieu, quand nous aurons fait de nous-mêmes une victime » [5]. S'appuyant sur *I Cor.,* X, 17, Lanfranc montre que le calice de bénédiction et le pain qui est brisé sur l'autel deviennent pour celui qui communie *(accipienti, pro te)* la chair et le sang du Christ, lorsque, par la charité, celui qui s'approche de la sainte table participe vraiment à ce que signifie l'eucharistie, lorsque la charité qui est le ciment de l'unité lui permet de se fondre dans la

---

1. DC, 419 B 2-5, 427 C 5-6, 433 D 10-11, 437 A 12, 438 D 11-12 ; ELD, 533 B 11-12.

2. Cfr H. DE LUBAC, *Corpus mysticum*, chapitre IX.

3. DC, 436 C 5-437 A 4.

4. « In canone missae sacerdos dicit : *Ut nobis corpus et sanguis fiat dilectissimi Filii tui Domini nostri Jesu Christi*, nobis, inquam, id est credentibus, et misericordia tua digne sumentibus » (DC, 436 C 11-15). Cfr DSC, 159/28-160/1 ; PE, 110 B. Voir H. DE LUBAC, *Corpus mysticum*, p. 188, note 175.

5. « Sanctus Gregorius in quarto *Dialogi* libro : *Tunc vera pro nobis Deo hostia erit, cum nosmetipsos hostiam fecerimus* » (DC, 436 D 3-5). Cfr GRÉGOIRE LE GRAND, *Dialogorum libri*, IV, LIX : PL, t. LXXVII, 428 A.

communauté ecclésiale et donc de réaliser ce que symbolise la communion de tous les fidèles au même pain et au même corps [1].

Lanfranc exprime la même idée sous une autre forme, quand, avec saint Augustin, il distingue dans l'eucharistie le *visibile sacramentum*, reçu extérieurement, broyé par les dents, et la *virtus sacramenti*, qui suppose que le rite de la manducation est accompagné d'aspirations spirituelles sans lesquelles le *sacramentum* serait inefficace. La *virtus sacramenti*, c'est la charité par laquelle les fidèles en s'efforçant d'être le Corps (ecclésial) du Christ montrent qu'ils ont compris le corps (eucharistique) du Christ, et en ayant la volonté de vivre de l'Esprit du Christ deviennent le Corps du Christ [2].

III. Contenu de la communion spirituelle

La communion spirituelle est l'ensemble des dispositions intérieures qui permettent à celui qui reçoit la chair et le sang du Christ « par la bouche du corps » de se nourrir en même temps du Seigneur « par la bouche de l'esprit » [3]. Mais elle comprend aussi les grâces qui découlent de cette bonne réception de l'eucharistie. Lanfranc englobe donc dans la notion de communion spirituelle plusieurs sortes de réalités que, pour la commodité de l'exposé, nous distinguerons un peu artificiellement : 1. les conditions préalables à une bonne communion, 2. les sentiments qui doivent inspirer celui qui communie, 3. les effets de la communion.

1. *Conditions préalables à une bonne communion*

Pour que la communion porte ses fruits, il faut recevoir le corps du Christ avec foi [4] et ne pas entretenir d'attache au péché [5]. Il y a, du reste, un lien entre ces deux dispositions spirituelles : celui qui vit délibérément dans le péché, manifeste

---

1. *Commentarii*, 189, n° 15. Voir *supra*, p. 333, note 3.
2. DC, 429 D 7-430 A 9. Cfr Augustin, *Tractatus in Joannem XXVI*, VI, 11-13 : PL, t. XXXV, 1611-1613.
3. DC, 429 B 7-C 13.
4. DC, 436 C 11-14.
5. DC, 429 D 9-11 ; *Commentarii*, 171, n° 4, 399, n° 14.

qu'il ne croit pas vraiment que le sang du Christ est capable de le purifier [1].

C'est comme un pauvre invité à la table d'un riche que le fidèle doit s'approcher du sacrement de l'eucharistie, et il lui faut se mettre dans un état d'âme tel qu'il puisse être rassasié [2].

Enfin, il convient que celui qui se nourrit du corps du Christ pratique la sobriété [3].

2. *Sentiments qui doivent inspirer celui qui communie*

Si, dans la communion corporelle, le fidèle reçoit « corporelle- ment » la chair et le sang du Christ, dans la communion spiri- tuelle il adhère « spirituellement » au « Christ tout entier » : la communion spirituelle est donc un élan de l'âme vers le Sau- veur, une aspiration à la vie éternelle, laquelle ne fait qu'un avec le Fils de Dieu [4].

D'une façon plus précise, prenant appui sur la célébration eucharistique qui, dans les rites de la fraction et de la communion, est un rappel de la passion du Seigneur, la communion spirituelle consiste, pour une très grande part, à revivre les souffrances endurées par le Christ pour notre salut [5] et à s'inspirer de cette méditation dans la pratique de la vie : le communiant doit mettre ses pas dans les pas du Christ, être prêt à mourir pour lui, et mortifier sans cesse la chair avec ses vices et ses mauvais désirs [6]. Avec la passion, ce sont aussi les autres mystères de la rédemption qui sont l'objet d'une réflexion savoureuse : l'incarnation, la résurrection, l'ascension, le retour du Seigneur

---

1. *Commentarii*, 399, n° 15, qui concerne le sacrement de pénitence, mais le propos est valable aussi pour l'eucharistie.

2. DC, 429 C 5-7, 12-13.

3. *Commentarii*, 405, n° 3.

4. DC, 425 C 4-7.

5. DC, 425 C 11-14, 429 B 15-C 3, 440 B 15-C 3 ; ELD, 533 B 5-7, 13-C 5. On notera l'importance attachée par Lanfranc à la *memoria* comme activité spirituelle (DC, 425 C 11, 429 B 15, 440 B 13 ; ELD, 533 C 3 : cfr *Commentarii*, 129, n° 2, 306, n° 13). Voir aussi la lettre XLV de Lanfranc à Gilbert Crispin (et non à Gondulf : voir J. A. ROBINSON, *Gilbert Crispin, abbot of Westminster*, p. 9, note 2) dans PL, t. CL, 541 A 15-B 2 : « Crucem cum reliquiis, fraternatis tuae oculis dum missam celebras conspiciendam, tibi transmitto ». Sur le culte de Lanfranc pour la croix, consulter P. H. BRIEGER, *England's contribution to the origin and development of the triumphal Cross*, dans *Mediaeval studies*, t. IV, 1942, p. 85-96.

6. DC, 429 C 7-13, 437 D 5-11, 440 C 1-3 ; ELD, 533 B 8-12.

à la fin des temps [1]. Intervient encore le rappel des préceptes du Christ [2] et, tout particulièrement, du précepte de la charité, dont l'eucharistie est le signe [3].

A l'évocation des sentiments qui doivent inspirer celui qui reçoit le corps du Christ Lanfranc donne une certaine tonalité affective dans laquelle transparaît discrètement toute la tendresse de sa piété personnelle [4].

3. *Effets de la communion*

La réception fructueuse des sacrements résulte de deux facteurs que la théologie a dénommés *ex opere operato* et *ex opere operantis*. Dans l'eucharistie, l'*ex opere operato*, c'est la grâce propre de ce sacrement, celle qui découle de la communion corporelle, du contact avec l'humanité du Sauveur [5], l'*ex opere operantis*, ce sont les bonnes dispositions du communiant qui permettent à celui-ci de ne pas opposer d'obstacle à la grâce. Si ces deux facteurs sont réunis, l'eucharistie produit tout son effet ou *virtus sacramenti*. Quand il décrit la communion spirituelle, Lanfranc ne distingue pas les bonnes dispositions du sujet qui communie de l'achèvement donné par Dieu au mouvement de l'âme par la grâce proprement sacramentelle ; pour lui, la *virtus sacramenti* fait partie de la communion spirituelle [6]. A vrai dire, il est difficile de délimiter la part de Dieu et la part de l'homme dans une rencontre où Dieu suscite lui-même la réponse de l'homme à ses avances. Il y a, cependant, des effets de la communion où l'intervention de Dieu est plus exclusive et plus manifeste ; c'est la raison pour laquelle nous les avons rangés dans une catégorie propre.

Parmi ces effets, Lanfranc met particulièrement en valeur la rémission des péchés, que la miséricorde divine accorde au

---

1. DC, 429 C 1-5 ; ELD, 533 B 5-8.

2. DC, 425 C 7-9.

3. DC, 425 C 9-11, 430 A 1-9. Cfr *Commentarii*, 189 n° 15.

4. DC, 419 B 3-4, 425 C 7-11, 429 B 14 ; ELD, 533 B 4-6, C 3.

5. Cfr *Commentarii*, 304, n° 22 : « (Christus), Ecclesia congregata, quasi sponsae sponsus adhaesit, cum qua unitus est in carne una ; quia carnem quam de Virgine sumpsit, in missa et celebritatibus, quotidie Ecclesia sumit » (nous avons corrigé *unigenitus* de la PL en *unitus*). Voir aussi DC, 430 C 12-13 (cfr 437 A 8-9, 432 C 7-8) : l'eucharistie nous donne part à la *gratia* et à la *virtus* du Christ.

6. DC, 429 B 13-C 13, D 7-430 A 9.

communiant bien disposé [1]. Il dit aussi, à plusieurs reprises, que la chair du Christ est un pain céleste, pain qui rassasie l'âme et lui procure la substance de la vie éternelle [2] ; quant au sang du Christ, c'est un vin qui enivre et réjouit les cœurs des serviteurs de Dieu [3]. Enfin, on notera que Lanfranc, citant saint Augustin, ne fait mention de la *virtus sacramenti* qu'à propos de la charité fraternelle : si la charité envers le prochain est une des conditions indispensables pour recevoir utilement le corps du Christ, elle est, davantage encore, le fruit de la communion, le résultat le plus tangible d'une bonne réception de l'eucharistie [4].

L'eucharistie est donc salutaire pour celui qui s'en approche dignement [5]. Par contre, lorsqu'elle est reçue dans de mauvaises dispositions, loin d'effacer les péchés, elle les augmente : « Celui qui mange et boit indignement, mange et boit son propre jugement [6] ». Il a reçu le corps du Christ [7], mais il a part seulement à son essence, non à son efficience bienfaisante [8]. Judas a reçu le « sacrement du Seigneur », c'est-à-dire le corps même du Christ [9], mais parce qu'il l'a pris de bouche, non de cœur, il a subi une sentence de damnation [10].

* * *

En définitive, l'eucharistie a pour but d'unir l'Église à celui qui par l'incarnation a voulu devenir l'un d'entre nous. L'aspect spirituel et l'aspect réaliste n'y sont pas plus séparables que ne l'est le Verbe de l'humanité qu'il a assumée. Bérenger, certes, a fortement insisté sur le réalisme de l'incarnation, mais, dans la même mesure, il niait le réalisme de l'eucharistie. Lanfranc, en

---

1. DC, 419 B 2-5, 424 A 14-15, B 3-5, 425 D 2-5, 436 C 5-15.
2. DC, 416 C 8-D 2, 419 A 11-B 2, 425 A 6-7, D 7-8, 429 C 5-7, D 9-13, 438 D 8-13.
3. DC, 419 B 2-5.
4. DC, 429 D 11-430 A 9. Voir *supra*, p. 428, note 2.
5. DC, 424 A 6, 425 C 11, 427 C 5-6, 433 D 11 (cfr 433 B 6-7), 436 D 8, 14, 437 A 12 ; ELD, 533 B 11.
6. *I Cor.*, XI, 29. Voir DC, 425 D 2-5, 429 D 4-5, 436 C 15-D 2, 437 A 3-4.
7. DC, 429 C 13-D 6.
8. DC, 436 D 5-8.
9. DC, 436 D 8-437 A 4.
10. ELD, 533 C 14-D 2. Cfr DC, 429 D 7-430 A 1 ; *Commentarii*, 189, n⁰ 15, 195, n⁰ 25, 399, n⁰ 14.

dépit de formulations outrancières, a fait preuve d'un sens religieux plus profond lorsque, dans la ligne de la grande tradition biblique, il a comparé à l'union des époux l'union du Christ et de l'Église dans l'eucharistie : « Le Christ s'est attaché à l'Église comme l'époux à l'épouse, à laquelle il s'est uni en une seule chair, puisque chaque jour, dans les messes et les célébrations liturgiques, l'Église prend la chair qu'il a prise de la Vierge »[1].

_____

1. Voir *supra*, p. 430, note 5.

CONCLUSION

Après avoir, au long de cette étude, confronté la doctrine eucharistique de Bérenger et celle de Lanfranc, il nous faut, pour expliquer les prises de position des deux adversaires, essayer de dégager les tendances profondes de la personnalité intellectuelle de l'un et de l'autre. Nous nous efforcerons ensuite de situer la place de Lanfranc dans l'histoire de la théologie eucharistique et de préciser son rôle dans le développement du dogme. Enfin nous nous demanderons si les résultats de nos investigations permettent d'éclairer la distinction établie par Jean XXIII entre « la substance de la doctrine antique contenue dans le dépôt de la foi » et la « formulation dont elle est revêtue » [1] ; cette distinction est, on le sait, apte à faciliter grandement le dialogue œcuménique.

Mais nous croyons utile de donner au préalable un résumé de notre précédent exposé sur la doctrine eucharistique de Lanfranc.

I. La doctrine eucharistique de Lanfranc

La doctrine eucharistique de Lanfranc se présente comme une construction à trois étages ou niveaux.

Au premier niveau est affirmée la présence sur l'autel de la chair et du sang du Christ voilés par les apparences du pain et du vin.

Au second niveau est évoquée la célébration sacramentelle : immolation de la chair et du sang du Christ dans les rites de la fraction et de la communion, elle est un rappel de la passion du Sauveur.

Au troisième niveau est mentionnée la communion spirituelle, laquelle trouve un appui dans la communion corporelle en raison des sentiments suggérés par celle-ci en tant qu'immolation

---

1. Voir *infra*, p. 480-481.

sacramentelle (voir le second niveau) et des grâces que procure la réception du vrai corps et du vrai sang du Christ (voir le premier niveau).

A. Présence réelle

C'est au premier niveau essentiellement que s'établit l'opposition de Lanfranc et de Bérenger. Certes, pour ce dernier, il y a bien « conversion » dans l'eucharistie, en ce sens que la consécration fait du pain et du vin des « sacrements », mais la nature de ce pain et de ce vin reste inchangée. Pour Lanfranc, au contraire, le pain et le vin deviennent le corps et le sang du Christ, ou plus exactement la chair et le sang du Christ, affirmation à laquelle l'auteur du *De corpore et sanguine Domini* donne un caractère nettement paschasien lorsqu'il précise que *cette chair et ce sang sont ceux mêmes que le Christ a pris de la Vierge Marie*, la chair et le sang du corps historique du Sauveur, du corps qui a souffert sur la croix et qui réside maintenant au ciel.

Lanfranc professerait-il le capharnaïtisme, erreur de certains disciples du Christ qui, à Capharnaüm, avaient interprété dans un sens grossièrement matériel les paroles de Jésus annonçant qu'il donnerait sa chair à manger et son sang à boire ? Il s'en défend en apportant deux correctifs au réalisme eucharistique auquel il donne son adhésion.

1. Il insiste d'abord sur le fait qu'à la table sainte nous ne recevons pas la chair et le sang du Christ sous leurs apparences normales, et ceci pour que la foi ait à s'exercer et que les sens ne soient pas offusqués. Cette *distinction entre ce qui se voit dans l'eucharistie, c'est-à-dire les apparences du pain et du vin, et ce qui ne se voit pas, c'est-à-dire la chair et le sang du Christ*, est le leitmotiv du *De corpore et sanguine Domini*, la réplique adéquate aux négations des bérengariens, qui, jugeant d'après le témoignage des sens, ne veulent pas admettre le « mystère » de la présence réelle. Seul l'esprit, seule l'intelligence éclairés par la foi sont capables de pénétrer ce mystère ; aussi Lanfranc applique-t-il à la chair et au sang présents sur l'autel les qualificatifs « invisibles, intelligibles, spirituels ».

A ce propos, il formule une autre distinction, d'un grand intérêt. Les paroles de la consécration entraînent la conversion des « essences principales » du pain et du vin ; néanmoins, ce pain et ce vin subsistent dans leurs « essences secondaires », ou équivalemment dans un certain nombre de déterminations extérieures, de qualités, qui affectent la vue, le goût et le toucher. C'est donc dans leurs « essences principales » uniquement que le pain et le vin sont changés en la nature ou « essence » du corps du Christ. Mais Lanfranc ne précise pas que ce changement aboutisse aux seules « essences principales » du corps du Seigneur. L'on doit donc penser que, pour lui, les apparences du pain et du vin recouvrent à la fois les « essences secondaires » (= apparences) et les « essences principales » de ce corps. De fait, il déclare que si, par suite d'un miracle, était arrachée l'enveloppe des choses visibles et corruptibles qui voile la chair et le sang du Christ, ceux-ci se montreraient tels qu'ils sont, sous les yeux des fidèles.

2. Autre mise au point par laquelle Lanfranc veut s'opposer aux outrances du capharnaïtisme et pense répondre efficacement à la principale objection de Bérenger, qui accusait les défenseurs du réalisme eucharistique de mettre en cause la résurrection du Christ : l'auteur du *De corpore et sanguine Domini* assure que le fait de manger la chair et le sang du Christ se concilie fort bien avec cette autre donnée de la foi qui veut que le corps du Sauveur demeure au ciel dans son immortalité et dans son impassibilité. En effet, *il distingue une réalité partielle présente sur l'autel, chair et sang du Christ, et une réalité totale résidant au ciel, « le Christ en lui-même »* ; la réalité totale du ciel demeure intacte, même si une part authentique de son être subsiste en dehors d'elle ; la « chair » du Christ peut même être brisée et immolée par les mains du prêtre, elle peut souffrir, sans pourtant que « le Christ » cesse de jouir de la gloire de sa résurrection.

Lanfranc oppose donc l'eucharistie à la fois comme « chair », c'est-à-dire comme réalité partielle, et comme « chair invisible », c'est-à-dire comme réalité cachée, au Christ tel qu'il était dans sa passion et tel qu'il est à présent dans son éternité. Sur l'autel se trouvent « la chair et le sang invisibles, intelligibles, spirituels ». Au ciel, comme autrefois sur la croix, réside le Christ en personne ; c'est ce Christ qui a été immolé au Calvaire « dans la manifestation de son corps et la distinction de tous ses membres », « visible, palpable, mortel », et qui siège désormais à la droite du Père, « visible, palpable, manifestement plein de la grâce de toutes les vertus et de la majesté divine ».

B. SACRAMENTALISME EUCHARISTIQUE

Au deuxième et au troisième niveaux de sa doctrine eucharistique, qui concernent le sacramentalisme et la communion spirituelle, Lanfranc rejoint ou, du moins, pense rejoindre les exposés de son adversaire. Mais il estime superficielle cette coïncidence, car le sacramentalisme et le spiritualisme eucharistiques tels qu'il les conçoit s'exercent à partir d'une immolation de la chair et du sang du Christ dans une communion réelle à cette chair et à ce sang, ils ont donc une tout autre consistance que le sacramentalisme et le spiritualisme eucharistiques prônés par le maître tourangeau, lesquels n'appréhendent que du pain et du vin.

A l'imitation de Bérenger, Lanfranc développe sa doctrine du sacramentalisme eucharistique en utilisant la définition augustinienne du sacrement entendu comme un signe sacré. *La chair et le sang du Christ présents sur l'autel font eux-mêmes office de « sacrement » lorsqu'ils sont immolés dans les rites de la fraction et de la communion.* En effet, la « célébration » liturgique ainsi accomplie évoque et signifie un certain nombre de réalités, à savoir la passion du Sauveur, la miséricorde divine, la concorde et l'unité ; elle établit une ressemblance entre la chair et le sang immolés dans le sacrifice de la messe, et le Christ immolé sur la croix, ressemblance qui fonde le sacramentalisme eucharistique en *faisant de cette chair et de ce sang le signe du « Christ en lui-même »*, de celui qui a subi la passion au Calvaire et qui réside maintenant au ciel à la droite du Père.

Des considérations qui précèdent (dans les § A et B) il découle que la « chair » du Christ présente sur l'autel peut-être appelée « corps » du Christ à un double titre. D'une part, elle est « essentiellement » la même chose que ce corps, même si elle en diffère considérablement par les qualités : en s'exprimant ainsi Lanfranc se situe au niveau de la présence réelle (voir § A). D'autre part, la « chair » eucharistique, qui est le signifiant ou « sacrement », est en quelque sorte, c'est-à-dire métaphoriquement, le « corps » du Christ, qui est le signifié ou « chose du sacrement », elle peut donc en prendre le nom : ici Lanfranc envisage donc le transfert d'appellation au niveau du sacramentalisme (§ B). Sur ce plan sacramentel, ce qui est dit de la chair eucharistique doit être dit équivalemment de l'immolation de cette chair : cette immolation, dénommée « mystère », peut prendre le nom de la « chose du mystère », c'est-à-dire être appelée mort, passion, crucifixion du Christ, non parce qu'elle réalise à nouveau la mort du Sauveur mais parce qu'elle la signifie. Il se trouve qu'on a mal compris cette dernière précision ; faute notamment d'avoir saisi la distinction établie par Lanfranc entre la « chair » présente sur l'autel, objet de l'immolation liturgique, et le corps du Christ « en lui-même », objet de la passion, on y a vu une atténuation de ce que l'expression *ipsa carnis ipsius immolatio* comportait de trop brutalement réaliste. En fait, dans la pensée de Lanfranc, l'immolation qui résulte des rites de la fraction et de la communion est si véritable qu'elle oblige à admettre que le corps du Christ souffre chaque jour sur les autels ; par contre, « le Christ en lui-même » n'a subi la passion qu'une seule fois, il est ressuscité et il est désormais à l'abri de toute vicissitude.

On notera que si Lanfranc a emprunté à Bérenger la définition augustinienne du sacrement entendu comme un signe sacré, il a, *mutatis mutandis*, attribué indûment à son adversaire la façon dont lui-même concevait l'application de cette définition à l'eucharistie. Selon lui, pour le maître tourangeau le pain et le vin de l'autel (et non la chair et le sang du Christ) seraient le matériau de la « célébration » sacramentelle : celle-ci dans le rite de la fraction et de la communion évoquerait la crucifixion du corps du Christ au Calvaire et l'effusion de son sang ; et, de ce fait, le pain et le vin devenus les symboles du corps du Christ prendraient le nom de la réalité qu'ils symbolisent, en vertu du transfert d'appellation que nous avons mentionné ci-dessus. Or, ce sacramentalisme de célébration est étranger à la pensée de l'écolâtre de Saint-Martin de Tours, qui enseigne un sacramentalisme de consécration : pour Bérenger, les paroles de l'institution eucharistique prononcées par le prêtre, sans changer la nature des nourritures terrestres que sont le pain et le vin, leur confèrent une valeur religieuse en les habilitant à être le symbole de l'humanité du Christ, le signe du vrai Pain de vie ; ainsi, le pain et le vin consacrés sont en quelque sorte, c'est-à-dire métaphoriquement, le corps du Christ et peuvent en prendre le nom.

C. COMMUNION SPIRITUELLE

A un troisième niveau Lanfranc situe la communion spiri-tuelle. *Cette communion fait participer le fidèle bien disposé au mystère évoqué par l'action sacramentelle.* Elle s'appuie sur la communion corporelle de deux façons : d'une part c'est dans la communion corporelle, et dans la fraction qui la précède, qu'est actualisé le sacrifice du Christ avec toutes ses harmoniques, sacrifice auquel le chrétien doit s'associer durant la sainte messe pour communier spirituellement, d'autre part la communion corporelle en unissant le chrétien à l'humanité du Sauveur lui procure les grâces qui le rendront capable de traduire en résolutions généreuses les sentiments que met en branle l'action sacramentelle. Ces deux formes de communion sont nécessaires pour que l'eucharistie porte tout son fruit, car, sans la communion spirituelle, la communion corporelle non seulement n'efface pas les péchés mais elle en fait commettre d'autres ; de même, la communion spirituelle ne peut pas normalement se réaliser sans l'appui de la communion corporelle. Cette dernière n'est, cependant, pas indispensable dans tous les cas ; et l'affirmation du Christ : « Si vous ne mangez la chair du Fils de l'homme et si vous en buvez son sang, vous n'aurez pas la vie en vous », ne doit pas être prise en un sens absolu en ce qui concerne la communion *ore corporis.* En effet, les martyrs sont comptés au nombre des bienheureux, alors même qu'ils n'auraient pas été baptisés ; et les enfants baptisés qui meurent sans avoir reçu l'eucharistie, ne sont pas pour autant privés du salut éternel. Par ailleurs, sur décision épiscopale, des chrétiens s'abstiennent de communier en signe d'expiation pour des fautes très graves. Compte tenu des exceptions, l'obligation de recevoir le corps du Christ se ramène au principe suivant : Que tout fidèle capable de discerner le divin mystère par l'intelligence mange et boive la chair et le sang du Christ non seulement avec la bouche du corps mais aussi avec l'amour et le goût qui sont l'œuvre de l'esprit.

Il faut remarquer qu'en parlant de communion spirituelle Lanfranc ne distingue pas clairement les effets qui découlent d'une bonne réception de l'eucharistie *(= ex opere operato)* des dispositions initiales dont doit faire preuve celui qui s'approche de la sainte table s'il veut que sa communion soit fructueuse *(= ex opere operantis).*

Parmi les facteurs de la communion spirituelle, Lanfranc met en relief la charité fraternelle, ciment de l'unité dans le corps ecclésial. Le type de sacramentalisme dont relève la charité fraternelle est distinct de celui qui prend appui sur l'immolation de la chair du Christ ; il est, néanmoins, lié, lui aussi, au rite de la communion : de même que le pain réunit des grains multiples, et le corps, des membres divers, ainsi l'Église trouve dans la communion des fidèles au même pain eucharistique et au même corps du Christ le symbole et la source de son unité, dont la charité est le lien.

Lanfranc ne méconnaît pas, dans la doctrine eucharistique de Bérenger, l'existence d'une communion spirituelle, qui reste sur un plan purement psychologique et manque de l'efficacité procurée par la réception de la vraie chair et du vrai sang du Christ. Attribuant à Bérenger son propre registre sacramentel, il croit à tort que, pour le maître tourangeau, cette communion est suscitée par le symbolisme de la « célébration » liturgique évoquant la passion du Christ.

II. Raisons profondes
de l'antagonisme de Lanfranc et de Bérenger

Après avoir résumé la doctrine eucharistique de Lanfranc, cherchons à déterminer la place qu'elle occupe dans le développement de la théologie. *En bref*, on peut dire que l'abbé de Saint-Étienne de Caen a joué un rôle capital en insérant dans une perspective réaliste, et même ultra-réaliste, certaines données des théories bérengariennes [1]. Il convient donc d'une part de comparer la personnalité intellectuelle de Lanfranc et celle de Bérenger pour comprendre les raisons profondes de leur antagonisme sur le plan doctrinal, d'autre part de dégager l'originalité de l'auteur du *De corpore et sanguine Domini* par rapport aux théologiens qui le précèdent, et son rôle de pionnier à l'égard des théologiens qui le suivent.

---

1. Nous schématisons. Il faudrait mentionner aussi, comme nous le ferons plus loin, le rôle joué dans l'histoire de la théologie eucharistique par la distinction chère à Lanfranc (et refusée par Bérenger) entre les apparences du pain et du vin, et la chair et le sang invisibles du Christ. Mais cette distinction ne donnera tout son impact que lorsque, grâce à Alger de Liège, elle sera recouverte par la distinction *sacramentum-res sacramenti*, reprise de Bérenger par l'intermédiaire de Lanfranc. Voir *infra*, p. 451-454, 458, 464-468.

Lanfranc est donc le premier auteur ecclésiastique médiéval [1] qui ait organisé une synthèse cohérente de la doctrine eucharistique à partir de la définition augustinienne, remise en honneur par Bérenger, du sacrement entendu comme un signe sacré. Il a comme le maître tourangeau, en ce qui concerne l'eucharistie, opposé le *sacramentum*, ou signe, et la *res sacramenti*, ou réalité signifiée, alors que la conception isidorienne s'en tenait à la notion d'un *sacramentum* identifié avec le corps du Christ [2]. A Bérenger également il a emprunté le principe augustinien selon lequel il est nécessaire qu'il y ait une « ressemblance » entre le « sacrement » et la « chose du sacrement », et il a cru donner à cette « ressemblance », à propos de l'eucharistie, un contenu symbolique identique à celui que lui attribuait l'archidiacre d'Angers. Lanfranc présente ainsi très consciemment sa doctrine eucharistique comme une transposition réaliste du pur symbolisme de son adversaire. Pour l'un comme pour l'autre, la *res sacramenti* est de l'ordre de la réalité absente, et par conséquent évoquée et pensée, et le *sacramentum*, de l'ordre de la réalité présente, concrète et matérielle, mais ce *sacramentum*, qui, dans l'opinion de Bérenger, n'est que du pain et du vin consacrés, est, selon la croyance de Lanfranc, la chair et le sang mêmes du Christ. La différence est radicale ; elle se concilie néanmoins avec un certain nombre de vues communes non seulement, comme nous venons de le souligner, sur la structure du sacramentalisme, mais aussi, comme nous l'avons dit à plusieurs reprises [3], sur la nature des choses, qui, dans les conceptions des deux adversaires, ne peuvent être que du domaine physico-sensible ou du domaine de ce qui est dans l'esprit, sans qu'une situation intermédiaire puisse se dégager, celle précisément du « sacrement » telle que la scolastique la redécouvrira et l'approfondira au sujet du sacrement de l'autel en utilisant la distinction de la substance et des accidents [4].

---

1. Mis à part Bérenger, bien entendu. On ne peut nier que la doctrine eucharistique du maître tourangeau ait une certaine cohérence, mais c'est une cohérence qui vide l'eucharistie de son contenu.

2. Voir P. Pourrat, *La théologie sacramentaire*, p. 32-33 ; D. Van den Eynde, *Les définitions des sacrements*, p. 3-4.

3. Voir *supra*, p. VII, 47, 267-268, 417-420.

4. Cfr ce que dit P.-Th. Camelot en conclusion de son article *Réalisme et symbolisme dans la doctrine eucharistique de saint Augustin* : « Sa théologie eucharistique n'est ni symboliste ni réaliste au sens moderne de ces termes, elle est

D'où vient qu'à partir de certains postulats identiques la pensée de Lanfranc soit restée fidèle au réalisme eucharistique et que celle de Bérenger se soit orientée vers un spiritualisme négateur de la présence réelle ? Pour l'expliquer, on peut invoquer, en ce qui regarde Bérenger, un sens critique plus poussé que celui de son adversaire, une répugnance assez légitime en face des thèses « sensualistes » des continuateurs de Paschase Radbert ; et, en ce qui concerne Lanfranc, on peut faire intervenir une compréhension plus profonde et plus juste des réalités vitales de l'Église. Cependant, si l'on veut déchiffrer clairement les motivations de l'écolâtre de Saint-Martin de Tours et de l'écolâtre du Bec, il faut situer leur opposition par rapport aux grandes tendances doctrinales du XIe siècle.

A. Conceptions différentes au sujet du rôle que peut jouer la raison dans l'explicitation du donné révélé

L'évolution de la théologie au XIe siècle est caractérisée par la pénétration progressive d'éléments d'ordre rationnel dans l'exposé des données de la foi. Dans ce mouvement qui annonce et prépare la période scolastique, le succès grandissant de la dialectique, troisième branche du *trivium*, joue un rôle prépondérant aussi bien en vertu de ce que cette discipline est en elle-même, un art du raisonnement, que grâce à ce qu'elle véhicule : elle charrie un humus métaphysique sur lequel ne peut manquer de germer à la longue la véritable spéculation philosophique et théologique, et elle fournit aux esprits un certain nombre d'instruments de pensée, notamment ceux qui viennent de l'aristotélisme, parmi lesquels un des plus communs est la distinction de la substance et des accidents [1]. Cette rencontre entre la science profane et la croyance religieuse provoque des remous assez violents dans l'intelligentsia de l'époque, qui ne parvient pas à établir de façon satisfaisante la délimitation

---

sacramentelle » (*Revue des sciences philosophiques et théologiques*, t. XXXI, 1947, p. 410).

1. Voir A. Van de Vyver, *Les étapes du développement philosophique du Haut Moyen Age*, dans *Revue belge de philologie et d'histoire*, t. VIII, 1929, p. 425-452.

entre ce qui est possible et ce qui est impossible à la raison dans l'exploration du donné révélé [1].

Bérenger attribue à la raison des pouvoirs excessifs, mais, en dépit de l'une ou l'autre de ses affirmations, il ne faudrait pas le prendre pour un rationaliste au sens moderne du mot [2]. S'il met la raison au-dessus de l'autorité en matière de foi, c'est qu'il voit la seconde sous son aspect humain, ne donnant qu'une clarté indirecte, et qu'il envisage la première comme le reflet de la divinité en l'homme, permettant d'apercevoir la vérité dans toute son évidence. Il serait absurde d'imaginer qu'il a soumis la Révélation aux critères de l'entendement livré à ses seules possibilités [3]. Mais en majorant le rôle de la raison dans son application aux questions religieuses, il a surtout inconsciemment magnifié son propre jugement sans tenir compte des garanties offertes à la foi d'un chacun par les formulations du magistère. Aussi, tout en estimant rester mieux que ses adversaires dans la ligne de la tradition, s'est-il fourvoyé dans les sentiers de l'hétérodoxie.

A l'égard du problème que nous étudions ici, Lanfranc paraîtrait avoir adopté une position équilibrée si l'on s'en tenait à tel ou tel de ses propos qui semblent faire un départ équitable entre ce qui est accessible à l'intelligence et ce qui la dépasse dans les mystères chrétiens : « Certes, dit-il, il n'y a aucun point de la religion qui ne réclame de nous un effort de l'intelligence, mais cet effort est particulièrement requis lorsque nous parlons de Dieu ou que nous en entendons parler. Cependant, quand la parole ou la réflexion se révèlent impuissantes, il convient de louer Dieu de ce que nous avons un Dieu qui transcende aussi bien l'intelligence que les vues de la réflexion » [4]. En fait, le rôle

---

1. Voir J. DE GHELLINCK, *Dialectique et dogme aux XIe-XIIe siècles*, dans *Festgabe zum 60. Geburtstag Clemens Baeumker*, Münster, 1913, p. 79-99.

2. Voir *supra*, p. 36, note 1, *infra*, p. 510, note 1.

3. Voir DSC, 47/6-48/34. Cfr DSC, 18/29-30 : Bérenger s'apprête à partir pour Rome en 1054 « ad satisfaciendum de mensa dominica, de eminentia rationis, de immunitate auctoritatis ». Sur cette question des rapports de la raison et de la foi, de la raison et de l'autorité, Bérenger s'inspire de saint Augustin, ce qui ne signifie pas qu'en ce domaine il ait été, en théorie et en pratique, vraiment fidèle à la pensée du grand Docteur africain. Cfr P.-Th. CAMELOT, *Quod intelligimus debemus rationi. Note sur la méthode théologique de saint Augustin*, dans *Historisches Jahrbuch*, t. LXXVII, 1958, p. 397-402 (compte-rendu dans le *Bulletin de théologie ancienne et médiévale*, t. IX, 1962-1965, n° 135).

4. « Ubique quidem religionis nobis est opus intellectus, maxime autem ubi de Deo aut loquimur aut audimus. Oportet autem, ubi sermo deficit vel

qu'il attribue à la réflexion théologique dans la discussion des problèmes de foi est assez limité. Pour lui, le véritable argument doctrinal est constitué par les *auctoritates*, c'est-à-dire par un florilège de citations tirées de l'Écriture et des Pères. Tout commentaire de ces textes appartient à la catégorie des *rationes*, et Lanfranc considère cette intervention du raisonnement dans la démonstration dogmatique comme moins apte à éclairer les esprits que la présentation de la croyance sous la forme littérale où elle est exprimée dans les écrits de la tradition [1]. Il désapprouve ceux qui soulèvent des objections en matière doctrinale et qui ne se contentent pas d'adhérer aux vérités chrétiennes, dont le contenu est certifié par ces documents authentiques. Il dit à Bérenger : « A l'éclatante lumière des divines autorités tu ne cesses d'opposer le brouillard épais de la question » [2]. Il insiste sur le mérite que procure l'exercice vertueux représenté par l'adhésion de la foi [3]. On comprend donc que, tout en ayant recours à la dialectique dans son commentaire des épîtres de saint Paul [4], tout en reconnaissant le rôle que cette discipline peut jouer dans la confirmation des *sacramenta Dei* [5], il ne l'ait pas employée sans hésitation pour discuter avec

---

cogitatio, glorificare nos Deum, quod talem Deum habemus qui et intellectum transcendit et cogitationis intuitum » (*Commentarii*, 376, n⁰ 8).

1. Voir *supra*, p. 288-290, 309-311, 319-321.

2. « Adversus tantam divinarum auctoritatum lucem quaestionis caliginem opponere non desistis » (DC, 436 A 2-3).

3. DC, 427 A 5-6, 430 C 6-7, 439 D 1-4 ; *Commentarii*, 157, n⁰ 12.

4. Voir *supra*, p. 290, note 5.

5. Selon Lanfranc, la dialectique utilisée correctement peut confirmer la vérité des mystères chrétiens (*Commentarii*, 157, n⁰ 11). Mal utilisée, elle semble la contredire (157, n⁰ˢ 11, 12, 158, n⁰ 14), elle sert aux philosophes païens pour rejeter ce qui, dans les vérités chrétiennes, dépasse la raison humaine (cfr 159, n⁰ˢ 22, 24, 160, n⁰ 29, 323, n⁰ 5) ; la sophistique conduit à l'hérésie (360/28-31, n⁰ 18). Saint Paul ne vitupère pas l'art dialectique mais son mauvais usage (323, n⁰ 3). Lui-même, bien qu'il se défende de recourir aux « paroles de la sagesse humaine » (= rhétorique et dialectique), les emploie spontanément (161/6-12, n⁰ˢ 1, 3, 163, n⁰ 15, 394, n⁰ 8), car, parmi les Apôtres, il est le seul expert dans les « lettres scolaires » (160, n⁰ 32). Dieu a choisi des Apôtres ignorants pour que la vérité de la doctrine évangélique se recommande par sa propre valeur et ne paraisse pas s'appuyer sur les habiletés de la sagesse humaine ; en effet, la sagesse du Christ dépasse celle des hommes, qui ne peuvent la comprendre et la jugent stupide (157, n⁰ 10, 158/23-24-159/1-4, 160, n⁰ 29). L'« autorité prophétique » (= Ancien Testament) réprouve la « sagesse de la parole » (158, n⁰ 16).

Bérenger sur l'un des plus hauts mystères du christianisme [1]. De toute façon, si l'on en juge par les œuvres qui nous restent de lui, l'utilisation qu'il fait des règles de l'art ne dépasse guère la mise en forme dialectique de certains raisonnements de saint Paul ou la critique des arguments que Bérenger appuyait sur la logique formelle [2] ; elle a une portée négligeable. On ne peut s'étonner qu'il ait accueilli sans enthousiasme le *Monologion* de saint Anselme, son ancien élève du Bec ; cet ouvrage puissant, incursion hardie de l'intelligence sur le terrain de la foi, ne pouvait que le déconcerter [3]. Rendons-lui cependant justice en constatant qu'il se montre moins timide dans son comportement de théologien que dans la conception qu'il se fait de la science théologique. Dans le *De corpore et sanguine Domini*, il a su ordonner sa doctrine eucharistique en une synthèse cohérente [4] ; de plus, il n'a pas craint, pour illustrer le point le plus important de son exposé, de faire appel à des notions d'inspiration philosophique [5], en distinguant dans la réalité concrète des « essences principales » et des « essences secondaires » [6].

Lanfranc et Bérenger représentent donc deux attitudes différentes à l'intérieur du mouvement de pensée qui trouvera son épanouissement dans la période scolastique. Bérenger exalte inconsidérément les possibilités de la raison individuelle dans l'explication des données de la Révélation. Son erreur en ce domaine réside moins dans un manque de respect pour la tradition,

---

1. DC, 416 D 12-15. Cfr 418 D 7.

2. Voir *supra*, p. 290.

3. Voir, de saint Anselme, les lettres I, 63 (PL, t. CLVIII, 1134-1135 ; éd. SCHMITT, lettre 72, dans t. III, p. 193-194), 68 (PL, t. CLVIII, 1138-1139 ; éd. SCHMITT, lettre 77, dans t. III, p. 199-200), IV, 103 (PL, t. CLIX, 252 ; éd. SCHMITT, t. I, p. 5-6). R. W. SOUTHERN, dans *Saint Anselm and his biographer*, p. 51, note 2, remarque que saint Anselme, dans le recueil de sa correspondance, n'a pas gardé la lettre que lui avait écrite Lanfranc après avoir reçu le *Monologion*.

4. Il faudrait, du reste, distinguer, dans le *De corpore et sanguine Domini*, ce qui est exposé de la foi (première partie) et ce qui est démonstration (deuxième partie) : voir *supra*, p. 273. Lanfranc se donne plus de liberté d'expression dans l'exposé proprement dit, sans doute parce qu'il est convaincu de ne faire que redire la croyance commune (cfr DC, 427 C 2-5, 430 B 14, etc.).

5. « Philosophique » au sens large du mot. A ce sujet, le Père Chenu nous écrivait, il y a quelques années : « Dans l'emploi d'*essentia* [par Lanfranc], il faut présumer non un recours à la langue technique, mais au sens commun, clair à son niveau. Cela n'exclut pas cependant l'ambiance d'un certain usage, commandé en sous-sol par des élaborations philosophiques ».

6. Voir *supra*, p. 373-379.

puisqu'il ne cesse de mettre en avant les textes des Pères, que dans *une trop grande confiance en son jugement propre, qu'il exerce sans contrôle au détriment de la vérité authentique, dont le magistère, même à travers certaines formulations maladroites et sujettes à révision, était le sûr garant* [1]. Lanfranc se montre timoré dans la façon dont il conçoit les interventions de la raison dans les questions religieuses.

Mais les divergences doctrinales des deux adversaires ne tiennent pas seulement à la place, large ou étroite, qu'ils accordent à la raison dans l'exploration des données de la foi, elles viennent plus profondément de ce que, participant l'un et l'autre à la renaissance intellectuelle du XIᵉ siècle, ils se rattachent cependant à des familles d'esprit différentes.

B. « Aristotélisme » de Bérenger et « platonisme » de Lanfranc

A propos de Lanfranc et de Bérenger, on peut parler de « platonisme » et d'« aristotélisme », à condition de prendre ces termes en un sens très général indiquant certaines tendances intellectuelles mais n'impliquant pas une stricte fidélité à des conceptions philosophiques fort étrangères, en tout état de cause, aux esprits encore frustes du milieu du XIᵉ siècle. On trouve, au niveau du sens commun où se situent les deux adversaires [2], des prédispositions mentales, des schèmes de pensée qui rappellent lointainement les systèmes académicien et péripatéticien. Les rapprochements que nous établirons ici sont moins destinés à préciser la parenté, plus ou moins hypothétique, que les doctrines de Lanfranc et de Bérenger pourraient avoir avec ces systèmes qu'à caractériser des habitudes d'esprit différentes, qui expliquent, pour une part, les divergences de l'abbé de Saint-Étienne de Caen et de l'écolâtre de Saint-Martin de Tours dans leur façon d'aborder les questions doctrinales.

Les esprits à tendance aristotélisante tels que Bérenger considèrent la raison comme tributaire des sens et ils sont enclins à limiter son pouvoir d'affirmation aux seules implications de

---

1. Voir *supra*, p. 176-177.
2. Cfr *supra*, p. 444, note 5.

l'expérience sensible [1]. Leur pente naturelle les pousse donc à nier le changement du pain dans l'eucharistie en vertu du témoignage des sens, qui ne révèle rien de tel. Sans doute, le maître tourangeau n'a jamais soutenu que ce qui apparaît devait par soi-même, sans autre justification, imposer une opinion sur la nature de la réalité profonde de l'eucharistie, et les preuves qu'il apporte pour rejeter la *veritas carnis ac sanguinis*, au sens où l'entend Lanfranc, relèvent de considérations philosophiques ou dogmatiques, mais, à travers elles, c'est, à n'en pas douter, le critère de l'évidence sensible qui est prépondérant.

Pour les esprits à tendance platonisante tels que Lanfranc, le péril constitué par la renaissance intellectuelle du XIe siècle sera moins grand, du fait que par-delà le sensible ils placent la réalité essentielle de l'intelligible et qu'ils hiérarchisent ainsi les pouvoirs de connaître : sens-raison-foi [2].

Qu'en dépit de son recours fréquent à la dialectique d'origine aristotélicienne Lanfranc soit à classer dans le courant platonicien, est repérable à un certain nombre d'indices qui se rapportent tous précisément à la distinction, dans la réalité eucharistique, entre le visible et l'intelligible. Pour Platon, « il y a deux espèces de réalités, l'une visible, l'autre invisible » [3] : d'un côté les ὁρατά ou δοξαστά, marqués d'un caractère de précarité, de l'autre les νοητά [4]. On trouve cette opposition dans la façon dont Lanfranc présente l'eucharistie dans sa double constitution avec « l'apparence visible des éléments du pain et du vin, et la chair et le sang invisibles du Seigneur Jésus-Christ » [5] : en surface donc ce qui apparaît, ce qui relève de l'opinion, du témoignage des sens, « l'enveloppe des choses visibles et corruptibles » [6], en profondeur « la chair et le sang

---

1. Sur le courant aristotélicien au Moyen Age, voir l'article de A. Van de Vyver, que nous citons *supra*, p. 441, note 1, et L. Hödl, article *Aristotélisme*, dans *Encyclopédie de la foi*, t. I, Paris, 1965, p. 117-128.

2. Sur le courant platonicien au Moyen Age, voir R. Klibanski, *The continuity of the platonic tradition*, Londres, 1939, et E. Von Ivanka, article *Platonisme et néoplatonisme*, dans *Encyclopédie de la foi*, t. III, Paris, 1966, p. 457-468.

3. Platon, *Phédon*, 79 a, dans éd. et tr. L. Robin (Platon, Œuvres complètes, t. IV, 1re partie), Paris, 1926, p. 36-37.

4. Platon, *La République*, VI, 507 b-511 e, dans éd. et tr. E. Chambry (Platon, Œuvres complètes, t. VII, 1re partie), Paris, 1933, p. 135-143. Voir, en particulier, p. 143 en note.

5. DC, 421 B 12-15 : voir *supra*, p. 361, note 4.

6. DC, 427 B 1-2 : voir *supra*, p. 364, note 1.

invisibles, intelligibles, spirituels » [1], c'est-à-dire accessibles au seul regard de l'esprit. Mais, « platonicien », Lanfranc accorde une existence réelle, et non pas fantomatique, au sensible, même s'il ne lui donne qu'un rang subalterne, car ce qui se voit est le palier qui conduit l'esprit vers les réalités qui ne se voient pas : un symbole inconsistant mettrait en cause la consistance de la réalité dont il serait l'ombre et la figure. Pour Lanfranc, par conséquent, les apparences de l'eucharistie sont douées d'objectivité, elles ne manquent pas d'une certaine densité : il les considère comme des « essences secondes » [2].

Pour Platon, l'être est du côté de l'intelligible. « Il est remarquable, dit Étienne Gilson, qu'à la question : qu'est-ce qu'être ? Platon réponde toujours par la description d'une certaine manière d'exister. Pour lui, il n'y a d'être que là où il y a possibilité d'intelligibilité. Comment pourrait-on dire d'une chose qu'elle est, si l'on ne peut pas dire ce qu'elle est ? Or, pour qu'elle soit quelque chose, il faut qu'elle le reste... Les trois notions d'être, d'intelligibilité et d'immutabilité sont donc intimement liées dans la doctrine de Platon » [3]. Pour Lanfranc aussi, on a tout dit d'un être en précisant « ce qu'il est » ; demeurer, pour un être, c'est persévérer dans « ce qu'il est », cela concerne son « essence » [4]. Si donc il applique le mot *essentia*, qui est une transposition valable du terme platonicien οὐσία, aux « essences secondes », car à ses yeux comme à ceux de Platon, les particularités des êtres sont de l'être mais secondaire, il le réserve davantage à la réalité profonde des êtres, à ce qui constitue leur nature, aux « essences principales » [5]. Même si les « apparences » ou « essences secondes » du pain et du vin continuent à se manifester, la réalité eucharistique n'est plus du pain, parce que le pain y a disparu dans ses « essences principales », dans son « essence intérieure », ou même simplement dans son « essence », c'est-à-dire dans sa nature.

---

1. DC, 424 A 2-3 : voir *supra*, p. 362, note 3. Cfr DC, 438 D 12 : voir *supra*, p. 368, note 1.

2. Voir *supra*, p. 373 sq.

3. E. GILSON, *Le thomisme*, 4e édition, Paris, 1942, p. 70.

4. *Commentarii*, 404, n⁰ 13 : voir *supra*, p. 376, note 4.

5. Pour le moment, il ne nous semble pas possible de préciser davantage l'origine du couple d'expressions si caractéristique « essences principales-essences secondaires » utilisé par Lanfranc (voir *supra*, p. 376). Nos recherches personnelles et diverses consultations, notamment dans le fichier du *Glossaire du latin*

III. Place et rôle de la doctrine eucharistique de Lanfranc dans le développement de la théologie et du dogme

Selon Heurtevent, Lanfranc « tire le meilleur de sa gloire de l'ensemble de sa vie et de son rôle dans les affaires de l'Église normande, et non de la valeur propre de son traité *De corpore*, car ce traité ne dénote aucun progrès notable sur les théologiens précédents, sinon par un éclat littéraire » [1]. L'inexactitude de ce jugement montre qu'il n'était pas inutile d'étudier de près la doctrine eucharistique du principal adversaire de Bérenger pour apprécier à sa juste mesure son originalité.

A. Originalité de la doctrine eucharistique de Lanfranc par rapport a celle des théologiens de la période carolingienne

1. *Lanfranc concilie les thèses (apparemment) contradictoires de Paschase et de Ratramne sur les rapports de l'eucharistie et du corps historique du Christ.*

L'originalité de Lanfranc se manifeste d'abord par la façon dont il opère une conciliation entre les positions antithétiques de Paschase et de Ratramne sur l'eucharistie. Rappelons que la controverse bérengarienne avait pris naissance à propos de ces deux théologiens du IXe siècle, le maître tourangeau défendant le symbolisme qu'il avait cru découvrir dans le traité de Ratramne sur le sacrement de l'autel, traité dont lui-même et ses contemporains attribuaient la paternité à Jean Scot, et le prieur du Bec se faisant le champion du réalisme de Paschase [2]. L'antagonisme des deux moines de Corbie ne correspondait nullement à l'image que s'en faisait la polémique du XIe siècle. On peut donc trouver surprenant que Lanfranc, qui participait à l'erreur générale au sujet de « Jean Scot » (= Ratramne) en le considérant comme un pur symboliste, ait, sans nommer Paschase ni Ratramne, présenté de manière

---

philosophique médiéval de la Sorbonne, n'ont pas donné de résultats satisfaisants. De toute façon, cette distinction n'a aucun rapport avec la *prima* et *secunda substantia* de Boèce, contrairement à l'avis de R. W. Southern, qui, dans *Lanfranc of Bec and Berengar of Tours*, p. 41, écrit : « He is here translating into his own favourite terms the *prima* and *secunda substantia* of Boethius ».

1. R. Heurtevent, *Durand de Troarn*, p. 249.
2. Voir *supra*, p. 48-51.

assez fidèle, dans son *De corpore et sanguine Domini*, leurs points de vue apparemment contradictoires pour en faire la synthèse.

Paschase déclarait qu'il y a identité entre le corps eucharistique du Christ et son corps historique : « Il faut croire, disait-il, qu'après la consécration, ce qui est sur l'autel sous la figure du pain et du vin, n'est rien d'autre que la chair et le sang du Christ et, chose plus admirable encore, cette chair et ce sang du Christ ne sont pas autres que la chair qui naquit de la Vierge Marie, souffrit sur la croix et ressuscita du tombeau » [1].

Lanfranc reprend à son compte cette affirmation, notamment dans la profession de foi qu'il place au début de la seconde partie du *De corpore :* « C'est le corps même qui a été pris de la Vierge que nous prenons » [2].

Ratramne contestait la position de Paschase. Il soutenait que le corps eucharistique du Christ et son corps historique « ne sont pas la même chose » [3]. Il reconnaissait toutefois que le corps présent sur l'autel est « vrai » [4]. La seconde partie de son traité (ch. L-XCVI) avait pour but de démontrer cette différence et elle était préparée par la première partie (ch. VI-XLIX), où il précisait que, dans l'eucharistie, le corps du Christ ne se montre pas *in veritate*, c'est-à-dire selon ses indices normaux de signalisation, mais *in figura*, c'est-à-dire à travers un voile qui le cache tout en le manifestant [5]. En raison de ces deux modalités de présence, on doit dire qu'« il y a une grande différence entre le corps avec lequel le Christ a souffert, le sang

---

1. « De hoc corpore Christi et sanguine, quod in mysterio vera sit caro et verus sit sanguis... licet in figura panis et vini maneat, haec sic esse omnino, nihilque aliud quam caro Christi et sanguis post consecrationem credenda sunt... et, ut mirabilius loquar, non alia plane quam quae nata est de Maria et passa in cruce et resurrexit de sepulcro » (PASCHASE, *Liber de corpore et sanguine Domini* I, 2 : PL, t. CXX, 1269 A 13-B 10). La traduction est de H. PELTIER, *Pascase Radbert, abbé de Corbie*, Amiens, 1938, p. 207.

2. Voir *supra*, p. 348, note 1, p. 358.

3. RATRAMNE, *De corpore et sanguine Domini*, LXXII et LXXVII. En raison de la brièveté des chapitres de ce traité, c'est à eux que nous renvoyons sans donner de référence ni à l'édition de Migne (PL, t. CXXI, 125-170), ni à l'édition de J. N. Bakhuizen van den Brink. C'est le texte de cette dernière édition que nous citons.

4. *Ibid.*, LXXVII.

5. Voir R. BÉRAUDY, *L'enseignement eucharistique de Ratramne, moine de Corbie au IXe siècle*, p. 69-87, 194-200. On trouvera un résumé de la thèse de R. Béraudy dans le *Bulletin du Comité des études* de la Compagnie de Saint-Sulpice, 1954, n° 5, p. 83-89.

que, suspendu à la croix, il a versé hors de sa poitrine, et ce corps que les fidèles célèbrent chaque jour dans le mystère de la passion, ce sang aussi que recueille la bouche des fidèles pour qu'il soit le mystère du sang qui a racheté le monde entier » [1]. Le corps historique est « visible et palpable » [2], la chair qui le forme est « assemblée par des os et des nerfs, et répartie selon la configuration des membres humains » [3] ; le corps eucharistique « n'est ni visible ni palpable » parce qu'il est « spirituel » (= accessible au seul regard de l'esprit éclairé par la foi) [4], la chair « spirituelle» dont il est fait « n'est assemblée par aucun nerf ni os, elle n'est en aucune façon répartie selon la diversité des membres » [5].

Lanfranc adopte également cette manière de voir, mais il n'estime pas qu'elle contredise la thèse de Paschase sur l'identité des deux corps. En effet, après avoir affirmé dans sa profession de foi : « C'est le corps même qui a été pris de la Vierge que nous prenons » (thèse de Paschase), il déclare aussitôt : « Cependant, ce n'est pas le même » (antithèse de Ratramne). Et voici comment il concilie les points de vue opposés des deux théologiens de Corbie et en fait la synthèse : « C'est le même, certes, quant à son essence et quant aux caractéristiques et aux énergies de sa vraie nature, mais pas le même si l'on considère l'apparence du pain et du vin » [6]. En vertu de ces distinctions, sans rejeter l'identité foncière du corps eucharistique, et du corps de la croix et du ciel, il peut néanmoins souligner le contraste qui existe entre l'un et l'autre corps, et il le fait dans des termes qui semblent inspirés par la lecture du traité de Ratramne [7].

Si la doctrine eucharistique de Lanfranc s'inscrit indéniablement dans la ligne de la tradition paschasienne, doit-on dire que

---

1. « Multa differentia separantur corpus in quo passus est Christus et sanguis quem pendens in cruce de latere suo profudit et hoc corpus quod in mysterio passionis Christi cotidie a fidelibus caelebratur et ille quoque sanguis qui fidelium ore sumitur (ut) mysterium sit illius sanguinis quo totus redemptus est mundus » (RATRAMNE, *op. cit.*, LXIX).

2. *Ibid.*, LXII, LXXXIX.

3. « Caro quae crucifixa est de virginis carne facta ossibus et nervis compacta et humanorum membrorum liniamentis distincta » (*ibid.*, LXXII).

4. « Corpus quod mysterium Dei dicitur non est corporale sed spiritale. Quod si spiritale jam non visibile neque palpabile » (*ibid.*, LXII).

5. « Caro spiritalis... nullis nervis ossibusque compacta nulla membro-varietate distincta » (*ibid.*, LXXII).

6. Voir *supra*, p. 348, note 1.

7. DC, 424 A 1-5 (*supra*, p. 362, note 3), 425 A 8 (*supra*, p. 411), 425 B 6-7 (*supra*, p. 389), 438 D 12 (*supra*, p. 368, note 1).

sur ce point particulier de la distinction des deux corps, elle est une simple réédition de la pensée de Ratramne ? Nous ne le croyons pas. En effet, comme l'a précisé R. Béraudy, Ratramne ne spécule pas sur la nature intime des choses, il se borne à dire ce qu'elles sont dans leur apparition à l'homme. S'il oppose le corps eucharistique du Christ et son corps historique, ce n'est pas en tant que réalités distinctes, c'est en tant que l'un se manifeste avec une apparence de pain, de telle sorte qu'il est impossible aux sens de saisir quelque chose de lui, alors que l'autre se montre à découvert [1]. Il s'agit pourtant du même corps. Pour Lanfranc, en revanche, la « chair » présente sur l'autel, et le « corps » de la croix et du ciel, bien qu'ils soient « essentiellement la même chose tout en différant considérablement par les qualités » [2] (fusion de la thèse de Paschase et de l'antithèse de Ratramne), sont objectivement distincts, la première étant une réalité partielle, le second, une réalité totale [3] ; la première étant le « sacrement » ou signe, présent sur l'autel, objet d'une immolation actuelle, le second, la « chose du sacrement » ou réalité signifiée, immolée autrefois au Calvaire et résidant maintenant au ciel [4]. Lanfranc a emprunté des matériaux au traité de Ratramne, incontestablement, mais il les a insérés dans une construction différente de celle qu'avait réalisée ce dernier [5].

2. *Lanfranc accorde plus de consistance aux « species » eucharistiques que ne semblent l'avoir fait les théologiens de la période carolingienne.*

Lorsque l'abbé de Saint-Étienne de Caen affirme que l'eucharistie est composée de *deux* principes : d'une part la réalité invisible de la chair et du sang du Christ, d'autre part l'apparence, qui est celle du pain et du vin, il attribue à cette apparence une existence objective, une certaine densité, il la *distingue* claire-

---

1. Voir R. Béraudy, *L'enseignement eucharistique de Ratramne*, p. 184, 217, 224-227, etc.

2. DC, 424 B 6-7 : voir *supra*, p. 363, note 1.

3. Voir *supra*, p. 383-390.

4. Voir *supra*, p. 395-396.

5. On pourrait faire d'autres rapprochements « littéraires » entre le traité de Ratramne et celui de Lanfranc. Ils ne nous apporteraient pas de renseignements utiles ; le fait, pour un auteur, d'emprunter des expressions à un autre auteur, ne signifie pas nécessairement qu'il s'inspire de la pensée de ce dernier.

ment de la réalité à laquelle elle sert de voile et d'indice de signalisation. On ne peut dire que la position des théologiens de la
période carolingienne soit sur ce point aussi nette que la sienne.
C'est ainsi que H. Peltier a cru pouvoir affirmer que les apparences
eucharistiques telles que les comprend Paschase Radbert « n'ont
pas d'être, elles n'ont pas de réalité objective ; elles présentent
seulement l'aspect extérieur que Dieu laisse à la vraie chair
et au vrai sang du Christ pour ne pas nous choquer ; il y a là
une sorte de miracle permanent, agissant sur nos sens à la manière d'une vision au sens large du mot » [1]. Selon R. Béraudy,
Ratramne n'admettrait « pas mieux que ses contemporains la
« réalité propre » des accidents eucharistiques, puisque ceux-ci
ne sont que de simples « figures » [2]. La définition isidorienne du
sacrement favorisait ces conceptions, que l'on peut qualifier
d'ultra-réalistes puisqu'elles supposent un changement *total*
de la réalité du pain et du vin en la chair et au sang du Christ ;
en effet, l'unité de l'être sacramentel entendu à la manière d'Isidore de Séville [3] exige que le corps du Christ se confonde lui-
même avec le « sacrement » et que « le voile et la chose voilée
adhèrent l'un à l'autre si étroitement qu'ils soient une seule
et même chose » [4].

Tout en faisant, comme il se doit, large place dans l'eucharistie
à la notion de « mystère », à laquelle Isidore de Séville ramenait
trop exclusivement la définition du « sacrement » au détriment
de la notion de « signe », Lanfranc, en attribuant une « réalité
propre » aux *species* eucharistiques, en les *opposant* à la chair
et au sang du Christ, dont elles sont le revêtement, *amorce le*
mouvement qui amènera à rendre aux apparences du pain et du
vin le rôle « sacramentel », « significatif », qu'elles n'auraient
jamais dû perdre. On ne peut lui faire grief de n'avoir pas déduit
toutes les conséquences de son intuition fondamentale. Bérenger
est, pour une grande part, responsable de ce retard dans l'explicitation de la doctrine. Sans doute, le maître tourangeau

---

1. H. Peltier, *Pascase Radbert, abbé de Corbie*, p. 236. Il est vrai que H. Peltier précise immédiatement : « Certes Radbert ne formule pas la chose aussi
nettement que nous le faisons ici ». Il nous semble que, chez Paschase comme
chez Ratramne, les apparences de la réalité eucharistique ont une existence
« objective » mais peu de densité.

2. R. Béraudy, *L'enseignement eucharistique de Ratramne*, p. 153.

3. Voir D. Van den Eynde, *Les définitions des sacrements*, p. 4.

4. R. Béraudy, *op. cit.*, p. 154.

a eu le mérite de situer le caractère « sacramentel » de l'eucharistie dans la ligne que lui assignait la tradition scripturaire et
patristique, pour qui le Christ, Pain de vie, se donne en nourriture
aux fidèles à travers le signe du pain ; mais en interprétant dans
un sens exclusivement intellectualiste la définition augustinienne
du sacrement, en voyant dans le symbole du pain une réalité
« qui fait penser à » une autre réalité, l'humanité du Sauveur,
sans la « donner » vraiment, en insistant lourdement sur la séparation du *sacramentum* et de la *res sacramenti*, il a empêché pour
un certain temps la pensée catholique d'appliquer la fonction
« sacramentelle » à ce qui, dans l'eucharistie, touche les sens [1] :
en le suivant dans cette voie, on avait, en effet, des raisons
sérieuses de craindre que la *res sacramenti* ne se perde dans un
empyrée inaccessible et ne se dérobe à l'Église, dont elle est le
bien le plus cher.

Il est cependant très remarquable que Lanfranc ait, une
fois en passant, dans le chapitre X du *De corpore et sanguine
Domini*, trouvé naturel d'envisager « l'apparence visible des
éléments » comme le « sacrement », et « la chair et le sang invisibles du Seigneur Jésus-Christ » comme la « chose du sacrement » [2]. Mais quand, dans les chapitres XII-XV, il en vient
à déterminer explicitement ce qui, dans l'eucharistie, est proprement « sacramentel », c'est-à-dire ce qui répond à la définition
augustinienne du « sacrement », il fait appel à de tout autres
considérations et ne tire pas parti du rapprochement qu'il avait
fait quelques pages plus haut. En revanche, il innove de façon
décisive et utile, lorsqu'il précise que seules les « essences principales » du pain et du vin sont soumises au changement dans la
conversion eucharistique et laisse entendre que demeurent les
« essences secondaires » de ce pain et de ce vin, réalité qui, tout
en appartenant au domaine du sensible, n'est pas un voile illusoire et possède une certaine densité. On serait bien proche
ici des élucidations postérieures de la scolastique, si Lanfranc
avait également déclaré que la présence du Christ sur l'autel
excluait toute implication sensible, toute subsistance des « es-

---

1. Certes, le sacramentalisme eucharistique tel que le conçoit Lanfranc, se
manifeste à travers une action qui parle aux sens (DC, 422 C 2-6), mais la fonction proprement « sacramentelle » est exercée par la « chair invisible » du Christ
(DC, 424 A 2-9). Voir *supra*, p. 393 sq.
2. Voir *supra*, p. 370-373.

sences secondaires » du corps du Sauveur. Il ne le fait pas,
et, pour cette raison, sa doctrine eucharistique est marquée par
un ultra-réalisme fort cru, le même qui s'étale dans la profession
de foi rédigée par le cardinal Humbert en 1059 [1]. Néanmoins,
en insistant fortement sur la distinction, dans l'eucharistie,
entre les apparences du pain et du vin, et la chair et le sang
du Christ, il frayait la voie à la solution qui permettra de se
dégager de ces formulations grossières. Bérenger ne s'en doutait
guère, lui qui, tout au long du *De sacra coena*, proclame, contre
son adversaire, son refus d'admettre que le *subjectum* du pain
puisse « être corrompu », pour faire place au *subjectum* de la
chair du Christ, sans que disparaissent aussi les apparences du
pain, *quod in subjecto est.*

3. *Lanfranc intègre dans une doctrine eucharistique « réaliste »*
la définition augustinienne du sacrement entendu comme un
« signe sacré ».

La définition augustinienne du sacrement entendu comme un
« signe sacré » fournissait à Bérenger un de ses arguments les
plus redoutables contre les thèses paschasiennes. A cet argument
Lanfranc imagine une riposte qui lui permet de concilier avec
le réalisme une définition qui semble établir un fossé infranchissable entre le signe sacramentel et la réalité signifiée. A vrai dire,
il n'est pas certain qu'il ait inventé de toutes pièces une telle
riposte. On pourrait cependant lui accorder la priorité sur ce
point en supposant que, dans l'exposé qu'il fit à l'occasion du
concile de Rome de 1050, il avait abordé le problème du « sacramentalisme » eucharistique. Nous avons déjà noté qu'en ses
lignes générales le *De corpore et sanguine Domini*, où ce problème
est traité, se présente comme une reprise du discours que Lanfranc avait adressé au pape Léon IX et aux Pères conciliaires [2].
Il est peu vraisemblable que, dans ce discours, dont nous ignorons le contenu exact, Lanfranc se soit contenté d'affirmer la
présence réelle, qu'il ait par conséquent négligé de répondre
à l'objection que venait de soulever Bérenger et qui sera clairement visée, quelques mois plus tard, par le concile de Verceil,
où le maître tourangeau sera stigmatisé de la note d'hérésie

---

1. Voir *supra*, p. 171-179.
2. Voir *supra*, p. 25, 59, 249, *infra*, p. 474.

pour avoir voulu, avec « Jean Scot », réduire le sacrement de
l'autel à n'être que la figure, le signe, le gage, la ressemblance
du corps du Seigneur [1]. Après le concile de Verceil, l'essentiel
de la réponse que Lanfranc devait reprendre dans son traité
pour réfuter cette grave objection, semble être devenu une donnée assez commune : en effet, vers 1053, Durand de Troarn
précise que le sacrement du Seigneur est « figure » et « ressemblance » en ce sens qu'il « représente » la mort du Christ [2], et
peu après, dans la *Purgatoria epistola contra Almannum*, Bérenger, en une allusion transparente, assure qu'il n'a jamais vu
les « écritures » désigner le corps du Christ comme signe, figure
ressemblance et gage [3]. Que Lanfranc, en 1049-1050, ait été
ou non le créateur d'une idée que, trois lustres plus tard, on
trouve développée dans son ouvrage sur l'eucharistie, il a, par
rapport à Durand de Troarn (qui est le premier, semble-t-il,
à l'avoir mentionnée par écrit), le mérite de l'exposer avec précision, alors que son confrère de Saint-Wandrille en présentait
une formulation assez peu explicite, de l'articuler sur la définition augustinienne du sacrement et de bâtir à partir de cette
définition une synthèse doctrinale qui est une réplique « réaliste » de la construction « symboliste » de Bérenger de Tours.

Nous savons comment Lanfranc résout le problème du « sacramentalisme » eucharistique [4]. Il fait de la « chair » eucharistique
le signe d'un certain nombre de réalités et notamment du « Christ
en lui-même » immolé autrefois sur la croix et résidant maintenant à la droite du Père. En utilisant la *veritas* comme *signum*,
il évite le piège que Bérenger tendait sous les pas de ses adversaires lorsqu'il leur objectait la définition augustinienne du
sacrement. La solution est radicale, certes ; elle était peut-être,
provisoirement du moins, le seul moyen d'échapper aux diffi-

---

1. DSC, 9/16, 19, 12/30-32. Voir *supra*, p. 76-78.

2. DURAND DE TROARN, *Liber de corpore et sanguine Christi*, V, XI : PL,
t. CXLIX, 1392 B. On notera que, pour Durand comme pour Lanfranc, le
« sacramentalisme » eucharistique s'exerce sur un double registre. Le « sacramentalisme » eucharistique *tel que Lanfranc l'entend au sens strict* et tel que nous
l'envisageons ici « signifie » la passion du Christ. Mais il existe un autre « sacramentalisme » eucharistique (le seul vraiment traditionnel) qui est lié aux apparences du pain et du vin et qui justifie, lui aussi, l'emploi des termes « figure »
et « ressemblance » pour parler du sacrement de l'autel. Voir *ibid.*, V, XV : PL,
t. CXLIX, 1395 C sq. Cfr *supra*, p. 313-317.

3. PE, 110 B. Cfr *supra*, p. 132.

4. Voir *supra*, p. 392 sq.

cultés suscitées par l'interprétation « intellectualiste » que le maître tourangeau donnait de cette définition ; elle est, en tout cas, très déficiente et appelle de sévères critiques. En distinguant la *caro* présente sur l'autel et le *Christus ipse*, Lanfranc explique à sa manière les rapports du corps eucharistique du Christ et de son corps historique, mais c'est au prix d'un matérialisme très choquant et d'un découpage fort déconcertant dans la réalité d'une personne vivante. En présentant l'immolation de la chair du Christ à l'autel comme le symbole de la passion, il cherche à rendre compte d'un des aspects traditionnels de l'eucharistie, mais il le fait assez maladroitement car l'*ipsa carnis ipsius immolatio* est trop fâcheusement réelle en elle-même pour ne pas constituer un doublet de l'immolation de la croix, et trop symbolique par ce qu'elle signifie pour actualiser vraiment l'unique sacrifice du Christ ; la pensée de Lanfranc évolue ici entre un réalisme auquel il manque de n'être pas rigoureusement « sacramentel », et un « sacramentalisme » qui, en tant que tel, exclut le réalisme. En situant la *veritas* avant le *sacramentum*, il inverse l'ordre de ces deux facteurs de la théologie eucharistique, et il va si loin dans ce sens que, selon la logique de sa doctrine, l'eucharistie n'est pas d'emblée « sacrement » et ne le devient qu'à la faveur des rites de la fraction et de la communion. Enfin, on peut estimer étrange qu'une réalité invisible soit considérée comme le signe d'une autre réalité, elle-même visible (visible non pour nous ici-bas mais pour les hôtes du ciel), ou que le Christ soit dit signe de lui-même.

Bérenger, tout en réprouvant ces thèses, en porte, dans une large mesure, la responsabilité. Certes, il a rendu service à l'Église en contraignant les théologiens de son époque à explorer l'aspect « sacramentel » de l'eucharistie à la lumière d'une définition du sacrement plus précise et plus juste (à condition d'être bien comprise) que la définition isidorienne, mais la notion du « sacramentalisme » qu'il leur a imposée indûment en s'appuyant sur la définition augustinienne, les obligeait, s'ils voulaient sauvegarder la croyance en la présence réelle, à imaginer des solutions du type de celle que propose Lanfranc.

Par bonheur, le principe qui permettra de retrouver un juste équilibre entre « réalisme » et « sacramentalisme » est déjà, nous l'avons dit, à l'œuvre dans la doctrine de l'abbé de Saint-Étienne de Caen, qui insiste sur la distinction, dans l'eucharistie, entre ce qui est visible et ce qui est invisible, et qui même, incidemment, applique aux deux termes de cette distinction respectivement les expressions *sacramentum* et *res sacramenti* [1]. Il faudra cependant un certain temps pour que les théologiens, délivrés de la crainte légitime que leur inspiraient les affirmations excessives du maître tourangeau, situent à nouveau le « sacramentalisme » du côte des apparences de l'eucharistie [2]. On n'abandonnera pas pour autant l'habitude qu'on avait prise d'envisager comme un signe le corps même du Christ présent sur l'autel et, en conséquence, on inventera la distinction tripartite bien connue (qui sera finalement généralisée à tous les sacrements) [3]. Les espèces sacramentelles seront dites *sacramentum tantum* ; le corps du Christ qu'elles désignent sera dit *res et sacramentum* ; quant à l'expression *res tantum*, on l'appliquera non au *Christus ipse* mais à des effets du « sacramentalisme » que Lanfranc lui-même avait déjà mis en valeur lorsqu'il présentait l'eucharistie comme le symbole de réalités multiples, et, notamment, « de la concorde et de l'unité » [4]. Est-il bien utile d'avoir encore recours à une distinction qui tire son origine d'un « expédient apologétique » [5] inspiré par des circonstances aujourd'hui révolues ? Toute la signification « sacramentelle » de l'eucharistie n'est-elle pas à placer dans les « espèces » du pain et du vin qui rendent présent le Christ à titre de nourriture spirituelle, nourriture qui a pour destination d'intensifier l'union entre les fidèles réalisée initialement par le baptême ?

Résumons-nous. L'originalité de la doctrine eucharistique de Lanfranc se manifeste avant tout dans les deux points suivants :

D'une part, il est le premier, parmi les adversaires de Bérenger, à avoir accepté et assimilé la définition augustinienne du sacrement : « Et nous aussi, nous croyons et nous engageons à croire

---

1. Voir *supra*, p. 370-373.
2. C'est l'œuvre d'Alger de Liège, lequel est donc aussi à l'origine de la distinction tripartite dont nous parlons ci-dessus. Voir *infra*, 458, 465-466.
3. Voir D. VAN DEN EYNDE, *Les définitions des sacrements*, p. 25, 70, 79, 124.
4. Voir *supra*, p. 396, 399-401.
5. Nous empruntons cette expression, et les précisions qui la suivent ci-dessus, à un cours polycopié de M. le chanoine R. Didier, professeur à la Faculté de théologie de Lyon.

que le sacrement dont nous parlons est un signe sacré » [1]. Certes, il a fait ce choix sous l'influence du maître tourangeau. Sa prise de position n'en est pas moins d'une importance capitale.

D'autre part, en insistant sur la distinction dans l'eucharistie entre « ce qui est vu » et « ce qui n'est pas vu », en attribuant une certaine densité à la *visibilis elementorum species,* il ouvre la voie qui va permettre à l'Église de se libérer des formulations ultra-réalistes. En « creusant » cette distinction, en la relayant au moyen de la distinction de la « substance » et des « accidents », les théologiens définiront une conception de la présence réelle qui ne devra rien au « sensualisme ».

Une étape décisive de la recherche doctrinale sera parcourue lorsque, grâce à Alger de Liège, les deux notions mises en valeur par Lanfranc se seront rejointes, c'est-à-dire quand la distinction du « sacrement », entendu comme un « signe sacré », et de la « chose du sacrement » aura recouvert la distinction de « ce qui est vu », dans l'eucharistie, et de « ce qui n'est pas vu ». Lanfranc, sur la lancée d'un texte de Bérenger, avait déjà ébauché ce rapprochement. Alger de Liège reprendra l'énoncé de l'abbé de Saint-Étienne de Caen et dégagera ce qu'il contenait de façon implicite [2].

On doit donc reconnaître que Lanfranc, tout en restant fidèle pour l'essentiel aux thèses paschasiennes, a contribué à faire évoluer la théologie eucharistique et qu'il a, du même coup, favorisé l'élaboration de formules dogmatiques plus satisfaisantes que la profession de foi rédigée par le cardinal Humbert.

Pour mieux évaluer l'influence de sa doctrine eucharistique, nous allons examiner de plus près l'évolution théologique dont nous venons de dessiner la courbe générale.

---

1. « Et nos sacramentum de quo agimus, sacrum esse signum credimus, et credendum suademus » (DC, 422 C 3-4). Durand de Troarn n'ignore pas cette définition et il l'utilise implicitement, mais Lanfranc est le premier à l'avoir traitée en définition et avoir construit à partir d'elle une synthèse cohérente de la doctrine eucharistique. Voir DURAND DE TROARN, *Liber de corpore et sanguine Christi,* V, XI (PL, t. CXLIX, 1392 B), VII, XXIII (*ibid.,* 1411 D sq) et XXIV (*ibid.,* 1413 D). Cfr D. VAN DEN EYNDE, *Les définitions des sacrements,* p. 9-10.

2. Voir *infra,* p. 465-466.

B. Lanfranc et les premiers polémistes antibérengariens

Quatre écrivains ont devancé Lanfranc dans la polémique antibérengarienne : Hugues de Langres, Ascelin le Breton, Adelman de Liège, Durand de Troarn ; aucun n'a marqué de son empreinte l'histoire de la théologie.

Hugues de Langres se fait une idée sinon complète, du moins fort exacte des théories de Bérenger, avec lequel il a eu l'occasion de s'entretenir. Sa lettre au maître tourangeau n'est cependant qu'une œuvre mineure. Elle nous intéresse pour deux raisons. Elle présente un type de réalisme identique à celui que professait Lanfranc, mais, en même temps, elle montre que son auteur, sans doute parce qu'il avait discuté longuement avec Bérenger, perçoit mieux que l'abbé de Saint-Étienne de Caen les difficultés de l'ultra-réalisme [1].

Plus brève encore est la lettre d'Ascelin à Bérenger. Les développements doctrinaux y sont peu étendus [2]. Nous nous réservons d'en faire l'analyse théologique quand cet écrit aura été réédité par le professeur R.B.C. Huygens avec la correspondance de Bérenger.

Adelman de Liège, très vaguement informé de l'hérésie de son ancien condisciple de Chartres, se borne à des considérations générales dont la plupart n'ont qu'un rapport lointain avec le problème doctrinal posé par la controverse. Sa « distinction tripartite » du corps du Christ dans l'eucharistie (corps ministériel, corps eucharistique, corps ecclésial) mérite une mention particulière. Grâce au professeur R.B.C. Huygens, la lettre d'Adelman à Bérenger vient d'être éditée de façon enfin correcte et complète, dans les *Studi medievali*, et la question des deux lettres successives envoyées par le théologien de Spire à son ancien condisciple de Chartres est désormais éclaircie, comme

---

1. Hugues de Langres, *De corpore et sanguine Christi* : PL, t. CXLII, 1325-1334. Voir notamment 1327 D 9-1328 A 4. Lanfranc affirme sans atténuations que la chair du Christ « souffre » (verbe *patior*) dans le rite de la communion (DC, 426 A 1-10 : voir *supra*, p. 415-416). Pour Hugues, si, dans l'eucharistie, la chair du Christ est « broyée », elle ne subit pourtant pas de dommage car « ignis plagatus non corrumpitur, et aer non doluit a sagitta ». Il emploie la comparaison du vase d'huile de la veuve de Sarepta, que reprendra Lanfranc : DC, 427 C 9-14 (voir *supra*, p. 384-385). Sur Hugues de Langres, voir *supra*, p. 50.

2. PL, t. CL, 67-69. Voir *supra*, p. 71, 79, 86, 89.

nous l'avons précisé au chapitre VII [1]. Si Adelman n'a pas
exercé d'influence sur l'évolution de la théologie par sa doctrine
eucharistique, en revanche son intervention dans la controverse
est importante puisqu'elle a poussé Bérenger à écrire la *Purgatoria epistola*, dont le dossier de citations augustiniennes a joué
« un rôle de premier plan dans l'élaboration et la discussion
des différentes définitions des sacrements » [2].

C'est à Durand de Troarn que revient l'honneur d'avoir
composé le premier des grands traités écrits contre le maître
tourangeau. Dans cet ouvrage, il ne montre pas une vigueur de
pensée comparable à celle dont fera preuve l'abbé de Saint-
Étienne de Caen en rédigeant le *De corpore et sanguine Domini*.
Nous avons dit qu'il donnait des termes « figure » et « ressemblance » appliqués à l'eucharistie la même explication que ce
dernier [3], mais cette explication est, de sa part, assez allusive
et ne se comprend tout à fait que si on l'éclaire par l'exposé
plus détaillé de l'ancien prieur du Bec. En ce qui concerne
la question des espèces eucharistiques, il accuse un retard sur
Lanfranc ; alors que celui-ci leur attribue une réalité objective,
une certaine consistance, Durand semble voir dans la conversion
du pain en la chair du Christ une transformation totale : pour lui,
le pain est changé « tout entier » au corps du Seigneur [4] ; il va
jusqu'à dire que « même la « forme visible » du pain et du vin
appartient à l'*invisibilis species* qui est produite par la consécration » [5].

C. LANFRANC ET L'ÉVOLUTION ULTÉRIEURE DE LA THÉOLOGIE

Parmi les interventions qui font suite à celle de Lanfranc
dans la polémique antibérengarienne, deux méritent d'être
signalées en raison de leur ampleur et de leur approfondissement
de la doctrine eucharistique. Comme le dit Pierre le Vénérable,
si Lanfranc a écrit *bene, plene, perfecte*, Guitmond d'Aversa
l'a fait *melius, plenius, perfectius*, et Alger de Liège, *optime,*

---

1. Voir *supra*, p. 128-129.
2. D. VAN DEN EYNDE, *Les définitions des sacrements*, p. 6.
3. Voir *supra*, p. 455, 458, note 1.
4. DURAND DE TROARN, *op. cit.*, II, II : PL, t. CXLIX, 1379 B 12.
5. R. HEURTEVENT, *Durand de Troarn*, p. 224. Voir DURAND DE TROARN,
ibid., 1380 A.

CONCLUSION   461

plenissime, perfectissime [1]. Mais préciser que les théologies de
Guitmond et d'Alger corrigent et perfectionnent celle de Lanfranc,
c'est reconnaître qu'elles s'inscrivent dans son prolongement,
en portent la marque et en gardent certains défauts.

Dans le cas de Guitmond d'Aversa, qui composa son traité
une dizaine d'années environ après celui de Lanfranc, il ne semble
pas qu'on puisse parler d'une dépendance littéraire à l'égard
de l'œuvre de celui dont il fut l'élève à l'abbaye du Bec. Dans
le cas d'Alger de Liège, cette dépendance littéraire est patente [2].

---

1. PIERRE LE VÉNÉRABLE, *Tractatus contra Petrobrusianos haereticos :* PL,
CLXXXIX, 788 D. Précisons qu'Alger de Liège, écrivant son traité sur l'eucharistie entre 1110 et 1121, n'est pas *stricto sensu* un « antibérengarien ». Néanmoins, sa recherche doctrinale s'inscrit bien dans le prolongement de la polémique antibérengarienne.

2. Sur la modalité de cette dépendance littéraire, les avis sont partagés.
Selon M. LEPIN dans *L'idée du sacrifice de la messe,* p. 26-30, 50-55, 786-797,
deux résumés du *De corpore et sanguine Domini* de Lanfranc ont couru avant la
fin du XIe siècle. L'un est reproduit sous le nom de Lanfranc par YVES DE
CHARTRES dans le *Decretum,* II, 9 et 10 (PL, t. CLXI, 152-162). L'autre est cité
par le même auteur dans la *Panormia,* I, ch. CXXV, CXXVIII, CXXXVII,
CXXXIX (PL, t. CLXI, 1071-1076), où il est présenté comme de *Augusti-
nus in libro sententiarum Prosperi* ; sous la même étiquette, c'est indépendam-
ment d'Yves de Chartres qu'il aurait été utilisé par ALGER de LIÈGE dans le
De sacramentis corporis et sanguinis dominici (PL, t. CLXXX, 740-854), par
ABÉLARD dans le *Sic et non,* III, CXVII (PL, t. CLXXVIII, 1524), par GRATIEN
dans le *Decretum,* III, De consecratione, dist. II, ch. XXXVII, XLI, XLVIII,
LII (PL, t. CLXXXVII, 1748-1756). — On notera qu'en fait, dans la *Panormia,*
I, certains passages extraits du traité de Lanfranc ne sont pas cités sous l'étiquette du florilège augustinien de Prosper d'Aquitaine. Voir *op. cit.,* I, fin du
ch. CXXVI, inspirée de DC, 411 D 14-412 A 5 (PL, t. CLXI, 1073) ; ch. CXXXII,
inspiré de DC, 436 B 4-C 8 (attribué à Grégoire le Grand : PL, t. CLXI, 1074) ;
ch. XLIII, inspiré de DC, 425 A 14-B 13 (attribué à la lettre d'Augustin à Boniface : PL, t. CLXI, 1077).

En revanche, d'après N. M. HARING dans *A study in the sacramentology of
Alger of Liège* (*Mediaeval studies,* t. XX, 1958), Alger aurait puisé les textes du
traité de Lanfranc tantôt directement dans l'œuvre elle-même (*op. cit.,* p. 55-56),
tantôt dans le *Decretum* d'Yves de Chartres (*op. cit.,* p. 51-55). Dans ce dernier
cas, il les a attribués à *Augustinus in libro sententiarum Prosperi* ; p. 54-55.
N. M. Haring explique comment cette erreur a pu se produire. De son côté,
Y. de Chartres ou, plus vraisemblablement, un de ses collaborateurs a commis
la même erreur dans la *Panormia.*

Nous ne chercherons pas ici à éclaircir ce problème, l'essentiel pour nous
étant de savoir qu'Alger de Liège s'inspire de Lanfranc, qu'il ne nomme, du
reste, jamais. Du fait d'être cités sous le nom d'Augustin, certains textes de
Lanfranc ont pris un poids qu'ils n'auraient peut-être pas acquis autrement.
On en retrouve avec cette étiquette dans la *Summa sententiarum* de PIERRE
LOMBARD, IV, dist. X, nos 2 et 3 (PL, CXCII, 860-861), dist. XI, n° 3 (*ibid.,*
862), dist. XII, n° 7 (*ibid.,* 866) et dans la *Somme* de SAINT THOMAS, IIIa pars,

Nous croyons qu'il est impossible de se faire une idée exacte de la pensée de Guitmond et d'Alger sur l'eucharistie si l'on n'a pas confronté leur doctrine à celle de Lanfranc.

1. *Guitmond d'Aversa* [1]

Guitmond d'Aversa continue Lanfranc sur deux points fondamentaux.

Sa doctrine eucharistique est ultra-réaliste. Sans doute, devançant et préparant la formule de profession de foi imposée par Grégoire VII à Bérenger en 1079 [2], il précise que le pain et le vin sont changés « substantiellement » *(substantialiter)* [3] au corps et au sang du Christ, ou que dans la communion nous recevons ce corps *in ipsa veritate substantiae* [4], mais la conception qu'il se fait de la « substance », même quand il l'oppose aux « accidents », implique qu'elle se trouve sous les apparences comme un substrat matériel. Il admet donc qu'on dise que le corps du Christ est broyé par les dents *(dentibus atteri)*, à condition toutefois que l'on prenne cette expression dans un sens adouci : être broyé par les dents ne signifie pas davantage qu'être l'objet d'une pression un peu forte *(fortiuscule tangi, pressius tangi)* [5].

Autre point commun avec Lanfranc : Guitmond situe le « sacramentalisme » eucharistique dans la fraction de l'hostie, « célébration » qui rappelle et signifie la passion [6].

Cependant, à la différence de Lanfranc, il refuse de considérer cette fraction comme une division réelle de la chair du Christ *(per partes dissipari)*. En effet, alors que l'abbé de Saint-Étienne

---

qu. LXXV, art. 5, qu. LXXXIII, art. 1. Des passages du traité de Lanfranc ont été également attribués à saint Grégoire : par ex. dans la *Panormia* d'Yves de Chartres (voir ci-dessus) et dans la *Somme*, IIIᵃ pars, qu. LXXVII, art. 1 : cfr DC, 436 B 4-5.

1. GUITMOND D'AVERSA, *De corporis et sanguinis Christi veritate :* PL, t. CXLIX, 1427-1494 ; *Confessio…* : *ibid.*, 1495-1502.

2. Voir *supra*, p. 231-235.

3. *Op. cit.*, 1488 B 9-10, 1494 D 8. Guitmond dit encore que, dans la communion, nous recevons le corps du Christ *substantive* (*ibid.*, 1464 D 4, 1490 A 15) et que, selon Bérenger, le pain et le vin de l'autel ne sont pas changés *essentialiter* (*ibid.*, 1430 C 9, 1431 A 8).

4. *Ibid.*, 1490 A 10. La profession de foi imposée à Bérenger en 1079 précise que le corps du Christ est présent sur l'autel « in proprietate naturae et veritate substantiae ». Voir *supra*, p. 231.

5. *Ibid.*, 1432 A-1433 C.

6. *Ibid.*, 1434 A 6-9, B 11-12, 1438 B 2-3, 1455 B 1-1457 C 14.

de Caen distingue deux réalités, la « chair » du Christ présente sur l'autel et y subissant une véritable immolation, et le « Christ en lui-même », le futur évêque d'Aversa estime que le corps du Christ est tout entier aussi bien dans chaque hostie que dans chaque parcelle d'hostie, et que sa présence intégrale sur les autels se concilie avec sa présence intégrale au ciel. La division effectuée par le rite de la fraction n'est qu'une apparence de division *(similitudo fractionis)* [1]. Cette affirmation marque un immense progrès doctrinal ; elle s'accorde cependant assez mal avec les conceptions ultra-réalistes de celui qui la profère. Pour lui être fidèle, Guitmond semble à plusieurs reprises mettre en cause l'objectivité des *species* eucharistiques [2] ; et il lui est impossible de maintenir la cohérence du « sacramentalisme » eucharistique fondé sur le rite de la fraction : on voit mal, en effet, comment, prise dans son ensemble, sa doctrine permettrait de dire, en toute rigueur de terme, que l'eucharistie est « sacrement » (= signe) du corps du Christ. Son embarras est évident, notamment dans les passages de son traité qui concernent le « sacramentalisme » [3].

De telles difficultés sont très significatives. Elles montrent que, dans la période de réflexion et de recherches consécutive à l'apparition de l'hérésie bérengarienne, il était urgent de découvrir un instrument de pensée qui permette à l'Église de se libérer des implications de l'ultra-réalisme critiquées avec raison par le maître tourangeau. Certes, Guitmond dispose d'un couple d'expressions qui aurait pu correspondre à cet outil philosophique : il oppose, en effet, la *substantia* du corps du Christ présent sur l'autel aux *qualitates sensuales*, ou *accidentia*, du pain et du vin, dont elle est revêtue. Mais il parle de la *substantia* comme d'une réalité sensible, elle aussi. C'est pourquoi, selon lui, lorsque l'eucharistie est soumise à l'action du feu, la « substance » du corps du Seigneur est enlevée au préalable vers le ciel pour ne pas être profanée, et les accidents restés seuls après son départ *(post immutationem substantiae)* se comportent selon leur être propre *(ostendunt quod suum est)* [4]. Pas plus que ses contemporains, il n'est capable de distinguer

---

1. *Ibid.*, 1433 C-1436 B.
2. *Ibid.*, 1437, etc.
3. *Ibid.*, 1454 C-1461 D.
4. *Ibid.*, 1450 A-B.

dans un être ce qui relève du sensible, ce qu'en langage scientifique moderne on appelle sa réalité chimique et physique, et ce qui fait l'unité de cet être, sa réalité profonde. Sa doctrine constitue pourtant une première étape dans la recherche d'une meilleure expression de la croyance eucharistique. Elle est le prélude d'une véritable « mutation », mais, parce qu'elle représente une transition, elle a nécessairement un caractère hybride. Nous nous réservons de lui consacrer une étude particulière.

2. *Alger de Liège* [1]

Alger de Liège s'inspire parfois de Guitmond d'Aversa, beaucoup plus souvent de Lanfranc, qu'il cite tantôt explicitement sous l'étiquette *Augustinus in libro sententiarum Prosperi*, tantôt implicitement [2]. Mais il prolonge et dépasse la réflexion que les objections de Bérenger avaient suscitées chez ses devanciers et il fait ainsi accomplir à la théologie des progrès considérables.

a) *Sacramentalisme eucharistique*

Alors que Lanfranc et Guitmond édifient le « sacramentalisme » eucharistique en lui donnant comme fondement la présence réelle, ce qui était inverser l'ordre traditionnel de ces deux éléments du *mysterium fidei*, Alger définit d'emblée l'eucharistie comme une entité « sacramentelle ». Après avoir, dans les trois premiers chapitres de son *De sacramentis corporis et sanguinis dominici* (entre 1110 et 1121), exprimé le sens profond du sacrement de l'autel, qui a pour fonction de nous incorporer à la réalité totale du Christ, de nous insérer plus avant dans l'unité du corps ecclésial dont il est la tête [3], Alger analyse la structure de ce sacrement en s'appuyant sur trois définitions augustiniennes remises en honneur par Bérenger [4]. La première de ces définitions est celle du livre X du *De civitate Dei* sous sa forme développée, qu'Alger modifie en remplaçant *sacrificium* et *sacrificii* respectivement par *sacramentum* et *rei : Sacramentum visibile invisibilis rei sacramentum est, id est sacrum signum* [5]. Puis,

---

1. ALGER DE LIÈGE, *De sacramentis corporis et sanguinis dominici*, dans PL, t. CLXXX, 740-854.
2. Voir *supra*, p. 461, en note.
3. ALGER DE LIÈGE, *ibid.*, 743-751.
4. IDEM, *op. cit.*, I, IV : PL, t. CLXXX, 751 C.
5. Cfr PE, 110 B, 112 C-D ; SCS, 422 B ; DSC, 150/8-9.

vient la définition du signe tirée du *De doctrina christiana* et
citée par Bérenger, dans la *Purgatoria epistola contra Almannum*
et dans le *Scriptum contra synodum,* pour éclairer le texte du
De civitate Dei [1]. La troisième définition est celle que Bérenger
avait forgée en remodelant un passage de la lettre CV de saint
Augustin : *Sacramentum est invisibilis gratiae visibilis forma* [2].
Lanfranc avait utilisé les deux premières définitions pour affirmer
que, dans l'eucharistie, c'est le corps même du Christ qui est
« signe » ou « sacrement » [3]. Cependant, incidemment, sur la
lancée d'un passage du *Scriptum contra synodum,* qu'il avait
du reste mal compris, il lui était arrivé de donner comme point
d'application au couple « sacrement-chose du sacrement » les deux
composantes de la distinction, qui lui était chère, entre les
apparences de l'eucharistie et sa réalité invisible [4]. Alger conduit
à son achèvement ce que l'abbé de Saint-Étienne de Caen n'avait
fait qu'ébaucher et il récupère de la sorte, dans une perspective
réaliste, ce qu'il y avait de valable dans les explicitations de
l'écolâtre de Saint-Martin de Tours : « Parce que les auteurs
sacrés emploient indifféremment le mot « sacrement » pour
parler du « sacrement » et de la « chose du sacrement », et l'expression « corps du Christ » pour désigner aussi bien la « réalité »
que la « figure », précisons, afin que ces appellations ne soient
pas une cause d'erreur, *ce qui dans le Pain du Seigneur est, en
toute vérité et propriété,* « *sacrement* », et ce qui est « corps » du
Christ. *Que la forme du pain et du vin et les autres qualités des
éléments, lesquelles subsistent et sont visibles, soient dénommées
en toute vérité comme ce qui est* « *seulement sacrement* » *et qu'elles
existent comme tel (sacramentum tantummodo vere dici et esse)* ;
que, d'autre part, cette substance invisible que recouvre le sacrement et en laquelle a été changée la substance du pain et du vin,
soit dénommée en toute vérité et propriété « corps du Christ »
et existe comme tel, *cela est affirmé par Augustin dans le livre
des sentences de Prosper (= Lanfranc), qui précise ainsi ces
données :* « C'est ce que nous disons, ce que nous nous efforçons
de prouver de toutes les manières, à savoir que le sacrifice de
l'Église est constitué par deux principes et est formé de deux

---

1. PE, 110 C, 113 A ; SCS, 422 B-C.
2. PE, 112 E. Cfr DSC, 55/32-33, 105/4-5, 17-18, 32-24.
3. DC, chapitres XII-XIV. Voir *supra*, p. 392 sq.
4. DC, chapitre X. Voir *supra*, p. 370-373.

principes : l'apparence visible des éléments, et la chair et le
sang invisibles de notre Seigneur Jésus-Christ, le sacrement
et la chose du sacrement, c'est-à-dire le corps du Christ, de même
que l'individualité du Christ est formée et constituée par sa
divinité et par son humanité, puisque le Christ est vrai Dieu et
vrai homme. En effet, toute chose contient en elle la nature et
la réalité des choses qui la constituent. Or, le sacrifice de l'Église
est constitué par deux principes, le sacrement et la chose du
sacrement, c'est-à-dire le corps du Christ » [1]. Alger illustre
ces propos d'autres citations, dont deux sont tirées des nombreux
passages du *De corpore et sanguine Domini* que Lanfranc avait
consacrés à élucider la distinction entre la forme visible et la
réalité invisible de l'eucharistie [2].

En « explicitant » ainsi la pensée de Lanfranc, il fait sortir
la théologie de l'impasse où elle se fourvoyait depuis que Bérenger
avait jeté à la tête de ses adversaires la définition augustinienne
du sacrement entendu comme un « signe sacré ». Cependant,
il n'en reste pas moins fidèle, en même temps, à la forme de
« sacramentalisme » eucharistique qu'avaient imaginée Durand
de Troarn, Lanfranc et Guitmond. En effet, à côté du « sacramentalisme » fondamental que nous venons de présenter, il
fait place à deux autres types de « sacramentalisme » se
rapportant respectivement à l'unité du corps ecclésial et à la
passion du Sauveur, et il articule le tout sur une triple distinction du corps du Christ, qui concerne le corps *in humana forma*,
le corps *in sacramento* et le corps *Ecclesia* [3]. Le corps eucharistique du Christ est, par conséquent, significatif de trois façons [4].

Il est significatif *sua ex se similitudine*, c'est-à-dire parce qu'il
est et parce qu'il apparaît comme une nourriture : *cibi et potus*

---

1. « Quia igitur sancti sacramentum pro sacramento et re sacramenti, et
corpus Christi pro veritate et figura indifferenter usurpant, ne errorem generent,
quid in pane dominico sacramentum, et quid corpus Christi vere et proprie
sit discernamus. Formam panis et vini et ceteras elementorum remanentes et
visibiles qualitates, sacramentum tantummodo vere dici et esse : substantiam
autem illam invisibilem, quae ipso sacramento operta est, et in quam panis et
vini substantia translata est, vere et proprie dici et esse corpus Christi testatur
Augustinus in libro Sententiarum Prosperi, ita ea discernens : *Hoc est, etc.*
(suit, légèrement modifié, le texte de DC, 421 B 10-C 8) » (ALGER DE LIÈGE,
op. cit., I, V : PL, t. CLXXX, 752 B-D).

2. *Ibid.*, 753 A 4-5 (cfr DC, 423 D 13-14), 7-14 (cfr DC, 436 B 7-13).

3. *Op. cit.*, I, XVII : PL, t. CLXXX, 790 B-791 D.

4. *Op. cit.*, I, XIX : PL, t. CLXXX, 794 A-797 B.

nomine et specie. Cette signification vise, comme on le voit, le corps du Christ *in sacramento* [1].

Le corps eucharistique du Christ est significatif *ex panis et vini similitudine,* car le pain et le vin composés de grains broyés et amalgamés symbolisent le corps *Ecclesia* [2].

Enfin, le corps eucharistique du Christ est significatif *ex similitudine alicujus exterioris actionis erga se.* Et dans ce dernier cas, qui vise le corps *in humana forma,* Alger fait intervenir, sous l'étiquette de saint Augustin, les développements de Lanfranc sur le « sacramentalisme » de « célébration », lequel consiste, nous le savons, en une évocation des souffrances que le Christ avait endurées sur la croix dans sa réalité humaine totale [3]. Alger n'hésite pas à citer, à l'appui de cette forme de « sacramentalisme », la profession de foi du concile de Rome de 1059 [4], mais ce qui était compris par Humbert et par Lanfranc comme une immolation réelle, il l'entend d'une immolation symbolique qui s'exerce sur les seules espèces sacramentelles et n'atteint pas la réalité du corps du Christ [5].

b) Réalisme eucharistique

Il apparaît donc que, dans le cas d'Alger de Liège, comme dans ceux de Lanfranc et de Guitmond d'Aversa, la façon dont chacun décrit la modalité de la présence réelle et la façon dont il définit le sacramentalisme eucharistique se conditionnent mutuellement. La position la moins logique et la moins confortable est celle de Guitmond, parce qu'elle représente une transition, le début d'une « mutation ». Lanfranc et Alger sont plus à l'aise. Le premier, en distinguant la « chair » du Christ présente sur l'autel et le « Christ en lui-même », peut faire de celle-là le sacrement de celui-ci. Le second, libéré, dans une très large mesure, des implications de l'ultra-réalisme, situe sans difficulté le caractère proprement *(vere et proprie)* sacramentel de l'eucharistie du côté des *species.* En effet, il accorde à ces *species* une

---

1. *Op. cit.,* I, V (753 B-754 A) ; I, XIX (794 B 2 sq., C 7-8) ; II, V (822 A-823 D).
2. *Op. cit.,* I, III (750 A-751 A) ; I, XIX (794 C 9 sq.) ; II, V (823 A).
3. *Op. cit.,* I, VII (759 A) ; I, XVI (786 A-790 B) ; I, XVIII (792 A-794 A) ; I, XIX (795 B 1 sq.) ; II, VIII (825 D-827 A). Cfr DC, 425 A-B (= Alger de Liège, *op. cit.,* 787 C 7-D 3), 424 B 9-12 (792 A 7-10), B 12-C 15 (792 B 4-C 5), 423 D 13-424 A 5 (792 D 4-11), etc.
4. *Op. cit.,* I, XIX : PL, t. CLXXX, 797 A.
5. *Op. cit.,* I, XV et XVI : PL, t. CLXXX, 783 A 790 B.

consistance qui permet de leur restituer leur fonction symbolique, significative, sans pourtant compromettre la croyance en
la présence réelle. Mais, ce faisant, il est nettement tributaire
de Lanfranc, dont il « explicite » certaines affirmations.

Le chapitre VII du premier livre du traité d'Alger sur l'eucharistie est le plus révélateur à cet égard. Il est intitulé : *Quod
remanentibus suis qualitatibus substantia panis et vini in verum
Christi corpus mutetur.* Alger s'y inspire du chapitre IX du *De
corpore et sanguine Domini* de Lanfranc, chapitre dans lequel
l'abbé de Saint-Étienne de Caen critiquait l'interprétation
donnée par Bérenger du passage suivant du *De sacramentis*
de saint Ambroise : « Si donc il y a dans la parole du Seigneur
Jésus une si grande force que ce qui n'était pas commence à
être, combien est-elle plus efficace pour faire que ce qui était
existe et soit changé en autre chose *(ut sint quae erant et in
aliud commutentur)* ». Lanfranc commente ainsi ce texte : « Il
atteste certes que ce qui était existe selon l'apparence visible,
mais est changé, selon l'essence intérieure, en la nature de choses
qui n'étaient pas là auparavant » [1]. Alger cite ce commentaire [2],
mais il lui donne le préambule que voici : « Tout ce qui est changé
en autre chose, cesse, à quelque point de vue, d'être ce qu'il
avait été : soit sur le plan substantiel *(substantialiter)*, soit sur
le plan accidentel *(accidentaliter)*. Mais, en ce qui concerne le
pain et le vin, puisqu'ils sont changés au corps du Christ, les
accidents ne cessent pas d'exister, mais demeurent tous ; donc
c'est la substance du pain et du vin qui a disparu » [3]. Il n'y
a pas d'autre endroit de son traité sur l'eucharistie où Alger
utilise la distinction « substance-accidents ». Ailleurs, à la substance du corps du Christ, ou à celle du pain et du vin, il oppose
tantôt l'« apparence » *(species)*, tantôt la « forme », mot qu'il
emploie soit seul, soit joint au terme « qualités ». Plus rarement
il fait usage de l'expression « qualités accidentelles » [4]. Il est
évident que les termes dont il se sert pour désigner les apparences

---

1. Voir *supra*, p. 298, 361, note 1.
2. PL, t. CLXXX, 757 A 4-6.
3. « Quidquid enim mutatur in aliud, in aliquo desinit (PL : desint) esse quod
fuerat, sive substantialiter, sive accidentaliter. Sed in pane et vino cum in
corpus Christi mutantur, accidentia esse non desinunt, sed omnia remanent.
Ergo panis et vini substantia desinit » *(ibid.,* 756 D 11-757 A 3).
4. L. BRIGUÉ, *Alger de Liège,* Paris, 1936, p. 87, note 80.

sont équivalents les uns des autres. Il est certain aussi que la distinction « substance-accidents » n'a pas dans son esprit un contenu identique (il s'en faut) à celui que lui donnera saint Thomas d'après Aristote. Cependant, alors que chez Guitmond d'Aversa cette distinction recouvre une conception assez fruste, elle a dans le *De sacramentis* d'Alger de Liège une signification plus élaborée, plus proche de la notion aristotélico-thomiste.

C'est ainsi qu'Alger de Liège affirme que la substance du pain et du vin est changée en la substance pré-existante du corps du Christ, de telle sorte que par cette nouveauté il n'y ait rien de nouveau dans le Christ et que par ce changement il n'y ait rien de changé dans le Christ, formule qui devance les énoncés de saint Thomas, lequel précisera que le changement n'a lieu que du côté du pain, et que le terme de la conversion ne subit pas d'altération [1]. Alger de Liège affirme encore, avant saint Thomas [2], que, par une sorte de miracle, les accidents eucharistiques ne reposent sur rien, ce qui, dans sa pensée, est une façon d'écarter certaines représentations spatiales et de signifier que la substance du corps du Christ n'est pas le substrat des accidents, qu'elle n'est pas elle-même colorée, tangible, savoureuse [3].

Mais, ayant évité certains écueils, il en rencontre d'autres. Il déclare, en effet, que, soit au ciel, soit dans l'eucharistie, la substance du corps du Christ est « locale », et il n'échappe aux conséquences de cette assertion qu'en ajoutant que cette substance est « spirituelle », ce qui, selon lui, explique qu'elle peut, sans déplacements, se trouver tout entière en même temps au ciel et sur les autels [4]. Quant aux accidents eucharistiques, après avoir fortement insisté sur leur réalité [5], il n'en avance

---

1. Alger de Liège, *op. cit.*, I, VI (PL, t. CLXXX, 754 B-756 C) et IX (*ibid.*, 766 B-769 C). Cfr Thomas d'Aquin, *Somme théologique*, IIIᵃ pars, qu. LXXVI, art. 6 : voir édition A.-M. Roguet, *L'eucharistie*, t. I, p. 163-169 et p. 319, nᵒ 77.

2. Thomas d'Aquin, *Somme théologique*, IIIᵃ pars, qu. LXXVII, art. 1 : voir édition citée, p. 183-190. Nous faisons ce rapprochement pour souligner l'avance théologique d'Alger de Liège et non pour faire nôtre cette conception du « miracle » des accidents sans sujet. « Sur ce point il y a une déficience dans la réflexion de saint Thomas » (E. Pousset, *L'eucharistie : présence réelle et trans-substantiation*, dans *Recherches de science religieuse*, t. LIV, 1966, p. 208).

3. Alger de Liège, *op. cit.*, II, I : PL, t. CLXXX, 809 D-810 A.

4. *Op. cit.*, I, XIV : PL, t. CLXXX, 780 C-782 D.

5. *Op. cit.*, I, VII : PL, t. CLXXX, 758 D sq.

pas moins, que s'ils peuvent se modifier par disparition *(defectus)*, il n'est pas question qu'ils soient soumis à la moisissure, à la putréfaction, à la digestion. Ce qui semble leur arriver de tel, n'est qu'illusion des sens, pure apparence. *Fieri multa videntur quae non fiunt* [1]. La raison qu'il met en avant pour prétendre que les espèces eucharistiques ne peuvent être digérées, montre qu'il est loin d'avoir perçu à la manière de saint Thomas le rapport de la substance et des accidents : elles ne subissent pas en nous de corruption semblable à celle des autres aliments, parce que, la substance du pain faisant défaut, il n'est pas possible à leur propos de parler de digestion [2].

3. *De Lanfranc à saint Thomas d'Aquin*

Il nous semble qu'avec Lanfranc, Guitmond et Alger se dessine nettement *le sens* de l'évolution qui trouvera son aboutissement dans la synthèse thomiste. On peut tracer une ligne continue de Lanfranc à saint Thomas, en passant par Guitmond, Alger et ceux qui, au cours des XIIe et XIIIe siècles, prolongeront le travail accompli par les polémistes antibérengariens en vue de découvrir une meilleure formulation de la présence réelle. Cette ligne part de la distinction établie par l'abbé de Saint-Étienne de Caen entre « ce qui est vu » et « ce qui n'est pas vu » dans l'eucharistie, et elle débouche très logiquement sur la distinction, telle que la comprend le Docteur angélique, entre les « accidents » du pain et du vin, et la « substance » du corps du Christ. Mais, à travers cette continuité, s'opère une mutation radicale, puisque, pour Lanfranc comme pour le cardinal Humbert, il était impossible de parler de présence réelle sans affirmer que sur l'autel la chair du Christ est brisée *sensualiter non solum sacramento sed in veritate* [3], alors que, pour saint Thomas, dans l'eucharistie *corpus Christi non frangitur nisi secundum speciem sacramentalem* [4], formule qui, dans la lettre mais non dans l'es-

---

1. *Op. cit.*, II, I : PL, t. CLXXX, 813 A 14-15.
2. *Op. cit.*, II, I : PL, t. CLXXX, 810 A.
3. Voir *supra*, p. 172, 174.
4. THOMAS D'AQUIN, *Somme théologique*, IIIa pars, qu. LXXVII, art. 7, ad 3 : édition A.-M. ROGUET, *L'eucharistie*, t. I, p. 224. Et saint Thomas de préciser : « Et hoc modo intelligenda est confessio Berengarii » ! Voir *supra*, p. 175, note 6. Cfr le *Signi tantum fit fractura* de la séquence de la messe de la Fête-Dieu.

prit, ressemble étrangement à celle qu'avait condamnée le concile de Rome de 1059.

Comment s'est opérée la mutation ? Elle résulte de la convergence d'une recherche doctrinale et d'une recherche philosophique. On ne peut nier que la recherche doctrinale a été provoquée initialement par les objections de Bérenger. Lanfranc, à vrai dire, n'a guère été sensible à ce qu'il y avait de pertinent dans les critiques du maître tourangeau. La réponse qu'il donne à l'accusation de capharnaïtisme sauvegarde de façon très inefficace (à nos yeux) le dogme de la résurrection du Christ et elle prête le flanc aux attaques les plus justifiées de son adversaire [1]. Hugues de Langres avait mieux compris la difficulté sans avoir le moyen de la résoudre [2]. Guitmond, parce qu'il se libère d'une partie seulement des implications de l'ultra-réalisme, ne parvient pas à construire une doctrine vraiment cohérente [3]. Alger de Liège met en place les principaux éléments de la solution du problème, mais il lui manque un instrument de pensée pour la formuler de façon correcte ; dire que la « substance » du corps du Christ est « spirituelle », n'est qu'une approximation peu satisfaisante pour rendre compte de sa présence simultanée au ciel et sur les autels [4].

Il est évident que, pour parvenir à son terme, la recherche doctrinale appelait un approfondissement philosophique. Cet approfondissement se réalisera dans une lente osmose entre les postulations de la croyance (qui ne pouvait se satisfaire des outrances du « sensualisme » eucharistique) et certaines données de la philosophie aristotélicienne. Lanfranc, que les joutes dialectiques avaient familiarisé avec le vocabulaire d'Aristote, formule cependant en termes « platoniciens » sa croyance en la présence réelle [5]. Quand, à propos de l'eucharistie, il parle de la « substance de la chair et du sang du Christ », il n'oppose pas celle-ci aux « accidents » du pain et du vin [6]. Mais déjà

---

1. Voir *supra*, p. 358-359, 370, 380-381, 384-385, 387-388, 390, 412-413, 415-416, 418.
2. Voir *supra*, p. 459.
3. Voir *supra*, p. 462-464.
4. Voir *supra*, p. 469.
5. Voir *supra*, p. 446-447.
6. DC, 419 A 7-8. Mais Bérenger emploie le couple *subjectum* et *quod in subjecto est* comme équivalent du couple « essences principales-essences secondaires »

Guitmond d'Aversa et Alger de Liège, nous l'avons vu, appliquent au sacrement de l'autel la distinction « substance-accidents » [1]. La terminologie péripatéticienne va s'imposer peu à peu dans les traités consacrés à la question eucharistique. Sans doute, dans le lexique propre au Stagirite, connu d'abord par les œuvres de Boèce, puis rendu accessible à travers les traductions des écrits d'Aristote qui se multiplient au cours du XIIe siècle, ce ne sont pas d'emblée les concepts de ce philosophe qui sont mis en circulation. Cependant, il s'opère une lente adaptation des esprits, qui, notamment à propos de la doctrine de la transsubstantiation, permettra de passer progressivement du vocabulaire d'Aristote à ses idées. H. Jorissen, dans son ouvrage récent intitulé *Die Entfaltung der Transsubstantiationslehre bis zum Beginn der Hochscholastik* (Münster Westfalen, 1967), exprime cela très clairement. Après avoir présenté les deux principaux courants doctrinaux de la seconde moitié du XIIe siècle concernant l'interprétation de la transsubstantiation, il déclare : « Vers la fin du XIIe siècle, quelle que soit la différence réelle dans le contenu déterminé des principes ontologiques, il y avait une telle ouverture et une telle réceptivité pour la philosophie de la nature et la métaphysique aristotéliciennes, dont une partie plus importante serait bientôt connue, qu'en ce sens on peut parler d'une tendance immanente à l'évolution d'alors vers l'aristotélisme de la Grande scolastique. L'élaboration conceptuelle des deux conceptions de la transsubstantiation dans la terminologie aristotélicienne crée pour la scolastique aristotélicienne un point de départ immédiat. Par un glissement presque imperceptible, sous l'influence croissante de la tradition aristotélicienne, le contenu des concepts lui-même devient celui de l'ontologie aristotélicienne. Le changement de sens des concepts s'accomplira surtout à l'occasion du jugement porté sur le concept de transsubstantiation défendu par Pierre le Chantre » [2]. On

---

de Lanfranc : voir DSC, *passim*. Quelquefois, il oppose *accidentia* à *subjectum* : DSC, 63/23, 98/14, 105/15, 111/22, 117/6, 33, 36, 118/24.

1. Voir *supra*, p. 463, 468.

2. « Gleichwohl bestand bei allem sachlichen Unterschied in der inhaltlichen Bestimmung der ontologischen Prinzipien gegen Ende des 12. Jahrhunderts eine derartige Offenheit und Empfängnisbereitschaft für die nun bald in grösserem Umfang bekannt werdende aristotelische Naturphilosophie und Metaphysik dass im diesem Sinne von einer der damaligen Entwicklung immanenten Tendenz zum Aristotelismus der Hochscholastik gesprochen werden kann. Die begriffliche

peut donc parler d'une période préaristotélicienne du XIIe siècle
(dans le sens où l'on parle d'une période préhominienne en
ce qui concerne l'évolution des espèces). C'est à travers des
notions préaristotéliciennes et aristotéliciennes, c'est-à-dire
à travers une recherche philosophique que, non sans hésitations
parfois [1] ni retours en arrière [2], va se dégager peu à peu une
conception de la présence réelle désormais libérée des affabula-
tions sensibles. Cette conception trouvera son expression la
plus simple et la plus juste dans la Somme théologique de saint
Thomas d'Aquin [3].

*Il serait vain, dans une intention œcuménique, si louable soit-
elle, de s'aveugler en face de cette intervention de la philosophie
d'Aristote dans la recherche d'une meilleure formulation doctrinale. L'essentiel est d'en mesurer la portée exacte, d'en préciser les
limites.* P. Schoonenberg s'est efforcé de le faire dans un article de
la revue *Concilium* [4]. Nous ne croyons pas pouvoir adopter
entièrement ses conclusions.

a) P. Schoonenberg reconnaît le fait de l'ultra-réalisme,
mais il ne semble pas en avoir perçu toute l'extension ni avoir
compris, par conséquent, la nécessité d'une solution drastique
qui permette à l'Église de s'en affranchir. D'une part, on en
trouve des indices bien avant la période carolingienne [5]. D'autre
part, s'il est exact que « la conception physiciste... n'intervient

---

Fassung der beiden Transsubstantiationsauffassungen in der aristotelischen Terminologie schafft für die aristotelische Scholastik einen unmittelbaren Anknüp-
fungspunkt. In einem fast unmerklichen Übergang werden — unter dem wach-
senden Einfluss der Aristotelesrezeption — die Begriffe nun auch inhaltlich
von der aristotelischen Ontologie her gefüllt. Der Wechsel der Begriffsbedeutung
wird sich besonders hinsichtlich der Beurteilung des von Petrus Cantor vertre-
tenen Transsubstantiationsbegriffs auswirken » (*Op. cit.*, p. 113-114).

1. *Ibid.*, p. 68, 74, 111.
2. En plein XIIe siècle, Abbaudus et Folmar affichent des doctrines eucharistiques semblables à celles de Lanfranc et d'Humbert.
3. THOMAS D'AQUIN, *Somme théologique*, IIIa pars, qu. LXXIII-LXXXIII.
Voir Ch.-V. HÉRIS, *L'eucharistie mystère de foi*, Colmar-Paris, 1967.
4. P. SCHOONENBERG, *Dans quelle mesure la doctrine de la transsubstantiation
a-t-elle été déterminée par l'histoire ?*, dans *Concilium*, avril 1967, no 24, p. 77-88.
5. « La doctrine eucharistique des Pères... s'est désagrégée à l'époque carolingienne » (*ibid.*, p. 78). En fait, « un ultra-réalisme de la présence se fait jour »
dans des textes antérieurs à la période carolingienne : voir L. RICHARD, *Recherches sur la doctrine de l'eucharistie en Gaule du Ve au VIIe siècle*, thèse de
doctorat présentée devant la Faculté de théologie de Lyon, polycopiée, 1948,
p. 205-206.

pas dans la doctrine officielle de l'Église » [1], il faut reconnaître loyalement qu'elle y est intervenue au XIe siècle. La formule de profession de foi rédigée par le cardinal Humbert en 1059 en est la preuve la moins contestable. Lanfranc lui-même a souligné le caractère officiel de ce texte, imputable, selon lui, non au seul cardinal Humbert mais au pape Nicolas II et aux évêques réunis en concile à Rome, texte qui avait été reçu avec joie et action de grâces par les diverses Églises d'Italie, de France et d'Allemagne auxquelles le souverain pontife s'était empressé de l'envoyer en témoignage de la soumission du maître tourangeau [2]. Cette profession de foi a suscité, bien entendu, les protestations de Bérenger et de ses partisans. En revanche, elle n'a pas, semble-t-il, rencontré d'objections de la part des hommes d'Église (l'immense majorité) restés fidèles à la croyance traditionnelle. Elle est invoquée non seulement par Lanfranc, mais aussi par Eusèbe d'Angers (vers 1063) [3], par Guitmond d'Aversa (vers 1075) [4], par Bernold de Constance (1088) [5], par Alger de Liège (vers 1115) [6]. On ne peut guère considérer une telle formulation comme un fait accidentel, comme une sorte de bloc erratique parmi les actes du magistère au XIe siècle. On le peut d'autant moins que Lanfranc, dont nous connaissons la doctrine eucharistique, proche de celle du cardinal Humbert, avait exposé ses vues devant le concile de Rome de 1050 et avait été approuvé par l'unanimité des Pères conciliaires auxquels il s'adressait [7]. La profession de foi imposée à Bérenger lors du concile de Rome du carême de 1079 n'échappe pas à cette ambiance. Ce serait commettre un anachronisme que de la juger en fonction des élaborations des XIIe et XIIIe siècles ; certes, elle prépare ces élaborations mais elle n'en recouvre pas toutes les données. Nous savons comment un théologien orthodoxe tel que Guit-

---

1. P. SCHOONENBERG, *op. cit.*, p. 80. Plus précisément, il faudrait dire : « ... n'intervient *plus*... ».

2. DC, 411 D-412 A.

3. EE, 1204 C 5-7.

4. GUITMOND D'AVERSA, *De corporis et sanguinis Domini veritate*, III : PL, t. CXLIX, 1487 A.

5. BERNOLD DE CONSTANCE, *De Beringerii haeresiarchae damnatione multiplici*, IV-VI, XII : PL, t. CXLVIII, 1457-1460. Voir *supra*, p. 234-235.

6. ALGER DE LIÈGE, *De sacramentis corporis et sanguinis dominici*, I, XIX : PL, t. CLXXX, 797 A.

7. DC, 413 B 10-C 1.

mond d'Aversa comprend l'expression *substantialiter commutari* [1] à la veille de ce synode, qui allait canoniser la notion d'une conversion « substantielle » dans l'eucharistie. Par ailleurs, le seul des Pères conciliaires qui nous ait laissé un compte-rendu de cette réunion, Bernold de Constance, écrivant en 1088, n'en continue pas moins à regarder la formule de 1059 comme l'expression authentique de la foi au même titre que la formule de 1079 [2]. Or, dans les termes mêmes de ce dernier texte, il était précisé qu'on devait l'interpréter en se tenant à la signification que lui donnaient les personnes présentes : *Sicut in hoc brevi continetur et ego legi* ET VOS INTELLIGITIS, *sic credo* [3].

Il n'y a rien d'étonnant à ce que, dans sa pensée et dans la façon de la présenter, le magistère soit resté dépendant des structures intellectuelles de l'époque où il s'exprimait. Son rôle n'a jamais été de découvrir, par on ne sait quelle magie, des formulations qui précéderaient l'évolution normale de la recherche théologique ; il consiste à défendre la substance de la foi, tâche à laquelle n'ont pas failli les papes Léon IX, Nicolas II et Grégoire VII. Ces pontifes, en se comportant comme ils l'ont fait à l'égard de Bérenger, ont mieux préparé l'avenir et facilité les élucidations ultérieures que s'ils s'étaient laissé entraîner inconsidérément dans la voie ouverte par le maître tourangeau [4].

b) La situation que nous venons de décrire ne permet pas de dire indistinctement que le *substantialiter converti* du synode romain du carême de 1079 et le *transsubstantiari* du IVe concile général du Latran (1215) répondent à une signification large du mot « substance », qui exclurait toute influence aristotélicienne et où ce mot revêtirait « le sens de réalité *ou* de réalité la plus profonde » (nous soulignons la conjonction *ou*) [5]. Les deux expressions, celle de 1079 comme celle de 1215, affirment la « réalité » de la présence du corps du Christ dans l'eucharistie ; mais la première se réfère à un soubassement doctrinal dans lequel le mot *substantia* n'a pas encore le sens de « réalité pro-

---

1. GUITMOND D'AVERSA, *op. cit.*, III : PL, t. CXLIX, 1488 B 9-10, 1494 D 8. Voir *supra*, p. 462.
2. Voir *supra*, p. 234-235.
3. Voir *supra*, p. 231-232, note 2, p. 236.
4. Voir *supra*, p. 175-177.
5. P. SCHOONENBERG, *op. cit.*, p. 79.

fonde », tandis que la seconde implique vraisemblablement ce sens et ne l'a atteint que grâce à une longue maturation des concepts informée plus ou moins profondément par la philosophie péripatéticienne.

En insistant sur cet aspect de la question eucharistique, nous cherchons à respecter les données de l'histoire. Mais, dans ces données, il est permis de distinguer ce qui est essentiel de ce qui est contingent. Ce qui est essentiel pour la pensée catholique, c'est d'avoir maintenu la croyance en la présence réelle tout en la libérant de certaines représentations et de certaines formulations peu satisfaisantes. Ce qui est contingent, c'est le système philosophique qui, pour une part, a permis d'obtenir ce résultat. A propos des formules dont le concile de Trente s'est servi pour proposer à la foi le mystère eucharistique, Sa Sainteté Paul VI s'exprime ainsi : « Ces formules, comme les autres que l'Église adopte pour énoncer les dogmes de la foi, expriment des concepts qui ne sont pas liés à une certaine forme de culture, ni à une phase déterminée du progrès scientifique, ni à telle école théologique ; elles expriment ce que l'esprit humain perçoit de la réalité par l'expérience universelle et naturelle et qu'il manifeste par des mots adaptés et déterminés, empruntés au langage courant ou savant » [1]. Certes, par cette déclaration, le Pape ne prétend pas nier l'existence des « contextes » historiques qui ont déterminé l'apparition des formules dogmatiques, « contextes » dans lesquels a pu intervenir l'influence de tel ou tel système philosophique ou théologique. Il est évident, par exemple, que « les Pères de Trente ne disposaient pas d'une autre possibilité que celle offerte par la doctrine aristotélicienne de la transsubstantiation, pour affirmer la conversion du pain et du vin, confessée par toute la tradition » [2]. Mais en faisant un usage très modéré de la terminologie aristotélicienne, en évitant notamment d'employer le mot « accidents », ils soulignaient en quelque sorte, de façon plus ou moins consciente, leur volonté de ne pas lier l'expression de la foi à un système philosophique, ils nous invitaient donc à donner au mot « substance », appliqué à l'eucharistie, *un sens très général*, qui pourrait se traduire par « être profond », « réalité profonde ». En effet, quelles que

---

1. PAUL VI, *Mysterium fidei*, n° 24 (édition du Centurion, p. 37). Le passage « qu'il manifeste, etc. » manque dans les versions italienne et française officielles.
2. P. SCHOONENBERG, *op. cit.*, p. 82.

soient ses consonnances fâcheuses dans le langage actuel, ce terme, pris à un certain niveau, « désigne... une réalité permanente et comporte un sens dont aucune philosophie ni même le sens commun ne peuvent se passer »[1]. Ce que nous disons ici à propos d'une doctrine constituée, peut se transposer à la même doctrine envisagée dans la période où elle était en train de se former. De même que les Pères de Trente ont dû *historiquement* faire appel aux données philosophiques ambiantes pour concevoir et formuler une doctrine de la présence réelle, de même les théologiens des XIIe et XIIIe siècles, qui ont créé cette doctrine, ont utilisé *historiquement* les instruments de pensée qu'ils avaient à leur disposition, pour se dégager de l'ultra-réalisme. Cependant, le résultat de leur recherche, c'est-à-dire une notion plus épurée et plus juste de la présence réelle, n'est lié que de façon accidentelle à la philosophie péripatéticienne, il se situe conceptuellement dans la ligne de l'« expérience universelle et naturelle » invoquée par Paul VI, expérience dans laquelle interviennent les données du sens commun et les élaborations de la pensée réfléchie.

Ceci précisé, on doit néanmoins constater que le sens commun est sujet à des fluctuations, qu'il peut se dégrader ou s'affiner, et que les élaborations à un plan supérieur ont une influence sur ces variations. Le sens commun des fidèles du XIe siècle admettait une modalité de la présence réelle qui choquerait à juste titre le sens commun des fidèles du XXe siècle[2]. C'est qu'entre les uns et les autres s'est interposé un travail théologique dont les conséquences se sont répercutées sur les formulations du magistère et sur les schèmes de pensée de la masse des chrétiens. Sous peine de retomber dans les excès du « sensualisme » eucharistique du cardinal Humbert ou dans ceux du « symbolisme » bérengarien (dangers qui, au moins sous des formes atténuées, ne sont pas entièrement imaginaires), sous peine aussi d'exprimer la foi eucharistique dans un langage qui la trahirait, on ne peut se contenter d'adhérer au mystère de la présence réelle en faisant fi de toute réflexion sur la modalité de cette présence et sur la manière de la traduire dans les mots. On pourrait appliquer à la nécessité de cette réflexion ce que Sertillanges disait, à

---

1. E. Pousset, *L'eucharistie : présence réelle et transsubstantiation*, dans *Recherches de science religieuse*, t. LIV, 1966, p. 191.
2. Voir *supra*, p. 233-235.

la suite d'Aristote (toujours lui !), de la nécessité de la métaphysique : « Ceux qui répudient en paroles la métaphysique font de la métaphysique comme les autres : métaphysique négative quelquefois, mais qui n'en est pas moins systématique et à sa façon affirmative ; métaphysique positive souvent, mais arbitraire, confuse, sans principes éclaircis » [1].

IV. Incidences œcuméniques

Nous nous sommes efforcé de comprendre la controverse eucharistique du XIᵉ siècle en portant notre attention sur les deux hommes qui en furent les premiers et les principaux acteurs. En procédant de la sorte, il nous a été plus facile d'aller au cœur de ce grand débat et d'en expliquer les développements. Mais ces développements ne se limitent pas au moyen âge. Lors des controverses suscitées par la Réforme, protestants et catholiques ont exhumé les querelles du passé, les uns et les autres cherchant à en tirer parti pour appuyer des thèses contradictoires. Avec l'histoire de la controverse bérengarienne, il y aurait à écrire l'histoire de cette histoire ! [2] Il n'est pas étonnant que, des deux côtés, on ait manqué d'objectivité, ou du moins que les préjugés confessionnels aient empêché historiens et théologiens de percevoir la nature exacte des doctrines médiévales et la signification des problèmes qui se posaient à nos ancêtres des XIᵉ, XIIᵉ et XIIIᵉ siècles. Ainsi, du côté catholique, on n'a guère reconnu le caractère ultra-réaliste de textes pourtant bien peu ambigus tels que la profession de foi rédigée par le cardinal Humbert, on a cru estomper le sens des expressions « sensualistes » en les examinant à travers la grille de lecture d'une théologie évoluée [3]. Du côté non catholique, on a parfois opposé, de façon

---

1. A.-D. SERTILLANGES, *La philosophie de S. Thomas d'Aquin*, t. I, Paris, 1940, p. 20.

2. Voir à ce sujet, A. J. MACDONALD, *Berengar*, chapitre XXIII ; R. SNOEKS, *L'argument de tradition dans la controverse eucharistique entre catholiques et réformés français au XVIIᵉ siècle*, Louvain, 1951 ; F. CLARK, *Eucharistic sacrifice and the Reformation*, 2ᵉ éd., Londres, 1967 ; H. ALTHAUS, *Marginalien zu Lessings Wolfenbüttler Berengarforschung*, dans *Zeitschrift für Kirchengeschichte*, t. LXXII, 1961, p. 336-344.

3. C'est ainsi que F. Clark déclare à propos de la formule de profession de foi rédigée par le cardinal Humbert : « This ill-sounding phrase was in fact chosen with reference to Berengarius's own terminology, and it is clear from the writings of Humbert and his colleagues that they did not intend the crass sense

trop systématique, une tendance « ambrosienne » allant d'Ambroise à Lanfranc en passant pas Paschase, et une tendance « augustinienne » qui, partant de l'évêque d'Hippone, serait relayée par Ratramne et Bérenger ; on affirmait qu'au XIe siècle la seconde tendance avait été officiellement éliminée au profit de la première. Or, Bérenger est un « copiste de formules augustiniennes » [1] et non un augustinien authentique ; il dissocie et rationalise. Et Ratramne a été mal interprété de part et d'autre : on en a fait un « symboliste », alors qu'il est ultra-réaliste.

Une vision plus sereine de l'histoire faciliterait la compréhension mutuelle. Avec un grand souci de justice, le pasteur Max Thurian reconnaît que « la doctrine de la transsubstantiation a voulu être une protection de la vérité de la présence réelle. Il ne s'agissait pas d'une explication rationnelle du mystère, mais d'une affirmation catégorique de la réalité de la présence du Christ » [2]. Nous avons vu aussi que les interventions de la philosophie aristotélicienne dans le commentaire de la doctrine de la transsubstantiation avaient permis à l'Église de justifier une conception de la présence réelle où la « substance », entendue auparavant dans son sens courant de réalité matérielle, prenait le sens de *réalité profonde*. Félicitons-nous de ce *résultat* sans trop nous formaliser des *moyens* qui nous ont aidé à l'obtenir. Ils ne pouvaient guère être empruntés à un système de pensée

---

the words seem to imply » (*op. cit.*, p. 432-433). L'évidence dont parle ici F. Clark (« it is clear ») relève davantage d'un jugement à priori que d'une lecture objective du texte de la profession de foi et d'une analyse rigoureuse de son « contexte » (« the writings of Humbert and his colleagues »). Avec de telles évidences, on peut affirmer n'importe quoi et même le contraire de l'évidence (« they did not intend the crass sense the words *seem* to imply »). On sait que F. Clark entend réfuter l'argument des apologistes anglicans qui (pour défendre la validité des ordinations de leur Église) assurent que le refus du sacerdoce sacrificiel, dans les formules d'ordination de 1550 à 1662, doit se comprendre en fonction de certaines conceptions médiévales excessives concernant le sacrifice eucharistique. Sans prendre parti sur l'ensemble de ce problème (notre compétence n'allant pas au-delà du XIe siècle), nous ne pouvons pas ne pas mettre en doute le sérieux de l'information historique de F. Clark. Voir J. J. HUGHES, *La validité des ordinations anglicanes*, dans *Concilium*, n° 31 (janvier 1968), p. 118-119. G. GEENEN, *Bérenger de Tours dans les écrits de saint Thomas d'Aquin*, dans *Divinitas*, t. XI, 1967, fasc. 2, p. 439-457, voit dans le « sensualisme » eucharistique non la doctrine du concile de Rome de 1059, mais une « nouvelle hérésie » de Bérenger.

1. H. DE LUBAC, *Corpus mysticum*, p. 254.
2. M. THURIAN, *L'eucharistie : mémorial du Seigneur, sacrifice d'action de grâce et d'intercession*, Neuchâtel-Paris, 1959, p. 257.

autre que celui qui prédominait aux XIIe-XIIIe siècles [1]. En revanche, catholiques, confessons que nos traités sur l'eucharistie ont souvent péché par une certaine intempérance de la spéculation, choquante en un domaine où l'intelligence devrait prendre conscience de ses limites en face du mystère. Bérenger est le premier à avoir donné l'exemple de ces ratiocinations abusives, de ces outrances d'une théologie *sur* l'eucharistie, s'appliquant du dehors à son objet au lieu de procéder *de* lui [2]. Reconnaissons également qu'une attention trop exclusive accordée au problème de la présence réelle a conduit enseignement doctrinal et liturgie à majorer certains éléments de la tradition au détriment de facteurs essentiels de la croyance eucharistique, telle la fin même du sacrement de l'autel qui est de nourrir spirituellement les fidèles et de rassembler dans l'unité le corps ecclésial.

Plutôt que de chercher dans le passé des justifications de nos divisions actuelles, mieux vaut y découvrir des terrains d'entente. Il nous semble que la controverse bérengarienne fournit un de ces éléments positifs en illustrant la distinction établie par Jean XXIII entre « la substance de la doctrine contenue dans le dépôt de la foi » et « la formulation dont elle est revêtue » [3].

---

1. Voir *supra*, p. 470-477.

2. Voir L. BOUYER, *Eucharistie : théologie et spiritualité de la prière eucharistique*, Paris, 1966, chapitre premier. L. Bouyer note, en particulier, p. 12-13, que des synthèses « qui nous ont ramené, dans les dernières générations, vers une vision de l'eucharistie plus saine que celle des siècles précédents » manquent cependant d'un solide fondement scripturaire et procèdent moins des textes inspirés « que de notions *a priori* du signe ou du sacrifice ». L'étude exégétique a rendu inévitable un « déplacement des perspectives » ; pour la période récente, voir J. JEREMIAS, *The eucharistic words of Jesus*, Londres, 1966 (traduction anglaise de la nouvelle édition allemande, parue à Göttingen en 1960, de *Die Abendmahlsworte Jesu*, mais tenant compte de modifications apportées à son texte par l'auteur en 1964).

3. Dans le discours d'ouverture de Vatican II. Voir R. LAURENTIN, *L'enjeu du concile*, t. II, *Bilan de la première session*, Paris, 1963, p. 15 : « Cette distinction... parfaitement nette dans le texte italien, qui semble représenter la rédaction du pape lui-même, et dans la version française diffusée par le Vatican, a paru si audacieuse au traducteur latin officiel qu'il l'a subtilisée ». Voir *ibid.*, p. 122. Texte latin dans *Acta Apostolicae Sedis*, 1962, p. 792. On retrouve la même distinction dans le discours du 4 novembre 1962, prononcé en italien : *La documentation catholique*, t. LIX, n° 1389, col. 1511. Jean XXIII envisageait cette question de formulation sous un angle « essentiellement pastoral » (voir R. ULIANICH, *Récentes publications sur Vatican II*, dans *Concilium*, septembre 1966, n° 17, p. 98, note 14).

Cette « distinction qui fut, de façon si significative, annoncée au début des travaux du concile Vatican II » et à laquelle n'est étrangère aucune directive importante du décret *De oecumenismo* [1], est apte à faciliter grandement les rapprochements interconfessionnels. A son propos, dans un article sur le sens de la communion évangélique, le pasteur Renzo Bertalot déclare : « Si nous devons exprimer un désir, aux fins de contribuer au dialogue œcuménique, sur un sujet si discuté, je crois qu'il est impossible de ne pas souhaiter que la formule du pape Jean serve de levain à l'intérieur du catholicisme aux recherches qui nous intéressent » [2]. Or, précisément en ce qui concerne l'eucharistie, nos investigations nous ont permis de toucher du doigt un exemple qui prouve que cette distinction n'est pas inspirée par un opportunisme facile mais qu'elle correspond à une réalité vécue. Déjà on a remarqué que l'affirmation fameuse « Hors de l'Église point de salut », prise à la lettre par le concile œcuménique de Florence, a été l'objet d'une réinterprétation de la part de Vatican II. « Ce qui reste vrai de l'ancienne affirmation, c'est que l'action rédemptrice de Dieu parmi les hommes préfigure, prépare ou manifeste l'Église. Toutes les fois que la grâce est donnée, elle est accordée en vue de l'Église, et en ce sens il n'y a pas de salut en dehors de l'Église ». Mais on n'oserait plus dire à présent que « personne, quelles que soient les aumônes qu'il fasse, et même s'il versait son sang pour le nom du Christ, ne peut être sauvé, s'il ne fait pas partie de l'unique troupeau de l'Église catholique » [3]. De la même façon, l'Église reste fidèle à la vérité essentielle de la présence réelle en déclarant : *Signi tantum fit fractura*, deux siècles après avoir ordonné à Bérenger d'anathématiser l'opinion selon laquelle, sur les autels, le corps du Christ ne pourrait être brisé par les mains du prêtre *nisi in solo sacramento*. La « substance » de la doctrine est bien restée

---

1. Voir, par exemple, dans le décret *Unitatis redintegratio*, le ch. II, nos 6 et 11. Cfr la constitution *Gaudium et spes*, deuxième partie, ch. premier, n° 62, § 2.

2. R. BERTALOT, *Sur le sens de la communion évangélique*, dans *Concilium*, avril 1967, n° 24, p. 63. On trouvera un bilan des possibilités de rencontre œcuménique sur l'eucharistie dans W. L. BOELENS, *La discussion sur la Sainte Cène dans l'Église évangélique : ibid.* p. 91-106.

3. Voir G. BAUM, *Le Magistère dans l'Église en évolution*, dans *Concilium*, janvier 1967, n° 21, p. 63. Sur ce sujet, voir, dans le même numéro, l'article de L. BAKKER, *La place de l'homme dans la Révélation divine* (p. 23-37).

la même, mais sa « formulation » a considérablement changé.
C'est que le « dépôt de la foi » s'est trouvé lié au XIᵉ siècle à des
facteurs secondaires dont il paraissait indissociable. Dans les
deux cas que nous venons de citer, une période de réflexion
a permis de séparer ce qui était accessoire de ce qui est fondamental. Est-il nécessaire de souligner que ce travail de purification est une opération délicate et qu'il doit être entouré de sérieuses garanties ? Néanmoins, prudence ne signifie pas timidité
ni paralysie de « l'effort de la pensée catholique dans la recherche
de formules neuves et originales, fidèles cependant au « dépôt »
doctrinal de l'Église, « interprété dans le même sens et la même
ligne » ». C'est à cet effort que Sa Sainteté Paul VI invitait les
théologiens dans son exhortation apostolique *Petrum et Paulum* [1].
Nous espérons que ceux-ci trouveront un encouragement dans
les faits que nous avons été amené à mettre en lumière dans le
présent ouvrage.

---

1. « Ad catholicorum nisus sustinendos, qui novas rationes exponendi veri-
tates fidei inquirunt, sed cum deposito doctrinae Ecclesiae plane consentien-
tes *eodem sensu eademque sententia...* » (*Acta Apostolicae Sedis*, 1967, p. 199).
La traduction que nous donnons est celle que reproduit *La documentation
catholique*, t. LXIV, n⁰ 1490, col. 487. Les derniers mots sont empruntés à la
formule célèbre du *Commonitorium* de VINCENT DE LÉRINS (I, XXIII : PL,
t. L, 668). Cfr aussi Vatican I, *De fide catholica*, IV ; et l'allocution prononcée
par Paul VI à l'audience générale du 2 août 1967 (*La documentation catholique*,
t. LXIV, n⁰ 1500, col. 1480). Voir notre avant-propos, *supra*, p. V.

APPENDICE I

Deux documents de la controverse eucharistique du XIe siècle : le manuscrit « Wissembourg 101 » et les folios 149 à 162 du manuscrit « Vorau 412 »

En 1770, le célèbre écrivain Lessing, conservateur de la biliothèque ducale de Wolfenbüttel, a découvert le manuscrit d'un traité de Bérenger, œuvre dont ignorait jusqu'alors l'existence et qui fut baptisée *De sacra coena*. Ce manuscrit porte la cote *Wissembourg 101*[1]. Avec le professeur R. B. C. Huygens[2], nous pensons qu'il s'agit d'un document original, nombre de particularités de ce volume s'expliquant mal sans l'intervention directe de l'auteur. Autre caractéristique : le texte est incomplet, les premiers folios ayant disparu[3]. En revanche, à l'inverse de ce qu'on disait jusqu'à présent, nous pouvons affirmer que la fin de l'ouvrage est intacte. En effet, les douze dernières lignes du manuscrit[4] n'appartiennent pas au *De sacra coena*. Le traité se termine donc avant ces lignes et nous en possédons, par conséquent, la conclusion dans son intégralité.

Nous devons cette précision importante à la comparaison de *Wissembourg 101* avec un autre manuscrit qui, lui aussi, est une pièce maîtresse de la documentation bérengarienne : plaquette de quatorze folios, il fait partie d'un recueil composite constitué en 1474 à l'abbaye de Vorau en Autriche. Dans ce recueil, qui porte la cote *Vorau 412*, les folios du document en question sont numérotés de 149 à 162. A première vue, le contenu de ce mince livret n'offre rien que d'assez banal : c'est un exemplaire du *De corpore et sanguine Domini* de Lanfranc[5]. Mais les dernières lignes de ce traité n'occupent que le haut du recto du dernier folio (f. 162[r], lignes 1 à 11). La place demeurée

---

1. Voir *supra*, p. X-XI, XIII, 4, 198-199.

2. R. B. C. Huygens, *A propos de Bérenger et de son traité de l'eucharistie*, dans *Revue bénédictine*, t. LXXVI, 1966, p. 133-139. Voir également notre *Note sur la controverse bérengarienne*, dans *Bulletin de la Société internationale pour l'étude de la philosophie médiévale*, t. IV, 1962, p. 134.

3. Il y a deux autres lacunes, l'une avant la page 169, l'autre avant la page 214.

4. DSC, 166/20-31.

5. Ce contenu est « banal » parce que les exemplaires manuscrits du traité de Lanfranc ne sont pas une rareté : voir *supra*, p. 251.

libre au recto et au verso a été utilisée pour la transcription de cinq textes courts, dont le premier est une note sur la naissance du Christ. Or, les douze lignes terminales de *Wissembourg 101* reproduisent, avec une certaine liberté, la première moitié de cette note. Si minime soit-elle quantitativement, une coïncidence de cette nature n'en est pas moins étrange. C'est en nous appuyant sur elle que nous avons restitué la conclusion du *De sacra coena*. Le curieux problème posé par cette rencontre offre un surcroît d'intérêt quand on constate que, selon toute vraisemblance, la note doit être attribuée à Bérenger et que celui-ci est l'auteur des trois textes qui la suivent, à savoir une fausse lettre du pape Alexandre II au comte d'Anjou et deux autres lettres adressées par le maître tourangeau respectivement à Eudes de Conteville, évêque de Bayeux, demi-frère de Guillaume le Conquérant, et à un « frère » désigné seulement par la lettre *R*, initiale de son nom.

De toute évidence, *Wissembourg 101* et le livret constitué par les folios 149 à 162 de *Vorau 412* sont des documents d'un intérêt exceptionnel soit qu'on les envisage chacun à part, soit qu'on cherche à découvrir le lien qui les unit. Avant de les examiner en détail et de tirer de cet examen des renseignements précieux pour l'histoire de la controverse bérengarienne, nous en donnons une description d'ensemble.

A. « WISSEMBOURG 101 » [1]

Précisons que nous utilisons ici deux sortes de numérotations du *De sacra coena*. L'une concerne les pages du manuscrit, dont la numérotation est indiquée dans les marges de l'édition due à W. H. Beekenkamp ; l'autre se rapporte aux pages de cette édition, et nous la signalons par le sigle DSC. Nous n'avons pas utilisé la numérotation

---

1. Voici les données essentielles de la description du manuscrit d'après R. B. C. HUYGENS, *art. cit*, p. 135 : « Le codex mesure 17,5 × 12 cm, dont 14 × 9 seulement sont occupés par l'écriture, ce qui suggère déjà un usage strictement personnel. On y distingue plusieurs mains, formées à l'écriture des chartes et qui datent toutes de la seconde moitié du XIe siècle. Or rien n'empêche qu'il n'ait été entièrement écrit avant 1088, donc du vivant de Bérenger : après avoir examiné, à Wolfenbüttel, cet aspect du manuscrit, MM. Butzmann, Lieftinck et moi-même, nous nous sommes trouvés parfaitement d'accord sur ce point. Quant à savoir si l'on a affaire à un original, hypothèse émise jadis par Stäudlin mais rejetée par Visher, l'examen du manuscrit me semble confirmer absolument l'affirmative ». Voir aussi H. BUTZMANN et V. KLOSTERMANN, *Die Weissenburger Handschriften*, Francfort-sur-le-Main, 1964, p. 288-289. M. J. Vezin, bibliothécaire au département des manuscrits de la Bibliothèque nationale de Paris, trouve l'écriture de ce manuscrit très proche de l'écriture angevine, dont il a une connaissance approfondie. Par ailleurs, il lui semble difficile de se prononcer sur les différences de mains.

du manuscrit par folios : elle est récente et ne se retrouve pas dans les éditions [1].

1. Le manuscrit du *De sacra coena* compte, dans son état actuel, 115 folios numérotés par pages de 1 à 228. Cette numérotation est postérieure à la mutilation du manuscrit et ne donne aucune indication sur la quantité de folios disparus. De plus, faite sans doute à la hâte, elle est fautive à quatre reprises, par oubli du numéro 212 [2] et par doublement des numéros 143, 154, 216. Aux 115 folios du volume, il faut ajouter cinq feuilles intercalaires de dimensions variables entre les pages 40 et 41 (9 lignes), 52 et 53 (10 lignes), 68 et 69 (12 lignes), 74 et 75 (10 lignes), 80 et 81 (23 lignes).

Le manuscrit est mutilé. Il commence *ex abrupto* au milieu d'une phrase : les premiers folios ont disparu. Il y a deux autres lacunes, l'une avant la page 169, l'autre avant la page 214 [3]. Or, il n'est pas difficile, sans grand risque d'erreur, de conjecturer le nombre de folios manquants. En effet, le volume est formé de cahiers *in-octavo*, dont certains portent au bas de la première page un numéro d'ordre. Sont numérotés les cahiers VI (p. 49), VII (p. 65), IX (p. 97), X (p. 113), XI (p. 129), XII (numéroté, par erreur, XIII : p. 144), XIII (numéroté XIV : p. 159), XIV (numéroté XV : p. 173), XV (numéroté XVI : p. 189). Il est évident que, sauf erreur de numérotation du cahier marqué VI, ce sont les cahiers I et II, soit 16 folios ou 32 pages [4], qui manquent au début de l'ouvrage, les cahiers III, IV et V étant constitués par les pages 1 à 48 du manuscrit dans son état présent. Au treizième cahier, un folio a disparu avant la page 169. Avant la page 214, la seconde moitié du seizième cahier fait défaut, soit 4 folios ou 8 pages [5].

On pensait jusqu'à maintenant que les dernières pages du traité avaient subi le même sort regrettable que les premières. En effet, la dernière ligne du manuscrit laisse le lecteur en suspens près de la fin d'un verset de l'évangile de saint Luc, dont il manquerait trois mots :

---

1. On trouvera *infra*, p. 548 sq, une concordance de la double numérotation du manuscrit, et de la pagination des deux éditions.

2. W. H. Beekenkamp (DSC, 155/27) donne le numéro 212 à la page du manuscrit numérotée 213.

3. Alors que l'édition des Vischer avait signalé ces lacunes (p. 224 et 273), l'édition de W. H. Beekenkamp donne le texte sans la moindre solution de continuité (DSC, 124/25, 156/15) !

4. Et non 32 « folios », comme nous l'avons dit par inadvertance dans notre *Note sur la controverse bérengarienne*, p. 134.

5. Pages qui concernent vraisemblablement saint Ambroise, si l'on en juge par ce qui les précédait et par ce qui les suivait. Cette précision est d'autant plus intéressante qu'on n'aurait pas à priori soupçonné l'existence, à cet endroit, d'un aussi long développement sur saint Ambroise, à qui était déjà consacrée la « seconde partie » du *De sacra coena* : voir *infra*, p. 507-509.

... sanctum Domino vocabitur (Lc., II, 23). Mais nous prouverons que les douze lignes terminales du manuscrit (= à partir de *Hormisda papa*) n'appartiennent pas au *De sacra coena* (encore qu'elles aient Bérenger pour auteur) et que le traité se termine avant ces lignes. Nous prouverons, de plus, que ces douze lignes forment un tout et qu'elles n'appellent pas nécessairement une suite sur un ou plusieurs folios qui auraient disparu. Il y a donc toute raison de croire que nous possédons non seulement la conclusion du *De sacra coena*, mais aussi la fin du manuscrit. De fait, les seize dernières pages de *Wissembourg 101* (p. 214 à 228, avec doublement de 216) constituent un cahier, le dix-septième, et vraisemblablement le dernier, du manuscrit. *Wissembourg 101* avait donc à l'origine 136 folios ou 272 pages (271 pages ½ pour le *De sacra coena*), sans compter les feuilles intercalaires. Ont disparu 21 folios ou 42 pages et peut-être aussi des feuilles intercalaires [1].

2. *Wissembourg 101* est un document original. Il contient, en particulier, soit en marge, soit sur les feuilles intercalaires, de nombreuses annotations destinées à entrer dans le corps du texte et qui, pour la plupart, ne sont pas des morceaux tels qu'un copiste aurait pu, en reproduisant un autre manuscrit, les omettre par inadvertance, puis les réintégrer sous forme marginale lors de la révision de son travail. Si l'on met à part, pour les plus courtes d'entre elles, quelques évidentes corrections de scribe, leur suppression ne ferait pas rupture à l'endroit où elles doivent s'insérer.

A titre d'exemple, relevons deux de ces annotations. Le texte que nous lisons sur la feuille intercalée entre les pages 80 et 81 représente un développement qui se suffit à lui-même et qui apporte une précision nouvelle à la critique, déjà faite aux pages 79 à 81, d'un passage du *De corpore et sanguine Domini* de Lanfranc. Il est très significatif que ce texte commence par les mots *Et notanda* [2]. A la page 95, une annotation marginale ajoute une réflexion au commentaire d'une ligne de saint Augustin : *Insistendum est in verbis beati Augustini...* [3] Elle s'insère dans le corps du texte comme une parenthèse. Les mots qui suivent cette parenthèse s'accordent très logiquement avec ceux qui la précèdent. De plus, dans cette annotation, Lanfranc est nommé à la troisième personne. Or, si vers la fin du manuscrit, d'une façon irrégulière d'abord et d'une façon continue dans les toutes dernières pages, Lanfranc est désigné ainsi, il n'en est pas de même dans la

---

1. Ainsi, à la page 61, avant les mots *Ergo non oportuit* (DSC, 43/11), une croix qui ne renvoie à aucun texte marginal est peut-être en rapport avec le texte d'une feuille intercalaire aujourd'hui disparue.

2. DSC, 59/1-34.

3. DSC, 70/2-10.

partie du *De sacra coena* où se trouve cette note et dans laquelle Bérenger s'adresse uniformément à son adversaire à la deuxième personne. On voit mal comment la présence d'une telle annotation dans le manuscrit pourrait s'expliquer en dehors de l'intervention directe de l'auteur. On peut supposer qu'ayant mené son œuvre jusqu'à la conclusion, puis l'ayant relue, le maître tourangeau l'a complétée à cet endroit sans penser à corriger sa manière récente de parler de Lanfranc pour harmoniser ce texte additionnel avec un contexte de rédaction plus ancienne.

Parmi les indices qui permettent de voir dans *Wissembourg 101* un document original, signalons encore un certain nombre de corrections. Des mots isolés, des lignes, des passages plus ou moins longs ont été grattés pour être remplacés, la plupart du temps, par un autre texte écrit soit dans l'interligne, soit en marge, soit sur l'emplacement même du texte effacé. Notons, en particulier, le fait suivant. Quand le texte du *De corpore et sanguine Domini* de Lanfranc cité dans *Wissembourg 101* n'était pas précédé d'un extrait du *Scriptum contra synodum*, il était annoncé par le nom de l'abbé de Saint-Étienne de Caen écrit en abrégé et en majuscules : LANFR. La réponse de Bérenger venait ensuite annoncée par le nom du maître tourangeau écrit, lui aussi, en abrégé et en majuscules : BER. En l'occurrence, Bérenger reprenait le procédé employé par Lanfranc dans son traité : *Et ut evidentius appareat quid tu dicas, quid ego respondeam, alterutras sententias vicaria nostrorum nominum positione distinguam* [1]. Par contre, quand le passage du *De corpore* cité par Bérenger était précédé d'un passage du *Scriptum contra synodum*, le premier texte (celui du *Scriptum contra synodum*) était annoncé, dans *Wissembourg 101*, par les mots *Ubi ego scripsi*. Puis venait le texte de Lanfranc présenté par l'incise *inquis tu*. Suivait enfin la réplique de Bérenger avec l'incise *inquio ego*. Dans ce cas, Bérenger, pensons-nous, cherchait à distinguer le texte de son ancien opuscule, tel qu'il était reproduit dans l'ouvrage de Lanfranc, du texte qui appartenait en propre au nouveau traité qu'il composait, distinction qui ne serait pas apparue si l'un et l'autre avaient été signalés par l'unique dénomination BER. Finalement, par souci d'uniformité, il a, dans tout le manuscrit, effacé les noms LANFR. et BER. et les a remplacés respectivement par les incises *inquis tu* et *inquio ego*.

Il y a d'autres traces de l'intervention de l'auteur. A la page 129, cinq lignes ont été barrées de deux traits en oblique, et on lit en marge : *Mutandum* [2]. De la page 61 à la page 63, un long passage

---

1. DC, 409 C 7-9. Voir *supra*, p. 270-271.
2. DSC, 94/5-10, de *quod, dum* à *putavisse*. Dans l'édition de W. H. Beekenkamp, ne sont signalées ni cette rature ni l'indication marginale *mutandum*.

a été également barré, peut-être parce que Bérenger le jugeait inutile ou fastidieux, geste méritoire de la part d'un écrivain aussi prolixe [1]. A la page 198, une annotation marginale est précédée du mot *Nota* [2].

B. Les folios 149 à 162 de « Vorau 412 » [3]

Les folios 149 à 162 du recueil composite numéroté 412 dans la collection des manuscrits de l'abbaye de Vorau constituaient à l'origine un livret autonome. On y rencontre successivement des textes de trois écritures différentes :

1. D'une première écriture, le *De corpore et sanguine Domini* de Lanfranc occupe la majeure partie du livret : du recto du folio 149 à la ligne 11, incluse, du recto du folio 162. Dans ce livret, le traité de Lanfranc n'était pas, à l'origine, précédé d'un titre, mais commençait directement par l'adresse : *Lanfrancus, misericordia Dei catholicus, etc...*, comme dans la plupart des manuscrits les plus anciens du *De corpore*. Le titre qu'on peut lire actuellement a manifestement été ajouté après coup, sans doute en 1474 lors de la composition du recueil *Vorau 412*.

De la même écriture, on trouve une note de dix-huit lignes sur la naissance du Christ (f. 162r, lignes 12-30). Deux constatations : cette note est typiquement du style de Bérenger, et, comme nous l'avons dit plus haut, sa première moitié est reproduite avec une certaine liberté par les douze lignes terminales de *Wissembourg 101* [4].

2. D'une seconde écriture, on lit une lettre du pape Alexandre II (1061-1073) au comte d'Anjou. Cette lettre occupe le bas du recto du folio et le haut du verso (f. 162r, lignes 31-37, et 162v, lignes 1-4). Le nom du comte n'est pas précisé : il pourrait donc s'agir soit de Geoffroy le Jeune, dit aussi Geoffroy le Barbu, soit de son frère Foulque. Mais un autre témoin manuscrit de cette lettre mentionne le nom du premier [5]. Ce second témoin, identique, à quelques variantes

---

1. DSC, 43/26-44/16. Après le passage barré, on lit : « Nimium futurus sum in tanta mora forsitan tedium, suffecissetque forsitan veritatis partibus ut de sola tecum hoc loco auctoritate agereretur », ce qui donne peut-être le motif de la suppression. Cette rature n'est pas signalée dans l'édition de W. H. Beekenkamp.

2. DSC, 147/6-10, de *Quod carne* à *manducat corde*. Le mot *Nota* a été omis dans l'édition de W. H. Beekenkamp.

3. Ce manuscrit est mentionné dans E. Schönbach, *Studien zur Erzählungsliteratur des Mittelalters*, t. II, *Die Vorauer Novelle (Sitzungsberichte der kaiserlichen Akademie der Wissenschaften, Philosophisch-historische Klasse*, vol. CXL, section IV)*, Vienne, 1899, p. 36-40, et dans P. Fank, *Catalogus Voraviensis*, Graz, 1936, p. 242-244.

4. DSC, 166/20-31.

5. Exactement, il mentionne l'initiale du nom de Geoffroy le Jeune : voir note suivante.

près, à l'exemplaire de Vorau, appartient à un lot de dix pièces courtes transcrites à la fin d'un manuscrit des poèmes de Prudence, *Londres, BM Harley 3023*, provenant vraisemblablement de l'abbaye Saint-Julien de Tours. Sept de ces pièces au moins se rapportent à Bérenger et, parmi elles, se trouvent quatre lettres attribuées à Alexandre II. Fait surprenant, dans la lettre au comte d'Anjou de *Vorau 412*, le pape s'exprime à la première personne du singulier, et dans le texte correspondant du British Museum, il le fait à la première personne du pluriel [1] ! Cette différence vient confirmer l'hypothèse de C. Erdmann selon laquelle les quatre lettres pontificales de *Harley 3023* sont des faux fabriqués par Bérenger pour se couvrir de l'autorité du Siège apostolique contre les vexations de son seigneur [2]. Le manuscrit de Vorau semble représenter un état provisoire du texte ; et celui de Londres, un état définitif. On remarque, en particulier, dans l'exemplaire transmis par *Vorau 412*, une correction de style. Le scripteur avait mis : *Ut nulla sit dubietas quin vera sit in eo.* Sans achever la phrase, il s'est repris et a écrit après *in eo*: ... *quin vera in eo regnet caritas*, leçon retenue dans l'exemplaire du British Museum.

La date de la composition de ce faux est à situer approximativement vers 1065 ; certainement, en tout cas, avant le mois de février 1067.

3. D'une troisième écriture, on trouve trois textes qui ne sont distingués les uns des autres par aucun alinéa ; ils sont séparés seulement par une forte ponctuation. Les caractères en sont en partie effacés, ce qui est assez explicable, puisque, jusqu'en 1474, avant la constitution du volume 412 de la collection de manuscrits de Vorau, le verso du dernier folio du livret que nous étudions avait été exposé

---

1. Voici le texte de cette lettre avec, entre parenthèses, les variantes de *Harley 3023*, f. 64ᵛ : « A. servus servorum dei dilectissimo filio suo andegavensium comiti (*add.* G.) salutem et apostolicam benedictionem. Miror valde (Miramur valde fili) quamobrem ita tibi sit despectui beati petri auctoritas et mei (nostri) ut semper persistas inoboediens (inobediens) meae (nostrae) legationi. Tibi enim mandavi (mandavimus) mandando imperavi (imperavimus) vice beati petri ut domnum beringerium (beringarium) ulterius persequi cessares cujus conversationem et vitam adeo bonorum relatione virorum comperio (comperimus) deo dignam ut nulla sit dubietas quin vera sit in eo (*om.* quin vera sit in eo) quin vera in eo regnet caritas. Et manifestum est eum tanta assiduitate elemosinarum pollere ut vix quivis episcopus equari sibi possit in hoc opere. Quapropter jubeo (jubemus) ne eum amplius (*om.* amplius) amodo (a modo) praesumas inquietare. sed servans honorem sanctae romanae ecclesiae in suo proposito permanendi (permanendo) locum da quatinus (quatenus) ad salutis portum feliciter valeat pervenire (*add.* Vale) ». Nous avons distingué *i* et *j*, *u* et *v* et adopté l'orthographe *ae* pour *meę, nostrę, presumas, sanctę romanę ecclesię*.

2. C. ERDMANN, *Gregor VII. und Berengar von Tours*, p. 50-55.

aux frottements et à une forte usure, comme c'est le cas pour la couverture de n'importe quel ouvrage simplement broché. Vers le bas de la page, le scripteur, faute de place, a amenuisé sa graphie.

Le premier de ces textes, d'un peu plus de seize lignes, est une lettre de Bérenger à Eudes de Conteville, demi-frère de Guillaume le Conquérant (f. 162ᵛ, lignes 5-21). Cette lettre est à dater de 1080 environ. On la connaissait déjà par le manuscrit 671 de Hanovre [1]. L'exemplaire de Vorau s'accorde avec celui de Hanovre [2], à cette différence près que, dans le manuscrit de Vorau, deux corrections paraissent indiquer que nous avons affaire à une sorte de brouillon. A la neuvième ligne, on lisait : *Conscendere jubeat ad populum accinctum nostrum*, formule empruntée presque littéralement au livre du prophète Habacuc (*Hab.*, III, 16). Après avoir écrit le mot *nostrum*, le scripteur l'a immédiatement remplacé, dans la suite de la ligne, par *suum*, plus en harmonie avec le passage. *Nostrum* pourrait être à la rigueur un lapsus de copiste (un copiste qui connaîtrait si bien le livre d'Habacuc que le souvenir du texte exact l'aurait empêché de transcrire fidèlement l'adaptation qu'il avait sous les yeux !) Mais on n'en pourrait dire autant à propos de l'autre correction. Dans le corps de la dixième ligne (quatorzième de la page), on trouve l'expression *quae circa me sunt*, qui est bien dans le style de Bérenger. Les mots *circa me sunt* ont été effacés et remplacés, au-dessus de la

---

1. EF, CI.

2. Il faudrait dire, plus précisément, que l'exemplaire de Vorau est en accord avec le manuscrit d'après lequel a été réalisé l'exemplaire de Hanovre. *Hanovre 671* est une mauvaise copie datant du XVIᵉ siècle, dont certaines erreurs sont facilement décelables. Ainsi, dans *Hanovre 671* on lit *dignum se* qui *maxime*, ce qui laisse supposer une interprétation erronée d'une abréviation qu'il aurait fallu lire *q(uam)* et non *q(ui)* : voir EF, CI, 169/10, 31. Dans *Vorau 412*, sont clairement distinguées les abréviations $\overset{i}{q}$ (= *qui*) et $\underset{2}{q}$ (= *quam*), et il faut y lire *dignum se quam maxime*. De même, *quod sit erga me* de *Hanovre 671* vient d'une lecture fautive (EF, CI, 169/20, 32) ; dans *Vorau 412*, on trouve *quod sic erga me*.

De plus, dans *Vorau 412*, on lit : *Cum impiis u)animam meam et cum uiris sanguinum uitam meam*. Le scripteur avait probablement commencé à écrire le mot *uitam* après *cum impiis*, mais il s'est repris. Cfr EF, CI, 169/16-17.

En ce qui concerne cette lettre, relevons de légères inexactitudes de l'édition Erdmann-Fickermann : a) Cette édition remplace l'expression *supplex expecto* de *Hanovre 671* par *supplex expeto*, correction qui ne nous paraît pas justifiée (EF, CI, 169/18, 31). Cfr, par exemple, EF, XCV, 161/20 : *Perpetua divinitate expecto* (où, du reste, il faut vraisemblablement lire *propitia* et non *perpetua*). b) Elle interprète sous la forme *cum uiris sanguinis* l'abréviation *c.u.s.* de *Hanovre 671*, à laquelle correspondent en clair, dans *Vorau 412*, les mots *cum uiris sanguinum* (EF, CI, 169/16-17, 31. Cfr *Ps.*, XXV, 9). c) Enfin, dans l'apparat critique, elle attribue à *Vorau 412* deux variantes qui sont en réalité des fautes de l'édition de A. E. SCHÖNBACH, *Die Vorauer Novelle*, p. 39. Voir *infra*, p. 523, note 7.

ligne, par la tournure plus élégante *me attingunt*, également familière
au maître tourangeau. Le manuscrit de Hanovre donne le texte
définitif avec les leçons *suum* et *me attingunt*[1].

Le texte suivant, de douze lignes (f. 162^v, lignes 21-32), est une
lettre de Bérenger à un certain « frère R. ». Nous pensons qu'elle est
à dater de la même époque que la lettre précédente et qu'elle se
rapporte à la controverse eucharistique[2].

Le dernier texte compte six lignes (f. 162^v, lignes 32-38). Ce sont
deux citations des *Soliloques* de saint Augustin, dont la première,
introduite par les mots *Augustinus in libro soliloquiorum*, concerne
le problème de la rétribution des récompenses pour les justes et
des châtiments pour les méchants dans l'au-delà, et dont la seconde,
précédée des mots *In eodem*, semble avoir été recueillie comme un
argument en faveur de la chasteté. Elles répondent, de toute évidence,
à des préoccupations personnelles du scripteur[3].

Un tableau synoptique des deux documents résumera l'exposé
que nous venons de faire :

VORAU 412	WISSEMBOURG 101
Livret constitué par les folios 149 à 162.	1. De la p. 1 à la ligne 14 de la p. 228 :
1. Première écriture :	
a) *De corpore et sanguine Domini* de Lanfranc du (f. 149^r à la ligne 11 du f. 162^r).	*De sacra coena* de Bérenger, composé avant 1070 en réponse au *De corpore et sanguine Domini* de Lanfranc.
	2. P. 228, lignes 15-26 :
b) Note sur la naissance du Christ, anonyme, mais du style de Bérenger (f. 162^r, lignes 12-30).	Note sur la naissance du Christ, inspirée de la première moitié de la note sur la naissance du Christ du manuscrit 412 de Vorau.
2. Deuxième écriture : Fausse lettre d'Alexandre II au comte d'Anjou, fabriquée par Bérenger vers 1065 (f. 162^r, lignes 31-37, et 162^v, lignes 1-4).	

---

1. Nous avons relevé treize exemples de l'emploi de la préposition *circa*
dans le groupement bérengarien de *Hanovre 671* : EF, 134/9, 147/9, 151/28,
154/2, 3, 155/16, 164/20, etc. On y trouve, par exemple, l'expression *quae
circa me agebantur* (EF, 167/16). Rappelant l'expression *quae me attingunt*,
on trouve *me magis saecularia attingunt negotia* (EF, 143/29-30), *te maxime
res ipsa attingebat* (EF, 146/15), *quantum se attingunt* (EF, 147/2).

2. Voir *infra*, p. 521 sq.

3. Le texte de ces citations est à peu près conforme à celui de PL, t. XXXII,
871/46-48 (*Soliloques*, I, I, 4) et 878/40-50 (*Soliloques*, I, X, 17).

3. Troisième écriture :
a) Lettre de Bérenger à Eudes de
Conteville, de 1080 environ (f.
162^v, lignes 5-21).
b) Lettre de Bérenger au « frère
R. », de 1080 environ (f. 162^v,
lignes 21-32).
c) Deux courts extraits des *Soli-*
loques de saint Augustin (f. 162^v,
lignes 32-38).

Il nous reste à examiner de plus près ces deux documents, à les comparer, à les situer dans le cadre de l'affaire bérengarienne. Leur caractère complexe nous contraindra à laisser un aspect assez disparate aux différentes parties de notre exposé.

1. Nous éditerons d'abord en parallèle les notes sur la naissance du Christ de *Vorau 412* et de *Wissembourg 101*, nous les analyserons et les comparerons.

2. L'étude précédente nous ayant permis de prouver que nous possédons la conclusion du *De sacra coena* dans son intégralité, nous pourrons retrouver le principe de la composition de ce traité ainsi « reconstitué ».

3. Nous appuyant sur ces deux premières études et sur la description que nous avons faite précédemment du manuscrit *Wissembourg 101* et des folios 149 à 162 du manuscrit *Vorau 412*, nous donnerons une vue d'ensemble de l'histoire de ces deux documents.

4. Nous éditerons enfin la lettre de Bérenger au « frère R. » et nous la commenterons. Très révélatrice de la mentalité du maître tourangeau, elle nous aidera à mieux comprendre la nature de ses rapports avec les autorités romaines.

I. Note sur la naissance du Christ dans les manuscrits « Vorau 412 » et « Wissembourg 101 »

A. LES TEXTES

Voici, mis en parallèle, le texte de la note sur la naissance du Christ du manuscrit *Vorau 412*, f. 162^r, lignes 12 à 29, et le texte correspondant du manuscrit *Wissembourg 101*, p. 228, lignes 15 à 26. Nous respectons l'orthographe de ces textes, en distinguant cependant les *i* et les *j*, les *u* et les *v*, en reconstituant quelques majuscules. De plus, pour la clarté de la lecture, nous donnons à ces textes une ponctuation moderne, nous les coupons en alinéas et nous mettons entre parenthèses un passage dans chaque note. Enfin, nous soulignons les expressions parallèles qui diffèrent d'un texte à l'autre et nous

nous servons du signe + pour indiquer que dans tel ou tel passage de *Wissembourg 101* manquent des expressions qu'on trouve dans le texte correspondant de *Vorau 412*.

VORAU 412	WISSEMBOURG 101
Hormisda papa ad Justinum Augustum : « *Ut qui ante tempora erat filius Dei fieret filius hominis et nasceretur* EX TEMPORE, HOMINIS *more matris vulvam natus aperiens et virginitatem matris, deitatis virtute, non solvens* ».	*Hormisda papa ad Justinum Augustum :* « *Ut qui ante tempora erat filius Dei fieret filius hominis et nasceretur* +, HOMINUM *more matris vulvam natus aperiens et virginitatem matris, deitatis virtute, non solvens* ».
Sed QUIS *ad Hormisdam vel alium* EAT *aliquem,* CUM DICAT *evangelista :* « *Impletum est tempus Elisabet ut pareret, et peperit filium* », *et consequenter :* « *Impleti sunt dies Mariae ut pareret, et peperit filium* » *?*	*Sed* QUID *ad Hormisdam vel alium aliquem* PERGAT [1] ALIQUIS ? « *Impletum est,* INQUIT *evangelista, tempus Elisabeth ut pareret, et peperit filium* », *et consequenter :* « *Impleti sunt,* INQUIT, *dies Mariae ut pareret, et peperit filium* ».
(Numquid interpretari potest vel insanus QUIS *quod dicit evangelista :* « *Peperit filium* », ILLUD INTENDENS *quod anilis* APUD VULGUS *non tacet fabula* [2] : *Christum de matre* NON SOLLEMPNITATE PARIENDI, SED *sub ascella vel costas* [3] EXISSE, CUM *de sollempnitate* PARTUS MARIAE DICAT *evangelista :* « *Ut facerent de eo sicut scriptum est in lege Domini :* QUIA *omne masculinum adaperiens vulvam* » *?)*	*(Numquid interpretari potest vel insanus* + *quod dicit evangelista :* « *Peperit filium* », SECUNDUM *quod anilis* + *non tacet fabula : Christum de matre* + *sub ascella vel* PER *costas* NATUM FUISSE *?)*
	« *De sollempnitate* PARIENDI ETIAM (deux mots illisibles) *evangelista* UBI DICIT : « *Ut facerent de eo sicut scriptum est in lege Domini :* + *Omne masculinum adaperiens vulvam.* »

Qui propria locutione indifferenter scribit et de Elisabet et de beata Maria : « *Elisabet impletum est tempus pariendi, et peperit* », « *Impleti sunt dies Mariae, et peperit* », *communem et indifferentem partum utriusque, quantum ad pariendi sollempnitatem, constituit.*

Unde beatus Augustinus in libello qui inscribitur « *Musica Augusti* » : « *Christus, inquit, humaniter natus humaniter est mortuus* ». *Et in epistola ad Volusianum* « *sollempnitate pariendi* » *ab infidelibus intensum minime depellit. Et beatus Fulgentius in nativitate Christi :* « *Uterus eum maternus*

---

1. On pourrait lire *pergat* ou *pergit. Pergat* nous paraît plus conforme au contexte.

2. Cfr *I Tim.,* IV, 7.

3. *Ascella* (ablatif) et *costas* (accusatif) dépendent de la préposition *sub,* négligence qui sera corrigée dans le texte parallèle par l'addition de la préposition *per* avant *costas.*

effudit », *legendum instituit. Et in Ephesina sinodo* : « *Per vulvam, inquiunt, natus est* ».

L'origine de la note complète du manuscrit de Vorau ne peut faire de doute. Expressions, constructions grammaticales, présentation des textes cités sont dans le style si caractéristique de Bérenger. En donner la preuve exhaustive nous paraît inutile et serait fastidieux. La note réduite du manuscrit de Wolfenbüttel est, vraisemblablement, elle aussi, l'œuvre du maître tourangeau. Cela est suffisamment suggéré par le voisinage du *De sacra coena*, et l'on y reconnaît le traitement assez cavalier que Bérenger fait si fréquemment subir aux textes qu'il cite (ici à son propre texte).

B. Interprétations divergentes

Cette note, dans sa version incomplète de *Wissembourg 101*, a été l'objet de commentaires tout à fait divergents. Les inexactitudes de ces commentaires sont largement excusées par l'état défectueux du texte et par l'absence de la seconde moitié de la note dans sa teneur originelle. Avec le texte complet de Vorau notre tâche était assez facile. Selon J. Geiselmann, Bérenger nierait la doctrine traditionnelle de la *virginitas in partu* [1]. Selon A. J. Macdonald, Bérenger ne s'opposerait en aucune façon à la *virginitas in partu*, mais s'en prendrait à une opinion aberrante déjà réfutée par Ratramne dans le *De nativitate Christi* [2], opinion selon laquelle l'Enfant-Dieu aurait été mis au monde non par la voie génitale normale, mais par un autre endroit du corps de sa mère [3]. L'interprétation de A. J. Macdonald est certainement la vraie. Malheureusement, elle n'est pas appuyée sur une analyse assez précise du texte. Nous verrons, en particulier, que A. J. Macdonald, pour écarter la difficulté soulevée par l'expression *adaperiens vulvam*, commet une erreur qu'il aurait à coup sûr évitée s'il avait poussé à fond la comparaison de la note avec le traité de Ratramne signalé fort à propos par lui [4].

---

1. « Christus konnte nicht *utero clauso* geboren werden » (J. Geiselmann, *Die Eucharistielehre der Vorscholastik*, p. 333).

2. Dans PL, t. CXXI, 81-102.

3. A. J. Macdonald, *Berengar and the Virgin-birth*, dans *The Journal of theological studies*, t. XXX, 1929, p. 291-294.

4. Il n'y a dans la note, et donc dans la pensée de Bérenger, aucune contradiction entre l'idée d'une naissance par la voie normale, impliquée par l'expression *adaperiens vulvam*, et la doctrine de la *virginitas in partu*, qui concerne l'intégrité de la Vierge enfantant. La position de Bérenger rejoindrait, semble-t-il, non seulement celle de Ratramne (*De nativitate Christi*, VI : PL, t. CXXI, 94 A), mais aussi celle de Paschase Radbert (*De partu virginis*, I : PL, t. CXX, 1377 A-B) s'inspirant de saint Ambroise. E. Dublanchy, dans l'article *Marie*

C. Commentaire

Nous ferons notre commentaire d'après la note complète du manuscrit de Vorau. Cette note comprend une introduction constituée par un court texte du pape Hormisdas, un argument coupé par une parenthèse, la parenthèse, des citations patristiques.

1. La citation attribuée au pape Hormisdas (514-523) est tirée d'une lettre de ce pontife à Justinus Augustus. Elle est précédée des mots *Hormisda papa ad Justinum Augustum*. Ces premières lignes servent de chapeau à la note, et dans le manuscrit de Vorau elles sont séparées de la suite du texte par une forte ponctuation. Si nous insistons sur cette façon d'entrer en matière, c'est parce qu'elle semble familière à Bérenger [1]. Elle nous autorise aussi à penser que le sens de toute la note est déjà indiqué dans cette brève introduction.

Bérenger cite de la lettre de Hormisdas une phrase incomplète, privée de sa proposition principale. Cela encore est un procédé habituel chez le maître tourangeau : d'un passage à citer il ne retient que les mots utiles à sa démonstration. Nous en trouvons deux autres exemples dans la note [2].

---

du *Dictionnaire de théologie catholique*, t. IX³, Paris, 1927, col. 2382 et R. Laurentin, dans *Le mystère de la naissance virginale*, édition en tirage privé, 1955, p. 16, estiment que Ratramne ne nie pas le miracle de l'intégrité virginale. Dom M. Cappuyns, dans *Jean Scot Erigène, sa vie, son œuvre, sa pensée*, Louvain-Paris, 1933, p. 99-101, est d'un avis différent. Il nous semble que tel passage très explicite du ch. VIII du *De nativitate Christi* (PL, t. CXXI, 96) va plutôt dans le sens de la première opinion. Sur la position de saint Ambroise, voir J. Huhn, *Das Geheimnis der Jungfrau-Mutter Maria nach dem Kirchenvater Ambrosius*, Wurtzbourg, 1954, en particulier les p. 124-126 concernant un passage de l'*Exp. in Lucam* : « Hic ergo solus aperuit sibi vulvam... hic est qui aperuit matris suae vulvam, ut immaculatus exiret » (PL, t. XV, 1572-1573). Saint Ambroise semblerait douter ici de l'intégrité virginale de Marie, mais le contexte montre qu'il veut uniquement souligner que le Christ est *le seul* qui ait franchi le seuil virginal ; la doctrine de la *virginitas in partu* n'est pas mise en cause. De la même façon, Ratramne et Bérenger, en insistant sur le caractère normal de la naissance du Christ par opposition à certaines conceptions monstrueuses, peuvent tromper sur leur pensée véritable, alors qu'en fait ils sont restés fidèles à la doctrine courante. Sur le problème de la *virginitas in partu* en général, voir G. Jouassard, *Marie à travers la patristique : maternité divine, virginité, sainteté*, dans *Maria, études sur la Sainte Vierge sous la direction d'*Hubert du Manoir, t. I, Paris, 1949, p. 69-157 ; et K. Rahner, *Virginitas in partu. Contribution au problème du développement du dogme et de la tradition*, dans le volume collectif *Église et tradition* publié par J. Betz et H. Fries, Le Puy-Lyon, 1963, p. 289-318.

1. Voir SCS, 409 D et 410 C ; et peut-être *Mém.*, 103-104, à supposer que le titre *Juramentum, etc.*, qui précède la citation du serment de Bérenger, soit l'œuvre de celui-ci.

2. Il s'agit de la citation *Quia omne masculinum adaperiens vulvam*, tirée de *Lc.*, II, 23, et de l'expression *sollempnitate pariendi*, extraite de la lettre de saint Augustin à Volusien.

Pour comprendre cette citation, il faut la remettre dans le contexte de la lettre à Justinus Augustus [1]. Hormisdas explique à son correspondant ce qui caractérise chaque personne de la Trinité. C'est le propre du Père d'engendrer le Fils, du Fils d'être engendré par le Père, de l'Esprit de procéder du Père et du Fils. C'est aussi le propre du Fils de s'incarner dans les entrailles de la Vierge Marie, les natures de l'un et de l'autre (de Jésus en tant que Fils de Dieu et en tant que fils de Marie) étant unies sans aucune confusion de telle sorte

« que celui qui avant les temps était Fils de Dieu
devienne fils de l'homme et naisse dans le temps,
à la manière de l'homme ouvrant en naissant la vulve de sa mère
et, par le pouvoir de sa divinité, ne dissolvant pas la virginité de
[sa mère ».

En se reportant au texte latin, on remarquera la disposition symétrique des différents éléments de ce passage. La proposition *qui ante tempora erat filius Dei*, forme chiasme avec *fieret filius hominis et nasceretur ex tempore* ; *hominis more matris vulvam natus aperiens*, s'oppose en une construction analogue à *virginitatem matris, deitatis virtute, non solvens*. Le second couple de propositions développe l'énoncé de la seconde partie du premier couple, mais en montrant comment, dans la naissance temporelle du Christ, on retrouve l'aspect divin et l'aspect humain. L'aspect humain, c'est la venue au monde de Jésus par les voies génitales maternelles *(matris vulvam aperiens)*. L'aspect divin, c'est la préservation de l'intégrité virginale de Marie dans l'enfantement *(virginitatem matris, deitatis virtute, non solvens)*. La prise de position est très nette. En citant ce texte, Bérenger indique bien que, pour lui, l'expression *adaperiens vulvam* ne contredit pas les données de la tradition sur la *virginitas in partu*. Mais c'est le premier point (le Christ en naissant a suivi la condition normale) qu'il va démontrer dans sa note, sans, pour cela, mettre en cause le second point (le Christ en naissant n'a pas porté atteinte à l'intégrité physique de sa mère).

2. Vient ensuite un argument. Le principe de cet argument est posé avant la parenthèse et son explication est donnée après cette parenthèse. Bérenger déclare d'abord : « Mais qui aurait recours à Hormisdas ou à quelque autre, alors que l'évangéliste dit : « Le

---

1. Voir O. GUENTHER, *Epistulae imperatorum, pontificum, aliorum*, t. XXXV² du *Corpus scriptorum ecclesiasticorum latinorum*, Prague-Vienne, 1898, *Epistula CCXXXVI*, p. 720. Le texte donné dans ce volume est conforme à celui que transcrit Bérenger. Par contre, dans PL, t. LXIII, 514 C, on lit : *Natus non aperiens*. Cette variante n'est pas citée par W. H. Beekenkamp dans son édition du *De sacra coena*, où il renvoie cependant à Migne (DSC, 166, notes 2 et 3). C'est certainement parce que le texte a été mal compris que, par souci de correction doctrinale, on a ajouté la négation.

temps fut accompli pour Élisabeth où elle devait enfanter, et elle enfanta un fils » [1], et à la suite : « Les jours de Marie furent accomplis où elle devait enfanter, et elle enfanta un fils » ? [2] Les données de l'Évangile dispensent donc de faire appel à une autorité de moindre poids. Et Bérenger d'expliquer après la parenthèse : l'évangéliste, en employant les mêmes termes pour parler de la naissance du Christ et de la naissance de Jean-Baptiste, montre que ces deux enfantements sont du même type et que, par conséquent, Jésus est venu au monde par la voie génitale normale. L'affirmation de la similitude des deux naissances reviendrait à rejeter la doctrine de la *virginitas in partu* si Bérenger ne précisait qu'il se place à un point de vue déterminé, c'est-à-dire *quantum ad pariendi sollempnitatem*. Contrairement à ce que pense A. J. Macdonald, cette dernière expression n'a rien à voir avec la « solennité » de la présentation de Jésus au temple, quel que soit le rapport de cet épisode de l'Évangile avec la naissance du Christ [3]. Le mot *solemnitas* signifie ici : manière coutumière de faire les choses. Des sens très approchants sont mentionnés dans le *Dictionnaire latin-français des auteurs chrétiens* de A. Blaise et H. Chirat [4]. Le *De nativitate Christi* de Ratramne, que signalait A. J. Macdonald et qui est probablement la source où Bérenger a puisé l'inspiration de la note, aurait dû mettre le théologien anglais sur la bonne voie. Ratramne désigne, en effet, la naissance « normale » par l'expression *solemnem parturitionis viam* [5].

---

1. *Lc.*, I, 57.

2. *Lc.*, II, 6-7.

3. « That he treated the Catholic doctrine with customary reverence is indicated by the phrase, ' De sollempnitate pariendi ' in the final passage where the account breaks off. The phrase, ' adaperiens vulvam ', which attracted the attention of modern critics, is concerned not with the question of the *uterus clausus*, but with the dedication of the first-born to God, and to this regulation, emphasized by S. Luke, Berengar was clearly referring in the passage where his MS was mutilated » (A. J. MACDONALD, *Berengar and the Virgin-birth*, p. 293).

4. A. BLAISE, *Dictionnaire latin-français des auteurs chrétiens, revu spécialement pour le vocabulaire théologique par* H. CHIRAT, Strasbourg, 1954. Le sens est également classique, bien que dérivé. On trouve l'adjectif *solemnis* employé au sens de « banal », « ordinaire » dans les commentaires du *De sacra coena* sur une ligne du *De sacramentis* de saint Ambroise : « Vidisti sacramenta super altare posita et ipsam miratus es creaturam, creatura tamen solemnis et nota » (cfr *De sacramentis*, IV, III, 8 : PL, t. XVI, 438 A) : voir DSC, 67/7-32, 93/22-35, 112/17-113/4. Voir également le commentaire de l'expression *quae solemni celebramus officio*, tirée d'une oraison, dans DSC, 163/29-34. Le sens donné par Bérenger à l'adjectif *notus*, proche de *solemnis*, est éclairant : DCS, 101/12-28.

5. RATRAMNE, *De nativitate Christi*, I : PL, t. CXXI, 83 C 15. A propos de la naissance du Christ, Ratramne parle aussi de *solemnis natura* (*ibid.*, III : PL, t. CXXI, 87 A 14) et de *naturae solemnitas* (*ibid.*, V : PL, t. CXXI, 91 C 12-13).

3. Venons-en maintenant à la parenthèse. Elle est amenée par le souci d'expliquer les mots *peperit filium* employés par saint Luc en parlant de l'enfantement de Jésus par Marie. En fait, cette parenthèse apporte un second argument en faveur de la naissance « normale » de Jésus, mais, en même temps, elle indique à quel type d'erreur s'en prenait Bérenger quand il rédigeait la note : « Est-ce que même un fou peut interpréter les paroles de l'évangéliste : « Elle a engendré un fils », en les comprenant dans le sens de ce conte de vieille femme du peuple, à savoir que le Christ serait sorti de sa mère non selon le procédé normal de l'enfantement *(non sollempnitate pariendi)*, mais sous les aisselles ou les côtes, alors qu'à propos du procédé normal de l'enfantement de Marie *(de sollempnitate partus Mariae)* l'évangéliste dit : « Qu'ils fassent à son sujet ainsi qu'il est écrit dans la loi du Seigneur : Que tout enfant mâle ouvrant la vulve »[1] ? »

Bérenger arrête au milieu d'une proposition la citation du verset de l'évangile de Luc qui lui sert de preuve, parce que les mots qui terminent cette proposition n'apportent rien à sa démonstration. Ce verset se réfère à *Exode*, XIII, 12, où il est question de la consécration à Dieu des premiers nés des hommes et des animaux. La traduction française traditionnelle « premier né » voile le réalisme de l'expression originale et de son correspondant latin, *masculinum adaperiens vulvam*. L'argument de Bérenger, de toute évidence, repose sur les mots *adaperiens vulvam*, qui témoignent en faveur de la naissance du Christ par la voie normale. A. J. Macdonald a été induit en erreur par cette citation tronquée. Il a pensé que, dans *Wissembourg 101*, le verset devait à l'origine se continuer sur une page du manuscrit qui serait présentement disparue, et c'est d'après les mots qui achèvent le verset et qui concernent la présentation de Jésus au temple, *sanctum Domino vocabitur*, qu'il a, comme nous l'avons vu, interprété l'expression *sollempnitate pariendi*. L'accent, selon lui, ne serait donc pas mis sur *adaperiens vulvam*. La découverte de la note intégrale dans *Vorau 412* montre sans conteste qu'il n'en est rien. Fait logique, dans *Wissembourg 101*, il y a un point après *adaperiens vulvam*, mais on comprend que ce détail soit passé inaperçu.

4. Pour terminer la note, Bérenger aligne quatre citations patristiques qui réaffirment la même vérité que le texte de saint Luc. Il y a là de sa part un léger illogisme, puisqu'il avait écarté comme inutile le recours « à Hormisdas ou à quelque autre », l'Évangile, autorité supérieure, étant suffisamment explicite sur la question envisagée. Mais il faut faire la part de la rhétorique dans de telles

---

1. *Lc.*, II, 22-23. Cfr RATRAMNE, *op. cit.*, I (PL, t. CXXI, 83 A), IV *(ibid.*, 87 D), etc.

façons de s'exprimer. De plus, les citations patristiques viennent en conclusion de l'Évangile *(unde...)*, qui leur fournit une base solide. Enfin, on imagine mal Bérenger conduisant une argumentation doctrinale à l'aide du seul Nouveau Testament [1].

La première citation, tirée du *De musica* de saint Augustin, est à rétablir ainsi : *Nam et nasci humanitus et pati et mori voluit* [2]. Son rapport avec la question traitée par Bérenger est clair.

Nous traduisons ainsi les lignes qui suivent : « Et, dans la lettre à Volusien, il (Augustin) ne repousse pas l'expression *sollempnitate pariendi* mise en avant par des infidèles ». La lettre de Volusien à Augustin mentionnait, en effet, une objection formulée par un ami païen : « Je m'étonne, disait celui-ci, de ce que le Maître et le Gouverneur du monde ait rempli le corps d'une femme intacte, de ce que, mère, elle ait supporté ces longs dégoûts des dix mois (de l'attente), de ce que, cependant, vierge, elle ait mis au monde suivant la manière habituelle des enfantements *(solemnitate pariendi)* et de ce que, après cela, sa virginité soit demeurée entière » [3]. Augustin écrivant à Volusien cite ce passage de la lettre de son correspondant, puis, dans sa réponse à l'objection, conformément à la remarque de Bérenger, il ne récuse en aucune façon l'expression *solemnitate pariendi*. Augustin n'en défend pas moins la doctrine de la *virginitas in partu* sous la forme traditionnelle du *partus utero clauso*, en invoquant, pour la justifier, la puissance divine : « La puissance elle-même (de Dieu) a fait sortir les membres de l'enfant des entrailles virginales de sa mère inviolée, puissance qui, par la suite, a fait pénétrer les membres de l'homme jeune par les portes fermées » [4]. Bérenger qui avait, sinon sous les yeux, du moins présente à la pensée la lettre d'Augustin à Volusien ne pouvait normalement l'invoquer sur un point et la contredire sur un autre. Nous avons donc là une preuve supplémentaire du fait que, pour lui, il n'y avait pas incompatibilité entre l'expression *adaperiens vulvam* et la *virginitas in partu*.

Nous n'avons pas trouvé le texte de saint Fulgence que donne Bérenger. Mais il est vraisemblable que celui-ci s'est contenté d'une citation approximative, faite de mémoire. Le texte le plus proche du nôtre se trouve dans le *De fide* et insiste sur la réalité de l'incarnation, dans le prolongement de la formule évangélique *Verbum caro factum est* (cfr les mots *legendum instituit* de Bérenger qui semblent

---

1. Cfr EF, XCVIII. Voir *supra*, p. 67, 72, 90-91.

2. Augustin, *De musica*, VI, IV, 7 : PL, t. XXXII, 1166.

3. « Miror utrum mundi Dominus et rector intemeratae feminae corpus impleverit, pertulerit decem mensium longa illa fastidia mater, et tamen virgo enixa sit sollemnitate pariendi, et post haec virginitas intacta permanserit » (Augustin (Volusien), *Epistola CXXXV*, 2 : PL, t. XXXIII, 513 ; cfr 515).

4. Voir *infra*, p. 502, note 3.

indiquer qu'il considère sa courte citation de saint Fulgence comme une paraphrase ou une interprétation d'un autre texte, probablement scripturaire) : *Ut per* DEUM HOMINEM, *quem absque libidine conceptum inviolatus* EDIDIT VIRGINIS UTERUS, *ablueretur peccatum* [1].

La quatrième citation patristique, tirée des actes du concile d'Éphèse, appartient à un sermon de Théodote d'Ancyre : *Noli mirari si* PER VULVAM *virginalem, cum Deus esset,* NATUS EST [2].

D. ORIGINE DE LA NOTE DANS « VORAU 412 » [3]

Dans le traité de Ratramne, dont semble s'être inspiré Bérenger pour rédiger sa note sur la naissance du Christ, nous n'avons trouvé ni les citations patristiques qui terminent cette note, ni la citation du pape Hormisdas. Par contre, c'est vraisemblablement à Ratramne que Bérenger a emprunté l'argumentation tirée de versets de l'évangile de saint Luc [4]. De plus, les quatre citations terminales sont manifestement faites de mémoire. D'où l'on peut déduire que le maître tourangeau, ayant sous les yeux le texte de la lettre d'Hormisdas à Justinus Augustus, en a commenté le passage qui l'avait frappé, à l'aide des raisonnements de Ratramne, et a complété le tout de réminiscences patristiques.

E. COMPARAISON DES DEUX TEXTES

Si l'on compare le texte de la note sur la naissance du Christ de *Vorau 412* avec le texte semblable de *Wissembourg 101*, deux faits apparaissent clairement.

1. Manifestement, le texte de *Wissembourg 101* est inspiré de celui de *Vorau 412*. A certains égards, il en est une reproduction négligée, comme le montrent, en particulier, les citations reprises avec moins d'exactitude. Remarquons aussi que son auteur a cassé les périodes du texte parallèle et qu'il en a omis plusieurs mots. En conséquence, le sens de la note est moins explicite dans *Wissembourg 101* que dans *Vorau 412*.

2. Bien qu'elle corresponde à un peu plus de la moitié de la note de Vorau, la note de *Wissembourg 101* se présente comme un tout.

---

1. FULGENCE, *De fide*, 17 : PL, t. LXV, 679 D 3-4 (en rapport avec 678 A 12). Voir aussi *Contra sermonem fastidiosi ariani*, VIII : PL, t. LXV, 516 C 13.

2. J. D. MANSI, *Sacrorum conciliorum nova et amplissima collectio*, t. V, Florence-Venise, 1761, 637 D 9-10 (au ch. LXIII de l'*Antiqua versio concilii Ephesini primi*). Cfr *ibid.*, 496 B 3-4, 505 A 3-4, etc.

3. Le problème que nous envisageons ici n'est pas celui de l'origine bérengarienne de cette note (elle nous paraît évidente : voir *supra*, p. 494), mais celui des conditions de sa composition.

4. RATRAMNE, *De nativitate Christi*, V : PL, t. CXXI, 92.

On y trouve une introduction, puis un premier argument suivi d'une parenthèse qui précise le type d'erreur visé par Bérenger, enfin un second argument (repris de la fin de la parenthèse de *Vorau 412*), argument dont la formulation indique bien qu'il n'y a pas à attendre après lui le complément du premier argument qui était donné dans le manuscrit de Vorau : *De sollempnitate pariendi* ETIAM (deux mots illisibles) *evangelista ubi dicit...*

F. DANS « WISSEMBOURG 101 », LA NOTE A-T-ELLE UN RAPPORT AVEC LE « DE SACRA COENA » ?

Un problème reste à aborder. Sans doute, dans nos exposés précédents, par souci de clarté, l'avons-nous supposé résolu. Il convient cependant de justifier la solution que nous avons adoptée. Les douze lignes qui terminent le manuscrit *Wissembourg 101* font-elles partie du *De sacra coena* ou ont-elles au moins un rapport avec le contenu de ce traité ? Nous constatons, certes, que la question envisagée dans ces lignes ne semble guère, à première vue, être en relation avec la controverse eucharistique et que leur auteur n'a pas fait état d'une telle relation (si nous en jugeons d'après le texte qui se présente à nous, sans tenir compte de ses prolongements possibles sur des folios qui auraient disparu). Mais nous ne pouvons nous contenter de cette appréciation rapide et nous devons nous demander quelle signification eucharistique pourrait offrir la note sur la naissance du Christ [1].

Deux hypothèses seraient à envisager.

1. Bérenger assimile la croyance eucharistique de ses adversaires à certaines idées populaires sur les mystères chrétiens : que ces « erreurs » soient répandues dans la masse ignare *(vulgus)* et, donc, qu'elles aient le nombre pour elles, ne signifie pas pour autant, dit-il, qu'il faille les approuver ; ainsi, rien n'est plus commun, ni plus faux, que de s'imaginer que l'homme a été créé à l'image de Dieu suivant une ressemblance corporelle [2].

Dans le texte qui nous occupe, Bérenger aurait-il voulu offrir un nouvel exemple de ces croyances grossières pour lui comparer la doctrine de ses adversaires paschasiens ? Nous ne le pensons pas.

---

1. On notera que l'écriture de la note, dans *Wissembourg 101*, n'est pas différente de celle des pages antérieures.

2. « Quid autem usitatius ineptis, quam dicere hominem factum esse ad imaginem dei secundum liniamenta corporis, quam deus tres de se partes fecisse apud vulgus audiri » (DSC, 7/27-30). Voir aussi DSC, 19/33-20/3, 57/1-8. Dans les sculptures médiévales, le premier homme est souvent représenté avec le même visage que le Créateur, par exemple à la cathédrale d'Amiens sur le soubassement du trumeau du portail méridional de la façade. Cfr *Gen.*, I, 26.

Il est vrai qu'il voit dans cette opinion étrange sur la naissance du Christ « un conte de vieille femme », mais, précisément, dans *Wissembourg 101*, il omet l'expression *apud vulgus* par laquelle, dans *Vorau 412*, il semblait entendre qu'il se serait agi d'une façon de voir assez courante. En fait, la conception monstrueuse qu'il met en cause, et que Ratramne prête à une minorité germanique, n'a eu, sans aucun doute, qu'une diffusion très limitée et ne pouvait fournir au maître tourangeau, dans la controverse eucharistique, un point de comparaison vraiment démonstratif. De plus, le développement donné ici à ce problème secondaire sans aucune référence à la question eucharistique, paraît hors de proportion avec les brèves allusions faites par Bérenger dans le *De sacra coena* aux « erreurs populaires » dont il rapproche la croyance de ses adversaires en la présence réelle. Nous estimons donc que, au moins par ce biais, il est impossible de rattacher ces lignes au sujet traité dans le *De sacra coena*.

2. Nous savons comment Bérenger intègre dans sa doctrine eucharistique la notion de *verum corpus*. De l'idée de présence réelle il la transpose en celle d'incarnation réelle, qu'il défend contre le « manichéisme » [1]. Or, le dernier folio de *Wissembourg 101*, peu avant notre texte, revient une fois de plus sur ce thème et semble le prolonger jusqu'à la note sur la naissance du Christ en insistant sur la « vérité » dans l'eucharistie [2]. Cette note s'inscrirait-elle dans la suite de ce développement ? Aucunement. Il y est bien question du réalisme de l'incarnation ou, pour parler avec plus d'exactitude, du caractère normal, commun de la naissance du Christ dans le sens que nous avons précisé, mais, ni dans l'erreur critiquée ni dans les raisons que lui objecte Bérenger, n'est posé le véritable problème du docétisme. De plus, comme nous l'avons démontré, Bérenger reste fidèle dans cette note à la doctrine traditionnelle de la *virginitas in partu*, qui, sans être entâchée de docétisme, serait plus facilement tirée vers cette hérésie que vers celle où pourrait entraîner une lourde insistance sur l'identité de la naissance de Jésus et de la naissance des autres humains : la tradition ne voit-elle pas une anticipation de l'état glorieux du Christ dans le fait qu'en venant au monde il n'ait pas défloré l'intégrité virginale de sa mère ? [3] J. Geiselmann, qui pense

---

1. Le terme « docétisme » serait plus exact. Voir PE, 109 E-110 A ; DSC, 132/10-135/9, 141/10-142/6, 156/38-157/12 ; *Mém.*, 107 E. Voir *supra*, p. 132, 147.

2. DSC, 165/18-166/19. Voir *infra*, p. 511 sq.

3. Voir, par exemple, la lettre d'Augustin à Volusien, dont Bérenger fait précisément état dans la note sur la naissance du Christ : « Ipsa virtus (= la puissance de Dieu) per inviolatae matris virginea viscera, membra infantis eduxit, quae postea per clausa ostia membra juvenis introduxit » (cfr *Jn.*, XX, 26) (AUGUSTIN, *Epistola CXXXVII*, II, 8 : PL, t. XXXIII, 519).

que notre texte, en soulignant l'expression *adaperiens vulvam*, attaque la doctrine de la *virginitas in partu*, n'a aucune peine à le mettre en relation avec la question eucharistique, mais nous avons vu que l'interprétation du théologien allemand était inexacte [1].

Nous ne croyons pas nécessaire de nous attarder davantage sur ce point. Il nous paraît suffisamment démontré que les douze dernières lignes de *Wissembourg 101* ne concernent en rien le problème eucharistique et n'appartiennent pas au *De sacra coena*. *Le texte qui les précède est donc la fin du traité*. Cette précision est, sans aucun doute, la conséquence la plus importante de l'examen du livret constitué par les folios 149 à 162 de *Vorau 412*. Théoriquement, certes, nous aurions pu arriver à la même constatation par l'analyse de l'ouvrage de Bérenger, mais il en est de cette question comme de toutes celles qui ne paraissent simples... que quand on connaît la réponse qu'il convient de leur donner. Aussi, dans la pratique, a-t-il fallu la découverte de la note sur la naissance du Christ de *Vorau 412* et la comparaison de cette note avec les lignes terminales de *Wissembourg 101* pour que la lumière se fasse dans notre esprit.

Nous allons étudier la composition du *De sacra coena*. Le plan que nous dégagerons confirmera, par sa cohérence même, que les lignes sur la naissance du Christ, du manuscrit de Wolfenbüttel, sont bien extérieures à cette œuvre.

II. Composition du « De sacra coena »

A. Vues générales

Bérenger n'a jamais su canaliser le flôt de ses argumentations ni imaginé qu'il puisse s'expliquer sans le faire, suivant une de ses

---

1. « Die gleichzeitige Existenz des einen Leibes an verschiedenen Orten würde aber das Wesen der Körperlichkeit aufheben (DSC, 109/16-32). Dem steht aber entgegen dass der Leib Christi ganz der Körperlichkeit unterworfen ist. Christus konnte nich *utero clauso* geboren werden (DSC, 166/29-31) » (J. Geiselmann, *Die Eucharistielehre der Vorscholastik*, p. 333). Voir aussi *Studien zu frühmittelalterlichen Abendmahlschriften*, p. 78-81. En fait, il ne semble pas que Bérenger ait jamais mis en cause une certaine conception de la « corporalité » du corps du Christ particulière à ses adversaires, qui serait impliquée par leur réalisme eucharistique. Ajoutons que, s'il n'a pas nié la *virginitas in partu*, comme nous venons de le voir, il n'est pas prouvé non plus que soit fondée l'accusation de Wolphelm de Brauweiler prétendant qu'il rejetait la possibilité pour le Christ ressuscité de pénétrer dans une pièce portes closes (Wolphelm de Brauweiler, *Epistola de sacramento eucharistiae :* PL, t. CLIV, 412 C 12-13. Voir J. Geiselmann, *ibid.*, p. 79). Quant aux adversaires de Bérenger, s'ils font allusion à ces deux faits miraculeux dans leurs traités sur l'eucharistie (voir J. Geiselmann, *ibid.*, p. 80-81), c'est pour s'en servir comme d'exemples à fortiori démontrant la possibilité du « miracle » de la présence réelle. Vraisemblablement, pas plus que Bérenger, ils ne liaient le problème eucharistique à des considérations sur la nature de la corporalité.

expressions favorites, *ex mora et lima* [1]. Ce défaut qui, au dire d'Hugues de Langres, fatiguait les auditeurs du maître [2], et qui met à l'épreuve la patience de ses lecteurs, atteint dans le *De sacra coena* des proportions extravagantes et a valu à ce traité la réputation justifiée d'ouvrage mal composé. Les redites y abondent, les idées s'y enchevêtrent dans le lacis inextricable de raisonnements d'une logique intempérante. Le lecteur perd vite le fil et se décourage.

Si la présente critique est fondée, il ne faut pas, cependant, la pousser à l'absurde et ne voir dans le *De sacra coena* qu'un énorme massif broussailleux dans lequel ne s'ouvrirait aucune allée directrice. Les deux éditions ont une grande part de responsabilité dans ce jugement défavorable. L'impression fâcheuse qui se dégage de leurs pages compactes s'exerce au détriment de l'œuvre elle-même. Ce qui était peut-être excusable dans l'édition de 1834, due à A. F. et F. Th. Vischer [3], ne l'est plus, avec les exigences scientifiques actuelles, dans celle de 1941, qui a pour auteur W. H. Beekenkamp [4], simple reproduction de la littéralité du manuscrit, moins fidèle, du reste, à certains égards, que la première édition.

Il aurait fallu, au moins, par des artifices de typographie, distinguer le texte propre au *De sacra coena* de celui du *De corpore et sanguine Domini*, que cite Bérenger, et de celui du *Scriptum contra synodum*, cité par Lanfranc et repris, d'après ce dernier, par le maître tourangeau.

Il aurait fallu dégager des paragraphes. Leur existence découle de la facture de l'œuvre, qui comprend moins des ensembles liés entre eux que des sections très cloisonnées les unes par rapport aux autres : à l'intérieur de chacune de ces sections, les développements s'enchaînent en une succession de raisonnements à travers lesquels le lecteur s'oriente avec difficulté, mais qui forment néanmoins une suite continue.

Enfin, il aurait fallu découvrir et présenter le plan du traité, car il n'est pas pensable qu'un principe directeur n'ait pas inspiré la

---

1. DSC, 15/21, 29/23-24, 30/26-27, 127/7, 157/27, 165/2 ; EF, XCV, 161/22. Cfr HORACE, *De arte poetica*, 291 : « Limae labor et mora ».

2. « Dici nimis extense loquens » (HUGUES DE LANGRES, *De corpore et sanguine Christi* : PL, t. CXLII, 1327 A).

3. A. F. et F. Th. VISCHER, *Berengarii Turonensis de sacra coena adversus Lanfrancum liber posterior*, Berlin, 1834.

4. W. H. BEEKENKAMP, *Berengarii Turonensis de sacra coena adversus Lanfrancum*, La Haye, 1941. On trouvera des recensions de cette édition et du volume d'introduction publié par son auteur (*De avondmaalsleer van Berengarius van Tours*, La Haye, 1941) dans la *Revue d'histoire ecclésiastique,* t. XXXVIII, nos 1-2, 1942, p. 296-297 (J. Lebon), le *Bulletin de théologie ancienne et médiévale*, t. IV, 1941-1945, nos 764-765 (M. Cappuyns), *La nouvelle revue théologique*, t. LXVIII, 1946, p. 359-360 (J. de Ghellinck).

composition d'un travail de cette importance. Ce plan existe. Il ne présente pas une ordonnance rigoureuse et complexe à la manière du *De corpore et sanguine Domini* de Lanfranc. C'est une sorte de cadre dans lequel Bérenger a jeté ses arguments sans se donner la peine de les organiser en un tout vraiment cohérent : il s'est contenté de suivre le cours du *De corpore et sanguine Domini* pour réfuter cet ouvrage, mais son commentaire est de proportions si inégales que ce fait est resté inaperçu jusqu'à présent [1]. En effet, ce commentaire est d'un débit assez régulier en ce qui concerne les huit premiers chapitres du *De corpore*. Il prend une ampleur démesurée quand il s'arrête d'abord au chapitre IX, puis, sans discontinuer, à la partie centrale du chapitre XVIII, laissant de côté les chapitres intermédiaires (ch. X à XVII, et début du ch. XVIII). Par la suite, il se fait sporadique et moins abondant, accrochant la fin du chapitre XVIII et le chapitre XIX, piquant un passage du chapitre XX et, en guise de conclusion, les lignes terminales du XXIIIe et dernier chapitre. L'ouvrage ainsi rédigé comprenait une introduction, aujourd'hui disparue, trois parties ayant chacune un centre d'intérêt bien déterminé, et une conclusion.

L'introduction du *De sacra coena* était le commentaire de l'introduction du *De corpore* (ou ch. premier de cet ouvrage).

Dans la première partie, qui compte quelques pages d'historique, Bérenger reprend et développe la critique qu'il avait formulée dans le *Scriptum contra synodum* à l'égard de la profession de foi rédigée par le cardinal Humbert lors du concile de Rome de 1059.

Dans la deuxième partie, il commente le chapitre IX et le centre du chapitre XVIII du *De corpore* pour contester l'interprétation donnée par Lanfranc de textes de saint Ambroise.

Dans la troisième partie, il invoque d'autres témoins de la tradition, et notamment saint Augustin.

Dans la conclusion, en réponse aux dernières lignes du *De corpore*, il insiste, une fois de plus, au nom de la vérité, sur la critique de la formule humbertienne, texte autour duquel a tourné la polémique, en trois traités successifs, qui a mis aux prises l'écolâtre de Saint-Martin de Tours et l'abbé de Saint-Étienne de Caen.

Le *De sacra coena* reprend donc le « plan » du *Scriptum contra synodum* : 1. Le cardinal Humbert, dans sa façon de rédiger la profession de foi, s'est contredit lui-même (= première partie du *De sacra coena*). 2. Humbert et Lanfranc contredisent la vérité catholique exprimée dans les écrits d'Ambroise, d'Augustin et des autres

---

1. Sans doute, pour la plus grande partie du *De sacra coena*, ce fait est si évident qu'il s'impose, même à une lecture superficielle. Ce qui est resté inaperçu, c'est l'emploi systématique de ce procédé dans l'œuvre tout entière.

témoins de la tradition (= deuxième et troisième parties du *De sacra coena*) [1].

B. Ordonnance et contenu du « de sacra coena »

1. *Introduction*

L'introduction du *De sacra coena* était une réplique à l'introduction, ou chapitre premier, du *De corpore et sanguine Domini*. Elle a disparu, mais les allusions à ces premières pages ne manquent pas dans le reste de l'ouvrage.

Lanfranc, au début de son traité, exposait les faits qui l'avaient décidé à entreprendre la réfutation du *Scriptum contra synodum* au lieu d'affronter le maître tourangeau dans une discussion publique. Il s'agissait essentiellement de l'attitude fuyante de Bérenger, qui, devant l'assemblée conciliaire de Rome, avait promis de rester fidèle à la croyance orthodoxe, mais n'en continuait pas moins à endoctriner des disciples dans des réunions clandestines, à répandre par leur intermédiaire ses théories et ses écrits à travers la chrétienté latine, et qui n'aurait certainement pas accepté de rencontrer son adversaire dans un débat soumis au jugement d'arbitres qualifiés.

Dans sa réponse, Bérenger remontait aux origines de la controverse et, en citant le billet qu'il avait autrefois envoyé au prieur du Bec [2], peut-être voulait-il montrer que, loin de fuir la discussion, comme le lui reprochait Lanfranc, il avait été le premier à la proposer [3].

Il n'admettait pas que ses disciples soient considérés comme des esprits sans envergure, incapables de résister aux artifices du raisonnement. C'était, au contraire, une élite : Lanfranc l'aurait bien vu si Bérenger lui avait précisé les noms de ceux qui en faisaient partie [4].

Il rejetait donc la loi du nombre que lui opposait son contradicteur. Les masses peuvent se tromper et la vérité catholique s'exprimer dans une minorité [5] ; les opinions courantes ne sont pas les plus vraies, mais les plus stupides [6].

Il s'insurgeait contre les jugements que Lanfranc se permettait de porter sur sa conscience, domaine personnel, inaccessible à autrui [7].

---

1. Voir *supra*, p. 183.
2. Cfr DSC, 7/18-19.
3. Cfr DC, 407 A-408 A.
4. Cfr DSC, 2/14-24, en réponse à DC, 408 A 2-3, 409 A 2-B 6.
5. Cfr DSC, 7/9, 23-27, 10/11, 13/12, etc., contre DC, 407 A 2-3, B 5, 408 A 4, 409 B 12.
6. Cfr DSC, 7/22-23, 27-30, etc.
7. Cfr DSC, 20/27-30, en réponse à DC, 409 A-B. Voir DSC, 2/16-19 ?

Sans doute avait-il relevé, comme il le fera à plusieurs reprises dans la première partie du *De sacra coena*, le qualificatif de « saint » appliqué par Lanfranc à l'assemblée conciliaire de Rome de 1059 [1]. Bérenger, non sans raison du reste, ne mettait pas très haut dans son estime la plupart des dignitaires ecclésiastiques de son temps. Cette médiocrité était à ses yeux une raison suffisante pour contester l'aptitude des conciles à juger de son cas et sa doctrine [2].

Enfin, il rejetait l'accusation de parjure dont Lanfranc l'accablait [3]. Il n'y avait pas eu de parjure là où il n'y avait pas eu de véritable serment [4].

2. *Première partie* [5]

La première partie du *De sacra coena*, en réplique aux chapitres II à VIII du traité de Lanfranc, a pour objet de justifier la position adoptée par Bérenger dans le *Scriptum contra synodum* à l'égard du concile de Rome de 1059 et particulièrement à l'égard de la profession de foi eucharistique rédigée par le cardinal Humbert : Bérenger estimait que, dans les termes de cette formule, Humbert avait, par inadvertance, dit le contraire de ce qu'il avait l'intention d'affirmer et de ce qu'il pensait réellement [6].

On trouve aussi, dans cette première partie, en réponse à la narration des faits donnée par Lanfranc, un exposé historique concernant les conciles de Rome et de Verceil de 1050, de Tours de 1054 [7], de Rome de 1059 [8]. Mais, en raison de la mutilation du manuscrit, nous sommes privés de presque tout le commentaire de Bérenger sur le chapitre II du *De corpore*, chapitre dans lequel il était question de ce dernier concile [9].

3. *Deuxième partie* [10]

La deuxième partie du *De sacra coena* est consacrée à l'interprétation de textes de saint Ambroise se rapportant à l'eucharistie,

---

1. DC, 408 A 3.
2. Cfr DSC, 21/24-22/19, 25/4-5 ; EF, LXXXIX. 155/12-18.
3. DC, 409 C 3.
4. DSC, 2/31-32. Voir *supra*, p. 180, note 3.
5. DSC, 1/1-61/36.
6. Voir *supra*, p. 184-190.
7. DSC, 6/18-18/36, en réponse à DC, 413 A-C.
8. Notamment DSC, 1/1-3/4, en réponse à la fin du ch. II du DC ; et DSC, 30/19-31/32, en réponse à DC, 415 B-D.
9. Dans l'introduction du *De sacra coena*, il était, sans aucun doute, également question de ce concile (en réponse à DC, 408 A 3-5, 109 B 6-C5).
10. DSC, 62/1-145/16.

en réponse au chapitre IX et à la partie centrale du chapitre XVIII du *De corpore et sanguine Domini*. S'il n'y a rien d'étonnant à ce que Bérenger, pour défendre ses théories symbolistes, ait fait appel sans hésitation à l'autorité de saint Augustin, il est moins naturel de le voir recourir à saint Ambroise avec la même assurance, et ceci dès les origines de la controverse, comme le montre son billet à Lanfranc [1]. Qu'à l'époque de la composition du *De sacra coena* son esprit ait fourmillé, depuis longtemps déjà, d'arguments tirés des œuvres du célèbre évêque de Milan, nous le savons par un épisode de la controverse qui fait suite au concile d'Angers de 1062 et dont nous avons parlé au chapitre XI [2]. Un certain Geoffroy de Martin, qui avait pris part à ce concile, ayant soutenu très ouvertement que les écrits de saint Ambroise confirmaient la position de Lanfranc sur l'eucharistie, Bérenger s'était enflammé d'indignation. Estimant que cette propagande en faveur de la doctrine de son adversaire était une violation des conclusions du synode angevin, il avait écrit à Eusèbe Brunon, le suppliant d'imposer silence à Geoffroy de Martin ou de permettre que lui-même, Bérenger, affronte ce personnage en un débat public qui porterait sur le *De sacramentis* de saint Ambroise [3]. Nous savons que l'évêque d'Angers avait refusé d'accéder à la demande de son archidiacre [4].

La démonstration qu'il n'avait pas eu la possibilité de présenter publiquement, Bérenger la jette frémissante sur le parchemin. C'est un torrent qui recouvre environ la moitié du manuscrit de Wolfenbüttel et qui formait à peu près les deux cinquièmes de l'œuvre dans son intégralité. Lanfranc ayant invoqué la doctrine eucharistique de saint Ambroise dans le chapitre IX et dans la partie centrale du chapitre XVIII du *De corpore*, Bérenger, emporté, semble-t-il, par sa fougue de polémiste, néglige de s'arrêter aux chapitres intermédiaires : néanmoins, tout au long du *De sacra coena*, les allusions ne manquent pas à ces textes fondamentaux.

Cette deuxième partie comprend trois subdivisions correspondant à trois passages successifs du chapitre IX du *De corpore* :

DSC, 62/1 à 77/35 est une réplique à DC, 419 C 5-D 12,
DSC, 78/1 à 99/2 est une réplique à DC, 419 D 12-420 B 2,
DSC, 99/3 à 145/16 est une réplique à DC, 420 B 2-C 9,

mais la troisième subdivision s'attaquant à un passage du *De corpore* dans lequel étaient cités un texte du *De mysteriis* et un du *De sacramentis* devient pratiquement le commentaire des textes des mêmes

---

1. Voir *supra*, p. 53-54.
2. Voir *supra*, p. 208.
3. EF, LXXXVI.
4. EE.

ouvrages de saint Ambroise cités plus largement au chapitre XVIII du *De corpore*. C'est ainsi que

DSC, 99/27 à 106/2 commente *De mysteriis*, IX 50-53, d'où sont tirés les textes cités en DC, 431 A 11-D 7.

DSC, 106/2 à 132/7 commente *De sacramentis*, IV, II, 7 à VI 27, d'où sont tirés les textes cités en DC, 431 D 7-432 A 15,

DSC, 132/7 à 145/16 commente *De sacramentis*, VI, I, 1-3, cité en DC, 432 A 15-C 8.

4. *Troisième partie* [1]

Dans la troisième partie du *De sacra coena*, Bérenger continue à suivre le cours du *De corpore*. Après avoir cité des textes de saint Ambroise, Lanfranc, dans la liste d'*auctoritates* des chapitres XVIII et XIX de son traité, cite des textes de saint Augustin [2], puis des textes de saint Léon et de saint Grégoire [3]. Après quoi, pour conclure cette section du *De corpore*, il formule un jugement sur la valeur des témoignages patristiques [4].

Bérenger reproduit les textes de saint Augustin cités par Lanfranc et il les commente en assurant y trouver la confirmation de ses propres théories et la négation de la croyance de ses adversaires [5]. Puis, il cite d'autres textes des Pères, de saint Augustin d'abord [6], ensuite de saint Jérôme [7] et de saint Ambroise [8]. En complétant de la sorte le dossier de textes patristiques mis en avant par l'abbé de Saint-Étienne de Caen, Bérenger a une intention précise que nous révèle une lettre qu'il avait adressée à Drogon de Paris. Drogon, écrivant au maître tourangeau, avait objecté la différence qui semble exister entre saint Augustin et les autres Pères de l'Église en ce qui concerne la doctrine eucharistique. Bérenger lui avait répondu en se faisant fort de démontrer que la pensée d'Hilaire, de Jérôme, d'Ambroise et de Grégoire, sans parler des autres témoins de la tradition, était identique sur ce point à celle de saint Augustin [9]. Nous avons dans le *De sacra coena* un exemple de cette démonstration, dont Bérenger,

---

1. DSC, 145/17-165/17.
2. DC, 432 D 10-434 D 14.
3. DC, 434 D 14-435 C 2.
4. DC, 435 C 3-D 14.
5. DSC, 145/17-149/17.
6. DSC, 149/29-153/28.
7. DSC, 153/29-155/27.
8. DSC, 155/28-156/38. Ce texte est mutilé : entre les p. 213 et 214 du manuscrit (DSC, 156/15) ont disparu quatre folios. La conclusion de ce passage (DSC, 156/15-38) montre que Bérenger ne s'était pas contenté de citer des textes de saint Ambroise, mais les avait assortis d'un commentaire.
9. EF, XCV, 161/28-30-162/1-4.

du reste, énonce ici à nouveau le principe quand il rappelle qu'on doit éclairer les textes obscurs d'un Père par d'autres textes patristiques plus clairs en accordant la préférence à ceux qui proviennent de l'auteur discuté [1].

Bérenger en vient ensuite aux textes de saint Léon et de saint Grégoire cités par Lanfranc à la fin de sa liste d'*auctoritates*. Sans les reproduire, sinon de façon très partielle, il en fait le commentaire [2]. Manifestement, dans ce commentaire, sa pensée est aussi orientée vers la conclusion que donnait Lanfranc à la section du *De corpore* consacrée à l'argument de tradition : Lanfranc invoquait la distinction entre l'aspect « corporel » et l'aspect « spirituel » de l'eucharistie [3] et affirmait la valeur des textes patristiques approuvés, moindre que celle des écrits prophétiques (Ancien Testament) et apostoliques (Nouveau Testament), mais cependant suffisante pour attester que l'Église, depuis ses origines, a toujours professé la même croyance en ce qui concerne l'eucharistie [4]. Aux affirmations de Lanfranc Bérenger oppose ses propres certitudes : « Je me contenterai de répondre qu'il sera pleinement manifeste, pour tout homme instruit dans l'école du Christ, et qui sera capable d'un effort persévérant et d'une attention minutieuse, que, dans cette réplique à Lanfranc, je ne pense rien, à l'époque actuelle, contre la vérité, en ce qui concerne la table du Seigneur, que tout ce que j'ai écrit à ce sujet, je l'ai reçu du Prophète, de l'Apôtre, du Seigneur même des prophètes et des apôtres, et des défenseurs invincibles de la vérité dans l'Église, Augustin, Ambroise, Hilaire, Grégoire, sans parler des autres, qui ont interprété dans un sens spirituel la régénération [baptême] et la

---

1. DSC, 149/18-29. Cfr 94/33-95/3. A propos de ce dernier texte, E. SHEEDY écrit dans *The eucharistic controversy of the eleventh century*, p. 59, note 99 : « Berengar says it is difficult or even impossible for him to interpret St. Ambrose *ad normam... manifestorum*. It seems that *manifestorum* would have the same meaning as *in evidenti* ; and Berengar's meaning would be : It is difficult to interpret St. Ambrose according to a norm of manifest meaning — in other words, *so as to exclude all mystery* ». (Voir dans le même ouvrage, p. 46, note 41). Nous avons souligné les derniers mots. Dans le passage en question, Bérenger veut simplement dire que, même dans le cas où certains textes de saint Ambroise particulièrement difficiles ne pourraient être interprétés d'après des textes plus clairs *(ad normam manifestorum)*, on devrait admettre que ce Père de l'Église n'a pu dans le même ouvrage sur une même question formuler des opinions contradictoires. Il nous paraît choquant non pas tant d'avoir mal compris un texte (à qui cela n'arrive-t-il pas ?) que de faire de Bérenger un agnostique. Voir *supra*, p. 36, note 1.

2. DSC, 156/38-158/33.

3. DC, 435 C 7. Cfr 435 C 1-2.

4. DC, 435 D 4-14. Voir *supra*, p. 309-310.

réfection des fidèles [eucharistie], et qui rapportent l'une et l'autre à l'homme intérieur. » [1]

Dans la suite du *De corpore*, Bérenger trouve un commentaire de Lanfranc sur l'oraison *Perficiant in nobis, Domine, quaesumus, tua sacramenta* [2]. Dans ce commentaire, Lanfranc tirait argument d'une ligne du canon de la messe [3]. Jugeant sans doute assez maigre ces références aux textes liturgiques [4], Bérenger cite et commente d'une part l'*oratio prolixior* [5] que constitue le canon de la messe [6], d'autre part plusieurs oraisons courtes [7].

5. *Conclusion* [8]

Entre le texte des deux dernières pages de *Wissembourg 101* [9] et celui qui les précède il y a solution de continuité. Or, jusqu'à ces pages, le *De sacra coena* se déroulait dans un enchaînement rigoureux de toutes les parties qui le composent, reliées entre elles soit par la continuité même du texte du *De corpore* réfuté par Bérenger [10], soit, dans le cas où celui-ci s'abstenait de commenter des portions plus ou moins longues de l'ouvrage de son adversaire, par des transitions nettement formulées. Il nous est apparu que ce texte surgi *ex abrupto* est (exception faite de la note sur la naissance du Christ [11]) la conclusion du *De sacra coena* répondant aux toutes dernières lignes du *De corpore* [12]. Le prouver n'est pas sans importance, car il n'est pas indifférent de retrouver à coup sûr la conclusion du grand ouvrage de Bérenger, cette conclusion devant normalement nous éclairer sur le sens de tout le traité. De plus, en vérifiant l'exactitude de ce que

---

1. « Hoc me respondisse sufficiat, manifestissimum futurum esse omni erudito in scola Christi, quem non gravabitur mora et lima, hoc contra Lanfrannum rescripto nichil me tempore isto quantum ad mensam dominicam contra veritatem sensisse, omnia quae de ea scripsi, a propheta, ab apostolo, ab ipso prophetarum et apostolorum domino et invictissimis in aecclesia veritatis assertoribus Augustino, Ambrosio, Hilario, Gregorio, ut ceteros omittam, accepisse, qui et de regeneratione et de refectione fidelium spiritualiter senserunt et ad interiorem utrumque referunt hominem » (DSC, 157/25-34).
2. DC, 436 B 7-437 A 4.
3. DC, 436 C 11-17.
4. Cfr DSC, 159/6-8.
5. DSC, 159/5.
6. DSC, 159/9-162/8.
7. DSC, 162/9-165/17.
8. DSC, 165/18-166/19.
9. DSC, 165/18 sq.
10. Ceci n'empêche pas que le commentaire de Bérenger soit lui-même très fragmenté, comme nous l'avons souligné ci-dessus, p. 504.
11. DSC, 166/20-31.
12. DC, 442 D 9-11.

nous avançons ici, nous aurons la confirmation de ce que nous suppo-
sions au sujet de la composition du *De sacra coena* : le maître tourangeau, en le rédigeant, a suivi de bout en bout (mais pas de façon
continue) le texte du traité de son adversaire pour en établir la réfutation.

Lanfranc terminait le *De corpore* sur cette affirmation d'une tran-
chante logique : « Est donc faux ce que tu crois et démontres au sujet
du corps du Christ. Par conséquent, *vraie* est sa *chair que nous recevons,
et vrai est son sang que nous buvons* ». Les derniers mots sont une citation implicite d'une ligne du début du livre VI du *De sacramentis*
de saint Ambroise : « De même que notre Seigneur Jésus-Christ est
le vrai Fils de Dieu, non par grâce, comme les hommes, mais en tant
que Fils né de la substance du Père, ainsi *vraie* (est sa) *chair*, comme
il l'a dit, *que nous recevons, et vrai, son sang que nous buvons* » [1].

Or, Bérenger, dans la seconde partie du *De sacra coena*, donne un
commentaire, très révélateur, de ces lignes de saint Ambroise. De
même, dit-il, que le Christ est vrai Dieu égal à son Père, ce que nient
les ariens, de même il est vrai homme, ce que rejettent les manichéens,
qui prétendent que le corps du Sauveur est une apparence *(fantasma)*.
Si les manichéens avaient raison, ce serait en vain que le Christ aurait
institué le rite de la communion sacramentelle, qui permet d'entrer
en communion spirituelle avec son humanité dans les mystères de
l'incarnation et de la passion : la réalité de l'humanité du Christ
est donc la condition absolue de l'efficacité de la participation à
l'eucharistie. Nous avons déjà signalé cette transposition de la notion
de « réalité » eucharistique, que Bérenger fait glisser de l'idée de
présence réelle, au sens où l'entend l'Église, à l'idée d'incarnation
réelle [2].

La parenté est évidente entre, d'une part, ce commentaire du début
du livre VI du *De sacramentis* et, d'autre part, le texte dans lequel
nous voyons la conclusion du *De sacra coena* et la réponse aux dernières lignes du *De corpore* de Lanfranc, lignes qui, précisément, nous
l'avons dit, s'inspirent du même passage du traité de saint Ambroise.
Bérenger commence par une citation de saint Augustin : le corps du
Christ n'est pas une apparence de corps *(fantasma)*, car le Christ,

---

1. « Falsum est igitur quod de corpore Christi a te creditur et astruitur.
Ergo vera est ejus caro, quam accipimus, et verus ejus sanguis quem potamus » (DC, 442 D 9-11). Cfr AMBROISE, *De sacramentis*, VI, I, 1. Rappelons
que Lanfranc et Bérenger utilisent, pour ce texte de saint Ambroise, une version
remaniée (DC, 432 B 1-5, 420 B 11-15 ; DSC, 132/12-16) : voir B. BOTTE, *Ambroise de Milan, Des sacrements, Des mystères*, nouvelle édition, 1961, p. 138,
211-212.

2. DSC, 132/10-134/24 (cfr 141/10-142/6). Voir *supra*, p. 132, 147, 215.

qui est la Vérité, ne trompe pas [1]. Vient ensuite une autre citation
de saint Augustin, dans laquelle un parallèle est établi entre l'humanité du Sauveur et la colombe descendue sur Jésus lors de son baptême dans les eaux du Jourdain: la colombe n'est pas une apparence
(fantasticam), car de même qu'il ne convenait pas que le Christ
trompe les hommes par une apparence de corps, de même il ne convenait pas que le Saint-Esprit les induise en erreur par une apparence
de colombe [2]. C'est bien là la réponse propre aux derniers mots du
traité de Lanfranc, analogue à l'exégèse, donnée plus haut par Bérenger dans le *De sacra coena*, du passage du *De sacramentis* auquel
Lanfranc, dans la conclusion du *De corpore*, avait emprunté les mots :
« Vraie est sa chair que nous recevons et vrai son sang que nous buvons ».
Mais, au lieu d'orienter son commentaire, comme il l'avait fait précédemment, vers une application au rite de la communion, Bérenger
revient à l'idée fondamentale pour laquelle il n'avait cessé de batailler :
le pain ne disparaît pas au moment de la consécration pour être
remplacé par la chair du Christ. De même, dit-il, que le Christ ne
trompe pas en faisant semblant d'avoir un corps, de même il n'abuse
pas les sens humains en leur présentant sur l'autel un pain qui n'aurait
que les apparences du pain [3].

Et, par une transition très normale, c'est l'idée de Vérité au sens
le plus large du mot (Vérité qui est l'essence même de Dieu et qui
s'exprime dans l'Écriture) qui domine dans la conclusion ultime du
De sacra coena, où nous retrouvons les principales thèses de l'écolâtre
opposées à celles que contenait la profession de foi eucharistique
rédigée par le cardinal Humbert lors du concile de Rome de 1059 [4].
Il y a quatre thèses. La première et la quatrième s'opposent aux
points I et III de la formule de Humbert, pour rejeter, la première
la possibilité de la disparition du pain au moment de la consécration,
la quatrième la possibilité du remplacement du pain par la chair du
Christ. La deuxième et la troisième contredisent les points II et
IV de la profession de foi, lesquels avaient trait à la fraction de la

---

1. Cette citation, pour laquelle Bérenger renvoie à un *Liber de LXXX que-
stionibus contra Manicheos*, ouvrage de saint Augustin qui n'est pas connu
sous ce titre, mais sous celui de *De diversis quaestionibus LXXXIII* (voir *op.
cit.*, XIV : PL, t. XL, 14), se trouve également, ainsi que le début de celle qui la
suit (DSC, 165/18-27), à la fin du florilège de textes de saint Augustin donné
un peu plus haut dans le *De sacra coena* (DSC, 153/21-28).

2. AUGUSTIN, *De agone christiano*, XXII : PL, t. XL, 303. Notons qu'en DSC,
134/8-17 Bérenger utilise un passage du *De sacramentis* de saint Ambroise,
dans lequel celui-ci, à l'inverse de saint Augustin, présente la colombe du baptême du Christ comme une apparence de colombe : voir AMBROISE, *De sacramentis*, I, V, 17 (PL, t. XVI, 422 B). Cfr *Matth.*, III, 16.

3. DSC, 165/18-166/5. Cfr 109/36-110/1.

4. Voir *supra*, p. 174.

chair du Christ *sensualiter* : dans la deuxième thèse, Bérenger rejette l'expression positive de la croyance affirmée dans le point IV de son serment de Rome, et dans la troisième thèse, il réaffirme l'hérésie que le point II de ce serment lui avait fait rejeter. La première et la quatrième thèses, qui sont un refus de la conversion « sensualiste », font intervenir la notion de *subjectum,* notion qui, comme nous l'avons dit, était apparue, dans le *De sacra coena,* pour caractériser la distinction faite par Lanfranc entre « ce qui est vu » — (= *quod est in subjecto*) et « ce qui n'est pas vu » (= *subjectum*) dans l'eucharistie [1].

Voici cette conclusion :

« Ceux qui affirment que les substrats *(subjecta)* du pain et du vin, qui sont consacrés dans le sacrifice du Christ, sont enlevés par la destruction du substrat *(subjecti),* parlent contre la vérité de la doctrine prophétique et apostolique, contre la vérité de la doctrine du Christ.

Celui qui affirme que le corps du Christ, soit en partie, soit en totalité, est manipulé sur l'autel par les mains du prêtre, est brisé par les mains, est broyé par les dents, exception faite de ce qui concerne le sacrement, parle contre la vérité et la dignité de la doctrine du Christ.

Celui qui affirme que le corps du Christ, depuis qu'il siège à la droite du Père, ne peut plus être blessé ni broyé, exception faite de ce qui concerne le sacrement, parle selon la vérité et la dignité de la doctrine prophétique et apostolique, de la doctrine du Seigneur Jésus.

Celui qui affirme que la chair du Christ, produite comme une réalité nouvelle, soit en partie, soit en totalité, par la génération du substrat *(subjecti),* se trouve présente sensiblement *(sensualiter)* sur l'autel, le pain ayant été enlevé par la destruction de son substrat *(subjecti),* parle contre l'autorité de l'éternelle et immuable Vérité » [2].

---

1. Voir *supra*, p. 177-178, 359-383.

2. « Qui affirmant auferri per corruptionem subjecti, (quae) [a] consecrantur in sacrificio Christi, subjecta panis et vini, contra veritatem locuntur doctrinae propheticae et apostolicae, contra veritatem doctrinae Christi.

Qui affirmat corpus Christi vel pro parte vel pro toto manibus sacerdotum tractari super altare, manibus frangi, dentibus atteri, excepto quod ad sacramentum pertinet, contra veritatem loquitur et dignitatem doctrinae Christi.

Qui affirmat corpus Christi postquam ad dexteram patris sedit vulnerari non posse † [b] vel atteri, excepto quod ad sacramentum pertinet, secundum veritatem' loquitur et dignitatem doctrinae propheticae et apostolicae, doctrinae [d] domini Jesu.

Qui affirmat [e] Christi carnem vel pro parte vel pro toto recens factam per generationem subjecti adesse sensualiter in altari ablato pane per corruptionem subjecti, contra auctoritatem loquntur [f] aeternae et incommutabilis veritatis » (DSC, 166/6-19).

La dernière page de *Wissembourg 101* a été fort maltraitée. Nous nous sommes efforcé de contrôler le texte de l'édition de W. H. Beekenkamp en nous aidant

Un tableau synoptique résumera cette étude sur la composition du *De sacra coena* :

DE SACRA COENA	DE CORPORE ET SANGUINE DOMINI
Introduction (disparue). Réponse	au chapitre premier.
Première partie (début disparu + 1/1 à 61/36).	
Contradictions de la profession de foi du concile de Rome de 1059, historique des conciles de Rome et de Verceil de 1050, de Tours de 1054, de Rome de 1059 = réponse	aux chapitres II à VIII.
Deuxième partie (62/1 à 145/16).	
Saint Ambroise = réponse	au chapitre IX et à la partie cen-
Troisième partie (145/17 à 165/17).	trale du chapitre XVIII (430 D
Autres témoignages de la tradition :	8 à 432 D 9).
1. Saint Augustin [1] (145/19 à 156/38) = réponse	
	à la fin du chapitre XVIII et au début du chapitre XIX (432 D
2. Saint Léon et saint Grégoire (156/38 à 158/33) = réponse	10 à 434 D 14).
3. Canon de la messe et oraisons (159/1 à 165/17) = réponse	à la fin du chapitre XIX (434 D 14 à 435 D 14).
Conclusion (165/18 à 166/19). Réponse	à un passage du chapitre XX (436 B 7 à 437 A 4).
	aux dernières lignes du chapitre XXIIIe et dernier (442 D 9-11).

III. Histoire des deux documents

A. LES FAITS

Parvenus à ce point de notre étude sur le manuscrit *Wissembourg 101* et sur les folios 149 à 162 de *Vorau 412*, nous nous trouvons

---

non seulement de la lecture du manuscrit en microfilm, mais aussi des leçons de l'édition des Vischer réalisée à une époque où cette page était peut-être en meilleur état que maintenant. Nous restituons un mot par conjecture (a) et deux autres d'après le manuscrit (c, d) ; nous signalons un passage illisible non indiqué par l'édition de 1941 (b). Vers la fin du texte, il faut lire *loquntur* et non *loquuntur* (f) ; il y a désaccord entre ce verbe au pluriel et son sujet, qui est au singulier (e), mais rien, dans le texte, ne permet de décider à coup sûr si l'auteur avait voulu employer pour les deux formes le pluriel ou le singulier. Nous avons distingué les *i* et les *j*, les *u* et les *v*.

1. Nous disons « saint Augustin » pour schématiser, les autres textes patristiques cités de 153/29 à 156/38 (de Jérôme et Ambroise) ayant pour fonction d'éclairer les textes du grand Docteur occidental : voir *supra*, p. 509-510.

en face d'un certain nombre de faits dont la rencontre ne manque pas d'être assez surprenante :

1. Nous constatons que Bérenger, dans le *De sacra coena*, en réfutant le *De corpore et sanguine Domini* de Lanfranc, suit le cours même du traité de son adversaire. Nous remarquons, en particulier, que la conclusion du *De sacra coena*[1] est, ou du moins semble être, une réplique à la conclusion du *De corpore et sanguine Domini*[2].

2. Or, la note sur la naissance du Christ qui suit immédiatement la conclusion du *De sacra coena*, dans le manuscrit *Wissembourg 101*[3], est inspirée de la note qui suit la conclusion de l'ouvrage de Lanfranc dans le manuscrit *Vorau 412*[4].

3. Les textes qui suivent le *De corpore et sanguine Domini* dans le manuscrit *Vorau 412* sont, mises à part évidemment les deux citations terminales, tous de Bérenger. Or, on peut faire à leur sujet les observations suivantes[5] :

Ils sont très disparates (une note théologique, une fausse lettre de pape, deux autres lettres, des notes de lecture). Ils sont de trois écritures différentes et ont donc, normalement, été écrits en trois fois au moins, dans trois circonstances distinctes. De plus, l'origine bérengarienne du premier de ces textes (la note sur la naissance du Christ) et du second (la fausse lettre d'Alexandre II)[6] ne saute pas aux yeux. L'on est amené à conclure que cet ensemble de textes ne constitue pas un corpus bérengarien de seconde main, comme il en existe dans d'autres manuscrits[7]. Leur rapprochement pose un problème : on peut en déduire *au moins* que ceux qui les transcrivaient n'en ignoraient pas la provenance exacte.

Trois de ces textes, dont nous connaissons une copie dans un autre manuscrit, font figure de document premier par rapport à cette copie. C'est incontestable pour la note sur la naissance du Christ de *Vorau 412*, dont s'est inspiré avec une certaine désinvolture le rédacteur de la note correspondante de *Wissembourg 101*[8]. Par contre, la fausse lettre d'Alexandre II de *Vorau 412* semble être l'ébauche à partir de laquelle a été rédigé l'exemplaire du manuscrit *Harley 3023* du

---

1. DSC, 165/18-166/19.
2. DC, 442 D 9-11. Voir *supra*, p. 511-512.
3. DSC, 166/20-31.
4. Voir *supra*, p. 485-486, 488, 491, 493, 500-501.
5. Voir *supra*, p. 488-491.
6. Il faut noter cependant que la fausse lettre d'Alexandre II concerne explicitement Bérenger.
7. *Bruxelles, BR 5576-5604*, f. 157ᵛ-163ᵛ, *Hanovre 671*, f. 325-380, sont des documents de seconde main. On ne peut dire la même chose avec certitude de *Londres, BM Harley 3023*, f. 63ʳ-65ᵛ. Voit *supra*, p. 5, 10-21.
8. Voir *supra*, p. 500.

British Museum [1] ; et la lettre à Eudes de Conteville de *Vorau 412*, le brouillon du texte définitif connu par le manuscrit *Hanovre 671* [2]. De plus, dans *Vorau 412*, ces deux dernières lettres contiennent des corrections qui semblent plutôt œuvre d'auteur que de copiste.

Le dernier texte, les citations de deux courts passages des *Soliloques* de saint Augustin, correspond à ce qu'on pourrait appeler des notes de lecture personnelle, et non à une simple copie de scribe [3].

Dans la mesure où nous pouvons dater leur composition, les textes qui occupent les folios 149 à 162 de *Vorau 412* sont disposés suivant un ordre chronologique ou, du moins, jamais, d'une façon évidente, à l'inverse de l'ordre chronologique. Le traité de Lanfranc est d'après 1062, la fausse lettre d'Alexandre II se situe entre 1063 et 1067, les lettres à Eudes de Conteville et au frère R. sont de 1080 environ.

Enfin, *Wissembourg 101* se présente comme un document original [4].

B. Interprétation des faits

La convergence de toutes ces données ne peut être due à une suite de coïncidences ; le hasard ne produit pas de telles rencontres. Mais comment expliquer ces rencontres ?

Voici de quelle façon nous nous représentons l'enchaînement des faits grâce auxquels se sont constitués ces deux documents :

1. Les folios 149 à 162 du recueil composite *Vorau 412* étaient, avant leur insertion dans ce recueil en 1474, un livret autonome, exemplaire du traité de Lanfranc sur l'eucharistie. C'est cet exemplaire que Bérenger aurait eu sous les yeux pour rédiger sa réponse à Lanfranc, connue sous le nom de *De sacra coena*, sans qu'il soit exclu, évidemment, qu'il ait pu recourir aussi, pour le même usage, à un autre exemplaire, celui que lui avait envoyé son contradicteur [5]. Il aurait été séduisant de penser que le livret de Vorau était « l'original » adressé par l'abbé de Saint-Étienne de Caen à l'écolâtre de Saint-Martin de Tours, mais l'identité d'écriture du traité et de la note bérengarienne qui le suit oblige à rejeter cette hypothèse. Il faut donc croire que, pour une raison qui nous échappe, Bérenger a

---

1. Voir *supra*, p. 488-489.
2. Voir *supra*, p. 490-491.
3. Voir *supra*, p. 491.
4. Voir *supra*, p. 486-488.
5. Un petit détail montre à coup sûr que Bérenger n'a pas pu se borner à utiliser l'exemplaire du *De corpore* de *Vorau 412*. Dans *Vorau 412*, à l'endroit où l'on devrait trouver les mots *ad omnia* (cfr DC, 417 A 15-B 1), il y a un blanc. Or, ces mots ne manquent pas dans la retranscription que donne le *De sacra coena* du passage du *De corpore* auquel ils appartiennent : DSC, 46/33.

tenu à posséder une copie de la « lettre » qu'il avait reçue de son adversaire et à s'en servir comme instrument de travail. Quelle main a exécuté cette copie, où l'on relève, du reste, quelques négligences assez criantes ? [1] La main de Bérenger ou celle d'un de ses collaborateurs ? Le caractère très personnel de l'écriture mérite, en tout cas, d'être souligné.

Mis à part le problème de l'identification du scribe qui recopia le traité de Lanfranc dans *Vorau 412*, nous croyons reconnaître la griffe de Bérenger, dans ce document, à deux détails à vrai dire très ténus et que nous n'avons nullement l'intention de majorer. Nous n'avons guère rencontré, en dehors des écrits de Bérenger, le nom de Lanfranc mentionné sous la forme *Lanfrannus*, à laquelle se tient à peu près exclusivement le maître tourangeau [2]. Or, dans le livret de Vorau, Lanfranc est nommé *Lanfrancus* à la première ligne, mais dans les deux cas où, par la suite, son nom est donné en entier, il l'est sous la forme *Lanfrannus*, ce qui ne se vérifie dans *aucun* des nombreux autres manuscrits du *De corpore et sanguine Domini* que nous avons consultés. Autre fait, le premier fragment du *Scriptum contra synodum* cité par Lanfranc dans le *De corpore* présente un passage incompréhensible : de toute évidence, il faut suppléer *legere* avant *et quasi profiteri* [3]. Tous les manuscrits du *De corpore* qui nous sont passés par les mains offrent cette lacune, qui semble remonter à l'archétype des manuscrits de cet ouvrage. Cependant, dans le seul *Vorau 412*, une écriture contemporaine a restitué en marge le mot qui manquait. On comprendrait que Bérenger ait complété lui-même ce texte, qu'il connaissait mieux que n'importe qui, puisqu'il en était l'auteur.

2. Bérenger a ensuite utilisé la place restée vierge, après la conclusion du traité de Lanfranc dans le livret de Vorau, pour y transcrire ou y faire transcrire, d'après son texte original ou sous la dictée, un premier texte de sa composition sur la naissance du Christ. Cette façon de remplir au maximum le parchemin était sans doute inspirée par un souci d'économie et répondait, semble-t-il, chez le maître

---

1. Voir *supra*, p. 251-252.
2. Voir DSC, *passim* ; EF, LXXXVI, 147/29 ; PE, 111 C. Dans SCS, 412 D, il y a *Lanfranci*, mais le texte est passé par les mains de Lanfranc. Le seul exemple de l'emploi de la forme *Lanfrannus* que nous ayons rencontré dans un texte n'émanant pas de Bérenger se trouve dans un acte dont l'un des signataires est un certain *Lanfrannus monachus*, qui est peut-être notre Lanfranc : voir M. FAUROUX, *Recueil des actes des ducs de Normandie de 911 à 1066*, Caen, 1961, p. 347-348. Mais, dans le manuscrit 136 d'Alençon, au f. 142, Lanfranc écrit : *Huc usque ego Lanfrancus correxi*.
3. SCS, 409 D. Voir *supra*, p. 182, note 6.

tourangeau à une vieille habitude[1]. La dernière page de *Wissembourg 101* nous en fournira un autre exemple.

3. Par ailleurs, Bérenger avait entrepris de réfuter l'ouvrage de Lanfranc. C'est le texte original de cette réfutation que Lessing a découvert en 1770 en identifiant le manuscrit *Wissembourg 101*. Peut-être s'agit-il du seul exemplaire qui en ait jamais existé. *Wissembourg 101* représente soit un texte de la main de Bérenger, soit, beaucoup plus probablement, l'œuvre d'un ou de plusieurs copistes écrivant sous la dictée du maître tourangeau ou d'après le texte de premier jet de l'auteur sous le contrôle de celui-ci. Bérenger a inséré ou fait insérer, dans les marges de ce volume ou sur des feuilles intercalaires, de nombreuses additions à son texte[2].

4. Dans *Wissembourg 101*, le texte du *De sacra coena* se termine au milieu du verso du dernier folio. Or, en achevant de rédiger son traité, Bérenger a sous les yeux la fin du traité de Lanfranc, puisque, comme nous l'avons démontré, la conclusion du *De sacra coena* est une réplique aux dernières lignes du *De corpore et sanguine Domini*. Pour utiliser la demi-page restée en blanc après la conclusion de son traité, il reprend la note sur la naissance du Christ, qui vient immédiatement après la conclusion du traité de son adversaire dans l'exemplaire de cette œuvre copié par ses soins. Manquant de place pour reproduire cette note en entier, il n'en utilise que la première moitié allégée de quelques mots et, par un artifice de style, il fait en sorte que ce texte plus court constitue néanmoins un tout logique[3]. Il ne manquerait donc pas de folios à la fin de *Wissembourg 101*[4] et le *Cetera desunt* des éditions serait doublement inexact : inexact en ce qui concerne le *De sacra coena*, comme nous l'avons prouvé, inexact aussi en ce qui regarde l'ensemble du manuscrit.

5. Après la note sur la naissance du Christ du livret de Vorau, restaient disponibles, sur le dernier folio, un petit emplacement du recto et tout le verso. Sur cet espace vierge, Bérenger transcrit ou fait transcrire d'autres textes.

---

1. C'est ainsi qu'on trouve un corpus de textes concernant Bérenger à la fin d'un manuscrit des poèmes de Prudence, *Londres, BM Harley 3023*, et qu'il existait sur la page de garde d'un manuscrit du *De doctrina christiana* de saint Augustin, datant du IXe siècle et provenant de Saint-Martin de Tours, le texte d'une convention passée entre Gautier, *cantor*, et son neveu Bérenger devant le chapitre de Saint-Martin. Dom Mabillon a lu l'acte, aujourd'hui disparu, et il en donne deux courts extraits dans les *Acta sanctorum Ordinis sancti Benedicti*, t. IX, préface, n° 9. Voir *supra*, p. 10, 14, 19-20, 188, note 4.

2. Voir *supra*, p. 484-488.

3. Voir *supra*, p. 500-501.

4. Hypothèse d'autant plus vraisemblable que les derniers folios du manuscrit dans son état actuel (p. 214 à 228, avec doublement de la p. 216) constituent un cahier : voir *supra*, p. 486.

Avant 1067, donc à une date proche ou même contemporaine de la composition du *De sacra coena*, il y jette l'ébauche d'une fausse lettre d'Alexandre II[1].

Suit une longue période durant laquelle le livret, si l'on peut s'exprimer ainsi, dort dans les coffres. A la fin de 1079 ou dans le courant de 1080, Bérenger se retire dans l'île de Saint-Cosme. Est-ce le déménagement qui ramène à la surface la mince plaquette, témoin mélancolique de luttes qui viennent de s'achever dans la déconfiture ? Lorsque survient un messager de l'évêque de Bayeux, porteur d'une lettre à laquelle il faut répondre rapidement[2], c'est au dos du livret que Bérenger rédige le brouillon de la missive qu'il confie à cet homme pour Eudes de Conteville. Plus tard, c'est à la suite de ce brouillon qu'il en griffonne un autre, d'une lettre destinée à un certain frère R.

Toujours fidèle à ses lectures patristiques, il a emmené dans sa solitude un ouvrage de saint Augustin, dont le titre peut-être lui a paru de circonstance, les *Soliloques*. Deux passages font écho à ses préoccupations du moment[3]. Il les recopie au bas de la dernière page du livret, mais, comme la place lui manque, il doit resserrer à l'extrême son écriture, si bien que la lecture en est pour nous malaisée.

Si des trois écritures du livret de Vorau l'une appartient à Bérenger, ce serait le plus vraisemblablement celle des derniers textes que nous venons de mentionner (les lettres à l'évêque de Bayeux et au frère R., les citations de saint Augustin). Les notes de lecture tirées des *Soliloques* ont un caractère personnel évident ; et l'on s'expliquerait que Bérenger, dans la solitude relative de Saint-Cosme, n'ait pas disposé d'une équipe de copistes. De plus, sa retraite devait lui donner le loisir de se livrer lui-même à ce travail de scripteur[4].

---

1. Si l'hypothèse que nous formulons ici sur l'origine du livret de Vorau est exacte, cette date limite pour la rédaction de la fausse lettre d'Alexandre II (= avant l'éviction du comte Geoffroy le Jeune) permet de situer la composition du *De corpore et sanguine Domini* de Lanfranc avant 1067 ; et le début de la composition du *De sacra coena*, avant 1067 également, données qui correspondent fort bien à ce que nous savons par ailleurs de ces deux ouvrages.

2. « Rescribere dignitati tuae, quam diligenter quamque sufficienter oportebat, acceleratus legati tui prohibuit recursus » (EF, CI, 169/22-23).

3. Curieuse coïncidence, les deux préoccupations dont témoignent ces extraits (rétribution éternelle et chasteté) sont l'objet d'une mention spéciale dans l'évocation des dernières années de Bérenger des *Gesta regum Anglorum* de GUILLAUME DE MALMESBURY (III, 284 et 285 : PL, t. CLXXIX, 1257-1258).

4. Le Père PIUS FANK, dans le *Catalogus Voraviensis*, Graz, 1936, p. 244, situe dans la première moitié du XIIe siècle l'écriture des folios 149 à 162 de *Vorau 412*, datation qui, si elle était certaine, réduirait à rien toutes nos hypothèses sur ce livret. M. B. Bischoff, une des plus hautes autorités en matière de paléographie, interrogé sur le microfilm de ces folios, a bien voulu nous faire dire que les dates avancées par nous (entre 1060 et 1080) étaient tout à fait plausibles.

On pourra, bien sûr, contester dans l'ensemble ou dans certains de ses détails l'interprétation que nous venons de donner. Nous ne la présentons, du reste, qu'à titre d'hypothèse. En revanche, on ne pourra nier qu'un problème est posé par la rencontre des faits mise en évidence dans cette étude.

IV. La lettre de Bérenger au frère R.

A. Texte de la lettre

La lettre de Bérenger au frère R. occupe les lignes 21 à 32 du folio 162ᵛ du manuscrit *Vorau 412*. En voici le texte :

Amplectendae in Domino, quantum audio, sinceritatis fratri R. B. quae in Christo est fidelitatis obsequium. — Notissimum sit fraternitati vestrae voluntatem meam in eo esse ut vos videam et gaudio gavisurum in omnium honorum auctore Deo, si mihi frui in se praesentia vestrae dignationis contulerit. Ut autem aput dilectionem vestram aliquid pro me audeam, unicum me vobis in superna miseratione promitto et refellere sine invidia et refelli sine pertinatia¹, si mihi, propitia divinitate, cum eo agere contingat qui non solum oculos pecudis, sed etiam oculum cordis habeat, et hunc non assuetum tenebris, sed patientem lucis et maxime non caligantem fumo inanis victoriae, fumo contentionis, cum eo, inquam, ut ait beatus Augustinus² « non qui litiget, non qui videri se velit videre quae non videt, qui resistat consuetudini hominum, resistat laudibus hominum, qui compungatur in cubili suo³, qui resculpat spiritum suum, qui non foris diligat vanitates et (dilig) quaerat mendacia⁴ ». — Domini Dei nostri manus omnipotens vestram erga se in incorruptione dilectionem amplificet atque confirmet⁵.

B. Destinataire de la lettre

Le destinataire de cette lettre est un « frère », clerc ou moine, mais ce titre modeste s'applique à un personnage de premier plan. Bérenger lui écrit en effet : « Que votre Fraternité sache bien que tout ce que je veux, c'est vous voir et que j'exulterai de joie en Dieu, auteur de tous les honneurs, s'il m'accorde de jouir en lui de la pré-

---

1. Cfr Cicéron, *Tusculanes*, II, II, 5 : « Et refellere sine pertinacia et refelli sine iracundia parati sumus » (éd. G. Fohlen et J. Humbert, t. I, Paris, 1931, p. 81).
2. Cfr Augustin, *De vera religione*, XXXIV, 64 : PL, t. XXXIV, 150.
3. Cfr *Ps.*, IV, 5.
4. Cfr *Ps.*, IV, 3.
5. Nous sommes reconnaissant à Mᵐᵉ M.-Th. Vernet et à son mari de l'aide qu'ils nous ont apportée dans le déchiffrement de ce texte.

sence de votre Dignité ». Cet homme d'Église important semble avoir juridiction sur le maître tourangeau, car celui-ci l'aborde avec l'attitude complexe de qui paraît avoir reçu une semonce ou un avertissement, promet de mieux se comporter à l'avenir et pousse néanmoins sa pointe pour qu'on ne soit pas trop exigeant à son égard : « Mais, pour me permettre auprès de votre Dilection une démarche en ma faveur, je vous promets, moi, le solitaire, dans la miséricorde d'en haut... ». Bérenger affecte de n'avoir pas été froissé de la netteté des reproches ou des ordres qu'il a reçus de son correspondant. C'est, du moins, ainsi, en lisant entre les lignes, qu'on pourrait interpréter la première partie de l'adresse : « B(érenger) au frère R. dont, à ce que j'entends dire, la franchise doit être accueillie à bras ouverts dans le Seigneur... »

Nous conjecturons que ce personnage est le sous-diacre Roger, qui, accompagné d'un représentant de Hugues de Die, vint à Tours comme légat de Grégoire VII, probablement durant le printemps de 1078, pour régler le cas de l'archevêque Raoul et disculper celui-ci des accusations dont il était l'objet depuis son élection épiscopale. Lors du séjour de Roger dans la capitale de la Touraine, Bérenger se trouvait déjà à Rome, et ceci expliquerait pourquoi l'écolâtre ne connaît le légat que par ouï-dire *(quantum audio)* [1]. Cette identification n'étant qu'une hypothèse, nous continuerons à désigner par l'initiale *R* le destinataire de la lettre.

C. CIRCONSTANCES DE LA LETTRE

Il n'est pas difficile de reconstituer les circonstances qui ont motivé l'intervention du frère R. et la réponse de Bérenger. Un mot, notamment, nous permet de les situer de façon précise : c'est l'adjectif *unicum*, que nous avons traduit plus haut par « solitaire ». Nous avons vu que, durant le séjour de l'écolâtre à Rome en 1078 et 1079, Grégoire VII, par la voie officieuse, lui avait fait connaître son désir de le voir s'enfermer dans une retraite « comme dans une prison » [2]. Le pape souhaitait un apaisement définitif de l'affaire bérengarienne... Et le seul moyen efficace de l'obtenir n'était-il pas de faire disparaître Bérenger lui-même ? Mais, dans son inépuisable bonté, c'est de la complaisance du maître tourangeau que Grégoire VII demandait

---

1. Voir G. MORIN, *Lettres inédites des papes Alexandre II et saint Grégoire VII*, dans *Revue bénédictine*, t. XLVIII, 1936, p. 126-127. Dom Morin a pu prouver le rôle joué par le sous-diacre Roger à Tours en 1078 en rapprochant de deux lettres du « Registre » de Grégoire VII (*Registrum*, V, 17 et 20 : PL, t. CXLVIII, 502-506) certaines données d'une des lettres étudiées par lui dans le *cod. lat. med. aevi* n⁰ *5* de la collection Széchényi du Musée national hongrois.

2. *Mém.*, 108-109. Voir *supra*, p. XLIII-XLIV, 238-239.

un effacement volontaire. Cette solution se révèlera insuffisante. Bérenger, dans son éternité, nous en voudra-t-il d'une comparaison irrespectueuse ? Agé, malade, le juge Perrin-Dandin veut à tout prix se rendre au tribunal et satisfaire sa manie procédurière. Enfermé à double tour dans sa demeure par ses proches inquiets pour sa santé, le voilà qui surgit par les combles, puis tente de sortir par le cellier. Il en est de même pour l'écolâtre de Saint-Martin de Tours en ce qui concerne la controverse eucharistique. On croit l'avoir réduit au silence, et incorrigible, insaisissable, incoercible, il réapparaît là où on l'attend le moins, toujours aussi ardent à défendre ses théories et à pourfendre l'opinion adverse.

La tradition veut que Bérenger se soit retiré dans l'île de Saint-Cosme, non loin de Tours. C'est donc dans cette retraite qu'il écrivit le récit des événements qui avaient marqué pour lui les conciles de Rome de la Toussaint de 1078 et du carême de 1079. Dans les dernières lignes de ce *Mémoire*, il adressait un appel pathétique à la miséricorde divine pour obtenir le pardon du « sacrilège » qu'il avait commis en acceptant, contre sa conscience, de reconnaître publiquement qu'il s'était trompé, et il demandait à ses frères dans le Christ de se montrer compatissants en face des larmes de son repentir [1]. Même accent dans la lettre à Eudes de Conteville, contemporaine du *Mémoire* et dont le manuscrit *Vorau 412* précisément offre un exemplaire précédant la lettre au frère R. et de la même écriture [2] : « Par ailleurs, pour en venir au fait que votre Dignité s'inquiète de rétablir mes affaires, moi qui suis bien au-dessous de toutes les miséricordes du Seigneur [3], j'attends, suppliant, de la bonté de son Esprit [4] tout-puissant que ma faute ne soit pas trop grande pour mériter le pardon [5], qu'il ne perde pas mon âme avec les impies ni ma vie avec les hommes de sang [6], même si la défaillance de mon esprit [4] ne pouvait rien réclamer de tel, car de la multitude de mes douleurs je me reporte, en moi-même, comme vers des lieux très agréables, vers la multitude de ses consolations, parmi lesquelles je mets au-dessus de tout le fait que votre Sublimité soit aussi bien disposée à mon égard [7] ».

---

1. *Mém.*, 109. Voir *supra*, p. 242-243.
2. Voir *supra*, p. 490-491.
3. Cfr *Gen.*, XXXII, 10.
4. Cfr *Mém.*, 109 D : « Exaudi, Domine ! Placare, Domine ! Intende et fac spiritum meum ut in tuo proficiam (*ou* proficiat ?) Spiritu, quanto potest merore deficere ! ».
5. Cfr *Gen.*, IV, 13.
6. Cfr *Ps.*, XXV, 9.
7. « Ceterum quod ad reficienda, quae me attingunt, movetur dignatio tua : minor cunctis miserationibus Domini, a benignitate omnipotentis spiritus

C'est aussi dans sa retraite de Saint-Cosme que Bérenger a, pensons-nous, écrit la lettre au frère R. Le mot *unicus*, qui paraît évoquer cet exil, semble être une réminiscence du verset 28 du psaume XXIV. Rare dans la Bible latine, il n'a le sens de « solitaire » que dans ce seul passage de la Vulgate, dont la récitation était familière à Bérenger. Les lettres de l'écolâtre, chanoine du célèbre chapitre de Saint-Martin de Tours, sont nourries de citations implicites de l'Écriture et, notamment, du psautier. Le psaume XXIV est une prière dans la détresse que Bérenger a dû appliquer à sa propre situation : « Vers toi, Seigneur, j'ai élevé mon âme. Mon Dieu, en toi je me confie. Que je n'aie point à rougir et que mes ennemis ne rient pas de moi, car aucun de ceux qui soutiennent ta cause ne sera confondu... Dirige-moi dans la vérité et enseigne-moi... Souviens-toi de tes bontés, Seigneur, et de tes miséricordes, qui sont éternelles... *A cause de ton nom, pardonne mon péché, car il est grand...* Mes yeux sont toujours fixés vers le Seigneur, il tirera mes pieds des rêts. Tourne-toi vers moi et aie pitié de moi, parce que je suis *solitaire* et pauvre. » C'est cette ambiance de repentir et d'appel à la miséricorde divine du psaume XXIV que suggère l'expression *in superna miseratione*, qui, dans la lettre, n'est séparée du mot *unicum* que par les pronoms désignant Bérenger et son correspondant *(unicum me vobis in superna miseratione).* Que le frère R., lui aussi, semble vouloir dire Bérenger, se montre miséricordieux envers le pauvre solitaire !

Nous pouvons donc, sans grand risque d'erreur, expliquer l'intervention du frère R. On peut présumer qu'il avait été chargé de rappeler, par la voie épistolaire, au maître tourangeau l'ordre que celui-ci avait reçu, de la part de Grégoire VII au concile de Rome du carême de 1079, de ne plus engager de discussion sur la question eucharistique si ce n'est pour ramener dans le droit chemin les malheureux que son enseignement hétérodoxe avait égarés [1]. Le représentant du pape voulait sans doute arrêter une reprise larvée de la propagande bérengarienne. En effet, retiré à Saint-Cosme, Bérenger n'était pas tout à fait « comme en prison ». Il avait des contacts avec le dehors, il recevait des visites et des lettres, il continuait à écrire. Or, dans sa lettre à Eudes de Conteville, n'avait-il pas présenté son acte de

---

ipsius, ne major sit iniquitas mea, quam ut veniam merear, ne perdat cum impiis animam meam et cum viris sanguinum vitam meam, etsi non quanto spiritus mei oportebat defectu, supplex expecto, de multitudine dolorum meorum in corde meo quasi in amoenissima loca me referens ad multitudinem consolationum ipsius ; inter quas quam maxime habeo, quod sic erga me affecta est sublimitas tua » (EF, CI, 169/13-21). Nous avons modifié deux mots de l'édition, qui écrit *sanguinis* et *expeto :* voir *supra*, p. 490, note 2.

1. Voir le compte-rendu officiel du concile dans PL, t. CXLVIII, 811 D-812 A. Cfr DC, 411 C 9-14. Voir *supra*, p. 231, note 2, p. 238-239.

soumission de Rome comme une faute à peine digne du pardon divin? Et son *Mémoire* sur les conciles romains durant lesquels son cas avait été jugé en 1078 et 1079, ne constituait-il pas l'aveu le plus net du mensonge qu'il avait commis en feignant de reconnaître son erreur, et le rejet le moins dissimulé de tout ce qui lui avait été imposé par l'autorité suprême sur le plan doctrinal, comme sur le plan disciplinaire ? La réponse même de Bérenger au frère R. prouve assez que l'écolâtre estimait nulle et non avenue la consigne de silence qu'il avait reçue du Siège apostolique.

D. Sens de la lettre

Cette réponse est tortueuse. La façon dont Bérenger y envisage l'avenir ne laisse guère de doute sur son comportement antérieur. Rien de plus étrange que la longue phrase qui l'occupe presque tout entière, phrase dont le verbe principal est *promitto*, mais qui s'ouvre par une formule de sollicitation : « Mais, pour me permettre auprès de votre Dilection une démarche en ma faveur... ». De fait, si Bérenger « promet », il amenuise l'objet de sa promesse par des restrictions qui la réduisent à rien et vont même à rebours des exigences qu'avait dû manifester son correspondant : « Je promets de donner la contra-diction..., de la recevoir... », ce qui signifie qu'il voulait continuer à défendre ses théories eucharistiques. Il précise, cependant, croyant sans doute faire une large concession : « Je promets de donner la contradiction sans y mettre d'animosité *(sine invidia)*, de la recevoir sans faire montre d'entêtement *(sine pertinatia)* ». La seconde partie de cette promesse révèle un manque total de recul dans la façon de se juger soi-même. La vie de Bérenger, depuis plus de trente années, n'avait-elle pas été marquée par une opiniâtreté dont n'avaient pu venir à bout une douzaine de conciles et qui, cernée dans ses derniers retranchements, n'avait cédé qu'en apparence, au prix d'un parjure ? Quant à l'« animosité » *(invidia)*, dont Bérenger accepte de se départir dans la discussion, c'est l'un des éléments d'une trilogie qu'il invoque sans cesse dans ses écrits pour expliquer les oppositions rencontrées par sa doctrine et par sa personne [1] : ces oppositions ne peuvent, selon lui, être dues qu'à la jalousie et à la méchanceté *(invidia)*, à la négligence et à la paresse *(ignavia)*, à la sottise *(insania)*. Il reconnaît donc qu'il pouvait lui arriver de se laisser aller à l'« animo-sité », comme ses adversaires, mais on peut affirmer à coup sûr qu'il réservait sans partage à ceux-ci la « sottise » et la « paresse».

Si infime soit-elle, sa « promesse » est assortie d'une condition qui l'annule entièrement. Cette condition, dont l'énoncé occupe près de

---

1. Voir, par exemple, EF, C, 168/5-6.

la moitié de la lettre est (selon ses critères) d'avoir affaire à un interlocuteur doué des qualités propres à le rallier à la cause du symbolisme eucharistique : « Je promets de donner la contradiction sans y mettre d'animosité, de la recevoir sans faire montre d'entêtement, si, la divinité m'étant propice, j'ai affaire à quelqu'un qui n'ait pas seulement les yeux de l'animal, mais aussi l'œil de l'intelligence, et que cet œil ne soit pas accoutumé aux ténèbres, mais capable de supporter la lumière, et surtout qu'il ne soit pas obscurci par la fumée d'une vaine victoire, par la fumée de la discussion, à quelqu'un, dis-je, comme le dit le bienheureux Augustin, « qui n'entre pas en contestation, qui ne cherche pas à faire semblant de voir des choses qu'il ne voit pas, qui résiste à la coutume des hommes, résiste aux louanges des hommes, qui se livre à la componction dans sa cellule, qui renouvelle son esprit, qui n'aime pas les vanités au dehors et ne coure pas après les mensonges ».

Nous trouvons dans ce texte plusieurs des thèmes familiers à Bérenger. L'un des plus caractéristiques est celui de l'évidence de sa doctrine. Dans la lettre à Ansfroi de Préaux, antérieure de trente ans environ à celle que nous étudions, ce thème est orchestré avec la même référence au *De vera religione* de saint Augustin [1]. Il est exprimé sous une autre forme dans la lettre à Eusèbe Brunon : « La vérité évangélique et apostolique [entendre : la vérité que Bérenger pense avoir trouvé dans les écrits du Nouveau Testament] (est) si évidente, si assurée... qu'elle présente la même certitude que le fait incontestable que deux et deux font quatre » [2].

L'une des causes de l'aveuglement de ses adversaires est, selon le maître tourangeau, d'ordre moral. C'est le thème de l'*invidia*, que nous évoquions plus haut [3]. On s'entête pour avoir raison, par désir d'une «vaine victoire», par amour-propre. Le remède à cet état d'esprit c'est la vie intérieure, la componction, la fuite des vanités mondaines. Bérenger n'admettait pas que l'on vantât la sainteté ou la vertu des hommes qui avaient combattu ses théories eucharistiques et, moins encore, de ceux qui avaient contribué à le faire condamner. A satiété, dans le *De sacra coena*, il va répétant qu'un Léon IX, un Nicolas II, un cardinal Humbert n'ont pas manifesté à son égard la douceur évangélique qui leur eût permis de l'écouter à loisir et de s'ouvrir à la « vérité » [4].

---

1. EF, XCVIII, 164/12-15.

2. « Evangelicam et apostolicam veritatem ita evidentem, ita constantem... ut certius sit in nullo binarium geminatum omni procul ambiguo remoto nihil constituere quam quaternarium » (EF, LXXXVI, 147/29-148/1-7).

3. Voir *supra*, p. 525.

4. Voir, dans le *De sacra coena*, les jugements de Bérenger sur Léon IX (DSC, 6/27-34, 8/27-9/10, 12/9-18, 15/33-16/5), Nicolas II (DSC, 1/2, 29/25-

Parmi les qualités morales exigées par Bérenger de son interlocuteur il en est une particulièrement significative. Il faut que cet interlocuteur sache résister à l'entraînement de l'opinion commune *(qui resistat consuetudini hominum)*. En effet, quand on objectait à l'écolâtre que sa doctrine s'écartait de la croyance générale, il répondait que la vérité n'est pas nécessairement du côté du plus grand nombre et donnait volontiers comme exemple l'attitude erronée de la majorité des Églises d'Afrique à l'égard de la réïtération du baptême des *lapsi* au temps de saint Cyprien [1].

Ne pas suivre l'opinion commune demande du courage. Aussi, le disciple de Bérenger doit-il « résister aux louanges des hommes » *(resistat laudibus hominum)*. C'est un conseil de la même inspiration que le maître tourangeau adressait à Hildebrand par le truchement du comte d'Anjou, lorsqu'à la veille du concile de Rome de 1059 il lui rappelait ce verset de l'épître aux Hébreux : « Sortons vers lui en dehors du camp en portant son ignominie » [2]. On aimerait que, pour sa part, il se soit conformé pleinement à cette haute leçon [3].

Nulle part, dans la lettre au frère R., n'est mentionné de façon explicite la question eucharistique. Nous ne croyons pas, cependant, qu'on puisse l'interpréter clairement sans la situer dans le cadre de la fameuse controverse. Une allusion pourrait, du reste, concerner l'objet même de ce grand débat. L'interlocuteur selon le cœur de Bérenger ne doit pas « chercher à faire semblant de voir des choses qu'il ne voit pas » *(non qui videri se velit videre quae non videt)*. Faut-il transposer : il ne doit pas prétendre voir la chair du Christ là où ses sens ne lui montrent que du pain ?

E. Bérenger et les autorités romaines

La lettre au frère R. n'ajoute à notre connaissance de l'affaire bérengarienne aucun élément fondamental, mais elle nous paraît confirmer sur un point la réponse que nous avons donnée au problème à la fois complexe et délicat des relations de Grégoire VII et de Bé-

---

31, 30/25-31, 31/15-16), le cardinal Humbert (DSC, 4/1-10, 6/3-17, 60/6-13), les Pères du concile de Rome de 1059 (DSC, 21/24-22/19, 24/36-25/9, 25/32-34, 30/22-24, 31/15-16). Voir aussi DSC, 17/6-12, 18/20-25,

1. DSC, 2/2-5, 8-10, 24-28, 7/9-15, 19-30, 10/10-23, 13/11-17, 32-34, 14/20-29, 16/5-12, 26-27, 31-32, 19/14-16, 20/3-21, 21/24-22/19, 56/28-57/8.

2. EF, LXXXVII, 152/12-13. *Hebr.*, XIII, 13.

3. Est-il nécessaire de rappeler ici l'attitude constamment fuyante et louvoyante de Bérenger ? Lanfranc n'avait pas tort de lui reprocher cet illogisme de sa conduite : « Nonne praestabat, si veram fidem te habere putabas, vitam honesta morte finire quam perjurium facere, perfidiam jurare, fidem abjurare ? » (DC, 414 D 1-3).

renger[1]. C. Erdmann avait pensé résoudre ce problème en restreignant
la portée de certains documents et notamment en voyant dans la
lettre de Geoffroy Martel à Hildebrand un faux historique diffusé
par Bérenger à une époque (1080) où il savait ne plus pouvoir compter
sur Grégoire VII et cherchait, sans vergogne, à faire croire que l'ancien
légat de Léon IX à Tours, dans ses premiers contacts avec lui en 1054,
s'était montré, en privé, favorable à ses théories eucharistiques[2].
O. Capitani a rendu cette lettre à sa véritable date : 1059. Nous ne
croyons pas, cependant, que la solution qu'il propose à son tour
tienne compte de tous les éléments de la question[3]. On ne peut nier,
par exemple, que l'attitude d'Hildebrand-Grégoire VII dans la
controverse ait été beaucoup plus souple que celle d'un Léon IX,
d'un Nicolas II, d'un cardinal Humbert. Cela peut s'expliquer, nous
l'avons dit, de deux façons : d'une part les positions doctrinales du
grand pape réformateur semblent avoir été plus ouvertes que celles
de ses prédécesseurs, d'autre part les faux-fuyants de Bérenger,
ses formules équivoques laissaient planer un doute, dans l'esprit
du pontife, sur le véritable sens des opinions du maître tourangeau.
Mais, surtout, dans son interprétation des documents émanant de
Bérenger, il nous semble qu'O. Capitani n'a pas suffisamment creusé
la psychologie de leur auteur. Dans la lettre où, par l'intermédiaire
du comte d'Anjou, Bérenger s'adresse à Hildebrand comme à un
disciple honteux, c'est bien moins, comme le pense le médiéviste
italien, la ruse[4] qui explique cette insinuation, que la naïveté, que la
conviction sincère d'avoir été compris et approuvé. Et, pour Bérenger,
il était absolument impossible, à moins de déraisonner *(insania)*,
d'être aveuglé par la malveillance *(invidia)* ou de se montrer négligent dans l'examen des textes de la tradition *(ignavia)*[5], que l'on
n'approuve pas ses théories eucharistiques dont l'évidence ne pouvait
manquer de s'imposer à tout homme de bonne foi. Hildebrand ou
Grégoire VII n'ayant pas pris nettement et carrément position contre
lui était donc à ses yeux un disciple authentique, qui, par une prudence

---

1. Voir *supra*, chapitres VIII et XII.

2. C. ERDMANN, *Gregor VII. und Berengar von Tours*, p. 56-60. Sur cette
lettre (EF, LXXXVII), voir *supra*, p. 16-18, 122, note 1, p. 153, note 1, p. 165-
167.

3. O. CAPITANI, *Studi su Berengario di Tours*, p. 105-118, 143-191.

4. O. Capitani voit dans la lettre à Hildebrand « tutto un gioco di ben calco-
late sottigliezze, teso a legare il destinatario ad una responsabilità, che egli,
molto probabilmente, non aveva mai assunto ». Il précise : « Che, impediva
infatti, a Goffredo, o a chi per lui, di lasciar credere a Ildebrando che egli nel
1054 avesse fatto sperar più di quanto il concilio avrebbe poi mantenuto ? »
(Ibid., p. 111).

5. Voir *supra*, p. 55, note 1, p. 67-68, 504, note 1.

trop humaine, hésitait à se déclarer publiquement. Aussi, n'allons pas croire que soit feint l'étonnement de Bérenger lorsque le pape, comme tombé du pinacle où l'avait placé l'écolâtre dans son imagination *(papa nescio a quibus persuasus et quasi de arce dejectus)*, exigea de lui, en 1079, qu'il avoue s'être trompé pour n'avoir pas, jusqu'alors, ajouté le mot « substantiellement » *(substantialiter)* à la formule : « Le pain et le vin consacrés sont le corps et le sang du Christ » [1].

Cet état d'esprit explique que, tout au long de l'affaire, Bérenger se soit donné comme objectif principal de gagner à sa cause les autorités romaines et que, généralement, il se soit adressé à elles avec la confiance imperturbable de l'homme à qui l'on devait nécessairement rendre justice. Il faut souligner que *ce n'est pas seulement à Hildebrand ou à Grégoire VII que le maître tourangeau présenta ses théories comme des évidences* auxquelles les « happy few », l'élite intelligente opposée à la masse des fidèles incultes *(vulgus)*, ne pouvaient manquer de donner leur approbation [2], *mais c'est aussi à d'autres personnages romains tels que le pape Alexandre II* [3] *ou le cardinal Étienne* [4].

La lettre au frère R. nous paraît relever de la même illusion. Ce qu'elle sous-entend clairement, c'est qu'à moins d'être une bête *(qui non solum oculos pecudis, sed etiam oculum cordis habeat)* on ne peut pas ne pas être ébloui par l'évidence lumineuse des théories bérengariennes (suite du texte précédent : *et hunc non assuetum tenebris, sed patientem lucis et maxime non caligantem fumo inanis victoriae, fumo contentionis).* Or, c'est en s'adressant, selon l'estimation la plus vraisemblable, à un représentant de Grégoire VII après le concile de Rome de 1079, que Bérenger ne craignait pas de s'exprimer ainsi. Sa condamnation récente, venant après tant d'autres, n'était donc pour lui qu'un malentendu regrettable, une concession faite à des opposants que le pape était obligé de ménager, sa mise à l'ombre n'était qu'une mesure d'opportunité destinée à apaiser les ennemis du pontife [5]. Encore, Bérenger acceptait-il de très mauvais gré des dispositions qui n'avaient à ses yeux qu'un caractère relatif et provisoire. Après plus de trente années marquées par les échecs les plus cuisants, il ne s'était pas résigné au silence de la défaite et demandait en grâce *(in superna miseratione)* qu'on lui permette de continuer à lutter pour la défense de ses théories eucharistiques.

---

1. *Mém.*, 109 A.

2. EF, LXXXXVII, 149/13-17, 150/1-3, 151/31-33, 152/1-11, LXXXIX, 155/3-5. Cfr DSC, 2/19-24.

3. BERNOLD DE SAINT-BLAISE, *De Beringerii haeresiarchae damnatione multiplici*, VII : PL, t. CXLVIII, 1456 B 12-C 2. Voir *supra*, p. 202-212.

4. EF, C, 168/3-8. Cfr EF, LXXXVI, 147/29-148/1-7. *Supra*, p. 201-203.

5. Cfr *Mém.*, 109 C.

Tel est, croyons-nous, le sens de la lettre de Bérenger au frère R. Mal éditée à la fin du siècle dernier, elle est, de plus, restée inaperçue des historiens de la controverse bérengarienne [1]. Intéressante en elle-même, elle prend une valeur supplémentaire du fait de se trouver insérée dans un document à travers lequel la personnalité du maître tourangeau nous devient accessible d'une façon vivante et concrète.

---

1. Elle est signalée par C. ERDMANN et N. FICKERMANN, dans les *Briefsammlungen der Zeit Heinrichs IV*, Weimar, 1950, p. 9, mais n'a été utilisée ni par A. J. MACDONALD, dans *Berengar and the reform of sacramental doctrine* (1930), ni par Dom M. CAPPUYNS, dans l'article *Bérenger de Tours*, du *Dict. d'hist. et de géogr. eccl.* (1935).

APPENDICE II

Lettre de Bérenger à Adelman de Liège [1]

Idem Beringarius in purgatoria epistola contra Almannum [2]

Quod dicis audisse te quia dixerim non esse verum Christi corpus
et sanguinem, vel panem et vinum altaris non esse a consecratione
verum Christi corpus et sanguinem [3], noveris me | nunquam mani- 110 A
5 chaeorum admisisse sententiam [4]. Illi enim fantasticum, ego verum
et humanum corpus Christi fuisse et tenui et teneo. Ego Christi
corpus, post expertam obedienter mortem, in immortalitatem et
impassibilitatem sublimatum, ad dexteram Patris residere non nescio.
Ego certissimum video, cum concedam dare aliqua ut Christi corpus
10 fiat, concedendum mihi esse omnino, cum Christus nonnisi verum
corpus habuerit, ut etiam verum corpus Christi fiat. Concedo autem
panem et vinum altaris post consecrationem, secundum scripturas,
Christi fieri corpus et sanguinem. Ac per hoc non concedere | nullus B

---

1. Nous éditons cette lettre, ou plus exactement les fragments qui en restent,
d'après les folios 161ʳ-163ʳ du manuscrit *Bruxelles, BR 5576-5604*. Nous indiquons en marge les divisions de l'édition de E. MARTÈNE et U. DURAND, *Thesaurus novus anecdotorum*, t. IV, col. 109-113. Mises à part quelques corrections
qui s'imposaient et qui ont été signalées en apparat, nous sommes resté fidèle à la
lettre stricte du manuscrit, mais, cependant, nous avons distingué les *i* et les *j*,
les *u* et les *v*, et écrit *ae* les *e* cédillés. Sur la *Purgatoria epistola contra
Almannum*, voir le chapitre VII.

2. Dans le manuscrit de Bruxelles, la lettre à Adelman fait suite au *Mémoire*
de Bérenger de Tours sur les conciles romains de la Toussaint de 1078 et du
carême de 1079 : d'où l'expression *Idem Beringarius*.

3. Le premier fragment de la *Purgatoria epistola* répond directement à l'accusation dont Adelman se fait l'écho ; selon les informations reçues par Adelman,
Bérenger dirait à propos de l'eucharistie : *Non esse verum corpus Christi neque
verum sanguinem, sed figuram quamdam et similitudinem* (HT, 288/24-26 ; PL,
t. CXLIII, 1290 B 2-4). Ces informations sont elles-mêmes inspirées par la
sentence du concile de Verceil qui condamna le livre de « Jean Scot » (et Bérenger)
parce qu'il y était dit que l'eucharistie est la figure *(figura)*, le signe *(signum)*,
la ressemblance *(similitudo)*, le gage *(pignus)* du corps et du sang du Seigneur
(DSC, 9/16-20, 12/30-32). Cfr PE, lignes 16-21, 40-44. Voir *supra*, p. 76.

4. Cfr DSC, 132/10-134/24, 141/10-142/6, 165/18-166/5 ; *Mém.*, 107 E.

possum post consecrationem ipsum panem et vinum facta esse fidei
15 et intellectui verum Christi corpus et sanguinem [1].

Corpus ergo Christi et sanguinem, res dico ipsas sacramentorum
mensae dominicae, non ipsa sacramenta, nusquam scripturarum
appellatas inveni, nusquam appellavi figuram, similitudinem [2]. Sacramenta autem ipsa, sicut sacramenta, ita etiam signa, figuram,
20 similitudinem pignusque appellari, utrum de praesumptionis meae
opinione afferam, ipse dijudica :

Habes enim in X° de civitate dei ita sacramentum interpretatum
a beato Augustino ut dicat : *Sacramentum, id est sacrum signum* [3].
Diffinitionem signi habes | eodem auctore in libro de doctrina chris-   C
25 tiana : *Signum est res, praeter speciem quam ingerit sensibus, ex se
faciens aliud aliquid in cogitationem venire* [4]. Non ait : *In manum,
in os, in dentem, in ventrem*, sed : *In cogitationem* [5].

Item, quod etiam similitudo sit omne sacramentum eundem
auctorem habes in epistola ad Bonefacium episcopum, ubi ait :
30 *Si sacramenta rerum quarum sacramenta sunt similitudinem non
haberent, omnino sacramenta non essent* [6]. De figura habes eodem auctore
in titulo psalmi tertii, ubi ait loquens de Juda : *Cum adhibuit ad convi-
vium in quo discipulis figuram corporis | et sanguinis sui commendavit*   D
et tradidit [7].

35   Eodem modo beatus Ambrosius in libro de sacramentis : *Sicut,*
ait, *similitudinem mortis sumpsisti, ita similitudinem preciosi sanguinis*

---

1. Voir *supra*, p. 132.

2. Bérenger fait ici allusion, vraisemblablement, à la façon dont certains de
ses adversaires comprenaient le sacramentalisme eucharistique ? Voir *supra*,
p. 394-396, 400, 403, 454-457.

3. AUGUSTIN, *De civitate Dei*, X, V (PL, t. XLI, 282) : « Sacrificium ergo
visibile invisibilis sacrificii sacramentum, id est sacrum signum ». Voir aussi
PE, lignes 124-125, 137-138 ; SCS, 422 B ; DSC, 150 /8-9. Sur la diffusion de cette
définition dans la théologie scolastique, voir D. VAN DEN EYNDE, *Les définitions
des sacrements*, p. 191 (table des matières).

4. AUGUSTIN, *De doctrina christiana*, II, I, 1 : PL, t. XXXIV, 35. Voir aussi
PE, lignes 146-148 ; SCS, 422 B-C, Sur la diffusion de cette définition, voir
D. VAN DEN EYNDE, *op. cit.*, p. 7, 14, etc.

5. Cfr AUGUSTIN, *Tractatus in Joannem*, XXVI, VI, 12 (PL, t. XXXV, 1612) :
« Qui manducat intus, non foris ; qui manducat in corde, non qui premit dente ».

6. Cfr AUGUSTIN, *Epistola XCVIII*, 9 : PL, t. XXXIII, 364. Voir aussi
SCS, 422 D ; DSC, 125 /9-10, 136 /19-20, 150 /29-31. A deux reprises, D. VAN DEN
EYNDE, dans *Les définitions des sacrements*, p. 5, 15, affirme que cette formule
manque dans la *Purgatoria epistola*. La présence de ce texte dans la lettre de
Bérenger à Adelman accentue le rapprochement établi, dans le même ouvrage
p. 14-15, et dans N. M. HARING, *Berengar's definitions of ' sacramentum '*,
p. 109, note 3, entre le dossier augustinien de la *Purgatoria epistola* et un dossier
analogue du *Sic* et *non* d'Abélard : voir *infra*, p. 538-539.

7. AUGUSTIN, *Enarratio in psalmum III*, 1 : PL, t. XXXVI, 73.

bibis[1]. In eodem : *Fac, inquit, oblationem hanc ratam, rationabilem, quod est figura corporis et sanguinis Domini nostri*[2].

Possem, si res in infinitum non abeat[a], quanta velit quisque de
40 scripturis subscribere. In scripturis enim Patrum, ad quas me scripto tuo mittebas[3], ad quas utinam satis ipse accessisses, luce publica eminet circa quid admittat mensa dominica figurae, pignoris, signi similitudinisque vocabulum, circa sacramenta videlicet, non res |
sacramentorum, cum constet nichilominus verum Christi corpus in E
45 ipsa mensa proponi, sed spiritualiter interiori homini, verum in ea Christi corpus ab his dumtaxat qui Christi membra sunt incorruptum, inattaminatum[b] inatritumque spiritualiter manducari. Hoc Patres publice praeconantur, aliudque esse corpus et sanguinem, aliud corporis et sanguinis sacramenta non tacent ; et utrumque a piis,
50 visibiliter sacramentum, rem sacramenti invisibiliter, accipi, ab impiis autem tantum sacramenta commendant, nichilominus tamen sacramenta[c], secundum quemdam modum, res ipsas esse quarum sacramenta sunt[4] ; | universaque ratio, universa auctoritas exigit, III A
si constat quod dixerit aliquis : *Hic panis est meum corpus*[5], vel :
55 *Panis quem frangimus est Christi corpus*[6], eum constituisse modis omnibus panis superesse, non absumptam esse substantiam[7].

Idem infra

Sicut michi constat vulgus et Paschasium, ineptum illum monachum Corbiensem, quam longissime dissentire ab Apostolo, Evangelista
60 et autenticis majorum dictis, si moderatione christiana admiseris quae, propitia divinitate, scripturus sum, constabit et tibi, constabit etiam | ipso auctore qui ait : *Qui erubuerit me et meos sermones, eru-* B

---

a Manuscrit : *habeat*   b Manuscrit : *inatamitatum*   c Manuscrit : *sacramentum*

---

1. AMBROISE, *De sacramentis*, IV, IV, 20 : PL, t. XVI, 443. Voir aussi DC, 439 A ; DSC, 124/21-22, 125/7-8, 16-17, 24-25, 126/19-21, 144/7-8, 32-33.
2. Cfr AMBROISE, *De sacramentis*, IV, V, 21 : PL, t. XVI, 443. Voir aussi DSC, 129/14, 19-20.
3. HT, 288/2-4, 289/36-291/1 (PL, t. CXLIII, 1289 B 10-13, 1291 B 4-C 15).
4. Cfr AUGUSTIN, *Epistola XCVIII*, 9 (PL, t. XXXIII, 364) : « Sicut ergo secundum quemdam modum sacramentum corporis Christi corpus Christi est, sacramentum sanguinis Christi sanguis Christi est, ita sacramentum fidei fides est ». Voir aussi SCS, 423 D. Cfr *supra*, p. 135, 147, 192-193, 404-412.
5. Cfr *Matth.*, XXVI, 26 ; *Mc.*, XIV, 22 ; *Lc.*, XXII, 19 ; *I Cor.*, XI, 24. Cfr HT, 291/4-8.
6. Cfr *I Cor.*, X, 16.
7. Cfr PE, lignes 96-102. Voir *supra*, p. 31, note 3, p. 72, 82, 83, 88, 135-136, 142-143, 184-190.

bescam et ego eum coram Patre meo [1]. Ea est autem vulgi et Paschasii non sententia sed insania : in altari portiunculam carnis dominicae 65 etiam nunc manibus frangi, etiam nunc hominis exterioris dentibus atteri [2]. Contra ineptum istud ait Evangelista : *Accepit panem, benedixit panem, fregit panem, discipulis dedit panem, dicens* : ' *Accipite panem. Hoc est, haec res, hic panis meum est corpus* ' [3]; et Apostolus ait : *Panis quem frangimus corpus Christi est* [4].

70 **Idem infra**   C

Adversarii ergo, vulgus, et cum vulgo insanientes Paschasius, Lanfrannus et quicumque alii ita causam intendebant : panem et vinum usque ad consecrationem constare in altari, urgente consecratione panem et vinum per corruptionem vel absumptionem sui in portiuncu-75 lam carnis Christi sensualiter transire et sanguinis.

Mea vel potius scripturarum causa ita erat : panem et vinum mensae dominicae non sensualiter, sed intellectualiter, non per absumptionem, sed per assumptionem, non in portiunculam carnis, contra scripturas, sed, secundum scripturas, | in totum converti D 80 Christi corpus et sanguinem. Hoc ego ratione, hoc secundum scripturas constantissima firmabam auctoritate :

Ratio, consulta intus veritate, quae menti humanae sola supereminet [5], renunciat in conversione rerum sensualium, id est per corruptionem sui seu absumptionem, qualis fuit virgae Moysi in serpen-85 tem, serpentis in virgam, molis corporeae uxoris Loth in statuam salis, aquae nuptialis in vinum [6] omniumque ciborum ac potuum in carnem totius pene animalis et sanguinem [7], necessarium esse ante corruptionem alterius alterum non | existere, corrupto nunc primum E

---

1. Cfr *Lc.*, IX, 26. Voir aussi EF, LXXXVII, 150/3-4, XCVIII, 165/31-32. Cfr *Mém.*, 109 D : « In majestate tua et sanctorum angelorum », qui est dans la deuxième moitié du même verset de *Lc.*

2. Voir *supra*, p. 172-177, 406-407, 412-413, 415-416.

3. *Matth.*, XXVI, 26 ; *Mc.*, XIV, 22 ; *Lc.*, XXII, 19 ; *I Cor.*, XI, 23-24. Cfr HT, 291/5-8.

4. Cfr *I Cor.*, X, 16.

5. Cfr DSC, 47/14-16 : « Et beatus Augustinus in libro de vera religione : *Rationi purgatioris animae quae ad perspicuam veritatem pervenit auctoritas nullo modo humana praeponitur* » (cfr AUGUSTIN, *De vera religione*, XXV, 47 : PL, t. XXXIV, 142). Voir *supra*, p. 442.

6. *Ex.*, VII, 10 ; *Gen.*, XIX, 26 ; *Jn.*, II, 1-12.

7. Cfr HT, 297/21-23 : « Et revera, quid magnum est creatori, panem in corpus suum invisibiliter convertere, quem cottidie in corpus nostrum invisibiliter facit transire ».

altero alterum nunc primum posse incipere ; ac per hoc, si secundum
90 hoc conversionis genus in altari res agitur, posse panem per corruptionem sui transire sensualiter sed in eam quae nunquam prius extiterit
carnem ; et quia Christi caro, sicut superius dictum est [1], per tot
jam annos perfecta constans immortalitate, nunc primo ad corruptionem panis minime potest esse incipere, nichil in altari de carne
95 Christi sensualiter haberi omnino necessarium esse.

Eadem ratio, sub judice veritatis, convincit verba Domini quibus
enun|ciat : *Hic panis est corpus meum* [2], vel : *Panis quem ego dedero*   112 A
caro mea est [3], ut hoc accipiamus sicut placet tibi [4] ; illa nichilominus
apostoli Pauli ubi ait : *Panis quem frangimus corpus Christi est* [5],
100 esse falsissima si quis mensae dominicae panem atque vinum non
superesse contendit, cum negare non possis [a] parte subruta (unde
superiora satisfaciunt) [6] totam etiam non posse constare [7].

Auctoritas non deerat evidens et copiosa, quamquam etiam hoc
contiguum sit rationi, evangelica et apostolica. Evangelista enim et
105 apostolus Paulus, sicut accepisse et benedixisse, ita etiam panem
fregisse Dominum discipulisque dedisse, | panem nichilominus disci-   B
pulos ad jussum Domini accepisse [8] et comedisse luce clarius [9] indi-
cant.

Idem infra

110   Beatus Augustinus distinctione prosequitur sacramentorum et
rerum quarum sacramenta sunt, sicut in XXI° de civitate Dei, ubi
ait : *Ostendit quid sit non sacramentotenus, sed et revera Christi corpus*

---

a   Manuscrit : *possit.*

---

1. PE, lignes 6-8.
2. Voir *supra*, p. 533 note 5.
3. *Jn.*, VI, 51. Voir *supra*, p. 74, 82-83.
4. Cfr HT, 291/1-11 (PL, t. CXLIII, 1292 A). Voir PE, lignes 53-56.
5. *I Cor.*, X, 16. On comprend mal ici le raisonnement de Bérenger. La formule *Panis quem frangimus corpus Christi est*, n'est pas plus démonstrative, au point de vue où il se place, que les deux qu'il a « concédées », provisoirement, à Adelman.
6. Ceci renvoie à PE, lignes 53-56 ou peut-être à un passage disparu de la *Purgatoria epistola.*
7. L'adjectif *totam* n'est appuyé sur aucun substantif. Faut-il sous-entendre *sententiam* ou *affirmationem* ? Cfr SCS, 415 D-416 A, D, 418 C, D-419 A, B. Voir *supra*, p. 533, note 7.
8. Voir *supra*, p. 534, note 3 et 4.
9. Cfr EF, LXXXVI, 148/1-3, XCVIII, 165/22-23.

manducare[1]. Item in sermone quodam : *Hujus rei sacramentum alicubi cotidie, alicubi certis intervallis temporum de mensa Domini* 115 *sumitur, quibusdam ad vitam, quibusdam | ad exitium, res vero ipsa* C *omni homini ad vitam, nulli ad exitium*[2]. Item in Evangelio : *Ac per hoc, qui non manet in Christo et in quo non manet Christus, proculdubio nec manducat ejus carnem, nec bibit ejus sanguinem, etiamsi tantae rei sacramentum in judicium sibi cotidie indifferenter accipiat*[3]. Item : 120 *Qui manducaverit ex hoc pane non morietur in aeternum, sed quod pertinet ad virtutem* (id est rem) *sacramenti, non quod pertinet ad visibile sacramentum*[4]. Sed nimis longum facio. Ad libros tantum qui volet accedat.

Interpretatur autem sacramentum beatus Augustinus in X° de 125 civitate Dei ita : *Sacramentum, id est sa|crum signum*[5]. Vi autem D verbi, quod est « sacrare » ad religionem pertinere notum est omnibus ; et, noto dicendi genere, res in religione consecrata non solum res consecrata vel sacrosancta, sed dicitur etiam ipsa sacratio vel sacramentum, sicut egregius aliquis non solum justus, sed etiam ipsa 130 justitia, non solum spiritualis vel caelestis, sed etiam caelum ac spiritus, contraque impius non solum carnalis vel terrenus, sed caro ac terra nominatur.

Multis autem in locis non ad hanc interpretationem ponitur sacramentum[6]. *Sacramentum*, inquit Apostolus, *hoc magnum est* : *ego |* 135 *dico in Christo et in aecclesia*[7], ubi in verbo sacramenti accipitur alle- E goriae misterium.

Secundum superiorem interpretationem, diffinit beatus Augustinus sacramentum in quadam epistola : *Sacramentum est invisibilis gratiae visibilis forma*[8]. In libro de catecizandis rudibus : *Sacramentum*

---

1. Cfr Augustin, *De civitate Dei*, XXI, XXV, 4 : PL, t. XLI, 742. Voir DSC, 150/18-19.
2. Cfr Augustin, *Tractatus in Joannem XXVI*, VI, 15 : PL, t. XXXV, 1614.
3. Cfr Augustin, *Tractatus in Joannem XXVI*, VI, 18 : PL, t. XXXV, 1614. Voir DSC, 151/17-20 (cfr *ibid.*, 152/28-32).
4. Cfr Augustin, *Tractatus in Joannem XXVI*, VI, 12 : PL, t. XXXV, 1612. Voir DSC, 106/19-21, 138/26-27, 151/11-14. Voir *supra*, p. 172, note 3.
5. Voir *supra*, p. 532, note 3.
6. Cfr DC, 423 A 13-B 11, 437 C 10-13, D 11, 438 A 6.
7. *Eph.*, V, 32.
8. Augustin, *Epistola CV*, III, 11 (PL, t. XXXIII, 401) : « Si autem malus est, operatur per illum Deus visibilem sacramenti formam, ipse autem donat invisilem gratiam ». Voir DSC, 55/32-33, 105/3-5, 17-18, 23-24. Tous les éléments de la définition sont dans cette phrase. Il n'est donc pas exact de dire que cette définition « est absente des écrits du docteur africain » : D. Van den Eynde, *Les définitions des sacrements*, p. 6. Cfr aussi J. de Ghellinck, *Un chapitre de l'histoire de la définition des sacrements*, p. 86-89. Sur la diffusion de cette formule, voir D. Van den Eynde, *op. cit.*, p. 187 (table des matières) et J. de Ghellinck, *op. cit., passim*.

140 *est divinae rei invisibilis signaculum visibile* [1]. In libro de paenitentia :
Sacramentum est divini misterii signaculum [2]. In libro contra Faustum :
Non sunt aliud quaeque sacramenta corporalia nisi quaedam quasi
verba visibilia, sacrosancta quidem, sed tamen mutabilia et tempo-
ralia [3]. | Augustinus in libro de civitate Dei : *Sacrificia visibilia signa*   113 A
145 *sunt invisibilium, sicut verba sonantia signa sunt rerum* [4].

Signum etiam idem beatus Augustinus diffinit in libro de doctrina
christiana : *Signum est res, praeter speciem quam ingerit sensibus,*
aliud aliquid ex se faciens in cogitationem venire [5].

Discutiendum erat revera ratiocinandumque ut hoc de sacramentis
150 non opinione praesumeres sed ratione, vel in ipsa veritate vel in
autenticarum scripturarum prosecutione ; hisque anidmaversis, contra
eos qui se quod manu tenent amississe quaeruntur, etiam circa hoc
tali ratiocinatione | constiteres :   B

Qui sacramenta corporis, sacramenta sanguinis dicere non refugitis,
155 *sacramenta autem signa esse scripturis contradicere non potestis, aliud*
sacramentum corporis, aliud corpus, aliud sacramentum sanguinis,
aliud esse sanguinem necessario constituitis ; mensaeque dominicae,
cui vos putabatis deferre, pessime contraitis, dum in ea nichil esse nisi
portiunculam carnis ac sanguinis, non de ratione, cui soli ad veritatem

---

1. AUGUSTIN, *De catechizandis rudibus*, XXVI, 50 (PL, t. XL, 344) : « Signacula quidem rerum divinarum esse visibilia, sed res ipsas invisibiles in eis hono-
rari ». Voir SCS, 423 A ; DSC, 105/19-21, 149/30-34.

2. AUGUSTIN, *Sermo CCCLI, De utilitate agendae poenitentiae* IV, 7 (PL, t.
XXXIX, 1543) : « Per ecclesiasticam disciplinam a sacramento coelestis panis
interim separetur... Ad hoc enim altare, quod nunc in Ecclesia est in terra posi-
tum terrenis oculis expositum, ad mysteriorum divinorum signacula celebranda,
multi etiam scelerati possunt accedere ». On trouve une allusion à ce *Liber de*
poenitentia, et au passage cité ici, dans EF, LXXXII, 134/25-32. Il n'est donc pas
exact de dire que la formule citée par Bérenger n'est pas tirée d'œuvres de saint
Augustin : J. GEISELMANN, *Die Eucharistielehre der Vorscholastik*, p. 294-295.

3. Cfr AUGUSTIN, *Contra Faustum*, XIX, XVI : PL, t. XLII, 356-357. Voir
DSC, 55/35-36, 150/1-3.

4. AUGUSTIN, *De civitate Dei*, X, XIX (PL, t. XLI, 297) : « Qui autem putant
haec visibilia sacrificia diis aliis congruere, illi vero tanquam invisibili invisibilia,
et majora majori, meliorique meliora, qualia sunt purae mentis et bonae vo-
luntatis officia ; profecto nesciunt haec ita esse signa illorum, sicut verba sonantia signa sunt rerum ». C'est évidemment de ce passage que Bérenger a
tiré la formule *Sacrificia, etc.* Il n'est donc pas exact de dire qu'elle ne se trouve
pas dans le *De civitate Dei* (D. VAN DEN EYNDE, *op. cit.*, p. 15, note 4 ; J. GEI-
SELMANN, *op. cit.*, p. 294). On trouve, du reste, ce passage cité intégralement
dans DSC, 150/3-7, c'est-à-dire dans le dossier sacramentaire augustinien du
De sacra coena, qui, à certains égards, peut être considéré comme la documentation *in extenso* dont la lettre à Adelman donne le condensé (DSC, 149/29-153/
28). Voir *infra*, p. 538-539.

5. Voir *supra*, p. 532, note 4.

160 *ipsam* ᵃ *patet accessus, non de auctoritate, sed de insania vulgi, Paschasii atque Lanfranni vestrique cordis stupidissimi opinione proponitis, qui tamen in ea mensa Do|mini sacramentum corporis, sacramentum* C *sanguinis in infinitum citare publice non desistitis.*

Comparaison du dossier augustinien de la lettre de Bérenger à Adelman avec d'autres dossiers analogues

(à savoir, de Bérenger le *Scriptum contra synodum*, 421 D-425 B, le *De sacra coena*, 149/29-153/28 ; d'Abélard le *Sic et non*, CXVII : PL, t. CLXXVIII, 1534 C-1535 A).

Il y a dans le *De sacra coena* deux dossiers de textes de saint Augustin. Le premier de ces dossiers (DSC, 145/17-146/6) reproduit le florilège augustinien du *De corpore et sanguine Domini* de Lanfranc (DC, 432 D-434 D). Le second se présente comme un complément (cfr DSC, 149/18-29) apporté à ce florilège (DSC, 149/29-153/28). Dans ce second dossier, on retrouve huit des treize citations augustiniennes de la *Purgatoria epistola contra Almannum*, mais dans la lettre à Adelmann certaines de ces citations ont été remodelées et réduites à l'état de formules où se reconnaît difficilement le texte dont elles ont été tirées, alors que dans le *De sacra coena* les mêmes citations sont données sous leur forme authentique et développée. Quatre de ces citations existent également dans ce qui reste du *Scriptum contra synodum* (SCS, 422 B-D, 423 A). Par ailleurs, le *Sic et non* d'Abélard offre un dossier de citations augustiniennes qui est, de façon très évidente, en dépendance littéraire de celui de la lettre à Adelman (PL, t. CLXXVIII, 1534 C-1535 A).

Nous présentons ici, en un tableau comparatif, les références à ces quatre dossiers parallèles. Nous mettons en italique les références aux formules condensées (Bérenger a extrait d'un texte quelques mots qu'il a mis en forme de « définition ») et à la formule *Sacramentum, id est sacrum signum*. Cette dernière citation est littéralement exacte dans la lettre à Adelman, mais elle est arrachée à son contexte (cfr DC, 422 C 9-11) ; dans le *Scriptum contra synodum*, elle est légèrement modifiée par la suppression du pronom *id*. Nous ajoutons entre parenthèses les citations augustiniennes du *De sacra coena* (correspondant à celles de la *Purgatoria epistola*) qui n'appartiennent pas au dossier des p. 149 à 153.

---

a Manuscrit : *ipsa*.

Saint Augustin	« Purgatoria epistola »	« Scriptum contra synodum »	« De sacra coena »	« Sic et non » d'Abélard
De civitate Dei, X, V.	*110 B,* *112 C-D*	*422 B*	150/8-9	1534 C
De doctrina christiana, II, I.	110 C, 113 A	422 B-C		1535 A
Epistola ad Bonifacium, 9.	110 C	422 D	150/29-31 (125/9-10, 136/19-20)	1534 C
Enarratio in psalmum III.	110 C-D			
De civitate Dei, XXI, XXV, 4.	112 B		150/18-19	1534 C
In Joannem tractatus XXVI, VI, 15.	112 B-C			
In Joannem tractatus XXVI, VI, 18.	112 C		151/17-20 : cfr 152/28-32	
In Joannem tractatus XXVI, VI, 12.	112 C		151/11-14 (106/19-21, 138/26-27)	
Epistola CV, III, 11.	*112 E*		*(55/32-33, 105/ 4-5,17-18,23-24)*	*1535 A*
De catechizandis rudibus, XXVI, 50.	*112 E*	423 A	149/30-34 (105/ 19-21)	*1535 A*
Sermo CCCLI : de utilitate agendae poenitentiae, IV, 7.	*112 E*			*1535 A*
Contra Faustum, XIX, 26.	112 E		150/1-3 (55/35-36)	1535 A
De civitate Dei, X, XIX.	*113 A*		150/3-7	

APPENDICE III

Variantes du « De corpore et sanguine Domini » de Lanfranc établies d'après les manuscrits « Vorau 412 », « Palat. lat. 482 » et « Paris, BN lat. 13217 »

Pour ce travail de collation, nous prenons comme texte de référence l'édition de la Patrologie latine de Migne, tome CL, col. 407 à 442. Notre numérotation indique les colonnes de cette édition, les sections dans les colonnes (A,B,C,D) et les lignes dans les sections. Nous désignons les manuscrits *Vorau 412, Palat. lat. 482, Paris, BN lat. 13217* respectivement par les lettres X, Y et Z. Pour l'étude de ces manuscrits et de l'édition de Migne, on se reportera ci-dessus au chapitre XIII et à l'appendice I. On notera, une fois pour toutes, que le nom du pape Nicolas II est écrit *Nicolaus* dans l'édition, et *Nicholaus* dans les trois manuscrits. Quand les noms de Bérenger et de Lanfranc ne sont pas mis en abrégé en tête respectivement des citations du *Scriptum contra synodum* et des réponses du *De corpore et sanguine Domini*, ils sont transcrits de la façon suivante : *Lanfrancus* dans Migne, dans Y et Z, et à la première ligne de X, *Lanfrannus* dans le reste de X, *Berengarius* dans Migne, *Beringerius* dans les trois manuscrits, excepté à la première ligne du texte, où Z écrit *Berengerius*. Nous n'avons pas cru nécessaire de faire figurer parmi les variantes de *Vorau 412* huit formes défectueuses, dont on trouvera, du reste, le relevé *supra*, p. 251-252.

Nos abréviations critiques se ramènent à *add.* (addit, addunt), *mg* (in margine), *om.* (omittit, omittunt), *sl* (super lineam).

407 A 2   catholicae Ecclesiae : Ecclesiae catholicae X

     4-5   mecum loqui : loqui mecum Z

      7   autem : plurimum *add.* XYZ^{sl}

         iis : his XY

     10   evenire : eveniret XYZ

408 A 14   quilibet : quislibet XYZ

409 B 2   quia : qui (*emendatum ex* quia ?) Y

     11   perversi : diversi Y

  C 6   confisus de Christi : de Christi confisus X

    10   spinis risas : spinas rosis X

  D 5   Berengarius : legere *add.* X^{mg}

     8   sanctissimis : sanctis X

11-12 ab aliis qui : qui ab aliis X

410 A 4 quo : qui Z

9-10 semper aderat : aderat semper X

9 ac : et X

B 4 non hominis : hominis non XYZ

C 4-5 corpus Christi : Christi corpus Y

6 jurisjurandum : jurisjurandi XYZ

D 4 in altari : in altare XYZ

8 sensualiter : nisi *add.* XYZ

411 A 3 in altari : in altare XYZ

13 aut : ac XYZ

B 1-C 14 Ad haec... recesserant : *om.* XYZ

C 15 autem sub Nicolao : *om.* XYZ

D 8 scripsit : recitavit *add.* XYZ[sl]

412 A 1 loca : ubi *add.* Z[mg]

3 a veritate : *om.* XYZ

4 atque : adverso *add.* XYZ

6 ascribitur : ascribis XYZ

14 videris : videreris XYZ

15 redarguis : redarguas XY

videamus : *mg correctum ex* audiamus X

B 2 comprehenderunt : comprehendant XYZ

C 2 Veritas : veritatis XYZ

413 A 8 Nortmannia : Normannia XYZ

11 fidem : scriptas *add.* XYZ[sl]

animadvertissent : advertissent Z

B 3 qua : *om.* X

non dubitanter : indubitanter XY

6 communis : communi XYZ

C 1 dehinc : deinde XY

2 proximo : tunc *add.* XYZ

9 tua : *om.* Y

C 15-D 1 suam praesentiam : praesentiam suam XYZ

D 9 defendendi partem tuam : partem tuam defendendi Y

13 est superius : superius est Y

414 A 12 contra : eam *add.* XYZ

B 1 servator et : et servator XYZ

10 dicis : dicens XYZ

13 quasi : quia si XYZ

D 7 posterius : inferius X

10 altaris solummodo sunt verum Christi : Z[mg]

415 B 7 scientes : scribentes XYZ

C 5 anathematizato : anathematizo XYZ

	7	in altari : in altare YZ
D	13	aufert : sed *add.* Z
416 A	15-B 1	liquida et humida : humida et liquida Y
B	1	cristalli : cristallum XYZ
		dura et sicca : sicca et dura Y
C	5	est lapis : lapis est X
	7	gerunt : tale *add.* XYZ
	8	imponunt : imponit XYZ
D	2	aliquo alio : alio aliquo Y
	3	doctioribus : doctoribus Y
417 A	4-5	mihi Deus est : est Deus mihi X
	9	per : *om.* XYZ
		regulas : regulis XYZ
	15-B 1	ad omnia : *om.* X
C	2	omnium : omni XYZ
	8	consistit : constitit XY
D	6	permanere : manere Y
	9	negationem : negativam XYZ
	12	particularis sit : sit particularis XY
418 A	1	sunt : Z^{sl}
	4	ea : eam X
C	9	sunt : *om.* XY
	10	minime : non X
	11	paulo ante : *om.* Y
	13	esse : *om.* XYZ
D	2	carnem ac sanguinem : sanguinem ac carnem X
		ac : et Y
	10	non : *om.* Y
419 A	2	confirmat : in mensa dominica *add.* XY
	7	et^2 : ac XY
B	4	inebriat : debriat XYZ
	11	timidam : timendam XYZ
C	2	anterioribus : jam *add.* XYZ^{sl}
420 A	3	credere : humana *add.* XY
	5	hoc non : non hoc YZ
	9	vinumque : et vinum X
	12	ostendit exemplis : exemplis ostendit X
	15	postea : post haec XYZ
C	1	de multis me : me de multis X
	6	a : ex X
	11	eversione : vel perversione in *add.* XYZ (vel perversione Z^{sl})
421 A	3-4	concordat in sententia : in sententia concordat XY
	10	conficitur : confit XYZ

12 Christi corpus : corpus Christi YZ

B 6 perire omnem hominem : omnem hominem perire X

14 Domini : nostri *add.* Z

D 3 mysterium : est *add.* XY

422 A 5 meam carnem : carnem meam XYZ

6 meum sanguinem : sanguinem meum XYZ

B 2 verubus : veribus XYZ

C 8 explicaturus : commemoraturus XYZ

11 esse signum : signum esse Y

D 4 visibile : et *add.* Y

423 A 6 quisquis : quisquam XYZ

B 5 negatio : abnegatio XYZ (ab- Z^{sl})

7 ex abundanti : ex abundantia Z

D 5 Bonifacium : episcopum *add.* X

424 A 12 jam : *om.* X

B 8 etiam : *om.* X

C 5 et : est XYZ

7 videlicet : X^{mg}

13 se : *om.* Z

D 8 et alibi : *om.* Z

15 qua : quam Z

425 A 7 Christi : cum revera sit sacramentum corporis Christi *add.* XY

11 significante : significanti XY

B 11 concilii : consilii XYZ

426 A 9 ipsum corpus : corpus ipsum X

13 experta est veritas ipsa : veritas ipsa experta est X

B 8 Deux habere : habere Deus XY

C 13 alloquitur eam : eam alloquitur X

Evangelio : suo *add.* XY

D 14 manet : *om.* Y

427 A 5 mysteriis : nunc *add.* XYZ^{sl}

6 valeat quandoque : quandoque valeat XY

7 iis : his X

428 A 8 ac : et Y

12 hominum vita : vita hominum X

B 1 panem vinumque : panem et vinum Y

2 est : autem *add.* XY

11 lethales : *om.* Z

C 4 Accedimus : accidimus X

D 7 ipsius : Z^{sl}

429 B 15 Augustinus : Y^{mg}, *om.* X

C 7 recolunt : credunt X

12 magnam : *om.* Y

15　accipite : et *add.* X
430 A 4　negligant : neglegant XYZ
　　B 6　sed : *om.* XYZ
　　12　ne : *om.* XYZ
　　13　possunt : possent XYZ
　　15　mysterium : ministerium XY
　　C 4　rerum : Z*sl*
　　13　species : spectes XYZ
　　D 12　quae : qui Z
431 A 5　ut : et XYZ
　　11　Christi corpus : corpus Christi X
　　13　ut : X*sl*, *om.* YZ
　　B 4　revertitur : revertit XYZ
　　15　numeramus gratiam : gratiam numeramus Y
　　C 8　ipse² : *om.* XY
　　D 14　ut tibi : tibi ut XY
432 A 2　est corpus Christi : corpus Christi est X, corpus est Christi Y
　　5　consecratur : consecretur XY
　　6　accesserunt : accesserint XYZ
　　C 1　manducandam : manducare XYZ
　　D 13　tenebrat : tenebrati XYZ
　　14　et : *om.* X
435 B 8　prius : *om.* Y
　　D 2　invenisse gratularis : gratularis invenisse X
　　12　aliqua : alia XY
　　13　et : a *add.* Y
　　14　Ecclesiae columna : columna aecclesiae XY
434 A 7　breviter¹ : superius *add.* XY
　　14　corporalibus : corporaliter X
　　B 1　illud visibiliter : visibiliter illud Y
　　4　more aut humano : aut humano more XY
　　　corpus comedere : comedere corpus XY
　　6　subtractis : substratis XYZ
　　7　verubus : veribus XYZ
　　D 13　effectum : effecti X
435 A 6　hi : ii XYZ
　　15　episcopo missa : missa episcopo X
　　C 14　aeterna : Dei *add.* XYZ
　　D 12　sunt : sint YYZ
436 B 7　ac : et X
　　13　vinique : nunc *add.* XY
　　C 12　sacerdos dicit : dicit sacerdos X
　　15　　enim : *om.* X

	D 14	malum sit : Z^{sl}
437	B 8	quarto : libro *add.* XY
	12	quotiescumque : quotienscumque XYZ
	C 2	eis : illis X
438	A 4	divinitati : divinitatis X
	6	est : *om.* XY
	B 12	Manue : Manoe XZ
	14	propheta : prophetam XYZ
	15	tinea sit : sit tinea X
	C 4	cum non : non cum X
	14	Domini : in monte *add.* XYZ^{sl}
439	A 6	sacramenta : sacramentum X
	D 11	lire « dissentire »
440	B 1	est^1 : *om.* Y
	3	investigatur : *om.* XYZ
	C 5-441 D 8	Quis enim nesciat... tam clara ipius Domini : *om.* Z
440	C 13-14	Christiana intelligentia : intelligentia christiana Y
	D 12	tu : *om.* X
441	A 1	se : *om.* Y
	8	testantur habere : habere testantur X
	C 4	ista : ipsa XY
	14	quaerentes, sed suam : sed suam quaerentes Y
442	A 5	in^1 : *om.* Z
		his : iis Z
	B 3	est autem : autem est X
	5	filiorum : finium XYZ
	6	Judeae : judei XY
	C 5	totam : tantum XYZ
	11	adhuc : ad hoc XYZ

APPENDICE IV

Lettres « sacrées » et lettres « séculières » dans la vie de Lanfranc [1]

Milon Crispin : *Praedicabat quam ipsi in intelligendis Scripturis gratiam Deus concesserat... At doctor ille maximus in claustro omnem operam impendebat quieti et silentio, cordis sui novalia verbi sacri excolens assidua lectione, irrigans ea dulci, quam saepe obtinebat, lacrymarum compunctione (Vita b. Lanfranci,* I, 3 ; PL, t. CL, 31 D 9-10, 32 A 13-B 2. Cfr Gilbert Crispin).

Orderic Vital : *Coactu obedientiae de claustrali quiete protractus magister processit, quo docente, philosophicarum ac divinarum litterarum bibliotheca effulsit. In utraque nodos quaestionum solvere potentissimus erat. Hoc magistro primitus Normanni litteratoriam artem perscrutati sunt, et de schola Beccensi eloquentes in divinis et saecularibus sophistae processerunt (Historia ecclesiastica,* II, IV X : PL, t. CLXXXVIII, 327 A 4-8).

Bérenger : *Nondum enim adeo sategisti in scriptura illa(divina)* (billet à Lanfranc, cité *supra,* p. 54, note 1).

Nicolas II envoie deux jeunes gens au Bec pour que Lanfranc les forme à la rhétorique et à la dialectique et il précise : *Si vero divina, ut audivimus, pagina ab hujusmodi studio vos retinet, ex parte sancti Petri et nostra vobis praecipimus, et ex vera obedientia illos edocendos vobis mandamus (Epistola XXX :* PL. t. CXLIII, 1350 A 5-8).

Alexandre II : *Gratias omnipotenti Deo referimus, qui post eruditionem mundanae sapientiae ad illius te transtulit sapientiae studium, quae vera est... Spiritus sic te utriusque disciplinae fonte replevit ut in uno fere omnibus sis excellentia dissimilis, et in altero virtutum merito laudabilis (Epistola LXX :* PL, t. CXLVI, 1353 A 8-15).

Lanfranc : *Vestros consanguineos... tam in sacris, quam in saecularibus litteris erudivi (Ad Alexandrum,* dans J. A. Giles, *Opera omnia Lanfranci,* t. I, p. 20).

Willeram de Bamberg : *Unum in Francia comperi, Lantfridum* (al. : *Lantfrancum) nomine, antea maxime valentem in dialectica, nunc ad ecclesiastica se contulisse studia, et in epistolis Pauli et psalterio*

---

1. *Voir supra,* p. 43.

multorum sua subtilitate exacuisse ingenia (*Praefatio in Cantica cantico-rum,* dans E. MARTÈNE et U. DURAND, *Veterum scriptorum... am-plissima collectio,* t. I, col. 507).

GUILLAUME DE MALMESBURY : *Teneriorem aetatem in saecularibus deterens, in scripturis divinis animo et aevo maturuit* (*De gestis ponti-ficum Anglorum,* I : PL, t. CLXXIX, 1459 C 10-11).

MILON CRISPIN : *Lectioni erat assiduus, et ante episcopatum, et in episcopatu, quantum poterat* (*Vita b. Lanfranci,* XV, 36 : PL, t. CL, 55 B 13-14).

LANFRANC : *Questiones saecularium litterarum solvendas misistis ; sed episcopale propositum non decet operam dare hujusmodi studiis. Olim quidem juvenalem aetatem in his detrivimus, sed accedentes ad pastoralem curam abrenuntiandum eis decrevimus* (*Epistola XXXIII* : PL, t. CL, 533 D 3-8).

CLÉMENT III (antipape) : *Viro in omni doctrina eruditissimo... Benedictus sit Deus omnipotens et benedictum nomen majestatis ejus in saecula, qui, sicut trivii ac quadrivii, jam prorsus neglecto disciplinae studio, in desuetudinem traditorum atque in profundam obscuritatem lapsorum rimatorem verumque illuminatorem ad edocendas Latinorum mentes constituit, sic etiam magistrum atque doctorem sollertissimum novi ac veteris Testamenti sua inaestimabili providentia ordinavit teque munus incomparabile, stellam splendidissimam Europae attribuit* (cité par F. LIEBERMANN, *Lanfranc and the antipope,* dans *The English historical review,* t. XVI, 1901, p. 331).

APPENDICE V

Concordance du manuscrit et des éditions du « De sacra coena»

Nous prenons comme point de référence les pages et les lignes de l'édition due à W. H. Beekenkamp, désignée par la lettre «B.». L'édition due à A. F. et F. Th. Vischer est désignée par la lettre « V. ». Elle a été rééditée anastatiquement en 1968. Voir *supra*, p. XIX.

Dans la première colonne, nous mentionnons les pages du manuscrit (P. ms.) ; et dans la deuxième, les folios (F. ms.). Rappelons que cette double numérotation concerne le document dans son état actuel et qu'elle ne peut donner aucune idée du nombre de folios disparus au début du manuscrit et avant les pages 169 et 214. De plus, la pagination est fautive par l'oubli du numéro 212 et par doublement des numéros 143, 154, 216. Enfin, les feuilles intercalaires (folios 21, 28, 37, 41, 45) n'ont pas reçu de pagination propre.

Des barres horizontales coupant les deux premières colonnes permettent de distinguer les cahiers, qui sont présentement au nombre de 15, mais qui à l'origine étaient vraisemblablement au nombre de 17 [1].

P. ms.	F. ms.	V.	B.	P. ms.	F. ms.	V.	B.
1 [2]	1	25	1/1	8	4^v		6/7
		26	1/15			33	6/9
2	1^v		1/23	9	5	34	6/32
		27	2/9			35	7/20
3	2		2/20	10	5^v		7/21
		28	2/31			36	8/7
4	2^v		3/11	11	6		8/10
		29	3/20			37	8/29
5	3		4/1	12	6^v		9/1
		30	4/8			38	9/19
6	3^v		4/25	13	7		9/24
		31	4/31			39	10/9
7	4		5/15	14	7^v		10/23
		32	5/19			40	10/32

---

1. Sur tous ces faits, voir *supra*, p. 483-488, 519.

2. Les premières pages du manuscrit ont disparu ; il semble qu'elles formaient deux cahiers ou seize folios ou trente-deux pages. Voir *supra*, p. 485.

P. ms.	F. ms.	V.	B.
15	8		11/8
		41	11/17
16	8v		11/31
		42	12/3
17	9		12/18
		43	12/25
18	9v		13/4
		44	13/11
19	10		13/28
		45	13/33
20	10v		14/17
		46	14/19
21	11		15/5
		47	15/6
		48	15/26
22	11v		15/27
		49	16/11
23	12		16/16
		50	16/33
24	12v		17/5
		51	17/18
25	13		17/26
		52	18/3
26	13v		18/13
		53	18/25
27	14		19/1
		54	19/12
28	14v		19/26
		55	19/34
29	15		20/14
		56	20/20
30	15v		21/1
		57	21/2
		58	21/23
31	16		21/25
		59	22/9
32	16v		22/13
		60	22/32
33	17		23/2
		61	23/18
34	17v		23/26
		62	24/2
35	18		24/12

P. ms.	F. ms.	V.	B.
		63	24/25
36	18v		24/35
		64	25/11
37	19		25/25
		65	25/33
38	19v		26/19
		66	26/20
		67	27/2
39	20		27/5
		68	27/24
40	20v		28/1
		69	28/14
40b	21		28/20-30, 33-35
		70	28/36
41	22		28/38
		71	29/19
42	22v		29/24
		72	30/6
43	23		30/13
		73	30/29
44	23v		31/4
		74	31/16
45	24		31/26
		75	32/2
46	24v		32/18
		76	32/20
		77	33/8
47	25		33/9
		78	33/30
48	25v		33/32
		79	34/14
49	26		34/31
		80	34/37
		81	35/21
50	26v		35/24
		82	36/3
51	27		36/10
		83	36/25
52	27v		36/33
		84	37/9
53	29		37/20
		85	37/30
52b	28		37/30-38/2, 15-18

P. ms.	F. ms.	V.	B.		P. ms.	F. ms.	V.	B.
							109	52/22
		86	38/16		74	40v		52/28
54	29v		38/18		74b	41		52/31-53/4
		87	39/2				110	53/7
55	30		39/6		75	42	111	53/28
		88	39/24				112	54/17
56	30v		39/29		76	42v		54/26
		89	40/8				113	55/4
57	31		40/18		77	43		55/17
		90	40/29				114	55/27
58	31v		41/3		78	43v		55/6
		91	41/15				115	56/13
59	32		41/26		79	44		56/32
		92	42/1				116	57/2
60	32v		42/15		80	44v	117	57/25
		93	42/24				118	58/10
61	33		43/3		81	46		58/13
		94	43/11				119	58/31
62	33v		43/26		80b	45		59/1-11, 18-34
		95	43/30				120	59/15
63	34		44/12		82	46v		60/1
		96	44/14				121	60/4
		97	44/36		83	47		60/26
64	34v		45/1				122	60/27
		98	45/22				123	61/14
65	35		45/27		84	47v		61/18
		99	46/8				124	62/2
66	35v		46/18		85	48		62/7
		100	46/30				125	62/25
67	36		47/7		86	48v		62/30
		101	47/19				126	63/10
68b	37		47/32		87	49		63/20
68	36v	102	48/15				127	63/31
		103	49/2		88	49v		64/8
69	38		49/14				128	64/16
		104	49/24		89	50		64/36
70	38v		49/37				129	65/1
		105	50/9				130	65/25
71	39		50/26		90	50v		65/31
		106	50/32				131	66/14
72	39v	107	51/17		91	51		66/26
		108	51/39				132	67/4
73	40		52/4					

P. ms.	F. ms.	V.	B.	P. ms.	F. ms.	V.	B.
92	51^v		67/18	112	61^v		81/22
		133	67/27			155	81/28
93	52		68/4	113	62		82/16
		134	68/13			156	82/19
94	52^v		68/27	114	62^v		83/1
		135	69/1			157	83/3
95	53		69/17			158	83/25
		136	69/23	115	63		83/27
		137	70/12			159	84/9
96	53^v		70/16	116	63^v		84/16
		138	70/35			160	84/32
97	54		71/5	117	64		85/3
		139	71/23			161	85/15
98	54^v		71/29	118	64^v		85/27
		140	72/11			162	86/2
99	55		72/25	119	65		86/17
		141	72/33			163	86/24
100	55^v		73/10	120	65^v		87/8
		142	73/18			164	87/11
101	56		73/34			165	87/32
		143	74/4	121	66		87/34
102	56^v		74/21			166	88/18
		144	74/27	122	66^v		88/21
103	57		75/8			167	89/7
		145	75/12	123	67		89/13
104	57^v		75/32			168	89/28
		146	75/34	124	67^v		90/4
105	58		76/17			169	90/16
		147	76/19	125	68		90/30
		148	77/4			170	91/2
106	58^v		77/6	126	68^v		91/21
		149	77/27			171	91/25
107	59		77/31	127	69		92/11
		150	78/15			172	92/12
108	59^v		78/22			173	92/34
		151	79/4	128	69^v		93/2
109	60		79/14			174	93/23
		152	79/27	129	70		93/27
110	60^v		80/5			175	94/8
		153	80/15	130	70^v		94/14
111	61		80/31			176	94/30
		154	81/5	131	71		95/1

P. ms.	F. ms.	V.	B.
		177	95/17
132	71^v		95/27
		178	96/1
133	72		96/16
		179	96/23
134	72^v		97/7
		180	97/11
135	73		97/32
		181	97/34
136	73^v	182	98/18
		183	99/4
137	74		99/6
		184	99/27
138	74^v		99/31
		185	100/16
139	75		100/23
		186	101/3
140	75^v		101/14
		187	101/26
141	76		102/3
		188	102/12
142	76^v		102/28
		189	102/35
143a	77		103/20
		190	103/23
143b	77^v	191	104/10
		192	104/33
144	78		104/36
		193	105/20
145	78^v		105/28
		194	106/12
146	79		106/27
		195	106/33
147	79^v		107/20
		196	107/21
		197	108/7
148	80		108/11
		198	108/30
149	80^v		109/4
		199	109/16
150	81		109/34
		200	109/38

P. ms.	F. ms.	V.	B.
		201	110/24
151	81^v		110/26
		202	111/11
152	82		111/17
		203	111/33
153	82^v		112/6
		204	112/16
154a	83		112/34
		205	113/1
154b	83^v		113/22
		206	113/25
155	84	207	114/10
		208	114/32
156	84^v		115/1
		209	115/20
157	85		115/28
		210	116/6
158	85^v		116/20
		211	116/29
159	86		117/9
		212	117/14
		213	117/36
160	86^v		118/8
		214	118/19
161	87		118/36
		215	119/5
162	87^v		119/26
		216	119/28
		217	120/14
163	88		120/17
		218	120/36
164	88^v		121/5
		219	121/20
165	89		121/31
		220	122/6
166	89^v		122/21
		221	122/29
167	90		123/10
		222	123/16
168	90^v		123/37
		223	123/39
		224	124/22

P. ms.	F. ms.	V.	B.	P. ms.	F. ms.	V.	B.
169[1]	91		124/25			246	138/27
		225	125/7	189	101		139/13
170	91ᵛ		125/16			247	139/17
		226	125/30	190	101ᵛ	248	140/1
171	92		126/6			249	140/24
		227	126/18	191	102		140/29
172	62ᵛ		126/31			250	141/12
		228	127/4	192	102ᵛ		141/22
173	93		127/18			251	141/35
		229	127/26	193	103		142/13
174	93ᵛ		128/9			252	142/22
		230	128/15	194	103ᵛ		143/2
175	94		128/35			253	143/6
		231	129/3			254	143/30
176	94ᵛ	232	129/27	195	104		143/33
		233	130/14			255	144/17
177	95		130/15	196	104ᵛ		144/23
		234	130/37			256	145/5
178	95ᵛ		131/4	197	105		145/12
		235	131/21			257	145/27
179	96		131/28	198	105ᵛ		146/4
		236	132/9			258	146/17
180	96ᵛ		132/18	199	106		146/30
		237	132/31			259	147/6
181	97		133/9	200	106ᵛ		147/23
		238	133/20			260	147/28
182	97ᵛ		134/1	201	107	261	148/14
		239	134/8	202	107ᵛ		148/34
183	98		134/26			262	148/37
		240	134/33	203	108		149/18
184	98ᵛ		135/16			263	149/23
		241	135/19	204	108ᵛ		150/5
185	99		136/5			264	150/12
		242	136/6	205	109		150/29
		243	136/29			265	151/1
186	99ᵛ		136/32	206	109ᵛ		151/19
		244	137/17			266	151/24
187	100		137/25	207	110		152/11
		245	138/4			267	152/14
188	100ᵛ		138/17	208	110ᵛ	268	153/2

---

1. Entre les pages 168 et 169, il faut supposer une lacune d'un folio ou de deux pages. Voir *supra*, p. 485.

P. ms.	F. ms.	V.	B.	P. ms.	F. ms.	V.	B.
		269	153/25	219	116		160/15
209	111		153/26			280	160/23
210	111v	270	154/17	220	116v	281	161/3
211	112		155/6			282	161/24
		271	155/7	221	117		161/27
		272	155/28			283	162/11
213[1]	112v		155/29	222	117v		162/15
		273	156/13			284	162/34
214	113		156/15	223	118		163/3
		274	156/34			285	163/22
215	113v		157/1	224	118v		163/25
		275	157/18			286	164/7
216a	114		157/26	225	119		164/9
		276	158/4			287	164/30
216b	114v		158/16	226	119v		164/32
		277	158/26			288	165/16
217	115		159/4	227	120		165/18
		278	159/14			289	166/1
218	115v		159/26	228	120v		166/6
		279	159/34			290	166/25

---

1. Ici, la numérotation mentionnée par l'édition Beekenkamp (= 212) ne correspond pas à celle qui est portée sur le manuscrit. Notons qu'entre les pages 213 et 214 il faut supposer une lacune de quatre folios ou huit pages représentant la seconde moitié du cahier dont les folios 109-112 constituent la première moitié. Voir *supra*, p. 485.

TABLES

I. TABLE DES MANUSCRITS

Parmi les manuscrits disparus signalons :

II. TABLE DES RÉFÉRENCES SCRIPTURAIRES

Personnages bibliques

III. TABLE DES CONCILES
(ordre chronologique)

Nous désignons par trois astérisques les conciles œcuméniques ; par deux astérisques, les conciles non œcuméniques présidés par un pape ; par un astérisque, les conciles non œcuméniques présidés par un légat pontifical. — Nous indiquons en italique les pages les plus importantes.

IV. TABLE DES PERSONNES ET DES OUVRAGES
PRÉCÉDANT L'ANNÉE 1500

3. *A Ascelin* (sigle : EBA), XVII, *11*, 48, 64, 68, 69, 70, 71, 72, 74, 79, 85, 86, *87-89*, 97, 98, 103, 123-124, 141, 143, 150, 186

4. *Au clergé chartrain*, disparue, *11*, 64, 70, 88, *97-98*, 103, 104

5. *Au frère Richard* (sigle : EF, LXXXVIII), *12*, 65, 78, 85, 91, *105-106*, 110, 113, 124, 255, 526, 534. Voir aussi *infra*, p. 575, *Sententia scripta in calice Fulberti*

6. *A W. trésorier*, *12*, 65, 106

7. *A Paulin de Metz*, disparue, 7, *12*, 96, *98-99*, 127, 128

8. *A Paul[-in de Metz ?]*, 7, *12*, 58, *113-114*, 127, 128, 157

9. *A Adelman de Liège* ou *Purgatoria epistola contra Almannum* (sigle : PE), IX, XII, XVIII, 5, 6, 7, *12-13*, 43, 47, 83, 105, 124, *125-148*, 172-173, 175, 176, 184, 186, 190, 191, 192, 195, 343, 384, 392, 395, 404, 405, 407, 408, 418, 427, 455, 460, 464, 465, 502, 518, *531-539*

10. *A Eusèbe Brunon* (sigle : EF, LXXXVI), 13, 17, 43, 96, 119, 120, 154, 203, 204, 205, *208*, 455, 508, 518, 526, 529, 535

11. *Au cardinal Étienne* (sigle EF, C), 13, 14, 17, 19, 30, 164, 202-203, 209, 210, 529

12. *A Hermann de Metz* (sigle : EF, XCIII), 13, 17, 37, 212

13. *A Philippe Ier* (sigle : EF, LXXXII), 13, 17, 37, 537

14. *A Grégoire VII* (sigle : EF, LXXXIX et XCII), 13, 17, 120, 150, 165, *214*, *215-216*, *221*, 507, 529

15. *A Joscelin de Bordeaux* (sigle : EF, XCIX), 13, 17

16. *A Eudes de Conteville* (sigle : EF, CI), XLIII-XLIV, *13*, 17, 28, 37, 243, 245, 484, *490-491*, 492, 516, 517, 520, *523-525*

17. *Au frère et seigneur I.* (sigle : EF, CIII), *13*, 17, 96, 122

18. *Au frère I.* (sigle : EF, CII), *13-14*, 17, 37

19. *A I.* (sigle : EF, LXXXIII), 9, *14*, 17, 37

20. *A Drogon* (sigle : EF, XCV), 14, 17, 29, 181, 490, *509*

21. *A Drogon* (sigle : EF, CIV), 14, 17, 29, 181

22. *A Eusèbe Brunon* (sigle EB, V), XVIII, 14

23. *A Alexandre II*, disparue, 14, 210

24. *A Joscelin de Bordeaux*, XI, *14*, 37, 166

25. *Au frère R(-oger ?)*, XLIII, XLIV, *14*, 24, 243, 484, 491, 492, 516, 517, 520, *521-530*

B. Lettres écrites par Bérenger pour le compte d'autrui, 15, 17-18, 34

1. *Eusèbe Brunon à Gervais du Mans*, *15*, 18, 99, *102-103*, 106, 108

2. *Eusèbe Brunon et Geoffroy Martel à un archevêque-primat* (sigle : EF, LXXXV), *15-16*, 17, *60-63*, 64, 65, 74, 78, 79, 86, *99-102*, 120, 225

3. *Geoffroy Martel à Léon IX* (sigle : EF, LXXXIV), 16-17, 60-62, 120-121

4. *Geoffroy Martel à Hildebrand* (sigle : EF, LXXXVII), XI, 16, 17, *18*, 25, 89, 120, *122*, 123, 126, 142, 143, 147, 150, 151, 152, *153*, 154, 155, *156-157*, 160, 161, *162-167*, *171-173*, 174, 222, 224, 241, 384, 418, 420, 527, 528, 529, 534

5. *Barthélemy de Tours à Alexandre II* (sigle : EF, XCIV), 17

V. TABLE DES PERSONNES VENANT APRÈS L'ANNÉE 1500

VI. TABLE DES THÈMES PRINCIPAUX

Accidents-substance

1. La distinction aristotélicienne « accidents-substance », connue d'abord, au moyen âge, par les écrits de Boèce, 441, 471-472, est l'instrument philosophique qui a permis à la pensée médiévale de se libérer de l'ultra-réalisme eucharistique, XIV, 177, 233-234, 373-374, 418-419, 440, 454, 458, 463-464, 470-477, 479-480.

2. On ne trouve le couple d'expressions « accidents-substance » appliqué à l'eucharistie ni chez Lanfranc, 374, ni chez Bérenger. Les formules qui s'en rapprochent le plus sont, chez Lanfranc, « *essentiae secundae-essentiae principales* », 373-379, et, chez Bérenger, « *quod in subjecto est-subjectum* » ou, plus rarement, « *accidentia-subjectum* », 178, 193, 378, 471-472, 514, mais chez le premier, 373-374, 377-379, 390, 419-420, 435, 453-454, comme chez le second, 193, 378, 419-420, 454, ces formules recouvrent une signification rudimentaire encore très éloignée du sens proprement aristotélicien de la distinction « accidents-substance ».

3. On trouve la distinction « accidents-substance », appliquée à l'eucharistie, chez Guitmond d'Aversa, mais avec une signification très rudimentaire, 463-464. On la trouve chez Alger de Liège avec une signification plus élaborée, 467-470. Pour l'un comme pour l'autre de ces deux théologiens, elle s'inscrit dans le prolongement de la distinction « apparences-réalité » sur laquelle insiste Lanfranc à propos de l'eucharistie, XIV, 177, 458, 470.

4. C'est par une évolution progressive qu'en ce qui concerne l'eucharistie on passera du couple « accidents-substance » à son contenu philosophique, 470-478.

5. Une étape décisive de cette évolution sera franchie quand la distinction « *sacramentum-res sacramenti* » aura rejoint la distinction entre « ce qui est vu » et « ce qui n'est pas vu » dans l'eucharistie, 439, 457, 458, 465-466. Cfr 370-373, 452-454.

Voir *infra*, Formulation substantialiste.

Apparence-réalité

1. Rapport des apparences et de la réalité dans les doctrines eucharistiques de Paschase Radbert et de Ratramne, 449-450, 452.

2. La distinction entre apparences et réalité dans l'eucharistie est fondamentale dans la doctrine eucharistique de Lanfranc, 262-263, 295, 296, 298, 302, 303, 306-307, 312, 313, 315, 347-348, 352, 356, 358-359, 359-383, 433, 434-435, 439, 446-447, 451-454, 456, 457, 458, 470. Cette distinction permet à Lanfranc de dire que c'est le corps même qui a été pris de la Vierge que nous recevons dans l'eucharistie et que ce n'est pas le même, 450 (cfr 347-348).

3. Bérenger, tout en acceptant la distinction entre *quod est in subjecto* et *subjectum* (qui lui sert à caractériser la distinction établie par Lanfranc entre « ce qui est vu » et « ce qui n'est pas vu » dans l'eucharistie, 177-178, 514), n'admet pas que ces deux aspects de la réalité puissent être considérés comme séparables, 193, 419-420, 445-446, 513-514.

4. La distinction lanfrannienne entre apparences et réalités dans l'eucharistie a joué un rôle primordial dans l'évolution ultérieure de la doctrine eucharistique, XIV, XV, 177-178, 418-419, 458, 464-470, 470-478.

Voir *supra*, Accidents-substance, *infra*, « Caro invisibilis », Espèces eucharistiques, « Essentia », « Forma », « Mysterium », « Similitudo », « Species », « Spiritualis ».

Baptême

1. Selon Adelman de Liège, le ministère du prêtre dans le baptême (et dans l'eucharistie) est le prolongement « corporel » de l'action du Christ, 131.

2. Bérenger tire argument de la comparaison entre le baptême et l'eucharistie, 134-135, 146, 192, 318, 510-511.

3. Lanfranc réplique à cet argument de son adversaire, 318-319. Rapport entre le baptême et l'eucharistie, et les « sacrements » des Hébreux au désert, 332. Le baptême sans l'eucharistie peut suffire au salut, 327, 328, 339-340, 424-426, 438. Cfr 338-340, 399 (Fulgence de Ruspe). Structures sacramentelles comparées du baptême et de l'eucharistie, 338, 401-402, 404-405, 410-411.

Capharnaïtisme

1. Bérenger accuse ses adversaires de tomber dans l'erreur capharnaïte, 193, 195, 358, 365.

2. Lanfranc estime que cette accusation n'est pas valable, car il établit deux distinctions :

a) d'une part entre les apparences de l'eucharistie et la réalité qui leur est sous-jacente, 358-359, 365-366, 381, 382-383, 434 ;

b) d'autre part entre la chair et le sang du Christ présents sur l'autel, et le corps du Christ résidant au ciel, 359, 383-385, 435.

Les explications de Lanfranc constituent une réplique suffisante à l'accusation de Bérenger, bien qu'elles ne soient guère satisfaisantes, 176-177, 471.

« Caro invisibilis, intelligibilis, spiritualis »

1. Selon Lanfranc, le terme propre pour désigner l'eucharistie est *caro* (et *sanguis)* plutôt que *corpus* ; cependant, il est légitime de l'appeler aussi *corpus*, 357, 385-387, 436. Lanfranc oppose donc une réalité partielle (et invisible sous les apparences du pain), *caro*, à une réalité entière (et accessible aux sens), *Christus ipse*, 389 : cfr 302, 384-385 et 459 (Hugues de Langres). Cette opposition joue aux trois niveaux de sa doctrine eucharistique :

a) elle rejoint l'opposition que Ratramne établissait entre le corps eucharistique du Christ et son corps historique, 449-451 (cfr 378-379, 382, 388-390, 435), mais là où Ratramne oppose deux façons dont se présente le même corps du Christ, Lanfranc oppose deux réalités distinctes, 451 ;

b) elle fonde le sacramentalisme eucharistique, la « chair » du Christ immolée sur l'autel (voir, *infra*, « Celebrare ») étant signe du « Christ lui-même » mourant sur la croix et résidant au ciel, 300, 395-396, 399, 400-403, 406-407, 411-413, 436-437, 467 ;

c) elle permet de concilier le fait que la « chair » du Christ est immolée dans les rites de la fraction et de la communion, et l'intégrité du Seigneur ressuscité, 295, 296, 302, 359, 384-385, 435 ; il y a communion corporelle à la « chair » et au sang de l'autel, et communion spirituelle au « Christ entier », 414-416 (cfr 387, note 4), 417, 429.

2. Lanfranc oppose également la « chair » et le sang du Christ, présents sur l'autel, au corps historique du Christ, en tant que les premiers sont « invisibles, intelligibles et spirituels » (c'est-à-dire accessibles au seul regard de la foi) et que le second est « visible et palpable », 362, 369-370, 381-383, 389.

3. Guitmond d'Aversa innove par rapport à Lanfranc en affirmant que le corps du Christ est entier dans chaque hostie ou parcelle d'hostie, au ciel ou sur l'autel, mais sa doctrine eucharistique restant, par ailleurs, dans la mouvance de celle de Lanfranc manque de cohérence, 462-463, 467.

4. Au XIIᵉ siècle, la distinction entre la « chair » eucharistique du Christ, et son corps localisé au ciel, subsiste chez Folmar, 383.

« Celebrare »

1. Pour Lanfranc, la « célébration » eucharistique constituée par la fraction et la manducation de l'hostie et par l'effusion du contenu du calice, 343, s'exerce sur la chair et le sang du Christ en une immolation réelle, symbole de la passion, 300, 334-335, 343, 370-371, 394, 399, 400, 421-422, 429, 433, 436, 456.

2. Lanfranc attribue à Bérenger une conception du sacrifice eucharistique identique à la sienne, mais de nature purement symbolique, puisque la « célébration » s'y exercerait sur le pain et le vin demeurés inchangés, 321, 342-343, 352, 360, 394, 437, 439. Ce faisant, il n'interprète pas de façon entièrement exacte la pensée de son adversaire, 147, 172-173, 321.

Chanoines

30, 33-34, 75, 188, 519, 524

Charité (Lanfranc)

1. Le baptême réalise déjà par lui-même l'union au corps ecclésial ; il procure donc ce que signifie et procure l'eucharistie : cfr Fulgence de Ruspe, 340, 425.

2. La charité est le ciment de l'unité dans le corps ecclésial, 333, 334.

3. Par les sacrifices visibles (des juifs) sont signifiées les choses invisibles grâce auxquelles est donné à la société humaine le moyen d'aimer Dieu et le prochain (saint Augustin), 397-398.

4. L'eucharistie est le signe de la concorde et de l'unité, 287, 300, 304, 333-334, 399-400, 413, 427-428, 430, 439, 457. Cfr Alger de Liège, 464, 467.

5. La charité élément de la communion spirituelle, 438 :

a) comme condition de cette communion, 333-334, 427-428 (cfr 336) ;

b) comme partie intégrante des sentiments inspirés par l'eucharistie, 399, 423, 430 ;

c) comme fruit de la communion, 304, 428, 431 : voir, *infra*, « Virtus sacramenti ».

6. Amour pour le Christ élément de la communion spirituelle, 414, 423, 429.

7. L'eucharistie réalise l'union du Christ et de l'Église à l'instar de l'union des époux, 431-432.

Voir *infra*, Corps ecclésial.

Communion indigne

1. Bérenger : les communiants bien disposés ont part au sacrement et à la chose du sacrement, ceux qui sont mal disposés ne reçoivent que le sacrement, 135, 138, 145.

2. Lanfranc : Pour le pécheur qui communie indignement, la chair du Christ est vraie par son essence, non par son efficience salutaire, 315, 431.

Communion indigne de Judas qui a reçu le corps du Christ *ore* et non *corde*, 330-331, 431 : cfr 315.

Si la charité lui fait défaut, le communiant mange sa propre condamnation, 333, 334, 426.

Communion spirituelle

1. Bérenger : 133, 134, 135, 138, 145, 146, 147, 169, 342, 421, 439, 510.

2. Lanfranc : Distinction entre communion corporelle et communion spirituelle, 304, 306, 309-310, 329, 341-345, 346, 387, 414, 416, 420-424, 433, 510.

La communion spirituelle prend appui normalement sur la communion corporelle, 300, 329, 342, 414, 424-426, 431-432, 434, 438, mais pas nécessairement, 328, 339-340, 424-425, 438.

Sans la communion spirituelle, la communion corporelle ne peut porter de fruits, 300, 314-315, 329, 330, 332, 333, 334, 336, 371, 414, 426-428.

Voir, *supra*, Communion indigne, *infra*, « Veritas », § 3a.

Le pain eucharistique est la nourriture de l'âme, 287-288, 318, 367-368, 391, 425.

Place et rôle qu'il attribue au raisonnement dans l'étude de la *scriptura divina*, 442, 444-445 : cfr 117, 219.

Que Bérenger utilise la dialectique dans ses développements sur l'eucharistie, n'implique pas qu'il ait négligé l'argument de tradition, 36 : cfr 444-445.

Raisonnement de type dialectique de Bérenger dans le *Scriptum contra synodum*, 188-190 : cfr 31, 72, 82, 83, 135-136, 142-143, 184-187.

3. Lanfranc : Formation première à la dialectique, 38.

Enseigne la dialectique, 39, 546-547.

Sa réputation dans ce domaine, 291, 546-547 : cfr 41-42.

Vigueur de Lanfranc dans le raisonnement en général, 39, 198, 264, 283, 306, 324.

Et cependant faiblesses et paralogismes dans sa critique des arguments de Bérenger, 31-32, 264, 266, 281, 291-293, 324, 353 : cfr 275-276, 285,286.

Place et rôle qu'il attribue à la dialectique dans l'étude de la *scriptura divina*, 288-290, 380, 441-445.

Place des développements dialectiques dans le plan du *De corpore*, 272, 276-278, 285.

Discussion dialectique dans le *De corpore*, 288-293.

Lanfranc renonce à la dialectique, 331, 546-547 : cfr 34, 43.

4. Rôle de la dialectique dans l'évolution de la théologie médiévale, 441.

Voir, *infra*, « Rationes ».

Disciples de Bérenger

1. Audience de Bérenger, 32, 34-35, 37, notamment durant son second séjour en Italie, 216-217, mais cependant nombre limité de ses disciples, 37. Bérenger estime que l'adhésion du grand nombre ne constitue pas un critère de vérité, 323, 501, 506, 527, 529, et considère ses disciples comme une élite, 506.

2. Très vite Bérenger réserve son enseignement explicite sur l'eucharistie à des initiés dans des réunions privées, 21, 56, 205, 216-217, 263, 506, et ne le livre pas en public, 21, 216, 263. Il essaie cependant de circonvenir des personnages importants, 120, 152, 154, 160, 161, 203, 215, 216, 240, 527-529.

3. Il est accusé de recruter ses disciples à prix d'argent, 267-268, notamment en aidant financièrement ses élèves pauvres, 30. Ravages causés dans la jeunesse scolaire par les théories bérengariennes, 181. Ses disciples choquent par leur façon de prononcer le latin, 35. Ils diffusent la doctrine et les écrits de leur maître, 35, 195-196, 201, 263.

4. Interventions de deux « supporters » de Bérenger au concile de Verceil, 80-81 : cfr 75. Bérenger compte sur l'appui de ses partisans au concile de Rome de 1059, mais ils gardent le silence, 164, 165-167, 169-170, 220 : cfr 249. Il a des partisans à Rome en 1078 et 1079, 25, 217, 219 (cfr 224), 220, 230-231.

5. Disciples ou soutiens que s'attribue Bérenger : Eusèbe Brunon, 120, 160, Albert de Marmoutier, 156, 160, Pierre Damien, 206-207,

5. Lanfranc prépare donc les voies à la théologie postérieure qui redonnera à ces apparences leur caractère significatif et proprement « sacramentel », XIV-XV, 370-373, 453-454, 456-458, 467-468, 470-471.

6. Le problème de l'ultra-réalisme chez Lanfranc ne peut se limiter à la question des accidents : l'idée qu'il se fait des espèces sacramentelles ne peut être considérée à part de la façon dont il conçoit la modalité de la présence réelle, 379-385. Cfr 377-378, 453-454.

7. A l'inverse de Durand de Troarn, de Guitmond d'Aversa et d'Alger de Liège, Lanfranc n'a pas posé explicitement le problème du stercoranisme, 390-391. Mesures sévères prévues pour le cas où l'hostie serait tombée ou le précieux sang aurait été répandu, 337.

8. Position hybride, et de transition, de Guitmond d'Aversa, qui semble mettre en cause l'objectivité des espèces sacramentelles, 463-464, 467.

9. Alger de Liège pose les principes de solution du problème des espèces sacramentelles, mais il n'en tire pas un parti entièrement satisfaisant, 464-470.

10. Seule la distinction « substance-accidents » comprise philosophiquement permettra à la théologie de résoudre ce problème et de se libérer de l'ultra-réalisme, 418-419, 463-464, 470-477.

« Essentia »

Lanfranc applique au couple « apparences-réalité » les expressions « essences secondaires-essences principales ». Exposé d'ensemble du problème, 373-379, 444, 447-448, 453-454. Autres références, 293, 298, 306, 315, 347-348, 349, 356-358, 361, 363, 364-365, 368, 370, 386-390, 427, 431, 434-435. Le terme *essentialiter* chez Guitmond d'Aversa, 462.

« Figura »

1. Difficulté que pose pour les esprits du XIe siècle l'application traditionnelle du terme *figura* à l'eucharistie, 78, 117, 231, 329-330.

2. Associé à *similitudo* (et parfois à d'autres termes), il est un des termes les plus discutés à propos de l'eucharistie à l'époque du concile de Verceil (septembre 1050) :

a) mis en avant dans la condamnation de « Jean Scot » et de Bérenger à Verceil, 76-77, 93, 126-127, 454-455 (condamné à Verceil sous le nom de Jean Scot, Ratramne avait voulu dire que, dans l'eucharistie, le corps du Christ n'est pas présent sous ses apparences naturelles, mais *in figura*, 77, 449) ;

b) mis en avant au concile de Brionne par Lanfranc faisant part de la condamnation prononcée au concile de Verceil, 93 ;

c) sert à caractériser l'hérésie bérengarienne dans les pays germaniques en 1051 : *Annales Leodienses*, 84, Adelman de Liège, 126, Déoduin de Liège, 112.

3. Bérenger, dans la *Purgatoria epistola*, donne son interprétation du mot *figura* appliqué à l'eucharistie ; il a alors présents à la pensée

les attendus de sa condamnation au concile de Verceil, 132-133, 144, 146, 531-533. Il s'appuie sur un passage des *Enarrationes in psalmos* de saint Augustin et sur un passage du *De sacramentis* de saint Ambroise, 135, 146.

4. Lanfranc reprend le problème dans son *De corpore* à propos d'un ouvrage de Bérenger, qui est sans doute la *Purgatoria epistola*, 184, 191, 312-313, 395. La solution qu'il avance ne correspond pas à l'usage qu'il fait du mot *figura* lorsqu'il l'applique à l'eucharistie, 316, 317, 398. En fait, il situe l'emploi de ce mot, à propos de l'eucharistie, au niveau de ce qui constitue pour lui le sacramentalisme eucharistique proprement dit : c'est le corps eucharistique du Christ qui est « figure » *a*) de choses diverses et élevées, 396, *b*) et, plus précisément, du Christ mourant sur la croix, 329-330, 398, 406, 407-409.

5. Durand de Troarn situe l'emploi du mot *figura*, à propos de l'eucharistie, *a*) soit au niveau des apparences du pain, *b*) soit au niveau du sacramentalisme tel que l'entendra Lanfranc (= évocation de la Passion), 455, 458, 460.

Foi, sa formulation

1. Le magistère peut faire appel à des termes extra-scripturaires pour exprimer le sens authentique de l'Écriture, 229 : cfr 230-235, 240-242.

2. Même à travers des formulations maladroites et sujettes à révision, il est le sûr garant de la foi, 176-177, 445, 475.

3. Les formules dont il se sert pour énoncer les dogmes expriment des concepts qui ne sont pas liés à telle ou telle école mais qui répondent à ce que l'esprit humain perçoit de la réalité par l'expérience universelle et naturelle (Paul VI), 476-477.

4. L'évolution de la doctrine eucharistique du XIe au XIIIe siècles illustre la distinction établie par Jean XIII entre la « substance de la doctrine contenue dans le dépôt de la foi » et la « formulation dont elle est revêtue », XV, 433, 480-482.

« Forma »

1. Lanfranc : la chair du Christ, dans l'eucharistie, est recouverte par la « forme » du pain, 362, 369, 370. Voir aussi Durand de Troarn, 460, Alger de Liège, 465, 468.

2. Bérenger : « Le sacrement est la forme visible de la grâce invisible » (Augustin), 139-140, 536.

Formulation bérengarienne de la croyance eucharistique

131-148, 181-195, 531-538 et *passim*.

Formulation « évangélique » de la croyance eucharistique

1. Un certain nombre de contemporains de Bérenger sont partisans d'une formulation eucharistique appuyée sur les seules données évangéliques et apostoliques (= paroles de l'institution eucharistique), afin

d'éviter les difficultés d'interprétation présentées par les textes patristiques, 26, 51, 67, 72-73, 90-91, 115, 117-119, 148, 160, 204-206, 208, 223, 230-231. Cfr 156.

2. D'autres estiment utile une certaine recherche à partir des textes patristiques, 154, 156, 221, 223, 227, 228, 240, notamment Hildebrand qui, cependant, devenu Grégoire VII, voudra surtout mettre un terme à l'affaire bérengarienne, 238-240. Il est accusé d'avoir remis en question la foi, 213, 227, 239.

3. Bérenger, de prime abord, est opposé à la solution restrictive (ci-dessus, § 1), 26, 51, 74, 88, 90-91, 117-119, mais a) il finit par l'accepter d'abord à contre-cœur, en jouant sur l'équivoque de deux significations possibles de la formule évangélique, 25-26, 118-119, 148, 149, 157-161 (conciles de Tours de 1051-1052 et de 1054) ; b) puis (après son échec du concile de Rome de 1059), c'est désormais cette formulation ambiguë qui devient son cheval de bataille, VII, 21, 26, 201, 204-205, 207, 216, 221-226, 239, 240-242 (conciles d'Angers de 1062 et de Rome de la Toussaint de 1078).

4. C'est la raison pour laquelle au concile de Rome du carême de 1079 on lui impose l'addition des termes *substantia* et *substantialiter* (pour préciser la modalité de la présence du Christ dans l'eucharistie) à la formule proposée par lui en novembre 1078, 26-27, 155, 213-214, 218, 226, 229-237, 240-242.

5. L'interprétation des paroles de l'institution eucharistique par Bérenger repose a) sur l'analyse dialectique de ces paroles, 31, 72, 82, 83, 88, 135-136, 142-143 (il applique le même type de raisonnement soit à une formule eucharistique telle *I Cor.*, X, 16 (136, 137), soit à la formule de profession de foi rédigée par le cardinal Humbert en 1059 (184-190)), b) sur l'idée que le « sacrement » *est* en quelque sorte (c'est-à-dire métaphoriquement) la « chose du sacrement », 135, 147-148, 533.

6. Répliquant à Bérenger sur ce point, Lanfranc ne répond pas *ad rem*, 274-276, 285-288, 291-293, 317-318, 352-353.

7. Noter que Bérenger cherchera à étendre le procédé de l'équivoque à des formules nettement réalistes et antibérengariennes, telles que les professions de foi des conciles de Rome de 1059 et du carême de 1079, 175, 186-187, 232, 235-237, 242

Formulation substantialiste de la croyance eucharistique

1. Au XIᵉ siècle, et notamment chez Lanfranc, *substantia* a un sens concret et nullement philosophique, 177, 235, 374. Il n'y a aucun rapport entre la distinction « essences principales-essences secondaires » de Lanfranc et la distinction *prima* et *secunda substantia* de Boèce, 448.

2. Bérenger est opposé à l'idée que par la consécration la *substantia* du pain disparaîtrait, 88, 123, 184-185 (et 275, 281, 282, 350). C'est aussi la position que lui attribue Lanfranc, 321, 342-343.

3. Pour Lanfranc, au point de départ de la consécration il y a des « substances terrestres », 347, 349, 350, 355-356, 364, 374, 389, et au point

Guerre sainte

60, 113-116, 120-121, 159.

Hérésie

1. Bérenger accusé d'hérésie a le droit de se justifier, 59-60, 65, 84-85, 91-92, 94, 113, 117, 152-153, 155-156, 161 (cfr 442), 163-165, 211-216, 221-222, 227, 238, 239-240, mais dans des limites parfois étroites, 59-60, 64, 96 (à Rome en 1050, il est condamné à partir d'un document peu explicite, et sans avoir été entendu ni même convoqué), 80-81 (Verceil), 110-112 (point de vue de Déoduin de Liège), 113 (Paris), 168-171 (à Rome en 1059 ne peut guère se faire entendre).

2. Le tribunal du magistère romain référence essentielle dans l'affaire bérengarienne, 23-24, 60, 65, 110-111, 122-123, 149-150, 214-215, 234. Cfr Lanfranc : 279-280, 281-282, 301, 323.

3. Rôle des hommes politiques. Favorable à l'hérésie : Geoffroy Martel, 60-63, 73-74, 99-103, 114-119, 120-123, 165-167. Hostiles à l'hérésie : Guillaume le Conquérant, 91-92, 120-121, Henri Ier, 60, 73-74, 91, 104-106, 109-119, 120-121, Geoffroy le Jeune, 18-21, 203-204, 209-212, Foulque le Réchin, 212. Cfr aussi 111 : rôle éventuel de l'empereur Henri III le Noir. Voir, *supra*, Guerre sainte. Ne pas majorer les implications « politiques » de l'affaire bérengarienne, 60.

4. Sanctions diverses : *a*) au concile de Reims de 1049, excommunication prévue non seulement contre les hérétiques mais aussi contre ceux qui reçoivent d'eux présente ou services, 58 (de même Lanfranc objet de soupçons pour avoir reçu une lettre de Bérenger, 57-59) ; *b*) Bérenger astreint à faire profession de foi catholique, 80 (Verceil), 94 (Brionne), 114, 116-119 (Paris et Tours), 158-161 (Tours), 170 (Rome), 204-205 (Angers), 221-226 (Rome : serment et ordalie), 235-237 (Rome : Bérenger doit s'engager à interpréter la profession de foi dans le sens où la comprennent ses auteurs), 243 (Bordeaux) ; *c*) sanctions corporelles telles que ordalie (224-226), mauvais traitements ou menace de les subir (214-215, 237-238), menace de peine de mort (30, 170, 187, 237, 283-285) ; *d*) excommunication, 59 (Rome, en 1050) ; *e*) Bérenger est déclaré hérétique, et le livre de « Jean Scot » est lacéré, 78-81 (Verceil) ; *f*) relégation dans un ermitage, XLIII-XLIV, 238, 242-243, 522-524 ; *g*) en fait, attitude très libérale, à l'égard de Bérenger, d'Alexandre II, 202, 210, d'Hildebrand-Grégoire VII, 154-155, 213, 214-216, 217, 221-224, 227, 238, 239-240, 522-523.

5. Lanfranc voit en Bérenger un « schismatique », et dans les bérengariens une « secte », 196, 197, 265, 307, 330 : cfr 279-280, 281-282, 301, 323. Voir M.-D. Chenu, 244. Ne pas confondre hérétique et agnostique, IX, 36, 442, 510. Lanfranc juge hérétiques les théories de « Jean Scot » sur l'eucharistie, 53-54. Il accuse Bérenger d'être hérétique, 279-280, 301. Il invite des correspondants à la lutte contre l'hérésie, 198. Sa réputation comme rempart contre l'hérésie, 45.

6. Services rendus par l'hérésie, VII, X, XVI, 47, 268, 417-419, 471.

7. C'est vraisemblablement à tort qu'on prête à Bérenger d'autres hérésies que celle qui concerne l'eucharistie, 109, 112 (cfr 71-72). Refuse d'admettre qu'à Chartres il ait reconnu que « Jean Scot » était hérétique, 70-71, 87-89. Il accuse ses adversaires de tomber dans une « erreur » (sur l'eucharistie) source d'une « hérésie » (sur la résurrection), 166-167, 171-172. Il estime qu'à Verceil on l'a « diffamé » en le déclarant faussement hérétique, 63, 79-80, 94-103. Il retourne contre le pape et contre l'Église romaine cette accusation d'hérésie, 65, 68, 96-97, 99. Il est peu probable qu'il ait fini par changer d'opinion et se soit « converti », 244, 525-530. Persistance de l'hérésie bérengarienne, 45, 244.

Impanation

Guitmond attribue à tort à Bérenger une théorie eucharistique appuyée sur l'idée d'impanation, 7, 200.

Magistère

1. Recours systématique de Bérenger à Rome, notamment pour n'avoir plus à se soucier des oppositions qu'il rencontre en France, 65, 150, 152, 161, 163-167, 181, 200-203, 209-212, 214-216, 221, 525-530.

2. Bérenger n'est pas un « rationaliste », il n'a pas fait fi de la tradition : son erreur a surtout consisté à magnifier son jugement propre à l'encontre du magistère, 101, 301, 442, 445.

Voir aussi, *supra*, Foi, sa formulation.

« Manichéisme »

1. Bérenger trouve dans le rejet, par l'Église, de l'hérésie « manichéenne » (le terme exact serait plutôt « docétiste ») une confirmation de son interprétation de la notion de « vrai » corps du Christ à propos de l'eucharistie, 82, 132, 147, 215, 502-503, 512-513, 531-532. Sa pensée sur ce point ne met nullement en question la doctrine de la *virginitas in partu*, 502-503.

2. Dans la première moitié du XIe siècle, des hérésies d'inspiration manichéenne mettent en cause la présence réelle ; les théories bérengariennes n'ont rien à voir avec ces hérésies, 47, 112.

Miracles eucharistiques

1. Jugement de Bérenger sur les miracles eucharistiques allégués par Paschase Radbert, 143.

2. Récit de miracle eucharistique émanant de Lanfranc et rapporté par Guitmond d'Aversa, 381.

3. Lanfranc, dans le *De corpore*, considère les miracles eucharistiques *a)* comme une des preuves de la présence réelle, 309-310, 366, *b)* comme un moyen de guérir l'infirmité d'esprits tentés par le doute, 302, 363-364.

La pensée de Lanfranc sur ce point manifeste son ultra-réalisme, 369, 380, 435.

4. A Rome, en 1078-1079, deux tentatives de Grégoire VII pour obtenir des miracles eucharistiques : l'une aurait avorté, l'autre aurait réussi, 227-228. Cfr aussi, 226-228, révélation faite par la Vierge Marie à un familier de Grégoire VII au sujet de la controverse.

5. « Miracle » des accidents eucharistiques, 469. Voir aussi 452.

« Mysterium »

1. Isidore de Séville : sa définition du sacrement est inspirée de l'idée de mystère, 138-139, 452. Cfr 178-179.

2. *Mysterium* chez Ratramne, 76-77.

3. *Mysterium* dans la doctrine eucharistique de Lanfranc, 398. Lanfranc applique ce terme à l'eucharistie de deux façons : *a)* Tantôt ce mot signifie que l'eucharistie est une réalité cachée, 262-263, 277 (cfr 278), 301-304, 317, 327, 329, 347-348, 359, 360, 361, 363, 364, 371-372, 379-380, 381, 426, 434, 438. Cfr aussi l'expression *mysterium fidei* insérée dans les paroles de l'institution eucharistique, comme au canon de la messe, 307, 359 (cfr 277, 361). Deux raisons de ce mystère : exercer la foi, éviter que les sens ne soient offusqués, 380-381 (cfr 347-348, 312, 315, 358-359, 434). *b)* Tantôt le mot *mysterium* s'applique à la « célébration » (cfr, *supra*, « Celebrare ») liturgique de la fraction de l'hostie et de la communion, évocation sacramentelle de la mort du Christ sur la croix, 316-317, 371-372, 394, 398, 401-402, 409, 410-412, 437. Emploi du mot *mysterium* par Lanfranc dans d'autres domaines que l'eucharistie, 372.

4. Problème posé par Bérenger appliquant le mot *mysterium* à l'eucharistie, 191, 313, 395. Dans la *Purgatoria epistola* : le mot « sacrement » signifie parfois « le mystère d'une allégorie », 139 ; « le sacrement est le signe d'un mystère divin » (Augustin), 140-141, 144, 395.

5. Expression *mysterium sacrae orationis* dans la formule de profession de foi du concile de Rome du carême de 1079, 231-232.

Naissance virginale

1. La naissance virginale du Christ est pour les adversaires de Bérenger, et notamment pour Lanfranc, un exemple à priori démontrant la possibilité de la présence réelle, 355 (Ambroise), 356, 503.

2. Dans une note sur la naissance du Christ inspirée de Ratramne, Bérenger souligne le caractère normal de cette naissance, sans cependant mettre en cause la *virginitas in partu*, 8, 492-503.

3. Insistance de Paschase et de ses partisans du XIe siècle sur le fait que la chair eucharistique du Christ est celle même du corps qui est né de la Vierge : *a)* Paschase, 222, 449-450 (à l'inverse, Ratramne, 76-77) ; *b)* Lanfranc, 358, 434, 449-450 (cfr 312 : Augustin) ; *c)* Bérenger, au concile de Rome de la Toussaint de 1078, essaie de donner le change en reprenant des formules paschasiennes, 222 (on les retrouve dans la formule de profession de foi du carême de 1079, 231-232).

Ordalie

224-226.

Ordinations anglicanes

Lien entre le problème de leur validité et celui que pose l'ultra-réalisme eucharistique du moyen âge, 479 : cfr XII.

« Pain » et « vin »

1. Pour Bérenger, le pain et le vin demeurent intacts sur l'autel après la consécration (voir, *supra*, Espèces eucharistiques), comme le montrent *a)* l'analyse des paroles de l'institution eucharistique (voir, *supra*, Formulation évangélique), *b)* et le fait que l'eucharistie est appelée « pain » et « vin », 137, 143, 317-318, 335, 534, 535.

Bérenger voit dans la manducation du pain sacramentel le rite qui sert d'appui à la communion spirituelle, consommation du Christ, Pain de vie, 134-135, 145-146, 192, 353-354, 421.

2. Lanfranc *a)* ne donne pas de réponse au premier argument de Bérenger (renouvelé par celui-ci à propos de la profession de foi du concile de Rome de 1059 : 292), 275-276, 285, 286, 291-292, 359 ; *b)* il donne une triple réponse au second argument : l'eucharistie est appelée « pain » parce qu'elle vient du pain et en garde le nom, parce qu'elle garde les apparences du pain, parce qu'il existe une « ressemblance » entre le pain corporel, nourriture du corps, et le Christ, Pain de vie : 276, 285, 287-288, 317-318, 352-354, 360, 367-368. Autres significations, 287. Lanfranc n'a pas vu que sa troisième explication rejoignait le sacramentalisme eucharistique de Bérenger, 353-354. L'eucharistie, pain « supersubstantiel », 287-288, pain quotidien (Ambroise, Cyprien), 425, pain céleste, 431.

Parjure

1. Gravité du parjure au XIe siècle ; thème central dans les justifications de la conquête de l'Angleterre (1066), dans la tapisserie de Bayeux qui décrit cette conquête, dans le *De corpore* de Lanfranc (voir ci-dessous), qui est de la même époque, 159.

2. Bérenger accusé d'un double parjure *a)* dans le titre donné au *De corpore* de Lanfranc par le manuscrit *Palat. lat. 482*, 196, 283-284, *b)* dans le *De corpore* lui-même, 159, 186-187, 266-267, 272, 274, 278, 280, 283, 301.

3. Bérenger se défend d'avoir commis un parjure, 180, 186-187, 284, 507.

4. Le souci d'éviter un parjure « sacrilège » (voir, *infra*, Sacrilège) est une des raisons pour lesquelles il emploie des formules équivoques (voir, *supra*, Formulation « évangélique »), 186, 225, 237-243.

Passion

1. Rapport entre le baptême et la Passion du Christ, 134-135, 146, 192, 318 (Bérenger), 318-319 (Lanfranc).

2. Pour Bérenger, le Christ n'a été immolé qu'une seule fois, il ne peut plus être immolé (voir, *infra*, Résurrection), 194, 413. Cependant Bérenger admet l'existence d'une immolation du corps du Christ dans l'eucharistie « quant au sacrement », 147, 172-173, 321. Se nourrir du Christ dans le mystère de sa rédemption, 146.

3. Pour Lanfranc, il y a dans l'eucharistie une immolation réelle du corps du Christ, symbole de la Passion (voir, *supra*, « Celebrare »), 300, 398-416, 436-437. Mais il ne s'agit pas d'un acte criminel mettant en cause la résurrection du Christ (voir, *infra*, Résurrection), 329-330.

L'eucharistie est donc signe de la propitiation divine, 287, 300, 336 (comparaison avec la mort d'Abel), 399, 401, 413, 436.

4. Pour Lanfranc, il existe un double rapport de la communion spirituelle avec la Passion, 332, en liaison avec les évocations sacramentelles des rites eucharistiques, 329-330, 343, 422 :

a) il s'agit de penser à la Passion, 304, 329, 421, 423, 429, 438 : cfr 429, note 5, et 343 (profession de foi eucharistique prêtée à Bérenger) ;

b) il s'agit encore de marcher sur les traces du Christ souffrant, 304, 329, 330, 423, 427, 429, 438. Cfr 343 (profession de foi eucharistique prêtée à Bérenger).

5. Lanfranc : supériorité de la victime du Calvaire sur les victimes de la Loi ancienne ; péchés remis par la seule offrande du corps du Christ ; l'aspersion du sang du Christ appelle la miséricorde, 336.

6. L'eucharistie symbole de la Passion chez Durand de Troarn, 455, Guitmond d'Aversa, 463, Alger de Liège, 467.

Péché (Lanfranc)

1. Le baptême suffit pour effacer les péchés, 425.

2. Par sa mort, le Christ réalise la promesse nouvelle, qui consiste en la rémission totale des péchés, 334. Les péchés sont remis par la seule offrande du corps du Christ, 336.

3. L'eucharistie, sacrement de la miséricorde divine, 287, 300, 399, 401, 413. Cfr 336 : le sang du Christ appelle la miséricorde.

4. Pour communier fructueusement, il ne faut pas entretenir d'attache au péché, 428. Le fait de vivre délibérément dans le péché témoigne d'un manque de foi dans l'efficacité du sang du Christ, 336, 428-429.

Reçue dans de mauvaises dispositions l'eucharistie, bien loin d'effacer les péchés, les augmente, 431 (voir, *supra*, Communion indigne). Seule la communion reçue dans de bonnes dispositions efface les péchés, 414, 426, 427, 430-431. Pour communier au Christ immolé il faut vivre purifié du péché, 332. Péchés qui obligent à s'abstenir de la communion, 338, 426, 438.

Pénitence (sacrement de)

332, 336, 337-338, 392.

« Pignus »

1. *Pignus* est un des termes du traité de « Jean Scot » sur l'eucharistie que le concile de Verceil met en cause pour condamner cet ouvrage et Bérenger, 76-78, 93, 127.

2. Lanfranc le mentionne au concile de Brionne comme un des éléments des attendus de la condamnation fulminée à Verceil, 93.

3. Bérenger le cite dans la *Purgatoria epistola*, sans doute par allusion à cette condamnation, 133, 135, 144, 531-533.

Précepte eucharistique

327, 329, 337, 338, 340, 424-426, 438.

Primatie

16, 62-63, 99-100.

« Rationes »

1. Deux types d'arguments doctrinaux aussi bien pour Lanfranc, 59, 249, 265-266, 305, que pour Bérenger, 135-137, 141, 142, 442, 534-535, 537-538 : les *auctoritates* et les *rationes*. Voir, *supra*, Dialectique, et, *infra*, « Scriptura divina ».

2. Il existe un courant d'opinion peu enclin à se poser des questions en matière doctrinale : cfr Arnulf de Chartres, 88, 141, Humbert, 107-108, 168, Gautier de Saint-Aubin, 156-157, partiellement Lanfranc, 46-47, 267-268, 311, 320, 443-445. Refus de « scruter les écritures » : 51. Voir, *supra*, Formulation évangélique, § 1. De fait, trouble causé par les questions de Bérenger, 72, 117, 141, 219. Il existe aussi un autre courant d'opinion favorable à la recherche doctrinale : voir, *supra*, Formulation évangélique, § 2.

3. « Rationalisme » de Bérenger, 36, 442, 444-445. Légendes concernant l'indépendance d'esprit qu'il aurait manifestée dans sa jeunesse, 32-33. Son maître Fulbert met en garde de jeunes disciples contre l'abandon de la tradition, 32-33, et contre une approche rationaliste du mystère eucharistique, 33, 46-47. Intransigeance d'esprit de Bérenger en matière profane, 35-36, aussi bien qu'en matière religieuse (doctrinale ou discipli-naire), 36, 101, 442, 445. Bérenger oppose raison et opinion, 141. Il accuse les partisans du réalisme eucharistique d'aller contre les principes de la nature, 88, 123-224, contre la raison, 194. Son « aristotélisme », 445-446. Son « rationalisme » reste à l'intérieur de la foi, IX, 36, 442, 510.

4. Lanfranc met les *auctoritates* au-dessus des *rationes*, 59, 289, 311, 319-320, 363-364, 380, 443. Rôle qu'il attribue aux *rationes* : voir ci-dessus, § 1, et 288-290, 305, 310-311 (cfr 311-320), 320-321, 322-324, 441-445. Cohérence de sa doctrine, 444. Tout commentaire des *auctoritates* appartient au domaine des *rationes*, 290, 309, 443. Son « platonisme », 446-447.

Résurrection

1. Bérenger voit dans la doctrine eucharistique de ses adversaires une menace pour le dogme de la résurrection du Christ et, par voie de conséquence, pour le dogme de la résurrection des morts, 166-167, 171-173. Incompatibilité entre le « sensualisme » eucharistique et la résurrection du Christ, 124, 132, 135, 136, 137, 143-144, 191, 193-194, 418, 514, 531, 533, 535.

2. Il est peu probable que Bérenger ait mis en doute le fait que le Christ ressuscité soit entré dans une pièce portes closes, 503.

3. Lanfranc répond à l'objection de Bérenger (voir, ci-dessus, § 1) en distinguant une réalité totale, le « Christ en lui-même », et une réalité partielle, la « chair » du Christ présente sur l'autel, 295, 296, 302, 347-348, 359, 361, 365, 383-385, 387-388, 389, 406-407, 412, 415, 418, 435, 437. Voir, *supra*, Capharnaïtisme. Le Christ en demandant que l'on mange son corps n'oblige pas à un acte criminel, 329-330. Lanfranc ne semble pas avoir vu que, si la chair eucharistique du Christ est cachée, c'est en raison des conditions inhérentes à la présence du Christ glorieux dans notre monde *in via*, 380.

4. Pour Lanfranc, la réalité signifiée par le sacramentalisme eucharistique, c'est en définitive, le Christ ressuscité, 402-403, 405. Parmi les éléments de la communion spirituelle, il y a la méditation du mystère de la résurrection, 304, 329, 429.

« Sacramentum »

1. Lanfranc (?) dans le *De celanda confessione* donne une signification assez large aux *ecclesiastica sacramenta*, 338. *Ibid.* : *Visibilia namque sacramenta et operantur et significant invisibilia*, 338.

2. Pour Lanfranc, l'eucharistie est un « sacrement », 357, 394. Voir aussi 398. Lanfranc et Bérenger, en ce qui concerne notamment l'eucharistie, s'en tiennent à la définition augustinienne du « sacrement » entendu comme un « signe sacré » : 133, 139, 144, 191, 532, 536 (Bérenger), 299, 392-393, 436, 454-546 (Lanfranc). De même, moins explicitement, Durand de Troarn, 392, 455, 458. Puis, par la suite, l'ensemble de la théologie 457-458 : voir Alger de Liège, 458, 464-467. Voir *infra*, Sacrements (définitions augustiniennes des).

3. Cependant, Lanfranc et Bérenger reconnaissent que le mot *sacramentum* peut avoir d'autres significations, 139 (Bérenger), 299, 393 (Lanfranc). Voir aussi 32, 443, et ci-dessus § 1.

4. Persistance de la signification isidorienne des sacrements ; voir table IV, Isidore de Séville.

5. Au XIe siècle, on oppose *sacramentum* et *veritas* dans l'eucharistie : *a)* dans la profession de foi du concile de Rome de 1059 : 171-178, *b)* dans la profession de foi du concile de Rome du carême de 1079 : 231-233, *c)* dans la théologie de Lanfranc : 272-278, 293-300, 392-416. Au contraire, le concile de Trente définit que le Christ est *sacramentaliter praesens* dans l'eucharistie, 233.

6. Sacramentalisme eucharistique de Bérenger, 133-135, 138-141, 144-147, 166, 171-173, 174-175, 185-186, 191-194, 531-533, 535-538. Voir les trois articles suivants.

« Sacramentum-res sacramenti »

1. Sous l'influence de la définition isidorienne des sacrements, des théologiens, jusqu'au XIᵉ siècle, ont tendance à confondre en une unique réalité « sacrement » et « chose du sacrement », 139, 179, 440, 452.

2. Sous l'influence de Bérenger, les théologiens en viennent à distinguer nettement dans l'eucharistie « sacrement » et « chose du sacrement », mais d'abord en situant le « sacramentalisme » au niveau du corps eucharistique du Christ devenu symbole (à travers les apparences dont il est revêtu, 351, 360, 393-394), 393-416, 436, 440, 451, 453, 455-456 (voir notamment les tableaux des p. 402 et 411) (Lanfranc), 179 (Humbert), 393, 455, 458, 466 (Durand de Troarn), 462-463 (Guitmond). Pour Lanfranc, il y a « ressemblance » entre le « sacrement » et la « chose du sacrement », 404, 440, et il y a à un certain point de vue identité entre « sacrement » et « chose du sacrement », 386-387, 405-413, 436-437. Interprétation de la profession de foi du concile de Rome de 1059 dans le même sens, 175-179. Pour Lanfranc, comme pour Bérenger, confusion entre la *virtus sacramenti* et la *res sacramenti*, 422-423 : cfr 396-397.

3. Cependant, il existe dès le XIᵉ siècle une amorce pour une solution qui, plus adéquatement, situera le « sacramentalisme » au niveau des espèces sacramentelles : 295, 313, 317, 361, 370-373 (cfr 385-386), 393, 452-453, 456-458 (Lanfranc), 455 (Durand de Troarn).

4. C'est Alger de Liège qui explicitera le premier cette solution, 439, 440, 452, 454, 457, 458, 464-467, 470-471.

5. Mais on n'en gardera pas moins l'ancien type de « sacramentalisme » (à partir du corps eucharistique du Christ) : d'où la distinction tripartite « *sacramentum tantum-res et sacramentum-res tantum* », 457, 458, 466-467.

6. Bérenger distingue « sacrement » et « chose du sacrement », 133, 140-142, 144-145, 174-175, 191, 351-352, 440, 453, 532, 535-537. Cette distinction implique un lien entre « sacrement » et « chose du sacrement », si bien qu'il est faux et contradictoire de dire que l'eucharistie est « seulement sacrement », 49, 174, 185. Il est nécessaire qu'il y ait une « ressemblance » entre « sacrement » et « chose du sacrement », 134-135, 145-146, 192, 404. Les « sacrements » sont en quelque sorte (= métaphoriquement) les « choses des sacrements », 135, 147-148, 175, 192-193, 405, 437. Aussi peut-on admettre que dans l'eucharistie le corps du Christ (= « chose du sacrement ») est brisé *sensualiter* non en lui-même mais « quant au sacrement », 80, 147, 172-173, 514. A l'encontre de ses adversaires, Bérenger affirme que le « sacramentalisme » eucharistique se situe au niveau du « sacrement » (c'est-à-dire, pour Bérenger, au niveau du pain et du vin consacrés) et non au niveau de la « chose du sacrement » (c'est-à-dire du corps du Christ) ; c'est au « sacrement » et non à la « chose du sacrement » que s'appliquent les termes *sacramentum, signum, figura,*

similitudo, pignus, 133, 135, 191-192, 531-532. Les *pii* ont part au « sacrement » et à la « chose du sacrement », les *impii* n'ont part qu'au « sacrement », 135, 138, 145, 172, 533, 535-536, car dans l'eucharistie la communion spirituelle vise la « chose du sacrement », 146, si bien que, pour Bérenger, il y a une certaine confusion entre la *res sacramenti* et la *virtus sacramenti*, 138, 145, 422-423. Le « sacrement » est corruptible ; d'où l'accusation de « stercoranisme » portée contre Bérenger : voir, *infra*, Stercoranisme. Il est impossible de parler valablement de « sacrement » dans la doctrine eucharistique d'Humbert, 185-186 : cfr 178-179 (réplique de Lanfranc : 275-278, 293-300).

7. Lanfranc a mal interprété le « sacramentalisme » eucharistique de Bérenger : *a*) il attribue à son adversaire une conception purement « sacramentaliste », ce qui, exact quant au fond, ne l'est pas quant à la lettre, 275, 291 : cfr 49 ; *b*) il lui attribue un sacramentalisme de « célébration » (voir, *supra*, « Celebrare ») ; *c*) il interprète à contresens les textes dans lesquels Bérenger évoque la distinction entre « sacrement » et « chose du sacrement », 295, 352, et n'a pas vu que certains aspects de sa propre doctrine rejoignaient le « sacramentalisme » bérengarien, 353-354, 371.

Sacrements (définitions augustiniennes des)

1. Elles sont remises en honneur par Bérenger, X, XV, 25, 125, 133-135, 137-141, 191-193, 460, 509, 515, 531-539.

2. Difficultés suscitées au XIe siècle par ces définitions, 78, 117, 134, 220, 230-231, 239, 329-330, 394-395, 452-453, 454, 456, 466.

3. Sous l'influence de Bérenger, elles sont reprises d'une part par Humbert, 168, 178-179, 393, d'autre part par Durand de Troarn, 393, 455, 460, par Lanfranc, XV, 286-287, 294-295, 299-300, 316-317, 329-330, 392, 436-437, 440, 454-458, 462, par Guitmond d'Aversa, 462-463, qui, tous trois, situent l'application de ces définitions au niveau du corps eucharistique du Christ, enfin par Alger de Liège qui en situe l'application *a*) surtout au niveau des espèces eucharistiques en « explicitant » un texte de Lanfranc, 458, 464-466 (cfr 370-371, 452-454, 456-458), *b*) mais qui garde néanmoins le « sacramentalisme » eucharistique de ses prédécesseurs, 467, et qui, de ce fait, est à l'origine de la distinction « *sacramentum tantum-res et sacramentum-res tantum* », 457.

4. Diffusion de ces définitions à travers la scolastique, 125, 140, 460, 532, 536, 538-539. Voir, *supra*, « Sacramentum » et « Sacramentum-res sacramenti » et, *infra*, « Signum » ; voir aussi, à l'article Augustin de la table 4, les références correspondant aux ouvrages mentionnés dans le tableau de la p. 539.

« Sacrements » des juifs

1. Pour Lanfranc, du point de vue strictement « sacramentel », sacrements des juifs et sacrements des chrétiens ont des significations identiques, 332-333, 371, 392-393. Voir aussi 397-398.

2. Si Bérenger avait raison, dit Lanfranc, les sacrements des juifs seraient plus remarquables et plus divins que les sacrements des chrétiens, ce qui n'est pas admissible, 322, 351. Cfr 336.

Sacrifice eucharistique

Voir, *supra*, « Caro, etc. », « Celebrare », Passion. Voir aussi 336, 338.

Sacrilège

Bérenger considère comme « sacrilèges » les paroles d'un prêtre contraires à la vérité, 96-97, 99, 127, 128, 237, 241-242, 243. Cfr 70, 87.

« Scriptura divina »

1. Au XIe siècle, sens large de l'expression *scriptura divina* et d'autres expressions analogues : non seulement l'Écriture sainte mais aussi les textes de la tradition, même récents, XIX, 8-9, 51, 54, 262, 286, 305.
2. C'est tardivement que Bérenger s'est adonné à l'étude de la *scriptura divina*, 32, 34, 48-50, 53-55, 79, 81, avec une extrême ardeur, 34, 48, 55, 67-68, 503-504, 510-511 (cfr 209, 525, 528), certainement pas pour acquérir une renommée, 35, et finalement peut-être de façon exclusive, 34. Domaines « scripturaires » abordés par lui, 8-9, 34.
3. Cheminement analogue de Lanfranc : il s'est mis tardivement à l'étude de la *scriptura divina*, 43 (cfr 54), avec ardeur, 43, 331-337, 546-547, et finalement de façon exclusive, 331, 546-547. Son souci d'amender les textes de l'Écriture et des Pères, 43, 298, 518.
4. Utilisation de la *scriptura divina* par Bérenger dans la controverse : *a*) il s'appuie d'abord sur les Pères, notamment sur Ambroise, Jérôme et Augustin, 54-55 (cfr 67, 70, 74, 81-82, 88, 91, 94, 98, etc.) ; *b*) mais il se heurte à des opposants qui préfèrent se tenir aux données du Nouveau Testament (voir, *supra*, Formulation évangélique) ; *c*) d'abord déconcerté, 67, 72-73, 90, il étudie l'évangile de saint Jean et estime y trouver la confirmation de ses théories eucharistiques, 81, 74, 90-91 ; *d*) désormais, au témoignage des auteurs patristiques il ajoutera ceux de « l'Évangéliste » et de « l'Apôtre », 74, 88, 90-91, 94, 98, 100-101, 130, 142, etc., puis celui du « Prophète » (= Ancien Testament), 130, 142, 170, 180, 510, 514 : cfr 130, 152 ; *e*) il n'en désapprouvera pas moins la position restrictive signalée ci-dessus au § *b*, 51, 74, 90-91, 118-119 ; *f*) position légèrement différente dans la note sur la naissance du Christ, 498-499 ; *g*) ses adversaires lui ont reproché de ne pas rester dans les limites de la tradition, 88, 141 ; *h*) en fait, il est inexact de dire que Bérenger a fait fi de l'argument de tradition, 36, 442, 507-514, car il veut rester dans les normes traditionnelles, 88, 141, et justifier ses théories « selon les écritures », 132, 152, 510-511, 533, 535, 537 (cfr 227) ; *i*) il s'appuie notamment sur l'Écriture sainte (voir, *supra*, Formulation évangélique), sur saint Ambroise, 130, 134-135, 190, 192, 208 (cfr 295-299, 318, 505, 508-509, 532-533), sur saint Augustin, 133-135, 138-141, 144-146, 191-195 (cfr 298-299, 311-312), 505, 509-510, 532, 535-537, il insiste sur le

principe de la cohérence patristique, 215, 297, 509-510 ; *j*) mais son augustinisme est superficiel, 46, 478-479, et le parti qu'il tire des textes patristiques est fort dangereux, XVI, 453, 454, 456 (voir aussi 235 : justification de la restriction mentale à partir de l'Évangile) ; s'il s'est trompé, c'est surtout pour avoir magnifié son jugement propre sans tenir compte de la pensée catholique authentiquement formulée par le magistère, XVI, 35-36, 101, 442, 444-445.

5. En ce qui concerne l'eucharistie, des contemporains de Bérenger estiment utile une certaine recherche doctrinale à partir des textes patristiques : voir, *supra*, Formulation évangélique, § 2.

6. Lanfranc, soit dans son discours du concile de Rome de 1050, soit dans le *De corpore*, utilise deux sortes de preuves, les *auctoritates* et les *argumenta*, 59, 249, 271, 282, 305, 306, 320-321, et il met les premières au-dessus des seconds, 59, 289, 311, 319-320, 443. Un des principaux objectifs de son traité est de réfuter Bérenger sur le terrain « scripturaire » *a*) en mettant en lumière les falsifications de Bérenger, 262-263, 266, 286 (cfr 275), 293, 296-299, 300, *b*) en alignant des preuves tirées de l'Écriture et de la tradition, 307-310, *c*) en partant des textes patristiques pour exposer sa doctrine eucharistique, 294-300, *d*) en réfutant les arguments que Bérenger pense pouvoir tirer des textes de la tradition, 310-320. On notera que, pour Lanfranc, les *auctoritates*, ce sont les textes bruts alignés sans commentaire, 290, 309, 443. Comme Bérenger, il insiste sur le principe de la cohérence patristique, 297, 312.

« Signum »

1. La définition isidorienne des sacrements insiste plus sur la notion de « mystère » que sur celle de « signe », 139 : cfr 178-179, 440.

2. *Signum*, un terme qui fait difficulté au XIe siècle dans son application à l'eucharistie, surtout en raison de l'autorité de saint Augustin définissant les sacrements comme des « signes sacrés », 117, 134, 313, 394-395, 408, 456.

3. Au concile de Verceil, « Jean Scot » condamné pour avoir paru considérer l'eucharistie comme un simple signe, 76-77, 454-455.

4. Au concile de Brionne, Lanfranc mentionne ce motif de la condamnation prononcée à Verceil, 93.

5. Bérenger le mentionne à son tour dans la *Purgatoria epistola* (allusion implicite à Verceil), 133, 531-533.

6. Lanfranc, dans le *De corpore*, mentionne à son tour ce point de la doctrine bérengarienne à propos d'un ouvrage qui est sans doute la *Purgatoria epistola*, 184, 191, 313.

7. Influence de la définition augustinienne (du sacrement comme un « signe sacré ») sur Humbert, 168, 178-179, 393, sur Durand de Troarn, 393, 455, 458, sur Guitmond d'Aversa, 462, sur Alger de Liège, 464-465.

8. Dans la *Purgatoria epistola* et dans le *Scriptum contra synodum*, Bérenger présente deux définitions augustiniennes concernant la notion de signe appliquée aux sacrements : *a*) la définition du sacrement comme

un « signe sacré » 133, 140, 144, 191, 532, 536 : voir table IV, Augustin, *De civitate Dei*, *b*) la définition du signe du *De doctrina christiana*, 133, 140, 144, 191, 532, 537. Autres définitions dans la même ligne : 140, 144, 537.

9. La notion de signe dans la profession de foi du concile de Rome du carême de 1079, 231-233.

10. Doctrine de Lanfranc à ce sujet : essentiellement, elle consiste à faire de la « chair » eucharistique un signe ; Lanfranc reprend les deux définitions augustiniennes susdites, 299, 313, 316, 338, 392-416, 436-437, 440, 453, 454-457. Voir notamment 398.

11. Étape importante avec Alger de Liège, qui reprend aussi ces deux définitions mais en les intégrant dans un type de sacramentalisme eucharistique différent de celui de Lanfranc, 464-467.

Ce faisant, il « explicite » certaines données de Lanfranc, 295, 313, 370-373, 453, 457, 458. Voir, *supra*, Sacrements (définitions augustiniennes des), § 3.

12. Influence considérable de la définition du sacrement comme un « signe sacré » remise en honneur par Bérenger, X, 125, 133, 140, 452-453, 532. Voir, *supra*, « Sacramentum », « Sacramentum-res sacramenti ».

« Similitudo »

1. C'est un terme qui, avec d'autres empruntés à la tradition patristique, faisait problème au XIe siècle dans son application à l'eucharistie, 117.

2. Intervient dans les attendus de la condamnation portée à Verceil contre « Jean Scot » et contre Bérenger, 76-77, 93.

3. Au concile de Brionne, Lanfranc se fait l'écho de cette condamnation, 93.

4. De même, implicitement, Adelman de Liège dans sa correspondance avec Bérenger, 126-127.

5. Bérenger, dans la *Purgatoria epistola*, reprend sur ce point l'objection que lui prête Adelman, 132-133, 144, 455, 531-533.

6. Lanfranc, dans le *De corpore*, lui prête la même objection à propos d'un ouvrage qui est sans doute la *Purgatoria epistola*, 184, 191-192, 312-313, 395.

7. Bérenger rejette l'idée, propre à ses adversaires, que le terme *similitudo*, à propos de l'eucharistie, pourrait s'appliquer à la « chose du sacrement » ; il ne s'applique qu'au « sacrement », 132-133, 135, 144.

8. Sens de ce mot, pour Bérenger, dans son application à l'eucharistie, 134, 145-146, 404. Bérenger l'explique avec un texte de l'*Epistola ad Bonifacium* de saint Augustin, 134, 191, 192, 404, 532, et avec un texte du *De sacramentis* de saint Ambroise, 134-135, 192, 318, 532.

9. Réponse de Lanfranc à l'objection de Bérenger mentionnée ci-dessus § 6 : 313, 315-316, (cfr 348, 367), 317, 366-367. Tout en signalant que le mot *similitudo* signifie parfois *veritas*, 316, Lanfranc, à propos de l'eucharistie, lui donne trois applications correspondant aux trois niveaux de sa doctrine eucharistique, 317, 371 (voir aussi 398) : *a*) au ni-

veau de la *veritas carnis ac sanguinis*, le mot *similitudo* s'emploie pour
rappeler que l'eucharistie vient du pain et du vin et en garde la ressemblance, 287, 317, 318, 353, 367-368, 371 (cfr Durand de Troarn : 455) ;
b) au niveau du sacramentalisme eucharistique, le mot *similitudo* évoque
la ressemblance que l'*ipsa carnis ipsius immolatio* établit entre la réalité
eucharistique et le *Christus ipse*, 317, 371, 398, 400-402, 410, 436, 440
(cfr Durand de Troarn : 455, 458, 460) ; *c*) au niveau de la communion
spirituelle, le mot *similitudo* signifie qu'il existe une ressemblance entre le
pain matériel, nourriture du corps, et le pain spirituel, nourriture de
l'âme, 287-288, 317, 318, 353-354, 367-368, 371, 391 (Lanfranc n'a pas
vu que le sacramentalisme eucharistique de Bérenger se situait à ce
niveau, 295, 352, 353-354, 371).

10. Interprétation inexacte, par Lanfranc, du mot *similitudo*, dans
un texte de saint Ambroise, 315-316.

11. Chez Alger de Liège, trois applications différentes, du mot *similitudo*,
correspondant à trois formes de sacramentalisme eucharistique, 466-
467.

« Species »

1. *Species*, un des termes les plus employés par Lanfranc pour désigner
les apparences de l'eucharistie, 313-314, 315, 347-348, 361, 362, 363,
366-367, 368, 370, 398. Cfr Guitmond, 463, Alger de Liège, 467-468,
saint Thomas, 470.

2. Objection prêtée par Lanfranc à Bérenger à partir de certains
termes, dont *species*, 191, 312-313, 395. Réponse de Lanfranc : *a*) *species*
a rapport aux réalités qui ont disparu, le pain et le vin, et dont l'eucharistie garde la ressemblance, 313, 366 ; *b*) *species* signifie parfois *veritas*,
316 : cfr 333.

3. Commentaire, par Lanfranc, de l'oraison *Perficiant...*, 313-314,
366-367, 511 : cfr 70-71, 82.

4. Les *species* sont, pour Lanfranc, au point de départ de l'évocation
« sacramentelle » dans l'eucharistie, 394 : cfr 350-351, 360, 393-395.

5. Durand de Troarn : la forme visible du pain appartient à l'*invisibilis
species* produite par la consécration, 460.

« Spiritualis », « spiritualiter »

1. Pour Bérenger il n'y a rien de physique dans l'eucharistie (si ce
n'est au niveau du « sacrement » : voir *supra*, « Sacramentum-res sacramenti », § 6), tout s'y passe spirituellement, 132, 133, 136-137, 147-
148, 420 : cfr 510-511. Présence spirituelle du Christ dans l'eucharistie :
135, 147. Communion spirituelle : 82-83, 135, 138, 146, 147, 321, 421,
423, 439. Il reproche aux Pères du concile de Rome de 1059 de s'être
bouché les oreilles lorsque, dans les textes qui leur étaient lus, il était
question, à propos de l'eucharistie, de « spiritualité » et de « réfection
spirituelle à partir du corps du Christ », 125-126, 169-171, 176-178, 420.
D'après Lanfranc, Bérenger, pour défendre ce « spiritualisme » eucharisti-

que, prendrait appui sur ces mots prêtés par saint Augustin au Christ à propos de l'eucharistie : *Spiritualiter intelligite quod locutus sum vobis*, 195, 365.

2. Lanfranc invite Bérenger à faire une distinction entre « corporel » et « spirituel » dans l'eucharistie, 341-345 : cfr 417-424, 439. Raison des divergences de Lanfranc et de Bérenger sur ce point capital : 440 sq.

3. Les objections de Bérenger ont contraint les théologiens à libérer de l'ultra-réalisme la doctrine eucharistique et à la spiritualiser, X, XIV, XVI, 176-177, 471.

4. Commentaire de Bérenger sur *I Cor.*, II, 15 : *Spiritualis homo...*, 36.

5. On peut situer le spiritualisme eucharistique de Lanfranc aux trois niveaux de sa doctrine eucharistique (voir 371, 422) : *a*) au niveau de la *veritas carnis ac sanguinis*, où les termes *spiritualis* et *spiritualiter* signifient que la chair et le sang du Christ, dans l'eucharistie, ne sont accessibles que pour le seul regard de l'esprit, 312, 365-366, 368, 369-370, 371, 373, 381-383, 389, 391, 395, 422, 434 (cfr 450 : Ratramne) ; *b*) au niveau des évocations « sacramentelles », 371 : cfr 333, 338, 396-397, 422-423 ; *c*) au niveau de la communion spirituelle : voir, *supra*, Communion spirituelle.

6. Notion de substance spirituelle dans la doctrine eucharistique d'Alger de Liège, 469, 471.

Stercoranisme

1. Bérenger a été accusé de stercoranisme, 105, 390, notamment auprès du roi Henri Ier par les Chartrains, 104, 124, auprès des autorités romaines par des écrits venus de France, 104-105, 107-108, 168.

2. Fondement de cette accusation dans la doctrine bérengarienne, 140-141, 144.

3. Le problème du stercoranisme abordé par Gozechin de Metz, 105, par Durand de Troarn, Guitmond d'Aversa et Alger de Liège, 390, 470, n'est pas traité explicitement par Lanfranc, 390-391.

Transsubstantiation

29, 235, 379, 472, 475-477, 479. Voir, *supra*, Accidents-substance, Formulation substantialiste.

« Typus », « typice »

Termes employés par Lanfranc au niveau du sacramentalisme eucharistique, 333-334, 398, 399-400, 408.

« Veritas »

1. Opposition entre Paschase Radbert et Ratramne sur la question de la présence du corps du Christ *in veritate* dans l'eucharistie, 449. Cfr Lanfranc, 314, 367 (*Veritas* a parfois le sens de *manifestatio*). Lanfranc

concilie (très sciemment semble-t-il) le point de vue de Paschase et celui de Ratramne en affirmant que, dans l'eucharistie est présent « le corps même » du Christ quant à son « essence », mais « pas le même » quant aux apparences, 448-451 : cfr 347-348, 365, 389-390.

2. Les adversaires de Bérenger, et notamment Lanfranc, entendent défendre contre lui la *veritas carnis ac sanguinis* dans l'eucharistie, 262-263, 293-300, 306-320, 346-348, 356-359, etc. Lanfranc s'efforce de concilier réalisme et sacramentalisme, 275, 276-278, 293-300, 392-416, mais il inverse l'ordre normal de ces deux données traditionnelles, 233, 341-345, et, dans sa profession de foi eucharistique, il omet l'aspect sacramentaliste, 347-348. Les professions de foi des conciles de Rome de 1059 et du carême de 1079 mentionnent ces deux aspects de la doctrine eucharistique, mais comme deux données juxtaposées, 27, 174, 231-233.

3. Autres points d'application donnés par Lanfranc au mot *veritas* :

a) la *veritas* dans l'eucharistie, ce peut être aussi la présence réelle du Christ rendue efficace par les bonnes dispositions du communiant, 314-315, 329, 333, 334, 427 ;

b) la chair eucharistique du Christ est « vraie » dans son être propre, mais, en tant que « sacrement », elle est fiction et signe (la réalité signifiée étant alors « vérité »), 409 : cfr 395-396 ;

c) *veritas* au sens de *manifestatio* : voir ci-dessus, § 1.

4. Bérenger, lui aussi, entend défendre la *veritas* dans l'eucharistie. Aussi est-il embarrassé par le commentaire *Specie geruntur ista non veritate*, donné par « Jean Scot » à l'oraison *Perficiant*, 71, 82, 313-314. Mais il comprend cette *veritas* à sa manière : *a*) le corps du Christ est « vrai » en ce sens que, à l'inverse de ce que prétendent les « manichéens », c'est un corps véritable (voir, *supra*, Manichéisme) ; *b*) c'est avec ce « vrai » corps du Christ que nous met en relation le « sacrement » de l'autel, et ceci de deux façons : par une adhésion spirituelle, 132-133, 135, 147, 533, par le fait que le « sacrement » *est* (= métaphoriquement) la « chose du sacrement », 135, 147, 173, 192-193, 533. Cette façon de comprendre la *veritas* eucharistique permet à Bérenger de donner le change à ses adversaires soit avec des formules équivoques (voir, *supra*, Formulation évangélique), soit en interprétant suivant ces normes tel passage de la formule de profession de foi du concile de Rome de 1059, 175, 185-187.

« Virtus sacramenti »

1. Dans la pensée de Bérenger, en ce qui concerne l'eucharistie, il y a une certaine confusion entre la *res sacramenti* et la *virtus sacramenti* 138, 141, 145-146, 535-536, ce qui prouve le lien qui existe, dans sa doctrine eucharistique entre l'aspect symbolique et l'aspect dynamique, 145-146.

2. On trouve la même confusion dans la doctrine eucharistique de Lanfranc, 397, 422-423. *Virtus sacramenti*, élément de la communion spirituelle, 430. La *virtus sacramenti* est essentiellement la charité fraternel-

le, 304, 431. A la suite de saint Augustin, Lanfranc distingue la participation au *visibile sacramentum* et la *virtus sacramenti*, 428 (cfr 138) : voir aussi, *supra*, « Sacramentum-res sacramenti ». Dans la profession de foi eucharistique de Lanfranc, il est dit que le Christ est présent sur l'autel *quantum ad essentiam veraeque naturae proprietatem atque virtutem*, 347-348 (et 358, 365, 375), formule inspirée du *De sacramentis* de saint Ambroise, 348 (voir aussi, 315, 367, 430).

3. Dans la formule de profession de foi du concile de Rome du carême de 1079, il est dit que le corps du Christ est présent dans l'eucharistie *non tantum per signum et virtutem sacramenti, sed...*, 231-233.

TABLE DES MATIÈRES

Première partie
Bérenger et la controverse eucharistique du XIᵉ siècle

I. *Introduction littéraire*

II. *L'affaire bérengarienne*

Deuxième partie

Lanfranc, sa doctrine eucharistique

I. *Introduction littéraire*

II. *La doctrine eucharistique de Lanfranc*

Conclusion

Appendices

Tables

NIHIL OBSTAT :   IMPRIMATUR :
Lyon, le 23 avril 1970.   Lovanii, die 6a martii 1971.
M. JOURJON,   ✠ A.L. DESCAMPS,
Doyen de la Faculté de théologie de Lyon.   *Episc. Tuneten.*

IMPRIMERIE J. DUCULOT - GEMBLOUX
IMPRIMÉ EN BELGIQUE